明月清风

赵朴初诞辰110周年
学术研讨会论文集

【上册】

圣　辉　成建华　主编

社会科学文献出版社
SOCIAL SCIENCES ACADEMIC PRESS (CHINA)

1997 年 11 月，赵朴初在江苏无锡考察时拍摄。

1953 年 5 月，赵朴初与圆瑛法师、明旸法师合影。

　　1975 年 5 月 17 日，赵朴初与唐家璇（后排中间）、正果法师（前排左一）、明真法师（前排左三）、李荣熙（前排右一）等会见日本日中友好协会代表团。

1982 年，赵朴初会见日本立正佼成会会长庭野日敬先生一行。

　　1983年，赵朴初与普陀山全山住持妙善法师（右二）、扬州高旻寺住持德林法师（右一）、扬州大明寺都监印波法师（右三）在一起。

1984年5月22日，赵朴初会见斯里兰卡总统贾亚瓦德纳。

1984 年 7 月，赵朴初与日本佛教天台宗座主、日中友好天台宗协会总裁山田惠谛。

1986 年 6 月 28 日，赵朴初在和平法会上拈香礼佛。

1987 年，赵朴初考察陕西扶风法门寺。

1989 年 3 月 25 日，赵朴初在全国政协七届二次会议上发言。

1991 年 1 月，赵朴初与却西活佛一起参观藏族唐卡艺术。

1991 年 4 月 11 日，台湾圣严法师一行拜访中国佛教协会，赵朴初与圣严法师亲切交谈。

1991 年 5 月，赵朴初在中国佛教协会驻地广济寺会见南传佛教代表。

赵朴初在家中留影。

1992年，赵朴初、圣辉法师访问韩国，出席东北亚佛教领袖高峰会议，于韩国济州岛合影。

1992年，赵朴初携夫人陈邦织、圣辉法师访问韩国，出席东北亚佛教领袖高峰会议，与韩国天台宗领袖合影。

1994年1月，赵朴初在海南三亚海湾。

1994年9月19日，赵朴初在北京广济寺与回大陆访问的著名佛学家印顺法师亲切会面。

赵朴初与时任国家宗教事务局局长叶小文等在一起。

1997年6月，中国佛学院师生欢迎赵朴初院长。（北京法源寺）

1997 年 11 月，赵朴初在无锡考察时在住地办公。

目 录

下　册

Contents

明月清風

学朴赵
术初诞
研辰
讨110
会周
论年
文
集

Vol. II

序

许嘉璐[*]

2017 年 11 月 3 日至 5 日，海内高僧大德、学者聚于长沙、太湖，举办学术研讨会，以纪念赵朴初先生 110 周年诞辰。会议规模之大，收到论文之多，为朴老长行后各种研讨纪念之最。这是应该的。朴老有具足大功德于人间，当然为人永念之。遗憾的是，我竟因二竖之祟未能附骥这一盛会。

璐也幸，会后月余即收到研讨会论文集《明月清风》的稿本，并承嘱为之序。为此，我曾犹豫多时：朴老一生对国家贡献多多，而其中最为突出、无可替代的，是在新中国成立前后长达半个多世纪里对我国宗教事业的奉献。此次研讨会的论文已经主要就朴老之于佛教多有述论；而我，既非宗教徒，更非佛学家，岂敢贸然遵嘱？尤其是在戊戌岁首拜读了《明月清风》全部稿件后，更觉难以命笔了。

后来，我换了一个角度想，朴老是中国民主促进会的创始人之一，在我担任民进中央委员、常委、副主席期间，朴老先后任民进中央副主席、参议委员会主席。会上会下，我多次聆听朴老的教诲。我担任民进中央主席后，有了更多机会接受他的耳提面命。从这个角度说，我是包括他在内的老一辈民进人的后来者、接班人。也是由于这个因缘，我也亲睹了朴老对于我国宗教的建设和发展以及通过佛教这一渠道促进两岸关系的和平发展、维护世界和平和增进各国人民间的交往和友谊，是如何殚精竭虑的。我为朴老的诗文、讲话、书法所折服，也被他那独有的永远平和、舒

---

[*] 许嘉璐，第九届、第十届全国人大常委会副委员长，中国文化院院长。

缓、谦逊、微笑的神态所吸引，总觉得在他的一字一诗、一言一笑中都隐含着深微的禅意、可望而不可即的悲智。我之所以也稍稍涉足宗教之学，不可剔除朴老的论著和人格的影响。思之至此，禁不住有了借写这篇序之机一吐对老人家景行行止心曲为快的"心动"。这部论文集以朴老2006年所写遗嘱后留下的偈语中"明月清风"一语为名，这让我想到该句的下半部分："不劳寻觅。"盖朴老以示存者：余生余没，皆如明月清风，世间无尽，我本无我，来去一如，不必追念。但我想，朴老逝矣，其法犹存。群彦相聚，意在觅其一生所寻、所证之般若波罗蜜多也。我虽未得与闻众多宏论，但也可以恭撰小文，依朴老之指以观月也。

先从《明月清风》集给予我的启发说起吧。

此书收文近90篇，论及朴老一生涉及佛教、佛学的方方面面，由此即可窥知研讨会的盛况。诸位作者无论是回忆、叙事还是分析论证，都突出地显示了朴老的"无我"精神。在他对我国近当代、特别是改革开放以来佛教、佛学事业的巨大贡献中，尤为重要的，是他创造性地继承并弘扬了太虚大师"人间佛教"的教义，并在此基础上提出佛教应弘扬禅农并重的传统（并对"农"给予了重新定义），应重视僧才的培养、加强对佛教教理的研究、开展国际交流以维护并促进世界和平……概而言之，朴老殷殷期望的，是佛教佛学继续沿着自唐以来"中国化"的传统走下去，也就是主动地适应所在的环境，当下就是适应中国特色社会主义，庄严国土，利乐有情，促进社会的和谐。

这次盛会，是在中国进入新时代、世界格局正在发生数百年来未有的大变革、大动荡的阶段举办的。以世界的和历史的眼光看，近代以来，世界性的社会发展不平衡和与此相关的种种后果，日益严重。诸如信仰混乱、环境恶化、冲突和局部战争频仍、国际和社会上的不平等空前加剧……而这些危机性现象往往互为因果，相互叠加，日益加剧对人类生存、延续的威胁。有鉴于此，所以老人家以古稀耄耋之身，奔走呼号、循循诱人，期望佛教健康发展，促进人心的清净美妙。何以故？因为中国特色社会主义的出发点、施政理念、社会主义的方向，都是与世界现状和在许多地方横行的贪欲、瞋恚、痴愚对治的；佛教反复强调的初发心，即以慈悲心、平等心、喜乐心、无量心普度一切有情。为此，就应如《大般若波罗蜜多经》所说，不分刹帝利、婆罗门、"长者"、"居士"，即不分阶层、职业，均应去除贪著、悭吝、非理、毁骂、嫌害、凌辱、瞋忿，概言之，即回归人之赤子之心，无我利他，求得人间安乐、国土庄严。

自 20 世纪末至今，世界格局的巨大变化、科学技术的加速发展、生产率的急剧提高、社会财富的累积激增，日益加重了对人类永续生存的威胁，而其根本原因和自地球上出现私有制起就未尝中断的因享乐和贪婪而进行杀戮的本质并无二致，只不过更多的时候是用资金、技术、产品、享乐包裹了攫取更多财富的祸心。对比朴老当年奔走于日本、印度诸国和国内港台时的世界状况，更为突显了朴老终生秉持的初发心和所付出的心血，仍适于今日之中华，甚或更应该昭示于世界。

佛教兴起不久，迅即传至亚洲众多国家和地区。近代殖民主义者占领印度后，在欧洲出现了一股研究印度语言、文化、宗教的浪潮，其规模、深度和影响都超过了此前对中国的研究，从而遗存于印度的佛典、教义和哲学也受到了重视。当代，随着亚洲的崛起，在欧美，佛教寺庙和信徒（包括移居的亚裔人口）渐渐增加，佛教正在走向世界。

面对当下的世界形势，我们有着这样的信心：中国化了的佛教（广义言之应包括汉传、藏传和南传三大支），是亚洲佛教、佛学的主干；佛教作为一个整体，其要旨在于挽救和升华人心；所要挽救的，就是人人可以感知（包括自省自知）的对私欲的执着。浩瀚佛教经典中的种种方便法门，都是为了开启被无明遮蔽的自性清净之心，济拔并利乐一切有情，这难道不是各国人民的共同愿望吗？中国佛教难道不应该担当起向他国介绍自己精神追求的责任吗？

当然，佛教要名副其实地成为世界性宗教，佛学要成为世界性的显学，中国佛教和他国众生、学者都没有做好应有的准备。前面的路还很长！在我们沿着前代贤哲求法传法的步履前行的时候，一定会在无处不有的"明月清风"中，在不断的流水中，在绽放和落下的花朵中，时时感受到朴老的精神一直在激励着来者。

2018 年 5 月 28 日

完稿于日读一卷书屋

纪念赵朴初先生诞辰110周年大会致辞

赵　雯[*]

尊敬的帕松列龙庄勐长老、圣辉大和尚：

各位领导、各位高僧大德、各位乡亲，朋友们，同志们：

中国共产党十九大胜利闭幕，开启了中国特色社会主义新时代，举国欢腾。值此盛时，嘉宾荟萃太湖，纪念赵朴初先生诞辰110周年，后辈子弟心怀感动，心怀感激。

"月是故乡明，情是乡人重。少小离家老大回，此句循环诵。"今日此时，与乡亲相聚，无尽欢欣。唯祈大会圆满、众愿悉成。

伯父幼别故乡、负笈远行，久经革命磨砺、佛法圆成，成就为"救难护生，驱寇抗魔，矢志庄严国土"的爱国先锋，成就为"词章优美，书法圆融，弘扬传统文化"的文坛巨匠，成就为"依止圆瑛，受托太虚，传灯人间佛教"的佛门法将，成就为"重印龙藏，善护六祖，常舞黄金纽带"的当代维摩。为中国、为世界，做出无可替代的贡献，无愧中国共产党的亲密朋友，无愧"国家的宝贝"。

伯父终其一生，念念不忘家乡发展，念念不忘家乡少年，曾多方努力帮助故乡发展，"为善不辞心力"，曾设拜石奖学金奖掖后人，"历尽艰难曾不悔，只是许身孺子"。伯父是太湖的骄傲，是安徽的骄傲，更是人民忠诚的儿子。高风亮节、嘉言慧行，历历在目、永在心间。

放眼今日神州，十九大凯歌高奏，总书记强调"推动中华优秀传统文化创造性转化、创新性发展，继承革命文化，发展社会主义先进文化，不忘本来、吸收外来、面向未来，更好构筑中国精神、中国价值、中国力量，为人民提供精神指引"。明确指出"积极引导宗教与社会主义社会相

　*　赵雯，上海市政协副主席，九三学社中央副主席，全国政协常委，上海市人大代表。

适应"。种种强国之本，化人之策，伯父泉下有知，当击节称赞新时代"开万世太平事业……愿征程、奋翼冲天阙"，决胜建成全面小康；会拊掌嘱托清净后学"千载胜源逢盛世，好将佛事助文治"，发展人间佛教、助力新时代。

承继朴老"庄严国土，利乐有情"的无尽愿，是对老人家最好的纪念。唯愿众位乡亲、诸位同仁，人同此心、事践此愿。

一年一度，万山红遍，层林尽染，狮子山峥嵘风光无限；鹰击长空，鱼翔浅底，花亭湖，万类霜天竞自由。

年年此时，万古清光仰月圆。我总会想起伯父的谆谆嘱托："纪念过去，是为着现在，为着将来。我们应当，无愧于过去的光荣，我们应当，无愧于今天的时代。更应当，把心血献给人民，把光和热献给后代，勇猛精进，丝毫不怠，任凭岁月迁流，百折不回终不改！"常常反躬自问，是否时时事事，"殚思竭力，救国兴邦，不改忠贞怀抱"。

年年此时，今夜月明，人尽望，我都会想起伯父对家乡的殷切期望："更雄心，三年五载熙湖，绿遍，东西，南北方。神驰远景无疆，仅尽情领受，千重山色，万顷波光。"在在念念"母兮吾土，报恩，无有穷已"。矢志笃行"报我乡邦"，不敢有丝毫懈怠。

唯，以此拳拳心意、瓣瓣心香，告慰伯父，奉献故乡。

学习朴老、纪念朴老，谱写新时代佛教中国化的新篇章

圣　辉[*]

今天，我们汇聚在历史名城——长沙，举行"赵朴初与当代中国佛教文化复兴"学术研讨会，以此来拉开由中国社会科学院东方文化研究中心、安徽省赵朴初研究会、湖南省佛教协会船山佛教文化研究中心共同举办的，纪念我们敬爱的赵朴老诞辰110周年活动的序幕，从而深切表达我们对这位慈悲老人永远的怀念。

敬爱的朴老虽然离开我们17年多了，但我们始终觉得其慈颜犹在，他老人家的目光一直在关注着民族的复兴、国家的建设、人民的安乐和佛教事业的健康发展。

朴老以其93年的生命历程，经历了清末、民国和中华人民共和国三个历史时期，几乎与20世纪相始终。朴老在青少年时代就目睹了国家和人民遭受的苦难，中华民族面临的危亡，从而树立了以救国救民为己任的使命感。在近70年的漫长岁月中，朴老与中国共产党风雨同舟，亲密合作，为中国人民的解放事业和社会主义建设事业，为造福社会、振兴中华，为民族团结、社会进步，为发展佛教事业、保卫世界和平，都做出了卓越贡献。他的思想和精神内容丰富、博大精深，是我们佛教界不忘初心，在习近平新时代中国特色社会主义思想指引下，为实现中华民族的伟大复兴，和全国各族人民一道迈向更加壮阔的新征程的宝贵精神财富！

由于朴老在青少年时代就是一位虔诚的佛教徒，所以佛教信仰在他的一生中占有极其重要的地位。佛教诸行无常的宇宙观、诸法无我的人生观和大乘佛教的菩萨道精神，铸造了朴老爱国爱教、团结进步、拥党爱民的

---

* 圣辉，中国佛教协会副会长，湖南省佛教协会会长，长沙古麓山寺方丈。

思想品格。他曾经说过："从孙中山到毛泽东再到邓小平，百年来的中国发生了巨大变化。饱经磨难的中华民族，迎来了今天的盛世。同舟共济创伟业，肝胆相照写春秋。"

一 朴老为什么要提出佛教是文化

朴老作为新中国的宗教领袖，作为一位虔诚的佛教徒，面对"文革"以后佛教百废待兴的局面，他殚精竭虑、呕心沥血，推动了党的宗教信仰自由政策的落实。改革开放之初，尽管1982年党中央就下发了《关于我国社会主义时期宗教基本观点和基本政策》，要求全面恢复和贯彻落实党的宗教信仰自由政策，但是由于极"左"思想的影响，社会上有人仍将佛教视为"精神鸦片"和"封建迷信"，阻碍了党和政府对宗教政策的落实。对此，朴老为了让社会了解佛教，消除对佛教的误解，发表了《佛教和中国文化》《关于佛教与社会主义精神文明建设的关系》《要研究佛教对中国文化的影响》《佛教与中国文化的关系》等文章、讲话，着重宣传"佛教是文化"的理念。

而且为了增强说服力，朴老在许多场合提到了三个人：一个是毛泽东，一个是钱学森，一个是范文澜。毛泽东在延安时期曾对卫士李银桥说过，寺庙是"文化"，不是"迷信"。1988年钱学森在给朴老的一封回信中写道，"宗教是文化"，"我以为至少在社会主义初级阶段，文化建设还应包括宗教。宗教是文化事业"。范文澜在一次谈话中也提到："我正在补课，读佛书，佛教在中国将近两千年，和中国文化关系如此密切，不懂佛教，就不懂得中国文化史。"赵朴老提出这三个人是用心良苦，因为毛主席是开国领袖，范老是著名历史学家，钱老是当代大科学家，三个人分别是政治、文化、科学界的代表，都承认佛教是文化，这无疑为"佛教是文化"提供了非常好的佐证。

1991年10月，朴老在全国政协宗教委员会报告会上提到："佛教、道教同中国传统文化关系极为密切，在哲学、历史、文学、艺术、伦理等社会学领域，乃至医学、化学、天文学、生命科学等自然科学领域，都发生过重大影响，留下了丰富的文化遗产。""在未来的时代中，佛教必能一如既往，进一步与全人类的先进文化相结合，开出更绚丽的花朵。"这个讲话不仅充分肯定佛教与中国传统文化不可分割，佛教是中国传统文化诸多领域的重要载体，也肯定佛教能够与世界先进文化相融合，为社会主义精神文明建设发挥积极作用。

正是由于朴老在改革开放之初提出"佛教是文化"这一大智慧之举，有力地推动了当代中国佛教文化的复兴！也由于中国佛教文化的复兴，又有力地助推了党和政府对宗教政策的全面落实。本来"佛教是文化"是不成为问题的，因为佛教从印度传入中国，就是通过翻译佛经的最早的中外文化交流；又经过文化的弘扬而使佛教得到传播，教义得到阐释；再由于中国文化与印度文化在佛教的交流中，经过接纳、碰撞、交融、互补，从而使佛教不但成为中国特色的佛教，而且形成了以儒释道为主干的三足鼎立的中国传统文化格局。所以离开了文化，佛教也就不能传入中国；离开了文化，佛教的教义也得不到弘扬；离开了文化，中国的传统文化格局就不会完整。然而"佛教是文化"这么明白的道理，却经过"极左"路线的摧残而变得是非颠倒，使佛教一段时间内成为社会上人们谈之色变的"精神鸦片"和"封建迷信"，成为当时党和政府要全面贯彻落实宗教政策的思想阻力。而朴老一再提出"佛教是文化"，就是为了唤醒深藏在人们心中的文化自觉，从而达到文化自信，来正确客观地认识佛教。也就是说，朴老提出"佛教是文化"，实际上是一种思想的"纠偏"，而不是给佛教重新定义；因此，朴老突出佛教的"文化性"，并不是说"佛教等于文化"。因为佛教是经文化的弘扬，引导信徒将自己信仰的教义，落实到日常的修行中，通过修行得到证悟。所以，对朴老提出的"佛教是文化"还不能简单地理解为佛教就是一般意义上的文化。

朴老提出"佛教是文化"，不但有效地纠正了极"左"思想造成的社会偏见，协助党和政府全面贯彻落实了宗教政策，使佛教事业得到健康开展，更使佛教文化随着社会主义文化的大繁荣，呈现出复兴的新气象，从而体现了朴老的大智慧。

二 朴老协助党和政府恢复和贯彻落实宗教政策，消除"文革"对佛教的伤害

朴老始终怀着爱国爱教、爱党爱民的深厚情怀，站在国家和民族的整体立场上考虑问题和提出问题、解决问题。在"文革"后期，朴老写信给周总理、中央统战部的领导人，要求开放急需的佛教活动场所，在周总理和中央党政领导部门的关心支持下，浙江天台山国清寺、宁波天童寺、南京灵谷寺等若干寺院较早地得到修复和开放。在 1980 年第四届全国佛

代会上，朴老提出协助党和政府恢复贯彻宗教信仰自由政策，消除"文革"严重后果；1981年初，朴老亲赴闽、浙、沪、宁等地考察，推动了福建泉州开元寺等一些寺院交归佛教界管理。为了解决佛教急需的活动场所，他主持拟定了开放第一批全国重点寺院的建议名单。在他的努力下，中共中央和国务院于1983年批准开放了142座第一批全国重点寺院，为新时期佛教事业的发展和复兴奠定了重要的物质基础。通过朴老不懈的努力，理顺了寺院的管理体制，恢复了寺院宗教活动场所的基本职能，使其能更好地发挥教化社会、凝聚人心、促进民族和睦、开展对外交往的功能。为了解决佛教所需的经书，在艰苦的条件下，他主持恢复了金陵刻经处，保障了各寺院佛教经书的需求。

三　朴老高瞻远瞩重视对佛教人才的培养

为了培养佛教事业急需的人才，他不仅主持恢复了中国佛学院及栖霞山、灵岩山分院、闽南佛学院等全国30多所佛教院校，并于1982年在南京栖霞寺开办第一期僧伽培训班，1991至1993年又分别在九华山和广东云门寺举办了3期寺院执事培训班，培养了改革开放后第一批寺院管理人才。1986年和1992年，朴老先后两次主持召开全国汉语系佛教教育工作座谈会，提出了"全面规划，适当调整，协调发展"的方针，指出当前和今后相当长的时期内，"佛教工作最重要、最紧迫的事情第一是培养人才，第二是培养人才，第三还是培养人才"，并就调整教育规划和课程安排、组织编写教材、聘请教内外专家学者加强教师队伍、培养研究生、向国外派遣留学生等做出安排。正是这些重大举措，培育了大批佛教界的精英和骨干，补救了佛教界的人才断层。我作为"文革"后中国佛学院招收的首批本科生、第一批两名研究生之一，毕业以后能够为中国佛教事业承担一定的责任，就是朴老长期教育和培养的结果。

四　朴老统揽全局为当代佛教把关定向

为了探索在社会主义条件下佛教的发展道路和方向，朴老提出了发扬"中国佛教的优良传统"和提倡"人间佛教"为核心的基本发展思路。"人间佛教"最初为太虚大师所倡导，针对的是明清以来"经忏佛教""鬼神佛教"的弊端，目的是使佛教回归到关注现实、服务社会的正道上来。这一理念逐渐为人们所接受，并成为当前两岸佛教发展的主流。1983年，朴老在中国佛教协会第四届理事会第二次会议上，做了题为《中国佛教协会三十年》的报告，对"当代中国佛教应该向何处去"的重大问题作了特别的说明。朴老认为，中国佛教经历了近两千年的悠久岁月，佛教在历史上的成功，与中国佛教自身的优良传统是分不开的。因此，发扬"中国佛教的优良传统"和提倡"人间佛教"的思想，是当代中国佛教能够保持活力、继往开来的正确选择。朴老认为，人间佛教是佛教的根本精神，《增一阿含经》中的"诸佛世尊，皆出人间"，《六祖坛经》中的"佛法在世间，不离世间觉，离世觅菩提，恰如求兔角"，都重视人间、重视佛法与世间的融合。而人间佛教思想的核心，就是要奉行五戒、十善以净化自己，广修四摄、六度以利益人群，就要自觉地以实现人间净土为己任，为社会主义现代化建设这一庄严国土、利乐有情的崇高事业贡献自己的光和热。

朴老始终对中国佛教汉传、藏传、南传三大语系的团结发展关心备至，认为中国佛教所以能成为佛教的第二母国，就是因为三大语系具足，也是我们国家民族平等团结在佛教界的体现。

朴老为之提倡、总结、弘扬的中国佛教的三大优良传统：一是农禅并重的传统，二是注重学术研究的传统，三是国际友好交流的传统。发扬中国佛教"三大优良传统"和提倡"人间佛教"的思想，是朴老总结佛教的历史经验，并根据我国现时代的国情经过深思熟虑而提出的。这两大思想互为表里、各有侧重，从佛教的角度简明地阐述了宗教与社会主义社会相适应的关系，对于我们佛教界的工作具有很强的指导意义。

五　朴老因势利导以加强佛教自身建设、提高四众素质为基础工程

20 世纪 90 年代，佛教事业进入了发展的新阶段，针对佛教界在社会转型过程中出现的各种问题，朴老又适时地将加强佛教自身建设提上日程。在 1993 年中国佛教协会第六届全国代表会议所做的《中国佛教协会四十年》报告中，朴老从我国佛教的未来发展出发，提出全国佛教界都必须把工作重点转移到加强佛教自身建设、提高四众的素质上来。强调加强信仰建设、道风建设、教制建设、人才建设、组织建设，其中，"信仰建设是核心，道风建设是根本，人才建设是关键，教制建设是基础，组织

建设是保证。"朴老"五个建设"主张虽然已过了 20 多年，但这一主张仍然具有前瞻性，不仅没有过时，而在当前佛教界迫切需要加强教风建设、抵制佛教商业化的时候，更需要我们认真加以反思和总结。

六　朴老为祖国的统一大业所作所为功德无量

朴老作为伟大的爱国者，始终关注祖国的统一大业。1982 年中国佛教协会向香港佛教界赠送《乾隆版大藏经》，1986 年中国佛教协会专门成立"香港天坛大佛随喜功德委员会"，支持香港建造天坛大佛，密切了香港与内地佛教的血缘亲情。1988 年，在台湾当局刚刚开放台湾民众回大陆探亲时，朴老以敏锐的思维和超人的勇气，相继邀请台湾了中法师、圣严法师、净良法师、星云法师、净心法师、惟觉法师、慧律法师等大德高僧来访，打通了大陆与台湾佛教界往来的渠道，为两岸的友好联谊奠定了扎实的基础，使两岸的亲密无间的关系更加深入，对祖国的认同感得到了进一步的加强。从而才有了朴老往生后，2002 年春大陆佛教界护送佛指舍利赴台巡回供奉；2003 年在厦门南普陀寺举行"海峡两岸暨港澳佛教界为降伏非典国泰民安世界和平祈福大法会"；2004 年初海峡两岸佛教音乐展演团在中国大陆、台湾、香港、澳门和美国、加拿大等地同台巡回演出；2004 年 6 月大陆与台湾佛教界在金门举行"海峡两岸祈祷世界和平、消灾祈福水陆大法会"；2005 年元旦两岸暨港澳佛教界共同为遭受印度洋海啸灾害的国家和地区捐献善款；2005 年 4 月海峡两岸暨港澳佛教界在海南三亚召开圆桌会议，就召开"世界佛教论坛"达成《三亚共识》。这一切，不但进一步加深了海峡两岸佛教界的法缘、亲缘及血缘，亲情、乡情和友情，更展示了朴老为祖国统一大业所做的无量功德。

七　朴老对世界和平的贡献

为增进各国人民的友谊，维护世界和平，朴老开启了佛教国际交流和民间外交的新局面。和平是佛教的基本主张，自古以来就是连接中外文化友好交流的重要桥梁，也是朴老总结的中国佛教的三大优良传统之一。在展开佛教对外交往方面，朴老是新中国成立以来按照党中央的统一部署、积极从事佛教民间外交的杰出代表。从 1952 年朴老亲自打开中日佛教界友好交往的大门开始，到 1962 年中日两国佛教界、文化界共同发起的纪念鉴真和尚圆寂1200周年大型活动，都极大地促进了两国邦交正常化的进程。改革开放后，从1980年推动鉴真大师像回国探亲，到1983年提出中韩日三国佛教"黄金纽带"关系的构想，再到1995年召开的第一次"中韩日三国佛教友好交流会议"，朴老所构建的中韩日三国佛教友好交流的基本思路和组织构架，谱写了新时期三国佛教和平友好交往的新篇章。

朴老是一个非常有智慧的佛教外交家。早在1961年，朴老作为中国代表出席印度新德里召开的"世界和平理事会"。在会议前夕举行的"纪念泰戈尔一百周年诞辰"活动中，突然出现反华叫嚣，会场气氛顿时紧张起来。此时，该退场还是继续发言？只见朴老手持发言稿，沉着地走上台，严正声明："我们中国是抱着友好情谊来纪念泰戈尔的，下面我的发言可以证实这一点。我想，如果泰戈尔还在，他一定会为今天的事感到耻辱和愤怒的。他绝不允许别人利用他的名义来破坏中印友谊……"结果，朴老正义诚挚的发言引来潮水般的掌声。

朴老在对外友好交流活动中，对我有言传身教之恩。记得1992年，朴老率团访问韩国，我们五人代表团成员与朴老朝夕相处，从一点一滴的平凡之中体会到他老人家非凡的人格力量。记得从汉城出发去济州岛，临上车之际，韩国佛教观音宗一位年老僧人慕名赶来，热情地向赵朴老夫妇致敬并攀谈起来。当时汽车已经发动起来，我急了，背着朴老夫妇向韩国朋友们很客气地示意，请他们让朴老上车。尽管朴老耳朵不灵敏，他还是敏锐地感觉到了我的用意，马上回过头来，用温和而责备的眼神看了我一眼。由于翻译暂时未赶到，而且韩国老人都认识汉字，所以朴老索来纸笔和韩国法师们笔谈起来。直到十来分钟后，工作人员上前催劝，韩国老年法师才心满意足地离去。后来在我担任中韩日三国友好交流联络委员会中方团长的那些年里，我在与韩国、日本佛教界朋友们交往时，在他们那里一再感受到对朴老发自内心的敬重与亲近，也就自然地在眼前浮现出朴老那温和而责备的眼神。他老人家不仅慈悲培养我走上国际友好交往的舞台，而且教我怎样赢得真正的朋友！朴老大我五十岁，他老人家呵护我、培养我、提携我，使我成为一个拥护共产党、热爱祖国、热爱佛教的僧人；每当夜深人静时，就感到朴老那慈祥、睿智的眼光还在看着我，在问我：你的学习是不是有进步？你的修行是不是有进步？你的道德是不是有进步？你的身体是不是有进步？并时时鞭策我，要我不管身在顺境还是逆境，都不要丧失人格、僧格、国格。

八　学习朴老，在新时代新征途中，谱写佛教中国化的新篇章

以上点点滴滴，仅仅是朴老为中国佛教事业所做巨大功德的冰山一角。朴老的一生为了国家和民族的和平奔走呼号，致力于中外友好交流活动与和平促进活动，为维护亚洲和平和世界和平做出了不可磨灭的功绩，被尊为"二十世纪伟大的和平使者"。朴老，以其爱国爱教、护国利民的思想情怀，把佛教的教义圆融于中国共产党领导的建设中国特色社会主义伟大事业之中；圆融于维护民族和国家的尊严，捍卫国家领土和主权的完整之中；圆融于促进祖国和平统一的伟大事业之中；圆融于促进中国佛教界与世界各国佛教界友好交往的伟大事业之中。

朴老的一生，是有着非凡的胆略和超人的勇气的一生，这种胆略和勇气来自朴老一生一直奉行的至大至刚、至坚至利的金刚精神。不论是在自己的宗教情操修养上，还是在爱国爱教对外社交方面，都体现了朴老在坚持维护宗教界利益同维护国家整体利益相统一的拳拳之心，体现了他为国家、为人民、为宗教，敢于建言献策的博大胸怀和崇高风范。

"千载胜缘逢盛世，好将佛事助文治"，这是朴老生前常用的一句话。实干兴邦，空谈误国！在中共十九大的报告中，习主席向我们发出了"不忘初心，牢记使命，高举中国特色社会主义伟大旗帜，决胜全面建成小康社会，夺取新时代中国特色社会主义伟大胜利，为实现中华民族伟大复兴的中国梦不懈奋斗"的伟大号召，提出了新时代、新思想、新目标、新征程的时代宣言。而我们今天举行"赵朴初与当代中国佛教文化复兴"学术研讨会，就是要学习朴老的品德，吸取朴老的智慧和力量，继承朴老爱党爱国爱教的精神，发扬朴老关于佛教"五个建设"和"人间佛教"的菩萨行，在十九大确立的习近平新时代中国特色社会主义思想的指引下，与全国人民一道迈上新的征程，为实现中华民族伟大复兴的中国梦，为佛教的中国化谱写新的篇章，为世界和平做出佛教应有的、积极的贡献！这才是对朴老诞辰110周年最好的纪念。

纪念朴老诞辰 110 周年

刀述仁[*]

今年 11 月 5 日，是赵朴老诞辰 110 周年的纪念日，嘏寿将届，不免追忆往昔，朴老音容俱在，栩栩而来！

但凡发大心愿之人，也一定是趁时就因而担当的，朴老的一生，印证着一代佛教领袖的这样一种情怀和责任。

朴老自小所奠定的良好的佛教教育和综合素养，为其一生的奉献付出提供了源源不断的源泉，在每一个历史的时期，都为中国佛教，乃至国家、社会做出了杰出的贡献。

新中国成立前，当山河破碎，生灵涂炭之际，朴老用佛教这样一个特殊的平台，在抗日战争、解放战争中都做出了很多贡献。

新中国成立后，在党和政府的领导下，赵朴老为成立新中国自己的佛教组织呕心沥血，终于在 1953 年，第一次成立了汉、藏、南传佛教全部包含在内的新中国佛教协会，有史以来第一次把三大语系佛教聚拢在一起，这只有在中国共产党、毛主席领导下的新中国，才能实现。这是赵朴老的机缘，更是他的担当！在各种错综复杂的关系中，朴老做了许多艰难的工作，显示了他的坚韧和智慧。在面对汉地佛教百废待兴的同时，朴老也没有忘记边疆少数民族地区佛教的事业，比如，朴老把藏传佛教的喜饶嘉措请到北京来担任会长，请南传佛教的祜巴勐担任副会长，这都是开创性的工作，为中国佛教的健康发展奠定了坚实的基础。

"文化大革命"后，面对遭到严重冲击破坏的全国佛教，大量落实党的宗教政策的工作摆到了面前，朴老亲自领导，有序地、一步一步地扎实推进工作，使中国佛教尽快步入了发展的正轨，为信教群众及早提供了服

---

* 刀述仁，中国佛教协会原驻会副会长兼秘书长。

务工作。

面对中国佛教的发展，朴老进行了认真的思考，鲜明地提出抓紧培养人才的必要性和紧迫性，他对中国佛教工作重点第一、第二、第三都是培养僧才的论述如今已经深入人心，处处印证。朴老在拨乱反正后工作重点之一就是建设佛学院，如今全国主要寺院堪当大任的僧才，大多是通过佛学院所培养的，佛教这龙象纷呈的硕果，来自朴老的高瞻远瞩和积极培植的善因。

1990年12月，朴老已经83岁的高龄了，仍然不辞辛劳来到云南、来到西双版纳，主持召开了我国有史以来第一次南传佛教工作会议，有力地推动了南传佛教事业的发展，开启了南传佛教积极投身社会主义建设的新篇章，意义非凡，影响深远。在这次会议上，朴老结合云南实际情况，第一次提出并深刻阐述了宗教在我国的五性（群众性、民族性、国际性、复杂性、长期性），成了我们工作的重要理论依据。

在中国宗教与世界交流，特别是佛教在国际的交流上，赵朴老是做出了开创性的积极贡献的。中国佛教在世界宗教范围内所建立的交流机制和友谊，至今生生不息。

高举爱国爱教旗帜，如何更好地实践人间佛教，进而更好地与中国共产党领导下的社会主义社会相适应——这在朴老的思想和行动上是有着深刻的思考和具体的行动的，有许多探索和贡献。我有幸在朴老的身边工作十多年，在朴老的关心爱护下，我学习了很多，受益很多，在亦师亦友的相处中，我们建立了深厚的情谊。朴老去世后的这么多年，他的音容笑貌，时常浮现在眼前，十分怀念！

近年来，佛教工作在党和国家持续有力的领导下，已经取得了长足的发展。特别是党的十八大以来，中国取得历史性成就的同时，包含佛教在内的社会方方面面所取得的发展进步是坚实的。在刚刚胜利闭幕的党的十九大上，习近平新时代理论的提出和确立，极大地振奋人心、鼓舞士气，为包括佛教在内的各行各业指引了更新的奋斗目标。在这样的新时代、新气象、新感召下，继承和发扬朴老的精神，将中国佛教工作更好地融入新时代的伟大事业中，将是我们纪念朴老最好的方式！

不改初心，不负时代。

谨以此纪念朴老！

在"赵朴初与当代中国佛教文化"学术研讨会上的致辞

王海生*

尊敬的各位专家学者、各位法师、各位同仁：

大家上午好！党的十九大刚刚胜利闭幕，今天，我们在习近平新时代中国特色社会主义思想的指引下，齐聚一堂，怀着无比崇敬的心情参加"赵朴初与当代中国佛教文化"学术研讨会，值此赵朴初先生诞辰110周年之际，重温和回顾赵朴初先生对当代中国佛教文化的复兴做出的贡献。此次会议由中国社会科学院东方文化研究中心、湖南省佛教协会船山文化研究中心、安徽省赵朴初研究会共同举办。与会的嘉宾有佛教界的朋友、学术界的朋友，还有来自赵朴初先生故乡太湖县的朋友。在此，我谨代表中国社会科学院哲学研究所，向各位来宾的到来表示诚挚的欢迎和感谢！

赵朴初先生是中国共产党的亲密朋友，杰出的爱国宗教领袖，也是著名的社会活动家、诗人、书法家。他一生追求进步、探索真理、孜孜以求、矢志不移。在近70年的漫长岁月中，他与中国共产党风雨同舟，亲密合作，为维护民族团结和国家和平统一、推动世界各国佛教界友好交往做出了卓越的贡献。

赵朴初先生与毛泽东、周恩来、邓小平等中共中央几代领导人有着亲密的友谊。他长期担任民进中央和全国政协的领导职务，积极建言献策，发挥参政议政和民主监督的作用，为发扬同中国共产党团结合作的优良传统，为巩固与发展爱国统一战线，为坚持中国共产党领导的多党合作和政治协商制度，为建设有中国特色的社会主义事业，付出了心血和汗水，做

---

* 王海生，中国社会科学院哲学研究所副所长。

出了重要贡献。

新中国成立前，赵朴初先生为上海的抗日救亡活动做了许多工作，曾经担任上海文化界救亡协会理事。新中国成立初期，百废待兴。赵朴初先生在担任华东民政部、人事部副部长期间，为华东地区和上海的经济恢复及安定群众生活做了大量工作。他无限热爱祖国，曾在诗中袒露心曲："母兮吾土，报恩无有穷已"。改革开放以后，他适时地提出与社会主义社会相适应的"人间佛教"的思想，将中国佛教推向一个新的时期。

赵朴初先生在担任中国佛教协会副会长、会长的几十年里，一直致力于引导佛教与社会主义社会相适应，以他高瞻远瞩的眼光，脚踏实地的实践工作以及淡泊圆融的处事风格，以中国佛教协会作为工作重心，领导全国的佛教徒紧密团结在中国共产党和人民政府周围，既为佛教自身的发展争取了更多的社会支持，也为新中国的建设提供了诸多助力。

赵朴初先生一生中有很多睿智的观点，其中最著名的是"佛教是文化"。赵朴初先生提出这一论断大概在20世纪80年代中期，当时社会上正流行批判"宗教神学""打倒封建迷信"。赵朴初先生审时度势地提出这一观点，并经常引用毛泽东主席的话作为依据来论证和推广。他的用意是：佛教包容着丰富的文化内涵，所以发掘、继承佛教文化的精华和优良传统是弘扬中华民族文化、促进社会主义精神文明建设的重要组成部分。赵朴初先生希望通过提倡"宗教是文化"，改变人们对宗教的认识模式，扩大佛教进入社会生活的基础。这一个观点至今都影响着国家对待宗教问题的思路。

2014年，习总书记在联合国教科文组织发表演讲时也阐述了同一个观点，认为佛教产生于印度，传入中国后，同中国的儒家文化和道家文化融合发展，最终形成了具有中国特色的佛教文化。这一佛教文化是中华优秀传统文化的重要组成部分，对于中国人的宗教信仰、哲学观念、文学艺术、礼仪习俗都产生了深远的影响。在十九大报告中，习总书记指出，中国特色社会主义文化的根源是中华民族五千多年文明历史所孕育的中华优秀传统文化，并主张要"深入挖掘中华优秀传统文化蕴含的思想观念、人文精神、道德规范，结合时代要求继承创新，让中华文化展现出永久魅力和时代风采"。这意味着，佛教作为中华文化的重要内容，在今天的社会依然有着非凡的价值，值得我们珍惜和继承。

此外，赵朴初先生始终注重学术研究，培养专业人才。强调佛教自身理论的发展和对中国文化的参与，鼓励僧人去钻研佛教哲学、文学、艺术、历史等宝贵文化遗产，既打开了佛教教学和研究工作的新局面，也为社会主义精神文明建设做出了贡献。从 1981 年起，中国佛学院先后选送几批品学兼优的毕业生去日本、斯里兰卡、英国等国的高等院校和佛学研究机构进修深造。此举不仅践行了中国佛教注重学术研究的优良传统，更为中国人间佛教走向二十一世纪储备了新生力量。

同时，赵朴初先生一生致力于中外友好交流活动，强调佛教作为共同信仰与亚洲乃至全世界范围内其他文化传统的交流与联结。1980 年，他推动和组织了鉴真和尚塑像回中国探亲活动，掀起了中日民间友好交流往来的高潮，为中日邦交正常化奠定了群众基础。在今天国家"一带一路"政策的大背景下，赵朴初先生于九十年代初提出的"佛教是联系中日韩人民的'黄金纽带'"这一思路更是具有很强的参考意义。

斯人已逝，精神长存！赵朴初先生曾在遗嘱中表达了自己的生死观："生固欣然，死亦无憾。花落还开，水流不断。我今何有，谁与安息？明月清风，不劳寻觅。"在生死中完成"人间佛教"的嘱托，在花开花落中担负重建中国佛教的重任，在一无所有中将此身心奉尘刹，在明月清风中寻觅着佛陀和祖师大德的悲智行愿。赵朴初先生所留下来的宝贵精神财富也是与实现中国梦密切联系的，它会继续指引着我们的前进方向，帮助中国的佛教思想文化与时俱进发展，促进佛教文化在培育和践行社会主义核心价值观方面发挥积极作用。我相信，随着我国经济社会不断发展，综合国力不断提升，对外交流不断扩大，作为集中华文化发展之大成的中国佛教文化必将焕发出更加蓬勃的生命力，在人类文明交流互鉴中发挥重要作用。

最后，感谢精心筹办此次会议的中国佛教协会副会长、湖南省佛教协会会长圣辉法师及船山佛教文化研究中心，也同样感谢安徽省赵朴初研究会的支持，在短短几个月内筹备了一场如此庄严而隆重的会议，为大家提供了很好的环境和条件。

我在此预祝本次大会圆满成功，也祝各位与会来宾六时吉祥！

谢谢大家！

赵朴老韵文的禅意

朱小健[*]

 我们今天能够举办"赵朴初与当代中国佛教文化"学术研讨会,其实应当感谢包括朴老在内的前辈们的努力。大概是在 1976 年,在我当时工作的安徽省安庆地区水电勘测设计队里,流传着一本薄薄的油印《南行杂咏》,内容是朴老的几十首诗词曲。当时,那是我们青年工人在毛泽东和郭沫若诗词之外读到的唯一韵文作品。青年人私下传抄,一时为其独特的风格所迷。可以说,那本小册子至少在我的家乡影响了一代人的文化生态,为几乎被"文革"摧残殆尽的传统文化保存了种子。正是朴老他们的作品和他们对中华优秀传统文化的坚持,成就了今天我们无比贴近中华民族伟大复兴的新时代。

 回顾人类历史,宗教与文化几乎同时发生,密不可分。宗教在中华民族繁衍壮大的历史上也发挥过重要作用。佛教从异域传入中国,经过与儒家文化和道家文化融合发展,形成了具有中国特色的佛教文化,早已成为中华传统文化的构成。佛教文化对中国人的宗教信仰、哲学观念、文学艺术、礼仪习俗都有深刻影响,还通过佛教的传播影响到日本、韩国、东南亚乃至世界更多地方的人们。不深入研究中国的佛教,就难以全面深入地把握中华传统文化。习近平主席指出:"要使中华民族最基本的文化基因与当代文化相适应、与现代社会相协调。""要系统梳理传统文化资源,让收藏在禁宫里的文物、陈列在广阔大地上的遗产、书写在古籍里的文字都活起来。"[①] 这体现着实现中国梦的文化战略。我们的研讨,正是为

---

* 朱小健,北京师范大学人文宗教高等研究院常务副院长、教授。
① 《习近平在中共中央政治局第十二次集体学习时强调建设社会主义文化强国　着力提高国家文化软实力》,载《人民日报》,2014 年 1 月 1 日 01 版。

016

"三个活起来"而尽的绵薄之力。

朴老是社会活动家，也是造诣颇深的诗人、书法家。他创作的诗词曲作品，目前我们看到的有 1700 多首，23 万多字，还有众多为人题写的联句。其诗词曲有唱和之作、咏物之作、纪事之作，也不乏抒情之作，这些韵文作品，功力深厚，内涵丰富，体现着朴老的人格情怀。

本文试从朴老诗词曲中所含禅意的角度，谈谈自己阅读朴老作品的心得，就教于方家。我这里说的"禅意"，是指朴老韵文蕴含的悲悯情怀，略同于"佛心"，即"大慈大悲之心"，① 而非仅指通常所说的"清静寂定的心境"。② 这种禅意，也许正是朴老韵文的本质。这种禅意的精神个性和表述特色是朴老韵文特别值得我们关注的地方。

一 朴老韵文禅意的精神个性

诗言志，朴老的韵文，有着独具的精神个性，主要体现在居士的心境、社会活动家的心胸、特殊语境的应对、创新形式的追求四个方面。

1. 居士的心境

对一种宗教的研究，大致可分两类：一为纯学术的研究，研究者身在局外，并不信仰该宗教，当然并不排除因研究而生的对研究对象的喜爱。一是本身信仰该宗教，则其研究带有自身的宗教体验，与不信仰该宗教者并不完全相同。体现在韵文创作上，作为佛教徒的诗人其作品也自然常常会带上佛教文化的烙印。读朴老的作品，你会在不经意间体味到浓浓的禅意。

朴老正式皈依佛门一般被认为是 1935 年在上海圆明讲堂经圆瑛法师介绍成为居士。然朴老自幼生活在二祖、三祖活动的太湖和有佛教氛围的家庭，使其幼年已萌向佛之心。如：

---

① 汉语大词典编辑委员会、汉语大词典编纂处：《汉语大词典》第 1 册，汉语大词典出版社，1990，第 1286 页。
② 汉语大词典编辑委员会、汉语大词典编纂处：《汉语大词典》第 7 册，汉语大词典出版社，1991，第 952 页。

《失题残句》（1927/1）①

江南五月风如酒，一路山花醉眼看。

其年朴老刚二十岁，已具物我相宜之禅意。

《江南好二首》（1932/1）

江南好，流水绕人家。浅盏芬甘尝芡实，曲栏清艳倚莲花。往事
记些些。

江南好，吹梦落花风。小阁诗来人去后，高楼箫起月明中。逸兴
与谁同？

显然清新诗风中的静寂隐隐折射禅心，莲花、明月的意象更是佛家专
有寄意物。又：

《宁沪列车中作》（1932/1）

冷意初凝借茗浇，重围袭耳语嘈嘈。

空山践约知何日？独向人群味寂寥。

此诗1997年朴老91岁时曾重书，暮年回看人间世，几人般若到彼
岸，或有曲高和寡之感吧。

《二月四日，访鼓山（四首）一》（1981/307）

撑柱南天是此山，梵宫气象罕能班。

何当尽遣浮云去，满月清华照世间。

鼓山自然风光美，到访者未必皆有朴老此心。

《赠熊猫》（1985/381）

随缘所至众欢喜，温文尔雅其容止。

不可一日无此君，故应称号竹居士。

一称竹居士，尽现普度之情，以"随缘"开篇，亦显禅意。

---

① 本文所引朴老韵文，依据《赵朴初韵文集》，上海古籍出版社，2003。括号中的数
字，前为作品创作年份，后为作品在《赵朴初韵文集》中的页码。

《敬题〈赵州禅师语录〉》(1992/580)

平生用不尽，拂子时时竖。

万语与千言，不外吃茶去。

此诗末句广为流传，甚至超过赵州和尚的"吃茶去"。许嘉璐先生关于中华文化的传承传播有"一体两翼"说，① 其中一翼就是茶。朴老韵文多有咏茶记茶者，亦多含佛意。

《吟哦从何起》(1999/734)

试看吟哦从何起，尽从这里涌出来。

十身赫赫唯心契，一念明明与世乖。

情卸娑婆皆净土，见除瓦砾尽珍台。

行人莫但东西执，九品莲花处处开。

此诗或可视为朴老于自己韵文的总评。要之在家居士的心境，形成与一般人不同的意象与诗意。

2. 社会活动家的心胸

在家居士而兼社会活动家，使朴老韵文在为社会进步造福民众生活歌唱时，多了一份悲悯。

《哀辛士》(1941/3)

岂能北辙又南辕？无北无南八表昏。

信有修能遭众嫉，竟教积毁铸沉冤。

鸱枭在室悲弓折，魑魅甘人可理论？

逼窄江南容后死，弥天泪雨望中原。

此诗系 1941 年为皖南事变作，辛士，是新四军的谐音。悲愤底面是对众生迷妄的怜悯。

《太虚法师挽诗》(1947/7)

旬前招我何为者，付我新编意倍醇。

遗嘱分明今始悟，先几隐约话头参。

---

① 许先生说的"一体"指儒释道哲学，"两翼"一是中医，一是茶文化。参见许嘉璐《未达集》，中国社会科学出版社，2015，第 59、67、77 页。

神州风雨沉千劫，旷世光华掩一龛。

火宅苇儿应不舍，再来仁见雨优昙。

太虚法师 1947 年逝世前十日，曾电话招朴老至玉佛寺相见，赠其《人生佛教》一书。诗中"遗嘱"谓期其"拨冗常到佛教会"，"话头"指太虚法师说"当离此赴无锡、常州"暗示"无常"。朴老 1945 年底参与创建中国民主促进会，积极推动民主革命进程，"神州风雨沉千劫，旷世光华掩一龛"既是对太虚法师的颂扬，亦是为民为国献身出力的自期，这种人间佛教路向，非仅自修度己，更有治平之思。而其寄望于努力护法，则有别于普通社会活动家。

《和无文禅师游晋祠诗》（1957/36）

唐碑宋像夸文物，治道于今视小鲜。

会见和平齐着力，万方同庆月轮圆。

思治国之道，存弘法之心。如果说这是就体现中华传统文化的晋祠文物而思，下面这首作于埃及的小诗则饱含着对人类福祉的期盼。

《骑骆驼过人狮像》（1957/40）

头巾飞舞骋明驼，扬臂惊沙扑面多。

我欲与君商一谜，田畴大漠待如何。

面对古希腊斯芬克斯拦路之谜，朴老欣赏的不是骆驼的善走、沙漠的辽阔，而是化荒漠为田畴的祝愿。

《九十述怀诗》（1996/700）

九十犹期日日新，读书万卷欲通神。

耳聋不畏迅雷震，言笑能教远客亲。

曾助新军旗鼓振，力摧谬论海天清。

千年盲圣敦邦谊，往事差堪启后生。

九十回首，自许有成，所举七事：求日新、读书通神、历乱不移、为国交游、助新四军、斥印挑衅、促日邦交，无一不关社会活动，亦无一不本佛教徒立场。即如助新四军事，其自注云："当时中共中央曾对此有文表扬，然不知是佛教徒之所为矣。"可见以佛教徒而为社会贡献的特色。

3. 特殊语境的应对

朴老从安庆天台里世太史第走来，历清末、民国、新中国，于积贫积弱时奋力，推中华文化之传承，不遗余力。他曾解释《九十述怀诗》"耳聋不畏迅雷震"句云："俗语聋子不怕雷，人尽知之也。然雷有自然之雷与社会之雷，未必尽人知之，而余皆亲历之也。"他在不同的环境中，总以赤子之心葆一正念追求。既有逢盛事的《颂宪草》（1954）"可真实现了中国人几千年来的梦想"的感叹，《我参加了宪草初稿的讨论》（1954）"'宗教信仰自由'，一句话就很够，不能再加上什么，多说了反会有遗漏"的睿智，也有《让宪法进庙门》（1959）"让宪法进庙门，也就是让佛教涤瑕荡垢，重现光明，也就是让佛教徒真正享受宗教信仰自由，'诸恶莫作，众善奉行'"的期盼。其"文革"中所作三首就是这种持心不移的写照。

《砚者，立言之一资也。作〈日箴〉以铭吾砚》（1967/158）

> 居下危言，居上慎言。
> 言之不危，过失莫追。
> 言之不慎，咳唾万命。
> 下不敢言，上者之愆。
> 上不慎言，下者之冤。

此诗为讽"文攻武卫"谬说作，几近为民请命。

《索居》（1968/163）

> 风起花非昨，螺旋古又今。
> 玄黄龙战野，汗雨凤曦翎。
> 高阁蝉书旧，弥天像教新。
> 索居吾已久，问难向何人？

索居非为求己安，盖由禅心济世难。

《临江仙　夜梦江上有巨舟载云旗鼓楫而过。舟中男女老幼，皆轻裾广袖，望若神仙。中有一人，似小时无猜之友，方欲招之与语，忽空中落花迷眼，转瞬舟逝，怅然久之。醒作此词以志异》（1969/167）

> 不分相逢悭一语，仙舟来去何因？弥天花雨落无声。花痕还是

泪？襟上不分明。

　　信是娟娟秋水隔，风吹浪涌千层。望中缥缈数峰青。抽琴旋去轸，端恐渎湘灵。

此词非纪梦，乃记文革。"弥天花雨落无声"，谓伏尸流血，举国若狂，乃不用枪炮之内战。"抽琴""去轸"，谓欲言而不能言、不敢言。这类作品，是腥风血雨中的坚韧，是持心济世的圆融。所以朴老说："诗书作筏，弘法度生，最多方便。"

4. 创新形式的追求

"九十犹期日日新"，朴老韵文的求新是内容形式全方位的。其《芥菜》（1986/405）谓"幼读千文知菜重，年将八十始尝新。潮州此物最堪忆，天下无双芥有孙"。每有所得，皆为欢欣。其自度曲、汉俳等，均于创新中得自在。即便用旧词牌古曲调，亦每有出新处。体现的亦是精进的精神。

居士、社会活动家的角色，特殊的语境和形式，使朴老韵文的禅意柔和温润，坚韧厚重，随缘喜人。

二　朴老韵文禅意的表述特色

展读朴老韵文，其蕴含禅意的表述可见四个特征：一为总由实景出禅意，常为社会鼓与呼；一为本或非佛举，却化为禅心；一为咏事非为事，持我度人心；一为返朴归真思度众，悟初笃静养精神。

1. 总由实景出禅意，常为社会鼓与呼

总由实景出禅意，即一心系万众，任何景事均以慈悲观之。

《清平乐　承德四面云山亭远眺》（1980/295）

　　云山四面，叹画中难见。叠叠屏峰如浪卷，卷起人天宫殿。雄图料理经楼，霸才经略芳洲。怎得万般如意？休忘一棒当头。

四面云山亭、如意湖、磬锤峰固为承德避暑山庄及周边景物，然纳之入词，万般如意，一棒当头，均具佛禅。

常为社会鼓与呼，即为推人间佛教，于社会进步最关心。

《游灵岩山，呈谢孝思画师暨诸同志》（1980/281）

> 欣随谢公屐，重上吴王台。
> 湖山观意态，林木感兴衰。
> 梵呗断还续，慈乌散复来。
> 柳条见春色，画境逐云开。

梵呗得续，慈乌复来，非止丛林得益，更是社会发展。

2. 本或非佛举，却化为禅心

咏物咏事，常有物事自然，经朴老诗词而具禅心者。

《赠奥比斯眼科飞行医院》（1987/487）

> 众生病有尽，大悲心无限。
> 光明照十方，千手开千眼。

奥比斯治眼救众，本非起于佛徒，而其事合佛理。"大悲""光明"
"千手千眼"既揭示了此举与佛心通，更令人向往其举之境界。

《读冯冯著〈太空科学核子物理学与佛理的印证〉》（1988/495）

> 光速非最速，斯言获我心。
> 信知禅定力，无限释潜能。

朴老信人有无限潜能有待释放，实源信佛有无限法力。

3. 咏事非为事，持我度人心

《闲情偶寄五首》（1969/164～165）

> 《抟煤球》
> 变化寻常事，丸泥理可通。
> 今朝通手黑，明日彻心红。
> 《捡煤核》
> 细向心中检，然而有不然。
> 冷灰犹可拨，试看火烧天。
> 《扫雪》
> 何处不东风？温生凛冽中。
> 扫尽一路白，待看万山红。

《大扫除》

空言志澄清，何如勤洒扫。

峥嵘万古尘，一洗天下小。

《拆纸花》

摧拉枯朽尽，铁骨独留枝。

好待东风信，新花众妙持。

"变化寻常事""然而有不然"，是不是禅意无限？"何如勤洒扫"，是否令人想到南顿北渐？

《花非花　南京雨花台所产雨花石实为玛瑙，色彩缤纷，文理奇丽，稍加磨治，益见晶莹》（1980/303）

花非花，石非石。暮之霞，朝之日。千磨坚实见丹心，百拂圆融昭素质。

花非花，石非石，从小小石头中看到圆融，非真佛子不能为。

4. 返朴归真思度众，悟初笃静养精神

返朴归真，悟初笃静，是朴老名源。朴老正是本此初心，养己精神，牢记使命，奋斗终生。

《八芳园夜宴口占》（1955/23）

天青瓷碗漆花盘，白饭清茶佐泽庵。

领略禅家风味好，东京诗境八芳园。

每食以茶泡饭，嚼酱萝卜，谓为茅蓬风味，正是不忘初心。

《故乡人来，为司空山索题》（1986/428）

久萦魂梦故乡山，赤岩悬，彩云间。太白书声，流水听潺潺。欲问可公消息在，空谷石，与心安。

司空山上有太白读书堂，有无相寺（二祖寺），禅宗二祖慧可道场。"欲问可公消息在，空谷石，与心安"，正是牢记使命。

我们从朴老韵文中感知的禅意，清新温暖，没有半点枯涩艰深，也没有拒人千里的冷冽。这应该源于朴老的佛心和修养，体现着佛教教义提倡扬善抑恶、平等宽容、扶贫济苦的精神。这样的禅意，正为当下社会所急

需。本文所涉朴老韵文禅意仅为列举，未及深入，固因健学识谫陋，无力探其妙于万一，然亦窃以为其妙正宜涵泳，不必借助分析。倘诸君因而措意展读朴老韵文，相与品味，则健何幸之！

沿着人间佛教道路奋进奉献，迎接小康社会

——纪念赵朴初居士诞辰 110 周年

杨曾文[*]

2012 年 11 月 29 日，习近平总书记在参观《复兴之路》展览时指出：实现中华民族伟大复兴就是中华民族近代以来最伟大的梦想。2012 年 11 月 17 日，在十八届中共中央政治局就贯彻十八大精神举行集体学习时，习近平指出：高举中国特色社会主义伟大旗帜，团结带领全党全国各族人民，在中国共产党成立 100 年时全面建成小康社会，在新中国成立 100 年时建成富强民主文明和谐的社会主义现代化国家。自党的十八大以来，"中国梦"和"两个一百年"的号召是指引和激励中国各个领域各条战线中华儿女奋勇前进的极大动力。

值此纪念中国佛教协会前会长赵朴初居士诞辰 110 周年之际，我们缅怀他一生的光辉事迹，特别是他在进入改革开放新时期以后积极协助党和政府落实宗教政策，适时地倡导与社会主义社会相适应的"人间佛教"，为推进佛教文化事业迅速发展做出卓越贡献，对于继承他的遗志和未竟之业，坚持佛教中国化方向，继续实践富有进取精神的人间佛教，以无愧于时代的新奉献来迎接即将到来的第一个一百年目标的实现——全面建成小康社会，是很有意义的。

以下仅就本人对赵朴初居士的了解，概要回顾在中国进入改革开放新时期以后他为佛教事业所做出的卓越贡献，并借此机会谈谈自己的一些想法。

一 新时期之初协助落实政策，致力恢复佛教组织和活动

"文革"结束后，随着举国"拨乱反正"的进行，以赵朴初居士为代

* 杨曾文，中国社会科学院荣誉学部委员、世界宗教研究所研究员。

表的中国佛教界协助党和政府落实宗教信仰自由政策和各项法规，致力恢复各地佛教寺院、佛协组织和宗教活动，做出巨大贡献。

1980年底，中国佛教协会举行了第四届全国代表会议，总结落实宗教政策的情况和经验，明确新时期佛教的任务。在这次会议上，赵朴初居士当选为中国佛教协会会长。1983年是中国佛协成立30周年，在12月召开的佛协四届理事会二次会议上，赵朴初居士做了《中国佛教协会三十年》的报告，回顾佛协三十年来取得的成绩和基本经验之后，提出"人间佛教"思想。此后在1987年、1993年中国佛协五次、六次代表会议上，赵朴初居士皆被选为会长。

在赵朴初居士的指导和各级佛协、寺院僧俗信众的共同努力下，从"文革"结束后开始落实宗教政策，在恢复与开放寺庙、健全组织、培养佛教人才、发展佛教文教事业等方面皆取得重大进展，使中国佛教顺利地进入与社会主义社会相适应的新的历史时期。

二 提倡"人间佛教"，推进佛教与社会主义社会相适应

赵朴初居士在1983年中国佛协四届二次会议上做的《中国佛教协会三十年》纪念报告中，明确地倡导"人间佛教"思想，继承和发扬中国佛教的农禅并重、注重学术研究、国际友好交流三大优良传统。他在1987年佛协五届会议做的报告中再次阐释了这一思想，新修订的佛协章程也将"提倡人间佛教积极进取思想，发扬佛教优良传统"载入第二条。

赵朴初居士倡导的"人间佛教"可以概括为以下内容：爱国爱教，修持五戒、十善及大乘菩萨四摄、六度等戒规和道德理念、规范；关心社会，致力于"庄严国土、利乐有情"，为社会主义现代化建设积极奉献；发扬中国佛教农禅并重、注重学术研究和开展国际友好交流的优良传统；加强自身建设，发展佛教文化和教育事业；维护法律尊严、人民利益、民族团结、社会和谐，维护祖国统一。可以说这是一条能够促使中国佛教与时俱进，与社会主义社会密切适应的道路。

三 针对佛教界出现的问题，要求加强自身建设

在佛教事业进入恢复振兴和发展的新的历史阶段，针对佛教界在社会转型过程中出现的种种败坏佛教声誉的不良风气和现象，以赵朴初居士为

代表的佛教界领袖适时地将加强自身建设的任务提到日程。

在1993年中国佛协第六届全国代表会议上，赵朴初居士做《中国佛教协会四十年》报告，对佛协以往非凡历程和改革开放后取得的成绩进行回顾总结，对佛教与社会主义社会相协调的这一重大问题做了阐释，特别强调：根据当前的形势和我国佛教的实际情况，着眼佛教事业建设与发展的未来，各级佛教协会和全国佛教界都必须把注意力和工作重点转移到加强佛教自身建设、提高四众素质上来。加强佛教自身建设，就是加强信仰建设、道风建设、教制建设、人才建设和组织建设。这五个方面，信仰建设是核心，道风建设是根本，人才建设是关键，教制建设是基础，组织建设是保证。可以说，这一要求至今没有过时，加强自身建设仍是今后佛教界继续贯彻的重大任务。

四 强调佛教是文化，拓宽佛教融入社会的渠道

鉴于社会上一些人对佛教的隔膜，不能正确地看待佛教，甚至将佛教与迷信等同起来，最常见的是将佛教作简单化的理解，认为烧香磕头、求神拜佛就是佛教，赵朴初居士在"文革"后对此多次加以廓清。1984年赵朴初居士出席世界佛教徒联谊会第十四届大会，提交文章《佛教和中国文化》，概要而精确地论述了中国佛教的历史和主要特色、佛教与中国文化的密切关系，从整体上向世界展示中国佛教的真实风貌和对中国文化的重要贡献。同年9月，赵朴初居士出席中国佛学院本科生毕业典礼，作了《学问无止境》的讲话，提到周建人先生曾两次写信建议今后要加强佛教研究，并且以历史学家范文澜先生致力研究佛教为例加以说明，要求学僧充分认识佛教在中国文化史上的地位，积极开展佛教研究工作。1986年《法音》第二期发表了赵朴初居士与访问他的几位青年的谈话记录《要研究佛教对中国文化的影响》。同年，赵朴初居士为《文史知识》第10期所写《佛教与中国文化的关系》的文章对"佛教是文化"做了比较详细的论述，说"佛教是中国传统文化的一部分"，在历史上曾对中国哲学、文学、建筑、艺术、天文、音乐、医药等文化形态产生了深刻和广泛的影响。文章还对在新时期弘扬"人间佛教"提出了自己的看法。

赵朴初居士对佛教是文化、是中国传统文化的组成部分、是对佛教本来面貌的正确反映的观点，不仅在改革开放的初期具有重要意义，即使在现在也没有过时，仍具有重要的现实意义。研究和阐释、介绍佛教的历

史、佛教对充实丰富中华民族传统文化的影响和贡献，是当代发展人文社会科学的要求，是社会主义文化建设的需要。

五　重视培养佛教人才，促进佛教文教事业发展

赵朴初居士历来重视佛教人才培养，与党和政府密切配合，1980年恢复因"文革"而停办的中国佛学院。此后，在赵朴初居士的关心和支持下，南京栖霞山和苏州灵岩山设立了中国佛学院的分院，各地也相继建立佛学院。在赵朴初居士的主持下，中国佛教协会1986年和1992年先后两次召开全国汉语系佛教教育工作座谈会，发表《会议纪要》，强调"当前和今后相当时期内佛教工作最重要、最紧迫的事情第一是培养人才，第二是培养人才，第三还是培养人才"（1992年《法音》第三期），提出调整教育规划和课程安排，制定相应措施，组织编写教材，聘请教内外专家学者加强教师队伍，培养研究生，向国外派遣留学生等设想和措施，极大地促进了中国佛教教育事业的发展。

赵朴初居士十分重视对佛教文化的研究，指导中国佛协开展保护和整理佛教文物的多项工作，例如挖掘、整理和拓印房山石经，编写《中国佛教百科全书》，出版中文版《中国佛教》，恢复金陵刻经处，补刻《玄奘法师译撰全集》，出版各种佛教文集，举办佛教美术艺术展览，成立中国佛教图书文物馆，重印《清藏》，摄制影片《佛教在中国》等。1987年成立中国佛教文化研究所，加强教内外学者的联系，积极开展佛教学术研究和国内外佛教学术交流，出版学术专著，编印学术年刊《佛学研究》及普及刊物《佛教文化》等。

此外，赵朴初居士对开展中日、中韩及中国与其他国家的佛教文化交流，也做出极大的贡献。

赵朴初居士逝世已经17年了，随着国家形势越来越好，中国佛教界已经发生很大变化，在实践与社会主义社会相适应的"人间佛教"的过程中，在发展佛教教务、文教建设、教团自身建设、促进国际文化交流、参与社会慈济事业、动员和组织信众参加社会主义现代化建设和生态文明建设当中，皆取得前所未有的成绩。2016年习近平总书记在全国宗教工作会议上明确提出"积极引导宗教与社会主义社会相适应，一个重要的任务就是支持我国宗教坚持中国化方向"的崭新论断。并且指示：

要用社会主义核心价值观来引领和教育宗教界人士和信教群众，弘扬

中华民族优良传统，用团结进步、和平宽容等观念引导广大信教群众，支持各宗教在保持基本信仰、核心教义、礼仪制度的同时，深入挖掘教义教规中有利于社会和谐、时代进步、健康文明的内容，对教规教义做出符合当代中国发展进步要求、符合中华优秀传统文化的阐释。

当代中国在以习近平为首的党中央的领导下坚定地走中国特色社会主义道路。在这种形势下，佛教自然要适应新的时代要求，坚持走与社会主义社会相适应的中国化道路，致力于将社会主义核心价值观和道德规范融入佛教文化扬善止恶的伦理体系中，进一步充实和丰富佛教的人文价值内涵，让佛教在中国实现两个一百年奋斗目标过程中，在实现民族复兴的中国梦的伟大历史实践中，不断做出新的奉献。相信当代佛教完全能够做到这些，必将在与时俱进中增强适应时代发展的生机和无限活力。

今天在此举行纪念赵朴初居士诞辰 110 周年的学术研讨会，缅怀赵朴初居士非凡业绩，展望中国佛教未来发展的光辉远景，衷心希望佛教界能继承并发扬赵朴初居士的光辉业绩，在新的形势下把他倡导的与社会主义社会相适应的"人间佛教"思想发扬光大，让中国佛教界以无愧于新时代的新成绩，迎接第一个一百年奋斗目标的到来，准备以新的面貌适应即将全面建成的小康社会。

重读一九八一年、一九八二年《法音》

——略谈赵朴初先生对中国当代佛教复兴的贡献

方广锠*

　　赵朴初先生是我国当代杰出的佛教领袖，著名的社会活动家、书法家、文学家。1949 年以来，他继承与发扬了中国近代以来"人间佛教"的优良传统，领导中国佛教徒进一步树立爱国爱教的理念，走与社会主义社会相适应的道路。特别是改革开放以来，他积极呼吁并协助中央政府落实宗教信仰自由政策，引导佛教界健全僧伽制度，大力培养佛教人才，努力推动中外文化交流，为当代中国佛教的复兴做出了不朽的贡献。

　　新中国成立后，为引导佛教界走上新的道路，反映佛教界的情况与诉求，中国佛教协会曾于 1950 年 9 月创办《现代佛学》。1964 年，由于众所周知的原因，《现代佛学》停刊。从 20 世纪 70 年代末期起，我国进入改革开放的新时代。赵朴初先生适应新的形势，抓住新的机遇，领导中国佛教协会于 1981 年创办了新的协会刊物——《法音》，至今已经连续发行 37 年。《法音》杂志不但成为我们了解改革开放以来中国佛教所走历程的必读刊物，也是我们今天研究赵朴初先生的重要资料。

　　1981 年、1982 年这两年，是改革开放以后中国佛教再次踏上复兴之路的重要两年，也是《法音》杂志创刊并发展的两年。中国佛教历经十年"文革"以后重新恢复，百废待兴。复兴的道路应该怎样走？中国佛教如何在如理如法的基础上加强自身建设，更好地契时契机地满足广大信众的宗教需求，为中华新文化的发展做出贡献，都是摆在中国佛教面前的重大问题。《法音》反映了以赵朴初先生为代表的中国佛教的领袖们为此是如何殚精竭虑、竭尽心力、闻鸡起舞、奋斗不已。今天，中国佛教已经迎来中国近代史上从未有过的黄金时代，重读 1981 年、1982 年两年的

---

　　*　方广锠，上海师范大学哲学院教授、博士生导师。

《法音》，深为赵朴初先生为中国佛教的复兴所付出的辛劳与建立的功勋而感动。今略述读后感，并求教于方家。

一

《法音》于 1981 年创刊，为季刊，当年发行四期；1982 年改为双月刊，当年发行六期。故两年共计发行 10 期。所发表的与赵朴初先生的有关的内容，主要有两类：一类是关于赵朴初先生活动的报道，一类是赵朴初先生的文章或讲话。下面分别予以介绍：

（一）1981 年《法音》第一期关于赵朴初先生活动的报道

由于当时赵朴初先生为复兴佛教，参与的各种活动很多，各类报道相当频繁，为避文繁，本文仅摘录 1981 年《法音》第一期上关于赵朴初先生的活动的报道：

1980 年 11 月 5 日，香港佛教联合会访问团拜访中国佛教协会，受到赵朴初先生等人的亲切接待与热烈欢迎。11 月 11 日，该团回国，赵朴初先生等赴机场送行。

1980 年 11 月 17 日，日本曹洞宗天童寺参访团，在赵朴初先生等中方人员陪同下，参访浙江宁波天童寺，并举行法会，为道元法师得法灵迹碑揭幕。赵朴初先生题《道元法师得法灵迹碑颂》并致揭幕词。（该参访团一行 92 人于 11 月 12 日抵达北京。11 月 15 日赵朴初先生陪同到杭州，先后参访了净慈寺、灵隐寺等佛教胜迹。赵朴初先生与日本曹洞宗管长慧玉比丘互有酬唱。11 月 22 日，该团回国。）

1980 年 12 月 12 日，中国佛学院举行开学典礼，班禅、张执一、萧贤法等参加，赵朴初先生等在会上讲话，勉励学僧们努力学习，重视佛学研究。

1980 年 12 月 15 日，赵朴初先生等中国佛教协会第四届全国代表会议代表参拜西山佛牙塔。

1980 年 12 月 16 日，中国佛教协会第四届全国代表会议开幕。赵朴初作为代表参加会议，并受第三届常务理事会（扩大）会议的委托，向第四届全国代表会议做《中国佛教协会第三届理事会工作报告》。

1980 年 12 月 22 日，国家民族事务委员会举行茶话会，招待出席中国佛教协会第四届全国代表会议的全体代表。

1980 年 12 月 23 日，中国佛教协会第四届全国代表会议闭幕，会议选举了中国佛教协会第四届理事会。赵朴初先生出席会议，并被选为会长。同日，中国佛教协会第四届全国代表会议理事会进行第一次会议，赵朴初先生出席会议，并被选为常务理事，暂兼秘书长。

1980 年 12 月 24 日，中央统战部举行茶话会，会见中国佛教协会第四届全国代表会议代表，赵朴初先生在茶会上发表讲话。

1980 年 12 月 24 日下午，追悼于 12 月 14 日下午在广济寺圆寂的法尊法师，赵朴初先生出席追悼会。

除了上述有关赵朴初先生活动的报道外，1981 年《法音》第一期还有一些报道，也与赵朴初先生有关，如中国佛教协会与日中友好佛教协会共同编辑的《中国佛教之旅》大型画册，分别用中日两种文字于 1980 年在日本出版。赵朴初先生与日中友好佛教协会会长塚本善隆分别为此书撰写了《前言》和《序言》。

（二）1981 年、1982 年《法音》发表的赵朴初先生的论著

1981 年第一期

《发刊词》

《中国佛教协会第三届理事会工作报告》

《赵朴初会长在中央统战部茶会上讲话》

《法尊法师悼词》

《〈解深密经·园测疏〉后六卷还译序》

《奉和大西良庆大长老新年之作》

《道元法师得法灵迹碑颂》

《奉和秦慧玉大长老原韵》等三首

1981 年第二期

《闽游诗抄》

1981 年第三期

《佛教常识问答》（一）

本书由赵朴初先生在 50 年代末期开始撰写，用笔名"饮水"在《现代佛学》连载，从 1959 年第三期开始，到 1960 年第一期，共发表了四部分：（一）《佛陀和佛教的创立》；（二）《佛法的基本内容与佛教经籍》；（三）《僧伽和佛的弟子》；（四）《佛教在印度的发展、衰灭与复兴》，共包括了 157 个问题。作者原计划该《佛教常识问答》还包括其他的部分：

（五）《佛教在中国的传播、发展和演变》；（六）《中国和日本、朝鲜、越南的佛教关系》；（七）《中国和南亚各国的佛教关系》；（八）《中国和东南亚各国的佛教关系》。截至 1960 年初，没有连载完。故从 1981 年《法音》第二期开始重新连载，并计划把八个部分补充完整。但最后仅完成第五部分，251 个问题，并作为《法音文库》之一，于 1983 年出版。其后翻译为日文出版，有日文序。

1981 年第四期

《佛教常识问答》（二）

《金陵刻经处重印经书因缘略记》

1982 年第一期

《发扬佛教优良传统，为祖国社会主义事业而献身——在五届政协第四次会议宗教小组上发言》

《亚洲宗教徒团结起来，为世界和平做出积极的贡献——"亚宗和"二次大会书面发言》

《佛教常识问答》（三）

《禅林清韵》

1982 年第二期

《佛教常识问答》（四）

《宝幢高树，喜踊人天——美东佛教总会创立二十周年纪念》

1982 年第三期

《在接受日本佛教传道授予传道功劳奖仪式上的讲话》

《在接受日本佛教大学赠予名誉博士称号仪式上的讲话》

《佛教常识问答》（五）

1982 年第四期

《关于中国佛教协会一年多来的工作情况今年年内的工作安排的报告》

《佛教常识问答》（六）

1982 年第五期

《切实保障公民宗教信仰自由的权利——在全国政协第六次专题讨论宪法修改草案座谈会上的发言》

《佛教常识问答》（七）

1982 年第六期

《佛教常识问答》（八）

二

上文介绍了《法音》1981 年第一期关于赵朴初先生活动的报道及 1981 年、1982 年《法音》发表的赵朴初先生的论著。由于报道的时效性，《法音》1981 年第一期报道的都是赵朴初先生于 1980 年 11 月、12 月两个月中的活动。主要有：接待香港佛教联合会访问团与日本曹洞宗天童寺参访团，并陪同后者参访杭州佛教寺院及赴宁波天童寺为道元法师得法灵迹碑揭幕；参加中国佛学院开学典礼；参加中国佛教协会第四届全国代表会议及有关活动；参加法尊法师圆寂追悼会。从日程安排看，在这两个月中，赵朴初先生的活动非常繁忙，有时一天要参加多个活动。考虑到当时正是中国佛教协会第四届全国代表会议筹备、召开及中国佛学院复院的筹备、开学，可以想见，赵朴初先生作为中国佛教协会会长，除了公开的活动之外，还有大量的事务性工作需要承担。我以为，上述两个月的活动及 1981 年、1982 年《法音》发表的赵朴初先生的论著，非常典型地体现了中国改革开放初期，赵朴初先生为中国佛教的重建与复兴所做的努力和无怨无悔的付出。它包括：中国佛教的复兴，中国佛教僧才的培养，大陆佛教与境内外、海内外佛教团体的交流等三个方面。

（一）中国佛教的复兴

十年"文革"中，我国佛教受到极大的打击。用班禅额尔德尼的话讲，是"我们高尚而慈悲的佛教也同其他宗教一样遭受了灭顶之灾，使她濒于危亡"。由于形势的需要，1972 年中国佛教协会开始恢复工作，一些全国重点寺院得以保护与恢复。但从总体看，中国佛教并未走上正轨，正常开展宗教活动。改革开放以后，佛教迎来了复兴的新契机。但复兴佛教，如何着手？中国佛教的复兴包括哪些方面？正如赵朴初先生在《中国佛教协会第三届理事会工作报告》中所说，当时佛教协会主要从重建佛教教团、整理出版佛教经典与书籍、保护佛教文物、开展佛教学术研究等诸多方面着手。

1. 重建佛教教团

十年"文革"，虽然佛教界有以正果法师为代表的"我在佛教在"的坚强愿力，但毕竟教团被停止活动，不少僧人被迫还俗或外穿俗装。佛教三宝中的僧宝是传佛慧命的载体，续佛法脉的基础，复兴佛教，首先是重建佛教教团。1980年12月中国佛教协会第四届全国代表会议的召开，标志着在全国范围内，佛教教团已经重建。但是，中国佛教毕竟元气大伤，如何让中国佛教在恢复中走上正轨，既是佛教界，也是当时中央极为关注的。中共中央统战部副部长张执一指出："宗教活动和宗教组织本身的事，应由宗教徒和宗教界人士自理。作为宗教活动场所的寺庙应由住在里面的僧尼自己负责管理，做到庙像庙、僧像僧。"① 中央的这一要求，也正是佛教界普遍的愿望。从此，全国各地的佛教寺院、佛教教团都按照"庙要像庙、僧要像僧"的要求，严守戒律，护持三宝，开始走上复兴的道路。

2. 整理出版佛教经典与书籍

由于种种历史原因，当时人们对佛教有种种错误的认识与观感。如何让人们对佛法、佛教有一个正确的认识，无疑是摆在当时佛教界面前的大问题。1972年佛教协会开始恢复工作之后，便致力于整理出版佛教经典与书籍，传播佛教知识。如：

整理保存在中国佛教协会的50年代拓印的房山云居寺石经拓片，共整理出经典1071部3518卷，并将有关题记汇集为书，并出版《房山云居寺石经》（文物出版社，1978年），成为当时人们研究房山石经的基本参考书。若干年后，中国佛教协会又把云居寺石经拓片全部影印出版，为佛教界、学术界提供了稀有的珍贵资料。

完成了印度因明专著——法称法师著《释量论释》的翻译。该书发展了陈那的因明学说，是古代印度因明学说的重要著作，受到世界因明研究者的关注。由法尊法师翻译完成，并依据第一世达赖所著大疏，撰成《略解》一部。

完成《解深密经疏》从藏到汉的还译。该疏原为玄奘大师弟子新罗园测法师所撰。敦煌被吐蕃占领时期，由法成法师翻译为藏文，从此在西藏流传，但其汉文本在其后亡佚，仅在日本有残本留存。此时由观空法师将它从藏文全文还译。

将当年赴斯里兰卡"五比丘"之一叶均先生翻译的《清净道论》重新校订出版。

编辑出版了《中国佛教》第一册。该《中国佛教》原是20世纪五六

---

① 转引自《赵朴初会长在中央统战部茶会上讲话》，载《法音》1981年第1期，第18页。

十年代，斯里兰卡拟编写佛教大百科全书，通过外交途径向周恩来总理提出，希望得到中国的帮助，撰写其中的中国佛教部分。周恩来总理把这个任务交给中国佛教协会，中国佛教协会集中全国教内一流的佛学专家所撰写的。第一册内容包括佛教史、佛教宗派、中外佛教关系史等三个方面。其后人物、典籍、藏经等内容，分别汇编为第二册到第五册陆续出版，至今是人们研究中国佛教的基本参考书。

筹备并正式发行中国佛教协会刊物——《法音》。赵朴初先生不但亲自写了《发刊词》，还把自己五十年代开始撰写，尚未完成的《佛教常识问答》交给《法音》连载，以期向全社会普及佛教知识。该书后结集为单行本出版，并被翻译为日文。在序言中，赵朴初先生回忆了他与毛泽东就佛教的一次谈话：

> 几年前，一位青年僧人用日文翻译这本书，我应他的要求写序时，曾记下与本书有关的一件事：一九五七年我陪一位柬埔寨僧人见毛泽东主席，客人未到之前，我先到了，毛主席便和我漫谈。他问："佛教有这么一个公式——赵朴初，即非赵朴初，是名赵朴初，有没有这个公式呀？"我说："有。"主席再问："为什么？先肯定，后否定？"我说："不是先肯定，后否定，而是同时肯定，同时否定。"谈到这里，客人到了，没有能谈下去。后来，我在写这本书的第二章时，想起这一次未谈完的问答，我想，书中谈到缘起性空的思想，可能补充了当时我在毛主席面前所想讲的话。

> 我曾看到一位曾是毛主席的勤务员李银桥写的书。有一天，毛主席在延安出门散步，毛主席对李银桥说："我们去看看佛教寺庙，好不好？"李银桥说："那有什么看头？都是一些迷信。"毛主席说："片面片面，那是文化。"我因而想起"文化大革命"结束后，周建人先生写信给我说："文革"初期范文澜先生向他说，自己正在补课，读佛书。范老说，佛教在中国将近两千年，对中国文化有那么深厚的关系，不懂佛教，就不能懂得中国文化史。一九八七年，我到四川一个佛教名胜地方看到被人贴迷信标语的事实，回来写了一份报告，钱学森博士看见了，写信给我说："宗教是文化。"

序言引用革命家毛泽东、历史学家范文澜、科学家钱学森的语言，强调佛教不仅仅是宗教，也是社会文化的一个重要组成部分。这一观点，无论在当时，还是在现在，对我们都有很大的启迪。

3. 保护佛教文物、整理佛教典籍、开展佛教学术研究

为了做好保护佛教文物、开展佛教学术研究等工作，中国佛协在法源寺成立了中国佛教图书文物馆，由周叔迦先生担任馆长，搜集、保护了大量的佛教文物。其后，又在北长街原三时学会旧址成立了中国佛教文化研究所，计划"对佛教思想学说进行系统的研究，并翻译缺佚的经论，编译出版佛教学术名著。"这些工作，其后在新的条件下，以不同的方式逐次展开。又重新恢复了南京金陵刻经处，使得这一佛教典籍流通中心继续发挥作用。

当时，国家对佛教文献的整理也极为关心。1982 年 3 月，《中华大藏经》项目由全国古籍小组正式立项启动，同年 5 月出版的《法音》第三期随即做了报道。《中华大藏经》编辑过程中，中国佛教协会予以大力支持，提供法源寺、广济寺收藏的各种藏经资料，乃至提供房山石经拓片原本，以供《中华大藏经》校勘之用。

顺便说一句，20 世纪 90 年代初，我本人编辑《藏外佛教文献》，也得到赵朴初先生的大力支持，他亲自为《藏外佛教文献》题写书名，并由佛教文化研究所李家振先生从各方面给予无私的帮助。可以说，没有这些支持，《藏外佛教文献》不可能诞生。这是我至今感念的。

（二）中国佛教僧才的培养

记忆中赵朴初先生说过这样一句话：中国佛教要发展，第一是人才，第二是人才，第三还是人才。写这篇文章时，实在记不起来是在哪里看到的这句话，或当时是听哪位转述的这句话。但重读 1981 年、1982 年两年的《法音》，可以看到赵朴初先生是如何孜孜致力于佛教人才的培养。

当时，佛教复兴，万事丛杂。但赵朴初先生把中国佛学院的重新开办放在重要位置。为培养人才，绍隆佛种，中国佛学院于 1980 年重新开办。

中国佛学院最早成立于 1956 年，至 1966 年 10 月，共举办专科、本科、研究生等各种班次五期，培养学僧 380 多人。十年"文革"，中国佛学院停办。1980 年 9 月恢复招生，当年招收学僧 40 人，于 10 月 1 日举行了剃度与授沙弥戒仪式，并于当月正式开课。中国佛学院由赵朴初先生任院务委员会主任，法尊法师任院长。戒定慧三学并重，培养从事佛教工作和佛学研究的爱国爱教的僧伽人才。预科二年、本科四年，其后又加设研究生，亦为三年。除了设在北京法源寺的中国佛学院之外，当年还在江苏苏州灵岩山设立了中国佛学院分院。1980 年至今，中国佛学院及其各地

的分院，为中国佛教培养了大量优秀的人才。今天，我们可以看到，从中央到地方，目前活跃在第一线的佛教领袖几乎都是从中国佛学院及其分院毕业的，说明当年的努力终于结出了丰硕的果实。

趁着改革开放的良好势头。中国佛教协会还与日本佛教大学合作，派遣传印法师、姚长寿居士前往日本佛教大学考察进修。这是继 20 世纪 80 年代中国佛教"五比丘"赴斯里兰卡之后的第二次有组织地派人留学。其后，中国佛教协会又多次派遣学僧前往日本和斯里兰卡留学，为佛教界培养了一批又一批的人才。

（三）大陆佛教与境内外、海内外佛教团体的交流

印度佛教传入中国，经过数百年的文化濡化，形成中国佛教。中国佛教传到越南、朝鲜半岛、日本等各地，与当地文化相结合，在当地发挥重大的作用。这一佛教传承，一般称为"汉传佛教"。千余年来，汉传佛教区域内各国佛教徒，汉传佛教与藏传佛教、南传佛教各系佛教徒友好交往，共同推进佛教的发展。中国进入改革开放的新时代，对外需要有一个和平发展的国际新环境，而中国佛教为这一国际和平新环境的营造，发挥了重要的作用。从 1981 年、1982 年两年的《法音》，我们可以看到，在这一过程中，赵朴初先生作为中国佛教界的领袖，利用他在国际佛教界的巨大影响力，在大陆佛教与境内外、海内外佛教团体的交流方面发挥了不可替代的作用。对这些人所共知的历史，本文暂且从略。

三

值此赵朴初先生诞辰 110 周年，回顾改革开放以来中国佛教走过的道路，我们深深怀念赵朴初先生在当代中国佛教复兴的历程中所建立的功勋。

最后，我想用《佛教常识问答》中的一段问答，来做文本的结尾：

问：你对今后佛教前途的发展是怎么看的？

答：存在了将近两千年的佛教，是拥有内容丰富绚丽多彩的文化遗产的。论它的典籍文化，论它的成绩经验，论它的国际影响，无论作为宗教或学术来看待，中国佛教在全人类的文化发展和文明进步的历史中都有不容忽视的地位。但是另一方面，由于过去长期的衰落，

中国佛教也存在着不少缺点与局限。如何克服历史所给予的污染和困难，积极发扬自己的优良传统，主要在于当前中国佛教徒本身的努力。如培养传灯人才，管好重点寺庙，开展学术研究和国际交流等等都是要立即抓好的大事。我们是共产党领导的社会主义国家，党和政府保护宗教信仰自由政策是长期不变的，坚定不移的，毫不含糊的。解放以后全国佛教从奄奄一息的状态中得到复苏和发展，宝镜重光，法炬复燃，像设严饰，气象万千。尤其是粉碎"四人帮"以来，一切恢复整顿工作顺利进行，短短数年之中取得有目共睹的巨大成绩。所有这一切，都是和党的宗教信仰自由政策的正确贯彻，党和政府的亲切关怀和大力支持分不开的。抚今追昔，我深为中国佛教庆，深为中国佛教徒庆。我深信，作为灿烂的民族古典文化的绚丽花朵，作为悠久的东方精神文明的巍峨丰碑，中国佛教必将随祖国建设事业的发展而发展，并在这一伟大事业中，为庄严国土，为利乐有情，为世界人类的和平、进步和幸福做出应有的贡献。瞻望未来，前程似锦，春回大地，万卉争妍，佛教的前途是无限光明的。

怀念赵朴老

王邦维[*]

一

今年是赵朴老诞辰 110 周年。我们在这里开会，纪念朴老，这使我想起我自己与朴老相关的几件事。事情不大，但我始终记在心里。

我跟朴老见过几面，不算多。那还是在 20 世纪的 80 年代，最初是在会上。朴老在会上是主要人物，跟他说话的人多，我是晚辈，没敢凑上前去直接跟他说话。真正有机会谈话，是后来的一次，说起来是一个偶然的缘分。

1992 年 9 月 9 日，我从北京到兰州参加一个与丝绸之路相关的学术会议和考察活动。我到兰州的飞机下午起飞，到了机场，得到通知，航班换了，临时换成另一架飞机，原来是直飞，现改为先在银川停一下。

在首都机场上了飞机，我坐在自己的位置上，没觉得有什么异常。中间偶然一次转身，我惊奇地发现，坐在我后面的，竟然是朴老！这事到现在我都没弄明白，朴老当时已经是全国政协副主席，这么高的位置，怎么会跟我一样，坐这样的飞机？还是普通舱。在飞机里，我简单地向朴老示意了一下。

飞机是中国自己造的运七，螺旋桨，飞机不大，却噪音很大。飞机先到银川，需要在银川机场等候。那时的银川机场不大，有没有贵宾室不知道。或许有，朴老没有去，或许是没有。总之，朴老跟我们普通乘客一样，也在一间并不是很大的候机室里等候，于是我就有机会真正跟朴老坐

---

* 王邦维，北京大学东方学研究院教授、博士生导师，东方文学研究中心主任。

在一起，旁边还有陈阿姨。朴老开会多，我一个无名小辈，此前只是在会上见过朴老，朴老其实不认识我。我说："朴老，我认识您，是在开会的时候。"朴老问我的名字。我说叫王邦维。朴老笑了笑，说了一句话："周虽旧邦，其命维新"。这是《诗经·大雅》的《文王》篇中的诗句，虽然我知道，但我自己从来没有把我的名字跟这句话联系起来。朴老不经意间就把我的名字嵌进了这句话里，真是文思敏捷。

我们等候转机，前后有四十来分钟的时间，这中间朴老跟我随意而谈，讲了不少的话。朴老非常和蔼，不时微笑。跟他谈话，用一句老话形容，真是如沐春风。朴老讲，他也是去参加这次活动。我手边有一张兰州会议以及相关活动的安排表，我请朴老在上面签写了他的名字。

二

再有一件事，也让我想到朴老。

1995年，我把一些文章集合在一起，要在重庆出版社出一本书，书名是《唐高僧义净生平及其著作论考》。出版社的编辑希望请朴老题写书名。他们认为，这本书的内容，与佛教有关，如果能请朴老题写一个书名，那是再合适、再好不过了。这样的愿望，当然很好，我自己也很希望。但行还是不行，我怎么去找朴老？我也没有机会直接去求朴老，即使是借开会的机会，会不会太唐突？这些考虑，都让我有些犹豫。想来想去，最后我还是找到我熟识也很尊敬的周绍良先生，请他跟朴老讲。绍良先生很爽快，一下就答应了。没想到朴老也很爽快，绍良先生跟我讲，他见到朴老，跟朴老一说，朴老马上拿出纸笔，立即就写了。绍良先生很快转交给了我，还告诉了我他当时找朴老的情形。这件事，让我至今对朴老感念不已。

三

朴老是中国佛教一个时代的领袖人物。从20世纪的30年代起，朴老就献身于中国的佛教事业，同时也参加救亡运动和国家的文化建设活动。他为当代中国佛教的发展，包括佛教的信仰、道风、组织、僧伽、人才培养、文化研究等方面都有杰出的、不可替代的贡献。朴老为佛教做的事真是很多很多，所有这些，不是几句话可以讲周全的。与我自己的专业相关，我只能就佛教文化研究这方面的情况谈一下我的一点看法，仍然以自己知道的事为例。

首先是朴老提出的"佛教是文化"的说法。"文革"结束后，百废待兴，社会和人心渐渐归于正常，佛教在遭到十多年彻底的摧残后，在这个时候逐步开始复兴。首先一点，是不仅得到政府的认可，也希望得到多数民众的理解。也就是在这个时候，朴老提出了"佛教是文化"。

对于这一点，朴老在不止一个地方，有过不止一次的论述。其中一次是这样讲的：

> "佛教文化是中国传统文化的一部分。人类文化发展是一个连续不断的过程，传统文化和现代文化不可能完全割断。我们要吸取传统文化中一切有价值的精华来充实、发展社会主义的民族文化。我看中国传统文化也应包括佛教文化在内。"①

朴老的这些话，我以为极具智慧，极有远见卓识，短短几句话，既讲到了佛教和佛教文化，也讲到了传统文化、现代文化和民族文化，而且把题目与人类文化的发展联系在了一起。

我们这一代人，从小接受的就是"宗教骗人""宗教是人民的鸦片烟"这样的教育。宗教，其中当然包括佛教都不是好东西。对这样的说法，就我个人来讲，是到了"文革"的中后期，才逐渐地在想是不是完全对呢。真正有所怀疑，想法有所转变，是在"文革"以后，而且是在80年代的后期，读了更多的书，经过了更多的折腾，明白了更多的事。

朴老上面讲的那些话，用当时讲得很多的一句话来形容，是"拨乱反正"。今天的年轻人，已经不太知道"拨乱反正"这句话。过来人知道，在那个时候，"拨乱反正"并不容易。在"文革"结束后的70年代后期至80年代初期，如果没有"拨乱反正"，哪有今天的中国啊。当然，那个时代，应不应该、能不能"拨乱反正"，不是朴老能决定的。天下什么时候变化、怎么变化，关系国家的命运、民族的命运，不是一般人能决定的，更多的不必讨论。

总之，记忆中，朴老在80年代提出"佛教是文化"的说法，我以为非常有智慧，契理契机，对于"拨乱反正"，为佛教发声，为佛教做主，这在当时有很大的影响。

---

① 赵朴初：《佛教与中国文化的关系》，《文史知识》1986年第10期，第3页。

我自己对佛教的认识，一定程度上也是从这一点开始的。我的理解，佛教是文化，同时也不仅仅是文化。强调佛教的文化属性，并没有淡化我们所说的宗教的属性。所有的宗教，都可以说是人类文化的一部分。宗教当然有自己的特点和特性，我们可以从不同的角度去认识、去研究、去讨论。这是不是也算是一种"正见"呢？

朴老愿意为我的书题写书名，原因之一，我想也是出于他对佛教文化研究的鼓励和支持。

四

再一件事与佛教教育有关。

我在北京大学工作。印象中好像是 1992 年春天的一天，北京大学的季羡林先生跟我讲，在斯里兰卡留学的五位比丘明天要来见他。季先生让我跟他一起，与这几位比丘见面。我那时刚回国不久，工作分两部分：一是上课，一是做研究。我是季先生的学生，但这个时候我已经是教员，与季先生在一个教研室，季先生有什么事，常常叫上我。

见面的时间是上午还是下午我记不住了，但地点我记得很清楚，是在北京大学外文楼的 206 会议室。东语系开会，常常在这里，隔壁就是季先生自己的办公室。

那天来的人，还有李家振先生。五位年轻比丘是学愚、净因、广兴、圆慈和建华。他们 1986 年由中国佛协派到了斯里兰卡，学习佛教，尤其是学习巴利语。做出这个决定，负责前期的对外联系，安排这五位比丘去斯里兰卡的，据说都是朴老。

今天的中国人，出国学习，不足为奇。但在 20 世纪的 80 年代，出国的机会很有限，能够出国学习的人不多。僧人出国，限制更多，更是稀罕。对于佛教而言，这在当时，或许就是零的突破。这样的突破，在当时，恐怕只有朴老能尝试，能做到。

大家坐下来后，记得是李家振先生先说话。李家振先生讲，中国佛协派出的五位比丘，正在斯里兰卡学习，那边要求在中国国内也最好有导师，对学习做一些指导。朴老指示，两位中国导师，一位请季羡林先生担任，另一位请中国人民大学的方立天先生。那天五位比丘来，是来拜师，也是请教季先生在学习上有些什么建议。

这是我第一次见到这五位年轻比丘。后来我知道，他们在斯里兰卡学习了一段时间，获得硕士学位后，有的去了英国，有的去了美国，继续学习，也有的直接回到中国，但都学有所成，最后也都回到了中国，成了国内佛教的中坚力量的一部分，可以说也都是"法门龙象"了吧。

今天看来，朴老的这些想法，是要为百废待兴的中国佛教尽快培养出年轻的人才，而且是国际化的人才。对佛教的教育，朴老特别重视，多次强调。这件事在朴老为佛教做的许多事中，不算最突出的，但从中我们可以看到朴老为中国佛教的发展，尤其是教育的用心和所付出的苦心。

鉴真和尚与朴初居士

——当代中国纪念鉴真大师活动回眸

黄夏年*

在中日佛教交流史上，有二位佛教徒是值得关注的，一位是唐代的鉴真大师，他为了促进中日两国的佛教交流，先后六次渡海，最后成功抵达日本，将佛教律宗传到了扶桑，被认为是日本律宗的始祖；另一位是当代赵朴初居士，他为了加强两国佛教界的交流，毕其一生五十余年时间，使中日两国佛教交流进入了新的时期。本文主要讨论赵朴初居士与鉴真大师的关系，从中了解他们对两国佛教交流的贡献。

一　中日两国佛教交流的先行者鉴真大师

鉴真是中国唐代佛教高僧，俗姓淳于，广陵江阳县人。总丱（guan，去声）俊明，器度宏博，能典谒矣。鉴真父亲是一位禅师，住在大云寺。鉴真深受佛教熏陶，见到佛像就感动涕泪，心萌出家意愿。父亲见他志愿深广，立志唯高，同意了他的要求。长安元年，武则天下诏天下度僧，鉴真跟随智满禅师出家为沙弥，住在大云寺。唐中宗孝和皇帝景龙元年，鉴真到长安从道岸律师受菩萨戒。[①] 二年三月二十八日，于西京实际寺依荆州恒景律师登坛受具足戒。鉴真在长安努力学习，向各位名师讨教，"虽新发意，有老成风。观光两京，名师陶诱。三藏教法，数稔该通。动必研几，曾无矜伐。言旋淮海，以戒律化诱。"[②] 长安的学习经历使他成为宗

---

* 黄夏年，中国社会科学院世界宗教研究所研究员。

① 此为日本《唐大和尚东征传》言"唐中宗荆州南泉寺弘景律师为和上。"《宋高僧传》说鉴真"至二年三月二十八日于实际寺依荆州恒景律师边得戒"。

② 《宋高僧传·唐扬州大云寺鉴真传》卷第十四，宋左街天寿寺通慧大师赐紫沙门赞宁等奉敕撰。

门巨匠，学成之后回到南方，在江淮之间教授戒律，"郁为一方宗首，冰池印月，适足清明。貌座扬音，良多响答。"①

鉴真是一位主要在南方地区弘传律宗的大家。《宋高僧传》记载："（唐玄宗）天宝十四年，日本国沙门荣睿普照至扬州，奉国主命以僧伽梨十领施中国高行律师。鉴真受其衣，感外国有佛种，遂与睿等附□而东。"② 从《唐大和尚东征传》可知，鉴真出海到日本出发地如下：

743 年，他的计划因为有人告密，还没有出发，就失败了。

743 年，他首次从扬州出发，遇到狂风，船只触礁，只好返回。

744 年，他从舟山出发，前往日本，仍然遇到大风，只好再次返回。

744 年，他准备从福州出海，但是又因弟子上告官府，而被迫取消。

748 年，他从杭州湾出海，但是又因风向的转变，把船吹到南海，到了海南，损失惨重。

753 年，他再次从扬州出海，这次比较顺利，最终到达日本。

鉴真到达日本后，"宰相、右大臣、大纳言以下官人百余人来礼拜问讯，后敕使正四位下吉备朝臣真备来口诏曰：大德和上远涉沧波，来投此国，诚副朕意，喜慰无喻。朕造此东大寺经十余年，欲立戒坛传受戒律，自有此心，日夜不忘。今诸大德远来传戒，冥契朕心，自今以后，受戒传律，一任大和尚。又敕僧都良辨，令录诸监坛大德各进禁内，不经于日敕授传灯大法师位。其年四月，初于卢遮那殿前立戒坛，天皇初登坛受菩萨戒。次皇后、皇太子亦登坛受戒。寻为沙弥证修等四百四十余人授戒。又旧大僧灵佑、贤璟、志忠、善顶、道缘、平德、忍基、善谢、行潜、行忍等八十余人僧，舍旧戒受大和上所授之戒。后于大佛殿西，别作戒坛院，即移天皇受戒坛土筑作之。……大和上诞生象季，亲为佛使，经云如来处处度人，汝等亦效如来，广行度人。大和上既承遗风度人逾于四万。……从此以来，日本律仪渐渐严整，师资相传，遍于寰宇。如佛所言，我诸弟子展转行之，即为如来常在不灭，亦如一灯燃百千灯，暝者皆明明不绝。"③

在鉴真之前，日本只有私传者在修习律宗，"虽有法而无传法人，譬

---

① 《宋高僧传·唐扬州大云寺鉴真传》卷第十四，宋左街天寿寺通慧大师赐紫沙门赞宁等奉敕撰。

② 《佛祖统纪》卷第四十，宋咸淳四明东湖沙门志磐撰。

③ 《唐大和尚东征传》，真人元开撰。

犹终夜有求于幽室，非烛何见乎。"① 鉴真到日本后，收徒传法，得到天皇许可，并向天皇和贵族授戒，表明了他所带去的律宗就是"公传"，日本佛教界人士特地把他称为"佛使"，意谓是佛陀或佛教的使者，有代佛说法和传戒的权利。《宋高僧传》说鉴真是"彼国号大和尚，传戒律之始祖也"。② 他是中国佛教律宗的高僧与代表，代表了整个中国律宗的国家佛教的形象。日本的律宗从他的传戒开始得到了公开的合法性，故他被称为日本律宗之祖。此外，鉴真在日本建立唐招提寺，日本律宗有了正式的传习基地，将律宗与国家的权力联系在一起，"以持戒之力，保护国家"，纳入了日本护国佛教的体系。

佛教传入中国以后，一直起到促进中外文化交流和增进与各国友谊的重要作用，佛教徒扮演了民间外交师的角色，对中外各国之间的友好往来，功不可没。东晋法显大师是开展我国民间佛教外交活动最早的佼佼者之一，鉴真大师积极参与了这一活动，是取得了成功的最伟大僧人之一。赵朴初对鉴真大师给予很高评价，指出："在我们友好的道路上，经常总会有各种各样的障碍，鉴真大师之特别值得纪念，就在于他那突破障碍的惊人毅力。远古时期，中日两国间的主要障碍是海洋，随着文明的进步，自然的障碍逐渐被克服了，而社会的障碍却复杂起来。鉴真一方面要以极大的决心来克服海上的风浪，另一方面又要以更大的决心来对付社会上的阻挠。历史主流不断前进的同时，总不免有逆流的出现。中日两国人民友谊发展的过程正好说明这一规律。一面是人民在尽力寻求友好，一面也有人在存心破坏。荣睿在中国甚至受到漂继之灾，鉴真在日本据说也遭到过诽谤。特别是统治者们为了自私的目的，有时会宣布海禁，阻止人民的往来；有时会肆行扩张，给人民造成灾祸。这些反历史、反人民的逆流，也如海上的波涛一样，一股风来，可以显得颇为汹涌，但是终竟改变不了潮流的方向，风一过去，也就归于消失。真正留下长远影响，活在人们心中，受着人们敬爱的，只是那些为两国人民的友情种下好因、结出善果的诚诚恳恳的作者。一千二百年的时间过去了，自然的阻力基本上不存在了，但人为的阻力则毋宁说是益加复杂。鉴真时代碰到的还只是内部顽固意识的牵掣；而我们今天，则于内部问题之外，还要对付从另一半球来

---

① 《唐大和尚东征传》，真人元开撰。

② 《宋高僧传·唐扬州大云寺鉴真传》卷第十四，宋左街天寿寺通慧大师赐紫沙门赞宁等奉敕撰。

的、插身我们中间不许我们交好的邪恶势力。排除这些魔障，恢复我们的正常关系，发扬我们的友好传统，谋求我们的和平幸福，这是当前中日两国人民继承鉴真事业应该共同努力的目标。"①

二 当代中国大陆纪念鉴真法师的活动回顾

鉴真大师一生多次在我国各地辗转，度众四万余人，又将佛教律宗传入日本，成为日本律宗的初祖，最后圆寂在日本唐招提寺，为中日友好献出自己的一生。鉴真为中日两国的文化交流和世世代代友好做出了贡献，被日本佛教界人士永远尊崇，他的雕像放在日本寺庙大殿里供奉，法脉流向东瀛各岛。中国佛教协会成立以后，在赵朴初居士的领导与关心下，举办了长达几十年的各种纪念鉴真的活动据中国佛教协会张琪居士编的《当代中国佛教大事记》记载，从 1963 年到 1980 年，在赵朴初居士领导下，中日佛教界举行的与鉴真和尚有关的活动如下：

1963 年：

2 月 25 日，据《现代佛学》报道：为纪念我国唐代东渡日本的鉴真和尚圆寂一千二百周年，由中国佛教协会、中国人民对外文化协会、中国文学艺术家协会、中国作家协会、中国美术家协会、中国历史学会、中国建筑学会、中华医学会、中国人民保卫世界和平委员会等团体组成了"鉴真和尚逝世一千二百年纪念筹备委员会"，筹委会的委员有赵朴初、林林、梁思成、谢冰心、侯外庐、吴一珂、楼适夷、陈慧、史林峰、方石珊、陈邦贤、周叔迦、巨赞等人，中国佛教协会副会长赵朴初担任主任委员。

5 月 5 日，应全日本佛教会的邀请，中国佛教协会副会长赵朴初率中国佛教访日友好代表团到达东京，参加日本佛教界、文化界举行的"纪念唐鉴真和尚逝世一千二百周年"活动。

5 月 6 日，中国佛教访日友好代表团到达奈良，参访了东大寺和唐招提寺。

5 月 7 日，中国佛教访日友好代表团到大津市参访比睿山延历寺。

5 月 8 日，中国佛教访日友好代表团应邀参加由鉴真和尚遗德奉赞

---

① 《纪念鉴真大师，展望中日人民友谊的光明前途》，《赵朴初文集》（上卷），华文出版社，2007，第 357～358 页。

会、日中佛教研究会、京都佛教徒会议、日中友好协会京都府联合会四个团体举行的欢迎大会，赵朴初团长在会上做了讲演。

5月10日，中国佛教访日友好代表团访问高野山。

5月11日，中国佛教访日友好代表团参加了高野山纪念鉴真和尚逝世一千二百周年法会。

5月16日，下午，中国佛教访日友好代表团参加了全日本佛教会在总持寺举行的"鉴真大和尚圆寂一千二百年纪念法会"。

5月19日，中国佛教访日友好代表团启程回国。

6月8日，政协全国委员会宗教组举行报告会，中国佛教协会副会长赵朴初报告中国佛教代表团访问日本的观感。

9月12日，中华医学会北京分会医史学会举行纪念鉴真和尚逝世一千二百周年学术报告会。

10月3日，上午，中国佛教协会在广济寺隆重举行法会，纪念鉴真和尚逝世一千二百周年。以金刚秀一法师为首的日本庆赞鉴真和尚访华佛教代表团参加了法会。

中午，鉴真和尚逝世一千二百周年纪念筹备委员会举行招待会，热烈欢迎以金刚秀一法师为首的日本庆赞鉴真和尚访华佛教代表团和以安藤更生为首的日本文化界代表团。

10月4日，下午，首都佛教界、文化界、医药界一千五百多人在政协礼堂隆重集会，纪念鉴真和尚逝世一千二百周年。人大常委会副委员长、中日友好协会名誉会长郭沫若，中日友好协会会长廖承志，中国人民对外文化协会会长楚图南，鉴真和尚逝世一千二百周年纪念筹备委员会主任委员、中国佛教协会副会长赵朴初等出席了大会。以金刚秀一法师为首的日本庆赞鉴真和尚访华佛教代表团和以安藤更生为首的日本文化界代表团，以宫崎世民为首的第七次日中友协代表团，日本工业展览会副总裁铃木一雄、平野三郎，以中西义雄为首的日本部落解放同盟青年、妇女代表团，在北京的日本和平人士西园寺公一等应邀出席了大会。楚图南会长主持大会，赵朴初会长、金刚秀一团长、安藤更生团长分别在大会上讲了话。

同日，郭沫若副委员长接见应邀来我国参加鉴真和尚逝世一千二百周年纪念活动的以金刚秀一法师为首的日本庆赞鉴真和尚访华佛教代表团和以安藤更生为首的日本文化界代表团，同他们进行了亲切友好的谈话。

10月15日，扬州市佛教界、文化界、医药界二百多人隆重集会，纪念鉴真和尚逝世一千二百周年。鉴真和尚逝世一千二百周年纪念筹备委员会主任委员、中国佛教协会副会长、中日友好协会副会长赵朴初，中国佛教协会副会长周叔迦等出席了大会。以金刚秀一法师为首的日本庆赞鉴真和尚访华佛教代表团和以安藤更生为首的日本文化界代表团应邀出席了大会。纪念大会结束后，扬州市佛教协会隆重举行了纪念鉴真和尚逝世一千二百周年的法会。下午，在法净寺（古大明寺）举行了鉴真和尚纪念堂的奠基仪式。

同日，中国佛教协会和日本庆赞鉴真和尚访华佛教代表团在江苏扬州发表共同声明。

10月22日，迎请鉴真东渡的日本入唐留学僧荣睿大师纪念碑在广东肇庆鼎湖山落成，日本庆赞鉴真和尚访华佛教代表团参加了揭幕仪式。

10月23日，应邀来我国参加鉴真和尚逝世一千二百周年纪念活动的以金刚秀一法师为首的日本庆赞鉴真和尚访华佛教代表团取道香港回国。

10月24日，应邀来我国参加鉴真和尚逝世一千二百周年纪念活动的以安藤更生为首的日本文化界代表团取道香港回国。

1964年：

3月16日，日本文艺评论家、日本鉴真和尚逝世一千二百周年纪念委员会代表龟井胜一郎先生偕同白士吾夫先生访问了我国鉴真和尚逝世一千二百周年纪念委员会。中国佛教协会副会长、鉴真和尚逝世一千二百周年纪念委员会主任委员赵朴初、委员林林、梁思成、谢冰心、方石珊、巨赞、楼适夷等人士接待了他们。

1980年：

3月6日，欢迎鉴真大师像回国巡展委员会在北京广济寺举行会议。

4月9日，政协全国委员会宗教组举行会议，中国佛教协会负责人赵朴初报告鉴真大师像回国巡展情况。

4月13日至5月28日，由日本奈良唐招提寺、日中文化交流协会和朝日放送社联合组织的"鉴真和尚像中国展"先后在江苏扬州和北京展出。

13日下午，鉴真大师像由唐招提寺住持森本孝顺长老等护送乘专机运抵上海。欢迎鉴真大师像回国巡展委员会主任委员、中国佛教协会代会长赵朴初等各界代表一百多人前往机场迎接。

14日，鉴真大师像运抵鉴真家乡扬州。江苏省、扬州市有关领导及当地群众到瓜洲古渡码头迎接鉴真大师像。

18 日，江苏省暨扬州市各界人士一千多人在扬州市工人文化宫隆重集会，欢迎鉴真大师像回国巡展。

19 日，鉴真大师像巡展仪式在扬州大明寺鉴真纪念堂开幕。

同日，《人民日报》发表全国政协主席、国务院副总理邓小平为《鉴真大师像回国巡展纪念》集撰写的文章，题目为《一件具有深远意义的盛事》。

同日，《人民日报》还刊登了全国人大常委会副委员长邓颖超为《鉴真大师像回国巡展纪念》集亲笔书写的题词："为中日人民世代友好下去和文化交流事业作不懈的努力！"

5 月 4 日，回国巡展的鉴真大师像在北京中国历史博物馆展出。全国人大常委会副委员长邓颖超、全国政协副主席刘澜涛、班禅额尔德尼·确吉坚赞以及首都各界群众三千多人参加了开幕式。邓颖超为开幕式剪彩。对外友协会长王炳南致祝词。日本驻华大使馆公使加藤吉弥宣读了大平正芳首相的贺电。

5 日，首都佛教界和文化、艺术、建筑、医药等各界人士一千多人在政协礼堂集会，热烈欢迎鉴真大师像回国巡展。

6 日，邓小平副总理会见唐招提寺住持森本孝顺及以朝日广播社社长原清、日中文化交流协会理事长宫川寅雄为首的"国宝鉴真和尚像中国展"访华团全体成员。

14 日，鉴真大师像移供北京法源寺。

18 日，政协全国委员会宗教组、华侨组、妇女组、民族组、国际问题组、文化组到法源寺参观鉴真大师像。

24 日，鉴真大师像回国巡展圆满结束，在北京法源寺举行了隆重的闭幕仪式。欢迎鉴真大师像回国巡展委员会主任委员赵朴初在闭幕式上发表了讲话。

28 日中午，森本孝顺长老护侍鉴真大师像乘专机离开北京返回日本。赵朴初主任委员及首都佛教界和各界人士二百多人到机场送行。机场上举行了隆重的欢送仪式。

1983 年：

6 月 16 日，今天是我国唐代高僧鉴真大师圆寂一千二百二十周年忌辰。扬州市佛教、文艺、建筑、医药等各界知名人士七十多人，在大明寺举行了纪念会。

1993 年：

12 月 10 日，中日两国佛教界在扬州大明寺集会，隆重纪念鉴真和尚东渡日本一千二百五十周年。中国佛教协会副会长茗山法师，日本国奈良唐招提寺执事远腾证圆长老、大安寺副主持河野良文法师，江苏省诸山长老及两国僧人共四百余人参加了纪念活动。

1997 年：

8 月 20 日，"鉴真东渡遇险纪念塔"落成典礼在江苏南通市狼山旅游度假区内的黄泥山龙爪岩举行。

赵朴初认为，"我们佛教徒应当发挥我们的优势，尽我们的心力，为'庄严国土，利乐有情'做出贡献。'优势'这两个字，用另外一种话讲，就是特殊的有利条件。用佛教的语言就是'殊胜因缘'。我们佛教的优势是什么呢？佛教在历史上对中国的文化做出过伟大的贡献，这是可以当仁不让的。这不仅是在国内，对朝鲜、对日本、对东南亚许多国家，都有极大的影响，所以我们中国人要研究中国文化史，离不开佛教。"[1] 鉴真大和尚一直是中日两国佛教互动中的主要对象，因为这是符合两国佛教徒共同愿望的好事。鉴真是两国佛教交流的基础和共同崇拜的对象，这也是中国佛教的一个优势。在中日两国佛教交流史上，缺少了鉴真就是一项不完整的交流，只有把鉴真放在了中日两国佛教的大背景下，我们才能看到鉴真在两国的佛教界有多少分量。赵朴初居士说："中华人民共和国成立以来，对促进中日两国人民团结友好，恢复传统友谊，做了很多工作，真是上下一心，举国一致。中日两国人民谋求团结友好的呼声日益高涨，违反人民愿望的语调越来越窘态毕露，时代的要求，业已非常明确地被提了出来。人民的力量，在鉴真时代还只是潜在的、不自觉的伏流，在今天则是鲜明的、有确定目标的火炬。从我们共同纪念鉴真这一事实里，我们可以充分觉出，中日人民传统友谊这一历史主流正在怎样地冲击着横亘在我们中间的魔障。我们坚信，只要我们两国人民发扬前人精神，坚决负起时代使命，亲密合作，不懈努力，我们就一定能像前人一样突破一切险阻，实现我们共同的愿望与美好的将来。鉴真大师、荣睿大师的光辉事迹将永远鼓舞我们前进。"[2]

"回顾过去，我们可以清楚地看到，在中日友好关系史上，佛教占有重要的地位，起了很大的积极作用。展望未来，佛教对中日两国人民世代

① 《年轻僧人要善于工作、善于学习》，《赵朴初文集》（下卷），第 779 页。
② 《纪念鉴真大师，展望中日人民友谊的光明前途》，《赵朴初文集》（上卷），第 357 ~ 358 页。

友好将继续发挥它的优势，起到深远影响，而中日世代友好对亚洲和世界和平是一个极其重要的因素。"① 中日两国佛教界通过纪念鉴真和尚的活动，拉近了两国佛教徒与人民之间的关系，而唐代"通过鉴真的东渡，中日两国文化交流的大门敞开了，两国人民相互间的了解加深了，两国人民的友谊牢固地建立起来了。经由唐代汇合、涵育、长养出来的东亚中古文明在这一新的土壤中迅速地生根、发叶、开花、结果。从那以后，日本的文化高潮一个接一个地在历史上出现，终于形成了东方文化中和中国最为亲密而又最具特色的一个体系。一千多年来我们互相补充，互相推动，成为东方世界上一对绚烂夺目的姊妹国家。追本溯源，我们不能不对鉴真和他的合作者和继承者们从内心的深处发出崇高的敬意。"② 今天我们要沿着赵朴初居士走过的道路，将鉴真与赵朴初居士所做的对外交流事业进一步发展深入，融入习主席提倡的"一带一路"的伟大事业当中，充分发挥佛教在对外交往中的历史传统和所起到的重要作用，"鉴真大师为我们两国人民播下的友情种子真是万古常新，金刚不坏！"③

---

① 《接受日本〈读卖新闻〉社记者小林敬和采访时的谈话》，《赵朴初文集》（下卷），第 979 页。
② 《现代佛学》1964 年第 3 期，《赵朴初文集》（上卷），第 355 页。
③ 《古代中日文化和友谊的伟大传播者鉴真大师》，《赵朴初文集》（上卷），第 376 页。

赵朴初"人间佛教"的当代性及其实践

成建华*

中国佛教走过了20世纪80年代以前那段艰难曲折的历程，终于迎来了改革开放所带来的恢复和发展的春天。中国佛教在赵朴初先生的英明领导下，经过长达三十年的不懈努力，砥砺前行，逐步恢复了元气，得到了历史性的复苏。在20世纪80年代初，赵朴初先生审时度势，积极协助中央政府落实宗教政策，推进佛教与社会主义社会相适应、相协调，为利益人群、造福社会做出贡献，因而适时提出了指导当代中国佛教建设发展的"人间佛教"思想。他身体力行，率领全国佛教徒积极践行"人间佛教"，其目的就是要有效地复兴佛教，回应时代要求，顺应社会发展，担当新时期的人间使命。强调佛教与社会主义社会相适应、相协调，这不仅是为了引导佛教徒积极参与到社会主义建设的伟大事业中来，而且还要在与国家的政治、法律和国家利益相一致的同时，进一步为社会主义精神文明建设做贡献。在中国佛教文化繁荣发展、"人间佛教"成为两岸主流的今天，值此赵朴初先生诞辰110周年之际，回顾和重温赵朴初的"人间佛教"思想，对于进一步引导佛教与社会主义社会相适应，更好地发挥佛教积极的社会功能和精神资源作用，具有重要的理论意义和实践意义。

"人生佛教"和"人间佛教"，究其思想，则是在不同的时空因缘下对大乘佛教所做的不同阐释。太虚大师提出"人生佛教"，目的在于解决旧时"佛教荒谬无用"的观念，因此强调佛教对现实人生作用的一面；赵朴初先生提倡"人间佛教"，要解决的是佛教与社会主义社会相适应的问题，故而强调佛教对精神文明和物质文明建设具有积极作用的一面。简

---

* 成建华，中国社会科学院哲学研究所研究员、博士生导师。

055

而言之，太虚大师要解决的是佛教现实性的问题，而赵朴初先生要解决的则是佛教社会化的问题。无论是强调佛教现实性的太虚大师还是强调佛教社会化的赵朴初先生，二者均没有偏离传统佛教"出世先入世"的根本宗旨。正如《六祖坛经》上所讲，"佛法在世间，不离世间觉"。佛教与世间的关系本来就是辩证圆融的。

1978年党的十一届三中全会，明确提出了把全党的工作重点转移到社会主义现代化建设上来，实行改革开放。赵朴初先生及时而准确地把握住这一来之不易的大好机缘，将其毕生精力投入到恢复和重建中国佛教的伟大事业上来，协助政府贯彻宗教信仰自由政策，乘着春风，狠抓落实，恢复了一批全国重点寺庙，重建了凋零破碎的僧团。通过恢复和组建各级佛学院，培养并造就了一大批学子，成为复兴中国佛教和推动国际交流的生力军。从此中国佛教告别了衰落，走向了复苏，迎来了全面复兴的契机。赵朴初先生洞察全局、高屋建瓴，适时对中国佛教提出了"一个思想""三个传统""五个建设"的总方针、总任务、总要求，并从思想理论上、教义制度上为中国佛教在当今的全面复兴打下了坚实的基础。

下面，我们就赵朴初先生提出的"一个思想""三个传统"和"五个建设"进行梳理分析，探讨并凸显赵朴初先生的卓越贡献和高屋建瓴、高瞻远瞩的新中国佛教领袖风范。

一　一个思想

"一个思想"，就是"人间佛教"思想。1980年，赵朴初先生在中国佛教协会第四次全国代表大会上指出："让我们在党的宗教政策光辉照耀下，遵循佛陀的教导，继承历代大德的宏愿，发扬我国佛教的优良传统，'报国土恩、报众生恩'，建立'人间净土'，'令诸众生常得安乐'。"

1981年，赵朴初先生在撰写《佛教常识答问》一书时，以"发扬人间佛教的优越性"为题，首次明确提出应当提倡"人间佛教"思想。"人间佛教"的基本内容是五戒、十善。他指出："假使人人依照五戒十善的准则行事，那么，人民就会和平康乐，社会就会安定团结，国家就会繁荣昌盛，这样就会出现一种和平安乐的世界，一种具有高度精神文明的世界。这就是人间佛教所要达到的目的。"并且说，"大乘佛教是说一切众生都能成佛，但成佛必须先要做个好人，做个清白正直的人，要在做好人的基础上才能学佛成佛。"又说，"学佛就是要学菩萨行，过去诸佛是修菩萨行成佛的，我今学佛也要修学菩萨行。"而"菩萨行的人间佛教的意义在于：果真人人能够学菩萨行，行菩萨道，且不说今后成佛不成佛，就是在当前使人们能够自觉地建立起高尚的道德品行，积极地建设起助人为乐的精神文明，也是有益于国家社会的，何况以此净化世间，建设人间净土"。可见，提倡和践行"人间佛教"，其重要性就在于与当今社会相适应，顺应时代的需要，贴近社会大众，为社会公德和精神文明建设做出佛教应有的贡献，并达到净化人心、净化社会的目的。为此，赵朴初先生满怀信心地说："作为灿烂的民族古典文化的绚丽花朵，作为悠久的东方精神文明的巍峨丰碑，中国佛教必将随祖国建设事业的发展而发展，并在这一伟大事业中，为庄严国土，为利乐有情，为世界人类的和平、进步和幸福做出应有的贡献。"

所以在 1983 年中国佛教协会第四届理事会第二次会议上，赵朴初先生在工作报告中谈到"在当今时代中国佛教向何处去"的问题时，明确提出了"人间佛教"的思想理念，说："我以为在我们信奉的教义中应提倡人间佛教思想。它的基本内容包括五戒、十善、四摄、六度等自利利他的广大行愿。《增一阿含经》说：'诸佛世尊，皆出人间'，揭示了佛陀重视人间的根本精神。《六祖坛经》说：'佛法在世间，不离世间觉，离世觅菩提，恰如求兔角'，阐明了佛法与世间的关系。佛陀出生在人间，说法度生在人间，佛法是源出人间并要利益人间的。我们提倡人间佛教的思想，就要奉行五戒、十善以净化自己，广修四摄、六度以利益人群，就会自觉地以实现人间净土为己任，为社会主义现代化建设这一庄严国土、利乐有情的崇高事业贡献自己的光和热。"

此后，又将倡导人间佛教思想写进了《中国佛教协会章程》。在章程的第一章总则第二条，开宗明义："本会是全国各民族佛教徒联合的爱国团体和教务组织。其宗旨为：协助人民政府贯彻宗教信仰自由政策，维护佛教界的合法权益；弘扬佛教教义，兴办佛教事业，发扬佛教优良传统，加强佛教自身建设；高举爱国爱教旗帜，团结各民族佛教徒，倡导人间佛教思想，积极参加社会主义物质文明和精神文明建设，开拓创新，与时俱进，庄严国土，利乐有情，为祖国统一、世界和平作贡献。"明确了"人间佛教"思想是当今中国佛教发展的指导思想，发扬佛教优良传统，加强佛教自身建设是佛教发展的总要求、总任务。

二 三个传统

所以在提出"一个思想",即提倡人间佛教思想的同时,赵朴初先生又进一步指出,当代中国佛教应当继承和发扬中国佛教的"农禅并重""注重学术研究"和"国际友好交流"三大优良传统。他在中佛协全国代表大会上以工作报告的形式将提倡"人间佛教"思想作为中国佛教发展的方针,明确了中国佛教协会和各地佛教协会今后的工作重心和基本任务,即"当代社会主义中国的佛教徒,对于自己信奉的佛教,应当提倡一种思想,发扬三个优良传统"。并且在报告中指出:"根据党所指引的全国人民在新的历史时期肩负的使命,本着'人间佛教'积极进取的精神,中国佛教协会今后的任务是:在党和政府的领导下,在党的宗教信仰自由政策和民族团结政策的光辉照耀下,团结全国各族佛教徒,发扬佛教优良传统,为开创佛教徒为四化建设、祖国统一和维护世界和平事业服务的新局面而勇猛精进。"

继承"农禅并重"的传统,就是要求中国佛教徒在做好有益于社会生产和服务性工作的同时,注重自己的宗教学修。赵朴初先生号召全国佛教徒以"一日不作,一日不食"的精神,积极参与生产劳动和其他有益于社会主义建设事业的服务工作和实践活动中去;强调"注重学术研究",就是要求佛教徒在新的历史时期继承和发扬中国佛教学术研究的优良传统,努力开创佛教教学与研究工作的新局面;加强"国际友好交流",就是要继承先辈大德高僧们,如法显、玄奘、义净和鉴真大师,历尽艰险、为法忘我的奉献和牺牲精神,在新的历史条件下,促进和加强与各国人民的友好往来。正如洪修平教授所说,赵朴初先生提到的三个优良传统,可以说是从一个侧面揭示了中国佛教的"中国特色"。而他提到的"人间佛教",则从"中国佛教向何处去"的高度做了强调。赵朴初先生特别号召全国佛教徒:"我们社会主义中国的佛教徒,对于自己信奉的佛教,应当提倡人间佛教思想,以利于我们担当新的历史时期的人间使命。"正是在赵朴初先生的大力提倡和有力推动下,中国佛教日益走上了"人间佛教"的道路,并致力于自利利他,实现人间净土的广大宏愿。

赵朴初先生在阐明"人间佛教"的核心理念与精髓时,将实践"人间佛教"与发扬我国佛教三大优良传统结合起来,这充分体现了创新与继承的统一,既立足于佛教传统,将其中的优秀成分加以继承和发扬,同时锐意进取，开拓创新，为新时期佛教的发展开辟一条全新的道路。

三 五个建设

改革开放以来，中国佛教开始了全面的恢复，并且在赵朴初先生的带领下走上了"佛教与社会主义社会相协调"的"人间佛教"发展之路，并在短短十几年里，取得了举世瞩目的伟大成就。然而，伴随着佛教日益发展和壮大，佛教界自身的问题也日益突显。

1993年，在中国佛教协会第六次代表会议上，赵朴初先生在总结中国佛教协会四十年来的发展历程和取得的新成就的同时，对佛教界当前所出现的一些不良风气高度重视，并给予了尖锐批判和及时纠偏。他掷地有声地指出："在对外开放、市场经济的大潮中，拜金主义、享乐主义、极端个人主义腐朽思想的泛起是难以避免的。在这种情况下，佛教界有相当一部分人信仰淡化，戒律松弛；有些人道风败坏，结党营私，追名逐利，奢侈享乐乃至腐化堕落；个别寺院的极少数僧人甚至有违法乱纪、刑事犯罪的行为。这种腐败邪恶的风气严重侵蚀着我们佛教的肌体，极大地损害了我们佛教的形象和声誉，如果任其蔓延，势必葬送我们的佛教事业。如何在改革开放、市场经济的形势下，保持佛教的清净庄严和佛教徒的正信正行，从而发挥佛教的优势，庄严国土，利乐有情，这是当今佛教界必须解决的重大课题。"

赵朴初先生深谋远虑、明察秋毫，因此要求全国佛教界应当根据当前的形势，把工作重心放在加强自身建设上来。他指出："加强佛教自身建设，就是加强信仰建设、道风建设、教制建设、人才建设、组织建设。这五个方面，信仰建设是核心，道风建设是根本，人才建设是关键，教制建设是基础，组织建设是保证。"加强"信仰建设""道风建设"和"教制建设"就是要求全体僧众具足正信，勤修戒定慧，熄灭贪嗔痴，严守清规戒律，严肃纯正道风，强化信仰的纯粹性，同时进一步规范寺庙的管理制度，严格把紧各个环节，如理如法，不断纯净僧伽队伍，保证寺院的各项宗教活动正常有序地开展；加强"人才建设"，就要集中力量培养合格的僧才，这是佛教事业中最紧迫的任务，也是最重要、最艰巨的任务。所以赵朴初先生在全国汉语系佛教教育工作会议上指出："当前和今后相当时期内佛教工作最重要最迫切的事情，第一是培养人才，第二是培养人才，第三还是培养人才。"因此，把加强佛教教育、大力培养人才的紧迫性提到了一个新的高度。赵朴初先生要求，要尽快落实《全国汉语系佛教教育工作座谈会纪要》精神，制定措施，落到实处。寺院要加强对人才的培养，佛教院校要实行"学修一体化、学僧生活丛林化"的教学方针。在加强对中青年僧众佛教教育的同时，也要加强法律、政策法规和其他文化知识的学习，进一步促进藏语系和巴利语系佛教人才的培养；加强"组织建设"，就是要加强寺院和各级佛教协会的组织建设，这是佛教事业顺利开展和赖以发展的根本保证。所以要健全和规范寺院的丛林制度，对寺院住持和各主要执事的选拔，要坚持任人唯贤、德才兼备的原则。

所以"五个建设"的提出，无疑是为处于改革开放浪潮下迅速发展的中国佛教敲响了警钟。赵朴初先生明确指出，"佛教自身建设的好坏是决定中国佛教兴衰存亡的根本内因。"因此在佛教高速发展的今天，如果不能加强自身的建设，势必会导致佛教几十年来所取得的伟大成就功亏一篑。"千里之堤，溃于蚁穴。"所以我们认为，各级佛协组织应充分发挥自身的影响作用，必须做到防微杜渐，不断加强五方面的建设，始终坚持走具有中国特色的与社会主义社会相适应、相协调的"人间佛教"道路。只有这样，赵朴初先生所开创的当代中国佛教文化事业才能真正实现长足的发展和壮大。

从以上的分析中不难看出，赵朴初的"人间佛教"思想主要是在继承太虚大师的"人生佛教"和印顺法师的"人间佛教"理论基础上，根据中国大陆当时的社会形势和时代特点所做的有针对性的全新诠释。赵朴初的"人间佛教"思想不单纯限于理论上的创新，而是因势利导，将"人间佛教"的理念圆融于改革开放的整个中国社会的大环境中，顺应了时代的潮流，使"人间佛教"的思想与现代人类文明的新水平、新趋势相结合，力求为国家的现代化建设和世界和平做出积极的贡献。也正因为此，"人间佛教"才得以在中国大陆被广泛认可、接受和践行，并成为现代中国佛教的指导思想。从这个意义上说，赵朴初先生的最大贡献，就是把提倡"人间佛教"这一积极的、入世的佛教思想放在整个中国佛教的指导地位，并结合中国社会的实际情况和时代特点，强调"人间佛教"的实践意义，这对重塑中国佛教的社会形象，破除以往固化的对佛教的偏见，具有积极的正面作用。更为重要的是，赵朴初先生将提倡"人间佛教"与社会主义社会相适应有机地融合在一起，把佛教的发展放在整个中国社会大背景下来观照，有效解决了佛教的生存和发展问题，从而为中国佛教在社会主义时期的发展开辟了一条新的道路。这是一个很了不起的伟大创举。

2014 年，习近平主席在巴黎联合国教科文组织总部发表演讲时曾指出，"中华文明经历了 5000 多年的历史变迁，但始终一脉相承，积淀着中华民族最深层的精神追求，代表着中华民族独特的精神标识，为中华民族生生不息、发展壮大提供了丰厚滋养。中华文明是在中国大地上产生的文明，也是同其他文明不断交流互鉴而形成的文明。"他特别提到了佛教是"具有中国特色的佛教文化"，并认为"中国人根据中华文化发展了佛教思想，形成了独特的佛教理论"。

结合习近平主席的这一重要讲话，不难看出，赵朴初先生所提倡的"人间佛教"的思想，就是中国人根据中华文化对佛教的发展，而这一"独特的佛教理论"也是对佛教文化的重要贡献。作为新中国的一代宗教界领袖，赵朴初先生把佛教的教义圆融于建设中国特色的社会主义事业的整体之中，圆融于维护国家统一、民族团结和世界和平的伟大事业中，这是近代以来中国佛教得以全面复兴的最了不起的改革举措。赵朴初先生毕其一生实践"人间佛教"，为当代中国佛教文化复兴所做出的卓越贡献和所建立的伟大功勋，将永远彪炳青史，垂范于天下。

大智大勇巧安排，复兴佛教绘蓝图

——纪念赵朴初居士诞辰 110 周年

徐玉成*

　　大家知道，从 1966 年 5 月开始到 1976 年 10 月结束的"无产阶级文化大革命"，历时十年之久，除了打倒了一大批革命干部、科学家、专家学者教授和知识分子外，也打倒了一大批宗教家和广大宗教教职人员；除了关闭所有的小学中学和大学以外，也关闭了所有的宗教活动场所和宗教院校；除了搞乱和停止了各级党政机关的正常工作以外，也搞乱和停止了全国性和各级宗教团体的正常工作；除了把国家的经济推到崩溃的边缘以外，也把中国宗教置于濒临消亡的境地。"文革"中，宗教界和全国各族人民同命运、共呼吸，经过十年浩劫，经受了残酷的打击和严峻的考验。

　　粉碎"四人帮"，特别是 1978 年 11 月召开的中共十一届三中全会以后，党中央坚决摒弃以阶级斗争为纲的基本路线，决定把全党全国的工作重点转移到以经济建设为中心的轨道上来。通过实践是检验真理的唯一标准的讨论，冲破"文革"中"左"的思想束缚，在拨乱反正的基础上，党中央提出了平反"冤、假、错"案，落实干部政策、知识分子政策、经济政策、文化政策、教育政策、医疗卫生政策、科研政策，恢复大学和各级学校教育和科研机构的工作。在各行各业大力进行落实政策的高潮中，落实宗教信仰自由政策，恢复宗教活动场所和宗教院校的工作，也被党中央提上议事日程。

　　党中央最早落实宗教政策的文件，是中共十一届三中全会以前 1978 年 10 月 21 日发出的中共中央转发中央统战部《关于当前宗教工作中急需解决的两个政策问题的请示报告》的通知，即中发【1978】65 号文件。文件仍然坚持以阶级斗争为纲的指导思想，虽然提出："全面贯彻落实党

---

　　* 徐玉成，中国佛教协会原综合研究室主任，现为中国佛学院教师。

的宗教政策，尊重群众的宗教信仰，团结广大信教群众，继续贯彻对宗教界爱国人士团结、教育、改造的方针，调动一切积极因素，为实现新时期的总任务而奋斗。"但是，却依然认为"宗教是麻醉人民的鸦片，我们要积极而坚定地同宗教作斗争，使群众从宗教的束缚下解放出来，促进宗教逐步削弱直到消亡"。

在这种"左"的思想指导下，落实宗教政策的进展自然十分缓慢。

1980 年 12 月 8 日，国务院宗教事务局在《关于当前宗教工作向中央书记处的汇报提纲》中指出：现在"主要问题是宗教信仰自由政策在不少地方落实不下去。很多地方反映，贯彻宗教信仰自由政策，困难最多，阻力最大，进展最慢，收效最差"。"许多地方的宗教活动场所得不到解决，占用寺庙、教堂的单位，以各种借口不予退还。有些省、区至今一个教堂也没开放；开放了的地方，也因数量较少，远远满足不了信教群众的需要。"

文件举例说："浙江温州地区的基督教，原有教堂五百余座，现在一个教堂也没有开放。""扬州的大明寺，为迎接鉴真像展出，国家拨款九十万元修复。但鉴真像刚走，当地的地、市领导同志就下令立即禁止和尚、信徒在大殿进行正当的宗教活动（不准敲钟、击鼓、烧香、上供）。河南洛阳市的白马寺，是我国第一座古佛寺，闻名世界，很多外宾常往参观、拜佛。但最近据反映，由于文物部门不执行宗教政策，和尚被侮辱，被迫离寺，以致影响接待外宾工作的进行。""还有一些冤、假、错案未予复查、平反；相当多的宗教界人士被扣发的工资仍未补发；工作上不放手，以致他们无法联系、争取信教群众。""国务院为解决教会、寺庙房屋产权的【1980】188 号文件下达后，多数地区还没有落实。各教经费没有来源，'自养'遇到严重困难。"

鉴于上述问题，文件最后提出："建议中央针对当前宗教工作方面存在的问题，发一个指示，以引起各地党委的重视，推动宗教政策迅速落实。"

党中央根据国务院宗教事务局汇报提纲建议，两年以后出台的文件，就是中共十一届三中全会以后中发【1982】19 号文件，即《关于我国社会主义时期宗教问题的基本观点和基本政策》，从此在全国开展了大规模落实宗教政策的工作。

面对落实宗教政策步履维艰的严峻局面，受任于危难之时的赵朴初居士，面对佛教界的残山剩水，在党和政府的支持、帮助下，以坚强的意志和宏大的理论勇气，首先从思想理论上澄清"宗教鸦片论"的影响，冲破"左"的思想束缚；在此基础上，大力推动收回宗教房产，归还佛教寺院；及时恢复佛教院校，培养佛教人才；恢复佛教文化研究机构，弘扬佛教文化；主持召开佛教协会各种会议，全面推动佛教自身建设；为保持宗教政策的稳定和连续性，就宗教政策贯彻落实问题积极向中央领导和党政主管部门建言献策。在赵朴初居士晚年的二十年时间中，他把全部精力和心血都用在了推动落实和恢复宗教政策上面，取得令人瞩目的成就，成为当之无愧的杰出的宗教领袖。

一　勇于质疑"宗教鸦片论"，敢于冲破"左"的思想束缚

党的十一届三中全会以后，针对"宗教是人民的鸦片"仍然甚嚣尘上的现实，面对"宗教鸦片论"仍然可能作为宗教工作的根本指导方针的实际，针对当时有人在《人民日报》发表"不批判宗教神学就迈不开四化建设步伐"的错误思想，赵朴初居士感到必须与这些错误思想理论讲清道理，否则没有退路，必须勇敢面对现实，勇于与传统的权威理论叫板。于是，他花费了大量心血和精力，撰写了《对宗教方面的一些理论和实践问题的认识与体会》的长篇文章，在中央党校《理论动态》1981年第 1 期发表。

首先，文章在肯定了"宗教工作，是党和政府整个工作中一个重要组成部分"的基础上，阐述了宗教的五性：

（1）宗教的群众性。今天世界上信宗教的群众约占总人口三分之二，约有三十亿人。他们的绝大多数是劳动人民。

（2）宗教的民族性。我国的许多少数民族分别信奉佛教、伊斯兰教，也有信奉天主教和基督教的。这些信奉宗教的少数民族，大多分布在边境地区。

（3）宗教的国际性。世界各地人们信奉着许多地方性的宗教。佛教、伊斯兰教和基督教被称为三大世界宗教，广泛分布在世界五大洲。

（4）宗教的长期性。宗教有其发生、发展和消亡的规律。只有在"谋事在人，成事在天"转变为"谋事在人，成事也在人"的时候，宗教的自然根源和社会根源才能消亡。

（5）宗教的复杂性。除前面所说宗教的群众性、民族性、国际性、长期性这四者构成了宗教的复杂性而外，宗教本身还具有许多复杂因素。

所以，在社会主义时期，党和政府制定的宗教信仰自由的政策是处理宗教问题的唯一正确的宗教政策。

其次，文章对当时阻碍宗教信仰自由政策贯彻执行的思想障碍进行了逐条分析和澄清。

1. 文章批判了那种认为"文革"期间出现的"个人崇拜"是一种"新宗教"的错误认识，认为，"文革"中"四人帮"制造的"个人迷信"并不是宗教，批判"四人帮"制造的"个人迷信"与批判宗教相提并论的做法是错误的。

2. 文章指出，宗教的存在和产生有两个根源——自然根源和社会根源。当产生宗教的根源还存在的时候，宗教就会存在。提出用"批判宗教神学"、用"大力宣传无神论"来"扫除宗教"的口号同样是荒唐的；把批判宗教说成是"实现四化的前提"，更是本末倒置的错误口号。

3. 文章明确提出要遵照列宁提出的"宣传无神论应当服从党的基本任务""不要刺激宗教感情"教导。列宁指出："打倒宗教，无神论万岁，宣传无神论观点是我们的主要任务。马克思列宁主义者说：这话不对。这是一种肤浅的、资产阶级狭隘文化主义观点。"① 是"愚蠢可笑"的。

4. 文章深刻阐述了怎样正确理解"宗教是人民的鸦片"的问题。一是"宗教是人民鸦片"的说法，并不创始于马克思。在他之前和同时，宗教界和有些反宗教的批判者借用鸦片或麻醉剂来比喻宗教的不一而足；二是在当时鸦片是一种镇静剂，不是毒品，被压迫群众借用宗教以排遣忧愁苦恼；三是"宗教的苦难既是现实苦难的表现，又是对这种现实苦难的抗议"② 的语言，表达了马克思对劳动人民的深切同情。所以，文章说："'宗教是人民的鸦片'一语，不应看成是"向宗教进军"的热情口号。""笼统地提出'自人类社会划分阶级以来，宗教就成了统治阶级用来麻醉人民的鸦片烟和维护剥削阶级的精神支柱'，而不对具体的宗教和教派在特定的历史条件下所起的作用进行具体分析，这是违反马克思主义的，不符合历史本来面貌。"

赵朴初居士这篇文章对"宗教鸦片论"的质疑和批评，撼动了以"宗教鸦片论"为基础构筑的宗教理论体系，动摇了"左"的指导思想在

① 列宁：《论工人政党对宗教的态度》（1909 年 5 月 13 日〔26 日〕），《列宁全集》第 2 版第 17 卷，人民出版社，2017，第 391~392 页。
② 马克思：《〈黑格尔法哲学批判〉导言》（1843 年底~1844 年 1 月），《马克思恩格斯选集》第 1 卷，人民出版社，1995，第 2 页。

宗教工作上的根本理论基础，是对我国"文革"前和"文革"中长期形成的"左"的传统指导思想的拨乱反正，为新时期宗教理论和宗教政策的创新和发展开辟了新道路。特别在中发【1982】19 号文件中，摒弃了多年以来"宗教是人民的鸦片""必须限制其发展""我们要积极而坚定地同宗教做斗争，使群众从宗教的束缚下解放出来，促进宗教逐步削弱直到消亡"的一贯提法，是对马克思主义宗教理论的创新和发展，成为指导我国宗教工作的纲领性文件，直到现在仍然放射着真理的光芒。

在党中央拨乱反正的基础上，中央和国务院先后发出了落实宗教信仰自由政策的一系列文件：即中发【1980】22 号文件、国发【1980】188 号文件、国发【1981】178 号文件，提出了落实宗教信仰自由政策、宗教教职人员政策、宗教房产政策、平反宗教界冤假错案政策、恢复宗教院校政策等。特别是中发【1982】19 号文件，全面阐述了宗教产生、存在和发展的自然根源、社会根源和思想根源，阐述了宗教的长期性、群众性、民族性、国际性和复杂性，明确指出："宗教信仰自由的政策，是我们党根据马克思列宁主义理论所制定的、真正符合人民利益的唯一正确的宗教政策。""尊重和保护宗教信仰自由，是党对宗教问题的基本政策。这是一项长期政策，是一直要贯彻执行到将来宗教自然消亡的时候为止的政策。""使全体信教和不信教的群众联合起来，把他们的意志和力量集中到建设现代化的社会主义强国这个共同目标上来，这是我们贯彻执行宗教信仰自由政策，处理一切宗教问题的根本出发点和落脚点。任何背离这个基点的言论和行动，都是错误的，都应当受到党和人民的坚决抵制和反对。"①

在党中央一系列文件的指引下，在中央领导和党政部门的支持帮助下，赵朴初居士遵照中央文件精神，分阶段有步骤地开展落实政策工作。

二 积极推动收回宗教房产和大力归还佛教寺院的工作

1. 早在 1972 年中日邦交正常化时，赵朴初居士预见到中日邦交正常化后，日本佛教朋友会以此为契机来我国参拜祖庭，于 1972 年 9 月给周恩来总理和中央统战部和国务院宗教事务局负责人写信，要求开放急需的

---

① 中共中央文献研究室综合研究组：《新时期宗教工作文献选编》，宗教文化出版社，1995，第 59～61 页。

佛教活动场所以接待外宾参拜。在周总理和中央党政领导的关心支持下，浙江天台山国清寺，宁波天童寺、阿育王寺，南京灵谷寺，山西玄中寺等若干寺院较早地得到修复和开放。

2. 中共十一届三中全会后，赵朴初居士为了贯彻落实国发【1980】188 号文件提出的"将宗教团体的房屋产权全部退给宗教团体，无法退的应折价付款""文化大革命期间被占用的教堂、寺庙、道观及其附属房屋，属于对内对外工作需要继续开放者，应退还各教使用"的政策规定，于 1981 年初亲赴闽、浙、沪、宁等地考察，针对许多开放寺院存在文物部门干涉佛教寺院内部事务的问题，向中央提出寺院归属及管理体制问题，并有力地推动了福建泉州开元寺等一批寺院交归佛教界管理。不久，在陈云同志的关怀下，本会起草了《关于佛道教寺观管理试行办法草案》，提出"经批准开放的寺观和现有僧道居住并过宗教生活的寺观，均应在政府宗教事务部门领导下，由僧道人员管理"的体制，排除了文物、园林部门多家干涉寺院内部事务的问题，报中央主管部门，为形成国务院【1981】178 号文件作了文字上的准备。中发【1982】19 号把这个体制归纳为"一切宗教活动场所，都在政府宗教事务部门的行政领导之下，由宗教组织和宗教职业人员负责管理"，成为现行指导宗教活动场所管理的体制性规定。

3. 1980 年 9 月 21 日，赵朴初居士致信中央统战部领导，提出《关于确定佛教的宗教活动场所、健全佛教寺院管理体制的建议》，并且上报了除四大名山开放宗教活动外，另外提出 75 座汉族地区佛教寺院开放为宗教活动场所的建议名单。1982 年国务院宗教局以佛协道协建议名单为基础，在充分征求有关省、市、自治区的意见后，与道教协会一起共同提出165 座寺观为全国重点寺观名单。由于文物、园林部门不同意 35 座寺观交出，纠纷不断，如果长期议而不决会有夭折的危险，1983 年 3 月 2 日，赵朴初居士不得已致信时任中共中央总书记的胡耀邦同志决断。在中央主要领导的过问下，正式确定 163 座佛道教寺观为全国重点寺观，交佛道教界管理使用（佛教 142 座、道教 21 座），并以国发【1983】60 号文件发布。这就是佛道教全国重点寺观不寻常的缘起。

4. 为进一步解决文物、园林等部门占用佛道教寺观问题，理顺寺院管理体制，赵朴初居士多次致函中央领导，反映情况，提出建议，并在全国文物工作座谈会上发言，发表《关于寺观的属性、职能和归属问题》的长篇文章，从理论与实践、历史与现实的统一上，系统论证了寺观的基本属性、职能和归属问题，提出寺观必须由僧道人管理使用的观点，为理顺寺院管理体制打下了思想基础。

5. 在中央领导和中央党政主管部门的关怀和支持下，赵朴初居士多次赴江浙沪闽粤川等地视察，经向中央和地方党政领导据理力争，直接推动了一大批寺院问题的解决，例如上海龙华寺，北京法源寺，贵阳弘福寺，苏州西园寺、寒山寺，南通狼山广教寺，扬州大明寺，西安慈恩寺，洛阳白马寺，成都昭觉寺等。特别是经过多次向中央领导反映，排除重重阻力，促进了重庆大足圣寿寺、广州光孝寺、开封大相国寺、沈阳长安寺、泉州承天寺、深圳弘法寺等"老大难"问题的解决，为佛教事业的发展与振兴奠定了物质基础。

6. 特别值得一提的是，1986年春节期间，赵朴初居士在广州视察光孝寺时，向广东省委主要领导提出："光孝寺在中国禅史上具有重要地位，它是六祖惠能大师出家受戒的寺院，现在还有六祖的发塔。"几天后，当他到达韶关时，得知广东省委决定把广州光孝寺还归给佛教管理使用的消息时，高兴地赋诗一首：

在韶关喜闻广州光孝寺还归之讯

多劫氛霾一旦清，垢衣终解宝珠呈。

祖庭幸赖回天力，佛子如何报国恩。

现在，广州光孝寺不但是广东省佛教协会所在地，而且成为中南地区弘扬佛教文化的中心、禅宗研究中心和开展对外交流中心，为改革开放和联系港澳台同胞以及海外华侨起到了重要的纽带和桥梁作用。广州光孝寺仅仅是收回众多寺院的一个缩影。如果这些寺院在文物部门管理下，只不过是一座默默无闻的静止的文物保护单位而已。

三 顺势而为，及时恢复佛教院校，培养急需佛教人才

落实了佛教寺院，必须有僧人住持。由于十年浩劫中僧人都被迫转业还俗，被请回到寺院的也大多年老体弱，因此，僧人后继无人问题突出。赵朴初居士在大力争取收回一批寺院的同时，巧借机缘，运筹谋划，及时恢复中国佛学院和各地佛教院校。

1. 1978年邓小平访问日本时，接受了奈良唐招提寺森本孝顺长老提出的鉴真和尚像回国探亲的请求。为了迎接鉴真像回国，按照筹备计划，

在扬州大明寺供奉后，要到北京历史博物馆和法源寺供奉。赵朴初居士充分利用这次千载难逢的机缘，首先提出原来住在法源寺的居民全部迁出，接着对寺院殿堂进行维修，迎请佛像、安放法器等佛事用品。等到1980年5月鉴真大师像在法源寺供奉结束后，赵朴初居士立即向中央申请在法源寺恢复中国佛学院。当年招生，当年上课。抓住机缘落实了法源寺的宗教政策，实现了恢复中国佛学院的宏大愿望。

2. 为了及时解决开放寺院缺少僧人的问题，除了兴办中国佛学院和地方佛学院外，赵朴初居士提出在苏州灵岩山举办短期僧伽培训班，学制半年，及时为寺院输送了一大批管理人才和弘法人才，这批人员在20世纪九十年代和21世纪初，成为各地寺院管理的骨干力量。

3. 这个时期，在赵朴初居士支持下，全国开办了灵岩山佛学院、栖霞山佛学院、闽南佛学院、普陀山佛学院、峨眉山佛学院、岭东佛学院、云门佛学院、上海佛学院、四川尼众佛学院、福建佛学院、江西尼众佛学院等十几家佛教院校，培养了一大批寺院管理人才和弘法僧才。

4. 1986年，在总结中国佛学院和各地佛学院办学经验的基础上，赵朴初居士主持在北京召开了全国汉语系佛教院校工作座谈会，提出了"全面规划，适当调整，保证重点，协调发展"的方针，规划了高、中、初三级既相衔接又各有侧重的佛教教育体系，促进了佛教教育的发展。

5. 1992年，赵朴初居士主持在上海召开全国汉语系佛教教育工作座谈会，他在会议讲话中提出中国佛教今后一个阶段的任务：第一是培养人才，第二是培养人才，第三还是培养人才。会议要求全国各地寺院把精力和资金向培养人才方面倾斜。会议形成了会议纪要，提出了"学修一体化，学僧生活丛林化"的方针和一系列措施，发起建立佛教文化教育基金委员会，开拓了佛教教育事业的新局面。

四 恢复金陵刻经处的印经事业，拓展佛教文化事业

1. 在佛教寺院有了一定的规模、寺院僧人不断增多的情况下，佛教经书和佛像供奉需求量急剧增大。经过赵朴初居士的努力，在中央和江苏省政府支持下，克服重重困难，搬迁了几户居民，终于在1981年恢复了南京金陵刻经处，开始印制佛教经书、佛像的工作，满足了各个寺院的经书、佛像的需求。

2. 在"文革"前，中国佛协的会刊是《现代佛学》，在国内外有广

泛的影响，"文革"中被迫停办，至1980年已经停刊16年了。1980年宗教政策开始落实以后，中国佛教协会业务开展起来，需要一个公开出版的刊物对内弘扬佛法，对外实行学术交流。在中央有关部门的支持下，经过赵朴初居士定夺，决定办一个综合性的佛教刊物，赵朴初居士命名为"法音"，题写了刊名，撰写了《发刊词》，于1981年1月出版了第一期。《法音》杂志的出版发行，成为中国佛教协会联系海内外广大佛教徒的重要纽带。

3. 为了更好地弘扬佛教文化，在有关部门的支持下，赵朴初居士主持于1987年3月成立了"中国佛教文化研究所"，请著名佛教学者吴立民先生任所长，赵朴初居士亲自写聘书聘请梁漱溟、启功、常任侠、常书鸿、吴晓铃、陈明远、巫白慧、潘絜兹、虞愚、金维诺、苏渊雷、苏晋仁、王森、王尧等具有卓著成就的专家学者为特约研究员，还聘请教内观空法师为顾问，隆莲、土登尼玛、林子青、郭元兴、贾题韬、李安为高级研究员。同时创办了赵朴初居士题写了刊名的《佛教文化》杂志，为弘扬佛教文化发挥了重要作用。

五 通过召开各种会议，健全中国佛协组织机构，加强佛教自身建设

在"文革"中，中国佛教协会被停止活动，许多工作人员下五七干校劳动。1972年以后，赵朴初居士只能以中国佛协负责人的身份接待外宾。中国佛教协会的工作长期处于瘫痪状态。

通过落实政策，不断收回佛教寺院，佛教僧人不断增加，外事接待任务繁重，佛教教育和文化研究机构不断健全、完善，内外事务繁剧，急需中国佛教协会发挥核心领导作用。在形势的推动下，加强中国佛教协会的组织建设被提上了议程。在赵朴初居士的领导和主持下，召开了各种会议，健全了中国佛协组织机构和各项制度，使中国佛教协会工作逐步纳入正轨。

1. 1979年，赵朴初居士提议为喜饶嘉措大师等一大批佛教界的冤假错案平反。在此基础上，1980年召开了中国佛教协会第四届全国代表会议，许多"文革"中受到迫害和冤屈的法师、活佛重新回到弘法岗位，并参加了这次全国代表会议。会议选举赵朴初居士为会长。提出中国佛教协会今后的任务是：协助党和政府恢复贯彻宗教信仰自由政策，消除

"文革"的严重后果，团结全国各民族佛教徒，在新的历史时期为恢复和振兴全国佛教事业做出贡献。以这次会议为标志，中国佛教协会的组织领导机构得到健全，工作得到全面恢复。

2. 1982 年，赵朴初居士主持召开中国佛协四届二次常务理事扩大会议，提出佛教工作要抓紧三件事，即开放佛教活动场所、印刷经书、培养僧才。制定了开放全国第一批重点寺院向中央的建议名单，推动了宗教政策的落实和佛教事业的开展。

3. 1983 年，赵朴初居士主持召开中国佛协四届三次理事会议，在《中国佛教协会三十年》的报告中，全面系统地总结了中国佛教协会三十年的工作，提出提倡"人间佛教"的积极进取精神，发扬中国佛教农禅并重、学术研究、国际交流三个优良传统。会议并做出了关于传戒、收徒问题的决议。从此，老法师们可以收徒弟传戒法了。

4. 1987 年 3 月，赵朴初居士主持召开中国佛教协会第五届全国代表会议，他在会议报告中提出，中国佛教已经走上与社会主义社会相适应、相协调的道路，指出中国佛教不仅必须而且能够为社会主义两个文明建设特别是为精神文明建设服务等重要问题，从理论和实践的统一上做了系统的论证和阐述。

5. 1987 年 5 月，赵朴初居士主持召开了汉族地区重点寺院管理工作座谈会，制定了《全国汉传佛教寺院管理试行办法》和《全国汉传佛教寺院共住规约通则》，在海内外佛教界中产生了积极影响，现在仍然是管理寺院的基本制度。

6. 为了支持藏传佛教加快落实政策，促进活佛转世工作，1990 年 4 月赵朴初居士在北京主持召开了藏传佛教工作座谈会，讨论研究了落实政策、活佛转世、藏传佛教自身建设等问题，对活佛转世提出了"不能不转，不能全转，尊重历史，照顾现实"的原则，并向党政领导部门反映情况，提出建议。

7. 1990 年 12 月，赵朴初居士亲赴云南昆明和西双版纳，主持召开了上座部佛教工作会议，分析云南上座部佛教工作的形势，就上座部佛教工作具体政策性问题提出了意见和建议，对上座部佛教事业给予了大力支持。

8. 1993 年赵朴初居士主持召开了中国佛教协会第六届全国代表会议，他在报告中系统总结了中国佛教协会四十年的工作成就和基本经验，深刻分析了当今中国佛教迎来的大好历史机遇和面临的自身建设的严峻挑战，提出了加强佛教自身建设、提高佛教四众素质的方针和一系列具体要求、步骤，首次把佛教自身建设归纳为信仰建设、道风建设、教制建设、人才建设、组织建设，阐明了这五方面建设的相互关系，进一步论证和回答了佛教能够与社会主义社会相适应、能够为两个文明建设特别是精神文明建设服务等重要问题，明确中国佛教协会具有爱国团体和教务组织的性质和职能。会议通过了《全国汉传佛教寺院管理办法》和《全国汉传佛教寺院共住规约通则》等重要文件。赵朴初居士亲自主持召开的这次会议，是中国佛教继承传统、适应当代、开拓未来的里程碑。

9. 1995 年，赵朴初居士主持召开了中国佛协六届二次常务理事扩大会议和省级佛教协会组织建设工作座谈会，进一步贯彻落实六届全国佛代会的精神，制定了各专门工作委员会的工作规则和关于加强省级佛教协会组织建设的文件。1996 年 5 月在无锡召开教制工作委员会扩大会议，研究制定了《全国汉传佛教寺院传授三坛大戒管理办法》《关于在全国汉传佛教寺院实行僧尼度牒僧籍制度的办法》《关于全国汉传佛教寺院住持任职退职的若干规定》等文件征求意见稿，有力地推动了佛教教制的规范与建设。

经过一系列会议，中国佛教协会的组织建设和制度建设不断健全和完善起来，为佛教事业的恢复与发展起到核心领导作用。

六 勇于代表宗教界心声，积极向中央建言献策

为了保持党的宗教政策的稳定性和连续性，赵朴初居士以他丰富的宗教工作经历和深厚的工作体验，以肝胆相照、荣辱与共的精神，从维护国家整体利益出发，勇于代表宗教界的心声，向中央领导和党政主管部门建言献策，体现了他的一片赤子佛心。

1. 1981 年赵朴初居士先后就中共中央《关于我国社会主义时期宗教问题的基本观点和基本政策》征求意见稿，提出修改意见，多数被中央采纳；后来又对中共中央《关于建国以来党的若干历史问题的决议》征求意见稿，提出"坚持四项基本原则并不要求宗教徒放弃宗教信仰，而要求宗教徒不得进行反对马克思主义的思想宣传"的意见，得到中央领导的重视、采纳并写入文件。

2. 1982 年，以赵朴初居士为首的佛教界大德们，就 1978 年宪法第三十三条"公民有宗教信仰自由，有不信仰宗教的自由，也有宣传无神论

的自由"的条款，提出明确的修改意见，坚持认为：把宣传无神论的自由和公民的宗教信仰自由并列写入宪法同一条款中，是不符合宪法体例的，这样规定实际上标志着公民只有宣传无神论的自由，而没有信仰宗教和宣传有神论的自由。在"文革"中的75宪法通过这一条款时，实际上为反宗教的无神论宣传和"左"的思想提供了法律依据，这部宪法通过后，实际上宗教信仰自由并没有得到保护。新的宪法对此必须进行修改。修改意见最终被宪法修改委员会采纳，几经讨论、修改，形成现行宪法第36条的框架内容。

3. 在制定《刑法》征求意见时，赵朴初居士代表宗教界提出"国家机关工作人员非法剥夺公民的宗教信仰自由和侵犯少数民族风俗习惯，情节严重的，处2年以下有期徒刑或者拘役"的建议条款，为《刑法》起草小组采纳，成为《刑法》第147条的主要内容，1997年《刑法》修改后为第257条。这从《刑法》条款上有力制止了国家工作人员非法剥夺公民宗教信仰自由权利的行为，为保护公民宗教信仰自由权利提供了法律保障。

4. 1989年，在赵朴初居士的主持和本会有关负责人的参与下，起草了《中华人民共和国宗教法》建议草案，由赵朴初居士和丁光训主教联名报送全国人大常委会习仲勋副委员长和党政的有关部门，为推动宗教立法尽了心力。

5. 1990年，赵朴初居士就中共中央、国务院关于宗教工作的一个重要文件的征求意见稿，先后三次系统提出修改意见，特别是就宗教工作形势的估量，对宗教事务进行管理的内容和界限，抵制境外敌对势力利用宗教进行渗透的含义和界限，作了完整的文字表述，得到了中央的重视和采纳，为中共中央、国务院【1991】6号文件的定稿，提供了重要理论政策依据。

6. 从1980年起至赵朴初居士逝世时的二十年时间，赵朴初居士在历次全国政协大会、全国政协常委会、全国政协民宗委等会议上，以及民主党派会议上，通过给党和国家领导同志写信，多次就有关宗教立法、宗教政策落实、宗教管理体制改革、宗教与社会主义社会相适应、收回传统寺院、正确对待信教群众、正确进行无神论宣传、正确全面估计宗教工作形势、宗教是文化等的一系列重要理论、政策、方针性问题，发表见解，提出意见。特别是他提出的在宗教工作中，应当坚持"政策要宽松，步调要稳妥，措施要得当，教育要跟上"的原则，在坚持宗教界利益同国家整体利益相统一的前提下，表达了宗教界的合理诉求，维护了宗教界的合法权益。

2000 年 5 月 31 日《人民日报》发表的《赵朴初同志生平》中指出："赵朴初同志是著名的社会活动家，伟大的爱国主义者，是中国共产党的亲密朋友。他一生追求进步、探索真理，孜孜以求，矢志不移。在近 70 年的漫长岁月中，他与中国共产党风雨同舟，亲密合作，为中国人民解放事业和社会主义建设事业，为造福社会、振兴中华，做出了不可替代的卓越贡献。"

本文所列举的赵朴初居士自中共十一届三中全会以来为党为国家为人民为宗教界所做的推动落实宗教政策的工作，就是赵朴初居士卓越贡献的重要组成部分。在当前为实现习近平主席提出的中华民族伟大复兴的中国梦而努力奋斗的时候，在纪念赵朴初居士诞辰 110 周年之际，重温赵朴初居士这种爱国爱教爱民的伟大实践，沿着赵朴初居士倡导的"人间佛教"思想继续前进，是很有现实意义的。

赵朴初与当代中国佛教

学　愚[*]

　　如果说，佛教是以佛法为中心，在不同时代呈现出不同示教利喜的文化模式，那么，佛教亦是因缘所生，深受时代社会的影响。当佛法确定后，人的因素在佛教发展历史上起了决定性作用。自释迦牟尼佛创立佛教后，佛教的传播和发展就是历代高僧大德修证和弘扬佛法的历史。公元一世纪前后，佛教传入中国，与传统中国文化相碰撞，经历了无数次繁荣和衰落，而每一次衰落后的繁荣都与当时佛教领袖人物相关。唐宋以降，中国佛教持续走下坡路。当然亦有些学者认为，明末清初之际，中国佛教曾出现过短暂的复兴。这种复兴的出现，与当时四大高僧及其他佛教人士共同努力相关。清末民初，中国佛教界涌现出杨仁山、寄禅、来果、印光、虚云等一批有德有学、有修有证之人，又一次掀起近代佛教中兴。20 世纪 80 年代初，经历了"文革"浩劫后的中国佛教满目疮痍、百废待举。历史选择了赵朴初来领导当代中国佛教；或更为恰当地说，赵朴初当仁不让地承担起当代中国佛教中兴的历史使命。八十年代初，中国佛教起死回生——寺院恢复、僧尼回归寺院、宗教生活正常化，体现了传统中国佛教的重建，赵朴初应是当之无愧的中兴者。在此基础之上，赵朴初进一步提倡"人间佛教"思想，推动当代中国佛教的恢复发展。这样，如果说当代中国佛教是民国时期人间佛教的中兴，那么，赵朴初可谓当代人间佛教复兴之父。

　　历史的选择与佛教的中兴和当代人间佛教的复兴，道路十分艰难，其曲折性后人难以想象，唯有在像赵朴初这样深受党和人民政府信任、社会尊敬、佛教界推崇的人的领导下，才能实现。"文革"后期，佛教几乎在

＊　学愚，香港中文大学禅与人类文明研究中心主任，华东师范大学哲学系教授。

中国内地消亡，绝大部分僧尼回到世俗社会，从事工农业生产，全国只有数十所寺院被作为历史和文化遗产保存下来。八十年代初，中国政府重新确立宗教信仰自由政策，但如何落实这样的政策，或由谁来协助政策落实宗教政策、调和政府与佛教界的关系、恢复寺院、培养人才？赵朴初成为不二人选。在很大程度上，赵朴初之所以成为这样的人选，或者说之所以能够领导中国佛教从废墟中走出来，走向复兴，不仅因为他精通佛法和世间法，更为重要的是，他能融会贯通二者。

赵朴初精通世间法，主要表现在他的政治智慧——对时代命脉的把握和对社会发展的洞察。早年生活在上海，经历过新旧社会的赵朴初深切体会到，唯有中国共产党才能救中国，唯有走社会主义道路，中国才能富强、社会才能繁荣；唯有在社会主义社会，佛教徒才能享受真正的信仰自由。五十年代后，或更为恰切地说，中国佛教协会成立后，无论是在国际国内，还是教内教外，赵朴初都能顾全大局，旗帜鲜明地支持、协助党和人民政府，维护国家整体利益，反对任何形式的民族分裂。或许正因如此，赵朴初得到中共领导人的高度肯定以及社会各界的尊敬，再加上他个人中国文化的修养和宗教领袖的魅力，深受中国佛教徒的爱戴。所有这些都成为他恢复传统佛教、复兴人间佛教的增上缘。

所谓复兴，即是在一段时间的衰落后，在一些领袖人物的努力和领导下，佛教出现转机、创新和发达的景象。清末民初，随着社会的巨变，中国佛教也曾出现转机和新的发展。一方面出现了像来果、印光、虚云、弘一这样的高僧，他们努力恢复传统佛教，振兴净土佛教、禅宗佛教，或律宗道场；佛教思想活跃，吸引了一批社会知识分子的兴趣、爱好乃至信仰，佛学研究传统得以恢复和发展；另一方面，太虚等领导的人生佛教异军突起，契应时代和社会需要，既是对传统佛教的批判，又是佛教文化的创新。作为佛法应化时代性和社会的新模式，严格来讲，人间佛教的兴起并非传统中国佛教的复兴，而是近代中国佛教新范式的创建。从典范转换理论来观察，人们不难发现，传统中国佛教虽在一些高僧大德的领导下出现了新的发展，但很少有创新，大多强调传统佛教的恢复和振兴。人间佛教作为近代中国佛教的创新，为佛教提供或创立了新的发展模式。传统佛教与人间佛教之间虽然存在着种种张力，但并不对立。后者没有取代前者，而是并存于中国社会，并在民国期间都得以不同程度的发展。

如果说民国时期，中国历史见证了传统佛教的恢复和人间佛教的创新，那么，我们可以这么认为，20世纪80年代以降，中国佛教又一次见证了传统佛教的恢复和人间佛教的复兴。无论是前者还是后者，赵朴初都功不可没。新中国成立后，随着土地改革及其他一系列社会政治运动的开展和深化，以寺院为中心的中国佛教失去赖以生存的经济基础——土地，僧尼被迫回到世俗社会，从事自食其力的生产劳动，寺院成为工厂、合作社或学校。这样，传统佛教逐渐退出中国历史舞台。五十年代中后期，巨赞等亦曾倡导佛教"生产化"和"学术化"运动，并在北京先后成立各种佛教企业，如大生麻袋厂等生产机构，维持出家人自食其力的物质生活。但是，随着"文化大革命"的临近，佛教同其他所有宗教一样，全都成为封建迷信、牛鬼蛇神，被扫进历史的垃圾堆。20世纪70年代后期，随着大陆对外开放和宗教政策的落实，濒临消亡的中国佛教又一次看到生存的希望；此希望的实现，与赵朴初的非凡努力和智慧是分不开的，其指导思想即是"人间佛教"。这样，当代传统佛教的恢复和人间佛教的复兴，虽是一脉相承，但亦有所不同。传统佛教的恢复主要表现在寺院的修复、僧尼回归寺院、佛教信仰生活的落实。在此基础之上，中国佛教三大传统——农禅并重、学术研究、国际往来亦得以重建。此当代佛教三大传统的重建，既有继承，又有创新，其创新部分则成为当代人间佛教复兴的主要内容。

赵朴初承人间佛教发展的契理与契机，上契太虚人间佛教思想，下契当代中国社会政治，开创了当代人间佛教新模式。就契机而言，20世纪80年代初，濒临消失的佛教在改革开放大潮中，重新出现在社会主义中国。赵朴初清醒地意识到，或者说，数十年的革命经验告诉他，中国佛教必须与社会主义社会相适应，必须为社会主义建设服务，这是政治前提，亦是生存基础。因此，赵朴初坚信，唯有"人间佛教"思想才能契应当代马克思主义的中国社会实践，才能有效指导佛教与社会主义相适应。同时，他亦相信，当代中国政治和社会，为"人间佛教"的实践提供了千载难逢的时代因缘。

1983年10月，赵朴初在《中国佛教协会三十年》的报告中，强调佛教徒爱国的重要性，重申爱国即是爱中国共产党领导的社会主义中国。他总结了过去三十年中国佛教的三条基本经验：1. 佛教徒必须爱国守法，接受中国共产党和人民政府的领导，拥护社会主义；2. 中国佛教协会和地方佛教团体，要协助人民政府贯彻宗教信仰自由政策，团结佛教徒发扬佛教优良传统，积极参加社会主义建设事业；3. 全国和地方佛教协会要积极主动地发挥桥梁作用和专业作用。赵朴初认为，中国佛教徒要真切地认识到，没有共产党就没有新中国，也就无法享受真正的宗教信仰自由，也就不能保证佛教事业的顺利开展。同样地，只有走社会主义道路，中国才能走向繁荣富强，实现"人间净土"。1993 年 10 月，赵朴初在中国佛教协会第六届全国代表会议上发表了《中国佛教协会四十年》的报告，总结了过去四十年中国佛教发展的经验，第一条即是："中国佛教必须而且能够与有中国特色的社会主义社会相适应或相协调。"

爱国守法、接受中国共产党的领导、为国家建设和社会经济发展做贡献，与其说是当代中国佛教发展的基本经验，倒不如说是中国佛教协会成立时，赵朴初等人为中国佛教制定的指导原则和历史使命。中国佛教协会章程第二条，规定了其性质，即团结全国佛教徒，在人民政府领导下，参加爱护祖国及保卫世界和平运动；协助人民政府贯彻宗教信仰自由政策；并联系各地佛教徒，发扬佛教优良传统，参与社会主义建设。赵朴初把社会主义建设同人间净土理念结合起来，创造性地建立起契合时代的人间佛教思想，并以此指导中国佛教协会的工作，确立了中国佛教生存和发展的时代因缘，统一了佛法与世法的不二关系。

就契理而言，赵朴初坚信，人间佛教是佛教特别是大乘佛教的根本，其基本内容包括五戒、十善、四摄、六度。他说："佛陀出生在人间，说法度生在人间，佛法是源出人间并要利益人间的。我们提倡人间佛教的思想，就要奉行五戒、十善以净化自己，广修四摄六度以利益人群，就会自觉地以实现人间净土为己任，为社会主义现代化建设这一庄严国土、利乐有情的崇高事业贡献自己的光和热。"赵朴初的这一思想，深受太虚人间佛教的影响。清末民初，上海成为中国传统佛教和人间佛教的活动中心。早年常住上海的赵朴初，深受这两种貌似对立、但实际相辅相成的佛教影响，既努力护持传统佛教，又积极参与各种人间佛教的社会实践和慈善活动。当然，太虚大师对这位青年才俊亦是慧眼相识，曾以人间佛教事业相托。赵朴初曾这样回忆道："师逝世前十日，以电话招余至玉佛寺相见，欣然若无事，以所著《人生佛教》一书见赠，勉余今后努力护法，不期遂成永别。闻人言：'师数日前告人，将往无锡、常州。'初未知暗示无常也。"太虚大师圆寂后，赵朴初作挽诗一首，以寄纪念，同时亦表达了他继承师志的愿望和决心："旬前招我何为者，付我新编意倍醰。遗嘱分明今始悟，先机隐约话头参。神州风雨沉千劫，旷世光华掩一龛。火宅苓儿应不舍，再来伫见雨优昙。"

如果说，赵朴初在太虚人间佛教模式的理论基础上，创造性地建立新的人间佛教模式，那么，它的新主要表现在其契机性——契合社会主义中国。其实，就整个历史而言，佛教的兴衰主要在于契机与否。同太虚模式人间佛教一样，赵朴初模式人间佛教具足佛法性，即契理性；但是，随着时代和社会的变化，无论是传统佛教还是太虚模式，人间佛教都不再适应1949年后的中国社会。20世纪80年代初，赵朴初提出，当代中国佛教必须与社会主义相适应，既是对当代中国佛教历史的总结，亦契合了中国社会政治的发展。换句话说，唯有人间佛教才能有效地与社会主义相适应。在具体实践方面，赵朴初不但重申了中国佛教的三大传统，而且用人间佛教思想创造性地重新诠释了这些传统，促使其现代实践符合社会和政治需要（有关这方面的讨论，后文将做进一步分析）。其实，1949年后，赵朴初很少谈及太虚大师及其人间佛教，直至1983年，在中国佛教协会成立三十周年的纪念大会上，才正式提出"人间佛教"理念。但是，这并不是说他在这段时间忘失人间佛教，恰恰相反，他正在思考中国佛教的出路，默默地构建其具有社会主义特色的人间佛教思想。这样，赵朴初人间佛教模式与太虚人间佛教模式不一不二，不一表现在契机性方面，不二表现在契理性方面。换句话说，前者继承了后者的部分思想，但在实践中又有新的发展，更加契应当代中国的社会政治文化。

在《中国佛教协会三十年》的报告中，赵朴初这样说道："当代社会主义中国的佛教徒，对于自己信奉的佛教，应当提倡一种思想，发扬三个传统。"如果说"人间佛教"思想确立了当代中国佛教与社会主义相适应的性质，那么三个传统，即农禅并重、学术研究和国际友好交流，即是当代中国佛教与之相契应的实践。赵朴初认为，人间佛教思想和三个优良传统，是同一个问题的两个层面，既有利于佛教的生存和发展，亦有利于社会主义建设，保证了佛教与社会主义相适应。他说："我以为我们社会主义中国的佛教徒，对于自己信奉的佛教，应当提倡人间佛教思想，以利于我们担当新的历史时期的人间使命；应当发扬中国佛教农禅并重的优良传统，以利于我们积极参加社会主义物质文明建设；应当发扬中国佛教注重学术研究的优良传统，以利于我们积极参加社会主义精神文明建设；应当发扬中国佛教国际友好交流的优良传统，以利于我们积极参加增进同各国人民友好，促进中外文化交流和维护世界和平的事业。"1983年以后，"一种思想"和"三个传统"成为当代中国佛教发展的指导原则和实践内容，它们既是赵朴初对传统中国佛教和太虚人间佛教的继承，又是对当代中国佛教实践的创新，被赋予强大的时代性和社会生命力。下面，我们就从分析三个传统入手，探讨当代人间佛教的实践。

一 农禅并重（"三大传统"的现代化创造）

农禅并重是中国佛教的传统，而这一传统是中国佛教的创造。在印度佛教传统中，特别是戒律传统中，僧尼不得从事生产劳动。但是，佛教传入中国后，深受中国文化，特别是儒家文化的影响，强调自食其力的经济生活。最早提倡这一传统的禅宗佛教，主张出世与入世的不二，从而认为，挑柴担水做饭都可以修行，由此极大丰富了中国禅修的理论和方法，"一日不作，一日不食"也就成为中国佛教传统。唐宋以降，中国佛教特别是僧团越来越趋于闭关保守，大多数僧人以经忏佛事为生，被社会人士认为是不劳而获的寄生虫。一些寺院拥有大量的土地，长年租给农民耕种，寺院收取租金，以此维护僧尼的生活。民国期间，社会各界普遍认为，佛教徒不但要自食其力，亦应为社会服务，报效国家。太虚大师等倡导的人间佛教创造性地继承了中国佛教"农禅并重"传统，强调佛教的社会参与和人生服务，鼓励僧尼从事社会劳动，乃至参与抵抗外国侵略。1949 年，中国社会政治发生巨变，中国共产党领导的革命取得了成功，建立中华人民共和国。时代的巨变，特别是随后的农村土地改革和城市集体制改造运动，让广大僧尼失去赖以生存的经济基础，纷纷响应政府的号召，组织成立合作社，成为全职生产劳动者，或农民或工人；一方面自食其力，另一方面为国家和社会建设做贡献。

20 世纪 80 年代初，中国佛教努力寻求生存和发展空间，农禅并重则成为这一努力的理论基础。赵朴初重新定义了"农禅并重"的传统和实践。他解释道："从广义上理解，这里的'农'系指有益于社会的生产和服务性的劳动，'禅'系指宗教学修。"[1] 正是由于这一优良传统，中国古代僧尼艰苦创业，辛勤劳作，精心管理，开创了田连阡陌、树木参天、环境幽静、风景优美的一座座名刹大寺。赵朴初说："中国佛教协会成立三十年来，一直大力发扬这一优良传统，号召全国佛教徒以'一日不作，一日不食'的精神，积极参加生产劳动和其他为社会主义建设事业服务

---

[1] 赵朴初：《中国佛教协会三十年》，《中国佛教协会五十年》，中国佛教协会，2005，第 273 页。

的实践。在开创社会主义现代化建设新局面的今天，我们佛教徒更要大力发扬中国佛教的这一优良传统。"在改革开放的八九十年代，所谓"农"即是参加政府领导的经济建设，为社会创造物质财富和经济效益。这样，农禅并重传统的发扬和光大，成为八十年代以后中国佛教的常态，大大促进了寺院经济的发展。

就传统佛教而言，"农禅并重"即是把日常寺院生活中的劳动或"出坡"当成是禅修，强调的是禅而非"农"本身，即把"农"当成禅来实践。太虚人间佛教把"农"扩大至社会乃至政治实践，旨在为佛教开辟一条新的生存和发展之路。赵朴初"人间佛教"继承了传统佛教中的农禅并重和太虚人间佛教的社会参与传统，但所不同的是，为契应当时的社会，赵朴初强调了"农"，农即是禅——即把生产劳动、经济建设、服务国家当成禅修乃至佛教修行的全部。这样，赵朴初提倡的"农禅并重"，虽有传统佛教和太虚人间佛教之背景，但重点不同，强调了"农"的重要性。这是赵朴初人间佛教思想的创新，而这一创新亦具足大乘佛法特别是菩萨行基础——一切资生事业皆是佛事，皆是佛教徒之应行。大乘菩萨思想强调慈悲，以饶益有情为菩萨最上乘戒。这样，一切利他行为皆是宗教修行，究竟利他即能成就佛道。"农"或僧尼从事生产劳动，即在利他，亦即是自利，即是修行，即在行菩萨道。在《佛教常识答问》中，赵朴初诠释了服务大众与成就佛道不二的思想，他说："菩萨行总的来说是上求佛道、下化众生，是以救度众生为己任的。修学菩萨行的人不仅要发愿救度一切众生，还要观察、认识世间一切都是无常无我的，要认识到整个世间，主要是人类社会的历史，是种不断发生发展、无常变化、无尽无休的洪流，这种迅猛前进的滚滚洪流谁也阻挡不了，谁也把握不住。菩萨觉悟到，在这种无常变化的汹涌波涛中顺流而下，没有别的可做，只有诸恶莫作、众善奉行、庄严国土、利乐有情，这样才能把握自己，自度度人，不被无常变幻的生死洪流所淹没，依靠菩萨六波罗蜜的航船，出离这种无尽无边的苦海。《华严经》说，菩萨以'一切众生而为树根，诸佛菩萨而为花果，以大悲水饶益众生，则能成就诸佛菩萨智慧花果'。又说'是故菩提属于众生。若无众生，一切菩萨终不能成无上正觉'。所以，只有利他才能自利，这就是菩萨以救度众生为自救的辩证目的，这就是佛教无常观的世界观和菩萨行的人生观，这也是人间佛教的理论基础。"由此可见，赵朴初"人间佛教"不但继承了中国佛教"农禅并重"和太虚人间佛教社会参与的传统，同时发展了这一传统，统一了农和禅、自利与利他、服务社会和修证佛法之间的关系，规范了当代人间佛教的实践，极大促进了佛教的社会经济事业的发展。

二 学术研究

佛教具有学术研究传统，鼓励人们研究佛学、理解佛法。正是这种传统，历代高僧大德不断对佛法思想进行诠释，共同造就了三藏十二部经典、大小乘佛教。民国期间，太虚等因应时代需要，大力提倡佛学研究，创办杂志社、开办佛学院；契应当时社会科学的发展，进行佛教哲学和历史研究，培养了一批精通佛学的僧才。20 世纪 40 年代末，这批人或去台湾，或留在大陆，成为当代人间佛教复兴的栋梁。1953 年，中国佛教协会成立后，中国佛教在赵朴初的参与和领导下，一方面根据时代的需要，倡导佛教入世、僧尼劳动，另一方面注重佛教人才的培养。1956 年，创办中国佛学院，设有专科、本科和研究班。1962 年，增设藏语佛学院。1980 年，中国佛学院恢复，1982 年改为四年学制，同年在南京开办僧伽培训班。同时，全国各地亦纷纷开办地方性佛学院，培养不同专业的人才。在赵朴初的领导下，中国佛教协会恢复金陵刻经处，成立《中国佛教百科全书》编纂委员会，整理和拓印房山石经，出版了一系列介绍性和研究性佛学论著。

近代以来，随着宗教学的发展，宗教研究呈现"内"和"外"两条进路，即以信仰为基础的神学研究和以科学为基础的宗教研究，二者之间似乎存有不可逾越的鸿沟和矛盾。或许正因如此，在西方国家，宗教团体很少同学术机构合作或支持宗教研究，因为在前者看来，宗教研究会削弱乃至颠覆宗教信仰基础。但是，在当代中国，佛教界与学术界合作紧密，召开形式多样的学术研讨会，从多个方面探讨佛学、研究佛教。这一方面固然是因为佛学不同于其他神学，佛教不同于其他宗教，主张以人为本、觉悟成佛，不与科学相违背；同时由于历代高僧大德勇于开拓，善于批判创新，建立学术研究传统；另一方面，这一现象的出现，亦应归结于赵朴初尊重学界、提倡学术研究的结果。学术界和佛教界配合，召开各种形式的研讨会，一方面增进佛教学术交流，提升人们对佛学和佛教的理解和认识，同时促进了各国佛教界和学术界的友好往来。在很大程度上，赵朴初"人间佛教"思想的建立，正是他重视佛学研究的结果。

三　国际友好

在 2500 多年的传播过程中，佛教传遍亚洲及世界各地。整个佛教传播史就是一部国际交流史。在历史上，佛教不但没有因为传播而引发暴力运动，反而增进了各国文化交流和人民友好往来。这种性质取决于佛教自身的和平包容理念，以及缘起共生思想。早在公元前三世纪的阿育王时代，佛教就向印度以外的国家传播，成为各国文化交流和友好往来的使者。公元一世纪以后，佛教由往返于丝绸之路（海上丝绸之路和陆上丝绸之路）的商人和佛教僧侣，从中亚和东南亚传入中国；后与中国传统文化碰撞，构成新的儒释道合一的中国文化，同时造就了具有中国特色的大乘佛教。中国大乘佛教后又传入其他国家，如日本、韩国、朝鲜、越南等，成为这些国家的主流文化和民族精神，加强了中国同这些国家的外交关系和人民的友好往来。佛教的传播既是各国文化交流的结果，亦促进了后者的发展。

民国期间，太虚大师等继承了中国佛教国际友好往来的传统，创办各种世界性佛教组织，召开国际性佛教会议，组织佛教代表团访问其他国家，加强同国际佛教界的联系，派遣学僧去斯里兰卡学习南传佛教。抗战期间，中国佛教界在太虚大师等带领下，一方面响应政府的号召，参与抗日救亡运动，另一方面利用佛教进行国际反侵略宣传，呼吁中国佛教徒走出国门，争取周边佛教国家及其人民的同情和支持，控诉日本军国主义在中国犯下的罪行。[①] 1938 年底，太虚大师组织佛教代表团访问了缅甸、印度、斯里兰卡、新加坡等地，一方面进行佛教文化交流活动，另一方面宣传中国佛教徒支持中国政府抵抗日本侵略的决心，呼吁全世界佛教徒乃至所有宗教徒联合起来，建立国际反侵略联盟。新中国成立后，国际往来成为中国佛教，特别是 1953 年成立的中国佛教协会的工作重点。20 世纪 50年代，中国政府一方面努力在国际社会中展开一系列"以国家为中心的等级模式外交"和"战略公共外交"等活动；另一方面，鼓励和支持由官方主导的民间公共外交。赵朴初洞察时代因缘，不失时机地配合国家需要，开展佛教外交；通过中国佛教协会，与世界各地的佛教组织和领袖进行友好往来，宣传中国宗教信仰自由政策，维护国家统一和主权尊严，扩

---

① 《太虚大师全书·时论》第 24 卷，佛陀教育基金会，1972，第 193～94 页。

大中华人民共和国在国际社会的影响力。

中国佛教协会成立的主要因缘之一，就是为了继承和发扬中国佛教国际友好往来的传统。1952年10月，亚洲及太平洋区域和平会议在北京召开。赵朴初等中国佛教界代表与来自37个国家的代表参加了会议。[①] 会议期间，赵朴初邀请与会的缅甸、锡兰、日本、泰国、越南等国家的佛教代表到广济寺座谈，讨论佛教徒参与世界和平运动事宜。[②] 座谈会后，各国代表发表了联合声明，呼吁全世界佛教徒同全世界人民一道制止侵略，保卫和平。11月4日至5日，在赵朴初的组织下，虚云、喜饶嘉措、圆瑛、巨赞、陈铭枢等高僧大德，又一次聚会于广济寺，商讨成立中国佛教协会事宜，得到中央领导人的支持。随后，由赵朴初担任主任的筹备委员会在北京成立，统一筹办中国佛教协会事宜。1953年6月，中国佛教协会在北京成立，其宗旨："团结全国佛教徒，在人民政府领导下，参加爱护祖国及保卫世界和平运动；协助人民政府贯彻宗教信仰自由政策；并联系各地佛教徒，发扬佛教优良传统。就当时的国际形势而言，"保卫世界和平"是中国政府外交中的头等大事。中国佛教协会在赵朴初的实际领导下，配合政府，积极参与国际和平活动，重启中外佛教特别是中日佛教界友好往来之大门。

如果说，佛教国际交往传统促成了中国佛教协会的创立，那么，我们可以这么认为，中国佛教协会成立后的使命之一就是在新时期继承和发扬这一传统，在中国共产党的领导下，进行佛教外交，在国际佛教界建立统一战线，服务国家。1955年8月，赵朴初出席了在东京召开的"禁止原子弹和氢弹世界大会"。在日本期间，他广泛接触日本佛教界人士，参观多个佛教寺院和佛教团体，出席日中佛教交流恳谈会、中国人在日殉难者慰灵委员会、全日本佛教会共同举办的亲善法会，以及追悼中国在日殉难烈士法会。每到一处，他就向当地佛教组织赠送观音菩萨像，转达中国佛教徒对日本佛教徒的问候，向日本佛教界介绍中国佛教情况，呼吁日本佛教徒转变他们对红色中国的看法，断绝同台湾佛教界的官方往来。这次访问，为赵朴初同日本佛教界半个世纪的友谊打下了基础，同时开启了中日

---

① 会议分别讨论了八个问题：一、朝鲜问题，二、日本问题，三、文化交流，四、经济交流，五、妇女权利与儿童福利，六、民族独立，七、五大国公约，八、组织委员会。

② 值得一提的是，各国佛教代表座谈会是新中国成立后，中国佛教界第一次同国际社会接触，为一年后中国佛教协会的成立打下了基础。

建交的大门。

1961 年，中国佛教界欢迎以大谷莹澜为首的日本"中国殉难烈士名单捧持代表团"访问中国。赵朴初代表中国佛教界，接受日本代表团"日中不战之誓"签名簿。在赵朴初的发动和组织下，1963 年，中国佛教协会主办了亚洲 11 个国家和地区佛教徒会议；同年，中日两国共同举行纪念鉴真和尚圆寂一千二百周年活动；1980 年，奉迎鉴真大师像回国巡展。表面看来，这些都是佛教活动，但实质上具有深刻的政治含义。20世纪 50 年代后，以美国为首的西方国家，仇视以中国共产党为领导核心的中华人民共和国，时时处处试图分裂中国。赵朴初无论在什么时候、什么情况下，都旗帜鲜明，坚持中华人民共和国是中国唯一合法政府的立场，坚决反对任何形式分裂祖国的行为，维护国家主权和领土完整。1961年 11 月，第六届世界佛教联谊会在柬埔寨的金边召开，赵朴初代表中国佛教界出席了会议。由于一部分与会代表主张台湾是该会中国地区代表，赵朴初坚决反对，并带领中国代表团退场以表示抗议。

反对美帝国主义、维护国家统一是当时中国政府在国际社会上发动的统一战线的主要工作，成为中国佛教协会国际交往的指导思想，同时成为中国佛教外交工作的重点。无论是中日关系正常化、香港回归，还是中斯友好传统的继承和发扬、中日韩三国佛教黄金带的建立，都倾注了赵朴初的智慧和心血，体现了当代中国佛教服务国家的愿行。或许正因如此，佛教在服务国家的同时，亦为自己在社会主义中国的生存和发展奠定了基础、开启了空间，成为 20 世纪 80 年代中国佛教的快速恢复、当代人间佛教复兴的动力——正如赵朴初所预见。在很大程度上，中国佛教之所以能够在 1949 年后的社会主义中国继续生存，或者极少部分寺院之所以能够在"文化大革命"浩劫中保存下来或得以恢复，正是出于国家外交的需要。早在 1972 年 9 月，赵朴初就给周恩来总理写信，提出有关对外活动中佛教的问题，建议政府适当保存和开放数个具有历史和文化价值的寺院，接待外国友人、协助国家外交。① 1977 年 10 月，日本佛教代表团访问中国，得到统战部部长乌兰夫的接见。随后赵朴初写信给乌兰夫，重提佛教外交，他说："佛协外事工作，是要以宗教形式同外国人打交道的，所以必须要有一点足以适应当前迫切工作需要的寺院和僧人以及有关的

---

① 《关于对外活动中有关佛教方面的几个问题和意见》，《赵朴初文集》（上卷），第 404页。

知识分子。目前，寺庙、僧人和佛教知识分子大大减少，这固然是种种条件造成的，但也是由于'四人帮'的干扰，使我们无法根据工作需要采取必要的保护措施，以致今天佛协外事工作的条件不仅是'捉襟见肘'，事实上甚至是'无襟可捉'。"① 为了打破佛协外事工作上的被动局面，开展国际交往工作，赵朴初向政府建议，给一些佛教知识分子落实政策，让他们回到佛协从事外事活动。赵朴初给周恩来和乌兰夫的信，既是他多年从事佛教外交活动的总结，亦是八十年代中国改革开放时代佛教外交的开始，概括性地道出佛教在社会主义中国的外交使命和价值。在赵朴初的领导下，中国佛教协会积极组织参与佛教外交活动，邀请各国佛教代表团访问中国，或组织中国佛教代表团访问其他国家，其中包括日本、韩国、朝鲜、斯里兰卡、泰国、缅甸、柬埔寨、越南、新加坡，以及欧美各国，参加国际佛教活动。据不完全统计，1987～1993 年，中国佛教协会共接待外事活动 600 多起，近 9000 人次。

1993 年，赵朴初在中国佛教协会第六届全国代表会议上做了《中国佛教协会四十年》的报告，总结了过去四十年的工作。成就如下：1. 协助政府贯彻宗教信仰自由政策、维护佛教权益；2. 增强团结，密切佛教徒与党和人民政府的关系；3. 引导和推动佛教徒参加爱国主义和社会主义学习，积极投身各项爱国活动和两个文明建设；4. 指导和推动佛教团体和寺院的自身管理和建设，端正道风和学风；5. 举办佛教院校、培养佛教人才；6. 建立佛教文化机构、开展佛学研究、进行中外佛教文化交流；7. 开展台湾同胞、港澳同胞、海外侨胞及华人的联谊活动；8. 发扬佛教国际交往的优良传统，开展同各国佛教界的友好往来，增进友谊、促进交流与合作、维护世界和平。② 这八项成就其实是对过去四十多年中国佛教落实"人间佛教"思想、发扬"三个传统"历史的总结，同时开始了此后二十多年来中国佛教的实践，加速了当代人间佛教的复兴。2002年 9 月，中国佛教协会第七届全国代表会议在北京召开，刀述仁副会长作了《继承传统，与时俱进》报告，总结了 1993 年以来的成就、规划了未来的工作重点：1. 学习赵会长的爱国精神，完成赵会长的未竟事业；2. 坚持正信，继承传统，面向当代，开拓未来；3. 完善制度，健全组织，加强佛教自身建设；4. 集中精力发展教育，加速培养合格人才；5. 发扬

---

① 《关于当前佛教情况和对外关系问题的看法》，《赵朴初文集》（上卷），第417页。
② 赵朴初：《中国佛教协会四十年》，《中国佛教协会五十年》，第411～412页。

优良传统，办好慈善事业；6. 加强国际交往和海外联谊，为促进世界和平发挥积极作用。由此可见，赵朴初虽离人间而去，但其人间佛教思想仍然指导着当代中国佛教，其实践依然是当代中国佛教的典范。

20 世纪 80 年代，传统中国佛教起死回生，寺院逐步恢复，早先"还俗"的僧尼重新回到寺院。与此同时，人间佛教在中国大陆和台湾开始复兴，并逐步成为当代中国佛教发展的主流。当代人间佛教的复兴，并非只是对民国期间太虚人间佛教的继承，在很大程度上更有创新和发展。在印顺、星云、圣严、证严等大师的领导下，人间佛教在台湾创造了佛教发展的奇迹，各种佛教文化慈善事业兴旺发达。在大陆，人间佛教在赵朴初的领导下，发扬中国佛教优良传统，把握社会的命脉，紧跟时代的步伐，完成了从太虚模式至赵朴初模式的转换，造就了当代中国佛教的繁荣。当前，寺院经济快速发展，佛教教育提升，佛学研究深入，佛教文化流行，中国佛教与国际佛教的交流更加密切，所有这些都与赵朴初提倡农禅并重、学术研究和国际交流三个传统关系密切。随着时代的变迁、社会的发展，中国佛教不可能永远只继承赵朴初人间佛教模式而无任何创新。更何况当代人间佛教的发展亦开始出现一些隐患，如寺院经济膨胀、佛学高级僧才贫乏、国际交往形式化等。这样，当代中国佛教界就有必要学习太虚大师、赵朴初先生与时俱进、勇于创新的精神，在新形势下，再一次创造性地诠释三大传统——从农即禅重新回到农禅兼备，从信仰性研究扩大至学术性研究，在"一带一路"框架内，建立以佛教文化为中心的国际友好往来，这将是当代中国佛教的使命。谁能引领这样的转型，谁就可以创建新的人间佛教模式，引领未来中国佛教。

"无穷智力勇兼仁"：赵朴老的社会担当

刘元春[*]

作为睿智的文化大家，赵朴老在诗书文论的字里行间都蕴含并洋溢出他的信念与情怀。赵朴老作为中国佛教的一代领袖，历经国家的内忧外患，佛教的存亡兴衰，尤其是在"十年浩劫"之后，他肩负着中国佛教拨乱反正之中艰难复兴的历史重任，奔走呼号，锲而不舍，引领中国佛教走上健康发展的轨道，开创了良好的局面。赵朴老突出的德行就在于他始终不渝的社会担当，不仅对于中国佛教，而且对于整个中国乃至世界，都充满着真切的富有远见的责任意识与担当精神。

一

"以力服人者，非心服也，力不赡也；以德服人者，中心悦而诚服也，"古人在这段话里讲的就是人格的力量。人格力量来自德行，而德行的力量来自真情。人与人之间，最难得的就是彼此的真情，真而不虚，真而不诬，情真意切，这是人之为人最基本的道德准则。真情是仁爱的基础，真情是尊重与尊严的支撑。真情来源于自信、自主、自强、自立，是高尚人格最基本的要素。无真，便无以善、美。因此，古人所谓君子、圣人、修行等等，总习惯冠以"真"字，而赞美"真君子""真圣人""真修行"，以至有"真人""真佛"。无论所谓仁义礼智信、温良恭俭让，还是五戒十善、四摄六度，都必须有个"真"字，方算名副其实。有真情，才能光明磊落，才能不惧险恶，才能不避毁誉，才能成为一位真君子。

作为睿智的文化大家，赵朴老在诗书文论的字里行间都蕴含并洋溢出

* 刘元春，上海社会科学院佛教研究中心秘书长、研究生导师。

他的信念与情怀。赵朴老作为中国佛教的一代领袖，历经国家的内忧外患，佛教的存亡兴衰，尤其是在"十年浩劫"之后，他肩负着中国佛教拨乱反正之中艰难复兴的历史重任，奔走呼号，锲而不舍，引领中国佛教走上健康发展的轨道，开创了良好的局面。赵朴老突出的德行就在于他始终不渝的社会担当，不仅对于中国佛教，而且对于整个中国乃至世界，都充满着真切的富有远见的责任意识与担当精神。

1980 年元旦，赵朴老充满激情地写下了《八十年代献词》①，从中可以感受到他的视野、胸襟、抱负：

> 放眼风云观世界，洪波涌起新年代。
> 不辞险阻与艰难，长征万里雄心在。
> 学业天人日日新，无穷智力勇兼仁。
> 良朋四海看携手，共为人间保太平。

"文革"之后，放眼世界风云变幻，展望中国社会未来，面对百废待兴的中国社会与中国佛教，赵朴老将不畏艰难险阻，发扬万里长征的雄心勇往直前，携手天下志士仁人，奉献自己的智慧、胆略、爱心，扶正祛邪，维护社会的安定与世界和平。由此开启了他长达二十多年的人生征程，也开启了当代中国佛教的复兴历程！

十六年后的 1996 年 11 月，赵朴老在《九十述怀诗》中很少见地回忆起自己一生最重要的几个人生成就，提起自己在重大的历史关头的勇敢抉择。他写道：

> 九十犹期日日新，读书万卷欲通神。
> 耳聋不畏迅雷震，言笑能教远客亲。
> 曾助新军旗鼓振，力摧谬论海天清。
> 千年盲圣敦邦谊，往事差堪启后生。

不论是 1938 年他选送优秀青年去皖南参加新四军，1961 年在印度世界和平理事会上即席驳斥对中国的诽谤，还是倡议中日两国共同举办鉴真逝世 1200 周年纪念活动，都是基于国家命运和世界和平大局的一种准确的判断和智慧的担当，影响深远。②

----

① 《赵朴初韵文集》上册，上海古籍出版社，2003，第 277 页。
② 《赵朴初韵文集》下册，第 700～701 页。

当代高僧茗山法师（1914~2001）在 2000 年 5 月 25 日悼念赵朴老逝世的日记中，根据自己的亲身感受，讲述了赵朴老的"六大功德"：

1. 协助政府落实宗教政策，促进恢复全国重点大寺及焦山定慧寺；

2. 提倡爱国爱教，1980 年恢复中佛协，提出宗教要与社会主义社会相协调的方针；

3. 1983 年全国佛教代表大会上提倡"人间佛教"：（1）农禅并重；（2）学术研究；（3）国际交往。

4. 1993 年全国佛教代表会议上，提出五个自身建设：（1）信仰；（2）道风；（3）人才；（4）教制；（5）组织。

5. 倡办佛学院，《法音》佛刊，恢复金陵刻经处等佛教文化机构，弘护佛法。

6. 提倡"庄严国土，利乐有情""爱国守法""独身、素食、僧装"等佛教总方向。

"总之，他是宗教界爱国爱教的典范，值得我们隆重地纪念和学习。"茗山法师的认知，应当是很公允的。① 对于这些，赵朴老个人是很少述及的。

考察古今佛教界那些创宗立说、弘法利生的祖师大德，他们最值得崇敬和效法的就是"敢于担当"的精神气概。尤其是在佛教面临机遇与挑战之风云际会的时代，他们不仅敢于挺身而出，而且能够"智慧地担当"，善于转化逆缘为顺缘、增上缘，达成善愿。"文革"之后，在争取和推进在宗教界拨乱反正与恢复落实宗教信仰自由政策工作中，赵朴老充分地展现出他的智慧与担当精神。正如《赵朴初同志生平》文告中表述的那样："作为新中国一代宗教界领袖，赵朴初同志把佛教的教义圆融于中国共产党领导的建设有中国特色社会主义伟大事业之中；圆融于维护民族和国家的尊严，捍卫国家领土和主权的完整，促进祖国和平统一的伟大事业之中；圆融于促进中国佛教界与世界各国佛教界友好交往的伟大事业之中。……赵朴初同志以高度负责的精神，对社会主义初级阶段的宗教理论和工作，坦诚提出许多宝贵意见和建议。……他恪尽职守，殚精竭虑，为宗教与社会主义社会相适应的理论与实践做出了杰出的贡献。"②

---

① 《茗山日记》续集，上海古籍出版社，2003，第 732~733 页。

② 《赵朴初同志生平》，《赵朴初文集》（上卷），华文出版社，2007，第 4 页。

二

从近年中国佛教协会综合研究室原主任徐玉成先生整理出来的相关文稿①，以及《赵朴初文集》等有关内容看，自 1979 年中共十一届三中全会以后，赵朴老肩负重任，坚持实事求是、理论联系实际的原则，一方面从理论上、政策观点上阐明自己有关宗教问题的有关思考，同时亲自到众多省市地方通过自己连续不断的实地考察调研，直接给中央和地方的党政领导和业务主管部门写信反映并提出具体的解决办法。他从国家大局和长远利益出发，既坚决维护佛教界的正当权利，也善于沟通协调，不被那些带有局限性的政策条文规定所束缚，从实际出发，解决了不少老大难的问题。就理论上讲，朴老 1981 年发表的《对宗教方面一些理论和实践问题的认识与体会》一文，对宗教的一些理论观点以及中国宗教的社会特性与实际状况、党的宗教信仰自由政策和宗教工作等方面的重要问题，都做了系统的论述；之后，一直持续到他逝世前的近二十年间，都不断对相关问题直言不讳地提出自己的意见和建议，"勇敢地亮出自己的新思想新观点"，彰显出他有关宗教思想的实践性、开创性、指导性特征，至今仍值得我们珍视与运用。②

其实，早在"文革"中的 1972 年 9 月 12 日，赵朴老就曾致信周恩来总理《关于对外活动中有关佛教方面的几个问题和意见》，提出应当保护浙江天台山国清寺，南京、扬州、山西、广东等地与鉴真和尚和玄奘法师有关的寺院，并且提出恢复南京金陵刻经处对外开放等。同时提出开放寺院要有僧人和解决僧人的僧服问题。正如徐玉成先生按语中所说的，"在当时极'左'思想路线横行，宗教界人士受到残酷打击的情况下，提出这样的意见是要冒很大风险的。但是，赵朴老从国家和民族的整体利益出发，毅然提出应对国外佛教界来朝拜的意见，体现了朴老爱国爱教、无私无畏的崇高精神。"从 1977 年开始，赵朴老在十余年间直接写给陈云、乌兰夫、胡耀邦、习仲勋、邓力群、李鹏、胡启立、李铁映等中央领导同志的信就有数十封之多，还有写给地方负责人的信已经难以统计。其中不少是针对已经出台的有关宗教和佛道教活动场所的政策法规，提出应当修正的建议。这

---

① 徐玉成 www.pinpaidadao.com；徐玉成的 BLOG http：//blog.sina.com.cn/qdy2111403，均可查阅。

② 萧秉权：《赵朴初宗教思想研究》，上海交通大学出版社，2010，第 142～154 页。

都是极易"招惹是非"的。即使在"文革"后的八十年代乃至九十年代，依然存在着针对宗教问题的极"左"影响，以及这样或那样的思想和认识误区，"替宗教说话"仍然面临意想不到的个人风险；加之，诸如文管、园林、旅游等部门与佛教寺院等宗教场所存在利益纠葛，恢复和落实宗教政策的阻力一直很大，赵朴老所承受的压力是很大的。赵朴老于1989年2月15日在中国佛协内部刊物《会务通讯》上发表的《关于寺观的属性、职能和归属问题》的长篇讲话稿，开场白便谈了自己的如下"感想"：

> 对文物部门来说，我个人和文物局的最早领导人郑振铎同志是老朋友和好朋友。五十年前，抗日战争时期，我们常在一起。解放后，我同国家文物局郑振铎局长和他的继任者王冶秋同志合作得很好，我们之间只有互助合作的关系，一点也没有矛盾。实在地，我至今还常常想念着他们。至于旅游部门，我是极其关心和爱护旅游事业的。我深知旅游事业对国家经济有利，是所谓"无烟工业"。这些年来，各地开发名胜观光场所，要我写字题诗，我都乐于从命。事实可以证明，我对旅游事业只有爱护的心情，绝无抵触情绪。对园林事业，亦复如此。我认为，佛道教寺观是完全可以和文物部门、旅游部门、园林部门友好相处，相得益彰的，而今天到这里来，不得不摆一摆彼此之间存在着许多不愉快的问题，实际是佛道教徒单方面遭受的苦难问题，被迫地寻求解决，这种情况是当初郑振铎、王冶秋所想象不到的。抚今思昔，我实在不禁感慨系之。

> 今天在中央的关怀下召开这个会，我虔诚愿望今后我们之间的关系能够合理地得到协调。如果这个愿望能够实现，那就不仅对宗教工作有利，对国内的安定团结，对祖国物质文明和精神文明建设，对和平统一事业，对国际和平友好事业都有利，对文物、旅游、园林事业也是有百利而无一害的。①

---

① 就在校勘行文时，查看徐玉成先生博客，又见他在10月21～23日的新浪博客中连载了赵朴老《关于寺观的属性、职能和归属问题》的文论，而且加了按语："当今，许多佛道教寺观被有关部门占据，作为敛财谋利的场所。即使是佛道界人士管理使用的寺观，也常常被政府有关部门围起来卖门票，有的是高额门票，引起佛道教界人士和一切正义人士的忧虑和反对。但是，经过'文革'浩劫到现在，一大批佛道教寺观与宗教活动场所相分离，归属于政府某些部门，改变了它们的基本属性和职能。宗教界人士对此感到十分痛心。对这个问题，原全国政协副主席、中国佛教协会会长赵朴初居士在25年前的1989年就提出了一系列思想、理论和观点，论述了关于寺观的属性、职能和归属问题。现应大家的要求，将朴老的这篇檄文连载于下，供各界朋友们参考。"

接着，赵朴老针对有关部门强力改变寺院属性、职能、归属等问题据理力争，逐条驳斥，指出："有的部门和同志以我们国家是以马克思主义为指导思想的社会主义国家为理由，就把贯彻宗教信仰自由政策同党和国家的总方针、总政策割裂和对立起来，把宗教信徒的利益同国家利益、人民利益割裂和对立起来。我看，根本问题在于对宗教问题存在着'左'的偏见，缺乏科学认识。"——朴老时年已经82岁了！

三

佛教是一种宗教，同时也是一种文化。自传入中国两千余年之后，就融入中国传统文化之中，而且独树一帜，对中国文史哲和民众民俗产生了深远的影响。但是，"文革"之后，深受极"左"思想影响的社会思想界、学术界还一时难以摆脱以往的思维定式，仍然对包括佛教在内的宗教及其思想文化存在不客观的价值评价，这也阻碍了宗教信仰自由政策的全面落实。对此，赵朴老首先提出了"佛教是文化"的命题，而且进行了系统的论述，开展了持续不断的研究。

1985年3月，赵朴初在《法音》第二期上发表了《佛教与中国文化》一文，比较系统地阐述了"佛教是文化"的意义。他认为："大乘佛教传入中国后，和中国文化相结合，发展是多方面的。一方面是与中国的思辨哲学相结合，而向学术化发展，对教义愈研愈精，由此引起各宗派的成立，使佛教本身达到高度的繁荣。一方面是与中国的精美工艺相结合而向艺术化发展，使佛教成为绚丽多彩的艺术宝库。一方面与中国的人生理想相结合而向社会化发展，使佛教与中国社会密切联系。这三方面都使佛教成为中国文化不可分割的一部分。自大乘佛教提出菩萨应以五明为修学的主要内容以来，佛教已由避世潜修的宗教信仰和思辨哲学转而向世间的学术、文艺、理论科学、生产工艺的领域迈进。我们千多年的历史经验证明，佛教在中国大地上吸取中国文化的营养，沿着这一人间佛教的方向发展，取得极其巨大的成功。"文中提出了中国佛教具有全面性、丰富性、广延性特点，而且沿着学术化、艺术化、社会化方向发展。之后，他在1986年又发表了《要研究佛教对中国文化的影响》《佛教与中国文化的关系》等文章，开启和推动了当代中国佛教文化研究的热潮。[①] 方立天的《中国佛教与传统文化》、汤一介的《佛教与中国文化》、洪修平的《中国佛教文化历程》、赖永海的《中国佛教文化论》、方广锠的《中国佛教文化大观》等著作，进一步深化了“佛教文化”的主题，论证了佛教对中国传统文化和社会发展的深刻影响，揭示了中国佛教文化多元相融的丰富内涵。这种对佛教的“文化定位”，推动了教内外佛教研究事业的发展，也推动了当代中国佛教文化的繁荣和发展。

赵朴老关于佛教与中国文化关系的论述中，一再强调的有两点，很值得我们深思，不妨摘录出来：

一、人类文化发展是一个连续不断的过程。传统文化和现代文化不可能完全割裂。我们要汲取传统文化中一切有价值的精华来充实、发展社会主义的民族文化。要纠正中国传统文化只是儒家文化一家的偏见，不能抹杀佛教文化在中国传统文化中的地位。

二、佛教哲学本身蕴含着极深的智慧，它对于宇宙人生的洞察，对人类理性的反省，对概念的分析，有着深刻独到的见解。佛教在世界观与人生观上，以其独特的思想方式和生活方式，给予人们以新的启发，把人的精神生活推向一个新的世界。

也正是基于这样的认识，赵朴老超越个人宗教信仰之上，而热切地关注着当代中国传统文化教育问题，不断呼吁和尽力支持国民教育中重视优秀传统文化知识与道德的培育和引导，可谓在推动国民由“文化自觉”“文化自信”达成“文化自强”——而这正是当今我们实现中国梦的“根”与“魂”。

近年来，习近平主席多次强调说：“我们决不可抛弃中华民族的优秀文化传统，恰恰相反，我们要很好传承和弘扬，因为这是我们民族的‘根’和‘魂’，丢了这个‘根’和‘魂’，就没有根基了。”2013年3月1日，在中央党校80年校庆时的讲话中说：“中国传统文化博大精深，学习和掌握其中的各种思想精华，对树立正确的世界观、人生观、价值观很有益处。”2014年2月24日，在中共中央政治局第十三次集体学习时的讲话中进一步讲：“培育和弘扬社会主义核心价值观必须立足中华优秀传

① 《赵朴初文集》上下卷收录了《佛教和中国文化》（上卷，第697～702页）、《要研究佛教对中国文化的影响》（下卷，第797～800页）、《佛教与中国文化的关系》（下卷，第801～808页）。

统文化。牢固的核心价值观，都有其固有的根本。抛弃传统、丢掉根本，就等于割断了自己的精神命脉。博大精深的中华优秀传统文化是我们在世界文化激荡中站稳脚跟的根基。中华文化源远流长，积淀着中华民族最深层的精神追求，代表着中华民族独特的精神标识，为中华民族生生不息、发展壮大提供了丰厚滋养。中华传统美德是中华文化精髓，蕴含着丰富的思想道德资源。不忘本来才能开辟未来，善于继承才能更好创新。对历史文化特别是先人传承下来的价值理念和道德规范，要坚持古为今用、推陈出新，有鉴别地加以对待，有扬弃地予以继承，努力用中华民族创造的一切精神财富来以文化人、以文育人。"

习近平主席2014年4月1日在联合国教科文组织总部的演讲中指出，"中华民族的先人们早就向往人们的物质生活充实无忧、道德境界充分升华的大同世界。中华文明历来把人的精神生活纳入人生和社会理想之中。所以，实现中国梦，是物质文明和精神文明比翼双飞的发展过程。随着中国经济社会不断发展，中华文明也必将顺应时代发展焕发出更加蓬勃的生命力。"由此，"将按照时代的新进步，推动中华文明创造性转化和创新性发展，启动其生命力，把跨越时空、超越国度、富有永恒魅力、具有当代价值的文化精神弘扬起来"，"为人类提供正确的精神指引和强大的精神动力。"这是一种自信与开放的思维，展现出海纳百川与吐故纳新的胸襟与气魄。

1988年12月19日，赵朴老在回复时任南京大学校长的匡亚明先生的信中说：

> 公年长于我，而能不辞万里西游，传播文化，既佩贤劳，亦多感慨。今日我国传统文化之所以不受国民之重视，实与二三十年来轻视知识、轻视教育事业及过分强调"厚今薄古"等"左"的思想影响有关。不可讳言，今日大陆人民一般的文化水平远不及新加坡。新加坡物质资源极为贫乏，而智力资源甚丰富，正当我国大搞运动，举国若狂之时，彼邦则致力振兴文教，三十年中赢得翻天覆地之变化，跃居四小龙之列。我两月前应佛教界邀请首往访问，曾参观一中学，不仅重视现代化的教学，亦有包括儒教（列为必修课）在内的宗教教育。彼邦社会秩序良好，国土清净美丽，人民彬彬有礼。同是炎黄子孙，而其物质文明与精神文明建设均超过吾人，岂不可令人深思乎？①

---

① 匡亚明（1906～1996），原名匡洁玉，又名匡世，曾用名匡梦苏、匡润之，（转下页注）

时隔十年之后，1998 年 1 月 5 日，赵朴老又给主管文教的时任国务院副总理李岚清同志去信②，更是殷殷切切，令人动容：

我已是年过九旬的老人，唯有一事长系于心，即近年来深感我国五千年来代代累积、代代承传的文化遗产是我民族智慧、民族心灵的庞大载体，是我民族生存、发展的根基，也是维护我民族始终不解体的纽带，而如何使这笔文化遗产不致中断、消失是关系到我民族兴衰的大事。如果我们这一代人不及时采取措施，任其在下一代逐渐消失，我们将成为历史罪人、民族罪人。为此，我与冰心、夏衍、曹禺、吴冷西、陈荒煤、启功、叶至善、张志公诸同志在全国政协八届三次会议上提出了一份题为"建立幼年古典学校的紧急呼吁"的提案（见附件）。此事曾为海内外媒体广泛报导，得到海内外众多人士的赞同，安徽大学文学院并曾提出一具体的实施方案，以响应此提案。迄今，时间已过去了两年多，提案人中，夏衍、曹禺同志竟已先后作古，思之曷胜感叹。

这是一项不能再事拖延的工作。我们寄厚望于国家教委能及时订出实施方案，及时采取有效措施，以使我民族的固有文化真能永不衰替、永不消失。因此，我又于 1996 年 4 月 25 日及 9 月 12 日两次致函教委，陈述我的心愿和意见。教委对我们的提案，原则上是肯定的，在教的人才就像戏剧、舞蹈、音乐、杂技等必须从小训练一样，而不得不从小独立定向培养。既然作为民族文化中一个局部的戏剧、音乐、杂技等需有幼年或少年学校或训练班，而从小进行定向培养，则为培养承传我民族文化整体的精通古代典籍的人才，就更需要成立幼年或少年古典学校或古典班了。在一个十二亿人口的大国，为继承五千年民族文化的大事而对在学龄儿童、少年中所占比例微乎其微的极少数人（据安徽大学文学院提出的方案，幼年古典班及少年古典班首届均只招收 30 名学生）进行必要的定向培养，似对现行教育原则、教育制定的推行和贯彻，不但无影响，且可起补阙拾遗的作用。

（接上页注①）曾用笔名何畏、何晨、梦苏，江苏丹阳导墅匡村人。著名革命家、教育家、哲学家。注重传统文化教育，著有《孔子评传》，被称为"孔学泰斗"，他晚年主持编撰的《中国思想家评传丛书》，对中国传统思想文化进行全面和系统的总结，被称为"二十世纪中国规模最大的思想文化工程"。信函内容，引自徐玉成博文。

② 引自徐玉成博文。

在这里，我们看到了一位文化老人挚爱祖国优秀传统文化的拳拳之心与赤子之情，看到了一位大丈夫"为天地立心，为生民立命，为往圣继绝学，为万世开太平"的博大胸襟与智慧远见！

行文即将结束，我们读到习近平总书记十九大报告，其中第七大部分《坚定文化自信，推动社会主义文化繁荣兴盛》中提出：

"文化是一个国家、一个民族的灵魂。文化兴国运兴，文化强民族强。没有高度的文化自信，没有文化的繁荣兴盛，就没有中华民族伟大复兴。要坚持中国特色社会主义文化发展道路，激发全民族文化创新创造活力，建设社会主义文化强国。中国特色社会主义文化，源自中华民族五千多年文明历史所孕育的中华优秀传统文化，熔铸于党领导人民在革命、建设、改革中创造的革命文化和社会主义先进文化，植根于中国特色社会主义伟大实践。发展中国特色社会主义文化，就是以马克思主义为指导，坚守中华文化立场，立足当代中国现实，结合当今时代条件，发展面向现代化、面向世界、面向未来的，民族的科学的大众的社会主义文化，推动社会主义精神文明和物质文明协调发展。要坚持为人民服务、为社会主义服务，坚持百花齐放、百家争鸣，坚持创造性转化、创新性发展，不断铸就中华文化新辉煌。"

"培育和践行社会主义核心价值观。社会主义核心价值观是当代中国精神的集中体现，凝结着全体人民共同的价值追求。要以培养担当民族复兴大任的时代新人为着眼点，强化教育引导、实践养成、制度保障，发挥社会主义核心价值观对国民教育、精神文明创建、精神文化产品创作生产传播的引领作用，把社会主义核心价值观融入社会发展各方面，转化为人们的情感认同和行为习惯。坚持全民行动、干部带头，从家庭做起，从娃娃抓起。深入挖掘中华优秀传统文化蕴含的思想观念、人文精神、道德规范，结合时代要求继承创新，让中华文化展现出永久魅力和时代风采。"

——由此，我们更加深切感念赵朴老的睿智和远见，更加景仰赵朴老的担当和情怀！

赵朴初对马列主义宗教观的认识

俞学明[*]

赵朴初先生（朴老）既是社会活动家，又是宗教领袖，他九十三年的生命，与近现代以来中国社会的风风雨雨结伴同行。这注定了他不同于书斋里的文人，他的理论和建议，更需要与社会现实、中国的宗教现实休戚与共，形成始于实践、高于实践的战略和战术性思考。尤其是改革开放以来，中国宗教的发展，中国宗教与社会、政治、文化、经济等各领域的关系，都存在着一个拨乱反正的需求。作为宗教领袖，赵朴老不仅需要引领中国宗教尤其是中国佛教走出低谷，走上与时俱进的发展之路，更需要协调政教关系、宗教和社会关系，在理论和实践层面推进宗教与社会主义社会相适应，推进宗教法治建设，推进政教关系的和谐。朴老的这种身份意识和角色担当，使得他需要对执政党的宗教理论和宗教政策有深刻的理解。

朴老认同马列主义宗教观是党和政府对待宗教问题的理论基础。正因如此，在他看来，正确理解马列主义宗教观对于正确处理宗教问题关系甚大。

一　对马列主义宗教观宗旨的梳理

近四十年来，中国主流的宗教观，表现为建立在对宗教"五性"的认识基础上，从"宗教鸦片论"向"宗教文化论"，到"宗教适应论"以及"宗教法治论"的转化。其中，"宗教鸦片论"被认为是马克思主义

---

[*]　俞学明，中国政法大学人文学院副院长、哲学系主任、宗教与法律研究中心主任、教授。

098

关于宗教的社会作用方面的基本论点，长期以来主导着人们理解和对待宗教的基本态度。

总的来说，"鸦片论"把宗教视作本质上是历史上的统治阶级用来维护其统治秩序的工具，是麻痹被压迫人民革命意志的精神鸦片。

确实，在马克思看来，"这个国家、这个社会产生了宗教，一种颠倒的世界意识，因为它们就是颠倒的世界。宗教是这个世界的总理论，是它的包罗万象的纲要，它的具有通俗形式的逻辑，它的唯灵论的荣誉问题，它的狂热，它的道德约束，它的庄严补充，它借以求得慰藉和辩护的总根据"。① 宗教的作用是为颠倒的世界提供感情上的安慰、道德上的核准和理论上的辩护，是为苦难世界提供神学上的辩护，使现实的世界在耀眼的灵光圈的保护下而神圣不可侵犯。

马克思认为，宗教给苦难中的人民以幻想的幸福，为人们身上的锁链装饰上虚幻的花朵，使人们精神上感到有所慰藉，因而宗教对人民的精神有着麻醉作用。马克思提出："废除作为人民的虚幻幸福的宗教，就是要求人民的现实幸福。要求抛弃关于人民处境的幻觉，就是要求抛弃那需要幻觉的处境。因此，对宗教的批判就是对苦难尘世——宗教是它的神圣光环——的批判的胚芽。"② 可见，在欧洲的具体情境下，马克思是把宗教批判当作社会批判的先导；在社会批判的立场上，因为革命的需要，对宗教造成信教者的"幻想的幸福""虚幻的花朵"，从而使信教者失去改造现实社会的现实愿望和行动表示不满，试图呼吁信教者从这种"幻想的幸福"中走出，走向对现实苦难的实际不满和抗议。在马克思这里，"宗教是人民的鸦片"，更多的是从人民（尤其是信教者）的立场，否定宗教对人民现实苦难的解放作用，同时也承认宗教对人民确实存在着"精神鸦片"的积极效果，使人民可以减少现实灾难的痛苦感受；当地主和牧师手牵手时，它也可以成为统治者麻醉人民的精神鸦片。

这种"宗教鸦片"的实用价值，被列宁进一步提升和挖掘："宗教是人民的鸦片——马克思的这一句名言是马克思主义在宗教问题上的全部世界观的基石。"③ 列宁在解释"宗教是人民的鸦片"时，创造性地加上

---

① 马克思：《〈黑格尔法哲学批判〉导言》，《马克思恩格斯选集》第1卷，人民出版社 2012年版，第1~2页。

② 马克思：《〈黑格尔法哲学批判〉导言》，第2页。

③ 列宁：《论工人政党对宗教的态度》，《列宁选集》第2卷，人民出版社 2012年版，第247页。

了"麻醉"两字，改为国人熟知的"宗教是麻醉人民的鸦片"，由此引申出："马克思主义始终认为现代所有的宗教和教会、各式各样的宗教团体，都是资产阶级反动派用来捍卫剥削制度、麻醉工人阶级的机构"①，"我们应当同宗教做斗争。这是马克思主义起码原则。这是整个唯物主义的起码原则，固而也是马克思主义的起码原则。"② 列宁对宗教的理解，是与彻底批判和推翻政治统治的斗争相联系的。当时他正领导俄国人民开展无产阶级掌握政权的尝试，并通过现实的斗争取得了成功。

"宗教是人民的鸦片"是一个形象化的比喻，但它被教条化地使用，变成了"宗教是资产阶级（统治阶级）麻醉人民的鸦片"这句话，成为我们对马克思主义宗教观的标准理解，也成为我们制定宗教政策的基本依据。于是，宗教被视为"毒品"、旧社会的残余，视为与先进阶级、先进政党、先进制度格格不入的异物，是与马克思主义对立的意识形态。正如1963年全国信教群众座谈会上形成的共识：宗教是人民的鸦片，宗教问题的实质是阶级问题，是帝国主义和国内反动阶级利用的工具；宗教是压在信教群众头上的一座大山，是束缚群众的精神枷锁，是生产斗争的严重障碍；有计划地削弱宗教，促使宗教的最终消亡，"是我们整个过渡时期宗教方面的根本任务"。宗教在"文革"中损失惨重，也为后世落实宗教政策带来了无法估量的艰辛。

伴随着政治经济生活的改革开放和思想领域的解放运动，越来越多的学者意识到了学术政治化对学术发展的巨大危害，80年代以来，对"宗教鸦片"说进行了重新反思和诠释。学术界曾围绕着马克思"宗教是人民的鸦片"这一重要论断展开争论，后来被人们称作南北"鸦片战争"③。这一争论是伴随着中国社会的改革开放、拨乱反正和解放思想，以"完整地"理解马克思主义的名义而展开的。双方的争论不仅从学理上梳理了"宗教是人民的鸦片"命题在马克思宗教观中的真实含义和地位，又从"鸦片"在中国近代语境中的特殊地位，启蒙、革命和批判主题在中国近代社会中的特殊语境等角度阐发了"鸦片"论对新中国成立后宗教

① 列宁：《论工人政党对宗教的态度》，《列宁选集》第2卷，第247~248页。
② 列宁：《论工人政党对宗教的态度》，《列宁选集》第2卷，第250页。
③ 关于这场南北"鸦片战争"的过程和问题，请参见何光沪《中国宗教学理论研究回顾》（曹中建主编：《1997~1998中国宗教研究年鉴》，宗教文化出版社，2000）、段德智《中国大陆近30年来的宗教哲学之争及其学术贡献》（《武汉大学学报·人文科学版》2009年第1期）等。

问题的理论和实践的影响原因，为新时代中国社会重新界定"宗教"问题奠定了基础，对当代宗教问题上的理论和实践造成了深刻的影响。"这场论争的根本意义在于它开辟了或标志着中国宗教哲学发展的一个新的时代的开始，即中国宗教研究和宗教哲学研究开始从根本上跳出了政治化和意识形态化的藩篱，开始驶入学术化的发展轨道，从而为中国宗教哲学的崛起和高歌猛进奠定了良好的基础，营造了自由、宽松的学术氛围。"①

正如吕大吉先生在所做的论战总结里指出的："马克思主义世界观和宗教观可以为我们的宗教研究提供认识论和方法论的指导。但是我们决不能把马克思主义这个观点或那个理论当成现成的结论或永恒不变的教条，更不能把马克思、恩格斯、列宁的个别论断当成证明的工具。……马克思主义应该是一个开放的系统，既要敢于随时抛弃已被实践证明为错误的东西，更要不断研究新的问题，吸收新的营养，使自身得到发展。……马克思、恩格斯、列宁并不曾建立一个完整的宗教学体系，他们的宗教理论并没有穷尽宗教问题的各个方面，也不是绝对真理。对待马克思主义的宗教理论，我们不能持宗教徒式的迷信态度，不能用经典作家的语录去代替对宗教的具体分析。"②

朴老也关注和参与了80年代以来的这类反思。朴老在各种场合对这些反思持积极的支持态度。这一论争极大地改变了主流社会过去那种对宗教普遍和绝对的否定态度。朴老既熟悉"宗教鸦片论"流行的背景和过程，也熟悉它给中国宗教和社会带来的巨大伤害，正本溯源，梳理"宗教鸦片论"与马克思"宗教鸦片说"的区别，对于实现国人在宗教问题上的思想解放具有重要意义。

朴老认为，以往宗教工作实践中发生的失误和偏向，从指导思想上来源于一个理论误差，即"把马列一些批判宗教思想信仰形态的论断套用在宗教实在整体上"③。"鸦片"的比喻，在马克思之前和同时都有，这个比喻是为了表明宗教产生的根源是现实的苦难，借宗教以派遣忧愁苦恼，所能收到的不过是如同鸦片的功效，因此，"宗教是人民的鸦片"一语，不应看成是"向宗教进军"的热情口号。"笼统地提出'自人类社会划分阶级以来，宗教就成了统治阶级用来麻醉人民的鸦片和维

---

① 段德智：《中国大陆近30年来的宗教哲学之争及其学术贡献》，《武汉大学学报·人文社会科学版》2009年第1期（总第26卷）。
② 吕大吉：《宗教学通论》，中国社会科学出版社，1989，第33页。
③ 《赵朴初文集》（下卷），华文出版社，2007，第1301页。

护剥削阶级的精神支柱', 而不对具体的宗教和教派在特定的历史条件下所起的作用进行具体分析, 这是违反马克思主义的, 不符合历史本来面貌。"①

朴老在梳理宗教鸦片论等对宗教发展的看法后, 不断重申, 马克思主义宗教观的基本落实是采取宗教信仰自由政策对待人们的宗教信仰, 是促进宗教与社会主义社会相协调、相适应。正面发挥宗教的积极作用, 才符合真正的马列主义宗教观。

二 对马列主义宗教观基本原则的概括

朴老提出, "党和政府宗教工作的对象、有关宗教的法律政策的对象, 指的是宗教实在整体"。朴老把宗教分为三个层次, 第一个层次是一定形态的思想信仰体系, 第二个层次是一定形态的文化体系, 第三个层次是具有同一思想信仰的人们结成的社会实体。② 所谓"宗教实在整体", 是三个层次的总和, 而且主要是指宗教社会实体。对于"宗教"基本内涵尤其是宗教工作实践中宗教内涵的分梳, 是宗教领域中拨乱反正的开始, 也是马列主义宗教观正本清源的开始。

朴老把马列主义宗教观归纳为四个重要原理:

1. 宗教有其客观发展规律

朴老接受了五十年代以来, 由李维汉提出、为政府和民众所接受的宗教"五性论": "五十年代初, 周总理和李维汉同志提出宗教有五性, 即群众性、民族性、国际性、复杂性和长期性。"③ 朴老认为, "我国宗教具有五性, 即群众性、民族性、国际性、长期性、复杂性, 涉及群众关系、民族关系、国际关系, 情况错综复杂, 并将是很长很长时期存在的一种重要的社会现象。"④ 朴老指出, 宗教的产生、演变、发展乃至在长远的将来趋于消亡有其客观的规律性, 不以人们的意志为转移。只有宗教赖以产生和存在的条件消除以后, 它才会逐渐趋于消亡, 这是一个不以人们的意志为转移的客观规律。在它的根源没有消除的情况下,

---

① 《赵朴初文集》(上卷), 第471页。
② 《赵朴初文集》(下卷), 第1301页。
③ 《赵朴初文集》(下卷), 第1049页。
④ 《赵朴初文集》(下卷), 第1041页。

企图通过禁止人们信仰宗教的方式来人为地消灭宗教,这是不可能成功的。从政府管理上说,只能通过发展革命事业,促进宗教根源的逐步消除。宗教信仰又是属于人们精神领域的问题,人们头脑中的思想信仰的变化,也只有通过个人的自觉,他人不能越俎代庖。① 因而,在当前的社会中,要更多地研究宗教的客观历史,要贯彻宗教信仰自由政策。朴老经常在谈话和研究著述中阐述宗教发展的客观历史,尤其是佛教,从印度佛教到中国佛教的发展,朴老如数家珍。"宗教的五性实际上就是重要性。"② 这不仅意味着对宗教工作要重视,而且意味着对待宗教问题要坚持慎重稳进的方针,要充分考虑到在实施过程中可能造成的客观效果和影响。

2. 宗教包含科学文化

朴老认为,宗教包含着丰富的科学文化内涵,在历史上甚至曾经是科学文化借以萌生、发展的必然依托和条件。在社会变迁中,宗教曾经发生过不同的作用。千篇一律地把宗教说成是反科学、阻碍社会进步的落后、反动的意识形态,是片面的、不公平的。

有关于宗教包含着文化,乃至"宗教是文化"的提法,对中国宗教界的拨乱反正起到了巨大的推动作用。其中,朴老的推动居功至伟。

"宗教文化论"的兴起,主要是由学界和教界推动,伴随着 20 世纪80 年代后期文化研究、文化反思的热潮而展开的。"宗教是文化"的命题并非改革开放以后的创见,但在此之前,有关"宗教是文化"的认知,只在非常有限的范围内发挥作用,且其作用也仅仅限于统战和保护佛教文化少受冲击上。随着"文化热"的兴起和深入,学者们重新发现了"宗教是文化"命题的意义和价值,开始注重从文化的角度探讨宗教问题,揭示宗教与文化的关系,揭示宗教在中国文化发展中的积极作用。以文化研究带动宗教研究,在当时也是一个回避宗教问题的敏感性、营造共同对话平台的尝试。"宗教是文化"的提法,为学界进一步研究宗教问题提供了合法性论证,受到学者们的热情欢迎,并进一步在政府部门和一些官员的推动下,在社会上引起了很大反响。此后,"宗教文化论"逐步代替了"宗教鸦片论",尤其自 20 世纪 90 年代以来得

---

① 《赵朴初文集》(上卷),第 472 页。
② 《赵朴初文集》(下卷),第 1051 页。

到了人们的普遍认同。①。

直接在这场"文化运动"中提出"佛教是文化"的是朴老。朴老积极宣传佛教的优秀文化，希望通过突出佛教的文化价值，缓和政治斗争对佛教和佛教文物造成的冲击和破坏，取得了良好的效果。

朴老还借助外力，推动人们对"佛教文化论"的接受。20世纪80年代初，赵朴老在《佛教常识答问》的再版序言中说："这三个人，一是伟大的革命家（指毛泽东），一是著名的历史学家（指范文澜），一是当代的大科学家（指钱学森），所见相同，都承认佛教是文化，而今天还有不少人的认识水平和当年李银桥的一样。"

在《佛教与中国文化的关系》一文中，朴老从文学、艺术、建筑、科学、哲学、史学等各个领域全面地论述佛教文化，指出："如何看待宗教和文化的关系，这是每一个民族在发展文化过程中必然会遇到的问题。佛教对中国文化发生过很大影响和作用，在中国历史上留下了灿烂辉煌的佛教文化遗产。"佛教文化已经融入中华民族传统的血液中，在中国各种文化构成中占据着不可分割、无法替代的重要作用："人类文化发展是一个连续不断的过程，传统文化和现代文化不可能完全割断。我们要汲取传统文化中一切有价值的精华来充实发展社会主义的民族新文化。中国传统文化也包括佛教文化在内。现在有一种偏见，一提中国传统文化似乎只是儒家文化一家，完全抹煞了佛教文化在中国传统文化中的地位，抹煞了佛教徒对中国文化的贡献。"②

随着越来越多的人接受"宗教是文化"这个观念，宗教信仰自由政策的贯彻落实和佛教事业的发展获得了更大的空间。为了避免人们对"宗教是文化"产生误解，造成对宗教信仰的冲击，朴老在《在全国政协宗教委员会报告会上的讲话》中特别强调："宗教包容丰富的文化内涵，从这个意义上可以说，宗教是文化。从宗教的实在整体来说，它既是一种社会意识形态，又是一种社会实体。从它是一种社会意识形态来说，它既是一种特定形态的信仰，又是一种文化形态。"③ 对"宗教文化性"作了

---

① 关于"宗教文化论"的兴起过程，请参见陈星桥《关于当前佛教界几个思想理论问题的反思（中）》（《法音》2006年第3期）、吕大吉《回顾与反思：中国百年探索宗教—文化问题的思路历程——关于宗教与文化之关系的若干思考（之一）》（《浙江社会科学》2002年第2期）等。
② 《赵朴初文集》（上卷），第697~702页。《赵朴初文集》（下卷），第801~808页。
③ 《赵朴初文集》（下卷），第1301页。

界定，更为完整地将宗教的实在整体划分为宗教的信仰形态、文化形态和由宗教信徒结成的社会实体三部分。在这三种形态中，宗教的"信仰形态"是根本、是核心，是宗教的本质；而宗教的"文化形态"只是宗教"信仰形态"影响下的外在表现。朴老特别强调，宗教的这三部分都可以为社会主义社会的建设发挥积极的作用。

3. 政教分离原则

政教分离是马列主义宗教观的一项基本原则。对于政教分离问题，朴老有很多描述，在一些场合，他采用的是"政教分开"的说法，并对此做了明确的界定。

他认为，"政教分开"是指政府主管部门与宗教团体、寺观教堂职能分开。政教分离（政教分开）包括两个方面：一方面是指宗教不得干预国家行政、司法、教育；另一方面是指国家不干预公民的宗教信仰与宗教团体的内部事务。政教分开的关键，在于理顺政府主管部门领导同宗教团体按照自身特点独立自主地开展工作、寺观教堂由宗教徒自己管理的关系，并使之制度化。

朴老指出，这两个方面缺一不可。强调其中的一个方面，而忽视乃至否定另一个方面都是违背基本原则的，要坚决反对和制止"以教代政"的不法现象和"以政代教"的弊端。

朴老对政府管理宗教的职能目标做了界定，他认为，政府部门要改变行政机关化的制度和办法，真正把宗教团体办成在党和政府的领导下，在宪法、法律和政策范围内，按照自身特点独立自主地开展工作，享有自身的人事、财务、业务自主权的宗教徒的民间性团体。具体而言，加强对宗教事务的管理，"是政府主管部门就宗教事务方面有关法律、法规、政策的贯彻实施进行管理和监督，而不是管理宗教自身的教务和行政事务"。[①]在他看来，这种管理分为两个方面，一方面是监督有关法律、政策在宗教方面的贯彻实施，纠正和处理有关违犯法律和政策的事情；另一方面，是监督社会其他方面按照有关法律、政策对待宗教。

朴老尤其重视宗教界自身的管理和发展，强调宗教界发挥对社会的积极作用，是保证政教分开的基础。

---

① 《赵朴初文集》（下卷），第1044页。

4. 统一战线原则

"信不信宗教不是政治上的分野"。朴老指出，在任何时候都要把团结信教群众为实现党的基本任务而共同奋斗摆在首要地位，这是马列主义宗教观的又一基本原则。

从这一原则出发，共产党强调"政治上团结合作，信仰上互相尊重"。党和政府的宗教工作的出发点，不是通过教育、行政、法律的手段"转化"宗教徒的宗教信仰，而应是执行宗教信仰自由政策，团结广大宗教徒共同建设有中国特色的社会主义。"对于广大的宗教徒来说，只有采取宗教信仰自由政策尊重和保护他们的宗教信仰，才能把他们团结起来"，否则，就会损害人民的大团结，损害党和人民的根本利益。[①]

从宗教的三个组成部分来说，不仅宗教实体、宗教文化可以为社会主义经济基础服务，而且宗教思想信仰体系中的积极精神也可以为社会主义经济基础服务。

朴老多次强调要严格区分两类不同性质的矛盾，即政治问题与宗教信仰问题、利用宗教进行的违法犯罪活动与正常的宗教活动。如在1990年10月18日中国佛教协会部分常务理事座谈会上的讲话中，他特别指出，在恢复和贯彻党的宗教信仰自由政策、对宗教界的统一战线政策时，常常会忽略宗教界政治上的稳定和进步，宗教在维护社会安定、增强民族团结、参加两个文明建设、促进祖国统一、发展对外友好等方面发挥的积极作用和做出的贡献。在1997年全国政协八届五次会议上的发言中，他坚决反对把"非法"与"宗教活动"合并成一个概念。认为这种合并，容易造成界限的混淆，使得正常的宗教活动被随心所欲地视为非法活动，或者把利用宗教进行的违法活动视作宗教活动。朴老特别重视用统一战线原则来统合宗教界人士与社会主义社会发展相协调、相适应。

三 提倡马列主义宗教理论的充实和发展

朴老强调马列主义宗教理论应在总结实践经验的基础上不断充实和发展。他非常关注宗教在发展过程中产生的各种具体问题。在每一时期，

---

　　① 《赵朴初文集》（上卷），第473页。

都会立足于当时宗教发展的实际，清理与马列主义宗教观相违背的理论和提法。无论是从改革开放后对于宗教信仰自由政策的不断解读和强调，还是此后对于"宗教是文化"的提倡，对宗教法治的推进，以及反复强调的对宗教理论问题的再思考，都可以看到，朴老不仅深入思考和理解执政党的主流宗教观，而且与时俱进，随着社会的发展、宗教的变化，随着社会格局的变迁，积极重视理论的充实和发展，在积极的变化中引领着当代中国宗教的发展。

1997 年，朴老在《在中共中央迎新春座谈会上的发言》中，特别提醒要正确认识和对待我国的宗教问题，说明了他对当今我国宗教的基本特点的认识。他认为，大量的事实证明，我国宗教从整体上和主流上看，已经日益与有中国特色的社会主义社会相适应，是保证稳定的重要因素；是深化改革、促进发展的重要力量；是扩大开放的重要渠道。总体上说，宗教是我国改革开放和现代化建设事业的助力而不是阻力；是党和政府可以信赖的同盟者，而不是异己力量；是我国社会主义社会上层建筑的构成部分，而不是精神垃圾。这是我国宗教与外国宗教不同的独特特点，也是当今我国宗教的最大实际，也是建国以来，尤其是十一届三中全会以来党和政府执行正确的方针政策取得的积极成果。

朴老对于当今我国宗教的基本特点的认识，正是对马列主义宗教理论提出了新的更高的期许。尽管他已经离开人世，但我们看到我国主流的宗教观，正进一步的正本清源，努力求同存异，发挥宗教与社会主义社会相适应的价值，用宪法和法治社会的建设来保障宗教信仰者的合法权益，探索新形势下宗教治理的新向度，形成了宗教法治的基本框架。习近平在全国宗教会议上的讲话中，提出了今后宗教工作努力的方向是"提高宗教工作法治化水平"；强调要"坚持政教分离"，明确了政教关系的两个层面："宗教不得干预行政、司法、教育等国家职能实施"和"用法律规范政府管理宗教事务的行为"；指出宗教工作法治化的具体目标是，坚持政府依法对涉及国家利益和社会公共利益的宗教事务进行管理，用法律调节涉及宗教的各种社会关系，以构建"积极健康的宗教关系"——包括"党和政府与宗教、社会与宗教、国内不同宗教、我国宗教与外国宗教、信教群众与不信教群众的关系"，促进宗教关系和谐。之后，《民法典》中明确了宗教活动场所作为非营利法人的设立等等。可以看到，朴老的努力，为我国宗教工作的正常化、有效化提供了有益的探索，是我国宗教工作拨乱反正、有序发展的有力保障。他对于马列主义宗教观的充实发展的期待和提倡，也正是在对宗教和社会发展的规律性有着真知灼见的基础上做出的，为以后的宗教工作者、宗教研究者以及宗教信仰者处理政教关系、规划宗教的未来发展、进行深入的宗教研究树立了楷则。

明月清风

赵朴初诞辰110周年学术研讨会论文集

人间佛教之传播模式

——以赵朴老的《佛教常识答问》为例

张美兰*

哲学的语言是大白话好还是晦涩的好？陈嘉映（2017）有一段话很耐人寻味："哲学不是一门专门科学，哲学书里绝大一半都是我们平常使用的语词，但是这些语词是用来讨论概念本身的，而不是用来讲故事的，而且，这些概念时不时经过一点儿加工，和我们平常使用的概念虽然相通，却不尽相同。"与哲学一样，对于普通人来说，佛法教理，博大精深，义理幽玄，它有自己的经典、仪式、习惯和教团的组织。佛所说的言教，自有一套理论体系、专门术语和词汇表达。说起佛学，人们自然会问及释迦牟尼、婆罗门、刹帝利、佛陀、如来、缘起、无我、转法轮、无常、因果相续、法印、漏、大乘佛教、小乘佛教、小乘学派、大乘学派、真言陀罗尼、真俗二谛、中道实相、密宗、戒律、礼节、僧伽、丛林清规、羯磨、戒条、三宝、南无、阿罗汉、菩萨、和尚、涅槃、六度、四摄、五时、八教、一心三观、三谛圆融、贤首宗、六相、十玄门、三观、吃素、吃荤、法师、活佛、袈裟、十八罗汉等问题。像"真言陀罗尼、真俗二谛、中道实相、转法轮、无常、漏"这样的词，是些上层概念，它们一方面系在日常生活之中，另一方面又像悬在日常生活之上，简直可以说这些语词天生就带有理论的意味，一般读者正是最难以理解这样的上层概念，这是我们与我们日常生活比较不同的领域。这些专门的术语，如何向大家介绍？用什么样的语言表达这些问题？如何说解这些佛教概念？针对文化不高和悟解力差的人，怎样才能使佛法结合人们生活实际，有益于社会道德、精神文明的建设？这是摆在每个普及佛法尝试面前的一个问题。赵朴老所云："佛法有浅深程度不同的各种法门，有适应各种根基的

---

* 张美兰，清华大学中文系副主任、教授、博士生导师。

修持方法，各乘、各宗、各派都有引摄世间的教法，适合一般人的需要，是合理契机的。"那么，佛学的普及读物和日常语言是什么关系？赵朴老《佛教常识答问》为我们提供了很好的答案。下面我们来细读和学习这本不同一般的普及性读物。

一

《佛教常识答问》，以问答的方式普及佛教基本常识。

传递知识的方式有多种。《论语》《坛经》《祖堂集》《朱子语类》都是以语录体的方式来传授知识，而《佛教常识答问》共五章，都用一问一答的形式，这一下子吸引了读者的眼球，拉近了与读者的距离。

> 问：什么是佛教？
>
> 答：佛教，广义地说，它是一种宗教，包括它的经典、仪式、习惯、教团的组织等等；狭义地说，它就是佛所说的言教；如果用佛教固有的术语来说，应当叫作佛法（BuddhaDhamma）。
>
> 问：佛是神吗？
>
> 答：不，佛不是神。他是西元前六世纪时代的人，有名有姓，他的名字是悉达多（S. Siddhartha，P. Siddhattha），他的姓是乔达摩（S. Gautama，P. Gotama）。因为他属于释迦（Sakya）族，人们又称他为释迦牟尼，意思是释迦族的圣人。

通过精心的设问，可以看出这本书的独特所在。而浅近的大白话更是赵朴老的精心所在，所谓面向大众，普施佛法。对于比较抽象的义理，答语常以比喻回答。如：问："法"是什么意思？答："法"字的梵语是达摩（Dharma）。佛教对这个字的解释是："任持自性、轨生物解。"这就是说，每一事物必然保持它自己特有的性质和相状，有它一定的轨则，使人看到便可以了解是何物。例如水，它保持着它的湿性，它有水的一定轨则，使人一见便生起水的了解；反过来说，如果一件东西没有湿性，它的轨则不同于水的轨则，便不能生起水的了解。所以佛教把一切事物都叫作"法"。佛经中常见到的"一切法""诸法"字样，就是"一切事物"或"宇宙万有"的意思。照佛教的解释，佛根据自己对一切法如实的了解而宣示出来的言教，它本身也同样具有"任持自性、轨生物解"的作用，所以也叫做法。

我们看到以"水"为喻。说明"每一事物必然保持它自己特有的性质和相状,有它一定轨则,使人看到便可以了解是何物。"这就是"法"的比喻。

《佛教常识答问》就是回答了常识问题,所设章节如"第一章佛陀和佛教的创立""第二章佛法的基本内容和佛教经籍""第三章僧伽和佛的弟子",诸如"为什么一部分佛教徒要出家?阿罗汉是什么意思?出家的制度是佛教创始的吗?佛教僧侣是不是神职人员?佛教僧侣对在家佛徒有什么义务吗?在家佛教徒修道的条件是怎样?"这些都是世俗人很想知道的话题,《佛教常识答问》一个个娓娓道来,简洁明了。赵朴老曾经说:我喜欢"小题大做",而不愿"大题小做",更害怕"有题空做"。《佛教常识答问》的确是"小题大做"的典范。但是将高深的佛教要"小题大做",非一般人的功力。我们来看他是如何解释"缘起性空"这一抽象的佛学原理的。

> 问:佛经中有两句话,"色不异空,空不异色"是什么意思?
>
> 答:这就是说一切法"缘起性空"。"色",就是色、受、想、行、识五蕴中的色,是指物质。任何物质现象都是缘起,它有相状,它有功用,但是它的相状和功用里面没有常恒不变的指挥它的主宰,所以说是空。所谓空,不是指的色外空(物体之外的空),也不是指的色后空(物体灭了之后的空),换句话说,并不是离开色而另外有一个空,而是"当体即空"。色是缘起所起,色法上不能有个不变的实性,所以说"色即是空";唯其没有实性,所以能遇缘即起,所以说"空即是色"。这也就是"色不异空,空不异色"的简单解释。受、想、行、识等精神现象也同样地是"缘起性空"。"缘起性空"是宇宙万有的真实相状,即所谓"诸法实相"。大乘佛教以实相为法印,称为"一法印",一切大乘经教,都以实相的道理来印证。如前面所说"无住涅槃"和"菩萨六度四摄"等教义,都是以缘起性空的理论为基础的。

这一回答,400字左右,却是"色不异空,空不异色"的简单解释。同时对"缘起性空"的理论进行更好的注解。可以说是佛学解释的一个案例。这样的例子在《佛教常识答问》中还能见到很多。

> 问:缘起是什么意思?

答:"缘起"即"诸法由因缘而起"。简单地说,就是一切事物或一切现象的生起,都是相待相对的互存关系和条件,离开关系和条件,就不能生起任何一个事物或现象。因 Hetu、缘 Paccaya,一般地解释,就是关系和条件。佛曾给"缘起"下了这样的定义:若此有则彼有,若此生则彼生;若此无则彼无,若此灭则彼灭。这四句就是表示同时的或者异时的互存关系。

问:什么是同时的互存关系?

答:举一个简单例子来说明。如师生关系:有老师则有学生,有学生则有老师,无老师则不成其为学生,无学生则不成其为老师。这是同时的互相依存的关系。

问:什么是异时的互存关系?

答:如种子和芽的关系:因为过去先有了种子,所以今天才能有芽生;也因为今天有芽生,过去的种子才名叫种子,这是异时的互相依存的关系。从另一方面看,种子灭的时候也正是芽生的时候,芽生的时候也正是种子灭的时候,在这里,芽和种子的生与灭现象又是同时的互存关系。总之,无论其为同时或异时,一切现象法必然是在某种互相依存的关系中存在的,没有任何一个现象可以说是绝待绝对的存在。

问:异时的互存关系是否就是因果关系?

答:照佛教的说法,所谓互存关系,都是因果关系。从异时的互存关系来说,种子是因,芽是果,这是异时因果。从同时的互存关系来说,如以老师为主,则老师是因,学生是果;如以学生为主,则学生是因,老师是果,这是同时因果。这当然是简单地举例,其实因果关系是极其错综复杂的。从这一个角度看,这样的因产生这样的果;从另一个角度看,同是这个因会产生另外的果。如某甲,从师生关系看,他是乙的老师;从父子关系看,他是丙的父亲;从夫妻关系看,他是丁的丈夫。以甲为因,则乙丙丁和其余一切都是果,由此而看出一因多果;以其余一切为因,则甲是果,由此而看出多因一果。实际上,没有绝待的因,也就没有绝待的果。世界就是这样由时间上无数的异时连续的因果关系,与空间上无数的互相依存关系组织的无限的网。

在赵朴老口中,"缘起""因果",就是如同人与人之间、社会各个不同组织之间的相互关系，互相依存。如"芽"和"种子"的生与灭现象，又是同时的互存关系。这是将佛教义理真正通透了、才能说出来的。这不仅是个文风问题，更有赵朴老的人间佛教的人文情怀。

二

《佛教常识答问》，强调"佛教是文化而不是迷信"。佛教在中国将近两千年，与中国文化有那么深厚的关系，不懂佛教，就不能懂得中国文化史。赵朴老在《序言》中坦陈：我最初写这本书的动机只是为了和外国朋友谈话时，翻译人员因缺乏佛教知识而感到困难，想为他们提供一些方便。但这许多年来，得到国内不少人的关怀、鼓励，也得到一些外国朋友的注意。事实说明，这一本小书对于增进人们对佛教的了解，增进国际友人对中国佛教的了解，不无少许贡献。在第四章，赵朴老借答问这种契机简单介绍了佛教在印度的发展、衰灭和复兴，让人们了解到中印之间的文化渊源，介绍的汉译佛经，可以想见佛学在中国两千年文化中的地位，汉译佛经在世界文化遗产中的地位，玄奘在世界佛学史中的地位，中国禅学在世界文化中的地位，佛教在当代国际交流中的地位。

三

《佛教常识答问》，大力提倡人间佛教思想。《佛教常识答问》之第五章，赵朴老借答问这种契机大力倡导人间佛教的思想。强调"诸恶莫作，众善奉行，自净其意，是诸佛教"。大乘佛教是说一切众生都能成佛，但成佛必须先要做个好人，做个清白正直的人，要在做好人的基础上才能学佛成佛。怎样叫学佛？学佛就是要学菩萨行，过去诸佛是修菩萨行成佛的，我今学佛也要修学菩萨行。如何修学菩萨行呢？修学菩萨行的人不仅要发愿救度一切众生，还要观察、认识世间一切都是无常无我的，要认识到整个世间，主要是人类社会的历史，是种不断发生发展、无常变化、无尽无休的洪流，这种迅猛前进的滚滚洪流谁也阻挡不了，谁也把握不住。菩萨觉悟到，在这种无常变化的汹涌波涛中顺流而下没有别的可做，只有诸恶莫作，众善奉行，庄严国土，利乐有情，这样才能把握自己，自度度人，不被无常变幻的生死洪流所淹没，依靠菩萨六波罗蜜的航船，出离这种无尽无边的苦海。

在回答"大乘佛法说一切众生都能成佛，这种人间佛教，和成佛有什么关系？"时，赵朴老强调在佛教的社会本质上，佛教"人间净土"的思想同社会主义不矛盾。只有利他才能自利，这就是菩萨以救度众生为自救的辩证目的，这就是佛教无常观的世界观和菩萨行的人生观的具体实践，这也是人间佛教的理论基础。菩萨行的人间佛教的意义在于：果真人人能够学菩萨行，行菩萨道，且不说今后成佛不成佛，就是在当前使人们能够自觉地建立起高尚的道德品行，积极地建设起助人为乐的精神文明，也是有益于国家社会的，何况以此净化世间，建设人间净土！

赵朴老在说解"什么是五乘佛法？什么是世间法和出世间法？"时，特别强调：对罪大恶极，负有命债的杀人犯，应当绳之以法。这是因为触犯国家法律，应按法律制裁，而不是哪个人要杀他。释迦牟尼为弟子制戒，不许弟子们杀生害命，这是就个人说的，同时也是为了避免触犯国家法律。佛陀从来没有说过国家法律对坏人的制裁有什么不对，总是教诫弟子遵守所在国的法律的。这是根本不同的两回事，不能混为一谈。佛教讲因果律时常说：善有善报，恶有恶报，杀人一定要偿命。这就说明了佛教是不会违反世间法律的，而是承认世间法律的。不杀生是这样，不贪、不嗔也是这种精神，若是为国家生财，为人民谋利，这是利益众生的事，是大好事；若是为个人贪财，为私人泄愤而害人，那就为戒律所不许。总之，假使人人依照五戒十善的准则行事，那么，人民就会和平康乐，社会就会安定团结，国家就会繁荣昌盛，这样就会出现一种和平安乐的世界，一种具有高度精神文明的世界。这就是人间佛教所要达到的目的。

人间佛教是20世纪佛教发展的主导思想。赵朴老先生倡导"人间佛教"，提倡发扬人间佛教的优越性，积极促使佛教成为当今中国先进文明的有机组成部分，以此促进了中国社会的和谐发展。

赵朴老的《佛教常识答问》是非常好的书籍。用普通的白话语言写出来说出来，惠及普罗大众。这从一个方面折射出赵朴老在"人间佛教"实践方面的建树。将佛教文化普及化是今天很多大德的追求，期待更多的作品能惠泽社会。

中国社会的转型与近代以来
佛教制度的变革之路

杨维中[*]

中国传统社会的转型一般认为是从维新变法开始的，其最为直接的象征就是在西方文化的参照之下，提出向西方学习的口号。但是，维新变法运动并没有能够起到挽狂澜于既倒之效。事实反倒是，延续数千年的封建制度在西方的坚船利炮威胁、打击之下，轰然崩溃以至最终倒塌。在中华民族面临如此深刻的危机面前，"师夷长技以制夷"的口号逐渐成了中国文化发展的主导方向。在这种政治、文化背景下，佛教不但延续了明代以来的衰败之势，而且与传统文化的其他部分一样，面临着更大、更深刻的生存危机。目前的学界，从积极的一面看待近代佛教复兴运动的观点大为流行。譬如说，近代佛教复兴运动：

直接基于和承续清学传统，在社会历史条件深刻变化、西学推动下，即在中学嬗变、西学东渐的历史契机中发生。佛学的复兴实质上是一种思想解放潮流，有识之士自觉阐扬佛学思想价值和现代意义，并使之成为批判正统儒学的思想武器，成为近代"以复古为解放"思潮的学术中心；在西学东渐的推动下，自觉挖掘佛学中与近代西学相同或相似之处，从而融会中西，创造新文化；同时此风也推动了佛教向近代佛教的转化。[①]

又譬如：

佛教的复兴，是中国近代史上一个引人注目的现象。清末以杨文

---

* 杨维中，南京大学哲学系教授、博士生导师。

① 孙永艳：《杨文会与近代佛教复兴》，《普门学报》2000年9月第5期，第122~123页。

115

会居士为中心，有康梁等维新派经世致用的"实用佛学"（梁启超语）；鼎革之际，有章太炎以佛学鼓吹革命（以致有人讽刺其主编的《民报》为宣传佛教的刊物）。同时，由于"庙产兴学"危机和日本佛教势力的渗透，在僧界引发了大规模的僧教育运动，并且建立了各种佛教会组织。进入民国以后，以欧阳竟无领导的支那内学院和韩清净领导的"三时学会"为代表的居士道场得到了迅速的发展，有"南韩北欧"之誉。而僧界也是人才辈出，谛闲、印光、虚云、圆瑛、太虚、弘一等人，都为一时之俊。当时，不但传统的佛教势力在一定程度上得以恢复，僧伽改革运动也赢得了广泛的支持。佛教界不仅出版了大量的书刊杂志广泛流通，同时与社会各界（尤其是知识阶层）的联系也大为加强，甚至有过世界佛教联合和海外传教之举。在抗日战争中，各种佛教护国活动的展开，也为社会所瞩目。①

上述引文可能略长，但鉴于周学农先生的概括既简要又全面，而这恰又能为本人下文的论述提供基本的事实，所以不吝篇幅照录于兹。尽管如此，描述近代佛教复兴运动是恰当的，但是，笔者在这里却要强调从佛教制度学之建构的角度去观察可能得出的不同结论，而这正是本文的重点之所在。

从佛教制度之建构与革新的角度考察近代佛教复兴运动，只能得出这样的结论：与其说近代佛教复兴运动是一次自觉的思想解放运动，倒不如说它是一次在危机与挑战之下的救亡图存之战役。而这一战役的最大功效则是在某种程度上赓续了佛教之慧命，使其免于被时代所淘汰。但克实而言，其并未完成时代所赋予它的佛教近代化以及佛教振兴之使命。这一结论，只要从支那内学院之沉浮与回响②，以及太虚大师所发动并且投入毕生精力所进行的"佛教革命"两个典型去考察，就足以认定了。限于篇幅以及本文论题的侧重，下文仅从太虚大师之"佛教革命"去证明这一结论。

正如周学农先生所指出的：太虚大师佛教革命之背景，除过从明清以

---

① 周学农：《出世、入世与契理契机——太虚法师的人间佛教思想研究》，《法藏文库硕博士学位论文·中国佛教学术论典》第 8 册，佛光出版社，2001，第 1 页。

② 蓝吉富先生在《吕澂的生平与学术成就》一文中，对于支那内学院之欧阳竟无特别是吕澂在现代佛教中的境遇，作了准确的描述、分析，颇可参照。此文先刊发于台湾《福报》周刊 1989 年 8 月 28 日第 8 号，后来收入新文丰出版公司于 1990 年 10 月出版的《二十世纪的中日佛教》一书中。

来佛教本身的衰败来观察之外，最恰当的角度大概是"由'庙产兴学'危机而引发的僧界振兴运动"。①

早在维新时代创办新式教育的过程中，新派人物张之洞竟然在《劝学篇》的奏折中向光绪皇帝提出了：

> 今天下寺观何止数万?! 都会百余区，大县数十，小县十余，皆有田产，其物业皆由布施而来。若改作学堂，则屋宇、田产悉具，此亦极宜而简易之策也。

这一建议得到了光绪皇帝的首肯，于是就有了所谓的"庙产兴学"运动。1904 年，满清政府又发起了第二次"庙产兴学"运动，迫使江、浙的许多寺庙投靠日本所办寺庙以求自保。进入民国之后，这样的"庙产兴学"至少有两次，一次在 1928 年，一次在 1931 年。这种"庙产兴学"运动，一度对佛教构成了近乎毁灭性的打击。之所以发生这样的惨痛悲剧，远因是明清之后佛教衰败的恶果，近因则是在西方文化的参照之下，佛教失去了进入主流意识形态的资格。此正如东初法师所说：

> 近代中国佛教，无可否认的，外受西教东来，及西方文化及机械科学的影响，内受打倒迷信及反宗教运动，以及庙产兴学的迫害，激起佛教徒警觉，一面打倒以往历史传统的观念，革新佛教制度，一面接受新世界知识，以期迎头赶上时代，建设适应新时代社会所需要的新佛教。②

面对这样的世道与佛教艰难的处境，佛教的改革便成了历史的必然，太虚大师的佛教"革命"便应运而生。

太虚大师的"革命"包含"教理革命""僧制革命""寺产革命"。而"僧制革命"与"寺产革命"都包含在本文所论及的"佛教制度"变革的范围之内。关于"制度"变革的重要性，太虚大师说过："佛法之依托僧制，如人的精神托于身体。"③ 所以，太虚大师非常重视佛教制度的

---

① 周学农：《出世、入世与契理契机——太虚法师的人间佛教思想研究》，《法藏文库硕博士学位论文·中国佛教学术论典》第 8 册，第 119 页。
② 释东初：《东初老人全集》之一，《中国佛教近代史》上册，东初出版社，1974，第 4 页。
③ 太虚：《建僧大纲》，《太虚大师全书》，第 33 卷，善导寺佛经流通处印行，1970，第 204 页。

改革，他说过：

> 我对于三十多年来改进运动的经过，可从好几方面去观察，而以关于僧众寺院制度在理论上和事实上的改进最重要。①

而以下数语则为太虚认可的佛教制度革命之纲要：

> 中国向来代表佛教的寺僧，应革除以前在帝制环境中所养成流传下来的染习，建设原本释迦佛遗教且适合现实中国环境的新佛教。②

在太虚四个时期的佛教活动中③，每一期都是以新制的创议为纲骨的：第一期，有成立佛教协进会的金山寺事件，以及稍后的"教理、教制、教产"口号的提出。第二期，有《整理僧伽制度论》的著作，后有《人工与佛学之新僧化》及《僧制今论》的发表。第三期，有《建设中国佛教住持僧大纲》。第四期，有"菩萨学处"的提倡。④

关于中国僧伽制度的革新方向，太虚在民国十七年（1928）《对于中国佛教革命僧的训辞》一文中，曾举出十项改革原则：第一，联合同志成立有主义、有组织、有纪律的革命僧团。第二，全力拥护二千年遗留下来的僧寺财产。第三，革除以剃派、法派占夺十方僧寺财产，作为子孙私产的传承制度。第四，怜愍一般藉愚民迷信，以服务鬼神生活的无识僧众，灌输以佛教及国民的常识；渐渐改良使成为经营资生事业及服务人群的生活。第五，铲除一般藉剃派、法派传承制以霸占僧产而自私自利的大小寺院住持，及大寺中助纣为虐的首领职事。第六，改革剃派、法派传承制为选贤制，及办理僧伽教育，作利济社会事业的出家僧众。第七，收回

---

① 黄夏年主编《近现代著名学者佛学文集·太虚集》，中国社会科学出版社，1995，第406页。

② 黄夏年主编《近现代著名学者佛学文集·太虚集》，第406页。

③ 关于太虚大师佛教革新的四个历史阶段，学界一贯依照太虚之自述，作大致相同的划分，唯具体年代略有出入。在此可参见周学农博士论文《出世、入世与契理契机——太虚法师的人间佛教思想研究·导言》，载《法藏文库·中国佛教学术论典》第八册。周先生所归纳的太虚之四个阶段如下："第一期，是从十九岁到二十六岁之间，即光绪三十三年（公元一九〇七年）到一九一四年。这是太虚早期激进的佛教革命时期。""第二期，是从二十六岁到四十一岁之间，即一九一四年到一九二九年。这是太虚佛教改革理论逐步走向成熟的时期。""第三期，是从四十一岁到五十一岁，即一九二九年到一九三九。这是太虚积极从事于世界佛教运动和参与中国佛教会建设的时期。"第四期为抗战以后至一九四七年圆寂。（第5～10页）

④ 周学农《出世、入世与契理契机——太虚法师的人间佛教思想研究》，《法藏文库硕博士学位论文·中国佛教学术论典》第8册，第44页。

少数住持所霸占为私产的僧产，取来支配作为教育青年僧，及改良一般愚僧的生活，并做社会慈善事业的费用。第八，尊敬表扬一般澹泊清高而勤持戒律，或精修禅定及深研慧学的有德僧。第九，警告不能或不愿遵行僧律的僧众自动还俗。第十，驱逐绝对不能遵行僧律，且强在僧中肆行反动的恶僧，迫令还俗。此如洪金莲博士所言："前列十项中的第二、三、五、七、十等五项改革，均牵涉到传统遗留下来的法派、剃派的传承陋规，而法派、剃派的传承，又关系到僧团制度及丛林寺产的整理问题，所以，僧制的改革和建立，首先对于传统旧有的腐败制度，及因之而起的不良人事管理等陋习，必须一并先予以铲除淘汰，才能进一步建立正规合理的现代化教团。"① 太虚在佛教制度革新方面终身所着力者又可以大归为二：一是僧人素质的提高，僧教育之革新；二是革除广泛存在于当时僧界中的法派、剃派的家族化的寺产传承制度。而从实际效果看，在太虚生前，这些目标并未完成。

关于僧制改革失败的原因，太虚在《我的佛教革命失败史》中说：

> 我的失败，固然也由于反对方面障碍力的深广，而本身的弱点，大抵因为我理论有余而实行不足，启导虽巧而统率无能，故遇到实行便统率不住了！然我终自信，我的理论和启导，确有特长，如得实行和统率力充足的人，必可建立适应现代中国之佛教的学理和制度。

> 我失败弱点的由来，出于个人的性情气质固多，而由境遇使然亦非少。例如第一期，以偶然而燃起了佛教革命热情；第二期以偶然而开了讲学办学的风气；第三期以偶然而组织主导过佛教会。大抵皆出于偶然幸致，未经过熟谋深虑，劳力苦行，所以往往出于随缘应付的态度，轻易散漫，不能坚牢强毅，抱持固执。

> 我现今虽尽力于所志所行，然早衰的身心，只可随缘消旧业，再不能有何新贡献。后起的人，应知我的弱点及弱点的由来而自矫自勉。勿徒盼望我而苛责我！则我对于佛教的理论和启导，或犹不起相当作用，以我的失败为来者的成功之母！

从上文可见，太虚自己认为僧制改革失败的原因大要有三：一是"反对方面的障碍"；二是"个人的性情气质"；三是"境遇使然"。而太虚的弟子印顺法师在《太虚大师年谱》中，将其又归纳为三点：一是

---

① 洪金莲：《太虚大师佛教现代化之研究》，东初出版社，1995，第235页。

"政局动荡不定";二是"教内思想冲突";三是"经济困窘"。江灿腾先生则在《太虚大师前传》中,从"太虚改革构思的前瞻性与局限性"以及"思想特质和性格上的弱点"等方面论证了太虚僧制改革失败的原因,并且认为,"如非这些局限性和弱点,太虚的改革运动,不会一再受挫。"① 洪金莲博士则主要从理论与实践的矛盾来评述太虚革新的失败:"理论上,僧制的整顿,有着一套完备的具体蓝图,但是一落到现实环境时,则捉襟见肘,到处都显得障碍难行。从环境来看,无论僧制的改革或三佛主义的推行,最重要的前提是要有一个政治清明、社会安定的升平盛世来实践,否则,架空的理论,没有现实基础,自然要尝到失败的命运。可以说,理论与实践的矛盾,是太虚改革事业最大的困难所在;早期佛教统一机构的组织如此,直到晚年世界佛教运动的推展,亦莫不如此,大抵皆逃不出现实环境的纠缠与纤绊!"② 这些原因都是切合实际的。这说明,在近代中国社会这样激烈复杂的社会变动等等情势之下,佛教的近代化转型与改造尽管很是迫切,但却是难于完成的。③ 并非有了一位或数位佛教领袖就一定能够完成。太虚及其时代未能完成的佛教制度革新的使命,在上一世纪后半叶的新情势之下得到部分实现,但不能说已经完全实现。仍然有许多课题留待人们去研究,去探索,去实践。中国佛教界与学术界共同推动教团制度的研究,其目的与意义也许正在于此。

由"百丈清规"发展而来的丛林制度,是佛教中国化的理论成果,对于晚唐与两宋佛教在隋唐佛教基础之上的继续发展,起了积极的作用。然而,在元代喇嘛教兴盛而汉传佛教极度衰微以及明代初年采取的对于佛教的限制政策等等因素的作用之下,佛教的衰败似乎已经难以避免,而衰败的最突出表现自然就是戒律的松弛。在此情形之下,在晚明佛教依稀的振兴过程中,莲池、智旭用甚为激烈的言辞抨击由后人增删而成的《敕修百丈清规》。他们认为,元代形成的清规,已经久失怀海本意,而今人

---

① 江灿腾:《太虚大师前传》,新文丰出版社,1993,第 234 页。

② 洪金莲:《太虚大师佛教现代化之研究》,第 264 页。

③ 可参见邓子美先生的看法:太虚大师"人间佛教理论的建构是近代佛教教理改革的重大成就,但其进一步成功运作不能不依赖僧制改革。……确实,太虚提出的僧制改革方案一一遭挫,甚至缩为一'菩萨学处'在他生前也未实现。这说明当时佛教现代化的机缘未熟,说明理论的实现需要其制度化的配套,需要新时代的佛教领袖"。(邓子美:《二十世纪中国佛教的智慧结晶》上,《法音》1998 年第 6 期。)太虚所开创的人间佛教理论,在具体运作即制度建构方面"必然遇到的不少问题,太虚只是提出了思路,未能解决"。(邓子美《二十世纪中国佛教的智慧结晶》下,《法音》1998 年第 7 期。)

奉持者，却有以之代替律学的做法。因此，明末的四大高僧将佛教之衰败、律学之不振、戒行之凌夷等等，都归结在所谓"伪清规"上面。近代以来，这样的批评，更趋激烈。近代律学大师弘一法师说过："按，律宗诸书浩如烟海。吾人尽心学之，尚苦力有未及。即百丈原本今仍存在，亦可不须阅读，况伪本乎？"① 弘一法师甚至宣称："伪清规一日存在，佛教亦一日无改良之望也。"② 圣严法师则一边承认清规对于古代中国佛教的深刻影响，一边批评唐代之后，特别是元代对于清规的篡改。他说："一般人不知佛门有戒律，却无有不知佛门有清规者，百丈清规之对中国佛教的影响，可谓巨而且深矣。可是百丈清规的传流改变而已面目全非者，知道的人就不多了。"③ 圣严法师认为："中国的农村社会，今后必将改变而成新兴的农工业社会，由农村社会的影响下，所产生的中国禅林规模，今后也将不复再起，禅林生活下百丈清规的作用，势必跟着退隐。所以今后佛教的重整与复兴，不用再提清规二字，但能恢复戒律的精神，佛教自然就会复兴。"④ 在圣严法师看来，"清规"已经完全不适应现今的中国社会，而佛教的重整只要恢复戒律精神就可以了。实际上，从上述的分析中，已经可以看出，戒律与"清规"既有分别又有联系。

百丈清规是在戒律精神的指导之下产生的，其基本原则是符合律制的。但是，与戒律相比较，"清规"的范围要宽泛一些，其开放性要强一些。正因为如此，才有历来的增减与改变。而"戒律"被认为是由佛陀亲手所制，所以，哪怕是微小的改变在僧界都会引起巨大的震动。如前所述，昭慧法师之撕毁"八敬法"所引起的风波就是现成的例子。中国佛教传统上是采取以"清规"以及"管理制度"来弥合戒律与中国社会的特殊情势之间本来就存在的裂隙的。对大家都认为是佛陀亲自所制的重要戒律，昭慧法师采取的是在中国佛教史上屡起波澜的率直策略，争论在所难免。

从"与时俱进"的角度，佛教戒律及由其所规定的佛教伦理秩序确实有部分调整的必要。而近代以来，呼声最大的就是由"居士佛教"所蕴含的僧俗关系之调整与废弃"八敬法"之主张所代表的调整比丘与比丘尼之间既定秩序的诉求。但二者的目标应该是有区别的。从如理如法的

---

① 《弘一大师全集》第 1 册，福建人民出版社，1991，第 252 页。
② 《弘一大师全集》第 1 册，1991，第 252 页。
③ 圣严法师：《律制生活》，法鼓文化出版社事业股份有限公司，1996，第 102 页。
④ 圣严法师：《律制生活》，第 102 页。

立场，"居士佛教"所主张的"平等"应该仅仅限定在弘法方面，"二宝居士"会从根本上动摇佛教教团行之有效的理论秩序。而围绕着"八敬法"之存废所发生的比丘尼争取"平等权"的革新应该是全方位的。因为"平等"确实是这个时代主流文化的主旋律。除非佛教甘愿落后于时代，甘愿"边缘化"，否则，如何将"与时俱进"与"契理契机"的原则与方法结合起来，探索既适应时代要求又契和佛教教理的佛教制度改革方案，是佛教界非常迫切的一项使命。

从近代以来佛教的发展看，特别是着重于制度革新的太虚大师，在如何处理"僧俗关系"方面，曾经设计过多种类别的蓝图。现在的关键是如何在研究的基础上，以"与时俱进"与"契理契机"的原则来修正、完善、更新这些方案。太虚在1915年撰述的《整理僧伽制度论》，首先将在家众与出家众分开，各别组成独立的团体：在家众成立"佛教正信会"，其目的以摄化在家信众为主；出家众则组织"佛教住持僧"，致力于提高僧伽品质及地位，以住持佛教、弘扬佛法。早期正信会的组织成立，尚属单纯的在家居士的结合，后来如武汉、汉口佛教正信会等渐渐有出家众加入。太虚晚年又将上述方案结合进"菩萨学处"的规划中。尽管太虚的这些想法未曾实现，但在现代中国佛教的发展中，有些已经在逐渐变成现实。譬如，佛光山在制度建设上，就比较注意在制度层面发挥居士群体的作用，给予居士群体的上层人物一定的参与教团重大事务的机会。此外，台湾的有些佛教教团，实际上已经做到了比丘与比丘尼的平等。

总之，当今佛教制度的建设，一方面需要从恢复佛教本来就有的良好传统制度入手，另一方面也需要将佛陀制戒的本怀、戒律的基本精神与百丈制定清规时所遵循的因时因地制宜的应机原则结合起来，先从比较容易着手的管理制度方面入手，一边逐步完善，一边扩大范围。而对于戒律改革，则要谨慎从事，在未能取得较为一致的意见之前，还是多讨论、多研究为妙。

人间佛教与禅宗一脉相承

刘立夫*

20 世纪以来，中国佛教最大的变化就是"人间佛教"的兴起。与传统佛教相比，人间佛教无论在思想性格，还是在形态结构上都有着新的内涵和特点。这场现代中国佛教的革新运动自太虚大师首倡于民国初期，经过佛教四众弟子的不断探索和实践，在近一个世纪的时间里，特别是自 20 世纪七八十年代以来，在两岸已经形成了各具特色、形式多样的人间佛教"模式"，今天仍然处于多元化的发展过程中，还没有"定型"。但从中国佛教的整个历史和世界佛教的视野来看，现当代人间佛教并非突如其来的"新生事物"，它与印度佛教、中国佛教仍然有着内在的逻辑联系；同时，人间佛教也不仅是中国佛教的"家内事"，而是佛教融入现代社会、走向全球的"时代主题"。所以，结合历时与现实、中国和世界的双重角度来讨论人间佛教，不仅有助于厘清中国佛教的发展脉络，更有助于把握人间佛教在世界佛教中的定位。

一 "人间佛教"与"佛教"同义

严格地说，人间佛教是中国现代汉传佛教的革新。而这种革新，又是针对明清以来中国佛教的衰敝而发。

当年太虚大师最先提出的是"人生佛教"，意在强调佛教为社会、人生服务。太虚大师当年曾针对与世隔绝和流于旁门左道的"超亡送死"之明清佛教的积弊，提出佛教的目的并非让人脱离现实，为"死人"服

---

* 刘立夫，中南大学国学研究中心主任，中南大学公共管理学院教授、博士生导师，湖南省佛教协会船山佛教文化研究中心秘书长。

务，相反，人生佛教就是为世人的需要而建立，能够教人养成善的思想和善的行为，促进人类不断进步。太虚大师的弟子印顺法师还力图从学理上追本溯源，以《增一阿含经》所说"诸佛皆出人间，终不在天上成佛"为经典依据，认为非鬼神化和人间正行的佛教才是佛陀创教的本怀。也就是说，"人生佛教"与"人间佛教"是同一个意思。台湾佛光山的星云法师甚至认为，人间佛教不是哪一个人的佛教，不是因为六祖说了"佛法在世间，不离世间觉"，就把人间佛教归之于六祖大师；也不是因为太虚大师说了"仰止唯佛陀，完成在人格"，就把人间佛教推给太虚大师；人间佛教是每一个人的心、每一个人的道、每一个人的理，是每一个人生命的净化和升华，是佛陀的本怀，凡能圆满涅槃之道的教示，都是人间佛教。也就是说，佛教和人间佛教完全同义，如果有什么差别的话，那只是表示过去中国佛教的教行有偏差，突出"人间佛教"就是要使佛教回到"正法"的轨道上来。换言之，"人间佛教"正是佛教的本义。

20 世纪 80 年代，时任中国佛教协会会长的赵朴初先生在大陆首倡"净化人间，建设人间净土"的"人间佛教"。为回应"中国佛教向何处去"的问题，赵朴初提出："本着人间佛教积极进取的精神，中国佛教协会今后的任务是：在党和政府的领导下，在党的宗教信仰自由政策和民族团结政策的光辉照耀下，团结全国各族佛教徒，发扬佛教优良传统，为开创佛教徒为四化建设、祖国统一和维护世界和平事业服务的新局面而勇猛精进。"这里点出了人间佛教的"积极进取"精神。赵朴初同时指出，人间佛教的主要内容是五戒、十善，是四摄、六度等自利利他的广大行愿。又说要成佛必须先做个好人，做个清白正直的人，要在做好人的基础上才能学佛成佛；但不能满足于做好人，而是追求"上求佛道，下化众生"的"菩萨行"，人间佛教的最终目的是利益国家和社会，实现人间净土。赵朴初也认为，"人间佛教这一思想并非后人所创立"，而是原始佛教本来具有的内在精神，是佛陀的本怀，是《增一阿含经》中"诸佛世尊，皆出人间""我身生于人间，长于人间，于人间得佛"的精神写照，是龙树菩萨《大智度论》中"一切资生事业悉是佛道"的思想体现。赵朴初先生实际上是基于大陆佛教的现状，从"爱国爱教"、发挥佛教在社会主义社会的积极作用上来定义人间佛教的。

可见，人间佛教的革新，与其说是理论的"创新"，毋宁说是现实的选择，即针对佛教的现状而对佛教的教理、教行有所取舍。人间佛教强调的是佛教现实关怀，要对人生、社会、国家有贡献，能够救时代之急，解时代之需，只有这样的佛教才会有生命力。所谓"人成即佛成，是名真现实"，连人的问题都没有解决，何谈成佛？从这个意义上说，人间佛教秉承了大乘佛教"庄严国土，利乐有情""即世间求解脱"的应有之义，人间佛教与佛教同义。

二 "人间佛教"是"禅宗"精神的延续

如果回溯中国佛教两千年的发展历史，会更能理解现代人间佛教的"中国特质"。中国佛教的源头在印度。尽管中国的佛教徒皆尊本师释迦牟尼佛，无一例外地信奉佛教的"三学""四谛""六度""八正道""十二因缘"等基本教义，但是，在具体的理论形态和表现形式上，则与印度异趣。由于中国的政治、经济、社会、文化条件大不相同，加上印度佛教在长期的流传过程中大小乘混杂、"法门"众多，因而中国的佛教徒不可能完全照搬印度佛教的模式，而只能用自己的方式去理解、融会贯通，用自己的方式"说己心中所行法门"。所以，严格意义上的中国佛教也就是"中国化佛教"或"佛教中国化"，是印度的外来佛教文化与中国本土文化长期融合的结晶。

什么是佛教的中国化？这是一个包罗盖广的命题。大而言之，佛教中国化即是佛教与中国的政治、经济、文化的冲突与融合。举凡政教关系、寺院经济、三教交涉皆与此相关。至于中国佛教所涵盖的哲学思想、语言文学、伦理道德、民间风俗、绘画雕刻、建筑造像、饮食服饰等等，都是佛教的中国化。如果要做规约化的处理，那只能以中国的佛教宗派为代表，即通常所说的性、相、台、贤、禅、净、律、密等隋唐八大宗派。如果还要简约，那就非禅宗莫属了。由于禅宗在保持印度佛教基本精神的前提下，最大限度地老庄化和儒家化，接受了儒家的世俗伦理和道家的自然主义，适应了中国传统社会的需要，成了最为彻底的中国化佛教，最能体现中国佛教的特色，生命力也最为旺盛持久，在中国佛教的其他宗派相继衰微的情况下，其法脉却能传承不绝，故自唐宋以来，凡言佛教，必言禅宗。

严格地说，现代人间佛教并非禅宗那样的宗派佛教，但人间佛教之所以能够成为现代佛教的旗帜，也是因为人间佛教能够像禅宗那样，关注当下，重在"以出世的精神做入世的事业"。以此而言，现代的人间佛教与历史上的禅宗精神可谓一脉相承，人间佛教即是禅宗在当代的发展。

众所周知，人间佛教的产生和发展是与特定的时空背景相关的，但这并不能否认人间佛教与传统佛教之间的连续性、统一性和发展性。连续性是指人间佛教与中国传统佛教的历史继承关系；统一性是人间佛教与佛陀的教义相通，体现了佛教的基本精神；发展性则是人间佛教与时俱进的创新活力。三者综合，其经典表述就是印顺法师所说的"契理契机之人间佛教"。

就"契理"性而言，人间佛教并没有在印度佛教或中国佛教之外再创造一个"新佛教"，而是回归传统，追求佛教的本真。就"契机"性而言，人间佛教的最大特色则在于其历史的断裂与重构、继承与创新的统一。人间佛教无疑是清末民初中国佛教迫于内外交困、正法崩坏的产物，是近现代佛教革新派力图恢复中国佛教生命力的一次漫长旅程。而这场佛教的革新运动在很大程度上又是禅宗优良传统的复兴。太虚大师曾指出，"中国佛教特质在禅"，其"人生佛教"的纲领亦主要本于禅宗的真意。在太虚看来，人间佛教的建设应以禅宗的复兴为关键，"非由禅宗入手，不能奏改善世道之效"。也就是说，中国近现代人间佛教运动完全可以溯源于"六祖革命"与禅宗的长期实践。这一看法也可以从禅宗的经典中找到确切的答案。诸如："佛法在世间，不离世间觉。""若欲修行，在家亦得，不在由寺。""恩则孝养父母，义则上下相怜，让则尊卑和睦，忍则众恶无喧。""既在孤峰顶上，又在红尘浪里。""那边会了，却来这边行履。""常行十善，天堂便至。""随所住处恒求安乐。""运水搬柴，无非妙道；穿衣吃饭，尽是佛事"等等，这些禅宗祖师的言论，道出的正是具有人间佛教理念的基本主张，太虚大师的"以出世的精神做入世的事业""人成即佛成"与之若合符节。

事实上，现当代中国佛教的高僧大德多是禅门弟子，他们在弘法利生事业上奉行的还是"契合祖师本怀的法门"。赵朴初先生总结出中国佛教的"三个优良传统"，其中的"农禅并重"出自禅宗，而注重"学术研究"和"国际友好交流"广义上仍然属于"接地气"的"世间法"，三个传统都具有人间性的特点。

赖永海教授在《人间佛教与慧能南宗》一文中提出，人间佛教与中国历史上的佛教思想特别是慧能南宗禅的思想是一致的，建立和发展现代化的佛教，可以而且应该走禅宗和人间佛教肯定现实人生之价值和意义的道路。这一观点是很有见地的。所以，我们有理由将唐宋以来的禅宗作为现当代人间佛教的前身，或者说，人间佛教可以被视为禅宗在现当代中国的进一步延伸或发展。当然，历史上的南宗禅与现代人间佛教是存在阶段性差异的，二者所依存的社会政治、经济、文化土壤不可同日而语，尽管二者所依之佛"理"相通，而时代之"机"迥异。现代人间佛教不是要机械地重复历代禅宗祖师的教法，而是与时俱进，以现代人喜闻乐见的方式演绎"己心中所行法门"。

三 "人间佛教"的地域性与国际化

佛教作为一种起源于印度次大陆的地方性宗教，在其漫长的传播过程中，逐渐成长为全球性的大宗教，其国际化进程远非始于 20 世纪，而是从其诞生之日就已经开始。在两千余年的佛教传播史中，佛教的国际化进程大致可分为三个阶段：第一阶段以印度为中心，经西域北传至中国内地，又经斯里兰卡南传至泰国、缅甸及中国南部。第二阶段以中国为中心，向周边国家日本、朝鲜、越南及东南亚扩散，此一阶段传播的主体是中国化了的"大乘佛教"。第三阶段自 19 世纪以来，佛教从东亚、南亚以及中国西藏等地向包括北美、欧洲、非洲、澳洲等地区的广泛传播，今天还在继续。

现代人间佛教作为汉传佛教的一部分，也在不断国际化。当年太虚大师提出"人生佛教"的构想时，也吸收过南传佛教甚至基督教的一些思路，但太虚大师的人间佛教在实践上并没有成功。20 世纪 70 年代以后，我国台湾地区的"四大山头"在迅速崛起，并皆以"人间佛教"为旗帜，其影响力也逐渐扩散到世界其他国家和地区。台湾人间佛教的国际化传播主要体现在：一是大力推动了中华佛教的全球传播，并成功引起了西方世界对汉传佛教的重视；二是继承太虚提出的建设国际佛教联合组织的遗愿，与南传佛教、藏传佛教开展广泛的交流与合作；三是推动佛教与包括基督教、天主教、伊斯兰教、东正教等各大宗教的对话、交流与合作。

从全球视野来审视人间佛教，可将其视为世界宗教"入世化"运动的一部分。西方宗教所谓的"入世化"，与中国汉传佛教的"人间化"异曲同工。事实上，在汉传人间佛教兴起的同时，世界其他国家和地区也曾出现了一些类似的佛教主张。如日本铃木大拙的"新禅学"、日本创价学会的"人间革命"、越南裔僧人一行禅师在欧美所倡导的"参与佛教"（Engaged Buddhism）、安贝卡（B. R. Ambedkar）博士在印度领导的百万不可接触者"改宗运动"，以及缅甸昂山素季所领导的"民权运动"等等，都是佛教开始参与现实社会、参与世俗事务的体现。佛教从传统的"厌世""舍离"的态度转向介入社会的整体倾向，借用宗教社会学的观点，正是佛教走向现代的体现。可见，"人间佛教"是世界佛教回应现代社会变化的共有倾向，现代佛教的入世化、生活化并非中国所独有。

近现代以来，世界各大宗教或多或少地发生了"宗教改革"运动。如16世纪西欧的路德、加尔文所领导的"新教"改革，19世纪伊斯兰教的现代化改革等，这些宗教改革运动虽初衷不同，但改革的结果无一例外地促进了宗教的世俗化，适应了现代化的挑战，进而促进了宗教自身的发展。20世纪产生的人间佛教正是世界宗教改革运动的一部分。但相比而言，汉传佛教的革新，其历史要远远早于世界其他地方。

前文已经提到，人间佛教肇端于"六祖革命"。惠能南宗禅基于大乘佛教的真俗不二、出世入世不二的教义，倡导"佛法在世间，不离世间觉"，直指人心，主张即世间求解脱，使禅与生活融合为一，从而使禅宗走上了入世化的道路。禅宗基于"烦恼即菩提"的大乘精神，拥抱世俗的价值，改变了印度佛教舍离厌世的价值倾向。这种态度的改变，不仅是禅宗对儒家伦理与人文精神的肯定，也在一定程度上恢复了原始佛教关注现实人生的风貌。从世界宗教入世化的整体看，禅宗是汉传佛教真正入世化的源头，而现当代人间佛教则是禅宗入世化的延续。相比世界其他地区也走向入世化的佛教流派，汉传人间佛教既有更为深厚的历史文化底蕴，也有更为广大的人群基础。可以预见，借助于中华民族走向复兴的时代机遇，通过佛教界"走出去"的战略，"人间佛教"将会进一步扩大影响，走向世界。

诗里交情倍觉亲

——赵朴初居士与星云大师

韩焕忠[*]

赵朴初居士，教内外尊称为赵朴老，他与星云大师，一位是在大陆倡导人间佛教的教界领袖，一位是在台湾弘扬人间佛教的僧界翘楚，二人的交往虽然不多，但他们在交会时互放的光亮却照亮了中国佛教未来发展的方向。

一 泰国初识荆

赵朴老与星云大师的初次相见，是在泰国。1987 年 5 月，适逢虔诚信仰佛教的泰国国王普密蓬六十大寿，赵朴老与星云大师作为海峡两岸佛教界的代表人物，同时应邀前往泰国为普密蓬国王祝贺大寿，并被安排在同一家饭店下榻，同一桌就餐，于是就有了宴会上的交谈及晚间的邀约相见，为此后的深入交往奠定了良好的基础。

这次会见给星云大师留下了深刻的印象。二十多年后，他忆及此事："那天晚上，因为赵夫人重感冒咳嗽，坐在一旁也不能多言，那就成了我和朴老两个人的对谈了。至于谈些什么，我已经不复记忆。总之，应该是彼此感到相见恨晚，甚至如何对两岸佛教做出团结和谐，共同发扬人间佛教等意见。这一次谈话后，我对赵朴老留下了深刻的印象。我觉得他纯粹像个出家人一样的慈悲随和，犹如一位比丘长者，充满了对佛教的虔诚和信心。我也对大陆的佛教有这样的人作为领导，佛教复兴的前途可期，增加许多信心。"[①] 星云大师虽然无从知道赵朴老对他印象如何，但从言谈

---

[*] 韩焕忠，苏州大学宗教研究所所长、教授、博士生导师。

[①] 星云大师：《我与赵朴老》，《百年佛缘 07·僧信篇 1》，佛光山宗委会，2013，第 267 ~ 268 页。

中也感受到了赵朴老对他的好感和厚望。

星云大师的感觉非常准确，他确实给赵朴老留下了美好的印象，我们可以从赵朴老的诗文中获得充分的证明。对于这次泰国之行，赵朴老记之以诗，共得三十四首，名曰《曼谷日记三十四首》，其中两首，特记与星云大师相见因缘，其序云："1987 年 5 月，八日晚，世佛联桑耶主席招待宴会，与台湾星云法师等同席。"（二首）其一云："孔怀兄与弟，两岸参与商。共此一餐饭，今夕复何夕？"其二云："今夕复何夕，群贤会十方。连枝连席坐，长寿互称觞。"① 海峡两岸的中国人，本来是骨肉相连的同胞兄弟，但由于历史的原因，长期处于对立和分裂之中，今日同桌就餐于异国他乡，真是恍如隔世一般，着实使人兴慨不已；两岸长期分治，谁能想到如今会在异国他乡同桌聚餐呢！在恍如隔世之中，大家纷纷相互为对方发出了真诚的祝福。这两首诗实际上就是对当时相会的实录，从中我们不难体会赵朴老的激越和兴奋。

当时两岸还没有任何形式的公开交往，因此二人之间的交谈都非常谨慎和矜持，但这毕竟是长期分治之后首先在民间表现出来的亲情互动，其历史意义之重大自不待言。在某种意义上我们甚至可以说，2015 年 11 月 6 日习近平与马英九在新加坡举行的历史性会面，就是以赵朴老与星云大师的这次泰国相会为远缘也无不可。二人也都敏锐地意识这次会面的历史意义，因此留下来"千载一时，一时千载"的悬记。后来，赵朴老还给星云大师寄去了北京琉璃厂出品的精美宣纸书笺，以及他亲笔书写的对联："富有恒沙界，贵为人天师。"② 表达了一位德高望重的老居士对出家僧的无比推崇和赞许之意。

赵朴老饱经风霜，阅人无数；星云大师筚路蓝缕，惨淡经营。二人的相互欣赏，再一次验证了中国那句古语"英雄爱英雄，惺惺惜惺惺"的正确性。由此发轫，海峡两岸佛教界的交往规模越来越大，次数越来越频繁，同乡、同教、同源、同祖的亲情最终融化了政治对立的坚冰，逐渐打开了两岸交往的历史新篇章。

二　大陆几度逢

星云大师自 1949 年渡海赴台，四十年间，他虽然不能踏上大陆的土

① 《赵朴初韵文集》，上海古籍出版社，2003，第 444 页。
② 星云大师：《我与赵朴老》，第 268 页。

地，但对大陆上的亲眷与师友却充满了思念之情。特别是在 1987 年，台湾当局开放了回乡探亲的禁令，星云大师更是归心似箭。赵朴老了解到相关情况后，经过多方努力，成就了星云大师多次莅临大陆的殊胜因缘，将两岸佛教界之间的交流推向了高潮。

1989 年，赵朴老以中国佛教协会的名义向星云大师发出邀请。这年 3 月份，星云大师以"国际佛教促进会"的名义，组织了主团 72 人、副团近 500 人的规模庞大的"弘法探亲团"，分别从中国台湾、美国等地出发，于 3 月 26 日飞抵北京。已届 82 岁高龄的赵朴老亲自到机场迎接，与星云大师握手重温"一时千载，千载一时"的悬记。在经过四十年的海外漂泊之后，星云大师终于得以重返故地，其万千感慨自不待言，因此他很愿意倾其所有和大陆各界广结善缘。在此前一年中，赵朴老以中国佛教协会之名，向星云大师赠送了《西藏大藏经》和装帧精美的《龙藏》，为了表示感谢，星云大师除了向赵朴老任院长的中国佛学院赠送了大巴车、电冰箱、电视机之外，还向中国佛教协会捐赠了弘法经费。星云大师对赵朴老重视佛教教育感受尤为深刻，他回忆说："赵朴老在北京，以及后来和我几次的会面，从来不谈及个人的得失，都是关心佛教的未来。他一再地强调，佛教最需要的，第一是教育，第二是教育，第三还是教育；可见他对佛教人才的培养，有多么的重视。"① 在接下来的一个月当中，赵朴老安排星云大师一行到全国各地参观访问，行程包括敦煌莫高窟、四川峨眉山、南京栖霞寺、镇江金山寺与焦山寺、扬州高旻寺与大明寺以及杭州灵隐寺等名山大刹。临别之际，星云大师还应赵朴老之请，将有着"佛教百科全书美誉"的《佛光大辞典》的版权让渡给中国佛教协会，由中国佛教协会在大陆发行。

1993 年 1 月，赵朴老多方游说，最终使星云大师获准到南京探望年逾九旬的老母，二人得以在六朝古都再度相逢。1 月 25 日，赵朴老乘京宁列车南下，看着车窗外大雪覆盖的平原，他喜悦满怀，以诗记之："前月北征千里雪，今日南行雪千里。车窗光满净琉璃，瑞像倍增春节喜。"② 既见慈母，又逢旧友，星云大师自然也是非常高兴。他回忆说："我到达时，赵朴老已经先我从北京抵达南京，住在西康宾馆等待我的前来，并且亲自书写一首他所作的偈语：'慈光照三界，大孝报四恩。' 在我拜访他

① 星云大师：《我与赵朴老》，第 273 页。
② 《赵朴初韵文集》，第 614 页。

的时候面交给为我。"① 其实，在这次相会中，赵朴老赠送给星云大师的诗作远不止这两句。3 月 29 日，赵朴老写成两首诗赠给星云大师，其序云："星云大师来金陵省母，余藉缘南下，与师相见，共叙昔年'千载一时，一时千载'之语，相视而笑。得诗奉乞印可。"其一云："大孝终身慕父母，深悲历劫利群生。西来祖意云何是？无尽天涯赤子心。"② 其二云："一时千载莫非缘，法炬同擎照海天。自勉与公坚此愿，庄严国土万年安。"③ 前诗从星云大师的孝心中看出他慈悲利生的大乘菩萨精神，后诗则表达了与星云大师同愿同行的决心。二人交谈中，星云大师自然会向赵朴老谈及佛光山。赵朴老虽不能身临其境，却早已神游其间，依赖丰富的想象，他写出了一首《佛光山颂》："瑞现灵山岂偶然，毫光周遍照三千。下临幽暗阿鼻地，上极高明睹史天。后末世中兴象运，无穷际处算驴年。行人若问西来意，指看虚舟度两边。"④ 诗中既有对佛光山广开法门的充分肯定，也有对两岸佛教界致力于台海和平的期待。

1994 年 3 月底 4 月初，星云大师再到南京，与老母团聚，赵朴老闻讯南下金陵，二人盘桓十余日。3 月 30 日，赵朴老初到南京，即赋《忆江南》两首，赠给星云大师："经年别，重到柳依依。烟雨楼台寻古寺，庄严誓愿历僧祇。三界法云垂。金陵会，花雨满秦堤。登岸何须分彼此？好从当下证菩提。精进共相期。"⑤ 前词申明历劫弘法之同愿，后词则强调当下证悟之同行。4 月 2 日，星云大师于雨花精舍设家宴招待赵朴老，赵朴老一口气做了四首《忆江南》："香积饭，风味胜龙华。妙供喜迎慈母笑，孝行今见法王家。眷属是莲花。谈般若，持诵袭唐音。不减不增诸法相，有声有色大心人。善护未来因。谈化度，方便有多门。龙女不难成铁汉，辩才亦可学金人。总是大悲心。谈和合，四摄妙难酬。同事自他都不着，利行法乳广交流。巨浪举轻舟。"⑥ 他们谈及般若实相，聊到方便化导，说起因缘和合，气氛轻松，乐趣横生。4 月 5 日，星云大师向赵朴老辞行，赵朴老又以三首《忆江南》相赠："来不易，沧海远浮天。不尽

---

① 星云大师：《我与赵朴老》，第 277 页。

② 《赵朴初韵文集》，第 614 页。

③ 《赵朴初韵文集》，第 615 页。

④ 《赵朴初韵文集》，第 621 页。

⑤ 《赵朴初韵文集》，第 643 页。

⑥ 《赵朴初韵文集》，第 645~646 页。

恩情申孺慕，无穷行愿种悲田。七日念千年。千年念，安国与兴邦。花萼腾辉兄弟爱，文明增胜兆民康。万里好相将。道珍重，时惠好音来。北海南海非异土，天亲无著是同怀。大道一心开。"① 同心相违，依依惜别之情，溢于言表。4 月 11 日，赵朴老结束此番南行，亦将北归，对于此次与星云大师的相会，他意犹未尽："江南好，春意喜漫漫。两岸六和深忆念，双周三地饱游观。诗思壮波澜。"② 星云大师谈及赵朴老，"对于他这样的不畏长途奔波，以及期间他题写十余首诗词相赠的心意，我始终铭感不已。"③ 海峡两岸的和合始终是赵朴老的心愿，当然也是星云大师的追求。

1999 年的香港之会是星云大师与赵朴老的最后一面。也许已预感到自己时日无多，赵朴老对星云大师说："我已经九十多岁了，我对世间还有什么留恋的呢？我现在重要的心愿，就是你什么时候能够在大陆为中国的佛教做出贡献。"④ 此语与古人"死去元知万事空，但悲不见九州同"同样悲怆，但较古人可以庆幸的是，金瓯虽缺，也只是兄弟阋墙而已。对于星云大师在世界各地弘扬佛法，赵朴老是非常赞赏的，因此当佛光山在美国的道场西来寺落成时，赵朴老特为撰写对联以示祝贺之意："星拱北辰，遥知弹指心开，群贤咸悟西来意；云兴南海，喜见垂天翼展，化身东渡太平洋。"⑤ 将星云大师弘法于五大洲比之佛陀传教于五印度。星云大师虽不敢与佛媲美，但对于赵朴老的知遇之恩还是铭感于心的："对于赵朴老他的心愿、他的远见、他的期望，我在这里不得不说一句感恩的话；如果我不说出来，也辜负赵朴老对我的厚爱之恩了。"⑥ 星云大师说此话时，已是一位八十五六岁的老和尚了，我们说他与赵朴老是契阔死生的好朋友、忘年交，殆非虚语。

星云大师向大陆佛教界展示了"台湾经验"，赵朴老为星云大师在大陆的活动提供了许多便利。星云大师在大陆遇到了知音，赵朴老在星云身上看到了中国佛教的希望。鉴于赵朴老在中国特殊的政治地位与广泛的社会影响，因此我们完全可以说赵朴老就是星云大师在大陆的最大护法。我

---

① 《赵朴初韵文集》，第 648 页。
② 《赵朴初韵文集》，第 652 页。
③ 星云大师：《我与赵朴老》，第 278 页。
④ 星云大师：《我与赵朴老》，第 279 页。
⑤ 《赵朴初韵文集》，第 800 页。
⑥ 星云大师：《我与赵朴老》，第 279 页。

想这也是星云大师对赵朴老的评价,我们从《百年佛缘》一书中专辟《我与赵朴老》一篇就可以看出此意来。

三　同净人间土

赵朴老与星云大师初识于泰国之时,朴老已是八十老翁,星云大师也已年满花甲,这两位佛门俊杰可以说是相遇于晚景,然而他们为什么能够一见倾心、相互认同呢?

赵朴老对中国佛教的情感非常深厚,他曾历数中国佛教的僧人行医施药、造桥修路、挖义井、设义学等诸多义举,尤其对植树造林一项称赞有加。他以充满光荣和自豪的口吻称赞这些佛教先辈们说,"他们不仅在佛教事业上,而且在人类文化事业上、人类友好事业上,都建立了不可磨灭的功绩。他们不仅翻译了几千卷的经论和写下了许多不朽的著作,为中国和印度及其他民族留下了许多不朽的著作,而且热心地相互传播了各自民族的劳动和智慧的花果,从而丰富了各自民族的文化宝藏。"① 他决心继承这些先辈的遗志,高高举起人间佛教的大旗,以"发扬人间佛教的优越性"作为其《佛教常识答问》一书的结尾。这意味着,在赵朴老看来,目前佛教界应当大力弘扬的法门,应当具有的社会影响,包括汉传、藏传、南传三系,都必须归结到人间佛教的康庄大道上来。他为此论证说:"假使人人依照五戒十善的准则行事,那么,人民就会和平康乐,社会就会安定团结,国家就会繁荣昌盛,这样就会出现一种和平安乐的世界,一种具有高度精神文明的世界。这就是人间佛教所要达到的目的。"② 他最为提倡的,就是菩萨行,"菩萨行的人间佛教的意义在于:果真人人能够学菩萨行,行菩萨道,且不说成佛不成佛,就是在当前使人们能够自觉地建立起高尚的道德品行,积极地建设起助人为乐的精神文明,也是有益于国家社会的,何况以此净化世间,建设人间净土!"③ 赵朴老之生也早,大名曾闻于太虚大师。太虚大师临灭前数日,曾召见之,赠以所著《人间佛教》,嘱其弘扬。而在此后的中国历史发展中,赵朴老带领佛教不仅走出了"文革"的劫难,而且还走上了振兴与发展的大道。后世当谓太

---

① 赵朴初:《佛教常识答问》,北京出版社,2003,第133~134页。

② 赵朴初:《佛教常识答问》,第135~136页。

③ 赵朴初:《佛教常识答问》,第136页。

虚大师有知人之明，而赵朴老可谓善继人之志矣。

　　星云大师在 12 岁时即离俗出家，对佛教的感情之深厚自不待言，因此他时刻怀着报佛恩的心情，在世界五大洲弘扬人间佛教，积极发挥佛教导正人心、净化人间的重大作用。"为了适应时代的发展，我们创办文化、教育、慈善等事业，提出'传统与现代融和''僧众与信众共有''修持与慧解并重''佛教与文艺合一'等弘法方向。多年来，以'佛法为体，世学为用'作为宗旨，人间佛教渐渐蔚然有成，欣见大家高举人间佛教的旗帜，纷纷走出山林，投入社会公益，实践佛教慈悲利他的本怀。"① 星云大师弘扬佛法的重点虽然在禅宗上，但他对佛教的净土思想也是非常重视。他曾经指出，我们这个世界目前面临的烦恼非常多，诸如核子威胁、生态破坏、环境污染、毒气噪声污染、恐怖暴力污染、邪知邪见充斥等，"上述种种污染，使我们的居住空间，我们的国家社会，失去了原有的和平、安宁、洁净、光明，而日趋丑陋"。② 星云大师对佛教的各种净土，如药师佛的东方琉璃净土、阿弥陀佛的西方极乐净土、弥勒菩萨的兜率净土等，无不信仰，但他明确表示，"最为殊胜的净土，应该是人间净土。"③ 在人间净土之中，没有杀戮、盗窃、邪淫、毁谤，人们都能享有美好的环境、安全的居所、善良的亲友、自由的生活、净化的感情。很显然，相对于烦恼充满的现实世界而言，星云大师提出的这种人间净土确实具有巨大的吸引力。星云大师也为人们指出了建设这种人间净土的关键所在，他说："想在世间建设人间净土，首先须建唯心净土。"④ 因此，他苦口婆心地教导现代众生，应当具备"平等包容""自由民主""慈悲喜舍""安住禅心""大乘方便""清净唯心""勤奋愿力""智慧灵巧"等心理品格，"如果大家都能从心理上自我健全，自我清净，自我反省，自我进步，从而扩及家庭、社区、国家，那么整个世界就是佛光普照的人间净土。"⑤ 在这里，星云大师既描绘出了人间净土的理想蓝图，又指出了人间净土的实现途径。佛光山原是一片荒芜之地，在星云大师的带

---

① 星云大师：《总序：人间佛教正法久住》，《禅与净土》，上海辞书出版社，2008，第 1 页。

② 星云大师：《净土与现代生活（一）》，《禅与净土》，上海辞书出版社，2008，第 178 页。

③ 星云大师：《净土与现代生活（一）》，第 182 页。

④ 星云大师：《净土与现代生活（一）》，第 187 页。

⑤ 星云大师：《今天与现实生活（二）》，《禅与净土》，上海辞书出版社，2008，第 202 页。

领下，经过五六十年的开发、建设、熏修、化导，如今具有现实版人间净土的雏形，而佛光山在世界各地的开拓进取，也可以说就是这种人间净土的逐步扩大。

正是由于赵朴老与星云大师对于中国佛教共同具有非常深厚的感情，对于佛教应当发挥净化世道人心的作用具有相同的认识，对于建设人间净土具有大致相同的理想诉求，因此二人虽然年龄相差二十年，分别成长在相互对立的意识形态氛围中，生活在非常不同的社会制度之下，却能一见倾心，相互引为同道，共同为中国佛教在现当代的发展做出了各自不可磨灭的伟大贡献。

四 长怀长者风

香港一别之后，星云大师期待着能够与赵朴老再次相见，但最终等来的却是赵朴老入灭的讣闻。星云大师极为悲痛，挥笔写下了"人天眼灭"的悼词，托人带到北京，敬献在赵朴老的灵前。十多年来，这幅字一直悬挂在朴老灵位的上方。

在星云大师的眼中，赵朴老是"一位对佛教有着起死回生之功的长者"①，后来，两岸之间的来往比较便利了，星云大师得以到大陆各地参观访问，他发觉，"许多人都还背得出朴老对宗教的意见，特别是佛教具有国际性、民族性、群众性、复杂性、长期性等五项特殊的意义"。② 很显然，这里所说的"许多人"，主要应是指那些分管宗教工作的各级领导及职能部门的负责人，而他们"背得出"赵朴老名言的场所也往往是在接待星云大师到访的欢迎会上。星云大师语重心长地告诫人们："赵朴老一生为佛教的功劳，为佛教的苦心，他的胸量，他的远见，我们都要记住，希望中国大陆各界人士不要把他忘记。"③ 在赵朴老入灭十多年后，早已是耄耋之年的星云大师对赵朴老依然念念不忘。2015 年 11 月 2 日下午，他在位于北京通州区的滴水坊接受《百年巨匠》摄制组采访时，深情地回忆起自己与赵朴老的交往："赵朴老是一个在家的居士，甚至比我们出家人更有修行，更有智慧。1944 年我就知道他在上海做中国佛教会

① 星云大师：《我与赵朴老》，第 284 页。
② 星云大师：《我与赵朴老》，第 285 页。
③ 星云大师：《我与赵朴老》，第 285 页。

的秘书，对禅悟很有心得。我看他的言论、做事、诗词、书法，我差他20岁，承蒙他看得起，跟我忘年之交。他的过世，我很悲痛，写了'人天眼灭'四个字。赵朴老曾送我一副对联：'富有恒沙界，贵为人天师。'我哪里敢当这样的赞美？这位老人家对人的慈爱、悲心，和弘一大师都是一流的。"① 星云大师的这一番肺腑之言可以说是两岸佛教界对赵朴老做出的历史定位。

赵朴老与星云大师开创的台海两岸佛教界的交流与交往，是台海两岸民间交往的重要组成部分，对于后来实现两岸"三通"、自助游等具有巨大的推动和促进作用。星云大师很想在自己开创的佛光山上接待同心好友，赵朴老也很想登上这个令他神思梦萦的宝岛，二人也曾约定在台湾相见。但是，赵朴老的逝世将诸多的遗憾留给了星云大师。星云大师没有来得及告诉赵朴老佛光山东山上建起一尊高120尺的接引大佛。1999年3、4月间，星云大师初次回到大陆，在赵朴老安排下参礼陕西凤翔法门寺佛指舍利，非常希望能够将佛指舍利迎奉到台湾供养瞻拜，赵朴老表示乐观其成，经过多方协调，佛指舍利终于在2002年2月莅临台湾。2003年7月，星云大师应邀前往厦门参加了"海峡两岸暨港澳佛教界为降伏'非典'国泰民安世界和平祈福大法会"，佛光山梵呗赞颂团也应邀到北京、上海等地演出，并且在隔年之后与大陆佛教界共同组成"中华佛教音乐展演团"到香港、澳门、美国、加拿大等地演出。2005年，星云大师应邀到三亚参加"海峡两岸暨港澳佛教圆桌会议"，翌年又应邀到杭州参加第一届"世界佛教论坛"。所有这些与大陆佛教界相关的活动，由于无法获得赵朴老的见证，无不令星云大师惆怅不已。星云大师从时任国家宗教总局局长叶小文先生那里了解到，"叶局长对这些好事的促成，受朴老的理念影响，也是有很大的因缘关系"。使他更加清晰地意识到自己是在"一心只为国家的前途未来祈福"。②

赵朴老生前虽然未能登上台湾岛，登上佛光山，但他赠送给星云大师的书法作品就悬挂在佛光山的珍宝馆中。他与星云大师的交往，他赋赠星云大师的诗词，都记载在《百年佛缘》之中。而星云大师对大陆佛教的发展也是非常的关心，他曾说："对于大陆佛教的现状，我确有忧心，虽然它富有深厚的文化底蕴，但是历经大时代的变局后，当务之急就是道风

---

① http：//www. fjnet. com/jjdt/jjdtnr/201511/t20151104_ 236040. htm. 2015 年 11 月 5 日。

② 星云大师：《我与赵朴老》，第 284 页。

的提振。佛教讲'以戒为师''戒住则法住',有戒律才有佛教,因此,今后寺院要加强制度的建立,僧侣要持守佛教的戒律,尤其要让出家人接受教育。"① 如此之类的金玉良言对于中国大陆佛教的发展都具有无可比拟的重要性。星云大师不仅有众多的弟子在大陆的高等院校中读书求学,如今还有不少的传法弟子在大陆的名山大刹中住持佛法,佛光山促进中国佛教现代化并走向全球的经验也为中国各地佛教界的高僧大德们提供了宝贵的借鉴。所有这些,无不意味着由星云大师与赵朴初居士开创的两岸佛教界的交流和交往局面,将在未来得到忠实的继承和进一步的发展。

---

① 星云大师:《我与大陆佛教的因缘》,《百年佛缘 12·僧信篇 2》,佛光山宗委会,2013,第 216 页。

缅怀宗师风范，弘扬朴老精神

——纪念赵朴初诞辰 110 周年

赵福南[*]

2017 年 11 月 5 日，是全国政协原副主席、中国佛教协会前会长赵朴初老先生（以下简称朴老）110 周年诞辰。朴老 93 年孜孜以求、奋斗不止的一生，为中华民族的伟大复兴和世界和平做出了不可磨灭的贡献。他离开我们已经 17 年了，这 17 年来，人们没有忘却他，他的德望在这世上与日俱增，他的功绩经常被人说及。他留下的极为珍贵的精神财富，在今天这个时代，正愈来愈放射出光彩，在实现"中国梦"的伟大事业中发挥着指导和借鉴作用。

朴老生长于安徽省太湖县，这里厚重的文化、家庭的熏陶和民众的教育等因素，为他光辉的一生打下了坚实的基础。他虽少小离家，驱驰四方，但一直心怀家乡，桑梓情深，努力报乡邦之恩，支持家乡经济和各项社会事业发展，在家乡人民心中树起了一座不朽的丰碑。家乡子弟尤其怀念他，将他作为学习的楷模，加快县域经济发展的步伐，并努力把太湖县建成纪念、研究朴老的基地，大力弘扬朴老精神，助力伟大复兴。

一　朴老的功绩崇高，泽润嘉惠

17 年过去，我们重新学习朴老的一生，更加深刻地体会到在不同历史时期，朴老在以佛教为主的社会工作中，其思想的丰满和深邃，其功绩的伟大与精彩，其才华的高超和雅致，其人格的非凡与动人。在今天，时代虽然已经发生了极大的变化，但他的许多思想、功绩并不受他的时代所限制，而是与时俱进，在有关领域发挥着重要的指导作用，他的艺术才华

---

*　赵福南，安徽省太湖县政协主席。

和人格魅力，永远是后人仰止的丰碑和学习的楷模。

1. 朴老开创和发展了前所未有的新中国佛教

1926 年，不满 20 岁的朴老在表舅关絅之的带领下，就开始进入旧中国佛教界工作，亲眼看见和亲身感受到旧中国佛教的没落、腐朽，以及由此形成的软弱、被误解。改革旧中国佛教成为当时高僧大德的共同愿望，太虚大师顺时提出"人生佛教"思想。但在多灾多难、战火不休的旧中国，这种"人生佛教"的思想，也只能是一种理论。朴老深受上海先进文化思想的影响，也表现出强烈的革新意识，使他能够始终站在时代的前列，站在人民大众的一边，把自己的命运同国家和民族的命运相连。太虚大师圆寂前，选择了思想成熟、精力充沛的赵朴初，希望他能继承自己的遗志。新中国的成立，党和人民也选择了赵朴初，希望他为新中国佛教做出贡献。

朴老不负党和人民以及佛教前辈的重托，在新中国成立后，即团结全国高僧大德，发起成立中国佛教协会，对旧中国佛教"涤瑕荡垢，重见光明"（《中国佛教协会发起书》），开创了全新的新中国佛教。新中国佛教最突出的表现就是它的"人间性"，与社会主义社会相适应，与新中国的发展和人民的生活相适应。1980 年，赵朴初发扬太虚大师"人生佛教"思想，结合中国佛教近 30 年的实践，总结其得失，提出"人间佛教"思想，充分发挥了佛教在建设中国特色社会主义事业中所特有的积极作用，也促进了佛教自身的迅速恢复与发展。

实践证明，"人间佛教"在当代中国是最符合佛教契理契机精神的思想，它在今天及今后一段时间，都将成为中国佛教的指导思想。朴老把佛教的教义圆融于中国共产党领导的建设中国特色社会主义伟大事业之中；圆融于维护民族和国家的尊严，捍卫国家领土和主权的完整，促进祖国和平统一的伟大事业之中；圆融于促进中国佛教界与世界各国佛教界友好交往的伟大事业之中，这些都是新中国佛教建设的法宝。朴老对中国佛教自身"五个建设"、佛教的学术研究和国际交流等的思考和实践，取得丰硕的成果，其做法可为当今佛教发展所借鉴，为解决佛教与现代社会的关系提供参考。早在 20 世纪 80 年代，朴老提出"佛教是文化"的口号，与当前弘扬中国优秀传统文化的时代潮流高度一致，足见朴老的高瞻远瞩。由朴老等前辈高僧大德开创的新中国佛教，在佛教理论和实践上，与两千年来任何时代、任何宗派都是有所区别的，是佛教在中国发展的一个全新阶段，它不仅促进了中国佛教的发展，也影响了世界佛教。

朴老在佛学上还极具造诣，《佛教常识问答》等著述深受佛教界推崇，多次再版，流传广泛，其大量的韵文作品中也表露出丰富的佛学思想。

2. 朴老探索和丰富了新中国宗教理论与实践

朴老敏锐而广泛的视野绝不限于佛教，而是包含整个中国的宗教，他提出了中国五大宗教互相包容、和谐共存的主张。朴老一生坚决拥护党中央制定的关于宗教工作的一系列方针政策和重要指示，积极协助党和政府全面正确地贯彻执行宗教信仰自由政策，加强对宗教事务的管理，积极引导宗教与社会主义社会相适应。朴老以高度负责的精神，对社会主义初级阶段的宗教理论和工作，坦诚提出许多宝贵意见和建议。

20 世纪 80 年代，朴老写的《对宗教方面的一些理论和实践问题的认识与体会》（《理论动态》1981 年第 1 期），分析了宗教工作的重要性，提出一些正确的宗教政策主张和建议，特别对当时流行广泛、影响巨大的"宗教鸦片论"进行全面分析，开宗教理论方面拨乱反正的先河，引起广泛关注。朴老充分论述了宗教与社会主义社会相协调的问题，指出：党和国家从政策上、法律上充分尊重和保护公民宗教信仰自由的权利，宗教徒则要爱国爱教，遵纪守法，拥护党的领导，报国家恩，报众生恩，积极为社会主义物质文明和精神文明建设做贡献。朴老对宗教"五性"（群众性、民族性、国际性、复杂性、长期性），关于如何运用马列主义和科学的观点来定义和认识宗教、来看待无神论等，如何贯彻落实宗教政策等的见解在今天仍然具有现实意义。因此，朴老受到全国宗教徒的尊重而爱戴。

3. 朴老创造了其独有的"赵体书法"和"赵氏韵文"

朴老少承家学，而又勤奋努力，一生临池、写诗不辍，创造了独具风格的书法和韵文。他的书法早年从碑学入手，中年又从帖学参入，形成了圆润中常见挺拔、雅正中微带沉雄的"赵体"，尤以楷书见长，特别是他的一些题名、题词等，用笔认真，一丝不苟，所书端庄而充满儒雅之气，不乏金石之味，让人赞叹、喜爱不已。其书法在不同时期、不同生活境况下艺术风格有很大的区别，充分展现出其丰富的文人个性和书卷气息。朴老对文学艺术一直在进行探索，尽量从人民大众的口语中，从中国的、外国的诗歌遗产中设法汲取可以借鉴和参考的形式，来表达自己和人民大众的情感。他开始逐渐倾向于多采用我国诗歌的传统形式，即诗、词、曲，依照"古为今用"的方针，来写新的生活，亦形成了其独特的艺术审美。

今天，朴老书法作品行情日渐高涨，世人以宝藏他的书法为荣。其诗、曲、对联也受到读者特别的钟爱。

4. 朴老在统战、外交、教育、慈善等领域都卓有建树

朴老作为伟大的社会活动家，涉猎社会多个领域。他始终热爱中国共产党，一以贯之地拥护中国共产党的领导。他长期担任民进中央和全国政协的领导职务，积极建言献策，发挥参政议政和民主监督的作用，为发扬同中国共产党团结合作的优良传统，为巩固与发展爱国统一战线，为坚持中国共产党领导的多党合作和政治协商制度，为建设有中国特色的社会主义事业，付出了心血和汗水，做出了重要贡献。他在新中国成立后积极主动开展国际佛教交流，20世纪五六十年代成为中国佛教国际交流的"黄金时期"，为促进国家之间民间友好、为世界和平事业积累了丰富的经验，做出了巨大的贡献。他在上海曾长期从事对流浪孤儿的教育，是一位从事特教的教育家。他对新中国教育一直表现出极大的关注，为教育事业发展做出了极大的关怀，提出了许多宝贵的意见。他是一位以慈善为怀的慈善家，长期从事社会救济救灾工作，做了许多慈善事业，直到晚年体弱多病时，还亲自为遭受地震和洪水灾害的地区筹集救灾资金。他率先垂范，为自然灾害和希望工程捐出个人大笔资金。此外，他在医疗、科技等其他许多领域也倾注了极大的关怀与奉献。

5. 朴老身上展现了极为优秀而动人的人格魅力

赵朴初是中国优秀知识分子的典型，中华民族的优秀传统和现代先进思想在他身上得到水乳交融，集儒家和佛家的良好品质于一身。他忠勇爱国，在抗战中，他挺身而出，不畏敌人的枪林弹雨；他勤奋好学，日理万机，还坚持读书写作，晚年病卧在床还在练习草书；他清廉正直，一生经手钱财无数，却一尘不染，题字成千上万，却一钱不收；他圆融无碍，善于处理各种矛盾，凝聚众人的力量做好工作；他虚怀若谷，豁达大度，严于律己，宽以待人，尊老爱幼，礼贤下士，谦虚平易，温文尔雅，在海内外受到广泛赞誉。今天，许多人回忆他，仍然感念于他人格的魅力。

二 朴老为国家奉献，人民永远怀念

朴老在家乡太湖县度过童年和少年，接受了良好的启蒙教育，1920年离开家乡，负笈东吴大学，1926年暑期曾回乡省视父母。这一去，直到64年之后的1990年才重回家乡。在县政府举办的欢迎会上，他动情地说："我是太湖的儿子，做梦都想回到家乡。"他走访了县里的学校、工厂，回到了儿时嬉戏的地方。看到家乡山河巨变，他由衷地感到高兴。想起亲人们曾受到一些不公正待遇，故居也被花亭湖水淹没，他告诉自己"不教往事惹思量"，而想到的是："问还余几多光热，报我乡邦？"他是这么说的，也是这么做的，在他生命的最后十年，以蜡炬成灰的精神，支持家乡各项建设，提高人民生活水平。

1. 扶贫济困

太湖县是国家贫困县。朴老几乎每年都要汇上个人积蓄万元不等的钱，用于家乡扶贫事业。家乡遇上灾难，如1992年的大洪水，1995花亭湖沉船事故，1998年的大洪水等，朴老都另要专门汇上数万元的救济款。每次汇款，他都用心良苦，通过省政协和市政府转交，希望引起省、市对家乡的关注。寺前镇用朴老寄来的扶贫款，修建了码头和电视差转台等，发展了数千亩经济作物，极大地改善了群众的生产生活条件。1999年初，旧历年将近，病卧北京医院的朴老怀念起家乡，想到那些缺衣少食的贫困户，心中十分不安。他又从个人积蓄中再次捐出10万元，特意委托中国红十字会，将这笔钱换成大米，发到贫困户手中，让他们过个好年。病危之际，接见家乡的领导，还是念念不忘故乡的经济发展。

2. 倡导科教兴县

朴老在扶贫工作中特别强调"科教兴乡"，用科技提高生产效率，以教育培植优秀人才。1990年，他回乡时，在故里寺前镇以母亲的别号设立"拜石"奖学金，每年汇款一万元不等，对这笔钱取息保本，奖励家乡的优秀学子。他专门给国家广播电视部、卫生部领导写信，请他们支持，为家乡建起电视差转台、医院门诊大楼等等。他给太湖中学等许多学校题写了大量的墨宝，勉励学校认真办学，多出人才。据不完全统计，10年来，朴老共为家乡捐资引资达1000多万元，个人捐款50万元以上。在朴老的关心、支持下，太湖县各项事业得到迅速发展，经济实力显著增强，贫困面貌大为改观，科教兴县卓有成效。更重要的是，朴老这种报恩乡邦之情，极大地鼓舞了家乡子弟为改善家乡面貌而努力奋斗。

3. 关注家乡佛教事业

太湖县佛教历史悠久，文化厚重，是中国禅宗的发源地和发展地。二祖慧可曾卓锡境内狮子山、司空山，使中国禅宗发扬光大；北宋时期，禅宗之临济宗和曹洞宗在此掀起发展高潮。境内寺院林立，高僧辈出。1990年，朴老回乡，专门视察了二祖道场。他亲任二祖道场修复委员会名誉主任，组建了一个高规格的领导班子，并亲为二祖道场修复募集资金。家乡的很多寺院，都有朴老的题额题词，得到过朴老的支持。

这里所说，不过是朴老关爱家乡的很少的一部分。他的谆谆教诲，他的殷切希望，他的不遗余力，他在大量写给家乡的墨宝里所表达的深情厚谊，一直在家乡传为佳话，为家乡子弟所永念。此非朴老"私乡"，而是他一生"知恩报恩"、行愿不尽的体现。他把自己的一切都给了国家和人民，而自己过的却是极其简朴的生活，真正展现了"不为自己求安乐，但愿众生得离苦"的菩萨情怀。

三 建好"朴老故里"，认真效仿先贤，弘扬朴老精神，助力中国梦

2000年5月，朴老在北京逝世。《北京晚报》发布消息说："赵朴老留下财富走了。"他没有留下什么物质财富，但留下了一笔极其丰厚的精神财富。这种精神财富，是他关于佛教、宗教、文艺等的思想和践行，是他高贵的个人品质，成为一种极为厚重和丰富的"朴老文化"。我们家乡子弟深刻认识到：继承和用好赵朴初留下的这笔财富，弘扬"朴老文化"，是对朴老最好的纪念，对于家乡的经济和社会发展、国家的文化建设都必将产生重要的推动作用。

1. 认真做好纪念工作，落实朴老文化平台

朴老去世后，家乡人民无比悲痛，当年在家乡建起"赵朴初生平展

室"。太湖县委、县政府顺应全县人民的强烈要求，2001 年在朴老故里寺前镇兴建赵朴初文化公园。经中央批准，并得到陈邦织同志同意，2004 年，迎回朴老灵骨归葬故里。如今，公园一期工程朴老树葬地、朴老纪念馆已竣工开放，每年接待来自海内外的瞻拜者 10 多万人。朴老纪念馆挂牌省市爱国主义教育基地、民进会史教育基地等。几乎每年，县里都要举办不同形式的纪念活动。由县里牵头，发动安徽省内知名专家、学者，于 2004 年正式成立安徽省赵朴初研究会。研究会举办了"赵朴初和平思想学术研究会"，连续两届"赵朴初人间佛教思想暨太湖禅宗文化学术研讨会"等，得到国内著名佛教专家楼宇烈、杨曾文、黄夏年等的支持，极大地推动了朴老的研究工作。研究会办有会刊《赵朴初研究动态》，在县内人力、财力都很拮据的情况下，克服重重困难，坚持至今，现已出刊 40 期，是国内唯一一家专门研究朴老的学术刊物。2016 年，县里组织创建 5A"禅源太湖旅游区"，以境内五千年文博园、花亭湖为旅游主体，以"禅源太湖、朴老故里"为文化内涵，目前正在等待验收。

2. 深入开展研究工作，大力弘扬朴老精神

我们在从事纪念、研究朴老的工作中充分感受到，对朴老愈多一分了解，也便愈多一分对他的敬仰，愈多一分被他的功绩和精神所感染、教诲。因此，我们希望全社会都来重视、支持朴老的研究工作，让更多的人来了解朴老，了解朴老与中国佛教和中国文化，从而对人生和事业有所教益和收获。我们也深刻地认识到，直到今天，对朴老的研究工作还只是起步。目前对朴老的研究偏重于他在佛教层面，朴老在文艺、社会等层面，还没有展开。对朴老资料的搜集整理，也还有大量的工作急待去做。我们将借助赵朴初文化公园和安徽省赵朴初研究会为平台，广结海内外同仁，把对朴老的宣传和研究工作坚持不断、深入广泛地开展下去。党的十八大以来一系列会议，要求全力推动社会主义文化大发展大繁荣，弘扬中国优秀文化。我们要认真贯彻落实党的文化方针、政策，深入挖掘、总结朴老文化的起源、发展及其丰富内涵，提取朴老文化中最为优秀的成分，圆融入中国优秀文化，世世代代成为滋养中华民族的营养。我们将努力把太湖县打造成为纪念、研究朴老及相关文化的重要基地和爱国主义教育基地，成为世人深深向往的展示佛教文化和朴老文化的名地圣境。

　　1987 年，朴老在《扶风法门寺佛指舍利出土赞歌》中深情地写道："千载胜缘逢盛世，好将佛事助文治。"30 多年过去，中国改革开放取得重大成就，进入一个更为辉煌的盛世，我们相信，以与时俱进的朴老文化指导我们当前相关工作，教导我们进一步完善自我，必将极大地助力民族复兴的伟大事业，为实现中国梦提供永远不竭的能量和资源。

二祖慧可与禅宗初始的中国化

——兼述太湖县作为禅源之地的依据和重要地位

殷书林[*]

位于皖西南的安庆市太湖县,有"佛教圣地""禅源安庆"之美誉。这是因为在太湖县这块土地上,产生了许多高僧大德,演绎了许多禅门盛事。其中特别重要的一件事,是禅宗二祖慧可于南北朝末年来到太湖县,在这块土地上,其禅法不断趋向成熟,并完成他对禅宗初始的中国化,构建了中国禅宗的雏形。二祖慧可被称为中国禅宗第一人,安庆被称为禅源之地。

一 二祖慧可卓锡太湖县狮子山,传衣岳西县司空山

关于二祖生平资料,目前学术界认为较为可信的是唐道宣的《续高僧传》[①],因道宣与二祖时代最为接近,且其采录资料是较为严谨的。

其后,《传法宝记》《楞伽师资记》《历代法宝记》《宝林传》《祖堂集》《景德传灯录》《传法正宗记》《佛祖统记》《佛祖历代通载》等佛教典籍对慧可均有记载,补充了《续高僧传》的不足。但不可否认的是,后人神话和附会的成分也不少,缺乏令人信附的真实性。

《续高僧传》只写到慧可于北周武帝灭佛期间,与同学昙林护经像南下。对慧可来到今天安庆市太湖县(时属南朝陈国)及后来回北方的史实,均没记载。其他佛典资料有零星记载,却都不多。但旧《安庆府志》

---

* 殷书林,安徽省赵朴初研究会副会长兼秘书长,太湖县政协副主席。

① 《续高僧传》,或称《唐高僧传》,全书30卷。道宣认为慧皎《高僧传》中记载的梁代高僧过少,而需要做补辑的工作,于是经过相当时期的收集资料,写成此书。内容从梁代初叶开始,到唐贞观十九年(645)止144年间,共写正传331人,附见160人。在成书后二十年间,陆续有所增补,又成后集《续高僧传》10卷。

《太湖县志》记载较多，补充了佛典的不足。

结合地方志书，现在学术界一般认为：是在北周武帝灭佛的建德三年（574），慧可为逃法难，从北方来到太湖县，并寻找先期南下的弟子僧璨。他先在太湖县城东凤形山建观音寺，稍作休息后，沿长河而上，在长河上游狮子山葫芦石坐禅，建二祖禅堂，后来上司空山（1936年，国民政府设置岳西县，司空山划归岳西县）建二祖禅刹，并传衣三祖僧璨。北周大象二年（580）复行佛教，慧可回到邺城弘法，后被人陷害致死。

按以上观点，慧可在安庆约生活了6年时间。但也有部分学者认为慧可在安庆弘法时间可能更长，如太湖县学者周磊①认为：慧可乃大智之人，对当时佛教之难必有预见，可能会在法难之前南下韬光养晦，而不必等到法难发生这年。他考证慧可在保定元年（561）就南下了。这种说法也不无道理。如果慧可于保定元年（561）来到太湖，其在太湖的时间就近20年了。

二 达摩到来之前如来禅在中国的流行

禅宗作为佛教八宗之一，为佛祖所创。人们一般把佛祖在灵山会上拈花一笑，作为禅宗之滥觞。灯录有自迦叶尊者以来二十八祖，但禅宗在古印度并没有开宗立派，与其他宗派相并立，几乎没有什么理论著述，更谈不上系统。在达摩来到中国之前，中国大地上，也有安世高等人翻译出诸多禅典，依此修行者亦不乏其人，有如外道禅、凡夫禅，小乘禅、大乘禅等。这些禅都是依佛经而修心，渐进而有阶位，即如来禅。如来禅属先做后悟，在事中求，通过行为引导内心，达到解脱，未悟前以行动原则约束身心，直到完全契合如来藏妙心。

正如宗密法师在《禅源诸诠集都序》②中所说："若顿悟自心，本来清净，元无烦恼，无漏智性，本自具足，此心即佛，毕竟无异，依此而修者，是最上乘禅，亦名如来清净禅，亦名一行三昧，亦名真如三昧。此是一切三昧根本，若能念念修智，自然渐得百千三昧。达摩门下，辗转相传者，是此禅也。"这最上乘禅，即祖师禅，不立文字，以心印心，心心相

---

① 周磊，原安徽省太湖师范教师，著有《晋熙佛教文化》。本文引用观点，即来自《晋熙佛教文化》。

② 《禅源诸诠集都序》系宗密对禅宗诸家学说的总论，亦为其所编集《禅藏》的序文。收在《大正藏》第四十八册、《禅宗全书》第三十一册。

传，顿超而可直入。祖师禅属先悟，遇事而得契合妙心，属机缘巧合得知无本无性，非从言语约束而是如实无所得，即契合本心。自达摩以下之禅法，为祖师禅，不落言诠；但是作为入道方法，仍然不可无言教。

如来禅几乎没有什么影响，后世修习者也甚少。而祖师禅，盛传于中国大地，真正形成极具影响的禅宗，理论体系极其完善而丰富，虽然自南宋后渐衰，但在今天的中国依然受到世人的青睐。

三　从达摩禅法到慧可禅法

达摩来到中国，以《楞伽经》① 教授学人，以此传宗。他的著作相传有《少室六门集》上下卷，还有敦煌出土的《达摩和尚绝观论》《释菩提达摩和尚无心论》《南天竺菩提达摩禅师观门》等，也有人认为这些"当系后人伪托之作"。②

被后世认为可信度较高的《续高僧传》在为达摩所立传中，简略记述了达摩生平，着重介绍了其禅法。其文如下：

> 菩提达摩，南天竺婆罗门种。神慧疏朗，闻皆晓悟。志存大乘，冥心虚寂。通微彻数，定学高之。悲此边隅，以法相导。初达宋境南越，末又北度至魏。随其所止，诲以禅教。于时合国盛宏讲授，乍闻定法，多生讥谤。
>
> 有道育、慧可，此二沙门，年虽在后，而锐志高远。初逢法，将知道有归，寻亲事之。经四、五载，给供谘接，感其精诚，诲以真法。如是安心，谓壁观也；如是发行，谓四法也；如是顺物，教护讥嫌；如是方便，教令不着。然则入道多途，要唯二种：谓理、行也。
>
> 藉教悟宗，深信含生同一真性，客尘障故。令舍伪归真，凝住壁观，无自无他，凡圣等一，坚住不移，不随他教，与道冥符，寂然无为，名理入也。
>
> 行人四行，万行同摄。初报怨行者，修道苦至，当念往劫，舍本逐末，多起爱憎，今虽无犯，是我宿作，甘心受之都无怨诉。经云：

---

① 《楞伽经》全称《楞伽阿跋多罗宝经》，亦称《入楞伽经》《大乘入楞伽经》。在汉译各本中，实叉难陀的译本与梵本比较接近。求那跋陀罗的译本最能表现此经的原始形态，流行也最广。

② 见《禅宗宗派源流》，吴立民主编，中国社会科学出版社，1998。

"逢苦不忧，识达故也。"此心生时，与道无违，体怨进道故也。二随缘行者，众生无我，苦乐随缘，纵得荣誉等事，宿因所构，今方得之。缘尽还无，何喜之有？得失随缘，心无增减，违顺风静，冥顺于法也。三名无所求行，世人长迷，处处贪着，名之为求。道士悟真，理与俗反，安心无为，形随运转。三界皆苦，谁而得安？经曰："有求皆苦，无求乃乐也。"四名称法行，即性净之理也。摩以此法，开化魏土，识真之士，从奉归悟。录其言语，卷流于世。

自言年一百五十余岁，游化为务，不测于终。

《续高僧传》没有写达摩与梁武帝对话、一苇渡江、只履西归等，再一次让后人增加了可信度。这样的故事可能只是后人的演说，如果真的发生，道宣是不可能不记载入传的。道宣对达摩禅法的讲述，也应是客观而可信的。

现在能看到的慧可关于禅法的文字，一是《楞伽师资记》中《齐朝邺中沙门惠（慧）可》中所记录慧可的《略说修道明心要法》①，其文录如下：

　　1. 《楞伽经》云："牟尼寂静观，是则远离生，是名为不取，今世后世净。"十方诸佛，若有一人不因坐禅而成佛者，无有是处。

　　2. 《十地经》云："众生身中，有金刚佛性，犹如日轮，体明圆满，广大无边，只为五阴重云覆障，众生不见。"若逢智风，飘荡五阴，重云灭尽，佛性圆照，焕然明净。《华严经》云："广大如法界，究竟如虚空。"亦如瓶内灯光，不能照外。亦如世间云雾，八方俱起，天下阴暗，日光岂得明净。日光不坏，只为云雾覆障；一切众生清净之性亦复如是，只为攀缘妄念诸见，烦恼重云，覆障圣道，不能显了。若妄念不生，默然静坐，大涅盘曰，自然明净。俗书云："冰生于水而冰遏水，冰泮而水通；妄起于真而妄迷真，妄尽而真现。"即心海澄清，法身空净也。

　　3. 故学人依文字语言为道者，如风中灯，不能破暗，焰焰谢灭。若静坐无事，如密室中灯，则能破暗，照物分明。若了心源清净，一

---

① 《楞伽师资记》，又名《楞伽师资血脉记》，由唐净觉集于景龙二年（708）。本书记述禅宗以八代《楞伽经》相承传持之经过。我国禅宗初期，原有南北宗之分，而各宗所撰之传承史皆以其本宗为正统。本书即为站在北宗立场所撰述之初期禅宗传承史。由于初期宗师传法特重《楞伽经》，故名为《楞伽师资记》。

切愿足，一切行满，一切皆办，不受后有。得此法身者，恒沙众生莫过有一仁；亿亿劫中，时有一人与此相应耳。若精诚不内发，三世中纵值恒沙诸佛，无所为。是知众生识心自度，佛不度众生。佛若能度众生，过去逢无量恒沙诸佛，何故我等不成佛？只是精诚不内发，口说得，心不得，终不免逐业受形。故佛性犹如天下有日月，木中有火。人中有佛性，亦名佛性灯，亦名涅盘镜。是故大涅盘镜，明于日月，内外圆净，无边无际。犹如炼金，金质灭尽，金性不坏；众生生死相灭，法身不坏。亦如泥团坏，亦如波浪灭，水性不坏；众生生死相灭，法身不坏。

4. 坐禅有功，身中自证故。尽日饼尚未堪餐，说食焉能使饱？虽欲去其前塞，翻令后楄弥坚。《华严经》云："譬如贫穷人，日夜数他宝，自无一钱分，多闻亦如是。"又读者暂看，急须并却；若不舍还，同文字学，则何异煎流水以求冰，煮沸汤而觅雪！是故诸佛说说，或说于不说。诸法实相中，无说无不说。解斯，举一千从。《法华经》云："非实非虚，非如非异。"

5. 大师云："说此真法皆如实，与真幽理竟不殊。本迷摩尼谓瓦砾，豁能自觉是真珠。无明智慧等无异，当知万法即皆如。愍此二见诸徒辈，申词措笔作斯书。观身与佛不差别，何须更觅彼无余。"

6. 又云：吾本发心时，截一臂，从初夜雪中立，直至三更，不觉雪过于膝，以求无上道。

7. 《华严经》第七卷中说："东方入正受，西方三昧起。于眼根中入正受，于色法中三昧起。示现色法不思议，一切天人莫能知。于色法中入正受，于眼起定念不乱。观眼无生无自性，说空寂灭无所有。乃至耳鼻舌身意，亦复如是。童子身入正受，于壮年身三昧起。壮年身入正受，于老年身三昧起。老年身入正受，于善女人三昧起。善女人入正受，于善男子三昧起。善男子入正受，于比丘尼身三昧起。比丘尼身入正受，于比丘身三昧起。比丘身入正受，于学无学三昧起。无学入正受，于缘觉身三昧起。缘觉身入正受，于如来身三昧起。毛孔中入正受，一切毛孔三昧起。一切毛孔入正受，一毛端头三昧起。一毛端入正受，一切毛端三昧起。一切毛端入正受，一微尘中三昧起。一微尘中入正受，一切微尘三昧起。大海水入正受，于大盛火三昧起。"一身能作无量身，以无量身作一身。解斯，举一千从，万物皆然也。

这里记录的只是几条语录，从内容上看，既有承于达摩之处，又有个人阐扬之说，符合慧可之经历和思想的某些特征，还是具有一定的可信度。

慧可另有与向居士（僧璨）的通信，见于《续高僧传》。

> 有向居士者，幽遁林野木食。于天保之初，道味相师，致书通好曰：
>
> 影由形起，响逐声来。弄影劳形，不识形为影本。扬声止响，不知声是响根。除烦恼而趣涅盘，喻去形而觅影。离众生而求佛果，喻默声而寻响。故知迷悟一途，愚智非别。无名作名，因其名则是非生矣。无理作理，因其理则争论起矣。幻化非真，谁是谁非？虚妄无实，何空何有？将知得无所得，失无所失。未及造谒，聊申此意，伏望答之。
>
> 可命笔述意归：
>
>> 备观来意皆如实，真幽之理竟不殊。
>>
>> 本迷摩尼谓瓦砾，豁然自觉是真珠。
>>
>> 无明智慧等无异，当知万法即皆如。
>>
>> 愍此二见之徒辈，申辞措笔作斯书。
>>
>> 观身与佛不差别，何须更觅彼无余。

此诗亦收于《续高僧传》和《略说修道明心要法》。据《续高僧传》，慧可在邺城弘法险遭大难，而流落民间，以歌谣俚语等通俗易懂的形式和内容，向世人宣讲禅法。这首诗即使在现在读来，仍然较为通俗易懂，应是出自慧可之手，且这首诗可能写于慧可流落邺城民间之时。

四 达摩禅法是如来禅向祖师禅转化过程中的重要承接

禅宗由佛祖灵山会上教外别传，虽传西天二十八祖，但在印度，几乎没有什么影响，也没有相关的论述。其真正开宗立派，乃至蔚为大观，是在中国，从祖师禅的发端。

由如来禅转为祖师禅，达摩，是个重要的人物，他起到了一个承接的作用。

达摩禅法，根据《续高僧传》中述，可以用"二入四行"和"凝住壁观"来概括。用现在的话讲，就是理论与实践两者有机地结合起来。

达摩禅法的理论来源：达摩认为："夫入道多途，要而言之，不出二种：一是理入，二是行入①。"

理入，即悟入佛法真理。要学习和悟解佛教经文理论，确定牢固的信仰。这是信解"文字般若"的阶段，是佛法修行的基础。不弄懂佛法教理教义，并把它们作为行动的向导和遵循的规范，就容易盲修瞎炼，事倍功半。尤其对于钝根之人讲，更是如此，这就是所谓"藉教悟宗"。

行入，不仅指修行，也包括在日常生活中的行为和表现。行入是要人通四行，即四个方面的修行、表现来达到觉悟解脱。四行，即一报冤行，二随缘行，三无所求行，四称法行。

达摩禅法的实践：就是"凝住壁观"。

语言文字终归是方便施设，是随机说法，有一定的相对性和局限性。若人们将所揭示的真理建立在自己心中，还必须进一步深入地实证参究，发掘自己的智慧潜力，思维现证，来契合佛法真理。彻达"实相般若"的阶段，是禅修的根本，这就是所谓"凝住壁观"。

达摩之"凝住壁观"，并不能简单地认为就是面壁坐禅。它指的是"外息诸缘，内心无喘，心如墙壁，可以入道。"（摒弃一切的外缘，内心一点都没有喘息波动，静下心来，使心如同一面墙壁一样，截止内外出入往来的妄动，然后以此来觉悟那颗本真之心。）②

这种理论与实践方法是相互促进的。在实践中，既不能被其他言教迷惑，也不能固执己见，不断地丰富、发展、完善，做到"无有分别，寂然无为"。这是理论指导下的实践。在实践中检验真理，施行真理，而不是只停留在证悟的理论说教上。只有这样，才是真正的理入。

从以上分析，我们还是不难看出，一方面，达摩的禅法还是不离如来禅的一些特点，譬如他要求依照佛教的经典来修行，特别强调以《楞伽经》为宗，从佛理上入，从行上入。其四行之说，都是佛在修行上强调的，在佛典中都能找到充足的理论依据。但另一方面，达摩禅法又开始具备了祖师禅的气象。首先，他强调"藉教悟宗"，是以《楞伽经》"诸佛心为宗"作为立宗的宗旨和立论依据，不同于以某些经典修习禅法、禅观的做法，具有划时代意义；其次，达摩"二入四行"之理论只是作为修行的参考，而修行方法则为"凝住壁观"，以此来观照自己的内心，这

---

① 见达摩《大乘入道四行观》。
② 见明黎眉《教外别传》中《初祖菩提达摩大师》。

与如来禅借经教名相来悟禅是有本质区别的；其三，达摩以不立文字、以心传心为传法方式，也开了中国禅宗的先河。

五 慧可禅法在达摩禅法基础之上的创造、完善和发扬

慧可作为学养深厚、根机超凡的一代大师，在接受达摩衣钵后，绝非简单地继承，而是结合中国文化加以发扬光大，即将它进行中国化。慧可禅法，开始摒弃达摩禅法中对经教的依赖和强调，而是突出"豁然自觉"，开始接近真正意义上的祖师禅。从中国人的角度上讲，他是中国禅宗的开拓者、创造者，是中国禅宗第一人。

依据《续高僧传》和《略说修道明心要法》，我们可以看出慧可禅法在继承达摩禅法基础上的创造、完善和发扬。

1. 一切众生具有清净之性，客尘不生自然显了

慧可少时就博览群书，"心好儒学，每赞仲尼"。① 稍长，又喜爱玄学，善谈玄理。每每叹息："孔、老者之教，礼术风规；庄、易之书，未尽妙理。②"及至接触佛教，仍然未能解决心中之疑惑。

早在达摩到来之前，依教修心的禅法已在中国流传。道生（355~434）提倡"一阐提悉有佛性"等主张，肯定对慧可有所影响。如何是佛性？怎样才能具备佛性？这些问题肯定也是慧可一直在思考追求的。他于香山寺出家后，曾游历各地，遍参名宿，但似乎没有他希望的结果，因此，他最后又回到香山寺，"怀道京辇，默观时尚"（《续高僧传》）。看来，他是希望通过默观来进行修行，来观照佛性。默观，从字面上理解，是沉默地观想，与壁观应有相似之处。

达摩来到嵩山，以壁观的方式修禅，这自然让喜欢默观的慧可产生浓厚的兴趣，而希望学习了解达摩的禅法。

达摩接受慧可为弟子，以《楞伽经》作为教材，又以自身壁观体验教导慧可。这使慧可进一步明了，一切众生同一真性，为客尘烦恼所障，不能显了，这也是《楞伽经》的主旨。

慧可以瓶内灯光、雾中日光为比喻，说明众生清净之性被客尘所障的

---

① 见唐智炬《宝林传》中《第二十九世祖慧可大师章断臂求法品第四十》。

② 见宋道原《景德传灯录》中《第二十九祖慧可大师者》。

道理:"如瓶内灯光,不能照外。亦如世间云雾,八方俱起,天下阴暗,日光岂得明净。日光不坏,只为云雾覆障;一切众生清净之性亦复如是,只为攀缘妄念诸见,烦恼重云,覆障圣道,不能显了。"

在慧可这里,达摩"二入四行"的理论已不再过分强调了,慧可更强调的是修行者通过不生妄念,而达到"自然清净"的境界,这已是中国禅宗"心性不二""一念即悟"等思想的萌芽。这是对达摩禅法一个重大的发展。

2. 强调以坐禅来见性,但更重视身心自证

如何不生妄念,慧可认为可以通过坐禅来达到这种境界。因此,慧可对坐禅很重视,这是对达摩"凝住壁观"的继承。坐禅,是摒除外念、熄灭念想之法。如慧可所云:"十方诸佛,若有一人不因坐禅而成佛者,无有是处。"因此,坐禅是行禅法的重要手段。这里,慧可直接继承并发扬了达摩的"壁观"。他认为静坐即可悟道,"若静坐无事,如密室中灯,则能破暗,照物分明"。

坐禅固然需要,但更重要的靠身心的自证。他把那种执着名相的修心,以《华严经》所云作比:"譬如贫穷人,日夜数他宝,自无一钱分,多闻亦如是。"

禅定之法,受到慧可的极大重视。慧可引用《华严经》中语"一微尘中入正受,一切微尘三昧起。大海水入正受,于大盛火三昧起"强调入正受的重要性。正受,又称禅定,是佛教修行方法之一。定心,离邪乱,谓之正;无念无想,纳法在心,谓之受。

这种思想应该也是慧可般若智慧开出的奇葩。他将修心的方法,由达摩禅法中依"二入四行"改为通过坐禅,以身心直接来证悟,进一步强调人的自悟、自证,不依外界和他物,直面内心。当然,这与后来慧能"只向心求""顿悟见性"还是有一定的距离,但是慧可已经走到这见性的道路上来。

而到了慧能那里,他甚至否定、排斥坐禅,更强调"慧",强调"般若"。从慧能起,禅宗教人不要打坐念经,只要自识本性,内心觉悟,所谓"菩提只向心觅,何劳向外求玄?听说依此修行,西方只在眼前"。[①]

3. 坚决反对文字说禅和一切名相

慧可作为"外览坟素,内通藏典"的大家,却几乎不见有著述流传

---

① 见《坛经·疑问品》。

下来。慧可或有如史书记载的《葫芦石秘记》的著述，因为时代久远，被遗失毁坏。

不见慧可著作，一个最重要的原因，应是慧可继承达摩禅法，他更明白佛祖当年的告诫，此法"不立文字，直指人心"。他尽量不用文字来表述自己的见解，怕后人误解，而更重视以心传心，消除一切名相妄念。

慧可所留些许文字，只是为了方便设施，因此，他也没有把文字看得重要，更不想将其付诸铅墨。

《续高僧传》谓慧可："其发言入理，未加铅墨；时或缵之，乃成部类，具如别卷。时复有化公、彦公、和禅师等，各通冠玄奥，吐言清迥，托事寄怀，闻诸口实。而人世非远，碑记罕闻，微言不传，清德谁序，深可痛也。"由这段文字可知，慧可所说极其入理，但从来没有记录下来印成书本。偶尔写下来，也只把它放作并不重要之类，就像别卷一样。当时有化公、彦公、和禅师等人，学问都很高，经常和慧可交谈，亲耳听到慧可所说。至道宣写《续高僧传》时，已经隔了很久远的时间了，碑记上也很少有记载，没有留下很多的言语，来对他进行研究与追怀。在道宣看来，这实在是一件让人痛心之事！

慧可认为："故学人依文字语言为道者，如风中灯，不能破暗，焰焰谢灭。"这也应是慧可不留文字的重要原因吧。

达摩虽然也说"不立文字，以心传心"，但他还是不离文字，譬如强调依《楞伽经》修行。而这一点，慧可比达摩做得更进一步，他身体力行，远离文字，真正展现了祖师禅的风范，也为后人树立了楷模。可叹的是，后代许多禅人反而陷入深重的文字禅中，而离真正的禅越来越远了。慧可曾不无感慨地说："此经四世之后，便为名相，一何可悲！"慧可当年所感悟和宣扬的禅法，也许比后世某些禅人的禅法，更接近于禅本身吧。

六 慧可禅法是来太湖县后进一步趋向成熟而完成他对禅宗初始的中国化

达摩来到中国，带来"教外别传"的禅宗，应该讲是一种全新的事物。达摩以"二入四行"教人，不仅重视坐禅，而且重视教理。他要求通过壁观，认识自我本有的"真性"，在实际上达到无爱憎、无得失、无悲喜、无是非、超脱一切的精神境界。无论是在南朝还是在北朝，一时并不为中国人接受，以至与梁武帝谈得不欢而散。达摩进入北朝，也只能九年面壁于少林寺。

慧可继承了达摩禅法，到邺城一带传法，自然给北方地区的传统佛法以重大冲击，虽然吸引了不少徒众，但还是受到官方禅师及官方的反对甚至迫害打击，而流落民间。在民间，对达摩禅法进行改革创新，与中国人生活和中国文化相结合，使之更容易为人接受，是慧可不得不考虑的问题。

周武灭法，对佛教是一次劫难，但也未必全是坏事，它必然引起佛教界的反思。慧可肯定也有过这样的反思，如何让新兴的禅宗生存并发展下去？南下太湖县后，他接受以前传法的教训，深入山中，与众生打成一片。这是一片文化的新天地，南朝的文学、玄学、经学、史学、佛学、道学都较前期有很大的发展，展现出其独有的特点。譬如：南朝重礼学，反映门阀世族的要求。治经方式上则受佛教讲经影响，流行讲疏、义疏体裁，成为介于义理与训诂之间的经学著作。玄学清谈在士大夫中流行，而南朝僧人也往往兼通外典，喜作玄学清谈。慧可也必然将禅法融入这南朝的文化中，使之为更多的人接受，特别是受到底层百姓的信服，从而实现从乡村向城市、从下俚向上层的包围和渗透。也就是说，慧可从北朝到南朝，为他对禅宗的中国化提供了一个新的契机，进一步促进了禅宗初始的中国化。

达摩作为一位外国人，语言的障碍，文化的隔膜，使得他无法在这上面有更多的作为。他来到中国，很长时间在嵩山石洞里作壁观，等待着慧可的到来。将禅宗中国化，在中国获得更大的发展，这个任务也只有慧可及其后来者来完成。

中国禅宗从慧可而传僧璨，至道信、弘忍，是为初始期，而至慧能手上成熟起来。

总之，慧可禅学，为中国禅宗的发展和成熟奠定了坚实的基础，开启了一次般若智慧的远航。正如法琳法师评价慧可所说，"夫思不可得，恻不可知，唯禅门之法乎？故无形无相，潜流沙界，使有情者归于妙觉，味道者普会于真如。或开小也言说，或谈大也不二，无心即心，即色非色，至如乘幽入微，处默显寂，卧佛性海，登涅盘山，暗而惟明，凡而大圣，其谁能之，可禅师矣！"[①]

慧可作为中国本土第一个接受禅宗大法的祖师，是在南来太湖县后，其融有东方智慧的禅宗思想逐步成熟，为中国禅宗确定了雏形。达摩西来的禅法，经二祖以及后来历代祖师的弘扬、传播，最终得以在中华沃土上

---

① 见《宝林传》中《慧可大师碑文》。

生根发芽，开花结果，形成了具有中国特色的一大宗派——中国禅宗。

正如赵朴初居士所说："达摩是印度人，慧可才是中国禅宗第一人。""没有慧可，就没有中国的禅宗。"①当然，这里也不是完全以国籍来确定慧可的，而是说禅宗是经过慧可开始中国化，具备中国人的智慧，与中国文化相融，并成为中国文化的一部分，真正在中国立宗成派。

太湖县，因二祖开创中国禅宗而成为"禅源之地"。唐宋时期，禅宗在太湖再掀热潮。太湖之禅宗历史文化，在中国佛教史和禅宗史上书写了重要篇章。弘扬、开发太湖禅宗文化，对于推动太湖文化旅游事业发展和构建和谐社会，特别是今天创建禅源太湖旅游区，必将发挥其不可替代的积极的作用。

明月清风

赵朴初诞辰110周年学术研讨会论文集

---

① 1990年，赵朴初居士回安庆市视察佛教工作，在太湖县、岳西县发表讲话。见殷书林主编《禅源太湖》，安徽文艺出版社，2012。

花落还开，水流不断之追忆朴老

释传建[*]

前不久，我于中秋临近之时，前往湖南长沙探望圣辉大和尚。彼此交谈之际，得知为纪念赵朴老诞辰110周年，11月初将在湖南长沙和安徽太湖两地举办大型纪念活动。为此圣辉大和尚特邀我写一篇关于纪念朴老的文章。虽一向文笔粗浅，难登雅室，但欣闻如此有意义之活动，我亦欣然答应。谈及朴老，相信教内外对其都并不陌生。作为新中国的佛教领袖，朴老93岁的一生，也跨越了中国近现代佛教的一段重要历史。他虽是在家人，但时刻心系佛教兴衰，竭心尽力，直至生命的最后一息，为中国佛教的发展做出了丰功伟绩。他高举起"人间佛教"的旗帜，使佛教首次得以把自身利益和人民群众的利益结合起来，以"庄严国土，利乐有情"为己任，解决了佛教与时俱进的问题，他赋予了佛教建设祖国、促进和平的崭新内容，使佛教成了利国利民的宗教，成了新时代和平使者的化身。在朴老的正确领导下，特别是自十一届三中全会以来，中国佛教事业从废墟中走向全面恢复，并发展到一个前所未有的鼎盛时期。

追忆本人与朴老的因缘还要从1981年时说起，那年时任中国佛教协会会长的朴老来厦门视察，向地方政府有关领导，提出复办闽南佛学院的期望，其间会见妙湛老和尚。那时我还未出家，是皈依妙老的在家弟子，有幸陪同妙老一同接待了朴老，此次会见也是本人与朴老的第一次结缘。1990年10月承天寺开光，朴老至泉州，下榻泉州金泉酒店，那时本人任承天寺知客，这是我与朴老第二次结缘。虽然时隔多年，还是依稀记得，就是那一次的座谈会，确定了承天寺不卖门票，不设管委会，由僧人全权管理等诸多问题。随后又促成了市政府专题会的召开，解决了铜佛寺的用

---

* 释传建，厦门普光寺住持。

地问题，也正是因为朴老的参与促成了泉州大部分寺院的主权落实问题。在新中国成立后的50多年，中国佛教走过了辉煌而又艰难曲折的历程。在这一过程中，朴老对佛教始终怀着炽热的感情，以与佛教事业共命运的无私无畏的护法精神，正确理解党和国家的各项宗教政策和法律，协助党和政府正确贯彻宗教信仰自由政策和各项法规，为保障佛教和相关事业的正常发展，做出了不懈的努力和贡献。

从20世纪二三十年代太虚法师提出旨在贴近人生、改善人生的"人生佛教"或"人间佛教"理论以来，人间佛教思想在中国佛教界逐渐产生广泛的影响。朴老在参与中国佛教协会领导的过程中，也在积极推进佛教适应现实社会，为利益人群、造福社会努力奉献。"文革"后，经过"拨乱反正"，朴老在新形势下适时地提出了"人间佛教"的思想。1983年底，朴老在中国佛协第四届理事会第二次会议上作的《中国佛教协会三十年》纪念报告中明确地提出今后必须提倡"人间佛教"思想，同时提出应当继承和发扬中国佛教的"农禅并重""注重学术研究""国际友好交流"三大优良的传统。在1987年佛协第五届会议所做的报告中重申和阐释了这一思想，并且在新修订的佛协章程中明确规定："团结全国各民族佛教徒提倡人间佛教积极进取思想，发扬佛教优良传统，积极参加社会主义物质文明和精神文明建设。"在1993年10月中国佛教协会第六届全国代表会议所做的《中国佛教协会四十年》报告又阐释了"人间佛教"思想，并强调今后应着重抓好加强佛教自身建设的问题。朴老在《佛教常识答问》《佛教与中国文化的关系》等著作中也对人间佛教思想进行了论述。朴老还十分重视佛教人才的培养和佛教文化研究工作，不仅是恢复闽南佛学院办学，早在1956年中国佛学院的成立及其在"文革"后的恢复，栖霞山和灵岩山分院的设立乃至各地佛学院的成立，都得到他老人家的亲切关怀和指导。他主持召开了1986年和1992年两次全国汉语系佛教教育工作座谈会，强调培养佛教人才是"最重要，最紧迫"的大事，提出调整教育规划，编写教材，制定相应措施，联合学界力量培养研究生等，从而为中国佛教教育事业开拓了新局面。

曾听闻1947年太虚法师突然给当时只有四十岁的赵朴老来了一个电话，请赵朴老去看他。见面时太虚大师给了他一本自己写的《人间佛教》的书，并说："希望你当好护法。"十天之后，太虚法师对身边的人说："我要到无锡、常州去了。"据说，当天他就圆寂了。一转眼，时光已过近七十年，回顾太虚大师让赵朴老"当好护法"的话，令人感到意味无穷。我想不论是前者还是后者，这句话都被史实印证了，这位护法几十年来尽心竭力对佛教正法的护持有目共睹，他的佛教护法身份是被海内外所公认的！谈及朴老的爱国行为，还记得他的夫人陈邦织讲过："在朴老的心中，爱国心和佛教的慈悲心是紧密结合在一起的，使他成为一个坚定而热情的爱国主义者。"印象中的朴老为人和蔼、谦恭，毕生发菩提心，行菩萨道。然而，当国家和人民的利益受到损害时，他则变成了一个怒目金刚，无所畏惧，勇猛前进。1937年，当日军的炸弹落在上海街头，朴老冒着生命危险，带领成千上万的难民觅地安生。他巧妙安排，大智大勇，把一大批经过培训的难民送往新四军，支持抗战。抗战胜利后，他痛恨国民党反动独裁的黑暗统治，积极参加争取民主、反对内战、解救民众的爱国运动。新中国成立后，他按照周总理的指示，积极与邻国开展民间外交，把和平的种子撒遍世界。在印度的一次会议上，面对有人公开反华，他挺身而出，予以驳斥，维护了国家的尊严。他坚决反对境外势力试图将西藏分裂出去的罪恶图谋，拥护中央关于藏传佛教的工作。他积极组织开展对两岸的佛教联谊工作，同破坏祖国统一事业的言论和行动进行坚决的斗争。香港回归的日子，他每天抄录林则徐词以表庆贺，并在后来以高龄赴港参加佛事活动，以实际行动促进香港的稳定和繁荣。在他生命垂危之时，还念及台湾的老友故旧，心系祖国统一。

1982年朴老撰写《佛教常识答问》一书，我有幸拜读，深受感动。此书揭开了新时期人间佛教弘扬倡导的序幕。1983年，在中国佛教协会第四届理事会上，朴老明确提出，当今时代要提倡"人间佛教"，发扬佛教三个优良传统。"人间佛教"的基本内容包括五戒、十善、四摄、六度等自利利他的广大行愿。佛教徒只有发"知恩报恩""不为自己求安乐，但愿众生得离苦"的大心，种下无止善因，才能获得崇高的善果，如果一心只为个人名闻利养，不仅不会取得成就，甚至可能招致不好的果。相信很多人都知道朴老有个书斋，他自名"无尽意斋"，"无尽意"的意思是报众生的恩未有穷尽。朴老是想用这三个字时时提醒自己，勉励自己，作为努力的目标。我还曾听闻抗战期间，朴老在上海从事难民救济工作，救活了无数人的性命，帮助许多人找到了安身立命之所。后来，他又协助关絅之办教养院和少年村，使数千流浪儿得到生存之所，并受到教育，成为社会有用之才。在搞救济工作中，经朴老手的钱财物可谓不计其数，他两袖清风，一尘不染，受到周恩来的高度赞扬。朴老主持中国佛教协会工作，他号召全国佛教徒积极投身社会各项事业，特别是救苦救难，有力地支持了国家的社会主义建设。每次国内外发生重大灾害，他都带领佛教徒积极响应，开展募捐活动。他个人的捐献活动也从来没有停止过，有人统计，八九十年代，他共为社会捐助人民币240多万元，而自家过的却是别人难以想象的简单生活。有人曾问朴老夫妇："您年纪这么大了，身体也不好，不能因为捐款而影响了自己的生活啊！"朴老笑笑说："不要紧，我给社会捐点钱，其中一部分是国外发给我的奖金和稿费，另外，我的工资花不了，也没有什么用，取之于民，用之于民，还之于民吧。"

无常的人生短暂而又漫长，朴老走过了九十三个春秋。当佛教被误解、被曲解、受欺侮的时候，人们总要想到这位老人。当佛教被世俗化、商业化的倾向污染时，人们还会想起这位老人。当佛教深刻的真谛、优秀的传统、灿烂的文化无法顺利弘扬时，人们再次想起这位老人。朴老生前立下遗嘱，其遗体凡可移作救治伤病者，请医师尽量取用。他在遗嘱中云：

> 生固欣然，死亦无憾。花落还开，水流不断。
> 我今何有，谁欤安息。明月清风，不劳寻觅。

朴老是一座丰碑，他德高望重，一身正气，学通今古，知识渊博。他多年以来与中国共产党风雨同舟，亲密合作，为中国人民的解放事业和社会主义建设事业，为造福社会、振兴中华做出了卓越功勋。他又是一面旗帜，他参与创建中国民主促进会，参与政协领导，主持中国佛教协会工作，提出与社会主义社会相适应的"人间佛教"思想，将佛教圆融于建设有中国特色的社会主义事业的整体之中。如今朴老虽已了脱尘缘十余年，然其崇高的精神、懿德的风范将永远留在我们心中，也将继续鞭策激励和感召我们四众弟子，将佛教正法事业传承和守护下去。阿弥陀佛。

弘扬赵朴老人间佛教的菩萨道精神

徐孙铭 [*]

赵朴老是一位爱国爱教、道德高尚、充满般若智慧的大菩萨。他并没有离开我们娑婆世界的悲悯众生，而是与山河同在，与日月同辉，与四时同迁运，与世界同凉热的觉者、长者、大成就者。

一

朴老"人间佛教"思想，人们多有论述。而其哲学基础，是末学时时思考、日新又日新的课题。朴老关于《中国佛教协会四十年》的精辟论述，至今人们记忆犹新："佛教的缘起性空、如实观照的认识论，诸行无常、时空无尽的宇宙观，无我利他、度人无倦的人生观，诸恶莫做、众善奉行的道德观，三学并重、止观双修的修养方法等核心思想，……将会在今后的东方文明乃至世界文明中放射异彩。""缘起性空""如实观照""无我利他"就是朴老倡导人间佛教的哲学基础。

记得毛泽东主席当年会见赵朴老时，曾经风趣地说："你们佛教真有很多辩证法，说是赵朴初，即非赵朴初，是名赵朴初。"这段话我曾多次回味，多次给学生讲授过，还用"说是社会主义，即非社会主义，是名社会主义"等例证来说明辩证法在"一国两制"战略决策中的巧妙运用。可是，究竟佛教辩证法在实践人间佛教理论中如何理解，自己并不清楚。近日翻阅新出版的宋版《湘山事状全集校释》（唐代宗慧法师在全州湘山寺应化）无量寿佛有关人间佛教的重要论述："生死事大，无常迅速，直

---

* 徐孙铭，湖南省社会科学院原哲学研究所所长。

须出离生死，各明主宰。至于力田艺种、济赡孤贫，莫非佛事。"① 围绕"各明主宰"四字，重读朴老的教导和许多大德怀念朴老的文章，才恍然大悟：原来《金刚经》中"说是……即非……是名……"的辩证法，其主旨在于当人"各明主宰"，以"平常心"做"本分人"，做什么就像什么，做什么就做好什么，坚持原则性和灵活性的高度统一，以出世精神成就入世事业。这不是什么故弄玄虚的诡辩，也不是茶余饭后的谈资和无意味的呓语，而是相对真理与绝对真理辩证统一、世间法与出世间法相圆融的般若智慧。

佛教弘扬正法，有因地制宜的"四悉檀"：为人生善悉檀、对治悉檀、世界悉檀、第一义悉檀②，即四种启发人们觉悟、获得成就的方法。开展人间佛教，必须契机、契理，既有坚定的原则性，又有强烈的现实针对性和灵活性。只有缘起，面对各种因缘和复杂的因果联系，正视现实，包容现实，才能如实观照、随缘化导、慈悲济世；只有性空，破除执着，转化现实，超越现实，才能提升精神，净化心灵，庄严国土，利乐有情。

从第一义悉檀说，释迦文佛传法偈曰："法本法无法，无法法亦法。今付无法时，法法何曾法。"佛陀说法四十九年，所记载的经论三藏十二部汗牛充栋，可是从究竟意义上说，佛陀一句话也没说，一法也不曾传，只是以心传心、"心有灵犀一点通"、在当人自悟而已。宋代理学家濂溪周先生《太极图说》曰："无极而太极，……太极本无极"。在宇宙洪荒、鸿蒙未开辟之前，在人类未诞生之前，自然界是无有任何法的（没有任何永恒不变的存在物，也没有任何法门、教法乃至文字经典）。法本法无法，人为自然立法，是古今中外共通的真理。宗密大师《禅源诸诠集都序》论泯绝无寄宗说："泯绝无寄宗者，说凡圣等法，皆如梦幻，都无所有，本来空寂，非今始无，即此达无之智亦不可得。平等法界，无佛、无众生，法界亦是假名。心既不有，谁言法界？无修不修，无佛不佛，设有一法胜过涅槃，我说亦如梦幻，无法可拘，无佛可作，凡有所作皆是迷妄。如此了达本来无事，心无所寄，方免颠倒，始名解脱。"吴立民《禅宗宗派源流》绪论说祖师历来教导弟子："一法不立，一法不破；无法不立，无法不破。"从根本上说，缘起性空，破除一切执着，连"空"也要

① 张云江、蒋朝君整理，宋版《湘山事状全集校释》，中华书局，2015，第19页。

② "悉檀"为梵汉兼称的译名，"悉"为中文，指"普遍"之意；"檀"为梵语，有"布施"之意，合译为"成就"。第一义悉檀，指按照最究竟的道理启发人们觉悟、获得成就的方法。其余三悉檀与此程度、角度不同，"成就"的意义相同。

空去，这才是解脱，才是引导众生"入佛知见"，畅扬佛陀本怀，坚持"佛法在世间，不离世间觉"的人间正法。

二

赵朴老勉励中国佛学院学僧的箴言说："学而时习终成种，悟到无生始识真。"这是对处于学地的一切修行者、菩萨的共同要求。弘扬人间佛教，必须发扬自度度他、无我利他的菩萨道精神。自度，才能度他；无我，才能利他。迷时师度，悟时自度。问题是，"无生"的内涵究竟是什么？如何悟到"无生"？儒家说仁义、舍生取义，是说一个人活着要让生命更有意义，活着要让别人过得更好，乃至像无数仁人志士一样，为了追求崇高的社会理想，不惜抛头颅、洒鲜血。佛家则倡导"无生""无生法忍"，其实是与世俗"舍生取义"的价值取向相一致的。毗舍浮佛传法偈曰："假借四大以为身，心本无生因境有。前境若无心亦无，罪福如幻起亦灭。"这是说认识与罪福的因果关系：身心无生，对四大和合而成的人身不执着，罪福也就无从生起。执着于一己的生命，贪生怕死、无恶不作，那么祸福报应就来了。拘留孙佛传法偈曰："见身无实是佛身，了心如幻是佛幻。了得身心本性空，斯人与佛何殊别？"这是说心性修养与人生的觉悟，众生身心本性空寂，通过修行、提升觉性而开悟，就与佛性本觉、觉悟成佛相通了。《中论·破因缘品》说："诸法不自生，亦不从他生，不共不无因，是故知无生"。世亲《发菩提心经论》说："空中无善无恶，乃至无空相，是故名空。菩萨如是知阴界入性，即不取着，是名法忍。"对生死涅槃不执着，称为无生法忍。学习知识，转知识为智慧，通过道德践履提升精神境界，由庸庸碌碌、梦生醉死，到觉悟"诸法本不生"，得"无生法忍"，才能身心安宁，得到大用繁兴，成为度生无尽的有用之材，乃至国家的栋梁之材。赵朴老以此作为感悟生死、进行生命关怀教育的指南，也把佛教的"第一义谛"传授给后学，其修持路径、提升人生境界乃至护生度生，不仅不与世间法相悖，而且言简意赅，境界高深。诚如谛闲长老上堂法语所说："百岁韶华一刹那，无边烦恼尽消磨。惟公亲证无生忍，大用繁兴海涌波。"①

---

① 《七塔寺志》，卷六，第 2 页 B。

三

吴老曾说:"朴老是'道融真俗,觉证生涅',圆融大小乘,圆融显密教,圆融世出世法的无尽意菩萨。"朴老自名书斋为"无尽意",意谓度生的菩萨,是胸怀博大、悲愿无尽、度生无量、精进不止的觉者。这种觉性、觉悟、精神境界,有没有一个客观标准?如何衡量?人们多困惑不解。《传法正宗记·第四祖优波鞠多尊者》载:"夫出家者,无我我故。无我我故,即心不生灭。心不生灭,即是常道。诸佛亦常,心无形相,其体亦然。"祖曰:"汝当大悟,心自通达,宜依佛法僧,绍隆圣种。"度生的菩萨,必须具有大的觉悟,其标准就是无我。无我,才能打破自我与万物的对立和区隔,才能自立于天地,弘法利生、自度度他。

吴立民先生《禅宗宗派源流·绪论》说:"开悟是不是有一客观标准?怎样来检验、鉴定呢?古德修禅,没有不讲证量的,没有不讲印证的。现在悟道大德不多,善知识难求,又有谁来证明你开悟、未开悟呢?古德言禅,未过来的人,开口便错,动念即乖,就是不开口也错,不动念也乖。不立文字,不假语言,妙高峰上不许有半点葛藤,哪里还允许有一个什么客观标准呢?但是,方便为究竟,当今之机,为恢复南北、渐顿圆融之禅教,为针对禅宗狂妄之弊,为现代熙熙攘攘之人找一盏照亮心路的明灯,找一副清凉心灵的净化剂,也为初首之士入禅之便利,我斗胆提出一个证量标准:……第八识提供的一切种子、信息、原材料、原动力,通过第七末那识意根时,它的导向总是'我的,我的',以致第六识乃至前五识,也就跟着意根的导向指示,无不'我的,我的',这就是最顽固的根本无明,就是人的一切烦恼的根本。所谓开悟,就是要把第七识意根的导向,由'我的,我的'转变到'无我'这个方面来,也就是转第七识为平等性智,真正无分别心,真正没有'我的,我的'执着,那就是真正开悟了。"① 圣严法师《禅的生活》也指出:"学禅的人由散乱心变成单纯的心,由单纯的心变成一心,从一心变成无心,这是三个阶段。证得阿罗汉果,就是无心,不单是没有分别心,连统一心也没有。"② 还说:"《心经》里讲道:'无智亦无得。'……有智仍是小乘,无智才是成佛。

---

① 吴立民主编《禅宗宗派源流》,中国社会科学出版社,1998。
② 圣严:《禅的生活》,东初出版社,1990,第29页。

有智慧还不是好日，无智慧以后才是日日是好日。罗汉不是究竟无分别，他有分别的。相对的没有了，统一的也没有了，这个时候便是智慧。如果连无相对、无统一也都没有了，这才可以说是无智。"① 由"散乱心"——"单纯的心"——"一心"——"无心"，既无空有、善恶、能所的分别，也无人我、佛与众生、寿夭、生死的区别，甚至相对、绝对的区别也没有了，那就是开悟的境界。他们从开悟者的实修亲证出发，揭示开悟的客观标准，就是"无我""无心""无智"。开悟者具有立足于现实又超越现实的实在性（有分别智——无分别智），无我利他的包容性（无我——大我）和慈悲济世的博大胸怀（无心——大心），所谓"大肚能容容天下难容之事，开口常笑笑世间可笑之人"是也。无尽意菩萨，就是无我利他、有无限智慧又超越智慧、有无限悲心、胸怀坦荡的大心菩萨。

无尽意菩萨的精神，就是顶天立地之理想人格。周敦颐《太极图说》引《易经》说："圣人定之以中正仁义而主静（自注：无欲故静），立人极焉。故圣人与日月合其明、天地合其德、四时合其序、鬼神合其吉凶。"无我、无心、无智的菩萨，其实就是心灵净化的觉者或圣人。能有光辉理想（有理想），有与天地相配的高尚道德（有道德），能与事物发展规律相协调（有纪律），洞悉阴阳造化、顶天立地（有文化）之人，就是具有理想人格的圣人。明代思想家王守仁将大学定义为大人之学，认为："大人者，以天地万物为一体者也。其视天下犹一家，中国犹一人焉。若夫间形骸而分尔我者，小人矣。大人之能以天地万物为一体也，非意之也，其心之仁本若是，其与天地万物而为一也。"② 具备这种理想人格，人们不仅可以出淤泥而不染，而且可以光风霁月、顶天立地。

这种无尽意菩萨精神，说是高深，其实也不是高不可攀，而是平常心之道。在弘扬人间佛教的过程中，有的人"借佛敛财"，为旅游、"创收""政绩"服务，这是变相的"灭佛"，亵渎生灵、圣灵的恶行，而那些不图名利、不求回报，默默守护善财、教产和历史文化遗产，保护一切众生、一切弱势群体、一切生灵，乃至舍生忘死的人，才是一个毫不利己、专门利人，一个脱离了低级趣味的人，一个纯粹的人，一个有道德的人。有了这种平常心，无论他是投身现实变革，还是弘扬出世间法，都能为中华民族的振兴、跻身世界民族之林乃至"解放全人类"做出应有的贡献。

---

① 圣严：《禅的生活》，第30页。
② 王阳明：《传习录》下，《王文成公全书》卷三。

以赵朴初"佛教是文化"观
审视大同佛教文化的个性

释圣贤[*]

作为当代杰出的佛教领袖和一代佛学大家，赵朴初最重要的理论建树，主要体现在两个方面：其一为"人间佛教"思想，其二即"佛教是文化"观。赵朴老在高层公开宣扬其"佛教是文化"观，始于1957年与毛泽东主席的漫谈，并引发文化界、科学界著名人士的赞同。"文化大革命"结束后，周建人致信赵朴老说，"文革"初期范文澜曾告诉周先生自己正在补课，读佛书。范老说："不懂佛教，就不能懂得中国文化史。"1987年，钱学森写信给赵朴老说："宗教是文化。"赵朴老在1998年6月为《佛教常识答问》一书所写的序言中，还专门记述了毛主席有关"佛教是文化"言论的由来："我看过曾是毛主席的勤务员李银桥写的书：有一天，毛主席在延安出门散步，对李银桥说：'我们去看看佛教寺庙，好不好？''那有什么看头？都是一些迷信。'毛主席说：'片面片面，那是文化，你懂吗？'"赵朴老在序中欣喜地说："这三个人，一是伟大的革命家，一是著名的历史学家，一是当代的大科学家，所见相同，都承认佛教是文化。"

一 赵朴初 "佛教是文化" 观的内涵

1991年10月26日，赵朴老在全国政协宗教委员会报告会上的讲话中提道："事实上，佛教、道教同中国传统文化关系极为密切，在哲学、历史、文学、艺术、伦理等社会学领域，乃至医学、化学、天文学、生命

* 释圣贤，山西省法显文化研究会副秘书长。

科学等自然科学领域，都发生过重大影响，留下了丰富的文化遗产。"文化包含了社会科学与自然科学的所有领域，而宗教是重要的文化载体。赵朴老提倡"佛教是文化"的用意在于：佛教包容着丰富的文化内涵，发掘、传承中国佛教文化的精华，是弘扬和发展中华优秀传统文化的重要组成部分。

清华大学哲学系教授圣凯法师曾对赵朴初"佛教是文化"的内涵，做过精辟的概述，认为赵朴老提出"佛教是文化"的旷世命题，其理论依据主要有以下三个方面：

（一）佛教文化是中国文化的重要组成部分

赵朴老曾经概括中国文化有两个根本特点：一、历史的连续性，几千年来的文化传统，从来没有中断过；二、民族凝聚力，中华民族文化是中国五十六个兄弟民族共同创造的，从来没有分裂过。佛教文化作为中国文化的组成部分，包含藏语系、巴利语系、汉语系三大部分，深深地体现了历史连续性和民族凝聚力。

佛教传入中国以后，逐渐从避世潜修的宗教信仰和思辨哲学，转而面向世间的学术、文艺、理论科学和生产工艺领域迈进。佛教在中国大地上吸取中国文化的营养，沿着"人间佛教"的方向发展，取得极其巨大的成功。在人类所创造的各支古老文化中，佛教以独具的精深哲学思想、丰富的精神财富、庞大的文献宝藏、精美的文化遗产而成为东方文化和文明的精神支柱。正是因为佛教文化在中国文化中的重要地位，否定这一点，就等于否定中国文化。

（二）佛教对中国文化的巨大影响

学术化、艺术化和社会化，体现了佛教中国化的三个层面，使佛教融入中国文化。而"佛教是文化"更体现佛教对中国文化的巨大影响力，突出佛教在中国文化中的重要地位。赵朴老在1986年所著《要研究佛教对中国文化的影响》与《佛教与中国文化的关系》二文中，论述了佛教对中国文化，如哲学、文学、艺术、天文、音乐、医药等都有着十分深刻和广泛的影响。赵朴老希望通过强调佛教对中国文化的巨大影响力，由"自知"而"自强"，"在未来的时代中，佛教必能一如既往，进一步与全人类的先进文化相结合，开出更绚丽的花朵。"赵朴老反复强调佛教对中国文化的影响，意在表明佛教亦能为社会主义精神文明建设做贡献，这是他提出"佛教是文化"的最终目的。

（三）佛教为社会主义精神文明建设做贡献

佛教继承学术化、艺术化和社会化的历史传统和辉煌成就，继续为新时期的社会主义建设做出应有的贡献；"佛教是文化"则为佛教界为社会主义精神文明建设服务，提供了必要的基础与具体的途径。赵朴老希望通过"佛教是文化"的提倡与推广，最终将佛教融入社会主义精神文明建设。在社会主义思想道德建设方面，佛教教义中建设人间净土、庄严国土、利乐有情的理想，诸恶莫作、众善奉行、自净其意的原则，慈悲喜舍、四摄六和的精神，自利利他、广种福田的思想等优良传统，都与社会主义思想道德建设"四有""五爱"等要求有相通之处，对信仰佛教的人们来说是实现精神文明建设要求的增上缘。所以，佛教的思想文化也能够从教育科学文化建设和思想道德建设两方面融入社会主义精神文明建设，这是赵朴老提倡"佛教是文化"的真正内涵。

二　以赵朴初"佛教是文化"观审视大同佛教文化的个性

2014 年 3 月，习近平主席在联合国教科文组织总部发表演讲时指出："佛教产生于古代印度，但传入中国后，经过长期演化，佛教同中国儒家文化和道家文化融合发展，最终形成了具有中国特色的佛教文化，给中国人的宗教信仰、哲学观念、文学艺术、礼仪习俗等留下了深刻影响。……中国人根据中华文化发展了佛教思想，形成了独特的佛教理论，而且使佛教从中国传播到了日本、韩国、东南亚等地。"同年 8 月，中央级党报《光明日报》刊发南京大学东方哲学与宗教文化研究中心主任洪修平教授的长篇学术文章《中国佛教文化的独特性》，可视为对赵朴初"佛教是文化"观和习主席有关佛教文化演讲内涵的学术解读。洪教授一文透过佛教平等慈悲、仁爱众生、心性解脱、圆融无碍等文化特色，反观以包容守中、和而不同、人文关怀为思想基因的中国文化，从多重视角系统阐述了中国佛教文化的独特性——

（一）从思想文化的角度，中国佛教文化的独特性主要有八点：一是形成了以融会般若性空论为特色的心性解脱学说，与中国传统的灵魂不死观念和儒家的心性论有异曲同工之妙；二是肯定人人皆有佛性、人人都能成佛，与儒家强调的"人皆可以为尧舜"的人性论思想相一致；三是重

"顿悟"的直观思维方式，与中国道家所倡的重直观、重体悟的思维方式不谋而合；四是崇尚简易性，在中国流传最广泛的禅宗和净土宗，都以佛学理论简要和修行方式、简易的特色适应了中国普通民众的需要；五是对传统思想文化的调和性，佛教以"随机""方便"不断援儒、道等传统思想入佛；六是佛教内部的融合性，通过各种"判教"而对印度佛教大小乘、空有宗以及中国佛教不同学风、学派的佛学体系进行了调和与融合；七是禅的精神和修行方法深深地浸淫到中国佛教的方方面面；八是中国佛教与社会政治、宗法伦理关系密切而融洽。

（二）从佛学精神的角度，中国佛教文化的独特性主要表现为圆融精神、伦理精神和人文精神：中国佛学圆融精神的主要内涵，表现在儒佛道三教融合思想、"立破无碍""会通本末"等判教思想，以及"三谛圆融"等理论学说等方面；中国佛学伦理精神则在善恶观、戒律观、修行观和孝亲观中均有具体体现，特别是对孝亲观的强调，实际上融合、吸收并发展了儒家"仁爱观"，体现了佛教的慈悲精神；中国佛学人文精神突出地体现在禅宗和人间佛教的理论与实践中，禅宗强调自性自度，强调将信仰落实于生活、将修行落实于当下，主张"平常心是道"，主张"即心即佛""见自心佛""见自性佛"，近现代以来中国佛教逐渐走上了人间佛教的道路，倡导发达人生、参与世间事业、建设人间净土。

（三）从佛教信仰的角度，中国佛教文化的独特性则体现为三个特色：一是三世轮回的善恶报应论，佛教通过三世业报六道轮回说而把人们引向"诸恶莫作、众善奉行、自净其意"的人生道德实践，以追求永超苦海的解脱。佛教强调过去、现在、未来三世业报乃"自作自受"，没有外来的赏善罚恶者，这种教义经东晋慧远"形尽神不灭论""明报应论""三报论"等融会中印思想而形成的三世因果善恶报应说，成为中国佛教的基本信仰；二是佛菩萨崇拜，其中阿弥陀佛、观音菩萨的形象更是深入人心，在中国民间受到了普遍的信仰，以至素有"家家阿弥陀、户户观世音"之说；三是人的解脱即心的解脱。中国佛教在印度佛教强调人的解脱即心的解脱的基础上，进一步对人心、佛性和解脱作了特别的发挥，从而创立了又名"心宗"的禅宗，强调解脱境界即心性开悟的"慧解脱"，强调明心见性、见性成佛，强调通过修学佛法从而获得智慧得以究竟解脱这一路径展开信仰实践，最终实现"上求佛道、下化众生"，并由"心净则佛土净"的思想发展出了人间佛教，将佛教不同时空的适应性与当代中国社会的现实进行文化对接，为佛教更好地与社会主义社会相适应提供了重要的理论源泉。

中国佛教既继承了佛陀创教的根本情怀和基本精神，同时又在传统文化的土壤中生成了鲜明的不同于印度佛教的思想特点和文化精神。中国佛教文化的独特性是佛教中国化的产物。比如，中国佛教的圆融精神是外来佛教适应中土社会文化环境过程中调和佛教内部及其与中国传统思想文化之间关系的产物；伦理精神特别融合吸收了与中国传统宗法社会相适应的儒家世俗伦理，具有宗教伦理与世俗伦理相结合的特征；人文精神则融合吸收了中国传统文化关注现实社会人生的精神特质，从而使出世的佛教融入了更多的关注现实人心、人生、人间的思想内容。

洪文所论"中国佛教文化的独特性"，乃是中国佛教文化的共性。作为中国佛教有机组成部分的大同佛教，自然无一例外地具备中国佛教的文化共性。但是，由于大同特殊的历史地理渊源，大同佛教又有着不共的个性特质。大同佛教文化的个性，突出地体现在三个方面：国家特征、民族特色和边塞特点。

大同佛教文化的个性首先体现为大同佛教的国家特征。大同地处内外长城之间，扼晋、冀、蒙通衢之咽喉，从武灵开辟，曾为北魏京华、辽金陪都、明清重镇。大同已有2300年的建城史、427年的建都建京史，1600年不移的城市中轴线、里坊棋盘式的城市格局和大量的明清建筑构成了大同独特的历史风貌。大同作为中国首批24座历史文化名城之一，从赵武灵王开辟其地，西晋建兴元年（313）拓跋猗卢建立代国，定盛乐（今内蒙古和林格尔）为北都，修秦汉故平城（今大同）为南都，大同作为代国南都长达86年。北魏开国皇帝拓跋珪于天兴元年（398）自盛乐迁都平城，历六帝七世达97年之久，大同亦成为中国历史上第一个由少数民族入主中原建立的主流王朝的都城。辽于重熙十三年（1044）改云州为西京，长达78年；金称西京90年；元初仍称西京76年，直到至元二十五年（1288）改西京道大同府为大同路，辽、金、元称西京计244年。大同建都称京计有427年的历史，"三代京华"是大同历史上最辉煌的时代，也是大同佛教最兴盛的时代。无论是北魏王朝"雕石造佛，如我帝身""雕饰奇伟，冠于一世"的世界文化遗产云冈石窟的雕凿，还是辽金皇家寺院华严寺、善化寺等巨刹的建造，以及元初忽必烈召集全国僧侣四万人于西京普恩寺（今大同善化寺）作七日资戒会的举办，无不生动地体现出大同佛教的"国家性格"和国家意志。

北魏（386~534），是由鲜卑族拓跋氏建立的中国北方统一的少数民族政权，是南北朝时期北朝第一个朝代，是中国历史上佛教发展的重要时期之一。拓跋鲜卑起源于中国北方，在南下征服的过程中逐渐接触佛教。据《魏书·释老志》记载，北魏皇始年间（396～398），以著名高僧法果为道人统，建立了独具特色的僧官制度，这也是史册记载中国最早的僧官名称。身为首任道人统，法果不仅致力于兴隆北魏佛教，更参与国初诸多经营，功勋显著。法果宣扬："太祖明睿好道，即是当今如来，沙门宜应尽礼。"除亲自礼拜外，更谓："能弘道者即为人主，我非拜天子，乃礼佛也。"文成帝拓跋濬兴光元年（454）秋，第二任道人统师贤依诏"为太祖以下五帝，铸释迦立像五"，是为日后云冈石窟大规模佛教造像之端绪；"复佛法之明年，昙曜于京城西武州塞，凿山石壁，开窟五所，镌建佛像各一"，世称"昙曜五窟"。师贤于460年卒后，昙曜继任，并改称道人统为沙门统。昙曜借雕凿佛像以弘扬佛法，主持开凿了郦道元《水经注》所记"凿石开山、因岩结构，真容巨壮、世法所稀；山堂水殿、烟寺相望，林渊锦镜、缀目新眺"的云冈石窟。这些将皇帝与释迦如来合二为一的造像法为佛教的发展开辟了坦途，至孝文帝拓跋宏太和元年（477），"京城内寺新旧且百所，僧尼二千余人；四方诸寺六千四百七十八，僧尼七万七千二百五十八人"（《魏书·释老志》），继姚秦鸠摩罗什僧团所居长安之后，大同成为中国北方的又一个佛教中心，"京邑帝里，佛法丰盛，神图妙塔，桀峙相望，法轮东转，兹为上矣"（郦道元《水经注》）。

昙曜又上奏文成帝设置僧祇户、佛图户，即请求将打下青州时所俘百姓及一般百姓中能每年上交60斛谷物给僧曹者，作为"僧祇户"，上交的谷物称为"僧祇粟"，拨归佛教僧团管理使用；奏请将在押囚犯及罪臣之家奴作为"佛图户"，供各寺院洒扫之役，兼为寺院种田交粟。帝均准奏。于是僧祇户和佛图户遍布于北魏各州镇，从此在全国范围内建立起稳固的寺院经济，开创了中国佛教寺院"僧团管庙、以庙养庙、自传自养"发展模式的先河，为佛教中国化做出了历史性的贡献。北魏平城时期"依国主立法事"的佛教发展模式，与同一时期南朝所奉行的庐山慧远大师倡导方外之宾"抗礼万乘，高尚其事，不爵王侯"的"沙门不敬王者论"，形成极为鲜明的对比。诚如日本著名佛教学者塚本善隆在《支那佛教史研究·北魏篇》中指出：法果、师贤、昙曜等人所推行的这种"认同专治君权之下的现实国家，顺从国家权力的……怀抱着普度众生的实践热情的佛教"，在佛教中国化的过程中首开政治上自觉认同、文化上自觉融合、社会上自觉适应之先例，也成为后来中国佛教发展的主流。

大同佛教文化的个性又体现为民族特色。大同自古是连接北方民族游牧文化同中原汉族农耕文化的一条重要纽带，是北方多民族聚居的一个重要基地。大同春秋时为北狄林胡所居，秦汉受匈奴侵扰，西晋后为鲜卑占领；北魏建都平城后，除汉、鲜卑外，尚有山胡、屠各胡、卢水胡、铁弗匈奴、高车、丁零、乌桓、党、氐、羌等族。从拓跋焘统一北方，50多年的制度建设、社会改革和经济发展，鲜卑拓跋部在完成自身汉化的同时，使各民族的政治、经济、文化、社会以及风俗习惯基本融为一体。特别是孝文帝拓跋宏在冯太后具体指导下推行的三长制、均田制、租调制三项制度改革，为拓跋氏全面汉化奠定了基础。拓跋鲜卑在北魏平城时代所代表的包容开放、兼收并蓄的气度和精神，促进了民族大融合，在汉民族的基础上形成了中华民族大家庭，这种精神对大同历史文化的传承产生着深远的影响。其历史积淀的最大成果，就是造就了今天以"改革创新，厚德载物，包容和合"为特征的大同文化和"有容乃大，大而化之，化而存同"的大同精神。

朝朝代代，一批批少数民族在大同地区定居，相互影响、融合，使大同成为中国历史上"民族融合的圣地"和"民族团结的故乡"。契丹、女真入主中原，既带来他们的风俗习惯，更多的是吸收了许多汉人的先进文化和风俗习惯，使大同民俗文化呈现出交融互补的多彩现象，影响到大同地区整个社会生活和风俗文化的形成与积淀。大同居民的语言、服饰、饮食、起居、风俗等，至今仍保留着北方民族的古老遗风。这一独特的地域文化映照到佛教文化上，无论从寺院建筑、雕塑、绘画等外在的佛教艺术风格，还是法脉传承、信仰传播等内在的佛教文化特质，都鲜明地体现出大同佛教文化的"民族性格"和民族特色。

民族融合文化的基因，孕育出了辽代著名的大同籍密宗高僧道殿祖师，其倡导的"显密圆通"准提法门，就是这种民族特色在佛法传承、信仰传播上的鲜活体现。

道殿祖师，字法幢，俗姓杜，云中（今大同）人。通内、外学，兼究禅、律，后专弘密教，为辽代佛教密学代表人物。道殿祖师幼年习儒，继而入释，十五学律，持戒谨严，精研内典，博达多闻。后驻锡辽代重要的密宗道场燕京永安寺，于此举扬宗风，弘传唐密善无畏尊者之独部准提法流，获赐"显密圆通法师"名号；并于辽道宗寿昌二年（1096）三月亲自主持修建了一座释迦舍利塔，"内有舍利戒珠二十粒"。《至元辨伪录》卷五载：此塔"因罹兵火荒凉芜没"，元至元八年（1271）三月，

"每于净夜，屡放神光。近居惊惶，疑为失火；即而仰视，烟焰却无。乃知舍利威灵，人始礼敬"。元世祖忽必烈"闻而信之，欲增巨丽"，"即迎其舍利"，诏请尼泊尔建筑师阿尼哥设计重建，"立斯宝塔"（即今北京妙应寺大白塔）；并以此塔为中心向四方各射一箭，划界扩寺，更名大圣寿万安寺（明朝重建时改名妙应寺，俗称白塔寺），以其"精严壮丽"成为元大都首屈一指的皇家佛寺。

道殿祖师晚年归隐河北蔚县小五台山金河寺，积累载之勤悴，穷大藏之渊源，圆融显宗华严思想和密教准提法门，撰成《显密圆通成佛心要集》一书，开宗汉传显密圆通准提法，彻底完成了唐传密教的中国化，从而开启了"中国化的密教"时代，使准提菩萨信仰绵延千年而历久弥新，并与阿弥陀佛信仰、观音菩萨信仰一道，成为中国佛教文化中佛菩萨信仰的主流。

大同佛教文化的个性还体现为大同佛教的边塞特点。大同是边塞文化的发源地之一，"山环采凉，水抱桑干，长城界其北，雁塞峙其南，西眺朔漠，东瞻白登"，自殷周以来，即为捍御雄边。内外长城把大同紧紧包围，境内山峦起伏，沟壑纵横，形成许多天然关塞，自古为兵家必争之地，史载有 29 个皇帝亲临大同征讨巡边，历代名将李牧、蒙恬、李广、靳尚、卫青、霍去病、李靖、薛仁贵、郭子仪、杨业、常遇春、徐达等都曾在大同守疆戍边。自石敬瑭割地，中原 400 多年失之防御；女真之亡辽、蒙古之亡金，皆先下大同。作为"北方锁钥"的大同，历代先后修筑有赵长城、汉长城、北魏长城、北齐长城、隋长城和明长城。据大同长城普查统计，境内现存历代长城遗址计 523.5 公里，其中战国赵长城 55 公里，东汉长城 37 公里，北魏长城 6 公里，明外长城 250.5 公里、内长城 175 公里。隋统一中国后，大同仍受突厥侵扰；唐末又成为沙陀人与吐谷浑争锋的战场。石敬瑭割让燕云十六州后，大同由契丹、女真、蒙古相继占领长达 433 年。辽升大同为西京后，视为重地，非亲王不得主之，清宁八年（1062）建华严寺，寺内供奉辽国历代诸帝石像和铜像。金人定中原，大同为其下足之地，天会三年（1125）三月，诏建祖庙于西京。大同明时又常受蒙古瓦剌侵扰，清为满人统治。2300 多年来，硝烟弥漫长城内外上千次，使大同人民频遭战火带来的巨大痛苦，但更多的则是和平共处、友好往来。位于大同新荣区的得胜堡是明代通贡互市的发祥地，是"隆庆议和"的签约处。得胜堡又与市场堡、镇羌堡、得胜口连在一起，构成了当年最繁华的边贸交易市场，吸引着半个中国的商人来此进行贸易。佛教文化在大同历史上的传播发展，一个鲜明的特点就是正宗的汉传佛教和大同作为边塞地区的塞上文化、长城文化、军旅文化、边贸文化、民族文化、民俗文化的融合与创新，多种因素、各种方式造就了大同佛教文化的边塞特点。

历经战争动乱的大同人民，希冀和平安定，崇信佛教。大同佛教寺院建筑始于汉明帝时的通光寺（北寺），鼎盛于北魏，繁盛于辽、金，延续于元、明、清、民，中兴于当代盛世。辽、金在大同建有许多巨刹名寺，至今熠熠生辉：有被誉为辽金博物馆的华严寺，其大雄宝殿为全国现存最大的古建佛殿；薄伽教藏殿内的合掌露齿胁侍菩萨，被誉为"东方维纳斯"；雕刻精美的"天宫楼阁"，壁藏犹如玉宇琼楼，玲珑之致，被称为"海内孤品"。善化寺古称开元寺，唐韵悠悠的普贤阁造型精美绝伦；大雄宝殿中的二十四护法诸天塑像，神情各异，极富人间韵味，为金塑之佳品；三圣殿中的朱弁碑，文章绝唱、书法绝世、刻工绝妙，堪称"金碑三绝"。《元史·世祖纪十》载：至元二十二年（1285），"集诸路僧四万于西京普恩寺，作资戒会七日夜"，四万僧侣法集一寺，在中国佛教史上绝无仅有。明清以来，大同尚有寺院上百所，至今仍有多处佛教文物遗存，其中世界遗产1处、国家级重点文物保护单位22处、省级文物保护单位20处，云冈石窟、华严寺、善化寺、浑源永安寺、灵丘觉山寺、阳高云林寺、天镇慈云寺等佛教寺院，各具特色，闻名遐迩。

大同佛教文化边塞特点最直接的体现，就是自金代开始逐步走向像"百货店"般调和包容的三教合一之路，同时也是佛教文化与民间信仰合流的滥觞。当代国学大家南怀瑾先生对传统文化曾有个比喻，他说，道家是药店，整个社会有病了必须找它；儒家是粮店，社会人每天都必须面对；而佛家是百货店，只要你有时间，进去总能找到你需要的东西。大同佛教文化正是如此，佛、道、儒三教合一的恒山悬空寺，即是弥足珍贵的史证。

悬空寺，又名玄空寺，悬挂在大同市浑源县北岳恒山金龙峡西侧翠屏峰的半崖峭壁间，面朝恒山、背倚翠屏，上载危岩、下临深谷，楼阁悬空、结构巧奇，建有大小殿堂房屋40间，除鼓楼、钟楼为公共建筑外，有释迦殿、三佛殿、五佛殿、观音殿、地藏殿、伽蓝殿、雷音殿、禅房、佛堂等佛教建筑，有太乙殿、三官殿、纯阳宫等道教建筑，还有关帝庙等民间宗教建筑等，其最具特色的建筑则是三教合一的三教殿。恒山悬空寺始建于北魏太和十五年（491），全寺为木质框架式结构，依照力学原理，半插横梁为基，巧借岩石暗托，梁柱上下一体，廊栏左右紧连，栈道曲折，虚实相生，为中国古代悬空木构建筑的精华，明代大旅行家徐霞客惊叹其为"天下巨观"。

悬空寺不仅以它建筑的惊险奇巧著称于世，其独特的"三教合一"多元宗教文化内涵更加丰富。在悬空寺千手观音殿下的石壁上嵌有两块800多年前的金代石碑，碑文赞颂三教创始人各自不同的出身和功德。金碑标明，悬空寺从金代开始由佛教寺院变成了三教合一的寺庙。据史料记载，悬空寺明代以前为僧住，明清两代时僧时道、僧道融合，清末以后到20世纪60年代前为道士所居，以后又一直为僧众常住。

广灵水神堂的建造，则标志着大同佛教文化与民间信仰的合流至明代中期渐趋高潮。水神堂系"大士庵"与"丰水神祠"之合称，位于广灵县城东南0.5公里处的壶山上，明嘉靖五年（1526）古钟铭文记有"广灵县水神堂"，是水神堂名称的最早记录。其建筑主体为观音大士殿和丰水神祠（亦称九江圣母殿），其他建筑主要有山门、钟楼、鼓楼、禅房、老君殿、文昌阁、百工社以及灵应宝塔等，其中钟楼为本寺住持僧于明嘉靖五年诵经募化修筑。水神堂建筑群总体平面呈八角形，典型的外观八合院，寓意八方和合，在建筑史上稀有罕见。除大士殿供奉观音菩萨外，丰水神祠主供祀水神九江圣母（龙母化身），文昌阁祀梓童王母，百工社则塑老子、鲁班、孔子像，道、工、儒三家祖师云集一堂，和衷共济。所有这些，都彰显了大同边塞佛教文化的独特神采。

一次次的冲撞与交融，却始终保持着鲜活独特的个性，这就是大同佛教千年不衰的文化内蕴，也是大同佛教文化独具特色的内在风骨。如果换一种视角来反观，大同佛教文化的特性，实质上即是赵朴初"佛教是文化"观在国家、民族、边塞层面的不同展现。中国文化是东方文化的精髓，以中华优秀传统文化为基础的东方文化是世界文明的重要组成部分，而宗教文化则是中华优秀传统文化的重要组成部分；在宗教文化中，佛教文化又有其独特的地位。遗憾的是，时至今天，还有不少人的认识水平和当年李银桥的一样，认识不到"佛教是文化"。由此可见，赵朴初的"佛教是文化"在当今时代愈发显示出重要的现实意义，亟待教内外携手合作，共同推进，大力加以宣传、弘扬、普及和发展。

缅怀赵朴老，继承和弘扬人间佛教思想

范殷铭[*]

一　缅怀赵朴老，继承和弘扬人间佛教思想

今年是赵朴初先生诞辰 110 周年，值此之际，我们回溯赵朴老的人间佛教菩萨行，缅怀赵朴老的丰功伟绩和高风亮节，有利于进一步认识赵朴老所倡导的人间佛教精髓，有利于顺应时代发展潮流，继承和弘扬人间佛教思想，促进世界和平、社会和谐与人民和乐。

二　太虚大师"人生佛教"的提出

《谛观全集》序："中国佛教自晚唐以来，教宗台贤，行归禅净，尔后学者莫能出其方轨，而罗什、玄奘所传大小空有之胜义，闻之者鲜矣！有清末叶，杨文会居士得《唯识述记》于东瀛；隋唐古疏，后由日本集为《续藏》而问世，于是隋唐盛世之佛学，乃渐呈复兴之运。欧阳渐居士成立内学院于南京，专治奘传唯识学，驰名于时。太虚大师成立佛学院于武昌，重奘什性相，主大乘八宗并行，盖以隋唐盛世之佛法为理想，融贯性相于台贤禅净之统。凡此悉中国佛法振古之学也。然近世佛法，由欧美及日人之研习，实已扩及巴利与梵藏文。由中国佛法言之，则趋于世界佛法，融摄新知之域。故内学院研习唯识，进及西藏所传安慧唯识，法称因明，南传部执。太虚大师拟成立世界佛学院，说《新与融贯》；总摄一切佛法，为教之三期三系，理之三级三宗，行之三依三趣，而导归于

*　范殷铭，大和生态研究所高级工程师。

'人生佛教'。成立汉藏教理院，传译藏文佛典多种。惜乎法为时崩，学人散落，启其绪而不能见其成也!"

太虚大师人生佛教提出的历史文化背景：一方面，清末民初，佛教极其衰败，以至于社会各界、朝野上下，觉得佛教对社会没什么用处，应该用它的财产来创办教育，而促使政府下令把寺庙里面的房子、田产都拿出来创办学校，中国传统文化，尤其是儒家文化，受到西方文化猛烈冲击；另一方面，则是欧洲学术界对佛教研究却表现出相当的热情，以致中国近代佛教（特别是在研究方法上）在相当程度上受到西学各方面的影响。太虚大师因应时代的需要，一生为振兴佛教、建设新的佛教文化而献身：一方面，他融通内学外学、旧学新学、唯识中观、法性法相，在佛学理论研究上提出许多精彩的见解；另一方面，则积极投身于佛教改革的实践中，举如创办佛学院、组织居士林、出版书报杂志等，大力宣传佛教文化、培养僧才，团结信众，并提出佛教改革的倡议和主张。正如太虚大师在《志行之自述》所言："志在整兴佛教僧会，行在瑜伽菩萨戒本。"指出在家信众与出家僧众是相辅相成的，欲要振兴佛教，是必使佛教在社会上得到支持和普及，必须"都摄乎正信佛教之在俗士女而后圆满。"（《佛教正信会缘起》）提出要以佛教的五戒十善作为在家信众学佛的根本，以使佛教道德深入社会人心，而改善社会风尚。太虚大师在不断的佛教改革实践中，继承大乘佛教世间出世间不二的精神，提出了人生佛教，并指出人生佛教的宗旨即在于以佛教"舍己利他""饶益有情"的精神去改进社会和人类，建立完善的人格、僧格。太虚大师非常重视佛法要与当今社会相契合，并指出佛法当以"求人类生存发达"为中心，当以"大悲大智普为群众之大乘法"为中心，"大乘佛法，虽为令一切有情普皆成佛之究竟圆满法，然大乘有圆渐圆顿之别，今以适应重征验、重秩序、重证据之现代科学化故，当以圆渐之大乘法为中心，而施设契时机之佛学"。

三 赵朴老"人间佛教"的提出

自太虚大师根据当时的国情及佛教发展相状，提出"人生佛教"的口号，在中华大地一石激起千层浪，促使国人对佛教两千多年的发展和多次大的演变进行了反思，警示了广大佛教信徒"更多地重视现实，着眼于人格的提高和完善，重视佛教的现实目的和社会效果"。①

1947 年 3 月 17 日，太虚大师在圆寂前十天，派人把赵朴初居士叫到身边，并把新编好的《人生佛教》送给他，对赵朴初居士说："这本书，经过多年编辑，现在才成功，我把它交给你，希望你好好学习，好好弘扬。我不久以后要离开上海，到无锡、常州去。"（"无锡、常州"即无常之意，太虚大师向赵朴初居士暗示自己即将圆寂。）

赵朴初居士不负重托，克服时艰。1983 年 12 月 5 日，中国佛教协会召开第四届理事会第二次会议，赵朴老在会议上作了《中国佛教协会三十年》的报告，报告中提出了"在当今的时代，中国佛教向何处去？"这一问题。报告做了明确的回答："我以为在我们信奉的教义中应提倡人间佛教思想。它的基本内容包括五戒、十善、四摄、六度等自利利他的广大行愿。""总之，我以为我们社会主义中国的佛教徒，对于我们信奉的佛教，应当提倡人间佛教思想以利于我们担当新的历史时期的人间使命；应当发扬中国佛教农禅并重的优良传统，以利于我们积极参加社会主义物质文明建设；应当发扬中国佛教注重学术研究的优良传统，以利于我们积极参加社会主义精神文明建设；应当发扬中国佛教国际友好交流的优良传统，以利于我们积极参加增进同各国人民友好，促进中外文化交流和维护世界和平的事业。"赵朴老是这么说的，在实践中也是这么做的，不论是在诸多佛协的重大会议上，在佛协章程、有关规章制度的制定上，还是在所出版的书籍、刊物中，抑或是在日常的待人接物中，始终倡导、践行人间佛教思想。

赵朴老在其所著《佛教常识答问》第五章最后一节，专门撰写了"发扬人间佛教的优越性"，表述了"人间佛教"的基本内涵，即"人间佛教主要内容就是：五戒、十善。五戒是：不杀生、不偷盗、不邪淫、不妄语、不饮酒。佛教认为，这类不道德的行为应该严格禁止，所以称为五戒。十善是在五戒的基础上建立的，约身、口、意三业分为十种。身业有三种：不杀、不盗、不邪淫；口业有四种：不妄语欺骗，不是非两舌，不恶口伤人，不说无益绮语；意业有三种：不贪、不嗔、不愚痴。这就叫十善，反之就叫十恶。"并进一步指出："假使人人依照五戒十善的准则行事，那么，人民就会和平康乐，社会就会安定团结，国家就会繁荣昌盛，这样就会出现一种和平安乐的世界，一种具有高度精神文明的世界。这就

① 倪强：《赤子佛心——赵朴初》，宗教文化出版社，2007，第215页。

是人间佛教所要达到的目的。"因此，赵朴老提出"人间佛教"旨在"以此净化人间，建设人间净土"。同时，根据时代要求和社会现实，将人间佛教系统化为一个思想、三个传统和五个建设。一个思想即佛法要根据时代背景与社会主义社会相适应，三个传统即农禅并重、学术研究和国际交流，五个建设即信仰建设、道风建设、人才建设、教制建设与组织建设。

四 赵朴老的"人间佛教"菩萨行

1925 年 5 月 30 日，著名的上海"五卅运动"爆发，时在东吴大学附中就读的赵朴初，参与领导和组织（赵朴初为执行委员）演讲队伍，沿途演讲、散发传单，并为罢工募集大批捐款，有力地支援了罢工运动。

1936 年，赵朴老参加了佛教界人士联合成立的"中国佛教徒护国和平会"，以"反对内战""抵御外侮"为口号，动员广大佛教徒和社会各界人士同日本侵略者做斗争。

1937 年，上海"八·一三"抗战后，赵朴老积极进行抗日救亡宣传活动，动员、组织并掩护三百多名青壮年奔赴前线，有力地支援了救国救民运动。

1938 年，赵朴老参加了上海职业界救亡组织——上海益友社并担任理事长，同时积极参加上海各界人士组织的抗日统一战线活动。

1945 年 12 月 30 日，赵朴老与马叙伦、许广平、周建人、王绍鏊、林汉达、雷洁琼等发起组织中国民主促进会，积极参加争取民主、反对内战、解放民众的爱国民主运动。

1952 年，于美帝国主义发动侵朝战争之际，赵朴老和全国佛教界高僧大德，为保家卫国、抗美援朝，节衣缩食，捐献了"中国佛教号"飞机。

1952 年 9 月 8 日，赵朴老出席了在北京召开的"亚洲及太平洋区域和平会议"，赵朴老利用此次机会赠送了日本佛教界一尊药师佛，打开了中日两国关闭多年的大门，为中国两国的和平友好做出了重要贡献。

1953 年 12 月 3 日，上海市佛教协会成立抗美援朝佛教支会，赵朴老担任了该会主任委员。

1961 年 3 月 14 日，赵朴老等人前往印度，参加世界和平理事会，参加纪念泰戈尔诞辰 100 周年大会。在大会上，赵朴老对反华势力进行了据理力争的批驳，捍卫了国家的尊严，得到大家一致称赞。

1976 年 10 月，党中央一举粉碎"四人帮"后，赵朴老写了一首《故宫惊梦》（套曲）——《江青取经》，以表达粉碎"四人帮"的欣喜和对"四人帮"累累罪恶的痛恨。

1978 年，党的十一届三中全会召开，在三中全会新闻公报发布之际，赵朴老欣笔写下了《四海欢》诗词。

1997 年 7 月 1 日，香港回归。赵朴老不顾带病的身体，于 6 月 20 日上午，在中国佛教协会主持召开了"在京佛协理事喜迎香港回归座谈会"；事后还专门写了一首《归字谣》——"庆祝香港回归"的诗词。

赵朴老对人间佛教充满着慈悲的赤子情怀，还反映在许多诗词上，反映在重振宗风的力举上，反映在为法忘躯上，反映在与一代高僧大德的情谊上，反映在对灾区灾情的悲心深愿上，反映在尊师重教、知恩报恩上，反映在缘结五洲的国际友谊上，反映在不服老而不知疲倦奋斗一生的精神上。

赵朴老爱国爱教的一生，对人间充满慈悲的赤子情怀，不愧是我们的爱国楷模和学习榜样，是我们"人间佛教"菩萨行——学菩萨行修菩萨道的典范。

五 "人间佛教"思想的现实意义

赵朴老的一生，正如《赤子佛心——赵朴初》第一章"赤子情怀"所总结："赵朴老是爱国爱教的典范，节俭清廉的模范。他不论在民族危亡重要时刻，还是在新中国成立后的各个历史阶段，始终与中国共产党风雨同舟，亲密合作，与全国人民站在一起，同国家、民族、宗教的命运紧密相连，竭尽全力维护世界和平、维护国家主权和领土完整，推进祖国和平统一大业，充分发挥宗教促进社会和谐与世界和谐的独特优势，为国为民做出了不可替代的卓越贡献。在生活上他始终保持着艰苦奋斗、勤俭节约的优良传统，一生清正廉洁、两袖清风。他为国为教的赤子之心、纯洁高尚的无私情怀，造就了他冰清玉洁的美丽人生。"赵朴老的一生正是践行"人间佛教"的一生，他以身作则，将佛子之心的本怀，将菩萨六度万行的愿行，融入为国为民的事业之中，融入促进世界和平与社会和谐的事业之中，融入人间的一切正道行之中；赵朴老的胸怀、行持、修为是我们学菩萨行修菩萨道的楷模、典范。

赵朴老始终坚持将人间佛教作为中国佛教发展的基本方向，将人间佛教的理念作为中国佛教发展的指导思想，极大地推动了人间佛教在中国大陆的发展与实践，对促进中国佛教与社会主义相适应，对中国佛教的曲折发展和复兴，都具有深远的历史意义。

六　中韩日黄金纽带构想有利于丝绸之路经济带的民心相通

丝绸之路经济带建设有优势、有机遇，也有劣势与挑战。如"一带一路"沿线国家文化差异大，宗教矛盾突出；国际恐怖主义、国内违法分子、宗教极端主义、民族分裂势力等还经常借助宗教来宣传自己的违法主张，挑起地区之间、国家内外部的纷争，导致极其恶劣的投资环境，威胁人员和资源的安全。

赵朴老提出的中韩日"黄金纽带"构想，在"一带一路"建设中，将继续发挥积极作用，并在推动中外友好往来、促进世界不同文明间的交流互鉴等方面继续产生重要影响。

在"一带一路"建设中，在中华文明伟大复兴的伟业中，我们要学习赵朴老把佛教的教义圆融于建设中国特色社会主义伟大事业之中的智慧，学习赵朴老把佛教的教义圆融于维护民族和国家的尊严、捍卫国家领土和主权的完整以及促进祖国和平统一的伟大事业之中的智慧，学习赵朴老把佛教的教义圆融于促进中国佛教界与世界各国佛教界友好交往的伟大事业之中的智慧。

赵朴初人格魅力与人间佛教

杨家伦*

人格魅力指一个人在性格、气质、能力、道德品质等方面具有的很能吸引人的力量。而人格是指人的性格、气质、能力等特征的总和，也指个人的道德品质和人的能作为权利、义务的主体的资格。

一个人的魅力在于人格的魅力，人格分为虚假的人格和本性的人格、艺术的人格，有魅力的人格即是真实的人格。人格魅力的性格特征表现为对他人和对集体的真诚热情、友善、富于同情心，乐于助人和交往，具有丰富的想象能力，在思维上有较强的逻辑性，善于控制和支配自己的情绪，保持乐观开朗、振奋豁达的心境，目标明确，行为自觉，善于自制，勇敢果断，坚韧不拔等。

赵朴初人格魅力就表现在他的高尚的品德、情操、道德、气质等诸方面。他一生严于律己，宽以待人，生活简朴，清正廉洁，他的人格魅力感染和震撼着世人，更体现在他的"人间佛教"上。

赵朴初提出的"人间佛教"，是在太虚大师和印顺法师提出的"人生佛教""人间佛教"基础上的进一步升华，使"人间佛教"内涵更加丰富、思想更加深刻、思路更加清晰、理念更加坚定。赵朴初在 1953 年 8 月 15 日发表了《佛教徒必须重视学习，努力学习》的文章，要求全国佛教徒认真学习政治、国家政策和时事等。"通过学习，使广大佛教徒提高了认识，增强了爱国主义的精神；通过学习，使佛教四众弟子明辨了是非，分清了邪正，团结一致，以保持佛教的纯洁。广大佛教徒在提高了对于新时代、对于自己今天应负的责任的认识的基础上，改变了过去不问世事的态度，以'庄严国土，利乐有情'为己任，积极参加各项爱国运动、

　　　* 杨家伦，安徽省滁州市定远县委宣传部理论科长。

政治运动和社会生产活动，使新中国佛教界成为建设事业中一支积极的力量。"赵朴初的"人间佛教"思想，始终贯穿于他的生活和工作中，我从以下几个方面来阐述。

一、赵朴初特别重视"人"和"做人"的品质，这是"人间佛教"思想中体现出来的精神之一。他说："我国佛教界为发扬佛陀利生济世的精神，主张提倡以人为中心的'人间佛教'思想。"认为要成佛必须先做个好人，"大乘佛教是说一切众生都能成佛，但成佛必须先做个好人，做个清白正直的人，要在做好人的基础上才能学佛成佛"。赵朴初从自身做起，做个重视"人"和"做人"的忠诚者、维护者、实践者。为了救济难民，他省吃俭用，践行自己的诺言。1937年8月13日，日军侵略上海，上海爆发了"八一三"抗战。在激烈的炮火弹雨中，大批难民涌入市区租界避难。上海各界人士奋起出来救济难民。当时赵朴初是佛教会干事，很能干，所以老先生们都依靠他。他具体在操作一个收容所，收容难民。当时上海有100多万难民，赵朴初千方百计地救济和安置上海难民。他老家有些田地，每年能收一些租钱，母亲将租钱一部分寄往上海，补贴赵朴初的生活，而这些钱都被赵朴初充公，用于救济难民。赵朴初时常囊中羞涩，就连身上的西装都是在旧衣市场买的，他常常和大家一起喝稀粥，吃阳春面。

赵朴初生活俭朴，常年吃素。那时买不起水果，水果摊上烂的水果挖掉一块，剩半个就便宜了。你可能几个钱就买到了，可能就三个铜板、两个铜板。再没有，就买点萝卜当水果吃。在这种情况下，他有点钱也愿意帮人。赵朴初带头救济难民的义举，影响很大，被当时舆论称为"赵朴初菩萨再世，侠肝义胆护难民！"

二、"果真人人能够学菩萨行，行菩萨道，且不说今后成佛不成佛，就是在当前使人们能够自觉地建立起高尚的道德品行，积极地建设起助人为乐的精神文明，也是有益于国家社会的，何况以此净化世间，建设人间净土。"这是赵朴初的肺腑之言。他乐于助人，对困难的人，总会伸出双手，送去春天般的温暖。赵朴初为朋友借西装就成为美谈。当年的丁瑜和表弟周克都在难民所工作，两人相亲相爱，终于打算结婚了。他们也是穷光蛋，想去拍张结婚照，可是周克连一件像样的衣服也没有。周克去找好朋友赵朴初帮忙，想向他借套西服，可是赵朴初的西服不仅太旧了，而且不合周克的身。赵朴初自己也拿不出钱来借给周克买衣服，这让他感到很内疚，怎么办呢？于是按照周克身材高矮、胖瘦，去找朋友借一套比较适合周克身材的小号而且崭新的西装。赵朴初赶紧给周克送去，穿上正好合身，拍完照又把西装送了回去。来回折腾，赵朴初忙得不亦乐乎。

中华人民共和国成立前，赵朴初在上海主要从事慈善工作，办难民所，办教养院，可谓救人无数。王成根是赵朴初收在净业教养院的一个孤儿，稍微长大，为了让他自立，赵朴初介绍他去中央机器厂当学徒。王成根由于过度劳累，被机器撞伤左肘关节。赵朴初知道后，赶紧来到工厂，将王成根送到医院治疗，伤好后又接回教养院。在后来漫长的岁月中，赵朴初一直关注着王成根的成长。但是后来，赵朴初听说上海的王成根在劳动中被重物撞击致腰椎骨折几乎瘫痪的消息后，不顾自己身处逆境，从北京寄来云南白药，还写信给上海的老友梅达君，请名医为他救治。

三、赵朴初强调自利与利他的统一，也是与他所主张的人间佛教的基本内涵相一致的。人间佛教虽然重视现实的人生，主张成佛以做好人为基础，但人间佛教依然是宗教，具有宗教的出离性特点，强调世间与出世间的统一，以出世的精神做入世的事业，所以人间佛教提倡做好人，但不能满足于做好人，而是要修学菩萨行，上求佛道，下化众生。他对自己的弟弟就是以"人间佛教提倡做好人，但不能满足于做好人"为要求的。

1947年底，赵朴初母亲去世后，父亲赵炜如和弟弟赵述初从家乡辗转南京等地，后到上海，住虹口四川北路。

父亲和弟弟一大家子的生活成了问题。弟弟希望哥哥为他安排一份轻松而薪水不错的工作。凭赵朴初手中的权力，这个不是难事。但是，赵朴初知道弟弟的能力，他只有去教书最合适。他没有凭着权力为弟弟安排轻松的工作，而是介绍弟弟去私立南翔静安乡实验小学教书。

大概觉得在一所小学当孩子王，赵述初有些怀才不遇之感，工作不认真。有一次在批改学生作文时，竟然用笔在学生的作文本上乱勾乱画，后来掷笔而去。这事后来传到赵朴初耳中，一向宽厚的赵朴初大怒，几次叫校长把他弟弟开除。校长出于对赵述初的同情没有照办。

赵朴初后来又把这事告诉父亲赵炜如，赵炜如特地写来一封信，把赵述初也训斥了一通，说"你身为人师，如此做法，按旧说是误人子弟，按新说是不肯为人民服务"。

赵朴初离开上海到北京工作，赵炜如、赵述初一大家子返回安庆定居。弟弟赵述初几次暗示哥哥，希望哥哥介绍在安庆找一份理想的工作。赵朴初知道弟弟的能力，再也不肯给弟弟介绍工作。他给弟弟写信："你要振作起来，不能靠我的关系谋职业，要靠自己努力。"

一丝不苟真君子。一天，赵朴初到了南京，南京有他的不少亲属，晚辈们晚上到宾馆看望他，大家都非常随便地坐在沙发上、床上。赵朴初不忘教育晚辈们："与朋友、长辈、领导们一起，坐沙发不要过于随便，特别是听人讲话，应该只能坐沙发的三分之一，将身子直立，认真倾听，以表示对人的尊重。"

四、佛教中有一种观点：人要止恶行善，不要做坏事，不要害人。人们常说"善有善报，恶有恶报，不是不报，时候未到"，这是有一定科学道理的。对自己"抠门"，对别人大方。赵朴初和夫人生活十分节俭。看过的旧报纸，别人寄东西来的空纸盒，都不准工作人员随便丢弃，要存放在那里，累积当作废品卖，换一些钱。赵朴初和夫人对自己是如此"抠门"，而对于捐助贫穷受灾地区人民，则是几万、几十万元。在其生命的最后20年中，他将自己的生活节余和各种稿费连同给他的世界和平奖金共250多万元，全数捐献给了社会慈善事业。

赵朴初的夫人陈邦织曾回忆："朴老对父母是极孝顺的，对亲友的困难也是极关心的。记得新中国成立后，我们刚调到北京工作，两人工资并不高，北京花费也大，就是在那样的情况下，他每月几乎要把一半工资寄给父亲、弟弟及其他亲友，而他自己过着的是十分俭朴的生活。"

晚年的赵朴初身体不好，是北京医院的常客。他的秘书陈文尧曾回忆：赵朴初虽年过九十，但从未泯灭对新事物的敏感和渴望。那时，用电脑的人还不多，他要文尧学电脑，说："你今后的路还很长，要学会学好电脑，对你今后在单位的工作是大有好处的，我也想学学用电脑呢。"他立即写条子给李家振："托李家振同志代我买一台电脑（可作打字、复印等之用的），费用在财务科我的存款中支付。"

赵朴初一生都在做好事、行善事、积德事。这里摘录一个小片段：赵朴初生于皖江，长于沪、宁，又加天资颖悟，所谓渊综博达，亦出勤学，亦出天资。赵朴初始到"立年"，即参加红十字会工作。这项工作，无疑是集中在扶生救死、奔走四方，对于体力锻炼、思想的仁慈，实是一种深刻的培养。

那时有一急救对象，正处在困饿无援的境地，赵朴初先生冒着生命危险，把募来救济的粮食，送去救急。旁有关心的人士向青年赵朴初提出警告，赵朴初反问：你如见到你的同胞困饿将死，那应采取什么办法？是先问他的派别，还是先送去食品？由此不禁让人想起孔子的学生问孔子："博施于民，而能济众"的人，算不算"仁"？孔子说：何止够"仁"，应该算"圣",尧、舜恐怕都不易达到这种境界!

五、人间佛教的最终目的和意义是利益国家和社会,实现人间净土。赵朴初说:"果真人人能够学菩萨行,行菩萨道,且不说今后成佛不成佛,就是在当前使人们能够自觉地建立起高尚的道德品行,积极地建设起助人为乐的精神文明,也是有益于国家社会的,何况以此净化世间,建设人间净土。""假使人人依照五戒十善的准则行事,那么,人民就会和平康乐,社会就会安定团结,国家就会繁荣昌盛,这样就会出现一种和平安乐的世界,一种具有高度精神文明的世界,这就是人间佛教所要达到的目的。"周总理的高度评价"真是国宝",就是最好的例证。

从1949年开始,华东地区连续三年遭受水灾。特别是1950年水灾,造成华东地区受灾农田面积5000多万亩,灾民1600万人。

新中国刚成立,百废待兴,加上帝国主义对新中国的经济封锁,也给救灾工作带来极大的难度。担任华东局人事部、民政部副部长的赵朴初一直忙于生产救灾,发动上海机关、工厂和市民募捐。

1951年,赵朴初和水利部副部长刘宠光一起,为分配救灾物资专门到山东、安徽进行调查研究。

1951年底,中央人民政府决定在国家机关人员中开展反贪污、反浪费、反官僚主义的"三反"运动。当时,赵朴初经手的是巨额的救济物资和慈善基金,有人怀疑他是"大老虎",下面是个"老虎窝"。工作队首先把赵朴初孤立起来,对其属下进行严格的审查。

报纸上刊登挖出许多"大老虎"的消息,还有的人畏罪自杀,一时间人心惶惶。有些人不了解政策,或别有用心,在审查中,不根据事实,乱咬别人,开脱自己。结果是既害了别人,也害了自己。赵朴初以非常平常的心对待这次运动,并要求下属:一、不乱说自己;二、不乱说别人;三、不自杀。结论出来了,由赵朴初经手的巨额钱物来龙去脉非常清楚,没有一笔糊涂账。钱,分分算得清;物,件件有去向。周总理知道后,称赞他说:"赵朴初真是个国宝。"于是,就有了赵朴初是国宝的说法。

六、佛法的空,是指变化与流转,而不是什么都没有。正如偈语所言:如露亦如电,梦幻如泡影。佛法,不是极端主义与厌世主义,而是认识到世界没有绝对静止与绝对永恒的存在。因此,与其重视物质,不如重视慈悲与心性。因为,物质不能解决一切烦恼,也不能永远陪伴。唯一可以永远陪伴自己的,只有心性。就像姜太公钓鱼一样,用直钩也能钓上鱼儿,而很多贪功好利的人用弯钩也钓不上。

苏轼《壬寅二月有诏作诗五百言》："闻道磻溪石，犹存渭水头。苍崖虽有迹，大钩本无钩。"赵朴初把佛法的空融入自己的生活中，勤俭节约，始终如一。他生活简单到了极点，从不敢浪费一丝一缕。外出开会，他喜欢单独吃饭，两小菜一清汤，吃不完的下餐再吃。金陵刻经处原主任管恩琨先生回忆：1992 年，在上海龙华寺宾馆开中国佛教教育工作会议，赵朴初一餐没吃完的菜，吩咐工作人员不准倒掉。工作人员没当回事，下餐吃饭，不见剩菜，赵朴初有意见了。几次这样，赵朴初生气了，甚至不吃饭了。这下工作人员再也不敢乱倒掉他的剩菜了。

赵朴初先生毕生考究着"啬"字，也身体力行，以这个字影响着社会和家人。在《祝贺中国道教学院成立》一文中他写道："'啬'字，就是一般口语中的'吝啬''啬刻'的'啬'。"朴老说，"这个'啬'字并不是坏字眼，它的意义是培育和积蓄。越王勾践十年生聚，'啬'的字义相当于'生聚'，不仅是节约，而是有生有聚，既要培育生长，又要储备积蓄，不断地培蓄自己的能量，不断加厚加固自己的根基，充实自己的生命力。所以老子说'啬'之一字是'深根固柢，长生久视之道'。这对于一个人来说是如此，对于一个国家来说也是如此。老子讲的这个'啬'字，可以说是道教养生之道的精髓。""治人事天莫如啬贵"，这是朴老终身信守的感言。

朴老的一生"从心不逾矩"，正如其自傲的格言"俭不期骄，禄不期侈，食不求饱，居毋求安"那样，衣食住行都遵循这个"啬"字。

赵朴初先生的生活极其俭朴，"两菜一汤"而已，他在诗中说："不知肉味七十年，虚度自渐已九十；客来问我养生方，无他奉告唯蔬食。""他的家里有什么呢？""一件现代化的、像样的家电都没有。"家具"都是（20 世纪）五六十年代的旧桌椅"。"穿的内衣补了又补"。脚上还是"一双带补丁的白色袜子"。如果你进过朴老的家，就可以看到那些补了又补的塑料盆、桶，那铁壳水瓶，都还在使用。不是亲眼所见，谁又能相信呢？

赵朴初先生常说："'历览前贤国与家，成由勤俭败由奢'。大到一个国家、一个民族，小到一个家庭、一个人，能不能兴旺发达，立于不败之地，不仅取决于有没有正确的理论和政策，而且取决于有没有艰苦创业、节俭清廉的精神。"

七、新中国的诞生，新的社会制度的确立，中国佛教界经历了思想上的改造、组织上的革新和行动上的转变，积极投身社会主义建设，面向现实人间，报国土恩，报众生恩，成为中国佛教的主旋律。赵朴初在行动上履行职责，公私分明，不占一分钱便宜。请看在上海时，他经手的钱千千万万，最后算账兜底，一分钱不差。1954年，组织调时任华东民政部副部长的他到北京工作，可是他穷得连到北京的盘缠也没有，去找朋友吴企尧借。吴企尧以为他是开玩笑："你当那么大干部，还找我借钱。"赵朴初很认真地说："是的，你暂时借我600元钱。"这时，吴企尧才明白赵朴初是真的没有钱。

长期工作于赵朴初身边的倪强回忆：让人无法想象，赵朴初夫妇生前睡过的床，竟然是两张旧单人床拼在一起的，且一高一低，不合缝。倪强等去看望赵朴初，看到这样的床，实在觉得过意不去，再三劝说换床。为了健康着想，两位老人还是不换床，答应在两张床上铺块木板，这样睡起来平整一些。经常给佛协做事的木工来赵朴初家做完活儿，准备走，却被夫人陈邦织叫住了，拿出些钱来，一定要付清工料钱才让走。

八、赵朴初在《中国佛教协会三十年》的报告中对人间佛教的思想作了精辟的概括："我们提倡人间佛教的思想，就要奉行五戒、十善以净化自己，广修四摄、六度以利益人群，就会自觉地以实现人间净土为己任，为社会主义现代化建设这一庄严国土、利乐有情的崇高事业贡献自己的光和热。""三不副主席"，名副其实。赵朴初先生是全国政协副主席，按规定，有关部门要给他换大一点的住房，朴老坚辞不受。他的夫人说："中央给他配警卫员，他不要；换红旗车，他不要；换大房子，他也不要。"他有三个考虑，"有了警卫员，我到那些穷朋友家里去，人家还要给警卫安排房子；换了红旗车，耀武扬威的，怕把人家吓着；我们的房子够住，不用换大的。"

人们都敬佩地赞誉赵朴初为"三不副主席"。他不止一次和堂弟赵国青说过："一个人如果有钱，把它放在家里，或存在银行里，自己花不了，钱放在那里有什么用？倒不如拿出来帮助社会，帮助有困难的人，这钱就起作用了，就有意义了。"在生命的最后20年中，他将自己的生活节余和各种稿费连同给他的世界和平奖金共250多万元，全数捐献给了社会慈善事业！他给侄儿们写信："认真对待人是'敬人'，认真对待事是'敬事'。敬事敬人，工作方能做好。"

九、佛教是讲道德的，赵朴初先生淡泊钱财，拒收"润笔费"，就是高尚道德最好的体现。送人玫瑰，手留余香。赵朴初先生的书法俊朗神秀，世人争为收藏，但他一生从不"卖"字，而是以自己的书法与人广结善缘，支持佛教和社会事业发展。他从不收润笔费，彰显了其清廉风范。

1987 年春天，北京灯市口新建了一座电视服务大楼，建设单位曾经来信恳请赵朴初题"北京电视大楼服务中心"几个字，并且答应给一笔润笔费，赵朴初谢绝了。并表示：无论再高的润笔费，他都不会写，并让工作人员写信婉言谢绝。

徐玉成在赵朴初身边工作，他有一位朋友叫王庆，认识一位深圳的青年企业家。这位企业家十分喜欢赵朴初的字，可能出于收藏的目的，恳求赵朴初给他写一幅字，并准备送给赵朴初价值 3 万元人民币的玳瑁作为酬谢。为了表示慎重，徐玉成还将电话记录送赵朴初看。两天后，徐玉成接到赵朴初批示："我曾经多次表示此类求字的一律不写，以后此类信件和电话记录不要再送我了。"徐玉成接到赵朴初指示后，只得向朋友婉言谢绝了。

当面对个人利益受到损害时，赵朴初总是选择慈忍。中华人民共和国成立后，上海疏散外来民众，他首先把自己父亲和妹妹送回安徽老家。

赵朴初外出视察，受到别人的热情接待，为表谢意，常以书法赠之。1990 年，他回到故乡安徽视察，半月有余，离别时，在合肥市关门一日，写字送人，无论各级领导，还是宾馆服务员，人手一张。晚年常住院，为表达对医护人员的感激，不但送字，还为他们撰写诗联。

据不完全统计，赵朴初一生创作韵文作品 2300 多首，书法作品在 2 万件以上。

赵朴初的"人间佛教"与
"一带一路"交流建设

左金众[*]

在当今,回顾百年"人间佛教"历程,无疑赵朴老具有时代性、革新性的"人间佛教"建设理论方针在改革开放新时期的中国大陆乃至整个佛教界具有突出地位。赵朴老"人间佛教"的提出"是结合中国佛教历史与现实进行深入思考的产物",有着深刻的历史思想渊源和时代意义。

明清以来,佛教鬼神迷信盛行,使得佛教积弊丛生而不断地衰落,"最致命的积弊莫过于极端落后于时代和严重脱离现实人生"[①]。19世纪末20世纪初,为挽救民族危亡和佛教衰败的局面,以太虚大师为首的佛教界有识之士,以人生佛教为根本,"依人乘行果趣进修大乘行",并"在人乘行果,以实行人生佛教的原理"[②],发起佛教的"教理革命、教制革命、教产革命",勇于革除旧弊,使佛教由重"死"向重"生"转变,由重"来世"向重"现世"转变。太虚大师的"佛教革命",首倡"人生佛教",开"人间佛教"建设思路之先河。太虚大师之后,印顺法师在继承和发展"人生佛教"思想基础之上,全面系统而深入地提出"人间佛教"理论。巨赞法师作为太虚大师"人生佛教"忠实的拥护者和继承者,20世纪40年代为促使佛教适应当下社会,提出"生产化""学术化"之佛教。

太虚大师、印顺法师和巨赞法师的"人间佛教"理念,无疑为赵朴

---

[*] 左金众,陕西师范大学宗教研究中心在读博士研究生。
[①] 杨曾文:《赵朴初人间佛教思想试论》,《佛学研究》2005年第8期。
[②] 黄夏年主编《太虚集》,中国社会科学出版社,1995,第46页。

老的"人间佛教"理论提供了直接或间接的历史思想及理论借鉴。

"人间佛教"的理论是与时俱进的,"提倡人间佛教放在整个中国佛教的指导地位,强调了人间佛教思想的普遍意义,这是太虚当年未能做到的"①。赵朴老秉承"太虚大师的遗志"②,推进了"人间佛教"的发展。"以人为本和与时俱进的人间佛教是当代中国佛教界的共同选择,是未来中国佛教发展的总趋势。"③ 1983 年赵朴老在《中国佛教协会三十年》的报告中,结合新中国成立以来佛教发展的经验,明确地提出"在我们信奉的教义中应提倡人间佛教思想",并以"农禅并重、学术研究、国际交流"等为指导方针。④ 1987 年中国佛教协会第五届全国代表会议,将"提倡人间佛教积极进取的思想,发扬佛教优良传统"加入《中国佛教协会章程》,对大陆佛教乃至整个佛教界的迅速发展起到指导和极大的推动作用。

赵朴老契合佛教真理、契合时代要求与国家需要,在理论和实践双向上积极推动和实施的"人间佛教",是一条中国佛教进入人间、服务社会的独具时代特色的重要路径。赵朴老的"人间佛教"理论是重要的思想和精神资源,与时俱进地深契中国现代化建设的现实社会之中,与现代社会进程息息相关,影响深远,具有强大的生命力。因此,笔者尝试分析和总结研究赵朴老"人间佛教"思想独特贡献的同时,积极探索和发掘赵朴老"人间佛教"思想理论对当前"一带一路"建设的贡献以及价值。

一 菩萨行与爱国:赵朴老"人间佛教"的基本精神

赵朴老曾多次指出:"中国的佛教徒,应当提倡人间佛教思想,以利于我们担当起新时期的人间使命。"⑤ 1983 年 12 月 5 日,中国佛教协会召开第四届理事会第二次会议,赵朴老做了《中国佛教协会三十年》的报告,正式提出把"人间佛教"思想作为中国佛教徒行动的指导思想,并"以工作报告的形式将实践人间佛教积极进取思想规定为中国大陆佛教的

---

① 陈兵、邓子美:《二十世纪中国佛教》,民族出版社,2000,第 215 页。
② 惟贤:《般若与人生》,宗教文化出版社,2003,第 103 页。
③ 杨曾文:《赵朴初人间佛教思想试论》,《佛学研究》2005 年第 8 期。
④ 赵翠翠、李向平:《"人间佛教"的社会观研究——以太虚、巨赞和赵朴初的佛教思想为中心》,《宗教学研究》2015 年第 1 期。
⑤ 萧秉权:《赵朴初宗教思想研究》,上海交通大学出版社,2010,第 45 页。

方向和时代使命"①。虽然，"中国大乘佛教的入世化、人生化倾向，从佛教自身的发展来说，是大乘佛教的入世精神在中国社会文化历史条件下的新发展，中国佛教所倡导的'出世不离入世'实际上是印度佛教的'出世精神'在中国文化中的一种特殊表现。"②。但是，赵朴老"人间佛教"的鲜明特色并非立足于印度小乘佛教，而是重视中国化的大乘菩萨道精神。从而，菩萨行与爱国是赵朴老"人间佛教"具有的两个显著精神内涵。

（一）"人间佛教"与大乘菩萨行精神

大乘菩萨行精神，是赵朴老"人间佛教"的核心理论以及实践行动指南。关于"菩萨行"，赵朴老指出："菩萨行总的来说是上求佛道，下化众生，是以救度众生为己任的。"菩萨行以菩提心为根本，赵朴老又讲："志愿自度度他，自觉觉他，叫作发大心，又叫作发菩提心。"因此，只有上求佛道以期诸恶莫作，下化众生以达众善奉行，以庄严国土、利乐有情为己任，大凡有如此之心、坚持落实如此之行的行为称为"菩萨行"，如此之人佛教称为"菩萨"。

菩萨行是佛教信众的基本品质，学佛就是学菩萨行。在现实人间，"佛陀立教，以慈济群生为本愿"。③ 为众生发菩提心，行菩萨行，是修大乘菩萨道的一项基本要求。因此，大乘菩萨道的核心是度众生，"菩萨成佛之前，学佛度众生，以度众生为修行佛道的中心课题；成佛之后还是永远地在度众生，这就是大乘佛教的中心思想"④。大乘菩萨行精神的"人间佛教"意义，不在于出世成佛或者追求来世的彼岸的"净土"，而在于现实社会中建设"人间净土"。诚如赵朴老所言，"如果人人都能学菩萨行，行菩萨道，且不说成不成佛，就当前使人们自觉树立起高尚的道德品行，积极地建立起助人为乐的精神文明，也是有益于国家和社会的，何况以此来净化世间，建设人间净土"⑤。发扬佛教大乘菩萨行精神的优良传统，把慈悲众生的"利他"事业作为活动的目的，尤其是注重发扬"人

---

① 杨曾文：《赵朴初人间佛教思想试论》，《佛学研究》2005年第8期。
② 洪修平：《赵朴初的人间佛教思想及其现实意义》，《世界宗教文化研究》2015年第2期。
③ 赵朴初：《书画功德集（序）》，人民美术出版社，1985，第1页。
④ 《赵朴初大德文汇》，华夏出版社，2012，第110页。
⑤ 赵朴初：《佛教常识答问》，江苏古籍出版社，1998，第216页。

间佛教入世度生的精神，为社会主义四化建设服务"①，佛教信众发菩提心，行菩萨行，抱着建设人间净土的信心，与社会主义现代化相结合，与建设精神文明相结合，推动民众的幸福，以及社会和国家的繁荣昌盛。

（二）"人间佛教"与爱国

人间佛教建设与爱国具有一致性，并不冲突、矛盾。首先，佛教的教理有助于社会的稳定，有利于精神文明和物质文明的建设。赵朴老认为："假使人人依照五戒十善的准则行事，那么，人民就会和平康乐，社会就会安定团结，国家就会繁荣昌盛，这样就会出现一种和平安乐的世界，一种具有高度精神文明的世界，这就是人间佛教所要达到的目的。"② 因此，"人间佛教"建设中，要注意"将佛教劝善止恶的戒规和伦理规范——五戒、十善及大乘菩萨四摄、六度等进行现代诠释，使之与社会公德、公民道德建设和思想教育相会通，在社会主义精神文明建设中发挥积极作用"③。在中国佛教协会成立之初，赵朴老就已经提出"庄严国土，利乐有情"的主张。所谓"庄严"即"使我们的人民大众过得安乐，有物质的庄严、有精神的庄严"④，把国家建设成拥有高度精神文明、物质文明以及民众幸福安康的国土家园。

其次，佛教信众践行"人间佛教"，"爱教首先要爱国"。1953 年 9 月，在上海佛教界人士短期集中学习的总结会上赵朴老讲道："对于我们来说，爱教同爱国是统一的，是和谐一致的。皮之不存，毛将焉附！没有国，哪有教？"因此，赵朴老明确地指明"爱教必须首先要爱国，而爱国就是爱教，两者不是对立的。"⑤ 1995 年 11 月 14 日，在寻访十世班禅转世灵童的小组会上，赵朴老又指出："爱国爱教是中国佛教的一个优良传统。中国历代高僧大德，没有一个不是爱教的，也没有一个不是爱国的。"⑥ 赵朴老不但将爱国与爱教、"人间佛教"建设与国家的现代化建设在理论上相统一，而且终其一生，都在身体力行。"在民族危亡时刻，在新中国建立的过程中，展现了他热爱祖国、热爱人民、热爱中国共产党的

---

① 赵朴初：《佛教常识答问》，第 147 页。
② 《赵朴初文集》（上卷），华文出版社，2007，第 562 页。
③ 杨曾文：《赵朴初人间佛教思想试论》，《佛学研究》2005 年第 8 期。
④ 《赵朴初大德文汇》，华夏出版社，2012，第 154 页。
⑤ 《赵朴初文集》（上卷），第 53 页。
⑥ 《赵朴初文集》（下卷），第 1035 页。

高尚情操。"新中国成立后，他"恪尽职守，殚精竭虑，为宗教与社会主义社会相适应的理论与实践做出了杰出的贡献"①。

最后，人间佛教建设与社会主义现代化建设不矛盾。赵朴老根据新的时代要求，着力强调"佛教人间净土的思想同社会主义不矛盾"②，"社会主义时期的佛教，应该如何结合时代发展为两个文明建议服务呢？重要的是要汲取佛教文化的精华，要发扬'人间佛教'的精神。'人间佛教'的主要内容是五戒、十善和六度、四摄，前者重在净自己的身心，后者着重在利益社会人群。……我们要发扬佛教的优良传统，继承先人的遗业，以'人间佛教'入世度生的精神，为社会主义四化建设服务。"人间佛教必须与社会主义精神文明、社会主义现代化建设相适应，因为佛教的教义告诉我们要"报国土恩、报众生恩，要以庄严国土、利乐有情为己任"③。

总而言之，赵朴老的"人间佛教"在大乘菩萨行精神的积极推动下，契机契理地与新中国社会相适应，与中国特色社会主义建设的各阶段相适应，圆融传统文化和时代思潮，圆融佛教与国家，圆融佛教的僧与俗，爱党爱国，爱民爱教，积极引导"人间佛教"建设与国家建设相结合。

二 赵朴初的"人间佛教"在国际交流中的实践

中国佛教有着良好的国际友好交流传统，1983年，赵朴老在《中国佛教协会三十年》的报告指出："中国佛教已有近2000年的悠久历史，并有着良好国际友好交流的传统。在历史上，中国和亚洲许多国家的高僧大德，曾梯山航海，往来于陆上和海上的'丝绸之路'，传播友谊的种子，交流中外文化。我国法显、玄奘、义净、鉴真等大师们的西行与东渡为我们树立了光辉的典范，我们应当继承和发扬这一优良传统。"④ 注重国际友好交流，是"人间佛教"建设以及中国佛教服务于国家大局的集中体现。赵朴老强调："我以为我们社会主义中国的佛教徒，对于自己信奉的佛教，应当提倡人间佛教思想，以利于我们担当新的历史时期的人间使命；应当发扬中国佛教农禅并重的优良传统，以利于我们积极参加社会主义物质文明建设；应当发扬中国佛教注重学术研究的优良传统，以利于

---

① 新华社：《赵朴初同志生平》，《人民日报（海外版）》2000年5月31日。
② 赵朴初：《中国佛教协会三十年》，《法音》1983年第6期。
③ 赵朴初：《中国佛教协会三十年》，《法音》1983年第6期。
④ 《赵朴初文集》（上卷），第562～563页。

我们积极参加社会主义精神文明建设；应当发扬中国佛教国际友好交流的优良传统，以利于我们积极参加增进同各国人民友好，促进中外文化交流和维护世界和平的事业。"① 赵朴老继承和发扬中国佛教国际交流的传统，并且在"人间佛教"建设过程中不断地丰富中国佛教的国际交流理论，以及不断地充实中国佛教国际交流的职责与能力。1956 年 10 月，第四届世界佛教徒大会上，赵朴老在《中国的佛教》一文中明确指出，中国佛教具有"国际友谊的建立"的功能，并强调中国佛教在世界佛教事业、人类的文化事业以及友好事业的交流中的地位与贡献。

（一）"黄金纽带"是中国佛教国际交流的纽带

佛教史上，中国与南亚的印度、锡兰、尼泊尔、巴基斯坦，中亚的阿富汗、伊朗，东南亚的印度尼西亚、缅甸、泰国、柬埔寨、老挝、越南，东亚的朝鲜、韩国、日本等国有着悠久深厚的友谊。佛教历来是中国与东亚、东南亚、南亚诸国友好往来的重要纽带。新中国成立后，赵朴老在"人间佛教"建设中，积极推动佛教"黄金纽带"的恢复与缔结。

1993 年，在庆祝中国佛教协会成立 40 周年之际，中日佛教界在京都京城饭店召开"中日佛教友好交流纪念大会"。赵朴老正式提出中韩日三国"黄金纽带"的构想，赵朴老指出："中国、韩国、日本在历史及文化等方面有着深远的历史关系。尤其应该指出的是，三国的佛教徒通过释迦佛祖的宗旨，从古至今结成了牢固的友谊纽带。这是一条璀璨耀眼的'黄金纽带'。今天，我们要使这条黄金纽带更加牢固，重放光辉，为亚洲的繁荣及世界的和平做出新的贡献。"为巩固佛教的"黄金纽带"，1995 年 5 月，在北京举办首届"中国、韩国、日本佛教友好交流会议"。在大会的开幕词中，赵朴老对"黄金纽带"的文明交流意义予以进一步诠释："中韩日三国人民、三国佛教徒之间有着悠久、深厚的亲缘关系。在地缘环境上，我们山水比邻；在文化习俗上，我们同溯一源；在宗教信仰上，我们一脉相承。有许许多多的纽带把我们紧紧联系在一起，不可分离。在所有这些纽带中，有一条源远流长、至今还闪闪发光的纽带，那就是我们共同信仰的佛教。我曾送给它一个形象的名字：'黄金纽带'。回溯历史，这条纽带自有史以来，佛教在中韩日三国人民的文化交流中起着媒介的作用。可以说，佛教上的合作与交流是中韩日三国文化交流史上最

---

① 《赵朴初文集》（上卷），第 563 页。

重要、最核心的内容。"① 与此同时，赵朴老再度强调一定要"继承和发扬长期友好合作的历史传统，使我们之间的黄金纽带延伸下去，扩展开来，联结更多的国家和民族，为亚洲的繁荣与稳定，为人类的和平与幸福披精进铠，作大功德！"② "黄金纽带"为中韩日三国传统友谊的恢复、中韩和中日之间的邦交正常化、战后东亚地区的稳定，做出巨大贡献。此外，"黄金纽带"为加强中国与东亚、东南亚、南亚、中亚诸国人民之间的互学互鉴，建立中国与世界各国的国际友谊，促进各自发展，以及对人类文明进步具有重大的积极意义。

（二）"佛教文化"是佛教国际交流的主要内容

佛教文化是"黄金纽带"的核心，也是中国佛教国际交流的主要内容。赵朴老强调："文化交流本身，就是一种国际友谊建设工作。"③ 佛教虽发源于古代印度，但传入中国之后，佛教与中国的儒家、道家文化融合，经过长期演化和发展，最终形成独具中国特色的佛教文化，并对中国的宗教信仰、伦理观念、哲学思想、文学艺术、礼仪习俗等产生深刻影响。"亚非地区有 100 多个国家，社会制度、历史文化、价值观念千差万别，共同构成异彩纷呈的文明画卷。"④ 而且无论是历史上或者是当今，这些国家的文明中也都蕴含着佛教文化因素，甚至佛教文化已经深刻影响着部分国家人民的生活。

赵朴老认为："数年来，我一直强调佛教文化，我们对传统的继承，是运用般若智慧，建立人间佛教，启迪智慧，净化人心。"⑤ 并坚信，"重振和发扬以佛教信仰体系为核心的佛教文明，……就一定能够为佛教自身建设的完善和人类文明的健康发展作出应有的贡献"。⑥ 以佛教文化为核心的中国佛教国际交流，具有超越文化本身的亲和力和群众性基础，对东亚、东南亚、南亚、中亚等地区以及世界的和平稳定与友好交流具有积极意义和价值。

---

① 《赵朴初文集》（下卷），第 1312 页。
② 《赵朴初文集》（下卷），第 1313 页。
③ 《赵朴初文集》（上卷），第 187 页。
④ 习近平：《弘扬万隆精神　推进合作共赢——在亚非领导人会议上的讲话》，《人民日报》2015 年 4 月 23 日。
⑤ 《赵朴初文集》（下卷），第 1430 页。
⑥ 《赵朴初文集》（下卷），第 1351 页。

（三）"和平"是佛教国际交流的主题

和平是世界交流和发展的时代主题，也是"人间佛教"以及"黄金纽带"的主题。佛教是一种和平的宗教。"佛教所强调的慈悲、平等的精神，对于提高人类道德情操，促进人类和平友好，具有重要的现实意义。"①"佛教徒对和平的向往与追求，是佛陀平等护念一切众生的大慈悲心的体现"②。历史的经验和事实都表明，佛教在传承的过程中从来没有动用过武力和战争等暴力手段，同时也不赞成任何的暴力性行为。佛法的戒、定、慧三学总纲与伦理道德密切相关。佛教认为"戒学"规范伦理道德，"定学"是调节和净化身心，"慧学"明善恶、辨是非。"佛教这种提倡道德、发扬智慧的积极精神，对于制止战争、维护和平，无疑是大有裨益的。"③

赵朴老看到，"今天世界上人类最大的忧虑和苦难就是谋求霸权的侵略、扩张，使无数人民遭受家破人亡、背井离乡、妻离子散的惨祸"。④并认为"疯狂的核军备竞赛、危险的军事冲突以及恐怖活动的横行、种族主义的猖獗、国际金融系统的不稳定、生态环境的污染和失调、社会财富占有的不合理、全球人口的膨胀等问题，就像乌云一样，笼罩着人类恐惧和不安的心灵"。⑤融和佛教教义和世界和平事业的理念和实践，正是赵朴老"人间佛教"建设和解除人类危机的伟大尝试。首先，赵朴老认为"人类如果用慈悲为怀的同情心，众生一体的平等观和明辨善恶的如实观作为指导生活的原则，就能改善人际关系，实现和平共处"⑥。其次，赵朴老尤其强调内心和平的重要性，"内心的和平会促进外界的和平。"⑦他认为"我国各个宗教都认为外界的和平是以内心的和平为基础的。没有内心的和平，外界的和平是不巩固的"⑧。再次，赵朴老强调"在独立

---

① 赵朴初：《佛教与和平：在接受庭野和平奖仪式上的讲话》，《法音》1985 年第 4 期。
② 赵朴初：《世界和平与宗教合作——在日本比睿山宗教首脑会议上的讲话》，《法音》1987 年第 6 期。
③ 赵朴初：《佛教与和平：在接受庭野和平奖仪式上的讲话》，《法音》1985 年第 4 期。
④ 赵朴初：《亚洲宗教徒团结起来为世界和平作出积极的贡献——"亚宗和"二次大会书面发言》，《法音》1982 年第 1 期。
⑤ 赵朴初：《世界和平与宗教合作——在日本比睿山宗教首脑会议上的讲话》，《法音》1987 年第 6 期。
⑥ 赵朴初：《佛教与和平：在接受庭野和平奖仪式上的讲话》，《法音》1985 年第 4 期。
⑦ 赵朴初：《在中国人民争取和平与裁军协会成立大会上的讲话》，《法音》1985 年第 5 期。
⑧ 赵朴初：《在中国宗教界和平委员会成立大会上的讲话》，《法音》1994 年 8 期。

自主、彼此尊重、相互平等的基础上，加强团结与合作，发扬宗教仁慈博爱、救世利人的伟大精神，提升人类的道德，净化我们的生存环境，使人类早日摆脱核战争与常规战争的威胁和破坏，获得持久的和平与安宁"①。在具体实践中，赵朴老将"佛法传播"与世界和平结合起来，强调佛教是热爱和平的宗教，以彰显佛教的世界性与国际交流功能的现实意义。1995年5月23日，他在中韩日三国佛教代表祈祷世界和平法会上的讲话中强调："佛教是热爱和平的宗教。佛教认为一切众生都有佛性，都是一体同心、平等不二的。佛教以同体大悲、无缘大慈为襟怀，以息灭贪、嗔、痴，破除我执为途径，以庄严国土、利乐有情为目的。佛教希望人们相互理解、相互宽容、相互帮助，反对任何贪婪、歧视和仇杀。佛教这种超越国界的以世界为本位的平等慈悲精神，是人类文明史上永远值得我们珍惜的宝贵财富……佛教是人类的精神故乡，是人类的心灵安宅。人们只有通过修习佛法，息灭心中的贪、嗔、痴等烦恼之火，做到心平气和，才能实现家庭的平静。家庭平静了，国家才能平静。国家平静了，世界才能平静。"② 在佛教和平观念之下，赵朴老致力于"人间佛教"和平理念的建设，以及对中国佛教和平精神的践行。

总之，赵朴老以佛教文化促进中国国际交流的方式，不仅体现了"佛教的智慧"，而且促进了我国与世界各国佛教事业的交流与合作，维护了亚洲及世界的和平。"中韩日佛教友好交流会议的实践证明，通过宗教交流传播和平理念，可以增进人民之间的友谊。"③"黄金纽带"上和平的文化交流，不仅可以促进中韩日三国的友好交往，更可以促进整个亚洲地区的民间友好往来，成为积极响应新时代建构"和谐世界""和谐社会"理念的召唤。正如圣凯法师所说："他（赵朴老）作为中国佛教界的领袖，对中国佛教历史传统与现实功能的独特理解，对展开中国佛教国际交流充满智慧的洞见与殊胜的方便。"④ 赵朴老虽然离去，但是，他提出的佛教"黄金纽带"上和平的文化国际交流的思想得以继承和发扬，并且以佛教为载体的中外交流活动频繁展开，"黄金纽带"在发挥宗教界的

---

① 赵朴初：《世界和平与宗教合作——在日本比睿山宗教首脑会议上的讲话》，《法音》1987年第6期。

② 《赵朴初文集》（下卷），第1314~1315页。

③ 王作安：《"黄金纽带"宜珍惜》，《中国宗教》2013年第12期。

④ 圣凯：《悲智双运与内外互动：赵朴初有关中国佛教国际交流的智慧内涵》，《世界宗教文化》2017年第2期。

积极作用、推动中外友好往来、促进世界不同文明间的交流互鉴等方面继续产生重要影响。

三　赵朴初"人间佛教"有助于推动"一带一路"建设

佛教与社会主义现代化建设具有一致性，佛教是社会主义上层建筑的组成部分。不但佛教实体、佛教文化可以为社会主义经济基础服务，而且佛教思想信念体系中的积极精神也可以为社会主义经济基础服务。1983年12月，赵朴老在《中国佛教协会三十年》的报告中指出："当代社会主义中国的佛教徒，应当提倡一种思想，……应当发扬中国佛教的三个优良传统。第一是农禅并重的传统。……从广义上理解，这里的'农'系指有益于社会的生产和服务性的劳动，'禅'系指宗教学修。……在开创社会主义现代化建设新局面的今天，我们佛教徒更要大力弘扬中国佛教的这一优良传统。第二是注重学术研究的传统。……我们应该在新的历史条件下，继承和发扬中国佛教学术研究的优良传统，努力开创佛教教学与研究工作的新局面。第三是国际友好交流的传统。在历史上，中国和亚洲许多国家的高僧大德，曾梯山航海，往来于陆上和海上的'丝绸之路'，传播友谊的种子，交流中外文化。我国法显、玄奘、义净、鉴真等大师们的西行与东渡为我们树立了光辉的典范，我们应当继承和发扬这一优良传统。"[①] 当前"一带一路"的建设中，中国佛教的"三大优良传统"以及赵朴老的"人间佛教"理念仍然具有巨大的现实意义和启示。

既具有民族性又具有世界性的双重特点，决定着中国佛教对"一带一路"的建设和发展发挥着关键性的纽带作用。"一带一路"不仅仅是一条政治、经济、文化的长廊，还是一条佛教传承与发展之路。中国是佛教信仰的大国，汉、蒙藏、巴利三大语系的佛教俱全。在佛教交流史上，中国与"一带一路"沿线的许多国家尤其是东南亚、南亚、中亚等地区都有着密切的联系。时至今日，"一带一路"沿线的越南、泰国、缅甸、马来西亚、斯里兰卡等国的佛教信仰依旧十分盛行。悠久的佛教文化交流史，使佛教成为沟通"一带一路"沿线东南亚、南亚等国家和地区的一条当之无愧的"黄金纽带"。共同的宗教信仰情结，使得弘扬佛教和合文化有助于沟通地区之间的文化交流、增强政治对话，增进与东南亚、南亚

---

① 《赵朴初文集》（上卷），第 562 ~ 563 页。

等国家和地区人民的友谊，促进地区和平和维护各国之间的和谐发展，以及人类社会的进步，保障"一带一路"的和平建设。

赵朴老的"人间佛教"，是对中国佛教与时俱进建设的发展与充实，对中国佛教与"一带一路"和平、包容、合作、共赢的精神的融合具有积极意义。赵朴老"人间佛教"在"一带一路"上的践行并非虚无缥缈和遥不可及，而是深深植根于现世生活中，有着具体的实践性和操作性，并散发着浓浓的现实主义气息。赵朴老"人间佛教"的精髓以及国际交流理念与"一带一路"所提倡的"和平合作、开放包容、互学互建、互利共赢"的发展理念具有高度一致性。赵朴老"人间佛教"的菩萨行精神、爱国理念、友好文化交流以及平等理念，具有调适人的心灵，人与人、人与社会、人与自然以及不同文明之间关系的作用。赵朴老"人间佛教"与中国"以和为贵"的爱好和谐与和平的传统一脉相承，与当代社会主义核心价值观紧紧地契合。在"一带一路"的建设与实施过程中，赵朴老的"人间佛教"对佛教文化国际交流以及中国和平精神的普及具有推广作用。赵朴老的"人间佛教"可以不断地增强与其他文明的民族、地区、国家之间的相互理解、相互欣赏与相互认同，有助于实现"一带一路"沿线各个国家、地区、民族之间的和谐与和平、利益均沾、合作共赢。

中华民族是"和合"的民族，中国是爱好"和合"的国家，佛教是"和合"的宗教。赵朴老的"人间佛教"是融合佛教与中国传统和谐文化，以及中国和平发展时代思想的优秀资粮。因此，赵朴老的"人间佛教"理念对于应对错综复杂的国际局势，促进"一带一路"的建设以及与沿线地区的合作共赢，构建"和平"的亚太地区关系，具有不可磨灭的现实价值和借鉴意义。我们坚信，赵朴老的"人间佛教"理念，一定能成为"一带一路"沿线各国家、地区和平与发展的共识和行动指南。赵朴老的"人间佛教"及其国际交流思想在维护"一带一路"的和平、促进"一带一路"和谐发展方面将发挥不可估量的作用。

赵朴初与唐玉华寺修复

王赵民[*]

已故中国佛教协会会长赵朴初对新时期佛教的振兴起到了承前启后的作用，他生前关心并多次过问陕西省铜川市唐玉华寺的修复工作，在病榻上接见专程来京拜会他的铜川市政府主要领导，对修复玉华寺提出了很好的意见。本文披露这一鲜为人知的史实，以缅怀这位对中国佛教做出了卓越贡献的大德。

一 玄奘创立法相宗

众所周知，中国佛教有八大祖庭，法相宗是其中之一，创始人是玄奘（600~664）法师，他是闻名中外的佛学家、哲学家、旅行家和翻译家，是中外文化交流的杰出使者和世界文化名人。

玄奘是中国文化人的精神偶像，曾以自己的方式影响了人类文明的面貌和进程，轰动了印度半岛，中、西亚等地，是我国最富传奇色彩的历史人物之一，是丝绸之路上的一位集大成者。美国哈佛大学教授杜维明认为："我相信，有史以来中国最有影响的知识分子是玄奘。玄奘的影响最大。"[①] 印度巴纳拉斯大学汉学博士卡玛·希尔说："玄奘对于印度人，对于研究印度的历史都是非常重要的。"

法相宗，因剖析一切事物（法）的相对真实（相）和绝对真实（性）而得名。又因强调不许有心外独立之境，亦称唯识宗。它主要传承古印度大乘佛学瑜伽一系学说，其所依经典，即以《瑜伽师地论》为本，

---

* 王赵民，陕西铜川市政府研究室副调研员。
① 《光明日报》2006 年 9 月 5 日。

以《百法明门论》《五蕴论》《显扬圣教论》《摄大乘论》《杂集论》《辩中边论》《唯识二十论》《唯识三十颂》《大乘庄严经论》《分别瑜伽论》等十论为支的所谓"一本十支"，《成唯识论》为其代表作。由于玄奘在西安大慈恩寺翻译佛经近十年时间，所以该宗又被称为慈恩宗。

二 法相宗祖庭唐玉华寺

玄奘曾经在陕西省铜川市玉华山建立译场，翻译佛经，并圆寂于此。其中，法相宗的根本经典《大般若经》《成唯识论》《唯识二十论》《辩中边论》是在玉华寺翻译的，所以该宗又称为玉华宗，唐玉华寺也成为法相宗的发祥地之一。

唐玉华寺是唐初长安重要的佛寺之一，其遗址位于陕西省铜川市北部42公里处的玉华山上，前身为唐武德七年（624）五月大唐开国皇帝李渊敕建的仁智宫。贞观二十一年（647），唐太宗李世民诏令在仁智宫旧址上扩建新的行宫，命名为玉华宫。第二年（648）三月，李世民专程来玉华宫休养。六月，他诏令正在长安弘福寺冒着酷暑翻译佛经的玄奘法师来玉华宫避暑休养，一直到当年十月十六日，才离开玉华宫，回到京城长安。在玉华宫避暑期间，唐太宗多次会见玄奘法师，并应玄奘法师的请求，御笔疾书，一气呵成，写成781字、流传千古的《大唐三藏圣教序》。在《大唐三藏圣教序》中，唐太宗高度赞扬玄奘法师舍身求法、西天取经的大无畏精神，说"有玄奘法师者，法门之领袖也，幼怀贞敏，早悟三空之心；长契神情，先苞四忍之行。松风水月，未足比其清华；仙露明珠，讵能方其朗润"。赞颂他"总将三藏要文译布中华"的不朽胜业。太子李治也写了《述三藏圣教序记》一文。

如今，由唐初四大书法家之一的褚遂良所书的《大唐三藏圣教序》和《述三藏圣教序记》两块石碑，保存在西安大雁塔底层南门两侧的砖龛内，供游人观瞻。

唐永徽二年（651）九月三日，唐高宗下诏，废玉华宫为玉华寺。从此，关中地区规模最大、富丽堂皇的大唐避暑行宫玉华宫便成了佛教寺院玉华寺。显庆四年（659）十月，玄奘法师带领他的门人来到玉华寺，继续他的翻译事业，一直到麟德元年（664）二月五日圆寂。在玉华寺的四年多时间，玄奘法师共译出佛经14部682卷，年平均译经170卷，占其平时译经的一半以上。其中，法相宗的根本大典，长达600卷，被玄奘誉为"镇国之巨典、人天之大宝"的《大般若经》就是在玉华寺翻译的。在翻译完《大般若经》后，玄奘法师曾动情地说："吾来玉华，本缘般若。"他生命的最后四年是在玉华山度过的，他把佛学的博大精深发挥到极致，涅槃成"大遍觉法师"，使玉华山梵音缭绕，佛光普照，成为名副其实的佛教圣地。由此可知，唐玉华寺在玄奘法师进行学术活动、建立法相宗过程中起过重要作用，这里是玄奘学术生涯的重要场所，在中国佛教史上占有极其重要的一席。

玉华山的灵气成就了玄奘的事业，玄奘的成就使玉华山名震寰宇。这里三面环山，一面临水，松林茂盛，层峦叠嶂，幽谷绵长，石窟深邃，怪石嶙峋，悬瀑飞泻，形成绿色环形天然屏障，以原始的形态呈现在人们面前，随处可见的石崖、石窟、瀑布、溪流、松柏，构成玉华山奇特秀丽的自然景观，自古以来就是陕西关中北部一处历史文化积淀深厚和自然景观奇秀的佳境，现为全国重点文物保护单位、陕西省重点风景名胜区，已跻身国家级森林公园、4A 级风景名胜景区的行列。

经历一千多年的风雨剥蚀，虽然当初那高大、瑰丽的宫廷建筑已荡然无存，但玉华山婀娜的身姿依然，美丽的风光依旧，优美动听的传说故事世代传颂。玉华山有玄奘法师留下的遗迹，有大自然所垂青的秀丽风光，二者相得益彰。走进玉华山，呈现在我们面前的，是精神与物质并存的一座大山。正如已故著名国学大师季羡林所赞誉的那样：

> 玉华宫这个地方，在我们赤县神州，是山明水秀，属"江山如此多娇"这个范畴的名山胜地，是大自然独垂青我们中华民族的一种表现。①

一位僧人参观后也向我们描述了他看到的景象：

> 一进入陕西铜川的玉华山，即感受到一种很强烈的磁场，越深入进去越感觉此山的神秘……
> 来到兰芝谷肃成院，即玄奘法师译经、立宗、圆寂的地方，面向当年玄奘供佛礼佛的石窟，不禁肃然起敬。②

---

① 见《唐玉华宫》序言，天马图书有限公司，1993。
② 《人民日报》2006 年 1 月 14 日第八版。

三 赵朴初为金刚座题诗

新中国成立之初，在唐玉华寺肃成院遗址石窟内曾出土一尊石雕金刚座，是玄奘法师在玉华寺译经期间，于唐龙朔二年（662）请石匠仿制而成的，现收藏在中国历史博物馆。

关于金刚座，玄奘法师在他的《大唐西域记》里是这样记述的："菩提树垣正中有金刚座。昔贤劫初成，与大地俱起；据三千大千世界中。下极金轮，上侵地际。金刚所成，周百余步。贤劫千佛，坐之而入金刚定，故曰金刚座焉。证圣道所，亦曰道场。大地震动，独无倾摇。是故如来将证正觉也，历此四隅，地皆倾动。后至此处，安静不倾。自入末劫，正法浸微。沙土弥覆，无复得见。佛涅槃后，诸国君王，传闻佛说金刚座量。遂以两躯观自在菩萨像，南北标界，东面而坐。闻诸耆旧曰：此菩萨像，身没不见，佛法当尽。今南隅菩萨没过胸臆矣。"

玉华寺遗址发现的这尊金刚石座，上圆下方，意寓天圆地方。圆形上部由仰莲与覆莲衔接而成，两层之间内束，恰似须弥座，下部为方形台座。座通高35厘米，方座每边长51厘米，中间有原来安放佛像的榫

槽，基座前方左侧刻有 20 字的楷书铭文，竖排 5 行，每行 4 字，以方格划分，字形秀美，笔法遒劲，有魏碑风格，内容为："大唐龙朔二年三藏法师玄奘敬造释迦佛像供养。"经专家考证，此 20 个字为玄奘法师手迹，极其珍贵。

中华人民共和国成立之初，为纪念玄奘法师，有关方面特意请石匠，按照玄奘在玉华寺敬造的金刚座的大小、型制、图纹，仿雕了一个，陈列在玄奘曾经译经的西安大慈恩寺内，供人们瞻仰。1964 年，纪念玄奘法师逝世一千三百年国际法会在西安大慈恩寺举行，赵朴初特意为金刚座题诗一首：

> 片石勒银勾，象教赖不堕。
> 虽失天人师，犹留金刚座。
> 想见翻经手，磨勘往复过。
> 千载如晤对，心光照天破。

法会组织者特意将这首诗印制在有金刚座铭文的拓片上，作为珍贵纪念品，分赠给来自亚洲八个国家和地区的佛教代表团的代表以及国内外佛学界的知名人士，一时传为佳话。

四　赵朴初关心玉华寺的修复

唐玉华寺的香火经历了一千二百余年，一直延续到清末，寺院消亡，僧人离去，仅留下残垣、石窟，遗构于玉华山中。

玉华山不应就此冷清、沉寂。改革开放之后，修复玉华寺被提上了议事日程，陕西省佛教界人士通过人大、政协会议，多次呼吁修复玉华寺，得到了铜川市政府的积极回应。市政府认真研究了佛教界的建议，派员同中国佛教协会、中国佛教文化研究所、玄奘研究中心、中国宗教会等有关负责人协商论证，一致认为，无论是从纪念玄奘法师、合理安排佛教活动场所，还是建设玉华山风景名胜区的角度看，修复玉华寺都是必要的，建议铜川市尽快启动这一顺乎民意的工程。1993 年，赵朴初还应邀为铜川市题写了"玉华宫""肃成院"等匾额。

1996 年 11 月 11 日，陕西省民族宗教事务委员会发文（陕民宗字 [1996] 76 号文件），同意恢复玉华寺为宗教活动场所。1997 年，铜川市成立县级玉华宫管理局，加快了玉华山开放建设的进度，玉华宫景区被陕西省人民政府批准为省级风景名胜区，铜川市政府采纳佛教界建议，同意将原玉华寺旧址作为修复玉华寺和建立玉华山玄奘纪念馆之用地。

建设玉华寺，对全面开发玉华山风景名胜区，打造铜川市旅游业龙头，具有重要而深远的意义。这不仅是铜川和陕西佛教界所关心的一件大事，也是海内外佛教界共同关注的一件大事。1997 年 12 月 28 日，铜川市主要领导专程拜见中国佛教协会赵朴初会长，征求对修复玉华寺和修建玉华山玄奘纪念馆的意见。赵朴老在北京医院病房，对修复玉华寺和修建玄奘纪念馆给予肯定，提出了明确要求。他说：

"你们要修复玉华寺，建立玄奘法师纪念馆，我很赞成。玄奘三藏法师，就是玉华三藏法师，又叫三藏法师。大师呀，上师呀，都不要。要我写纪念馆名，我就写'玄奘三藏法师纪念馆'。"

"日本有个寺院，在奈良，是玄奘法师创立的法相宗宗派，里边有个三藏院，供有玄奘法师的像，是尊坐像。玄奘法师的像要塑好，很不好办，非常难。玄奘法师这个人，他的相貌非常庄严，庄严如神，像神一样庄严。美仪如画，相貌非常漂亮，非常好！我见过很多设计的玄奘法师像，我看还没有一个画得好的。日本那个玄奘法师像是红木的，是玄奘法师的译经坐像。"

"关于寺院建筑布局，寺院内要多种些树，植树造林是寺院的优良传统。一进寺院山门，两旁都是树，'禅房花木深'呀！再进去就是大殿，是佛殿。不要天王殿，天王殿是朱洪武的时候，他下令造的，一定要建天王殿，要造弥勒像。因为南宋抗金的时候，民间有个弥勒教，是抗金元的，他就迎合民众心理。朱元璋做了皇帝后就命令天下寺院都要建天王殿。所以这个殿不要。一进寺院，有很多树，再进去就是大殿，里面就塑一尊佛像，像不要塑得太多。我看是要两座大殿，前面一间佛殿，后面一间是玄奘殿，供玄奘像。够了，不要造得太多，简单一些，朴素一些。这是我初步想法。"

"建筑设计，最好是仿唐的。梁思成是了不起的建筑学家，他的学生现在清华大学还有，请他们来设计。梁思成曾经在扬州搞了个鉴真纪念馆，设计是好的，是仿唐的。他设计的墙呀、柱子呀，都不油漆，朴素得很。可是后来，原住持和尚圆寂后，新住持把柱子油漆了，好心好意办了坏事，洗不掉了。所以，寺院的建筑，我想还是请梁思成的学生来设计，这是我的想法。"

"铜川的玉华寺应该是仿唐建筑样子，有走廊的，朴素一点，不要追求华丽、金碧辉煌。造像以少为主，主要是把像造好。这样人进去以后，思想集中。像少一点，反而显得庄严，这是我的想法。"

"你们修建玉华寺、玄奘法师纪念馆，我非常赞成。我们会支持你们的。我们佛协是个穷会，但会尽自己的力量支持你们，这是我们应当做的。"

"玄奘法师这个人了不起呀！你想，他从印度回来后，译经译了1300万字，现在恐怕世界上也没有一个人翻译过这么多文字，了不起呀！译那么多的经，真是了不起呀！中外、古今还没有人翻译那么多的经，而且还是古文、梵文，这个真是了不起呀！他最后翻译的《大般若经》600卷，就是在玉华寺翻译的。过去，一卷大概是一万字，600卷就是600万字，了不起！佛教徒现在日常念的《心经》，就是那部经的中心精髓。因此，修建玉华寺，是好事情，我是赞成的。"

"你们陕西了不起，太好了！那么多的古迹，你就说秦俑，了不起！那是举世无双的。我们中国皇帝死了造陵，是高的。埃及帝王死了造宫，是在地下，是直着挖下去的，很有意思。他挖得深深的，但是没有留下一点烟火痕迹，干干净净的，这就不晓得他那宫是怎么造的，到现在还是个谜。"

"寺院不要搞得金碧辉煌，花钱很多；像不要贴金，朴素一些。我认为这样好。最近，尼泊尔的佛诞地蓝毗尼，要求每个国家造一个寺庙，我们就造了一个'中华寺'，也是仿唐的。寺院大殿的佛像是铜的，没有贴金。铜的好。"

"如果要恢复玉华寺的话，那建筑就应该是仿唐的，仿唐的也便宜。现在，梁思成的学生还在世，要赶快造，再等就不好办了。"

（市长插话说："'玉华山玄奘法师纪念馆'只有请您题写，其他人题都不合适。"）

"题纪念馆馆名，确实需要，很重要。"

"甘肃发现一件七八千年前的彩陶，真了不起。所以，我们中国的历史文化要往前推。在文物方面，还是陕西了不起。你们有秦俑，现在只发掘了一部分，保存上还有问题。现在印度发掘出的东西，也有保存问题。在印度玄奘学习过的地方，那个时候就有7层楼高的房子，不得了！"

"北京房山石经，是日本人首先发现的，是他们偷盗出去的。后来在大连变卖的时候，引起我们注意。释迦牟尼诞生2500年纪念的时候，我们就开始挖掘房山石经，慢慢发现在这里埋着一万多块石经板，地上的风化了，地下的还埋在那里。现在保护还是个大问题。我们现在看到的房山石经，真是不容易。"

（谈到寺院住持）"现在要赶快培养些人才。我们现在有几个和尚在英国读博士学位。"

"玄奘法师真是了不起。西行取经时他原来骑的马，是匹很年轻的肥肥壮壮的马。可他碰上一个印度和尚，说你这个马不行，换我这个马。这匹马又老又瘦，'老马识途'嘛。玄奘就骑上这匹马，一路上没有东西吃，没有水喝，人马都不行了，都躺下去，这是在沙漠中的呀。可马在半夜忽然爬起来，玄奘也就跟着起来了，一直跑，忽然见到水，人马便都醒过来了。"

"我最近到无锡去，那儿有个马迹山，马留下足迹叫马迹山。怪呀！相传玄奘到过这个地方。还有一个叫小灵山。我说这个传说非常好，你们应当宣传它。他们现在造一个灵山大佛，88米多高，是世界最高的佛像，就在马迹山那个地方，很有意思。"

"灵山就是佛住过的地方，反正是个传说。铜川玉华山是玄奘法师译经的地方，也是圆寂的地方。是历史，更应宣传。佛教在日本、韩国、东南亚都有很多信徒。玉华寺修复了，玄奘法师纪念馆建起来了，就会有很多的信徒前来朝拜。这就会带动旅游事业和其他事业的发展。这是一件好事。"①

此后，根据赵朴老的意见，铜川市政府修订了景区规划，加快了玉华宫景区的建设进度。1998年5月13日，在赵朴老的关心下，由中国佛教协会主持，在铜川市召开了由全国各大寺院方丈、住持及著名佛学专家参加的"修复陕西省铜川市玉华寺委员会"第一次会议，并隆重举行了修复玉华寺奠基仪式，拉开了修复玉华寺的大幕。

玄奘法师历时十九载，翻译佛经75部1335卷。1999年3月22日恰好是他圆寂1335年。正因为有此两个巧合的"1335"的殊胜因缘，促成了第二届玄奘国际学术研讨会在玄奘法师圆寂地铜川市召开。此次会议由中国玄奘研究中心和铜川市人民政府经济研究中心、西安大慈恩寺、中国佛教协会佛教文化研究所等单位联合举办，来自美国、日本、印度、尼泊尔等国和中国大陆、台湾地区等海内外近140名专家学者及高僧大德参加了此次盛会。

---

　　　① 王赵民：《玄奘与玉华山》，三秦出版社，2010，第194页。

3月22日（农历二月初五）上午，参加会议的全体代表乘车来到玉华宫景区，先是兴致勃勃地参观了玄奘法师曾经译经并圆寂的玉华寺遗址；之后，代表们来到新落成的玉华玄奘纪念馆门前广场，参加玄奘纪念馆开馆仪式。中共陕西省委副书记范肖梅、玄奘研究中心主任黄心川、印度驻华大使南威哲、尼泊尔驻华大使阿查里雅·拉杰索以及全国政协委员、中国佛教协会副会长净慧法师等发表了热情洋溢的讲话。在省、市领导及嘉宾为纪念馆开馆剪彩之后，代表们怀着极大的兴趣，参观了玉华玄奘纪念馆。玄奘纪念馆占地2万平方米，建筑面积3500平方米，馆区分三藏院、碑林院、文物陈列院、生活接待院和三藏塔5个部分。三藏院内供奉高5米、重40吨，由两块天然海底青草石雕成的"玄奘法师坐像"，有在同类大型浮雕中当属全国之最的长100米、反映玄奘法师生平的汉白玉浮雕。玄奘纪念馆的建立，为沉睡了数百年的玉华山披上了浓厚的文化色彩，为进一步研究学习及弘扬玄奘精神提供了方便。

下午，第二届玄奘国际学术研讨会隆重开幕，大会收到70多篇论文，还宣读了赵朴老和中国佛教协会、中国宗教学会等单位发来的数十封贺信。在随后举行的大会和小组讨论会上，代表们争先恐后，纷纷发表各自的学术观点，并对玄奘在宗教方面的贡献，进行了多角度、全方位的深入探讨，对玄奘法师的历史功绩也进行了多层面、纵深化的研究。代表们一致认为，玄奘大师不畏艰险、舍身求法、负笈西游天竺的精神可歌可泣，应进一步发扬光大。代表们还建议铜川市应借玄奘之圣光，把铜川推向世界，向世界名城迈进。

3月23日下午，第二届玄奘国际学术研讨会圆满完成各项议程，胜利闭幕。此次盛会的召开，对宣传玉华宫景区、提高铜川的知名度产生了重要的影响，也加快了建设玉华宫景区、修复玉华寺的进程。这其中，凝聚着赵朴老的殷殷关怀。

近年来，玉华宫景区修通了连接305省道直通景区的旅游专线，西（安）延（安）第二条高速公路紧邻景区，留有出口，拉近了玉华宫景区与外界的距离。景区内水、电、路、宾馆等基础设施日趋完善，修建了供游人休闲游乐的亭台楼阁及登山石阶。赵朴老在谈话中所期望的已经变为现实："玉华寺修复了，玄奘法师纪念馆建起来了，就会有很多的信徒前来朝拜，就会带动旅游事业和其他事业的发展。"玉华山凭借秀丽的自然风光和丰富的历史文化，已经成为纪念玄奘法师的佛教名山和陕西北线旅游的一颗璀璨的明珠。

赵朴初人间佛教思想初探

昌 莲[*]

赵公朴初（1907~2000），当代著名书法家、诗词家、韵文家、佛学家。安徽省安庆市太湖县人，出生于安庆，1911年随父母迁回老家太湖县寺前河居住，早年曾就读于苏州东吴大学。1928~1938年，任上海江浙佛教联合会秘书、上海佛教协会秘书。1938~1945年，任上海文化界救亡协会理事，中国佛教协会秘书、主任秘书，上海慈联救济战区难民委员会常委，上海静业流浪儿童教养院副院长。1945~1950年，参与发起组织中国民主促进会，任华东军政委民政部副部长、人事部副部长，上海市人民政府政治委员会副主任。1953年6月至1980年，任中国佛教协会副会长，中日友好协会副会长、顾问，中国红十字会名誉会长，中国人民争取和平与裁军协会副会长。1980年以后，任中国佛教协会会长，中国书法家协会副主席，民进中央常委、副主席、名誉主席，全国政协副主席。1982年，荣获日本佛教大学名誉博士称号，日本佛教传道协会传道功劳奖。1985年，获日本第三届庭野和平奖。

朴老接触佛教较早，佛学造诣精湛，他将佛教精华思想广泛运用到了政治、宗教、文化等领域，一生追求进步，探索真理，孜孜以求，矢志不渝。改革开放后，他为佛教的恢复与发展做出了巨大贡献。传印长老称他为"如来使者，救世菩萨"。朴老生前颇为重视契理契机的"人间佛教"的发展，本佛教圆融无碍之大智慧、大精神，发扬大乘佛教"庄严国土，利乐有情"的菩萨精神，引导中国佛教与时俱进，促进社会和谐建设，树百丈清规，创人间净土。今就以朴老人间佛教思想为线索，从三个方面略论其内涵意义，以抛砖引玉。

---

* 昌莲，本焕学院讲师。

一 以"缘起性空"为发展人间佛教的主导理论

近代太虚大师首提"人生佛教"说,以对治佛教由来已久的两大弊习,改善实现人生佛教之真义。以"人"对治"鬼的佛教",以"生"对治"死的佛教"。太虚认为"人"处于十法界之关键枢纽,"由人向下为一切有情众生,由人向上为天及三乘、菩萨、佛。上下总依人生为转依,可见人生之重要性"。正源于人之无比重要,故"应依佛的教法,在人类生活中,把一切思想行为合理化、道德化、佛法化,渐渐向上进步,由学菩萨以至成佛,才是人生最大的意义与价值"①。究竟该如何发挥人生佛教的意义与价值呢?太虚尝作《怎样建设人间佛教》曰:"人间佛教,是表明并非教人离开人类去做神做鬼,或皆出家到寺院山林里去做和尚的佛教,乃是以佛教的道理来改良社会,使人类进步,把世界改善的佛教。"②太虚又强调佛学的两大原则曰:

> 佛学,由佛陀圆觉之真理与群生各别之时机所构成,故佛学有二大原则:一曰,契真理;二曰,协时机。非契真理则失佛学之体,非协时机则失佛学之用。真理即佛陀所究竟圆满觉知之"宇宙万有真相";时机乃一方域、一时代、一生类、一民族各别之心习或思想文化。必协时机而有佛陀之现身说法,故曰,"佛陀以世界有情为依";又曰,"佛陀有依他心,无自依心"。③

这就是要在人间广为推行佛陀的教法,并以此而实现人生最大的社会价值与时代意义。太虚"人生佛教"的提出,主要对治"鬼的佛教"与"死的佛教";"人间佛教"的提出,主要以发扬佛教教义而改良社会,俾其心向善,人类进步。然推行"人生佛教"或"人间佛教",务必要谨遵佛学的两大原则,上契佛理,下合时机。佛理即体,时机即用。体用不二,方为中正之道。若不上契佛理,则人间佛教势必会沦落为世俗化;若非下合时机,则失去了佛教在人间的人生意义与社会价值;是故台湾印顺导师继太虚大师而提出了"契理契机"的"人间佛教"。朴老亦深受太虚

---

① 明立志、潘平编《太虚大师说人生佛教》,团结出版社,2007,第10页。
② 明立志、潘平编《太虚大师说人生佛教》,第22页。
③ 明立志、潘平编《太虚大师说人生佛教》,第6页。

大师的影响与启迪，尤重对人间佛教思想的极力发挥与推崇，以创建和谐美好的人间净土。朴老在《关于佛教与社会主义精神文明建设的关系》一文中说：

> 关于"人间佛教"。禅宗的六祖说过："佛法在世间，不离世间觉；离世觅菩提，犹如求兔角。"佛经说不要舍弃众生，对众生的供养与对佛的供养应当是一样的、平等的。对众生应像对自己的父母一样供养，不舍弃众生就是人间佛教的思想。"代众生受苦"，"我不入地狱，谁入地狱"，佛教提倡这个。我提"人间佛教"实际就是从使佛教与社会主义社会相适应协调的角度提的，这在佛教教义上有根据。当然，这是提倡的重点，并不包括佛教的全部内容。协调有两方面的工作要做，一方面要贯彻宗教信仰自由，一方面佛教徒要参加社会主义建设，光强调一方面不行，这与佛教思想是一致的。今天这样提倡是为了更好地鼓励佛教徒为社会主义服务。①

朴老"人间佛教"思想，本慧能"佛法在世间"一偈而提出；慧能此偈，源于《华严经》"佛法不异世间法，世间法不异佛法；佛法、世间法，无有杂乱，亦无差别"②。《金刚经》亦云"一切法皆是佛法"。融佛法入世间法，摄世间法归佛法，使佛法与世间法协和统一为不二之关系。以佛法为体，以世间法为用，全机大用，本佛法正见为前导，俾世间法法头头皆合妙道。正以诸佛菩萨"了知法界体性平等"故，而"普入三世，永不舍离大菩提心，恒不退转化众生心，转更增长大慈悲心，与一切众生作所依处"。所以诸大菩萨不于阿耨多罗三藐三菩提独得解脱，而以"代众生受苦"之大慈悲情怀，本"我不入地狱，谁入地狱"之大无畏精神，在自己未成佛前成熟其未成熟众生，调伏其未调伏众生，普与法界众生同成觉道。朴老为使佛教发展与社会主义社会相适应协调而提倡"人间佛教"，此正太虚大师所谓"协时机"，大大发挥了佛法的社会价值与人间意义。《法华经》谓诸佛如来以一大事因缘出兴于世，无非是为令一切众生开、示、悟，入佛之知见，直下成佛而已；此大畅诸佛出世度生本怀。同样，朴老顺应社会主义社会新时代需求而提倡"人间佛教"，既大力发挥了佛教在构建社会主义社会过程中的人间化妙用，亦为佛教如何在社会

---

① 《赵朴初文集》（下卷），华文出版社，2007，第757页。
② 《华严经》第19卷，实叉难陀译，《大正藏》第10册，第105页中。

主义社会新条件下的发展提供了切入点。

朴老顺应社会主义社会发展的时代需要而提倡"人间佛教",协时机而不失佛法妙用。若一味强调"人间佛教"的协时机,则势必导致佛法沦落为世俗化,不契真理的"人间佛教"则失其佛法之正体。朴老认为:"佛教的核心思想是缘起论。佛教的一切教义都是建立在缘起的基础上的。佛教认为一切事物或一切现象的发展变化都是仗因托缘而起的。世间任何事物的存在都是互相依赖、互为条件的,在时间上表现为因果相续,在空间上表现为彼此相依。如果用佛教的缘起观点来理解我们人类的现实生活,就不难看出:我们人类原来是一个因果相续、自他相续的整体!正因为如此,国家与国家之间,种族与种族之间,都应一律平等,互相尊重,互相信任,和睦相处,共同致力于全人类的和平与发展事业。"① 据此缘起而论,佛法与世间法,佛教与人间,为一体两面之物,分则无所分,合亦无所合。朴老既以缘起论为佛教的核心思想,那么他所提出的"人间佛教"自然亦以缘起性空为主导理论。朴老亦云:

> 佛教讲缘起,一切事物都是由因缘而起。"因缘"这两个字翻译成现代话,就是关系、条件。缘起论是佛教的核心思想,佛对缘起的解释是:"若此有故彼有,若此生故彼生,若此无故彼无,若此灭故彼灭。"这便是说,一切事物的生起都是相互依存的关系。相信缘起论便是正信,相信神创造便是迷信。②

佛世时,以婆罗门教为主的外道皆迷信于"神我"思想,故佛陀说"缘起论"以破除之。朴老对此有深刻的见解,"相信一切事物都是无常的,一切事物都有发生、变异、消灭的过程。相信无常的道理便是正信;相信有一个常住、不变地起主宰作用的自我(或者叫灵魂)的是迷信"③。朴老在解释"缘起是什么意思"时说:"缘起即诸法由因缘而起。简单地说,就是一切事物或一切现象的生起,都是相待(相对)的互存关系和条件,离开关系和条件,就不能生起任何一个事物或现象。因(Hetu)、缘(Paccaya),一般地解释,就是关系和条件。佛曾给缘起下了这样的定义:若此有则彼有,若此生则彼生;若此无则彼无,若此灭则彼灭。这四

---

① 《赵朴初文集》(下卷),第719页。
② 《赵朴初文集》(下卷),第1080页。
③ 《赵朴初文集》(下卷),第1079~1080页。

句就是表示同时的或者异时的互存关系。"① 朴老始终本"若此有则彼有"一四句偈而阐释缘起论。此外，朴老又以《心经》"色不异空，空不异色"二句而阐释"缘起性空"：

> 这就是说一切法"缘起性空"。"色"，就是色、受、想、行、识五蕴中的色，是指物质。任何物质现象都是缘起，它有相状，它有功用，但是它的相状与功用里面没有常恒不变的指挥它的主宰，所以说是空。所谓空，不是指的色外空（物体之外的空），也不是指的色后空（物体灭了之后的空），换句话说，并不是离开色而另外有一个空，而是"当体即空"。色是缘起所起，色法上不能有个不变的实性，所以说"色即是空"；唯其没用实性，所以能遇缘即起，所以说"空即是色"。这也就是"色不异空，空不异色"的简单解释。受、想、行、识等精神现象也同样的是"缘起性空"。"缘起性空"是宇宙万有的真实相状，即所谓"诸法实相"。大乘佛教以实相为法印，称为"一法印"，一切大乘经教，都以实相的道理来印证。如前面所说"无住涅槃"和"菩萨六度四摄"等教义，都是以"缘起性空"的理论为基础的。②

朴老认为五蕴诸法皆由缘起而宛然有，同时亦由缘起而当体毕竟空。宛然有而毕竟空，毕竟空而宛然有。缘起性空，同时相夺而互成，圆融无碍。《心经》"色不异空，空不异色；色即是空，空即是色"四句，全盘突出了般若无所得之中道义，慧能"本来无一物，何处惹尘埃"一语道破。朴老本"色不异空"一四句偈而释"缘起性空"，最为恰当矣。正以菩萨六度四摄由缘起而有故，当体本空，同一无住涅槃。所以朴老以"缘起性空"为大乘佛教之"一法印""诸法实相"。朴老还惯以"诸法无我"与"诸行无常"概括"缘起"个中奥义，直揭缘起诸法当体性空之本来面目，俾世间法法头头悉同一寂静涅槃矣。此又将小乘"三法印"与大乘"一法印"直下相适应协和为不二之关系。乘无小大之差，法有逗机之别。大乘小乘，同一佛乘。更值得一提的是，朴老在解释"真俗二谛"与"中道实相"时说：

---

① 王志远主编《赵朴初大德文汇》，华夏出版社，2012，第22页。
② 王志远主编《赵朴初大德文汇》，第37页。

二谛的"谛"字是真实的意思，从法性理体边说的叫真谛，从缘起现象边说的叫俗谛。从俗谛说事物是有，就真谛说诸法是空，所以"真俗二谛"也叫"空有二谛"。色即是空，空即是色，色空不二，真俗不二就是中道，也叫诸法实相，这就是此宗的中心思想。此宗着重从真空理体方面揭破一切世出世间染净诸法缘起无自性，五阴十二处等虚妄不实，彻底破除迷惑，从而建立起无所得的中道观，以求实现其无碍解脱的宗旨。这一宗，实际就是印度龙树、提婆中观学说的直接继承者。①

据此则知，朴老的佛学思想以"缘起性空"为其核心主导理论，故他本般若中观学而提出了"人间佛教"。就俗谛缘起现象边而论，朴老为使佛教与社会主义社会相适应协和而提"人间佛教"；就真谛性空理体边而论，亦不能一味强调佛教的人间化，务必俾其与缘起性空理思想理论相契合。朴老所提倡的"人间佛教"，既有协和俗谛的人间化，同时亦有契合真谛的神圣性。总之，朴老"人间佛教"以般若中观学所传"缘起性空"为其主导思想与基础理论，贵在发挥"契理合机"的人间意义与社会价值。

二 以"五戒十善"为提升人生佛教的道德建设

佛陀所说三藏十二教，经诠定学，律诠戒学，论诠慧学。戒以束身，定以明心，慧以净性，正《首楞严经》"所谓摄心为戒，因戒生定，因定发慧，是则名为三无漏学"②。古德谓律为佛身，教为佛语，禅为佛心，密为佛力，净为佛土。又戒为三学之基，律为三藏之本。诸佛三昧力的修证功夫悉皆建立在严持净戒的前提下；若不持戒而修三昧，纵有多智禅定现前，亦必落狂慧魔定之类。是故《首楞严经》曰"若不断淫修禅定者，如蒸沙石欲其成饭，经百千劫祇名热沙……若不断杀修禅定者，譬如有人自塞其耳，高声大叫求人不闻，此等名为欲隐弥露……若不断偷修禅定者，譬如有人水灌漏卮欲求其满，纵经尘劫终无平复……若不断其大妄语（修禅定）者，如刻人粪为栴檀形，欲求香气无有是处"。这充分说明戒律在佛教中的重要地位。经通"天、仙、化人、弟子、佛"五人说，独

---

① 王志远主编《赵朴初大德文汇》，第91页。
② 《首楞严经》第6卷，般剌蜜谛译，《大正藏》第19册，第131页下。

戒律唯佛自制。佛教戒律条目虽繁多,然皆以"五戒十善"为总纲而制定。朴老在解答"什么是五乘佛法,什么是世间法和出世间法"时说:

> 人乘、天乘、声闻乘、缘觉乘、菩萨乘这叫五乘。其中,后三种叫出世间法,教理深奥,比较难学;前二种叫世间法。世间法是世人易学而能够做到的,也是应该做到的,前人名之为人间佛教。人间佛教主要内容就是五戒、十善。五戒:不杀生、不偷盗、不邪淫、不妄语、不饮酒。佛教认为,这类不道德的行为应该严格禁止,所以称为五戒。十善是在五戒的基础上建立的,将身、口、意三业分为十种。身业有三种:不杀、不盗、不邪淫;口业有四种:不妄语欺骗、不是非两舌、不恶口伤人、不说无益绮语;意业有三种:不贪、不嗔、不愚痴。这就叫十善,反之就叫十恶。①

佛法分五乘者,主要体现了佛陀"观机逗教,对症下药"的说法度众原则,此正《金刚经》所谓"如是,世尊!如来有肉眼、天眼、慧眼、法眼、佛眼"也。由于众生根机有利钝之不同,故佛陀教法亦分五乘。可谓对人法界众生说人乘法,对天法界众生说天乘法,对声闻法界众生而说声闻乘法,对缘觉法界众生说缘觉乘法,对菩萨法界众生说菩萨乘法,对佛法界众生说佛乘法。五乘佛法教义发挥虽有浅深之不同,然其究竟归元无二致,悉归一乘法,俾一切众生直下成佛而已。若约戒律标准而论五乘佛法,则人乘修五戒以止恶,天乘修十戒以行善,声闻、缘觉二乘修声闻戒以规身不犯律仪,菩萨乘修菩萨戒以制心不起犯戒之念。人乘戒为摄律仪戒,天乘戒为摄善法戒,二乘戒为定共戒,菩萨戒为道共戒。关于五乘佛法戒律的内容,朴老亦曰:

> 简单地说:戒律有声闻戒,有菩萨戒,这里所讲的律宗,是依声闻律部中的《四分律》,由终南山道宣律师一系所立的律宗。就戒条戒相说,有五戒、十戒、具足戒之分。五戒是出家、在家佛弟子共持的戒;十戒、具足戒是出家弟子的戒。这些在前面已经叙述,这里不多重复。各部律藏不只是戒相和制戒因缘,更大的部分是僧团法规、各种羯磨法(会议办事)、出家法、授戒法、安居法、布萨法、衣食法,以及日常生活小事,都有详细规定。因为时代的关系,环境的不

① 王志远主编《赵朴初大德文汇》,第108页。

同，许多戒律的规定，早已废弛不行了。菩萨戒有在家菩萨戒、出家菩萨戒。出家菩萨戒如《梵网戒经》有十重四十八轻戒，在家菩萨戒如《优婆塞戒经》有六重二十八轻戒。又总摄菩萨戒为三聚，三聚是三类的意思，称为三聚净戒。一是摄律仪戒，是戒相，是"诸恶莫作"；二是摄善法戒，是"众善奉行"；三是饶益有情戒，是"利益一切众生"。中国主要是大乘佛教，所以这里也简单提一提菩萨戒。以上是大小乘戒的内容。①

朴老对戒律内容的划分甚为清晰，他认为五戒是在家出家必持之共戒。佛教认为严持五戒是确保人身不失的唯一条件。古德常将佛教五戒与儒家五常相提并论，以说明佛教亦具儒家治世化民的妙用；不杀生即仁，不偷盗即义，不邪淫即礼，不妄语即信，不饮酒即智。这么说来，佛教五戒的确是人生道德建设的律仪准绳。十善由五戒而来，开合不同而已。五戒为止持，诸恶莫作；十善为作持，众善奉行。欲提高人生道德修养境界，必由严持五戒而进修十善。朴老将"五戒十善"定为人天乘佛法的主要戒律内容者，因为五戒十善是人人都能做得到，易于修学，是故他以"五戒十善"来提升人生佛教的道德建设。他认为只要依人间佛教的"五戒十善"内容而修，自然能成佛道。对此，他解答"据闻，大乘佛法说一切众生都能成佛，这种人间佛教和成佛有什么关系"一问曰："大乘佛教是说一切众生都能成佛，但成佛必需先要做个好人，做个清白正直的人，要在做好人的基础上才能学佛成佛。这就是释迦佛说的，'诸恶莫作，众善奉行，自净其意，是诸佛教'。怎样叫学佛？学佛就是要学菩萨行，过去诸佛是修菩萨行成佛的，我今学佛也要修学菩萨行。"② 这种说法，与太虚大师"仰止唯佛陀，完成在人格；人成即佛成，是名真现实"，如出一辙。学佛先从学做人始，成佛先从成人格始；学做人必先持五戒，成人格必先修十善。五戒十善是佛教学做人成人格的先决律仪标准，亦是菩萨行的主要内容。1983 年 12 月 5 日，朴老在《中国佛教协会三十年》的讲话中说：

> 我以为在我们信奉的教义中应提倡人间佛教思想。它的基本内容包括五戒、十善、四摄、六度等自利利他的广大行愿。《增一阿含

---

① 王志远主编《赵朴初大德文汇》，第 97～98 页。
② 王志远主编《赵朴初大德文汇》，第 109 页。

经》说:"诸佛世尊,皆出人间。"揭示了佛陀重视人间的根本精神。《六祖坛经》说:"佛法在世间,不离世间觉;离世觅菩提,恰如求兔角。"阐明了佛法与世法的关系。我们提倡人间佛教的思想,就要奉行五戒、十善以净化自己,广修四摄、六度以利益人群,就要自觉地以实现人间净土为己任,为社会主义现代化总建设这一庄严国土、利乐有情的崇高事业贡献自己的光和热。①

这便是朴老对人间佛教思想的精辟论述,据如来经论而提出,以五戒十善为实现人间佛教的自利广大行愿,以四摄六度为发扬人间佛教的利他广大行愿,使佛法发挥应有的人间精神与社会价值。奉行五戒十善,就是要净化自己,诸恶莫作,众善奉行;由恶止善行,而达到心灵的净化。1985年1月,茗山法师曾在江苏省无锡市佛教协会讲"五戒十善四摄六度"时亦曰:

> 这次我受江苏省佛教协会的委托,从南京到无锡来,传达中国佛教协会四届二次理事会议精神。昨天已将赵朴初会长《中国佛教协会三十年》的报告传达过了。今天,各位又要我来谈谈佛法。但"禅门深似海,佛法大如天",叫我从何谈起?我想:就照赵朴初会长报告中提出的"五戒、十善、四摄、六度"来讲一讲吧。
>
> 赵朴初会长说:"我以为应提倡人间佛教思想,它的基本内容,包括五戒十善、四摄六度等自利利他的广大行愿。"又说:"我们提倡人间佛教的思想,就要奉行五戒十善以净化自己,广修四摄六度以利益人群,就会自觉地以实现人间净土为己任。"②

这说明朴老人间佛教思想的提出,在当时得到了诸山长老的积极响应。朴老鉴于佛法教理的博大精深、义理幽玄,文化不高和悟解能力差者很难学习领会,为使佛法结合人们生活实际,有益于社会道德与精神文明的建设,才顺应时机地提倡推崇人间佛教思想。"佛经早已明言,大乘教理不是一般人都能信解的。佛法有浅深程度不同的各种法门,有适应各种根机的修持方法,各乘、各宗、各派都有引摄世间的教法,适合一般人的需要,是合理契机的。"③。所以朴老就择最合理契机而适应当前社会时代

---

① 《赵朴初文集》(上卷),第562页。
② 李书有主编《茗山文集》,第209页。
③ 王志远主编《赵朴初大德文汇》,第108页。

需求的人间佛教，为人间凡夫走向成佛的必由之道。不过，五戒十善为人天乘法，这与大乘佛教是否相违背呢？对此，茗山法师解释说：

> 佛教有三乘五乘，提倡人间佛教，是不是只修人天乘而废弃其他诸乘？我想不是。修人天乘，正是为修其他诸乘打下牢固的基础。譬如要造几层或几十层的高楼大厦，必先打好牢固的地基。《法华经》云："十方佛土中，唯有一乘法，无二亦无三。"三乘五乘，皆属方便说法，其实就是一乘。一与三五，不过开合不同。依据《法华经》开权显实，即实施权的道理，这人天乘或三乘五乘，都属于一乘，一乘也包括人天乘及三乘五乘。我体会，现在提倡人间佛教，是由于五戒十善的人天乘和四摄六度的菩萨乘，最适应当前的时代环境，并不是要废弃其他诸乘。①

据《法华经》"十方佛土中，唯有一乘法，无二亦无三，除佛方便说"则知，朴老把人天乘法之"五戒十善"列为人间佛教思想中的自利行愿，为实施权，并不与大乘佛教学佛成佛说矛盾，而且最为适应当前时机。

三　以四摄六度为实现人间净土的菩萨精神

大乘佛教慈悲拔济的菩萨入世精神，不外乎四摄六度。诸佛菩萨教化众生的方法不外乎两种：一是折伏；一是摄受。对刚强难化的众生，良言不听，善法难调，必须用威德折伏，使其知畏惧，才能舍恶向善。观音菩萨示现怒目金刚，释迦文佛示现大威德王，悉皆外现威武相，内秘菩萨行。这是诸佛菩萨为教化顽强众生而所开的一个方便折伏法门。这好比父母对不听话孩子的严厉责罚，目的是希望他好好向上，直到他们肯听话，还是用摄受方法的。或先折伏后摄受，或先摄受后折伏，或亦折伏亦摄受，或非折伏非摄受，具体情况须具体分析对待，不可拘泥。折伏也好，摄受也好，悉皆同一慈悲。所谓四摄者，即布施、爱语、利行、同事。摄者，导引、摄受之谓。此四法皆为诸佛菩萨摄受利益众生时所应坚持的四种权便方法，可谓"善知方便度众生，巧把尘劳作佛事"。对四摄法的解释，朴老亦云：

---

① 李书有主编《茗山文集》，第219~220页。

摄（Sangraha－vastu）的意义是大众团结的条件。第一是布施；第二是爱语（Peyyavajja），慈爱的言语和态度；第三是利行（Attha-cariya），为大众利益服务；第四是同事（Samanattata），使自己在生活和活动方面同于大众。四摄法是菩萨在众生中进行工作的方法。①

朴老对四摄法的阐释极为浅显明白，亦有深刻见解。用禅宗的话说，为使一切众生扭转机掫向上，与三世诸佛同一鼻孔出气故，则不得不用此四种方便法摄化之。朴老还认为"菩萨为了利益众生，必须广学多闻。佛教要求菩萨行者学习五明（Vidya 就是'学'）：（1）声明，即声韵学和语文学；（2）工巧明，即一切工艺、技术、算学、历数等；（3）医方明，技医药学；（4）因明，即逻辑学；（5）内明，即佛学。五明是学者必须学习之处。'学处广大，悲心恳切'是菩萨的条件。大乘佛教号召难学能学，尽一切学"。欲通达佛学因明，须先谙熟前四明。大法东来，译梵文为汉字唐言，是故欲通达中国汉传佛法须先谙熟孔道之学；欲将佛法弘传至世界各国，非精通外文不可。连目不识丁的慧能亦传香授戒曰："解脱知见香，自心既无所攀缘善恶，不可沈空守寂，即须广学多闻，识自本心，达诸佛理，和光接物，无我无人，直至菩提，真性不易，名解脱知见香。"② 意谓欲端正知见，亦须广学多闻。即便是宗门悟后者，为利益众生故，亦须遍参天下丛林善知识，广参饱学，以开阔眼界，增长见识。朴老当年曾先后保送二批五比丘远赴斯里兰卡留学，攻读佛学博士学位，想必亦为其广学多闻，冀其遍弘佛法，普利群生也。

所谓六度者，即布施、持戒、忍辱、精进、禅定、般若六波罗蜜门。梵语波罗蜜，华言到彼岸；即此六波罗蜜门能使一切众生渡过生死苦海，诞登涅槃彼岸。约自利而论，此六波罗蜜门能对治（度）六种习气，即布施度悭贪，持戒度毁犯，忍辱度嗔恚，精进度懈怠，禅定度散乱，般若度愚痴。约利他而论，此六波罗蜜门是诸佛菩萨拔济救度苦海众生不可或缺的六种精神。前五度犹足堪行，后一度若目能导。有前五度而无般若度者不能到彼岸，有般若度而无前五度者亦不能到彼岸；唯有目足并运，六度齐行，方能究竟到彼岸。朴老以六波罗蜜门为菩萨万行的总纲，曾解释其具体内容与意义曰：

---

① 王志远主编《赵朴初大德文汇》，第36页。
② （元）宗宝编《六祖坛经》，《大正藏》第48册，第353页下。

根据佛陀的教导，修学菩萨行的佛弟子，不但不探求分外的财物，还要以自己的财法施给别人，这叫布施；一切损害别人不道德的行为严禁去作，这叫持戒；不对他人起嗔害心，有人前来嗔害恼我，应说明情况，要忍辱原谅，这叫忍辱；应该作的事情要精勤努力去作，这叫精进；排除杂念，锻练意志，一心利益众生，就叫静虑；广泛研习世出世间一切学问和技术，就叫智慧。这六种法门通常也叫作六度。这六件事做到究竟圆满就叫波罗蜜，波罗蜜意为事究竟，也叫到彼岸，古译为度。佛陀叫弟子依这六波罗蜜为行动准则以自利利人，就叫菩萨行。①

朴老把大乘佛教六波罗蜜门作为诸佛菩萨自利利人的行动准则，名为菩萨行。"菩萨行总的来说是上求佛道，下化众生，是以救度众生为己任的"。朴老提倡推崇的人间佛教思想，一方面要"奉行五戒、十善以净化自己"；另一方面要"广修四摄、六度以利益人群"。其终极目的，就是要发扬自利利人的菩萨行精神，从而"自觉地以实现人间净土为己任，为社会主义现代化总建设这一庄严国土、利乐有情的崇高事业贡献自己的光和热"。朴老认为欲于此娑婆世界创建实现人间净土，非落实四摄六度为主要内容的菩萨行精神不可。朴老说："菩萨以此六波罗蜜作为舟航，在无常变化的生死苦海中自度度人，功行圆满，直达涅槃彼岸，名为成佛。菩萨成佛即是得大解脱、得大自在，永远常乐我净。这就是大乘佛教菩萨行的最后结果。菩萨成佛之前，学佛度众生，以度众生为修行佛道的中心课题，成佛之后还是永远地在度众生，这就是大乘佛教的中心思想。菩萨行的人间佛教的意义在于：果真人人能够学菩萨行，行菩萨道，且不说今后成佛不成佛，就是在当前使人们能够自觉地建立起高尚的道德品行，积极地建设起助人为乐的精神文明，也是有益于国家社会的，何况以此净化世间，建设人间净土！"② 此则将四摄六度之菩萨行作为实现人间净土的二种建设，可谓自觉觉他的道德品行建设与助人为乐的精神文明建设。朴老又将如何落实这二种建设的具体方法，付诸佛教无常观的世界观与菩萨行的人生观中。他曾解释"什么是菩萨行"曰：

> 修学菩萨行的人不仅要发愿救度一切众生，还要观察、认识世间

---

① 王志远主编《赵朴初大德文汇》，第110页。
② 王志远主编《赵朴初大德文汇》，第110~111页。

一切都是无常无我的，要认识到整个世间，主要是人类社会的历史，是种不断发生发展、无常变化、无尽无休的洪流，这种迅猛前进的滚滚洪流谁也阻挡不了，谁也把握不住。菩萨觉悟到，在这种无常变化的汹涌波涛中顺流而下没有别的可做，只有诸恶莫作，众善奉行，庄严国土，利乐有情，这样才能把握自己，自度度人，不被无常变幻的生死洪流所淹没，依靠菩萨六波罗蜜的航船，出离这种无尽无边的苦海。《华严经》说，菩萨以"一切众生而为树根，诸佛菩萨而为花果，以大悲水饶益众生，则能成就诸佛菩萨智慧花果"。又说，"是故菩提属于众生，若无众生一切菩萨终不能成无上正觉"。所以，只有利他才能自利，这就是菩萨以救度众生为自救的辩证目的，这就是佛教无常观的世界观和菩萨行的人生观的具体实践，这也是人间佛教的理论基础。①

真正菩萨行者，一方面要上求佛道，另一方面要下化众生。上求佛道成佛的目的是为了更圆满地永无休止地度化众生，然佛道须于度化众生之菩萨行中求其圆满。朴老引征《华严经》文句说明了"生佛平等，凡圣一如"的理念，菩萨行者明白了这个理念便会发大悲心拔济救度苦海众生，发大慈心与苦海众生之种种乐。朴老亦认为唯菩萨行者深刻意识到娑婆世界无常变化的危机，才会发自内心地"诸恶莫作，众善奉行，庄严国土，利乐有情"。唯有行菩萨行，才能自度度人，才能不被无常洪流所淹没。佛教无常观的世界观能使行人生发大悲心，菩萨行的人生观能使人生发大慈心。悲以拔苦，慈能与乐。所以朴老把佛教无常观的世界观和菩萨行的人生观的具体实践，亦作为人间佛教的理论基础，此亦为朴老人间佛教思想中的一大特色。

---

① 王志远主编《赵朴初大德文汇》，第109～110页。

试论赵朴初人间佛教与佛教的中国化

——以"农禅并重"的传统为例

黄惠菁[*]

1983 年 12 月 5 日，中国佛教协会会长赵朴初先生在中国佛教协会第四届理事会第二次会议上做了《中国佛教协会三十年》的报告，他在报告中提出了"一个思想"：提倡人间佛教的思想；"三个传统"：继承和发扬佛教的"农禅并重""学术研究""国际友好交流"的优良传统。其中"学术研究""国际友好交流"的提出，是希望透过深度研究与广度接触，打开佛教的视野，有助于向世人全面宣扬佛教的价值。至于"农禅并重"的发议，较引人注目，其实这是朴老深思后的真知灼见，是他根据历史的发展背景，以及佛教中国化后所具备的特色而倡言的要点，十分中肯，既能突破佛教当时的困境，也为"人间佛教"的发展做了最好的铺垫。据其阐述：

> 中国古代的高僧大德们根据"净佛世界，成就众生"的思想，结合我国的国情，经过几百年的探索与实践，建立了农禅并重的丛林风规。从广义上理解，这里的"农"系指有益于社会的生产和服务性的劳动，"禅"系指宗教学修。正是在这一优良传统的影响下，我国古代许多僧徒们艰苦创业，辛勤劳作，精心管理，开创了日连阡陌、树木参天、环境幽静、风景优美的一座座名刹大寺，装点了我国锦绣河山。其中当然还凝结了劳动人民的劳动与智慧。中国佛教协会成立三十年来，一直大力发扬这一优良传统，号召全国佛教徒以"一日不作，一日不食"的精神，积极参加生产劳动和其他为社会主义建设事业服务的实践。在开创社会主义现代化建设新局面的今天，我们佛教徒更要大力发扬中国佛教的这一优良传统。[①]

---

* 黄惠菁，台湾屏东大学教授。

① 赵朴初：《中国佛教协会三十年》，"中国佛教协会"官网，http://www.chinabuddhism.com.cn/js/hb/2012‒03‒15/447.html。

赵朴老明确指出，所谓的"农"指的是"有益于社会的生产和服务性的劳动"，而"禅"则是宗教学修。两者结合，说明佛教虽强调修行，却须立足于社会，服务于人间，实现大乘佛教自利利他的理想精神。所以，"农禅并重"的提出，在赵朴初先生整个"人间佛教"的思想中占有很重要的位置。他认为回顾历史，"农禅"曾经是中国禅林发展的经济基础，而且是优良的文化传统，它"凝结了劳动人民的劳动与智慧"，但大陆经过"文化大革命"的十年浩劫，"农禅并重"制度被破坏殆尽。直到八十年代，社会较为稳定，佛教信仰又渐渐为人们所看重与依赖，因此，在提倡"人间佛教"的当下，若能实践"农禅并重"的精神，确实是丛林复兴的不二法门。

一　古印度佛教僧人乞食的背景

欲掌握"农禅并重"与人间佛教的联结，须先了解"农禅并重"兴起的历史背景。

南传佛教中载有"十三头陀法"①。"头陀"（dhūta）之意为"修治身心，舍弃贪欲，去除尘垢烦恼"，是释迦佛时代古印度宗教修持中的一派，也是印度各小国间社会上所尊崇的道风。"头陀行"正是佛教僧侣的一种苦行修行方式。由于"苦行"有助于五欲的舍弃和烦恼的调伏，而苦行者又常具有特殊的德能，因此，古印度以来，苦行僧在社会群体中，往往能够得到最高的崇拜，也能影响、感动广大民众！缘此，印度的修行者皆主张头陀行，其生活的方式就是托钵乞食。据《金刚经》记载："尔时，世尊食时，着衣持钵入舍卫大城，乞食于其城中。"言明释迦牟尼佛在"次第乞已，还至本处。饭食讫，收衣钵，洗足已，敷座而坐。"② 才开始讲佛法。

---

① 南传佛教"头陀法"有十三项，（梁）三藏僧伽婆罗译《解脱道论》卷2："何者为头陀，有十三法：二法衣相应，谓粪扫衣，及三衣；五法乞食相应，谓乞食，次第乞食，一坐食，节量食，时后不食；五法坐卧相应，一无事处坐，二树下坐，三露地坐，四冢间坐，五遇得处；坐一勇猛相应有一种，谓常坐不卧。见《大正新修大藏经》T32，No. 1648，页404c。但是，汉传佛教中，头陀法只有十二项。此修行针对日常的生活立下十二种修行的条件，所以亦称为"十二头陀行"。（刘宋）三藏求那跋陀罗译《佛说十二头陀经》："佛告迦叶：阿兰若比丘，远离二着，形心清净行头陀法。行此法者有十二事。一者在阿兰若处，二者常行乞食，三者次第乞食，四者受一食法，五者节量食，六者中后不得饮浆，七者着弊纳衣，八者但三衣，九者冢间住，十者树下止，十一者露地坐，十二者但坐不卧。"见《大正新修大藏经》T17，No. 0783，页720c。
② （姚秦）《金刚般若波罗蜜经》，鸠摩罗什译，见《大正新修大藏经》T08，No. 0235，页748c。

而僧徒也认为乞食具备十种功德：

> 若有比丘持钵乞食，有十种功德。云何十种？一成仪无缺，二成熟有情，三远离慢心，四不贪名利，五福田周普，六诸佛欢悦，七绍隆三宝，八梵行圆满舍下劣意，九命终生天，十究竟圆寂；如是功德，若常持钵乞食所获。若有比丘持钵乞食，远离十种黑暗，始获如是十种功德。①

说明"持钵乞食"正是宗教实践，是修行的必要手段。另外《大乘义章》亦明确解释"专行乞食"的意义："所为有二：一者为自省事修道，二者为他福利世人。"② 直指"乞食"的目的，不是为"食"而乞，而是为了自省修道，也是为了嘉惠世人，使众生建立福慧功德。

以"乞食"作为出家人个人修行的功课，在《佛藏经》中，有进一步的说法：

> 舍利弗！乞食比丘，应诸法中无所分别，常摄其心不令散乱而入聚落，以诸禅定而自庄严，乞食得已心不染污，持所得食从聚落出，在净水边可修道处置食，一面洗脚而坐，以食着前，应生厌离想、不净想、屎尿想、臭烂想、变吐想、涂疮想、厌恶想、子肉想、臭果想、沉重想。又于身中应生死想、青想、脓想、烂坏想。舍利弗！比丘应生如是想，以无贪着心然后乃食，但以支身除饥渴病，令得修道。应作是念："我食此食，破先苦恼不生后苦，心得快乐调适无患，身体轻便，行步安隐。"③

世尊告诫舍利弗如何乞食，乞食之时，应当摄心不令其乱。乞食后，也要心不染污，虽然乞得的食物，其中色香味不免让人有各种想象，但最后仍须以"无贪着心"进食，才能完成修行。从行乞到进食，可说是一个完整的修道过程。至于乞食之所以具备"为他福利世人"的意义，乃是因为古印度的老百姓向来敬重沙门，尊崇僧人，故习惯以施舍食物的方式，供养僧众，而此举可视为行善功德，累积福报，洵如《四分律》所

---

① （宋）《分别善恶报应经》卷2，天息灾译，见《大正新修大藏经》T01，No. 0081，页901a。

② （隋）释慧远撰《大乘义章》卷15，见《大正新修大藏经》T44，No. 1851，页764c。

③ （姚秦）《佛藏经》卷下，鸠摩罗什译，见《大正新修大藏经》T15，No. 0653，页802a。

述，百姓乐于布施，盖布施可得"利""乐"，而这也正是《大乘义章》所言，"乞食"可以"为他福利世人"的真谛：

> 时有比丘，食已默然而去。彼檀越不知食好不好？食为足不足？诸居士皆讥嫌："诸外道人皆称叹布施，赞美檀越。而沙门释子食已默然而去，令我等不知食好不好？足不足？"诸比丘白佛，佛言："不应食已默然而去，应为檀越说达嚫，乃至为说一偈：'若为利故施，此利必当得；若为乐故施，后必得快乐。'"①

依经论记载：所有的僧人在获得布施后，也会口诵祝祷，感谢施主供养，多半祝诵对方富乐，家人福报，甚至福慧泽被往生者。这种对应的常态方式，等于是对布施者的感谢之举，设若不如此做，则有违圣教，对不起布施者的一顿饭。这种乞食方式，在当时是普遍存在的。②

既然"乞食"被古印度视为修行，所以原始佛教教义才会规定：僧人奉头陀行，以乞食为生，不得参与生产劳动。《四分比丘戒本》明文规定："若比丘！手自掘地，教人掘者，波逸提。"③ 波逸提指的是犯戒律之罪名，意即犯此罪者将堕入地狱。《四分律删繁补阙行事钞》也记述不掘地的三大好处：

> 《萨婆多论》不掘地坏生三益：一、不恼害众生故。二、止诽谤故。三、为大护佛法故。若佛不制此二戒者，国王大臣役使比丘；由佛制故，王臣息心，不复役使，得令静缘修道、发智断惑，是名大护。④

循此三大好处，所以僧人不能从事农事劳动。而《佛遗教经论疏节要》亦记载："持净戒者，不得贩卖贸易，安置田宅，畜养人民、奴婢、

① （姚秦）罽宾三藏佛陀耶舍共竺佛念等译《四分律》卷四十九，见《大正新修大藏经》T22，No. 1428，页935c。

② （唐）三藏沙门义净撰《南海寄归内法传》卷1载："众僧亦既食了，盥漱又毕，乃扫除余食，令地清净，……施主至上座前，或就能者，以着嘴瓶水如铜箸连注不绝，下以盘承。师乃手中执花承其注水，口诵陀那伽他。初须佛说之颂，后通人造，任情多少量时为度。须称施主名，愿令富乐，复持现福回为先亡。"见《大正新修大藏经》T54，No. 2125，页211a、211b。

③ （后秦）三藏佛陀耶舍译《四分比丘戒本》，见《大正新修大藏经》T22，No. 1429，页1018b。

④ （唐）释道宣撰《四分律删繁补阙行事钞》卷中，见《大正新修大藏经》T40，No. 1804，页76b。

畜生，一切种植及诸财宝，皆当远离，如避火坑。不得斩伐草木，垦土掘地。"① 显见，佛陀不希望僧众与民争利，所以订出买卖戒；也反对比丘农事劳动，故订立"不得斩伐草木，垦土掘地"的戒律，盖"草木有命者，外人以有知为命，如来以有生为命也，草木有生而无知。有生者不宜杀，以此顺世"②。在众生平等下，基于"不杀生"的慈心考虑，佛陀乃禁止僧人耕田、掘池、伐木等，不许从事农业劳动以避免锄地杀生。立此，在印度佛教的传统经济伦理中，出家人是不可从事生产一类的"俗务"的，这一类"俗务"既然违背戒律，自是有损修行，加上规定持头陀行者，不许在一地久留，以免生起贪爱执着，妨碍修道，所以他们通常是居无定所，遑论参与农务劳动，因此，佛教徒托钵乞食在印度便一直被视为理所当然的行为。

二 中国传统对乞食的看法

印度僧人主张每日只在日中一食，以免数食妨碍修行，主张行乞食是风雨无阻的，不择贫富而顺序沿门托钵，并要求对于所得之食不生好恶念头。但佛教传入中国以后，为了适应中国的风俗民情，也不得不改变"乞食"行为。

中国传统社会向来轻贱乞食，除非为贫困所迫，一般不轻言乞食。例如：《左传》僖公二十三年记载，晋公子重耳过卫，曾乞食于野人；③ 另《史记·伍子胥列传》亦有"伍胥未至吴而疾，止中道，乞食"④ 之说；《史记·鲁仲连邹阳列传》亦载邹阳系狱时，尝上书梁王，提及"百里奚乞食于路，缪公委之以政"⑤。这些例证，或因逃亡之故，或因生活窘迫，

---

① （姚秦）三藏法师鸠摩罗什译，（宋）净源节要，（明）袾宏补注，《佛遗教经论疏节要》，见《大正新修大藏经》T40，No. 1820，第846c 页。
② （姚秦）三藏法师鸠摩罗什译，（宋）净源节要，（明）袾宏补注，《佛遗教经论疏节要》，见《大正新修大藏经》T40，No. 1820，第847a 页。
③ （晋）杜预注，（唐）孔颖达疏，《春秋左传正义》"僖公二十三年"条下（《武英殿十三经注疏》本）："（公子重耳）过卫。卫文公不礼焉。出于五鹿，乞食于野人，野人与之块，公子怒，欲鞭之。子犯曰：'天赐也。'稽首，受而载之。"见"中国哲学书电子化计划"，http：//ctext. org/library. pl？if = gb&file = 80223&page = 94。
④ （西汉）司马迁著，（宋）裴骃集解，《史记集解》卷六十六《伍子胥列传》（《钦定四库全书》本），见"中国哲学书电子化计划"，http：//ctext. org/library. pl？if = gb&file = 3526&page = 60。
⑤ （西汉）司马迁著，（宋）裴骃集解，《史记集解》卷八十三《鲁仲连邹阳列传》（《钦定四库全书》本），见"中国哲学书电子化计划"，http：//ctext. org/library. pl？if = gb&file = 3536&page = 70。

贫乏不止，不得不乞食，并非出于自愿。中国历来士大夫犹以乞食为耻，孟子的"齐人有一妻一妾"寓言足以说明：

> 齐人有一妻一妾而处室者。其良人出则必餍酒肉而后反。其妻问所与饮食者，则尽富贵也。其妻告其妾曰："良人出，则必餍酒而后反；问其与饮食者，尽富贵也，而未尝有显者来。吾将瞯良人之所之也。"蚤起，施从良人之所之，遍国中，无与立谈者，卒之东郭墦间之祭者，乞其余，不足，又顾而之他，此为其餍足之道也。其妻归，告其妾曰："良人者，所以仰望而终身也，今若此！"与其妾讪其良人，而相泣于中庭。①

这是《孟子》散文中的名篇，虽是寓言，形象却十分生动，耐人寻味。文章辛辣地讽刺了不知礼义廉耻，以摇尾乞怜方式追求富贵生活的人。文中齐人屡屡向妻妾夸耀与富贵中人应酬交际，但始终未见显贵往来家中，引发妻妾怀疑，经过妻子追踪，才知丈夫"餍酒食"的真相，其实是向"东郭墦间之祭者，乞其余"，透过乞食才有"餍食"。齐人不知廉耻的丑态与妻妾的羞愧愤恨，适成强烈对比。这则故事鲜明地描绘了行乞者恬不知耻的样态，显见传统社会仍不免对乞食者轻视不屑。

中国人向来强调做人要有风骨，所谓"贫贱不能移"，即使贫困也不能失了骨气，所以才会有"不食嗟来之食"的记载。② 一旦沦落至乞食，伸手乞物，是相当不堪的。陶渊明曾写下一首《乞食》诗，传说是因为当年不愿为"五斗米折腰向乡里小儿"，选择辞官归隐田园，之后在生活难以维持下，不得不乞食。诗中一开始就描绘出乞食者的挣扎、犹豫，画面写实："饥来驱我去，不知竟何之。行行至斯里，叩门拙言辞。"③ 有人以为诗歌言过其实，盖依中国的文化传统，文人士大夫重视骨气，绝不愿也不肯乞

---

① （东汉）赵岐注，（宋）孙奭疏，《孟子注疏》卷八上《离娄》下（《武英殿十三经注疏》本），见"中国哲学书电子化计划"，http：//ctext.org/library.pl？if＝gb&file＝80281&page＝135。

② （东汉）郑玄注，（唐）孔颖达疏，《礼记正义·檀弓下》（《武英殿十三经注疏》本）："齐大饥，黔敖为食于路，以待饿者而食之。有饿者蒙袂辑屦，贸贸然来。黔敖左奉食，右执饮，曰：'嗟！来食。'扬其目而视之，曰：'予唯不食嗟来之食，以至于斯也。'从而谢焉；终不食而死。曾子闻之曰：'微与！其嗟也可去，其谢也可食。'见"中国哲学书电子化计划"，http：//ctext.org/library.pl？if＝gb&file＝80191&page＝126。

③ （东晋）陶潜撰，（清）陶澍注，戚焕埙校《靖节先生集》卷2，华正书局，1993，第13页。

食。陶渊明是中国文人风骨的典范，充其量是极度贫困，到熟悉的朋友家吃一顿饭，不至于到乞食的地步，诗作只是夸张形容，不尽然是真实反映。一说此诗是隐喻，并非真有乞食之举。① 不过，虽然社会轻视乞食者，但一般乞食过程中，施与者仍多会本之于悲怜、同情而施舍食物，只因传统价值观中，始终对于乞食行为不以为然。最典型的例子，莫过于韩信。

《史记·淮阴侯列传》中，司马迁详实记述了韩信在显达之前的落魄遭遇：

> 淮阴侯韩信者，淮阴人也，始为布衣时，贫无行，不得推择为吏，又不能治生商贾，常从人寄食饮，人多厌之。信钓于城下，诸母漂，有一母见信饥，饭信，竟漂数十日。信喜，谓漂母曰：吾必有以重报母。母怒曰：大丈夫不能自食，吾哀王孙而进食，岂望报乎？②

韩信早年寄人篱下，资生无策。幸赖河边漂母伸出援手，始度过危机。当时韩信曾许以"吾必有以重报母"的承诺，却换得漂母怒曰："大丈夫不能自食，吾哀王孙而进食，岂望报乎"的回对，说明漂母是哀矜韩信寒微时无以为生，才为他具食，施予一饭之恩，并非真为日后的重金回报。从漂母发怒的态度来看，也正说明广大社会仍是看不起丐者，觉得大丈夫不能自食是一件十分羞耻之事，但因慈心悲悯，才会周济乞者，如果谈"重报"或"冥谢"，都不是施惠者的冀望。由上可知，中国传统社会对于"乞食"之举，不管动机为何，不论对象是谁，大半仍是无法接受与认同的。

三 佛教的中国化——农禅并重的兴起

因应中国的风土民情，僧人托钵乞食的生活方式，在佛教传入中国后，开始有了改变。

世尊最初成立僧团时，僧众过着托钵乞食的游方生活，僧众个人的私物也只有三衣一钵。弟子们闻法，信受奉行"三衣一钵，游行乞食，

---

① 陶必诠《萸江诗话》就认为陶渊明《乞食》诗是"设言"，寄托遥深："精卫填海之意见矣"，又说："此诗与《述酒》读书诸篇，皆故国旧君之思，不但乞食非真，即安贫守道，亦非诗中本义。"详见龚斌撰《论陶渊明〈乞食〉诗——兼评"渊明乞食求仕"说》，见《天中学刊》第28卷第4期（2013年8月），第78页。
② （西汉）司马迁著，（宋）裴骃集解《史记集解》卷九十二《淮阴侯列传》（《钦定四库全书》本），见"中国哲学书电子化计划"，http：//ctext.org/library.pl？if = gb&file = 3539&page = 120。

树下一宿"的教制，安心在林中修行。自佛教传入中国后，直至南北朝间，沙门普遍的修行方式虽然不离独居净室、结跏趺坐，或游化、或冢上、或树下的头陀苦行，但过去所要求的托钵乞食的游方生活却因气候、地理环境及中国国情、民俗的不同，已然无法继续：严寒的气候不仅不适于四处游化，"路边一宿"也面临考验，而单薄的三衣也难以覆体取暖。① 更有甚者，乞化行为无法得到世人认同。是故佛教在中国逐渐形成定居式的僧团制，为了因应新制度，对广大僧侣的食住问题也做了大幅调整修正，出现了农禅结合的新主张，将劳动与禅修结合起来，从根本上解决僧侣的生活问题，"农禅并重"遂发展成为中国禅宗寺院赖以生存和发展的经济基础。

农禅的肇始者一般认为是禅宗四祖道信（580～651）。道信之前，禅僧大多过着随缘而住的生活。这种独往独来的头陀行，近于云水，来去不定，席不暇暖，为了生活，不得不四处奔波，也因此不容易摄受。直到四祖道信到了黄梅双峰山，彻底改变了"游乞"的传统，选择了长期定居山林、择地开居、营宇立像的经营方式，居垦三十年，风行草偃，无不靡从。"诸州学道，无远不至"②，聚集了五百位沙门缁侣，宣明大法，形成庞大的僧团。随着僧团人数的扩大，禅寺又位于深山偏僻之处，僧人若无法自食其力，自给自足，很难生存，遑论修道。为了解决僧众的生存和生活问题，使广大僧众能够安心禅修，道信在双峰山首倡劳动，开创了"农禅并重"的禅风，禅宗的农业生产模式卒为成形。

据《传法宝纪》记载，道信"每劝门人曰：'努力勤坐，坐为根本。能作三五年，得一口食塞饥疮，即闭门坐'"。③ 所谓"坐"即指坐禅，而"作"则是"作务""作役"，指一切农业生产劳动。意为在农作劳动三五年中，乃是为了"得一口食"，以避饥饿或痈疽恶疮。而作为修行者最根本的要务，还是在参禅悟道。换言之，"坐禅"为本，"作农"乃过程，目的是为了确保生存，唯有实践了生活上的"作农"，才能安心"坐禅"。由此，劳动就成了坐禅的前提条件和物质需要的必然手段。两者关系密切，互相依存，为僧团开创了自立自济的"农禅并重"的禅风。

---

① 当初世尊乞食游方的范围，主要是恒河流域的热带地区，气候炎热，三衣披在身上，已如盖被，无须多备，已足应付。

② （唐）释道宣撰《续高僧传》，见《大正新修大藏经》T50，No. 2060，第606b页。

③ （唐）杜朏撰《传法宝纪》，杨曾文校，见《新版敦煌本六祖坛经》，宗教文化出版社，2001，第178页。

道信将衣钵传给五祖弘忍（601～674），弘忍自七岁时便跟从道信禅师参禅，三十年不离道信大师，在继承了道信的禅学思想后，也极力倡导幽居山林行禅。他在蕲州双峰山之东的冯茂山，修行长达二十多年，继承"农禅并作"的禅修思想。《楞伽师资记》记录了当时的情境：

> （弘忍）自出家处幽居寺，住度弘愍，怀抱真纯。缄口于是非之场，融心于色空之境，役力以申供养，法侣资给足焉。调心唯务浑仪，师独明其观照。四议皆是道场，三业咸伪佛事，盖静乱之无二，乃语默之恒一。①

是知弘忍修行时，不论在行、住、坐、卧的"四仪"上，或是行为、语言、思想的"三业"中，都能符合道场规定，而且也常常参与劳动，为众人服务，正所谓"缄口于是非之场，融心于色空之境，役力以申供养，法侣资给足焉"。② 可见"农禅"思想时时贯穿于弘忍个人的禅修实践中，也造就出当时冯茂山开禅弘道的盛况。据载，弘忍主事期间，是"四方请教，九众师横，虚往实归，月俞千计"。③ 规模甚至超过了四祖道信，史称"东山法门"。

至于六祖惠能（638～713），其具体的农禅修行实践，以及对农禅制度的继承和发展方面，虽然直接论述较少，但学者认为他的思想及其劳作实践，承继弘忍的禅法思想及其"东山法门"，并在此基础上进行了发展，把禅修与劳作结合在一起，应是毋庸置疑的。④ 盖惠能主张人人皆有佛性，成佛只需内求于自己的"本性"，所以，拘守仪轨、一味坐禅持戒，未必能成佛。惠能提出"《维摩经》云：'实时豁然，还得本心。'《梵网菩萨戒经》

---

① （唐）净觉集《楞伽师资记》，见《大正新修大藏经》T85，No. 2837，第 1289c 页。
② 《传法宝纪》中也有类似的记载，言弘忍"常勤作役，以体下人"。见《新版敦煌本六祖坛经》，第 179 页。
③ （唐）净觉集《楞伽师资记》，见《大正新修大藏经》T85，No. 2837，第 1289c 页。
④ 杨金洲、别祖云在《农——中国禅的文化品格》中写道："如果说惠能以前的修禅与劳作相结合，禅师们还只是认识到劳作对修行者的身心有益而把劳作纳入修行的话，那么惠能及门下则直接把禅修纳入甚至等同于劳作了。……惠能不远千里从广东赴黄海求法之前，甚至当他还没有听到《金刚经》中'应无所住而生其心'时，他已经悟道了。而使他悟道的是他十几年砍柴卖柴的艰苦生活。那颗不滞外物，空诸所有，悄然独立的光明心录，不经过长期艰苦的劳动磨炼从而形成独立的人格是不可能具有的。因此惠能从自己的实践和理论上确立了劳作对于禅的决定意义，这既是对弘忍的发展，也是农文化对佛教的彻底改造和根本发展。"见《禅》（网络版），1995 年第三期（总第 27 期），河北赵县柏林禅寺发行，http：//chan. bailinsi. net/1995/3/1995305. htm.

云：'本源自性清净。'善知识！见自性自净，自修自作自性法身，自行佛行，自作自成佛道。"① 既是如此，所有日常生活中的活动都可以作为参禅悟道的因缘，禅与农的结合，不仅不妨害修道，而且佛道可能也在其中。

据《坛经》记载可知，惠能至黄梅拜师前，"父又早亡，老母孤遗，移来南海，艰辛贫乏，于市卖柴"。早已从事劳动工作。至东山拜师后，尝与弘忍有一袭精彩对话，使五祖对其刮目相看，但是"五祖更欲与语，且见徒众总在左右，乃令随众作务"。"惠能退至后院，有一行者，差惠能破柴踏碓，经八月余。"② 由此可知，弘忍禅师很器重他，但是因他人在场，有所忌惮，为掩人耳目，遂让他在寺院中随众劳动，砍柴舂米八个多月。《曹溪大师别传》也记载：

> 弘忍大师山中门徒至多，顾眄左右，悉皆龙象，遂令能入厨中供养，经八个月。能不避艰苦。忽同时戏调，巍然不以为意，忘身为道，仍踏碓。自嫌身轻，乃系大石着腰，坠碓令重，遂损腰脚。③

惠能八个月的踏实舂米劳作十分辛苦，因为身材瘦小，无法将舂米的柞头抬高，六祖便将大石头绑在身上，加劲使力，也因此，腰脚常常受伤。但也正是在这舂米吹柴打水的八个月里，他得以参禅悟道，做出了"菩提本无树，明镜亦非台，本来无一物，何处惹尘埃"之偈，得到了五祖弘忍传法袈裟，成为禅宗六祖。④ 而其隐遁南方期间，有感于"世事是度门，混农商于劳侣，如此积十六载"⑤，仍亲自参与劳作，自给自足，以此休养生息，继续参禅悟道，为之后的开门传法奠定了坚实的基础。⑥

惠能之后，最能继承其禅学思想者，马祖道一（709～788）便是其中一位。马祖禅法之要旨为"即心即佛"，承继了惠能禅师关于心与佛的思想，认为众生本心即是佛性，此心即佛心，众生之心与佛心没有区别。

---

① （唐）法海集《南宗顿教最上大乘摩诃般若波罗蜜经六祖慧能大师与韶州大梵寺施法坛经》，见《大正新修大藏经》T48，No. 2007，第339a页。

② （元）宗宝编《六祖大师法宝坛经》，见《大正新修大藏经》T48，No. 2008，第348a页。

③ 《曹溪大师别传》，见《卍新纂续大藏经》X86，No. 1598，第50a页。

④ （唐）王维《能禅师碑并序》中形容惠能的悟道机缘是："年若干，事黄梅忍大师，愿竭其力，即安于井臼，素刻其心，获悟于稊稗。"稊稗乃形似稻谷之草，盖言惠能可以自卑下如稊稗的事物中获得佛悟。见（唐）王维撰，陈铁民校注《王维集校注》（中华书局，1997），第812页。

⑤ （唐）王维：《能禅师碑并序》，《王维集校注》，中华书局，1997，第817页。

⑥ 以上内容参见张浩《中国佛教农禅思想与实践研究》，安徽大学硕士学位论文，2011，第10～19页。

他强调"平常心是道",主张"道不用修,但莫污染。……只如今,行住坐卧应机接物尽是道。道即法界,乃至河沙妙用,不出法界。"① 马祖道一以为"自性"即"佛性",无须刻意修行,只要保持平常心,不受欲求取舍的污染,就能体悟自性,"直会其道",达到解脱。依此准则,日常生活的行、住、坐、卧和修道成佛之间自可联系,农务生产劳作与参禅悟道并行无碍,亦即人们在日常的劳动中便可体悟禅道。

《祖堂集》尝记载马祖道一"说法住世四十余年,玄徒千有余众"。② 庞大的僧团,地处山林僻壤,无法靠人接济和托钵乞食,只能自耕自食,将农作与禅修结合起来。这改变了僧侣原本的各自生活、各自禅修的方式,代之以共同生活、集体劳作、一起修行,创立真正的"丛林"生活。他和之前道信、弘忍不尽相同的地方在于:

> 从道信对坐作并重的定义中我们知道,努力静坐才是根本,是重心,而农业生产则是获得"一口食"填塞饥病的一种手段和方法。得食之后,便不作,而闭门坐了,这体现了坐和作(禅和农)两者只是形式上的结合,而实质上还处于两隔状态。道信、弘忍的萧然静坐、长坐不卧的修禅特色也就由这种行持而来。这种行持方式没有将禅运用到生产活动中,也没有将作的活动与场景作为悟道因缘,没能体现出农即禅、在农中体悟禅的特征。③

足见马祖道一是禅门真正"丛林"共同生活的建立者,但是订立确实的规章制度,以为禅院遵循、依据者,则有赖于其弟子百丈怀海。④

---

① 《马祖道一禅师广录》,见《卍新纂续大藏经》X69,No.1321,第3a页。
② (南唐)招庆寺静、筠二禅僧编《祖堂集》卷14,见《大藏经补编》B25,No.0144,第563a页。
③ 邱环:《试论农禅方式的雏形——坐作并重》,见《法音》2013年第8期(总第348期),第32页。另外张浩也持相同见解:"虽然之前已有道信禅师、弘忍禅师开创'东山法门',但是由于其禅法属于静思自省,个人自修,因此,不能称为真正的'丛林'。虽然'东山法门'也提倡'坐作并重',但是'作'只是'坐禅'的保障,二者是割裂的。而马祖道一禅师则是在'平常心是道'思想的基础上,主张把修禅贯穿于一切日常生活中,把'农'与'禅'充分融通为一体,使得'农禅'理论和实践得以充分的发展。"见《中国佛教农禅思想与实践研究》,第26页。
④ 邱环《试论农禅方式的雏形——坐作并重》指出:"道信、弘忍的坐作并重没有以制度的形式将之确定下来,也不作为清规戒律的方式来约束僧众,它只是在当时条件下东山法门一系实行的定居山林的禅居方式,和为僧众获得生活来源的一种经济方式和经济手段,不存在一种外在的制约性,全凭借僧人自身的自觉自愿来进行。"见《法音》2013年第8期(总第348期),第32~33页。

根据《语录》记载，百丈怀海禅师（720～814）认为众生皆是"灵光独耀"，而且"迥脱根尘"，自身已有佛性，只是不察不觉，因为所谓的佛性就是"心性无染，本自圆成"，所以只要"但离妄缘"，"即如如佛"①，这就是"本自圆成"说，与马祖道一"即心即佛"思想一脉相承；不唯如此，对于"平常心是道"，他也颇具心得，提出"但是一切照用，任听纵横；但是一切举动施为，语默啼笑，尽是佛慧"②的主张，强调只要能消除执着与分别之心，日常生活中的一切语言和行为也都可视为佛性的显用。这些见解，在在都是承继并发展了其师马祖道一的禅修思想，促使"农"与"禅"真正结合，一切劳作中，渗入禅机。"农禅并重"的精神，卒为中国禅宗文化的重要特色。

百丈怀海禅师以马祖道一禅师所建立的丛林为基础，制定了丛林清规，称为《百丈清规》③。在百丈清规中最特别之处，便是建立"普请法"，提倡"一日不作，一日不食"。"普请"者，乃是普遍邀请广大僧众参与劳作，不论禅门位阶高低，所有僧众上下均力，参与劳作。按《唐洪州百丈山故怀海禅师塔铭》记载，百丈怀海禅师不仅倡导，更是身体力行，亲自参与劳动，并无例外："行同于众。故门人力役，必等其艰劳。"④在推动农禅制度过程中，百丈怀海坚持"一日不作，一日不食"，为僧众立下最佳典范，而且为了确立"农禅制度"的优越性，他也针对早期佛教"不得斩伐草木，垦土掘地"的戒律，提出折中的看法，使农业耕种建立在符合戒律和伦理的诠释之上：

---

① 《百丈怀海禅师语录》，见《卍新纂续大藏经》X69，No. 1322，第6b页。
② （宋）颐藏主集，（明）净戒重校《古尊宿语录》卷3，见《中华大藏经》C77，No. 1710，第629a页。
③ 可是怀海所制定的《百丈清规》早已散佚，无从知其原型。现存的《百丈清规》虽是同名，却是元代立的《敕修百丈清规》，与唐代的《百丈清规》内容不完全一致，但从《敕修百丈清规》中，仍可窥见大概。另外也可由以下信息，推知其中内容：一、《宋高僧传》卷10所收之"百丈怀海传"，见《大正新修大藏经》T50，No. 2061，第770c～771a页。二、《景德传灯录》卷6之"百丈传"附录"禅门规式"，见《大正新修大藏经》T51，No. 2076，第250c页。三、《禅苑清规》卷10所收之"百丈规绳颂"，见《卍新纂续大藏经》X63，No. 1245，第930b～937b页。四、《敕修百丈清规》卷8所收之杨亿的"古清规序"，见《大正新修大藏经》T48，No. 2025，第1157c～1158a页。五、陈诩"唐洪州百丈山故怀海禅师塔铭"，见《大正新修大藏经》T48，No. 2025，第1156b～1157a页。以上内容可参考圣凯撰《论中国佛教对生产作物态度的转变》，见《法音》2008年第8期，第27页。
④ （元）陈诩撰《唐洪州百丈山故怀海禅师塔铭》，《敕修百丈清规》卷8，见《大正新修大藏经》T48，No. 2025，第1156c页。

问："斩草伐木，掘地垦土，为有罪报相否？"师云："不得定言
有罪，亦不得定言无罪。有罪无罪，事在当人。若贪染一切有无等
法，有取舍心在，透三句不过，此人定言有罪。若透三句外，心如虚
空，亦莫作虚空想，此人定言无罪。"又云："罪若作了，道不见有
罪，无有是处。若不作罪，道有罪，亦无有是处。如律中本迷煞人及
转相煞，尚不得煞罪。何况禅宗下相承，心如虚空，不停留一物，亦
无虚空相，将罪何处安着？"①

　　对于垦田、掘地等戒律问题，怀海是以"透过三句外""心不执着如
虚空"的禅门宗旨来解释农耕时有否犯杀生戒的问题，他认为若心性透
脱，与空、中道相应，自心无贪着、取舍，便无罪过。若不透脱，当然有
罪。将戒融入禅中，将戒置于内心，这种以超越戒相的无相戒法，使得农
禅方式得以建立在如法如理的基础上，为僧尼从事农耕扫除了障碍。② 从
此，"农禅"自给自足的生存方式不仅为丛林提供了经济方面的保障，也
给禅宗僧人带来了独立自主的人格精神和自由自在的心理体验，进一步使
禅僧的修行参悟与现实生活结合，走入社会，真正实现了惠能禅师所说的
"世间佛法"："佛法在世间，不离世间觉"③。

四　从农禅并重反思寺院经济的发展

　　由上可知，农禅制度乃是中国古代佛教禅宗寺院赖以生存和发展的经
济基础，也是禅宗僧侣所必修的"觉悟"法门，将农务劳动与禅修结合
起来，既解决了僧侣的生活问题，又能助其修行，更能发挥大乘佛教慈悲
助人的精神。这种农禅并重的思想，可以说是佛教中国化的进程中所形成
的优良传统。

　　诚为如此，赵朴初在反思中国佛教发展过程时，将太虚人间佛教理论
中，可权应时代机宜、为世俗所容忍认同、教内宗派俱可接受的部分，加
以宣扬，以此为基础，推广"人间佛教"思想。这是继太虚大师之后，

---

① （宋）李遵勖敕编《天圣广灯录》卷9，见《卍新纂续大藏经》X78，No. 1553，第
458b 页。
② 邱环：《农禅制度与佛教戒律》，见《思想政治理论教育新探索》，浙江工商大学出版
社，2010，第364 页。
③ （元）宗宝编《六祖大师法宝坛经》，见《大正新修大藏经》T48，No. 2008，第
351c 页。

再次向世人展开"人间佛教"的传播过程，根据的是中国大陆的政治、社会环境和佛教生存样貌所形成的具有中国特色的佛学理论体系。赵朴初虽然没有正面提出佛教革新，但意蕴已隐含其中，其所倡导的主张，倾向于太虚的因势利导，但比太虚更为温和。①

赵朴初对"人间佛教"的发展，指出了向上一路，主张发扬中国佛教的三个优良传统，其中农禅并重，引人注目。所谓农禅并重，"禅"系指宗教学修，"农"系指有益于社会的生产和服务性的劳动，两者结合，鼓励僧众以"一日不作，一日不食"的精神，积极参加生产劳动和其他为社会主义建设事业服务的实践。因此，赵朴老特别重视发扬农禅并重的传统。② 以宁波天童寺为例，因为遵循祖师大德的智慧，建构农禅并重的寺院文化有成，所以赵朴初曾在《天童寺》一诗中赞扬该寺院的古朴道风："同心戮力务工农，真见勤劳养道风。会得新新堂上意，搬柴搬谷是神通。"由此可知，在赵朴老的眼中，人间佛教的推动，由农禅并重入手，确实是一条很好的路径。

从赵朴初推动人间佛教，提出"农禅并重"的思考后，至今已有30多年。"农禅"不仅是从事农业劳动和参禅打坐而已，它更强调的是一种精神，就是把禅法融入世间，自利利他，完成自我的禅修，也实现弘法济世的菩萨本愿。而两岸教界秉持发扬佛教优良传统，光大农禅并重家风的寺院丛林，不在少数。例如江西云居山真如禅寺、湖南药山寺及台湾的农禅寺。

真如禅寺是一座唐代古刹，历代在真如禅寺当过住持的禅师有50多位，曾在本山激扬禅风的大禅师有20多位。由于他们的影响，真如寺成为我国禅宗重镇。③ 1953年，虚云老和尚从庐山来到云居山礼谒祖庭，见

---

① 据邓子美研究指出，赵朴初实际上把太虚的意见作为自己人间佛教思想的理论前提。如判教基本同于太虚的五乘共法，根源性的依据也直仰佛陀与大乘教典。他比较明确地继承太虚思想表现在以下几点：1. 提倡菩萨行。思想基础则是佛教无常的世界观与菩萨行的人生观。2. 出发点一致。认为学佛要从五戒十善做起，由四摄六度扩充，进而得大解脱、大自在，达到永远常乐我净的境界。3. 目标一致。以此净化世间，建设人间净土。见《赵朴初人间佛教思想追论——实现朴老最大的遗愿》，《佛学研究》2003年第12期。

② 赵朴老在《佛教常识答问》一书中，再次指出："在原始僧伽中，比丘是不事生产的，我国汉族僧人有从事农耕的习惯，提倡农禅生活，这是我国僧伽的一个优良传统。"显见佛教复兴过程中，"农禅"的施行占有极重要的地位。

③ 虚云老和尚鉴定，岑学吕居士重编《云居山志》，"中国佛教寺庙志数字典藏"，http://buddhistinformatics. ddbc. edu. tw/fosizhi/ui. html? book = g074。

寺院凋零残败，遂发愿重兴。至 1959 年虚云老和尚圆寂时，殿堂僧舍相继落成，常住僧众一百余人，僧伽们锄田种竹，冬参夏学，学经传戒，洵为古代农禅景象的再现。"文革"之际，云居山真如寺再遭厄运，佛像尽毁，僧众星散。改革开放后，真如禅寺再度复兴，在一诚大和尚及常住僧众的努力下，千年古刹历劫重光，卒能发扬佛教优良传统，光大农禅并重家风。①

又如湖南药山寺，原名慈云寺。唐德宗贞元初年（785），药山寺的开山祖师惟严禅师从衡山迁居澧阳（今湖南津市），在此住山 40 多年，接引四海学人，播扬南禅宗风。漫漫千载，药山寺屡遭废兴。2013 年 12 月，净慧长老弟子明影法师应津市宗教局邀请，继承祖师遗风，主持药山寺恢复重建工作。在建寺之初，明影法师就把耕田与诵经、坐禅并列为药山寺的修行内容，在日常生活中培养健康人格，通过回归自然参加劳作来锻炼身心，感受生命成长的喜悦。明影法师除四处讲经弘法，坚持每天打坐参禅，也亲自下地劳作并接待信众参与耕作体验。在药山寺的带动下，生态农业的概念在当地得到许多村民的认同。药山福田不仅改善了生态环境，寺院周围的村民也有了更稳定的经济回报。农禅耕作所体现的，正是一种返璞归真、诚实劳作的人文精神。对于药山寺而言，农禅的意义已经不是维系生存的需要，而是将人间佛教的精神落实到生态农业的事业中，在诚实劳动中践行"觉悟人生、奉献人生"的生命境界。②

台湾方面，众所知之，圣严法师创建法鼓山，而法鼓山与北投中华佛教文化馆创办人东初老人关系良深。1955 年，东初老人一手兴建中华佛教文化馆，农禅寺原为中华佛教文化馆的下院，是东初老人在关渡平原购置的一甲农地。1975 年构筑"文殊殿"时，始命名为"农禅寺"，过着"一日不作，一日不食"的农禅生活。1960 年，圣严法师卸下军装，乞度于东初老人，在中华佛教文化馆二度出家。③ 1977 年东初老人无疾坐化，遗命当时在纽约的弟子圣严法师返台承继法务。之后，圣严法师在农禅寺主持禅修、讲经，十方信众日渐增加，农禅寺遂成为法师弘法的主要道

① 闻一凡：《农禅并重的现代意义——漫谈云居山的农禅传统》，《法音》2008 年第 1 期（总第 281 期），第 34～36 页。
② 李黎：《农禅并重回归自然——药山寺的农禅生活走笔》，https：//kknews. cc/zh - tw/news/z9z6vl. html。
③ 圣严法师于 1930 年出生于江苏南通，1943 年在狼山广教禅寺出家，1949 年从军跟随国民政府到了台湾，服役十年后，于东初老人座下再度披剃出家。见《圣严法师生平略传》，"法鼓山圣严法师数位典藏"，http：//www. shengyen. org/。

场。圣严法师率弟子以此为弘扬佛法之基址,引领四众精进修行,进而创建法鼓山。① 由是可知,"农禅寺"之名,渊源有自,可说是本自农禅家风,源远流长。

近年来,随着经济的稳定发展、社会的进步,寺院打理生存的方式也更多元。一千多年来自给自养、禅修悟道的"农禅"制度,也正在接受考验。精神世界与物质世界均在改变当中,禅宗初始的"农禅并重",也开始有异声,提出因应大环境改变的"商禅并重",寺院经济的经营模式受到很多外在因素的冲击。究竟宗教经济应依何种形式存在,备受宗教界和社会各界人士的关注。这个问题见仁见智,不论教界或学界,衡诸历史发展,各有各的看法。

有人认同改变,因为目前汉传佛教寺院透过商业模式发展寺院经济自给自足者,已经是很普遍的现象。盖丛林寺院与社会各阶层接触日益密切,与世界宗教交流也越来越频繁,现代化、城市化、商品化、区域化的趋势,已然无法避免。所以,所谓的"农"也只是基本经济制度中的一部分,并非必然一成不变。而农禅的核心乃在禅不在农。"商禅并重"的说法,若从教内出发,关键也在禅,而不在商。所以只要不是重末(商)轻本(禅),商禅并无碍。有学者更进一步指出:"经济的发展,可以导致宗教的发展;宗教经济之发展,往往也能促进、强化宗教从事社会公益事业的能力。"因为对寺院来说,大型的宣教弘法或社会公益活动"有必要引进商业化的经济方法。因此,佛教寺院的组织形态,必须随着现代世俗社会的经济运作模式发生转变,不得不进入到宗教市场的竞争环境"。② 有条件的认同者以为,利用商业的经济资源,推广佛教、宣扬佛法,确实能够实现利济众生的弘愿,如此,三宝才能久驻人间!

也有人持不同意见,认为原来的"农禅并重"是借由农务参与,专注于内修外弘。一旦商业置入,"离欲"困难,辄易造成戒律违犯。舍本逐末的结果,就是与教义背道而驰,淡化了佛教寺院的宗教功能,转而过度世俗化,以"经济挂帅",不利于佛教的发展。亦有人从"农禅"与"商禅"的内外本质与形式的差异,做出比较,认为"农禅"重在于体现动中求静的禅意,有利于禅修。农务虽辛苦,却能使人知足,心生悲悯同

---

① 《法鼓山简介——承先启后,继往开来》,"佛卫电视慈悲台",http://rsbc.ehosting.com.tw/bts/0906-7.htm.

② 李向平:《中国的寺院经济是佛教发展之必需》,"佛教在线",2011年3月2日,http://www.fjnet.com/fjlw/201103/t20110302_176875.htm.

情，欢喜施舍，有助于发扬大乘佛教慈悲济人的精神；至于"商禅"，不仅违反"买卖"戒律，也会导致禅修者倾身于商业化，对物质产生贪婪之欲，与民争利，纷争扰扰，失去佛教清修的本意。[①]

两种角度的看法，各有其侧重。若依最初农禅家风形成的背景、目的来看，或许有助于问题的厘清。唐代百丈怀海禅师自立禅院，制订清规，率众修持，实行僧团之农禅生活。表面上看起来，禅修是必然的功课，为本，是静态；农务是谋生的手段，是末，为动态。但两者之间其实不是并行线，而是互相交涉。动中亦可有静悟，看似为二，其实乃一，动静相互成全。所谓"不可执坐守静，拗众不赴。但于作务中，不可讥呵戏笑，夸俊逞能，但心存道念，身顺众缘。事毕归堂，静默如故，动静二相，当体超然，虽终日为，而未尝为也。"[②] 表明动静二相其实是劳作、坐禅无二无别的，彼此依存关系并不能简单裂解。如是，则祖师大德眼中的农务已非单纯劳作，禅悟也不是只有处静之时。因此，因应时代社会结构改变，寺院经济的发展，想以"商禅"取代"农禅"，就得视其中精神智慧是否依然存在，能否保持，才是关键。洵如郑志明先生的看法：

> 佛教讲动机而不论结果，为何要"农禅并重"？为修行与弘法则可，为谋生则不可，若只是农作意义不大，若不修行则有背佛法。同样地"工禅并重"或"商禅并重"的动机与目的何在？为了修行与弘法有必要从事工商行为吗？工商行为与弘法有必然关系吗？若有则可为，若只是为了谋生或募集钱财，或者动机不单纯，那都是违背佛法的行为。[③]

农禅的核心确实在禅不在农，在本不在末，以末行本，本末把握，才是正道。关于"商禅并重"在教界的纠葛，不妨参考百丈怀海禅师当年针对佛陀所制戒律，认为农作劳动犯了"不杀生"戒条的说法所做的回应：

> 师云："不得定言有罪，亦不得定言无罪。有罪无罪，事在当人。若贪染一切有无等法，有取舍心在，透三句不过，此人定言有

---

① 理净法师：《我对"商禅并重"浅议》，见"佛教在线"，2010 年 4 月 22 日，http://www.fjnet.com/typly/ljfs/201004/t20100422_152976.htm。

② （元）明本：《幻住庵清规》，见《卍新纂续大藏经》X63，No. 1248，第 584a 页。

③ 郑志明撰《准备好了吗？》，见"佛教在线"，2010 年 4 月 2 日，http://www.fjnet.com/typly/zzm/201004/t20100402_151304.htm。

罪。若透三句外，心如虚空，亦莫作虚空想，此人定言无罪。"又云："罪若作了，道不见有罪，无有是处。若不作罪，道有罪，亦无有是处。如律中本迷煞人及转相煞，尚不得煞罪。何况禅宗下相承，心如虚空，不停留一物，亦无虚空相，将罪何处安着？"①

依百丈的说法，有没有罪要看其当时之心，若心性透脱，与空、中道相应，自心无贪，便无罪过。若贪染一切有无等法，并且还心存取舍、不透脱，当然有罪。这等说法，亦可作为寺院经济转型为"商禅并重"的原则把握：没有绝对，没有一定可以，也没有一定不可以。一切若能以修行为本，心态与方法上契合佛法真义，做好准备，具备《法华经》"正直舍方便，但说无上道"的智慧与勇气②，"商禅并重"才有接替"农禅并重"的意义与价值。

从太虚大师、赵朴初、印顺法师到净慧长老、星云法师，智慧前贤皆提出了人间佛教（或称人生佛教）的概念，强调践行精神的重要性。诸位高僧大德均重视如何落实"人间佛教"的理念精神，将佛法融入现实生活中。其中，赵朴初先生特别拈出"三个传统"，作为继承和发扬人间佛教的必要手段，其中有关"农禅并重"的说法，特别引人注目。赵先生解释，所谓的"农"，指的是"有益于社会的生产和服务性的劳动"，而"禅"则是宗教学修，两者结合，说明佛教虽强调修行，却须立足于社会，服务于人间，实现大乘佛教自利利他的理想精神。所以，"农禅并重"的提出，在赵朴老整个"人间佛教"的思想中占有很重要的位置。

众所知之，古印度原始佛教的修行者皆主张头陀行，一种苦行修行，其生活方式就是托钵乞食。而"乞食"的目的，不是为"食"而乞，乃是为了自省修道，故乞食之时，应当摄心不令其乱。乞食后，也要心不染污，最后以"无贪着心"进食，才能完成修行。另外，乞食也是为了嘉惠世人，使众生建立福慧功德，因为古印度的老百姓向来敬重沙门，故习惯以施舍食物的方式，供养僧众，而此举又被视为行善功德，累积福报。"乞食"既被古印度视为修行，又因众生平等之故，所以原始佛教教义才会规定僧人不得参与生产劳动，订立"不得斩伐草木，垦土掘地"的戒律，以避免锄地杀生。所以，佛教徒托钵乞食在印度便被视为理所当然的

---

① （宋）李遵勖敕编《天圣广灯录》卷9，见《卍新纂续大藏经》X78，No.1553，第458b页。

② 《妙法莲华经》卷1，鸠摩罗什译，见《大正新修大藏经》T09，No.0262，第10a页。

行为。

　　但是佛教传入中国以后，为了适应中国的风俗民情，也不得不改变"乞食"行为。中国的传统社会向来轻贱乞食，除非为贫困所迫，一般不轻言乞食。历史上，不论是晋公子重耳过卫的乞食，或是伍子胥未至吴而疾的乞食，乃至于百里奚乞食于路，都是潦落不堪的举措！最有名的淮阴侯韩信年少时的乞食，也是如此，是生命攸关之际，不得已的选择。一般社会多轻视乞食，施予者虽本之于悲怜、同情而施舍食物，但在社会整体价值观中，始终对于乞食行为是不以为然的。缘此，为了因应中国的风土民情，僧人托钵乞食的生活方式，在佛教传入中国后，开始有了改变。

　　随着气候、地理环境及中国国情、民俗的不同，僧众已然无法再信受奉行"三衣一钵，游行乞食，树下一宿"的教制，佛教在中国逐渐形成定居式的僧团制。为了因应新制度，对广大僧侣的食住问题也做了大幅调整修正，出现了农禅结合的新主张，"农禅并重"遂发展成为中国禅宗寺院赖以生存和发展的经济基础。

　　农禅的肇始者一般认为是禅宗四祖道信，道信到了黄梅双峰山，彻底改变了"游乞"的传统，居垦山林30年，聚集了五百位沙门缁侣，宣明大法，形成庞大的僧团，并开创了"农禅并重"的禅风，禅宗的农业生产模式卒为成形。道信之后将衣钵传给五祖弘忍，弘忍也极力倡导幽居山林行禅。他在蕲州双峰山之东的冯茂山，修行长达20多年，继承"农禅并作"的禅修思想。其主事期间，据载是"四方请教，九众师横，虚往实归，月逾千计"。规模甚至超过了四祖道信，史称"东山法门"。至于六祖惠能，虽在南方传道，但也承继"东山法门"禅学思想。他认为日常生活中的活动都可以作为参禅悟道的因缘，把禅修与劳作结合在一起。禅与农的结合，不仅不妨害修道，而且佛道可能也在其中。惠能之后，马祖道一接续其中，提出"即心即佛"要旨，以为"自性"即"佛性"，日常生活的行、住、坐、卧和修道成佛之间自可联系，农务生产劳作与参禅悟道并行无碍。其说法住世40余年，玄徒一千多人。庞大的僧团，地处山林僻壤，只能自耕自食，将农作与禅修结合起来，僧众一起劳作、共同修行，创立真正的丛林生活。而订立丛林生活确实的规章，将农禅生活予以制度化的，则是其弟子百丈怀海。百丈强调所谓的佛性就是"心性无染，本自圆成""平常心是道"，一切劳作中，皆可渗入禅机，促使"农"与"禅"真正结合，并以马祖道一禅师所建立的丛林为基础，制定了丛林清规，称为《百丈清规》，其中更建立"普请法"，提倡"一日不作，一日不食"，普遍邀请广大僧众参与劳作，不论禅门位阶高低，上下均力，参与劳作；而且为了确立"农禅制度"的优越性，他也针对早期佛教"不得斩伐草木，垦土掘地"的戒律，提出折中的看法，使农业耕种建立在符合戒律和伦理的诠释上。

是知，农禅制度乃是中国古代佛教禅宗寺院赖以生存和发展的经济基础，将农务劳动与禅修结合起来，既解决了僧侣的生活问题，又能助其修行，更能发挥大乘佛教慈悲助人的精神。这种农禅并重的思想，可说是佛教中国化的进程中所形成的优良传统。从赵朴初推动人间佛教，提出"农禅并重"的思想后，至今已有30多年。"农禅"强调的是一种精神，就是把禅法融入世间，自利利他，完成自我的禅修，也实现弘法济世的菩萨本愿。而两岸教界秉持发扬佛教优良传统，光大农禅并重家风的寺院丛林，也不在少数。江西云居山真如禅寺及湖南药山寺、台湾的农禅寺都是其中的代表。

然而近年来，随着经济的稳定发展，社会的进步开放，寺院生存的方式也更为多元。一千多年来自给自养、禅修悟道的制度，也面临考验。因应大环境的改变，寺院经济的经营模式也由"农禅并重"逐渐转向"商禅并重"，而且风气日炽。究竟宗教经济应依何种形式存在，备受宗教界和社会各界人士的关注。这个问题见仁见智，各有看法。认同者，或本之以商业的经济资源，有利于推广佛教，宣扬佛法，实现利济众生的弘愿，符合人间佛教精神。异议者，或忧虑一旦商业置入，辄易造成违犯戒律、舍本逐末，佛教寺院的宗教功能逐渐丧失，过度世俗化，以"经济挂帅"，将不利于佛教的发展。两种意见，各有侧重。虽说因应时代社会结构改变，寺院经济的发展，似乎已由"农禅"向"商禅"趋近，但讨论是否合宜，当视其中精神智慧是否依然存在、能否保持，这才是关键。

综上可知，当初高僧大德并不是把劳动仅仅作为一种谋生的手段，而是更高层次，作为触类见道、直指本心的修行方式，实质上即是从劳动中悟修行，以修行促劳动。所以，寺院经济的转型，若能以修行为本，不论心态与方法上，均能契合佛法真义，重视佛教的精神文化，保有佛教僧团的存在价值，"农禅并重"才有可能应机入世，作为人间佛教践行的坚实后盾。

赵朴初人间佛教思想的精髓
在于能够与时俱进

宋　雷*

我们可以清晰地看到，佛教在指导思想上的与时俱进由来已久，因为这是"正法久住"的先导。佛教自传入中国之日起，就自觉或不自觉地把与时俱进精神确立为自己的指导思想，并根据中国的具体实际和时代条件的变化，使之同中国的时政时情紧密结合起来，特别是每逢佛教生灭存亡的危急时刻，这一特征就表现得更为突出。从佛教历史脉络来看，中国佛教与印度佛教相比有两个重大创新：一是禅宗，二是"人间佛教"。从最初的佛教东来，与儒、道、诸子百家的相互碰撞交融，到禅宗的中国化改造进程；由佛教徒最初的居无定所、沿街乞食，到后来的聚徒专修、农禅并重，而《百丈丛林清规》的创立更是具有划时代的意义……历史经验表明，中国佛教指导思想上的每一次与时俱进，都极大地推进了佛教的发展。

"人间佛教"思想内容丰富，体系庞大，且具有鲜明的时代个性，也经历了漫长的发展历程。赵朴初先生（以下尊称"赵朴老"）的"人间佛教"思想，在扬弃康有为、梁启超等人的"应用佛教"基础上，继承太虚大师的"人生佛教"，并结合当时中国的国情，进一步加以丰富与发扬，从而形成了自己特有的"人间佛教"思想。在20世纪80年代初，"人间佛教"思想成为中国大陆佛教的指导思想，获得了广大信众、政府领导和社会各界的大力支持与高度赞同，正式拉开了大陆佛教复兴的帷幕。到20世纪末，这20年是中国大陆佛教恢复、重建、振兴的重要阶段，其中，"人间佛教"发挥了重要的作用。赵朴老"人间佛教"思想的

* 宋雷，木鱼佛学工作室主任、研究员。

形成、完善与发展，不仅为佛教与社会主义社会相适应作了充分的理论准备，而且在思想上为佛教的现代转换指明了方向，具有重大的创新意义。

当然，赵朴老的"人间佛教"思想，其贡献、价值与意义是多层次、多角度、多侧面的，受主题和篇幅所限，这里仅就"人间佛教"思想的精髓进行分析与研究，着重梳理赵朴老"人间佛教"思想的精髓与发展脉络，争取为理解1980年以后的大陆佛教重建指明方向，对探讨大陆佛教的未来走向提供借鉴。

一　人间佛教思想在理论与实践关系上能够与时俱进

时代是思想之母，实践是理论之源。

中国佛教的发展历程，其基本教理教义，乃至与之相关的一切理论思想特征都是与时俱进的，否则便不会传承至今。而佛教理论的与时俱进，首先或首要的就是指导思想的与时俱进。"人间佛教"思想便是其典型代表。这种指导思想的与时俱进其实是题中应有之义，只是有的时期特别突出，有的时候比较平淡而已。这种理论思想的诞生，很大程度上是时代的产物，正如恩格斯所说："每一时代的理论思维，都是一种历史的产物，在不同的时代具有非常不同的形式，并因而具有非常不同的内容"。为什么呢？从根本上说这是由以下两个原因决定的。

一是由理论与实践的关系所决定的。按照马克思主义的学说，理论源于实践，因实践的需要和呼唤而产生，形成之后又用于指导实践，以指引传承实践朝着正确的方向推进为己任。马克思还指出："我们的理论是发展着的理论，而不是必须背得烂熟并机械地加以重复的教条。"而实践中，佛教是随着历史不断发展的，因此，其理论也应随着实践的发展而不断创新，以适应不同时期的发展环境，并不断为传承实践指引方向。这些论述，已经把佛教的理论思想必须与时俱进，说得非常清楚和透彻了。

二是由佛教的性质和特征所决定的。作为"庄严国土，利乐有情"的一大宗教，它是以救度众生为己任的，因此，它的化导性首先应体现在理论上的先进性。赵朴老在谈到"发扬'人间佛教'的优越性"时也强调："'人间佛教'的意义在于：果真人人能够学菩萨行，行菩萨道，且不说今后成佛不成佛，就是在当前使人们能够自觉地建立起高尚的道德品行，积极地建设起助人为乐的精神文明，也是有益于国家社会的，何况以此净化世间，建设人间净土！"肩负着伟大的弘法使命，对此就必须有高度的理论自觉与勇气，有宽广的理论视野与科学思维，有深邃的理论眼光。

中国佛教之所以能在两千多年保持持续发展，就在于能在理论上、指导思想上具有创造性，能够与时俱进，永不停滞，永不僵化。况且，这种理论与实践的关系经受住了历史的检验，它为"人间佛教"思想的诞生，提供了广阔空间和强有力的支撑。

二 人间佛教思想在形成和提出时能够与时俱进

一般认为，赵朴老的"人间佛教"思想体系，主要包含了走"人间佛教"的道路、实践"爱国爱教"的原则和佛教要与社会主义社会相协调三部分内容。其实，这一思想体系的内容是异常丰富的，理论基础也是十分牢固的，更为重要的是，这一思想体系在形成过程中，不仅经受住了时间的检验，而且还体现出了与时俱进的鲜明特征。主要表现在三个方面：在处理家庭传统教育及亲友关系时做到了与时俱进，在爱国爱教思想与行为上做到了与时俱进，在师徒师承关系上做到了与时俱进。如此，赵朴老的"人间佛教"思想体系，从一开始便自觉或不自觉地同与时俱进结伴而行。

赵朴老 1907 年 11 月 5 日生于安徽省太湖县。父亲赵恩彤担任过县吏和塾师，母亲陈慧是位虔诚的佛教徒。他自幼便受到母亲影响，对佛教怀有一种亲切的感情。

赵朴老早年就学于苏州东吴大学，1927 年因病到上海觉园住入表舅关絅之家。关絅之（1879～1942）是晚清举人，曾任上海公共租界公审会廨审官、通州直隶州知州，辛亥革命前夕与王一亭等人秘密加入同盟会，1913 年二次革命失败之际曾秘密援救孙中山，1920 年参与发起上海佛教居士林，1922 年建立上海佛教净业社。赵朴老在关絅之家养病期间，对佛教有了更进一步了解。

1928 年赵朴老从东吴大学毕业后，再次到上海，经关絅之介绍在净业社任秘书，并在关絅之任院长的上海佛教慈幼院处理日常事务。1928 年上海成立江浙佛教联合会，他应请担任文牍员。翌年改组成立中国佛教会，圆瑛大师被选为会长，太虚、仁山及王一亭、关絅之等 9 人为常务委员，赵朴老先后担任秘书、主任秘书。此外，他还兼任上海佛教协会秘书、佛教净业社社长等。其间，赵朴老深入探索佛教各宗教理，并与佛教界领袖人物圆瑛、太虚、应慈、王一亭、黄涵之等都开始陆续交往，1935年在圆瑛大师门下皈依佛教为在家弟子。

可以说，赵朴老虽然出生在一个旧式传统家庭，但他的思想并不守旧。他接触佛教人物、经卷、僧侣很早，但并没有青灯黄卷，消极自修。有关于此，或许与太虚大师的教诲不无关系，"在人类生活中，做到一切思想行为渐渐合于真理，这就是了解了佛教，也就是实行了佛教。因为佛陀教人持戒修善，息灭烦恼，就在使人类生活合理化……学佛，并不一定要住寺庙、做和尚、敲木鱼，如果能在社会中时以佛法为轨范，日进于道德化的生活，就是学佛。"

1937年上海"八一三"抗战后，赵朴老又先后任上海慈善团体联合救灾会常务委员、上海救济战区难民委员会收容股主任，满怀爱国热情投入抗日救亡活动，动员和掩护300多名青壮年奔赴前线，并开展救济、安置难民的工作。同年11月上海沦陷后，赵朴老冒着生命危险，克服重重困难，把经过培训的千余名中青年难民，分批送往皖南新四军总部，其后陆续送往苏南、苏北等地参加抗战。1938年他参加了职业界救亡组织上海益友社并担任理事长，参加了上海各界人士抗日统一战线组织星二聚餐会及其核心组织星六聚餐会，积极宣传抗日主张，团结爱国人士，开展秘密斗争。1945年抗战胜利后，赵朴老与马叙伦、王绍鏊、林汉达等人发起创立中国民主促进会，追随中国共产党积极参加争取民主、反对内战、解救民众的爱国民主运动……

从以上简述中不难看出，赵朴老不但接触、从事佛教事务很早，而且投身于爱国救国运动也很早。由于20世纪三四十年代的非凡经历及其与圆瑛、太虚等高僧大德的交往，在新中国成立之前就已经形成了坚定的爱国爱教思想和适应时代弘法利生的思想。

新中国成立后，赵朴老在政府和社会团体历任各种职务，担任第六、七、八届全国政协副主席。1953年中国佛教协会成立，他又出任协会副会长兼秘书长。1980年后，任中国佛教协会会长、中国佛学院院长、中国藏语系高级佛学院顾问、中国宗教和平委员会主席等。

值得着重指出的是，赵朴老虽从年轻时即皈依圆瑛大师，与当时的佛教领袖太虚、应慈等也交往颇多，但在"人间佛教"思想传承与创新上，并未受师徒关系的局限，而是依然不忘与时俱进，表现出了"吾爱吾师，吾更爱真理"的博大情怀，紧跟时代、开拓创新，使"人间佛教"思想不断丰富，青出于蓝而胜于蓝。

赵朴老从 20 世纪 30 年代以后与圆瑛大师即保持着密切的关系。圆瑛（1878～1953），曾师事增西、冶开、敬安诸高僧，一生奉先德"利生为事业，弘法是家务"的遗训，辗转各地，以弘法利生为要务。1929 年中国佛教会成立，当选为主席，此后连任七届主席和理事长，为保护中国佛教的合法权益，推进中国佛教适应时代的进步等方面做出不朽的贡献。他虽没有明确提出"人生佛教"或"人间佛教"的口号，但从他的一些文章、讲演和实践来看，他也是主张"人生佛教"或"人间佛教"的。从他发表的《佛教与世界的关系》《佛教与做人》《佛教与人生》《佛教与世道人心之关系》《挽救人心的基本方法》《佛儒经颂序》《爱教必须爱国》等文章或讲演即可看出这种观点已表露无遗。其中《佛教与做人》是 1943 年他在上海静安寺按照赵朴老拟的题目发表的讲演，先讲佛教的人乘，说必须修得道德、学问并且积累阅历以后才能"完成人格"，然后才可修菩萨乘的"六度"，以修证成佛。

从赵朴老在 20 世纪三四十年代的经历来推测，他与太虚大师（1889～1947）、印顺大师（1906～2005）应该接触也不少。众所周知，太虚与圆瑛同是敬安长老的弟子，印顺则是太虚的弟子，比赵朴老仅大一岁。赵朴老在圆瑛门下皈依佛教为居士，无论通过中国佛教会，还是佛教法事或其他社会活动，他们会面的机会是很多的。这方面的记载资料虽然很少，但通过 1947 年赵朴老为追悼太虚圆寂而写的《太虚法师挽诗》，还是可以断定缘分不浅。其诗曰：

> 旬前招我何为者，付我新编意倍酽。遗嘱分明今始悟，先几隐约话头参。神州风雨沉千劫，旷世光华掩一龛。火宅群儿应不舍，再来仁见雨优昙。

诗后附有为"先几隐约话头参"加的注："师逝世前十日，以电话招余至玉佛寺相见，欣然若无事，以所著《人生佛教》一书见赠，勉余今后努力护法，不期遂成永别。闻人言：师数日前告人，将往无锡、常州。初未知暗示无常也。1947 年。"

从诗句内容及附注可以看到，太虚大师生前与赵朴老不仅相当熟悉，而且保持着密切的关系，也可以看到赵朴老对太虚怀有崇敬的感情。赵朴老已经意识到，太虚亲手将集录他论述"人生佛教"思想的《人生佛教》一书赠给他，是具有深刻的寄托之意的，是希望他今后为弘扬"人生佛教"而努力"护法"。赵朴老紧跟时代，不负重托，把"人间佛教"思想发扬光大，载入史册。

三　人间佛教思想在继承传统上能够与时俱进

我们知道，任何思想的产生都与传统无法割裂，"人间佛教"思想也不例外，不管是太虚大师的"人间佛教"思想，抑或是赵朴老的"人间佛教"思想，都是如此。因为，"人间佛教"思想自古就是佛教的历史资源，只是名称与表述不一样而已。赵朴老的"人间佛教"思想，与佛陀的经教、《六祖坛经》的"入世"思想、太虚大师的"人间佛教"思想等当然是一脉相承。关键是要看如何处理继承与创新、保持与拓展的关系，怎样处理因循守旧同与时俱进的元素。赵朴老在处理这些问题时，既兼顾传统，不忘本色，又面向未来，高瞻远瞩，从而建立了有自己特色、有时代特征、有佛教根基的"人间佛教"思想。

我们首先从继承佛教这一根本传统来看。"佛教，乃是产生、流传于此地球人间的一种文化，从来便是人间佛教。佛教的创立者佛陀是诞生于人间的历史人物释迦牟尼，佛陀的经教绝大多数是为人而说的，佛教的各种戒律乃依人类行为方式而制定，佛教的传承、信仰者是社会的成员，佛教的信仰基于人类的宗教需要，佛教被人看作一种劝人行善向上的教化体系。"可以说，佛教与人间的关系至为密切，离开人间谈佛教，则是对这一教化体系的巨大损害，也是人类社会的巨大损失。近年来，一些资深学者对佛教这一高论，并非空穴来风，它是有历史和经典依据的。《增一阿含经》说"诸佛世尊，皆出人间"，揭示了佛陀重视人间的根本精神。《六祖坛经》也说："佛法在世间，不离世间觉，离世觅菩提，恰如求兔角。"这些观点都阐明了佛法与世间的关系。佛陀出生在人间，说法度众生也在人间，佛法当然是源于人间并要利益人间的。这些"经""法"都是对"人间佛教"的充分肯定，说明了赵朴老的"人间佛教"根本是在佛教、在人间的。

其次是从继承太虚大师的"人间佛教"思想方面来看。近代太虚大师是最先提倡"人生佛教"（即后来的"人间佛教"）的，他在《人生佛教之目的》和《人生佛教开题》中指出："过去推行的佛教，强调厌弃现实的人生，求来世的善果，或求解脱生死，每每与现实人生脱节，不能显示佛法的圆融广大，故特意提倡'人生佛教'，其目的是在以现实人生为基础，加以改革净化。首先修持人乘的五戒，做一个好人，人人高尚，进而理解佛法，引发菩萨心，学修菩萨乘，把天乘、声闻乘、缘觉乘隐摄在菩萨行中，直达法界圆明的佛果。"太虚大师把全部佛法的目的与效果概括为四个层次，即"人间改善，后世胜进，生死解脱，法界圆明"。人生佛教首先要求人人做好人，达到人格的完成，进一步发菩萨心、行菩萨道，达到佛性的完成。这是近代"人间佛教"最初的形态。

赵朴老的"人间佛教"思想体系，与太虚、印顺大师的"人间佛教"思想既有继承关系，也有不同的地方。他们的"人间佛教"思想都具当代性，都有关注现实的要素，都有提高佛教徒素质、关心佛教文化的发展的内涵。但是赵朴老的"人间佛教"思想，是在中国社会主义社会这个现实环境下提出的，与太虚、印顺大师所在的社会环境是不同的，因而思想体系亦有所不同，这是必然的。

赵朴老深得太虚大师的器重与真传，能深刻领会太虚大师的"人生佛教"真谛，所以在"人生佛教"的基础上，创造性地提出了"人间佛教"思想，传承与发展了"人生佛教"。赵朴老倡导的"人间佛教"思想，意在突出群体的改善，推动全社会都能净化，全社会都能达到佛性的完成。当然"人间佛教"与"人生佛教"的内涵是一致的，都是要求佛教徒发扬佛陀度生济世的精神，以发菩提心，行菩萨道，积极实现改善世间、净化人生、净化社会为目的。这与《增一阿含经》阐释佛陀的经教精神，与六祖慧能"佛法在世间，不离世间觉"的宗旨都是一脉相承的。

"人间佛教"虽然也继承、含有印度佛教思想，但主要是中国佛教思想；虽然也继承、含有中国古代传统佛教的思想，但主要还是有别于古代传统佛教的中国近现代佛教思想，是足以与禅宗相比拟的中国佛教的第二个最重大创新。因此，"人间佛教"也是佛教中国化的当代形态。

"既一脉相承又与时俱进"，这是赵朴老"人间佛教"与印度佛教、中国古代佛教、太虚大师"人间佛教"的关系。一脉相承就是坚持和继承，与时俱进就是创新和发展。创新和发展当然是"变"，但万变不离其宗，"宗"即"脉"，也就是佛教。

四　人间佛教思想在时代变革中能够与时俱进

从现当代"人间佛教"提出的历史背景来看，两次都是佛教面临着浩劫后的复兴与崛起，第一次是太平天国（1851～1864）在19世纪中期所造成的大规模破坏，第二次是"文化大革命"所造成的另一次冲击。

劫后余生，这两个阶段都存在着传统佛教的重生与转型。但是，这两次复兴，或说"人间佛教"提出的动因，虽说都是与时俱进的时代产物，但差异还是非常大的，需要很好地深入研究。

佛教从两汉之际传入中国之后，经过漫长的与中国传统文化及宗教习俗相适应、相融合的民族化过程，后逐渐演变为中华民族的宗教，并且成为中华民族传统文化的重要组成部分，在两千多年的历史长河中，对中华民族的历史文化做出了重大贡献。然而，自进入清后期以来，伴随着国家的衰落，西方列强的相继入侵，民族濒临危亡，文化、教育也日益废颓。在这种形势下的佛教界，与来自欧美的洋宗教迅速传播形成鲜明对照，作为中国传统宗教之一的佛教，显得更赢弱无力，甚至呈现出败亡之态。

中国佛教的衰败固然与外界形势密切相关，但也确实是自身长期的积弊所致。特别是清后期以来佛教的积弊甚多，而最致命的积弊，莫过于极端落后于时代和严重脱离现实人生。借用太虚大师的话说，是将本来植根于现实民众的佛教变成没有生气的"死的佛教""鬼的佛教"，从而导致在教理、教制和教产等方面，流弊痼疾重重，归根到底，还是佛教没有与时俱进。

于是，太虚大师登高疾呼，提倡旨在适应现代人的"人生佛教"，推动教理、教制、教产"三大革命"，虽然预期目的未能取得圆满成功，但在开振兴佛教风气之先、办学造就人才等方面，仍贡献极大。还有此后印顺大师为对治佛教"神化"倾向而提倡实践"菩萨行"的"人间佛教"，与太虚大师同心同德，前呼后应，使"人间佛教"思想日益完善。

我们再看现代佛教的第二次复兴，也即赵朴老提倡"人间佛教"思想的时期。

十年浩劫后，百废待兴，佛教成了"重灾区"。因此，改革开放后大陆佛教的复兴，几乎是真正的从"零"开始。十年动乱给中国大陆佛教带来毁灭性的破坏，导致人才断层，佛教信仰的社会基础荡然无存。也因此，20世纪80年代的佛教复兴，虽起步艰难，但其成就与影响可圈可点，弥足珍贵。

改革开放之初的中国，发展社会主义经济成为当时工作的中心，佛教在转型时代，如何适应社会，怎样光大佛教的事业，续佛慧命，是赵朴老一直考虑的重大问题。由于中国佛教一直以远离世间的面貌呈现在世人面前，其间又经过几十年的磨难，人们对佛教已经非常陌生，未来的中国佛教如何走下去，成为当代中国佛教一个不可回避的重大而又现实的问题，也是中国佛教当时急需解决的一个理论问题。

赵朴老在研究中国的国情后，认为"以经济建设为中心的社会主义现代化建设事业，集中体现了祖国和人民的根本利益，当然也集中体现了我们佛教徒的根本利益"，所以"今天我国各民族的佛教徒，应当和全国人民一道，投身于以经济建设为中心的社会主义现代化建设事业；应当围绕经济建设这个中心，提高我们为四化建设事业服务的自觉性和积极性"。

在这个思路下，赵朴老把中国佛教的未来命运与社会主义社会紧紧地联系在一起，这本身就是一种理论自觉，是与时俱进。他进一步明确宣称："为社会服务，是我们佛教徒的天职。我们的口号是：庄严国土，利乐有情。我们提倡'人间佛教'。"他在中国佛教协会成立 30 周年时又郑重提出："中国佛教已有近二千年的悠久历史。在当今的时代，中国佛教向何处去？什么是需要我们发扬的中国佛教的优良传统？这是我们要认真思考和正确解决的两个重大问题。当代社会主义中国的佛教徒，对于自己信奉的佛教，应当提倡一种思想，发扬三个传统。"

赵朴老高瞻远瞩地精辟论述了"人间佛教"的主要内容和目的，为"人间佛教"健康有序的发展指明了方向。为了不负于时代，我们就要大力提倡"人间佛教"，为社会主义现代化建设事业服务，为中华民族伟大复兴助力。高举爱国爱教的旗帜，"在新的历史条件下，阐扬佛陀慈悲济世的本怀，完成时代赋予的使命"。"人间佛教"的第二次提出与实践，发生在改革开放和社会主义现代化建设新时期，在总结清末以来正反两方面经验和当时形势的基础上，找到了一条与中国特色社会主义道路相适应的途径，开辟了社会主义建设时期佛教的新阶段，是佛教中国化的又一次创举，它再次证明，佛教只有不断与时俱进，才能行稳致远，健康发展。

2017 年 6 月 18 日，圣凯法师在中国、加拿大、美国三国佛教论坛上指出："赵朴初的最大贡献是把提倡'人间佛教'放在整个中国佛教的指导地位，强调了'人间佛教'思想的普遍意义。这是太虚当年未能做到的。他对'人间佛教'神圣性的论证，是一位宗教领袖从佛教制度、佛教的社会功能去探讨的，而非一位出家师父对弟子的个人教化，理解这二者的差别是非常重要的。"

不论如何评价，现当代这两次佛教复兴，两次"人间佛教"的提出，都是中国佛教历史发展关键时期指导思想的与时俱进。

五 人间佛教思想在发展实践中能够与时俱进

中国佛教从来都是在开拓中前进的。与时俱进既是"人间佛教"的理论品格，也是"人间佛教"的实践品格。

赵朴老说："我们提倡'人间佛教'思想，就是要奉行五戒、十善以净化自己，广修四摄、六度以利益人群。"根据赵朴老的"人间佛教"思想，如何实行"人间佛教"？就是要联系人生，自净其意，众善奉行，普济一切，净化人间，令诸众生，毕竟大乐。实际上，这不仅是"人间佛教"所追求的崇高理想，也是古今中外的志士仁人、圣贤豪杰为之奋斗不懈、不惜牺牲的目标，是所有宗教祈求的终极思想，是从三藏十二部、八万四千法门中精选出来的，与当代世间最契机、最合理的"人间佛教"思想，这也是经过实践检验、生命力旺盛的具体表现。

赵朴老以大乘入世的精神救国济民，弘扬佛法，高度认同并毕其一生实践着"人间佛教"理论，大力提倡和弘扬"人间佛教"思想。赵朴老顺应历史时代潮流，维护和弘扬佛教教理，在保持其宗教性、神圣性、纯洁性的原则下，始终把"人间佛教"理念作为中国佛教发展的长期指导思想。他号召全国佛教界高举爱国爱教的旗帜，适应时代的发展，与时俱进，与国家发展同进，与人民同行，遵纪守法，积极参加社会主义建设，庄严国土，利乐有情，走与社会主义相适应的道路。经过30多年的实践，这无论对国家利益，还是佛教利益来说，都是十分重要的。

实践证明，没有赵朴老创造性地把"人间佛教"思想和爱国爱教思想融会贯通，并作为中国佛教的指导思想，把佛教教义圆融于建设有中国特色的社会主义伟大事业之中，就没有半个世纪以来佛教与社会的很好协调与平稳适应，就没有佛教的曲折发展和恢复振兴。更主要的是，这些理论思想在长期实践中，时刻在紧跟时代节拍，既不越位，也不落伍。

实践"人间佛教"思想，除了在与国家大政方针、法律等方面的一致而与时俱进外，还表现在与环境、与时机的与时俱进上。这其中，重点就在"人间"，牢牢把握契机，坐言起行，净化身心、净化人生，人间净土便会实现。从世界范围看，现在人世间充满着各种危机，工业生产无限量排出二氧化碳；大气层中臭氧层被破坏；有害烟气、化学毒剂、核爆炸、核泄漏、核废料等造成污染，危害着人类生活、动植物生长和建筑物的使用寿命；社会道德观念日趋淡薄，损人利己、伤人害命的五逆十恶罪行屡禁不止……这一切的一切，不能不使有良知、慈悲为怀的人近忧远虑。更为严重的是，有些人消极厌世，轻生自尽。要改变这些现状，就要弘扬佛法，传承佛陀的真理，实现人间净土，将危机化为契机！半个多世纪以来，"人间佛教"在两岸的实践和发展，已收到了良好效果，而赵朴老所倡导的"人间佛教"在大陆的实践成果更是有目共睹。在当前的背景下，我们践行"人间佛教"，就是要有菩萨心肠，用大慈大悲的心去化解这些危机，去唤醒更多的世人，大家齐心合力，努力来净化人生，普济世间，改造世界，这是"人间佛教"在当代应该而且可以推行的契机。抓住契机，持之以恒，"人间佛教"一定能实现。

另外，赵朴老在"人间佛教"中提到的应当"发扬三个传统"，也是大有深意、与时俱进的，并且经过几十年的实践，也收到了良好效果，成绩斐然。

中国佛教的三个优良传统：第一是农禅并重的传统；第二是注重学术研究的传统；第三是国际友好交流的传统。这三个传统是中国佛教徒在两千年来从事佛教事业的过程中，经过长期的探索和实践而创造和发展的。事实证明，中国古代的高僧大德们根据"净佛世界，成就众生"的思想，以"一日不作，一日不食"的精神，实行农禅并重的丛林风规。艰苦创业，辛勤劳作，精心管理，创建了田连阡陌、树木参天、环境幽静、风景优美的一座座名刹大寺，装点了我国的锦绣河山。在学术研究与交流方面，中国的高僧大德译经著述，创宗立派，传经授业，留下了浩瀚的佛教文学、艺术、历史、哲学的宝贵资料，大大地丰富了我国民族文化的宝库。许多高僧大德为了交流和弘传佛法，梯山航海，往来于陆上和海上的丝绸之路，交流中外文化，播撒友谊的种子。赵朴老曾指出："今天社会主义中国的佛教徒，对于自己信奉的佛教，应当提倡'人间佛教'思想，以利于我们担当新的历史时期的人间使命；应当发扬中国佛教农禅并重的优良传统，以利于我们积极参加社会主义物质文明建设；应当发扬中国佛教注重学术研究的优良传统，以利于我们积极参加社会主义精神文明建设；应当发扬中国佛教国际友好交流的优良传统，以利于我们积极参加增进同各国人民友好，促进中外文化交流和维护世界和平的事业。"他还说："我们正在使'人间佛教'的思想与现代人类文化和文明的新趋势、新水平相结合，力求为自己国家的现代化建设和世界和平事业做出积极的贡献。"通过实践，赵朴老的这些光辉思想正在一步步变为现实，"人间佛教"思想的精髓得到了长足发展。而这一切，同在实践发展中时刻能够与时俱进是密不可分的。

六 "人间佛教" 思想在面向未来时能够与时俱进

应当肯定地说，以人为本和与时俱进的"人间佛教"是当代中国佛教界的共同选择，是未来中国佛教发展的总趋势。在中国佛教繁荣发展、"人间佛教"在两岸已成为主流的今天，重温赵朴老的"人间佛教"思想，是有着重要的理论和现实意义的，而对"人间佛教"思想面向未来的自身发展，也是一种回顾与推动。

2016 年 4 月 23 日，习近平在全国宗教工作会议上强调，新形势下，我们要坚持和发展中国特色社会主义宗教理论，全面贯彻党的宗教工作基本方针，分析我国宗教工作形势，研究我国宗教工作面临的新情况、新问题，全面提高宗教工作水平，更好组织和凝聚广大信教群众同全国人民一道，为实现"两个一百年"奋斗目标、实现中华民族伟大复兴的中国梦而奋斗。

早在 2014 年 3 月 27 日，习近平主席在巴黎联合国教科文组织总部发表演讲时曾指出，"中华文明经历了 5000 多年的历史变迁，但始终一脉相承，积淀着中华民族最深层的精神追求，代表着中华民族独特的精神标识，为中华民族生生不息、发展壮大提供了丰厚滋养。中华文明是在中国大地上产生的文明，也是同其他文明不断交流互鉴而形成的文明"。他特别提到了佛教，提到了"具有中国特色的佛教文化"，并认为"中国人根据中华文化发展了佛教思想，形成了独特的佛教理论"。那么，中国佛教文化的特色是什么？形成的"独特的佛教理论"又有哪些？笔者认为，"人间佛教"的思想就是中国人根据中华文化对佛教思想的又一发展，无疑是"独特的佛教理论"，是对佛教文化的重要贡献。这其中，赵朴老的独特贡献是确定无疑的。当前，我们最需要弄清的是，在展望未来的广阔前景中，赵朴老的"人间佛教"思想是否还能够紧跟时代，在全面开启新时代中国特色社会主义的新征程中，是否还能与之相适应，是否还能够保持与时俱进。

我们知道，在全国宗教工作会议上，习近平讲的一个关键问题，就是宗教要与社会主义社会"相适应"。"相适应"也称"相协调"，是包括宗教在内的世间一切事物活动的必然规律。也就是说，任何宗教都要与当时所处的社会相协调，不能与当时当地社会相协调的宗教，是没有出路的，最终也会被社会所淘汰。赵朴老就曾根据马克思主义原理指出："马克思说过，基督教是适应的宗教，这是马克思在欧洲说的。其他宗教也是适应的宗教，不然怎么能够一两千年传承下来。"就社会主义社会来讲，"宗教要同社会主义相适应，社会主义社会要圆融宗教。这是我们国家、民族和人民的根本利益之所在"。由此可见，赵朴老的思想与论断，既是有预见的，也是科学的、实事求是的。

我们应当清楚，当代中国社会的形态早已发生了实质性变化，宗教也应随之有相应的变化，因此，宗教与社会主义社会相适应已经成为应有之义。赵朴老说："在我国现今的条件下，在我国宗教的社会政治状况发生根本变化的情况下，宗教不再是旧的半封建半殖民地社会上层建筑的残余，而是社会主义社会上层建筑的组成部分。不仅宗教是实体，宗教文化也可以为社会主义经济基础服务，而宗教思想信仰体系中的积极精神，也可以为社会主义经济基础服务。"30多年前，赵朴老就敏锐地看到中国社会主义的特点和发展趋势，因此决定了中国佛教徒只能走社会主义的道路，爱国爱教，而且佛教只有与社会主义社会相协调、相适应，才有最好的出路。为此他还强调："把我国建设成为社会主义现代化强国，乃是大势所趋，人心所向，利益所在。"

十八大以来，党中央制定了正确的思想政治和组织路线，以及一系列正确的方针政策，特别是2016年召开的全国宗教工作会议，科学地总结了新中国成立以来党对宗教工作的基本经验，为宗教工作的长远发展指明了方向。佛教也迎来了黄金发展期。我们佛教徒要同全国人民一样，对党中央的正确领导，对祖国的光辉前景满怀信心，为实现"两个一百年"奋斗目标、实现中华民族伟大复兴的中国梦而奋斗。广大信众要看清楚，这是千载、万载难逢的殊胜因缘，是"庄严国土，利乐有情"的殊胜事业。广大佛教徒要继承和发扬法显、玄奘、鉴真等被鲁迅赞为"中华民族的脊梁"的献身精神，为"一带一路"建设、为人类命运共同体建设增光添色，尽心竭力，化导大众，多做功德。

其实，有关佛教与社会主义社会相协调的问题，赵朴老早在中国佛教协会进入四十不惑之年的时候，就曾有论述："中国佛教必须而且能够与中国特色的社会主义社会相适应或相协调。佛教与政权分离，不干预国家的行政、司法、教育，不进行反对马列主义、毛泽东思想的宣传；佛教不受外国势力的支配；佛教爱国守法，拥护中国共产党的领导和社会主义制度，继承和发扬中国佛教的优良传统，积极参加社会主义物质文明和精神文明建设，这是实现'相适应'或'相协调'对佛教的基本要求。"可见，他对"相适应"的问题，对紧跟时代、与时俱进的问题，不但充满信心，而且具有深邃的目光，科学的判断。

这里，根据上文我们完全可以得出一个结论：与时俱进即是佛教同社会相适应！

佛教与社会相适应是中国宗教史的一个典型范例，"人间佛教"作为佛教的指导思想是最成功的杰作。印度佛教在中国大地之所以能够扎根、发展，就是因为它不断地与中国社会相协调，它因时因地制宜，一直适应中国的传统思想文化，一直在走中国化的道路，乃至最后变成了中国化的佛教，成为中国传统文化的一个重要组成部分。由此可知，"相协调"就是佛教所说的契理契机，以佛教的"理"契社会主义时代的"机"，中国佛教就是在这一契理契机的过程中，不断调整自己，不断创新，奋发前进，与时俱进地走进当代社会的洪流。

把"人间佛教"同中国具体实际结合起来，使"人间佛教"在中国不断具体化，不断与时俱进，不断与社会相适应，是佛教传入中国以来一直面临的永恒性历史课题。从一定意义上说，一部佛教发展史，归根结底是在做"与时俱进"这篇大文章。佛教的兴盛和衰落、前进和后退、扩大和缩小、发展和巩固，都不能不紧扣于"与时俱进"的大文章怎么做和做得怎么样。笔者以为，赵朴老的"人间佛教"思想今后的发展，仍然离不开与时俱进。

摆正佛教与社会政治关系，
走适应社会必由之路

——赵朴初居士《如何能使佛日增辉法轮常转》解读

金易明[*]

众所周知，赵朴老 1920 年到上海投奔其母亲挚友关静之一家，于上海开始了其初中学生生涯，直到其于东吴大学肄业回到上海，进入上海佛教居士林，一边养病一边任上海佛教居士林收发、文秘，在关静之的弟弟，辛亥革命传奇人物、民国时代上海居士关絅之先生的悉心培育下，成长为上海佛教界的著名社会活动家，直到 1954 年 11 月被周恩来总理亲自点名调任中国佛教协会秘书长、并参与民进中央主要领导工作为止，在上海从十四岁风华正茂的少年学生，成长为年近半百的成熟社会活动家、上海乃至中国佛教居士界的领袖、著名的文化人，于社会各界，特别是在文化界、佛教界享有相当的声誉和知名度。在上海长达三十四年的学习和工作、生活，使赵朴老与上海有着一份难以割舍的情感，这位中国佛教与政治舞台上闪烁的明星，还是被上海邀请回来参加了上海市佛教协会成立暨第一届代表会议，并担任了上海市佛教协会第一任会长。《如何能使佛日增辉法轮常转》一文，[①] 既是其在上海市佛协成立会议上所做的报告，亦是其作为中国佛教协会秘书长，向全国佛教界发出的适应社会主义社会的时代背景，推动佛教在新的时代中能有所作为、有所发展的号召。因此，这篇报告虽非长篇大论，但却是颇接地气、具有政治智慧的重要文献，其现实的和历史的意义，已为六十余年来中国佛教界坚韧不拔走过的曲折道

---

[*]　金易明，上海佛学院佛学导师、上海佛教居士林总干事。

[①]　为论述的方便，下文中将《如何能使佛日增辉法轮常转》报告简称为"赵朴老报告"。赵朴老这篇文献首先以记录稿形式发表于中国佛教协会机关杂志《现代佛学》1955 年第 1 期上，后又被收录于华文出版社 2007 年 10 月第一版《赵朴初文集》（上卷）第 101～105 页。以下本文引用本文献，不再注明版本。

路所证实，因此，即使在当今时代，赵朴老报告的现实指导意义乃当予以重视。

一　新中国成立之初上海教界的基本情况——赵朴老报告的地域背景

1949 年春，为迎接上海解放，上海社会各界人士成立了上海临时联合救济委员会，一致推举赵朴老任总干事。这个组织的任务是负责收容难民，维持治安，管理散兵游勇。上海解放后，赵朴老首先负责华东生产救灾的工作。那时上海有游民六十万，赵朴老在解放军协助下，觅地安置，给以衣食和医病，开展教育和技艺培训活动，促使他们成为自食其力的劳动者。1950 年华东军政委员会和上海市军管会决定，由赵朴老将美国经济合作总署的救济物资接收过来作救济之用。这是一笔数量极为庞大的物资。"三反"运动开始后，他经受了上海、华东局和中央的三级审查。审查结果无任何问题。周恩来总理赞扬他"一尘不染真难得"，并决定调他进京。周恩来总理想让他负责慈善救济工作，但赵朴老认为自己是一个佛教徒，佛教界的一切牵挂着他的心，所以还是希望留在宗教界，周恩来总理同意了。从此，赵朴老在宗教界发挥其睿智和才干，担当起引导佛教界缁素大众走上社会主义道路的重任。

新中国成立初期，赵朴老在上海面临的一项重要的任务，是如何解决旧政权时代佛教界留下的诸多复杂而棘手的问题。特别是对新生的共和国政权，上海社会各界怀疑的情绪较为普遍。反映到佛教界，教职人员和信教群众中人心浮动、惶惶不安，害怕新政权取消宗教信仰自由。同时，由于民国时期旧政权对上海佛教寺院的事务插手比较深，佛教界内部矛盾突出。① 为便于控制教界，旧政权时常在教界内部，于各寺院之间，以及寺院内部住持与清众之间、寺院檀越与常住僧众之间，利用上海佛教各寺院本身宗风教派的不同，以及在佛事接洽、信仰资源方面，主要是护法檀越

---

① 上海佛教居士林前副林长、上海市佛教协会前副会长游有维居士曾有《上海近代佛教简史》一书，由上海华东师范大学出版社于 1988 年 4 月出版，该书对上海佛教界于民国时代的政教关系，乃至当时的中国佛教会实际主持者白圣长老及其弟子们被卷入著名的"汉奸案"等，予以了交代。近期，两岸教界和学界对上海佛教界在民国时代的佛教研究也逐步趋于热点化。因此，对于赵朴老所面对的由旧时代走过来的上海佛教界的基本背景，有了多方位的了解。

的竞争中出现的矛盾，进行有意无意地挑唆，扩大分歧和对立。因此，在新中国成立初期的一段时期里，由于这种矛盾摩擦的延续，上海佛教各寺院之间的关系并不和睦。如此局面下的上海教界，难以形成共识、团结一致、共同适应时代前进的步伐。

还有一个突出的问题是，上海的大街小巷中可谓假僧遍地。当时，大量"马路和尚""佛摊子"构成了散兵游勇式的佛事大军，他们虽以出家僧面目出现，但却既未经剃度之程序、亦未有所谓受持戒律的过程，更不依止僧团、遵循丛林之规范律仪。他们与广大信徒之间是一种佛事劳务市场行为的供需关系。这些缺乏神圣性的纯粹以赚钱为目的的佛事从业者、假僧的存在，无疑是沪上依附于佛教僧团表皮上的疥癣，对佛教形象的损害，对寺院内僧团成员的负面影响不小。面对沪上佛教界的严峻现实，作为党和政府的真诚净友和亲密战友，赵朴老与政府有关部门经协商，提出通过三条渠道出手解决。第一条渠道以统战部为责任单位。解放初期，上海地方政府并无宗教管理部门，宗教事务直接归市委统战部管理。统战部门的工作，主要是通过赵朴老和当时比较进步的续可法师与佛教界人士沟通。1949 年 8 月，上海市第一届各界人民代表会议召开，赵朴老、续可和苇舫法师作为佛教界的代表人士当选为大会代表。同年 11 月，在赵朴老的提议下，上海市召开了由赵朴老等五位居士，续可、苇舫、持松等五位僧人参加的沪上佛教界上层人士座谈会，听取教界上层人士对党的宗教信仰自由政策的意见和建议，以及征求对解决上海教界面临的突出、棘手问题的建议与对策。第二条渠道则是由民政局为责任单位。由民政系统对全市寺院、僧尼进行登记造册，组织生产自救。这项工作奠定了以后相当长时期内佛教界组织合作社、寺院内兴办作坊以开展生产自救的基本方式，缓和了因佛事匮乏而自养经济能力严重下降的窘迫局面。第三条渠道，则是属于民间的群众路线。解放之初，在上海存在着一个"上海市民主青年联合会"群众组织，这是由中共领导的颇为活跃并且相当得力的组织。1949 年 10 月，该组织于佛教寺院内的青年进步僧中，成立了"上海佛教僧众青年联谊会"。佛教寺院僧众的相关工作，很大程度上是依靠在"民青联"统领下的"僧青联"去动员和落实的。当时，"僧青联"有会员一千多人，主席是达圆法师，副主席为中定、绍宗法师，绍宗法师还兼秘书长。由于三位年轻的僧人没有历史问题的包袱，且思想活跃，积极靠拢党组织，进步而肯干，不仅弥补了赵朴老等居士对上海众多丛林僧众基本情况的陌生，而且积极协助市委统战部在广大僧众中开展工作。特别是他们了解寺院僧人的历史、背景，熟谙寺院僧团的各项规矩和基本情况，对于"马路和尚"情况也非常熟悉。有了他们，党和政府对于沪上错综复杂的寺院道场和僧团内部情况有了深入的了解，在管理的路径上有了基本的头绪，在管理的举措上有了基本的抓手。如他们为"马路和尚"设立了"佛事接洽处"，并在1955年开始隶属于上海市佛教协会管理。就此，"马路和尚"这个特定时期的特定历史产物，相对平稳地画上了句号。

赵朴老在中华人民共和国成立初期上海佛教界的稳定方面，倾注了极大心血，其主要举措是团结各方的力量，在紧紧依靠党和政府的前提下，有效调动上海佛教界青年僧众、进步居士等各方面人士的积极性，以多种渠道齐头并进的方式，努力解决上海佛教界所面临的诸多新问题、新情况，取得了相当出色的成果。赵朴老还努力通过建立学习制度，开展学习活动，对僧尼大众和广大居士进行社会主义的思想教育，以图转变旧观念，树立正确的政治观念和信仰理念。并且在此过程中，将落实僧尼生活、确保正常的法务活动的开展作为主要抓手，推动广大信徒特别是寺院僧尼大众对党和政府宗教政策的正确认识。

值得一提的是，赵朴老通过妥善安排一系列佛教活动，稳定了佛教界。1951年5月，班禅大师等藏传佛教领袖人物到访上海，赵朴老精心安排在常德路四一八号"觉园"内金刚道场中，举行隆重的欢迎仪式，并由金刚道场住持清定上师与班禅大师等一起主持了法会，安抚了当时上海所拥有的众多格鲁派佛教信徒的情绪，增强了他们对党和政府宗教政策的信心和信任。1952年12月，虚云老和尚到沪启建世界和平法会，并连续主持七场禅七法会，盛况空前。一时，禅七法会的举行地玉佛禅寺内人群簇拥、信徒云集，用事实诠释了党和政府尊重僧尼大众、尊重民众信仰的一贯政策。1953年，静安寺方丈持松长老在寺内设立真言宗坛场，复兴中国自唐朝以来失传的汉地密宗，成为国内唯一的真言宗坛场。此举不仅对于静安寺本身而言，是继民国晚期将子孙庙改为丛林以后的又一次重大的宗派特色的转化，而且为日后通过佛教的渠道开展与日本宗教界和民间的友好往来，奠定了良好的基础。

与此同时，赵朴老等根据佛教的教理、佛陀之本怀，以及中国传统伦理的一贯宗旨，旗帜鲜明地对广大佛教信徒提出了"爱国爱教"的要求。实事求是地说，中华人民共和国成立之初的上海佛教界矛盾和斗争是比较尖锐的，赵朴老所面临的形势是严峻的，佛教界的进步力量和消极势力之间的矛盾时常显现。一旦有积极的建议，必会有反对的声音响起，各不相让、争执纷起。由1953年10月27日赵朴老在中国佛教协会第一次常务理事会议上所做的《上海市佛教界人士的学习情况》①报告的内容反映出，赵朴老在组织讨论制订上海的《佛教徒爱国公约》时，提出了"爱国爱教"的口号，并且，当时这个口号在上海佛教界曾经引发了争议，其焦点是究竟宗教信仰是第一位，其他都是次要的，还是爱国与爱教必须并重，爱国才能真正爱教。赵朴老与沪上教界的进步人士坚决认为，这是有关佛教界能否坚持走社会主义道路、心悦诚服地接受中国共产党和人民政府领导的原则问题，是非界线必须清楚。赵朴老立场鲜明，为上海佛教界乃至全国教界树立了"爱国爱教"的旗帜，这是他对于中国佛教界乃至全国宗教界坚持在中国共产党的领导下走社会主义道路，所做出的重大政治贡献。

二 《如何能使佛日增辉法轮常转》的基本精神概述

1954年12月12日至13日，上海市佛教协会成立，这是全国成立最早的省级佛教协会之一。其整个成立过程，都是在赵朴老亲自关心和悉心过问下进行的。从1954年12月23日《光明日报》对此事件的新闻报道中，我们得知："上海市佛教协会成立大会12日、13日在上海市举行。会议选出了理事会和常务理事会。应慈、静权被选为名誉会长，赵朴初被选为会长，持松、苇舫、方子藩被选为副会长。出席这次大会的僧尼、居士代表共一百多人。大会聆听了苇舫法师关于上海市佛教协会筹备经过的报告，和筹备委员会主任委员赵朴初所做的时事与工作报告。会议还邀请上海市人民政府民族事务委员会副主任屠基远做了关于宗教政策的报告。代表们对以上报告进行了座谈和讨论"。②它向后人展示了三个方面的信息。首先是，这次会议推选出了上海市佛教协会第一届领导集体，应慈、静权被选为名誉会长，赵朴老为会长，持松、苇舫、方子藩三位大德为副会长，并形成了上海市佛教协会的首届理事、常务理事；其次是，出席首

---

① 《上海佛教界人士的学习情况》一文，被收录于《赵朴初文集》（上卷），第72~81页。
② 转引于《现代佛学》1955年第1期，中国佛教协会出版，第28页。

263

届上海市佛教协会代表会议的有一百多位法师与居士，这无疑说明了当时上海佛教信徒的基本规模；其三，赵朴老在这次会议的第一天，向全体僧俗代表做了报告。由于是第一届代表会议，因此其会议上并未有理事会工作报告等议程，而赵朴老的《如何能使佛日增辉法轮常转》报告，即是在这次会议上做的。

赵朴老在这份上海市佛教协会成立会议上所做报告，开宗明义，即将非常敏感的"政治和尚"的问题予以挑明："曾有一些佛教团体是以不问政治为标榜的。大家都惯于把佛教和政治分开，以为不问政治的佛教才是纯粹的佛教。因此，出家人中有一些与政治发生关系就会被人叫作'政治和尚'，就会有许多人议论他"。① 赵朴老如此明确的开场白，是有其缘由的。1955年的上海佛教界与全国各地的佛教界一样，在刚刚过去的"抗美援朝"运动中，许多佛教信徒，特别是寺院内的法师们被这场运动所感染、所鼓舞，已经自觉地投入宗教界社会主义改造的洪流，自觉地接受新时代带来的诸多新观念和新的丛林管理方式。然而，毕竟中国社会在20世纪50年代所经历的是一场民族历史上空前的大转变，习惯思维、固有观念、传统规范等等，都还在持续影响着整个佛教界，对于那些积极追随时代步伐，自觉配合党和政府做好佛教界社会主义改造工作的僧职人员，颇有抵触和反感，因此，认为这些积极要求进步的僧职人员并非纯粹的出家僧人，而是带有政治标签的"政治和尚"。

此说不仅在20世纪50年代有，在民国时代也存在，在进入21世纪以后的新时代依然存在。事实上，给予某些出家僧人以"政治和尚"标签的背后所隐含的问题是，对于佛教与政治之间关系的基本态度和观念，是宗教与政治问题的逻辑外延，是宗教学上一个长盛不衰的课题。因此，赵朴老的这篇报告，事实上也代表了其在长期的佛教工作中，特别是目睹和亲身参与民国及共和国时代以佛教界为背景的各项社会活动后，所得出的对于这个敏感课题的认知，代表了其宗教思想的一个重要方面。故而，这篇文章的意义不仅仅局限于对上海佛教界某些现象的反映和分析，也不仅仅局限于对佛教与政治之间关系的探讨，而是涉及新中国成立之初党和政府对宗教与政治、宗教与社会之间关系的基本态度和认知。

由此，赵朴老在紧接着的讲话中，立即转入本报告的主题，即佛教

---

　　① 《赵朴初文集》（上卷），第101页。

与政治的关系问题。佛教源自印度，由印度文明所孕育，带有鲜明的印度文明神圣性、超越世间性、跨越此世等特色，这种特色浸染于印度各种宗教信仰乃至整个民族的生活价值要求之中。佛陀时代已经兴起的沙门传统，对于佛教僧团于世俗的态度，也有着直接、深刻的影响。这一切，其实表现为"神话理性思维模式"与"神圣叙事风格"①的印度的文明禀赋和文化属性，是这种文明禀赋与文化属性于宗教信仰、人生价值观上的反映。也因此，印度社会条件下的宗教所具有的禀赋和属性，决定了其具有与政治、社会保持相当张力的距离感。这种自觉的超越世俗世界、与世俗世界保持相对张力的典型表现，体现于佛陀在僧团建设上，与耆那教等沙门有着同样的修学理念，也体现于佛陀对僧侣修学者从事生产劳动等持的否定态度。佛教僧侣称之为比丘，即是梵文乞士之义，其中虽然有乞法这一佛法所特有的内涵，然而其"乞"者，首先是源于"乞食"。托钵乞食之沙门传统，从某种意义上即是于农耕文明中对于从事生产及农耕活动的排斥。这种对于农耕生产的排斥，从集中反映佛陀对于僧团生活及修持所定规范的律仪中，也有明证。如《四分律》卷十一中，佛陀有教诲："世尊以无数方便呵责已，告诸比丘：'自今已去与比丘结戒：若比丘自手掘地、若教人掘者，波逸提'。"并且严肃指出："地者，已掘地、未掘地。若已掘地经四月，被雨渍还如本，若用锄或以镢斫，或以椎打，或以镰刀刺，乃至指爪摇伤地，一切波逸提。打橛入地者，波逸提。地上然火，波逸提。地有地想，波逸提。若不教言：'看是知是'。突吉罗"。②释迦牟尼佛对于农耕文明下禁止生产劳动的规范，主要有两个方面的缘由，首先是基于对生命的尊重，农耕活动会造成对生命的伤害，作为修学者的沙门不能行伤害有情生命之举。此点也为与佛陀同时代兴盛的耆那教所主张。其次是考虑到生产、交换、买卖等由农耕活动而引发的一系列社会活动，必将促使僧团与社会、国家的经济活动紧密联系为一体，由此将扰乱修学者之心。所以，佛教僧团在印度始终以游离于主体世俗社会之外的、超越于尘世的形象和价值取向，为其风范的写照。

然而，在以中华文明禀赋和文化属性为主导的中国佛教界，包括由

---

① 对印度文明禀赋与文化属性的这一论断的学理诠释，参见笔者拙作《冲撞、适应及融合——佛教对中国传统文化的适应与相融性机制探讨》，收录于《法海佛意窥豹》，宗教文化出版社，2014，第354～394页。

② 《四分律》卷21，《大正藏》第22册，第641页。

出家众所组成的寺院僧团，所承续的社会价值观念和政治伦理规范，与印度社会有着本质的区别。中华民族被"大一统"观念所深深浸染，从家族宗法制度到国家皇权专制统治相互匹配。《诗经·小雅·北山》所道出的"普天之下莫非王土，率土之滨莫非王臣"的观念可谓根深蒂固，由此观念所统帅的古代中国社会，包括僧团在内的任何社会组织，都不可能独立而超越于世俗社会，游离于皇权政治控制范围的"王土"之外；同时也不能因为某种精神性的信仰和不同于常人的人生价值观，使其不做"王臣"而做超越于世俗的"方外之士"。中国佛教思想史上著名的"沙门不敬王者"之争，最终以主张此说的僧团的败北而告终。佛陀所制订的律仪最终为中国丛林自身所制订的"规约"所取代，突出的则是由原来禁止僧尼大众参与社会生产，变异为中国佛教僧团的"农禅并重"传统，以倡导"一日不作，一日不食"为丛林基本规约，来保证中国僧团的"自养"事业。在历史的发展过程中，中国佛教僧团不仅从事生产，而且以"自养"的名义开展了置办土地、从事商业、设"无尽藏"放贷等业务。因此，照理中国佛教僧团与僧侣阶层不应具有那种与国家政治保持着相当张力的情况，但也不存在与社会生活自觉隔离、自我孤立的情况。

然而，尽管有这种与国家政权发生密切关系①、与社会各界保持着紧密的常态化的联系，但并不妨碍中国佛教僧团成员的大多数成员在历史上保持着不问政治、远离世俗社会的某种风气和习惯，社会对于佛教僧尼的基本观感也比较认可其具备的某种超越世俗性。由此，其中必有原因存在，而且这种原因必与印度佛教僧侣基于印度文明禀赋和文化属性所决定的远离政治、钟情超越世俗社会的缘由有所不同。中国佛教僧团的不问政治，并不如印度沙门风范一样，乃源自对世俗社会的超越性，其在表现上虽不问政治，但不拒绝、不脱离世俗社会。赵朴老为此总结了两个层面的原因：

首先，赵朴老认为："在过去的旧社会里，佛教徒、特别是出家佛教徒，是不许与闻政治的"。② 既然是"不许与闻"，显然此并非出于中国佛教信徒的本意，而是朝廷皇权的反映。中国佛教信徒对于政治的关怀，使

---

① 如寺院土地、建设等需要政府的协调参与，甚至直接由政府出资解决，决定了佛教不能置身于国家政治之外。

② 《赵朴初文集》（上卷），第101页。

其对于国家皇权与佛教自身兴衰之间的关系有着极为清晰的认识。早在佛教传入的初期，中国汉传佛教之首位领袖人物、一代高僧、佛教中国化进程的开创者道安法师吩咐弟子们时，有一句名言："今遭凶年，不依国主则法事难立，又教化之体宜令广布"①。就是这句话中的"不依国主则法事难立"，被掐头去尾地广泛引用，作为佛教信徒不干预国家政权运作、不涉入政治而却自觉地服从于国家意志的经典箴言。而其高徒、庐山慧远大师则作为其师父事业的捍卫者与承续者，对其师父的上述临别教诲心领神会，也于行动上予以明智的实践。面对东晋时期复杂的政局，慧远法师不仅自身践行"不逾虎溪"而采取避世专务译经、弘法、研究经典的信仰正事，而且就当时各路霸主争雄的局面，提出了著名的"沙门不敬王者"的主张，试图将佛教与世俗纷繁复杂的政局相切割，阻断其联系，尝试落实印度佛陀时代僧团遵循的沙门规范，与世俗社会保持某种张力。慧远大师的这种对于僧团与王权之关系的定位，固然与其本人的思想立场有关，慧远大师在庐山期间非常注重声闻乘佛教经典特别是律典和毗昙的翻译，因此在佛学思想上、信仰和修学规范上秉持声闻乘佛教之意趣，是正常的；同时，也与其所处的东晋乱世，各路诸侯逐鹿中原、枭雄辈出的时代背景密切相关。然而，虽然桓玄等认可或者说容忍了慧远大师的立场，但随着南北朝以后隋唐的一统天下，无论是隋文帝杨坚对智顗大师的警告性劝慰，还是唐太祖李渊的《沙汰沙门令》等，都在明确地警告着中国僧团和广大僧侣，既不能游离于国家政权之外逍遥，也不能对中央集权的政治体制和皇权统治进行干预。

进入唐代以后，包括玄奘大师和法藏、神秀等由太宗至高宗、武后时代的高僧大德、佛门硕德，无不与国家政权、皇家贵胄们保持着若即若离的关系，小心谨慎而注重某种距离感。特别是玄奘大师因其爱徒辩机卷入高阳公主与房遗爱的婚姻纠纷，导致被太宗腰斩的悲剧，深切体会到与皇家高层之间交往中伴君如伴虎而又不得不伴，既要通过皇权保障自身弘法事业的成就，又要抵制和防御国家政权对僧团的侵害与侵权；既深谙皇家朝廷对宗教所存在的诸多禁忌，又需要利用皇家为自身权力、为皇族的福祉等祈祷的心态。玄奘大师内心的矛盾和外在的谨慎，是可以理解和体会的。到了唐玄宗李隆基时代，由善无畏、金刚智与不空三位阿阇梨所开创的唐密，基于密教自身的特点，被深深卷入皇家的包括决策在内的各种活

---

① 慧皎：《高僧传·卷五·道安传》，《大正藏》第 50 册，第 352 页。

动，以至于在"会昌法难"中被作为重点排斥和打击的对象。而唐代兴起的由怀感大师所开创的三阶教，因其投身社会活动的热情相对高涨、涉入国家政务活动较为频繁，而被朝廷所禁止。到了两宋时代，一代禅门宗师、话头禅的首创者大慧宗杲禅师就因其议论朝政而遭充军之厄运。正如赵朴老所指出的那样，与其说古代帝王朝廷是鼓励僧人积极入世、参与社会活动，倒不如说是"山林隐逸之风则特别受到了鼓励，消极厌世、脱离现实的思想特别受到了提倡和传播。越到后来，越和我们的教主释迦牟尼佛的大悲救世的教义走得远了。消极厌世，脱离现实，不仅对个人说来是无有是处，而且对整个佛教说来也是极有害的。……过去反动统治者一方面要佛教徒'不识不知，顺帝之则'，一方面却是利用佛教，以达到欺骗人民奴役人民的政治目的"。① 赵朴老的话语，虽然带有时代的烙印，却道出了中国佛教在历史的长河中所遭遇的尴尬处境，值得深思。

　　其次，赵朴老为中国佛教僧人历史上自觉远离政治找出的第二个理由则是："在过去旧中国里，治政一团糟，佛教徒中确也有不少正派的人不愿意同流合污，因此在组织佛教团体的时候，首先声明不问治政"。② 中国历史上朝代更替频繁，虽然不乏英武开明的君主主政期间对于佛教的扶植和接纳，如唐太宗李世民、宋太祖赵匡胤等都有比较适当而合理的宗教政策，保障佛教自身发展之空间和自由度，也不乏虽不英明但却对佛教情有独钟之君主，对佛教的一味或几乎是无原则的扶植，典型的是南朝梁武帝萧衍。但是大多时代的朝廷，则一方面利用佛教为其肮脏的权力祈祷，为其朝廷提供精神的慰藉和底气，一方面又对佛教始终怀有戒心，或狭隘地认定佛教僧侣阶层的存在实际上是寄生虫，是社会的负担；或无端地武断佛教的存在对于朝廷政治构成了威胁；甚至以迫使僧人破戒毁法身来侮辱之，使之神圣性受到玷污；或者在表面尊重的面罩下，在轰轰烈烈的佛事活动及各种涉及政务、社会的多层面的繁杂事务的应酬中，逐步抽去佛教应有的信仰内涵。如此做的目的就是：或正面地打压，或反面地抽去其丰富的内涵，或直接地毁损僧人的法身，或间接地消解僧团和佛教的神圣性，如后凉的吕光之对待罗什大师、前秦的苻坚之对待佛图澄，都是其典型。

　　由此，朝廷对佛教发展的那种所作所为，迫使大多头脑清醒而认识清

---

① 《赵朴初文集》（上卷），第101页。
② 《赵朴初文集》（上卷），第101页。

晰的僧人，自觉地远离政治、疏远朝廷，并在历史上道家、玄学家那种仙风道骨风范的启发下，养成闲云野鹤一般的生活修学情趣。许多参禅打坐、持名念佛的出家僧众的行持中，其散发的那种"不知有汉，无论魏晋"的潇洒，颇能使佛教信徒领略其凛然的风骨。赵朴老对此，也以同情与肯定的视角出发，指出："这在当时确有其不得已的理由的，而且这样做，从它的消极作用来说，也是不错的。因为多少可以保住了宗教的纯洁，不让坏人利用"。① 也就是说，从中国佛教的历史进程而言，正是由于许多佛教徒，特别是那些高僧大德、佛门精英与领袖人物能够自觉地远离给佛教带来染污的政治，抵制或规避可能致佛教于同流合污甚至沆瀣一气之窘境的社会流俗，"多少可以保住了宗教的纯洁"。然而，赵朴老作为一位著名的社会活动家，其所拥有的政治眼光与视野，使其对此问题的解决办法，有着更高层次的高屋建瓴的观点："但是，如果提高一步来看，这样做还是不够的，佛教徒不只是在消极方面'远离邪恶'，而且应当在积极方面坚持正义，反对邪恶，像法华经所说的那样'如来贤圣诸将，与诸魔战'。清高的作风，至多是自了汉的行为，而不是菩萨的行为。这是与'我不入地狱，谁入地狱'的教义不符的"。② 从佛教徒应该遵循佛陀之旨意意趣，应该对"有所作为"与"有所不作为"具有抉择之智慧的考虑。由此，此生此世中仅有"消极避世"之意图而被动"远离邪恶"是不够的，应该具备"积极入世"的"与诸魔战"的精神和意志力。在此，赵朴老系以大乘佛教的救世情怀与入世精神，为中国佛教界树立起更为高峻境界的榜样。

中国佛教固然是以大乘佛教的救世情怀与入世精神为其主流，但作为宗教信仰的主体，毕竟由每一个鲜活的个体所组成。从终极的意义上而言，正是因为信仰乃是他人无权也无从干涉的（触犯法律而为国家法度所不允的除外）、属于个体选择的精神归宿，所以，但凡文明社会体制下形成的各国宪法中，都明确表明个体具有信仰与否及信仰何种宗教的自由，这种政治伦理上所强调和坚持、法律规范上所赋予的"自由"，即是对于个体于自身精神归宿与选择权的肯定，而宗教信仰恰恰属于此范畴；同时，"自由"本身亦规范了他者对个体的这种选择权的免于干涉性。由此，个体对于信仰与政治之间联系与否，以及联系的紧密度，也存在着选

---

① 《赵朴初文集》（上卷），第102页。
② 《赵朴初文集》（上卷），第102页。

择性，这既是个体对信仰本身认识和感受的反映，亦是个体对政治与信仰之间关系权衡的结果。由此，赵朴老对佛教与政治间的关系，既分析了共和国时代的中国宗教徒应该关心政治、参与国家政治生活的必要性，又分析了信仰与人生、人生与国家政治的联系性，从佛教之缘起说出发而显示出个体与社会、信仰与政治之间的不可分割、难以孤起，落实佛教徒正确处理信仰与政治关系的必要性和可能性。

首先，赵朴老指出："我们佛教徒要关心时事，要参加政治生活，首先是因为我们是人民一分子。今天，我们的国家是人民的国家。人民是国家的主人，国家的一切权力属于人民。所有中华人民共和国公民，不分种族、民族、性别、职业以及宗教信仰等，都有权利管国家的事，而且更有义务管国家的事。如果说过去在旧中国里，我们为着不愿意同流合污而标榜不问政治是有一部分理由的话，那末，今天在人民自己掌握政权的新中国里，再说不问政治，那就毫无理由了"。① 这是直接针对上述佛教徒不问政治的第二种原因。既然导致佛教徒不问政治的原因不存在了，则其再不关心政治，已经属于一种毫无存在理由的旧的习惯与陈旧观念作祟之结果。在此，赵朴老的观点，基于两大理由：其一是新中国的人民当家做主之性质，决定了人民对于国家政治生活的关心，对于时事的关注；而广大佛教信徒亦是共和国时代人民之一分子，亦是国家的主人，作为主人岂有不关心自己做主的国家而置身其外之说？其二是新中国的政权可谓是政治清明、吏治廉洁，面对如此正风抬头、社会万象云蒸霞蔚的朗朗乾坤，佛教信徒又岂能回避之，或者拒绝之呢？

其次，赵朴老认为："佛教是相信缘起道理的。法不孤起，仗缘而生。宇宙中每一个现象是一切宇宙现象作为它的缘而起的，同时它也是一切宇宙现象生起的缘。依缘起看人生也是一样的。……因此每一个人对一切人是呼吸相通的，是同体的；因之而发生同体大悲心，'无有疲厌'地'为众生供给使'。这便是由缘起的宇宙观，而建立的菩萨行的人生观"。② 个体的独自存在、自我隔离于社会，也就是中国古代社会士大夫阶层所津津乐道的寄情山水、如行云野鹤般地超越于世俗世间，或者于山林之间过着回避世间的隐士式生活；就佛教而言，似乎晨钟暮鼓与青灯黄卷相伴的生活，也有着一种隐士、遁世之意境。然而，这些生活只能是短暂的、体

---

① 《赵朴初文集》（上卷），第 102～103 页。

② 《赵朴初文集》（上卷），第 103 页。

验式的，其既不可能长期存在，更不可能成为社会生活的常态。

佛教以缘起法为其基本的义理准则，既然诸法为缘起之有为法，则其自身并无所谓常在的、自在的、独在的自性存在，故而佛法认定其为"性空"。所谓"性空"者，即是对诸法个体自性存在性的否定。由此而言，佛教徒欲保持一种纯粹的独在性、自我独孤，显然属于一种理想化想象，无法在现实中得到实现。另外，大乘佛教所强调的"同体大悲、无缘大慈"，亦是这种缘起法则下众生间联系性与相关性的反映，以及这种众生生存状态的社会性前提下的伦理要求。所以，在教言教的赵朴老语重心长地告诫广大佛教信徒："通过了这个理论，我们就应当承认'一切法皆是佛法'。就不应当把佛教和政治对立起来看。参加政治生活，自利利他，自觉觉他，正是行菩萨道，也正是修行。修行并不只是念佛、参禅、诵经、礼拜而已，一切为众生作饶益的事业都是修行"。[1] 从菩萨行联系到落实修行于为众生作饶益之事业，从缘起法联系到于一切法无非均是佛法之体现，从而推动佛教与现实政治相适应。赵朴老在新中国诞生之初如此处理佛教与政治之关系的理念，奠定了其在改革开放以后中国佛教事业的伟大复兴中，对"上报下济"的佛教徒理念，以典型现代爱国语境所表述的"庄严国土、利乐有情"予以重申，并由此发展出其独特的"人间佛教"信仰观念与模式，对共和国时代的中国佛教的信仰模式予以了认真的探讨。

赵朴老在这篇报告的最后，从"佛种从缘起"的理念出发，对于新时代的佛教信徒提出了在尊重时节因缘的前提下适应时代发展步伐的要求："我们要认识时代，就要重视国土因缘，所以我们要报国土恩，参加社会主义建设，爱护祖国；就要重视众生的因缘，所以我们要全心全意为人民服务。……过去关心的主要是自己的私利，今天关心的是全民的利益；过去是抱残守缺，但求自了，今天是勇猛精进，行菩萨道；过去是怕谈政治，怕深入社会，今天正是为了要团结所有佛教徒发扬爱国精神，积极参加祖国建设，参加反帝国主义侵略，和保卫世界和平运动；只有这样，才能发扬如来的真实义，才能使佛日增辉，法轮常转。"[2] 赵朴老的这番话语，直到今天，似乎只要改换一下时代所赋予的叙述风格，其精神实质即是当代佛教界所要求的那样，即全体佛教信徒必须理解佛陀的本

① 赵朴初：《赵朴初文集》（上卷），第103页。
② 赵朴初：《赵朴初文集》（上卷），第105页。

怀，以慈悲济世和积极入世的精神，高举爱国爱教的伟大旗帜，坚持走与社会主义社会相适应的必由之路。

纵观赵朴老这篇报告，确实契理契机地回答了在共和国时代的佛教信徒特别是出家的僧尼大众们"如何能使佛日增辉法轮常转"的严肃课题；更为难能可贵的是，赵朴老用自己一生献身中华人民共和国成立后佛教事业的实践，对这一课题做出了自己的回答，发挥了"作为新中国一代宗教界领袖，赵朴初同志把佛教的教义圆融于中国共产党领导的建设有中国特色社会主义伟大事业之中；圆融于维护民族和国家的尊严，捍卫国家领土和主权的完整，促进祖国和平统一的伟大事业之中；圆融于促进中国佛教界与世界各国佛教界友好交往的伟大事业之中"① 那种不可替代的作用。

三　纠结人们数千年的佛教与政治的关系浅议

世界上自从有了国家之后，作为民众信仰心态之凝固的宗教，就以一种大众意识形态的形象，登上历史舞台，与国家之存在形态，即政权发生着千丝万缕、不离不弃的关系。无论是哪种宗教，即使是标榜自身超凡脱俗、拒绝人间烟火者，如印度耆那教等，也在某一个领域、某一个方面与社会发生着密切的联系。如耆那教徒、犹太教徒等，因为自觉地或被迫地与社会大众生活相隔离，结果都成为世界古代史上为重农抑商的主流社会所鄙弃的商贸从业者。最终在当代社会以商贸、金融、规模化企业生产为主导经济形态的时代，耆那教徒、犹太教徒得益于其经营商贸的传统而铸就其特殊的经济地位，也因而登上国际政治舞台，成为国际政治中一支重要的、不可忽视的力量。固然，宗教始终以关乎个体的精神活动、信仰抉择为原则，以指向终极关怀为宗旨，但是在于世间流布的过程中，或以其对包括领土在内的某些社会资源的要求，或以其对社会经济活动的高度涉入，反而导致其与政治发生密切的联系。

于人类历史的长河中所形成，并最终为人类多数所接受的政教分离理念，是经历了血与火的锤炼，为无数已经发生或正在发生的惨痛教训之总结和抉择的结果。反观人类历史，伴随着人类文明形态的丰富多彩，政教

　① 《赵朴初同志生平》，《赵朴初文集》（上卷），第4页。

关系也呈现出四大种类。首先是当代文明社会都普遍遵循的"政教分离"的关系。这一"政教分离"的原则，在基督教《圣经》中由耶稣之口，已经得到了详尽阐述。其强调"西泽之物要还给西泽，上帝之物要还给上帝"（太22：17～21；可12：14～17；路20：22～25）。耶稣说出这条原则，表面分析，似乎是要回答犹太人应否缴纳"人头税"给罗马政府这个问题。但是，其要义在于通过"人头税"的问题，引申到世俗政府为民众世俗生活服务，并且以此为基点认识"征税"的观念，即"西泽之物"就是国民应给予政府的税款。尽管罗马帝国专横跋扈，但也为治下民众提供了不少社会服务，包括邮递信件、修筑道路、维持治安、防止罪行等，民众有义务为这些服务缴纳税款。耶稣把有西泽肖像的钱币称为"交人头税的钱币"（太22：19），正好申明了这一点。既然耶稣说"上帝之物要还给上帝"，可见"西泽"有权要求基督徒纳税，但无权侵犯基督徒事奉上帝的权利（太22：21）。这即是当代社会随着人类文明的进步、基督教新教在全球的普遍流传，新教伦理的平等、博爱、自由之理念精神不断深入人心的基础；因此，耶稣的这番观点不仅被广大信徒所普遍接受，也成为各国政府在处理政治与宗教之关系时，采取"政教分离"、互补融洽但绝不相互干预的准则的渊源。

但是人类历史上的政教关系并未如基督耶稣规范的准则那样，包括基督教在内的各种宗教于现实社会中的存在，构建了远为复杂和丰富多彩的政教关系，其中，可以归为除"政教分离"之外的"由教统政""由政统教"和"政教合一"三大类型。其中，"由教统政"，即由教会掌握世俗政权之合法性存在依据，教权凌驾于政权之上，并将政权置于自身仆人的地位，这方面的典型是中世纪的欧洲教会，特别是罗马教会的教宗被称之为"教皇"的事实。而"由政统教"，即由世俗的皇权对教权的肆意干涉和无孔不入的控制，此种格局以东亚及东南亚诸国的古代政教关系为典型。中国古代所发生的北魏太武帝、北周武帝、唐武宗、五代周世宗时代的"三武一宗"灭佛之举，特别是唐武宗所发动的"会昌法难"，令人记忆清晰。这种"由政统教"的政教关系，是以中国古代社会所实行的皇权专制的中央集权政治制度为环境背景的。最后一种是除"政教分离"关系之外，于当代社会中尚存在的那种"政教合一"的政教关系。曾经在上古时代部落中，政治、民族、宗教、祭祀等意识形态之分界尚未发展到能清晰辨别的程度，宗教信仰尚未从国家政治意识形态、民族意识形态中独立出来，因此其普遍实行"政教合一"模式。而在中古时代，欧洲教皇们与东南亚的君主们，在必要时亦会自觉不自觉地充当一下世俗与宗教领袖兼具的角色。中世纪"政教合一"模式落实最为彻底、贯彻最为持久的，则是雪域高原的吐蕃国，直到 20 世纪 50 年代，在藏区实行了近千年的"政教合一"模式才告结束。然而，在现代国际社会大家庭中，仍然存在着"政教合一"的模式，而且这种模式不仅存在于太平洋、印度洋上诸群岛部落之中，亦存在于广大的阿拉伯世界诸国之中。阿拉伯世界时常出现一些政治领袖与宗教领袖合二为一的政权结构，同时宗教理念、义理及其伦理深入社会各阶层、各领域，影响并左右着社会生活的方方面面。神圣与世俗的边界模糊，是从"由教统政"到"由政统教"直至"政教合一"的政教关系的共同特征。因此，对于国家政治生态、民众社会生活，以及宗教信仰生存环境而言，这三种政教关系，从现代文明的标准上衡量，都存在着对政治与宗教、神圣与世俗关系的扭曲，或表现于政治对宗教的打压，或表现于宗教对政治的侵蚀，或体现在宗教对正常的、世俗的社会生活的过度干涉。

中国社会从总体上说，世俗化理念根深蒂固、实用伦理盛行，宗教相对而言，比之传统伦理对于人们的日常社会生活与家庭生活的影响力几乎可以忽略不计。一般而言，在相对比较明智的君王和朝廷统治下的政教关系，以"政教分离"为主旋律，上述"三武一宗"灭佛这种极端的对于宗教的排斥，与梁武帝萧衍那样明目张胆公开支持一种宗教者，都是历史的偶然，并非中华民族的传统。其实，宗教与政治的关系，所需要考虑的，并非仅仅是宗教与社会中处于统治地位者的关系，更多的是其与社会中处于被统治地位的普罗大众的关系。赵朴老《如何能使佛日增辉法轮常转》的报告，是以 1949 年中华人民共和国成立，中国的社会经济制度和政治制度发生根本变化，中国宗教必须也必然要适应国家与社会所发生的，从政治到经济、从社会生活到个体价值观念的深刻转化、变革等为其时代背景的。20 世纪 50 年代，中国的天主教、基督教开展了反帝爱国运动，切割教会与其西方帝国主义势力的关系，肃清西方帝国主义对我国天主教、基督教的影响，实行中国教会自治、自养、自传，独立自主自办教会；而中国的佛教、道教、伊斯兰教，则面临着废除宗教中的封建剥削和封建压迫制度的严峻任务。可以说，中国宗教在 20 世纪 50 年代所发生的这些变化，使各宗教组织与社会主义社会相适应，不再是帝国主义、封建地主阶级和官僚资产阶级控制和利用的工具，成为中国共产党领导下的爱国统一战线的组成部分。无疑，如果排除时代因素，就中国宗教的社会主义改造本身而言，20世纪50年代的做法，未免存在着粗糙和匆忙的欠缺，许多复杂的、历史积淀的产物，希冀于在短期内解决，而且所使用的方式方法又是如此的简单，更有粗暴之成分，由此导致不小的后遗症，直到20世纪80年代开始的宗教界的"落政"，才逐步扭转了局面。当然，这并不是否定宗教界于20世纪50年代所进行的社会主义改造举措和思路上的合理性和必然性。人类社会几千年的历史经历了许多政治变革、经济进步和社会变化，一些历史悠久的宗教经历了一切变故依然存在，究其原因，除宗教作为意识形态具有相对的独立性之外，根本在于，这些宗教的适应社会的能力，亦是在历史的长河中通过不断与政治、社会的冲撞和砥砺，达到融洽和磨合，其自身也得到了成长，特别是适应时代的发展自觉地进行自我的改革、调整。宗教改革一般包括教义理论的改革和组织制度的改革，改革的动因在于经济基础与上层建筑的矛盾。

就佛教在中国社会的存在和发展历史而言，其与政治的关系，也经历了冲撞、砥砺到妥协、适应、融会的过程，从而使中国历史上的政教关系在多数时代处于良性互动、角色明确、各安其分的状态，可谓在人类政教关系处理上开辟了以"政教分离"为基调，一定程度上结合"由政统教"、立足世俗化社会的政教关系模式。从这个意义上说，我们且不去评价历史上和现实中各种政教模式的优劣，单就社会的文明背景与特色和条件而言，中国历史上这种政教分离、神圣与世俗各安其分的模式，是对人类社会处理政教关系方面所做出的重要贡献，为人类社会提供了可资借鉴的政教关系模式。当然，饮水思源，中国佛教与国家政治、社会生活之间的这种融洽和谐、良性互动关系的形成，得益于中国古代伟大的，深谙佛教信仰必须中国化、本土型转化的那些佛教大师，也得益于那些愿意与佛教界大德们平等讨论、善于纳谏又善于理性分析、客观评价教界意见的皇宫贵胄与诸侯将相。具体而言，历史上最为典型的一次政教之间的心平气和的交流，发生在一代佛教领袖慧远大师与桓玄这位东晋王朝主政者之间，他们之间有理有节的沟通与说理的结果，对后世中国教界和政界妥善处理佛教与国家政治之间的关系，具有深远的影响和持久的范式效应。

公元400年，一位对佛理与玄学颇有兴趣和好感的贵胄之后桓玄，①控制了东晋政权。二年之后，为巩固对政权的控制，他承袭三年前政府曾令全国各州抄录境内沙门户籍的政策②，下令沙汰寺中僧侣③。这是佛教自公元前后进入中国以来④，政府首次对僧团的重大干预。这次干预的动机并非功利性与伦理性的，或者谓之"文化沙文主义"作祟，⑤而是基于政治与经济的理由。在桓玄掌握朝政时，佛教已深入东晋上层统治阶级。那时掌有实权的皇族贵胄如司马道子、司马元显、王国宝、王恭，甚至皇帝孝武帝，均崇尚佛法，亲近僧尼。他们建立许多规模宏大的佛寺，浪费公帑无数。此外，那时战争频仍，底层遭受兵燹之难的青壮年劳力，纷纷避祸于兵役赋税等而遁入寺庙，导致国库空虚。而且这些僧尼并非出自信仰和修学的目的进入寺院，因此不守戒律、横行京都者绝非个别现象。如尼僧妙音因受孝武帝与会稽王司马道子的敬奉，"因之以自达，供僟无穷，富倾都邑"。⑥桓玄为充实政府赋税劳役，以及安定政治，着手清理佛教僧团。在公元402年下达的政府号令中，明白指出佛教僧团对于当时政治、经济、风气的败坏，应负首要责任："京师竞其奢淫，荣观纷于朝市，天府以之倾匮，名器为之秽黩。避役钟于百里，遁逃盈于寺庙，乃至一县数千，猥成屯落。邑聚游食之群，境积不羁之徒，其所以伤治害政，尘滓佛教，固已彼此俱弊，实污风轨。"⑦因此他规定"有能申述经诰，畅说义理者""禁行修整，奉戒无亏，恒为阿练若者""山居养志，不营流俗者"，⑧才能为沙门。不符合上述三项要求者，一律勒令还俗。但对于

---

① 桓玄精于玄谈，见周祗《隆安纪》："玄善言理，弃郡还国，常与殷荆州仲堪，终日谈论不辍"。见杨勇《世说新语校笺》，台北明伦出版社，1971，第192页。《世说新语》又著录桓玄《与道曜论老子》，见《世说新语校笺》第919页。桓玄善佛理之事，可由他写过的一本论佛理作品可知，见《出三藏记集》卷十二，宋澄《法论目录》第一帙载有："心无义，桓敬道。王秩远难，桓答"。正藏LV页83a。桓敬道即桓玄，关于佛教心无义的考证，见陈寅恪先生前引书《支愍度学说考》。

② 《弘明集·卷一·道林法师与桓玄论州府求沙门名籍书》，《大正藏》第52册，第85页下，"支"。那时桓玄尚未夺得政权，此次令全国州府地方官注录其境内的沙门想是会稽王司马道子所为，见冢本善隆的"中国初期佛教史上における慧远"一文。

③ 《弘明集·卷一·桓玄辅政沙汰众僧与僚属教》，《大正藏》第52册，第85页上。

④ 关于佛教进入中国的时代考证，见汤用彤前引书，第1～34页。

⑤ 对早期中国人反对佛教的研究，可参考Eric Zurcher, ibid, 254ff。

⑥ 释宝唱《比丘尼传·卷一·简静寺支妙音尼传》，《大正藏》第50册，第936页c。对东晋末年佛教腐败情形的讨论，见汤用彤前引书，第348～352页。

⑦ 《弘明集·卷一·桓玄辅政欲沙汰众僧与僚属教》，《大正藏》第52册，第85页上。

⑧ 《弘明集·卷一·桓玄辅政欲沙汰众僧与僚属教》，《大正藏》第52册，第85页上。

慧远大师所居庐山却特别说明"庐山道德所居，不在搜简之内"。政府出面如此干涉僧团，其目的在于刷新僧制、匡护正法，实为有利教团之举。

不久，慧远大师修书一封予桓玄，除请求放宽沙汰僧侣的标准外，完全支持桓玄的政策："佛教凌迟，秽杂日久；每一寻思，愤慨盈怀。常恐运出非常，混然沦湑，此所以凤曾叹惧，忘寝与食者也。见檀越澄清诸道人教，实应其本心。夫泾以渭分，则清浊殊流；枉以正直，则不仁自还。"① 末尾，他更引外国诸王护法之事鼓励桓玄："昔外国诸王多参怀圣典，亦有因时助弘大化，扶危救弊，信有自来矣！檀越每期情古人，故复略叙所闻"。② 桓玄对僧伽第一回合干预的成功，鼓励他进一步对僧伽提出要求。不久他要求全国僧侣必须向君主敬拜。桓玄之所以如此做是唯恐民众对佛教的信仰会导致对政府权威的漠视或否认，对俗世政权而言，这是莫大威胁。因此桓玄欲从意识形态着手，从中国传统思想中找理论根据来攻击佛教，逼全体僧尼大众就范，必须向君主敬拜。这事件起于桓玄致书"八座"论到"沙门不敬王者"③ 内容。八座——桓玄的僚属如桓谦等八位贤达，立刻风从桓玄之旨，站在中国的传统伦理文化角度对佛教开展批评④；但另有贵族王谧等却执反对意见，于是桓玄与王谧为此著文来回辩论四次⑤，双方各执一词，难以停止；于是桓玄一面下令全国僧侣须敬王，一面致书慧远，请求他对此事发表意见。慧远遂答"沙门乃方之宾，不应敬王"。于是慧远大师《沙门不敬王者论》诞生。

桓玄对佛教的批评，包括以下几点：首先，佛教所讲的道理都超出经验世界（推于视听之外），无法以客观的标准检验其真假或有无；其次，作为国家最高统治者的君王，在中国传统宗法思想体系中，系带有"通生理物"性质的，具有至高无上地位与一定意义的神性的"天子"；再次，佛教也是重视礼拜的宗教，怎么可以只敬虚渺的佛，而不敬世俗存在的君主；第四，佛教信徒不拜王，有藐视君主、企图分裂天下权柄之嫌（"比称二仪"）；第五，更重要的是，僧侣也生活在这世界中，为君主属民，受君主保护，怎可受君主之德而不敬王，享受君主恩惠而忘礼数。慧

---

① 《弘明集·卷一·远法师与桓太尉论料简沙门书》，《大正藏》第52册，第85页中。
② 《弘明集·卷一·远法师与桓太尉论料简沙门书》，《大正藏》第52册，第85页下。
③ 《弘明集·卷一·桓玄与八座书论道人敬事》，《大正藏》第52册，第80页中。
④ 《弘明集·卷一·八座答》，《大正藏》第52册，第80页中~下。
⑤ 《弘明集·卷一》，包括了《大正藏》第52册，第80页下~第83页中四个页面的桓玄与王谧相互致函来往，交流砥砺观点。Eric Zurcher 有颇详细的分析，见他的 "The Buddhist Conquest of China"，第231~237页。

远大师通过《沙门不敬王者论》，从"在家第一""出家第二""求宗不顺化第三""体极不兼应第四""形尽神不灭第五"五个方面，以在家居士与出家僧侣区别对待为其论证之基础，进一步由佛教对居士的定位论证。慧远大师同意桓玄之观点，认为在家居士应向君王敬拜，但出家的沙门不属于世俗之人，不应向君王敬拜；从第三节至第五节，慧远大师从理论上分析了桓玄的主张和观点。整篇论文的主旨，系以尊重王权、消弭桓玄对佛教的猜忌为前提，维护僧伽的自主性。

总之，虽然慧远大师所提出的"沙门不敬王者"的主张，系对佛教信仰自主权的争取和强调，这种政教之间相对坦诚、平等的对话、砥砺，为中国社会政教关系的融洽奠定了基础，也为中国社会在世俗与神圣之间设置了"界河"，虽然以后历史的发展，以及佛教所存在的社会背景等各种因缘条件复杂多样，来自世俗社会或来自佛教僧团寺院等各种错综复杂的因素，导致慧远大师之主张并未被广泛接受，也未得到过切实执行。宗教与社会其他文化、艺术、学术领域一样，在日渐失去活力的皇权专制统治下，早已习惯于充当"为权力祈祷""为权贵保驾护航""为权势歌功颂德"的角色。依照鲁迅先生所言，"帮忙"插不上手，"帮凶"缺乏点底气，只能以充当"帮闲"者为自身主业，可谓穷极无聊。这种现象直到进入民国、推翻帝制以后，才逐步随着太虚等大师致力于佛教的改革和复兴，得到了缓解，政教关系重新回归正常。

赵朴老的这篇《如何能使佛日增辉法轮常转》的报告，从发表到现在，已经过去了一个甲子有余，今天读来，颇有时光倒流之感觉。20世纪50年代的许多带有共和国初期"社会主义大家庭"意识形态烙印的话语，对于今天年轻的佛教信徒、出家僧尼而言，已经颇感陌生了。然而，语言风格的不同、叙事习惯的改变，并不影响赵朴老这篇报告对于当代佛教界的重要意义。因为，我们所面临的仍然是一个如何处理好当代社会背景下政教关系的问题，面临着如何既使佛日增辉、法轮常转，又能保持佛教始终与时代发展步伐相匹配、与社会进步相适应，在爱国爱教的旗帜下，成为中华民族伟大复兴事业中有机组成部分的重大课题。这个课题的解决和诠释，既需要有历史的传承，也需要有现实的考虑；既需要有理性的总结和学理的提炼，也需要有笃行的实践和平常行持中的落实；既需要于社会主义新时代对"人间佛教"信仰模式内涵的发掘，又必须有当代改革开放潮流下对道场运作模式契理契机的考察和抉择。当代教界所提出的所谓"传统丛林管理理念与现代管理模式的结合""传统丛林规约与现代社会伦理的融会""坚持佛教中国化方向前提下发展契理契机的佛教"等等口号，虽然响亮而有力，但是其具体落实与渗入道场僧团，则必须以正确处理好佛教与国家政治的关系为前提基础，以切实把握与精准认识佛教界在现代社会中所担当的角色为先决条件。总而言之，其既是理论的，亦是实践的；既是历史的传承，又是未来的憧憬。重温赵朴老对共和国时代政教关系，特别是佛教与国家政治之间关系的阐述和思考，对已站在二十一世纪的时代列车上的中国佛教界而言，其启发性和指导性意义是不言而喻的。

赵朴初与中国佛教文化研究所之创办

——兼谈"佛研所"的筹办、成立之过程

王丽心*

1987 年 4 月 23 日，中国佛教文化研究所正式成立会议在北京广济寺召开。时光荏苒，至今已 30 周年了。现据手头资料就筹办、成立历程略做回顾。

一　中国佛教文化研究所筹办之缘起

（一）最早提出设想的是赵朴初居士

1983 年 12 月，时值中国佛教协会成立 30 周年，中国佛教协会第四届二次会议上，赵朴初会长在《中国佛教协会三十年》的报告中，将注重佛教学术研究列为我国佛教三大优良传统（农禅并重、学术研究、对外交往）之一，并加以发挥，明确指出亟须成立佛学研究机构。

（二）"佛研所"的成立是时代之要求

佛教传入中国（汉地）有两千多年的历史，对我国文化的发展产生了深广的影响。中国古代哲学、文学、语言，以及建筑、雕塑、绘画、音乐、天文、历算、医学等领域的发展，都与佛教有关。佛教文化是灿烂的中华民族文化的一个组成部分。我国佛教高僧和学者不仅留下了大量宝贵的佛教文献资料，而且在佛教学术研究方面也做出了特殊的贡献，取得了辉煌的成果，为中华民族赢得了崇高的国际声誉。在新的历史时期，总结和继承我国佛教文化的精华，丰富社会主义文化的内容，恢复我国佛学研

* 王丽心，中国佛教协会《法音》编辑部办公室副主任。

究的国际地位，这是摆在当代中国佛教界和文化界面前的一项重要课题。20 世纪中叶世界各国对佛学研究日益深入，港澳台地区的佛学研究，也在迅速发展。国外越来越多的佛教学者和佛学研究团体，都希望同中国佛教界进行交流与合作。建立中国佛学研究机构，就成了时代之迫切要求。

（三）"佛研所"的筹办

为了提升中国佛教的研究水平和培养一批弘法懂学术的人才，成立佛学研究所就成了当务之急。这个建议由朴老提出，筹办工作就落在中国佛教协会巨赞法师、净慧法师、魏承彦、王新、姚长寿等人身上，时任中国佛教协会秘书长周绍良作统筹。由于筹办工作千头万绪，巨赞法师、魏承彦、净慧法师费尽心力，从"佛研所"的名称、宗旨、方针及工作计划，到人事安排、办公地点、开办经费、礼请学者，事无巨细，一一筹划。

①还原当年最初的规划

最初的规划是《中国佛学研究所成立规划草案》：

第一条：名称：中国佛学研究所，所址设在北京法源寺内。

第二条：宗旨：发现、培养、造就佛学研究人才，整理、研究佛教教理、教史和文物，开展中外佛学研究交流活动，以保存和继承中国佛学的传统，提高佛学研究水平。

第三条：业务：

1. 如实客观地整理、介绍、研究中国佛教的经典、教理、教史和佛教文物。目前拟首先搞好《中国佛学知识丛刊》和《房山石经》的编辑、出版和研究工作。

2. 培训一批以佛教研究为专业的僧人、居士，也可适当培养一些对佛学有一定基础、愿意研究佛学的非佛教徒。目前拟首先妥善安排，在现有工作人员中发现、罗织佛学研究人才，建立一支能切实从事研究和教学工作的队伍。

3. 逐步开展国内外佛学研究工作者的学术交流活动。

第四条：组织：

1. 本所由中国佛教协会组织领导。

2. 设"顾问委员会"和"学术委员会"。约请国内外有成就的佛教学者和热心于佛学研究工作的社会著名人士参加，商讨本所研究、培训工作规划和重要学术著作出版事宜。

281

3. 设所长一人，副所长一至二人，领导日常所务工作。

4. 本所下设业务处、汉语系佛学研究室、藏语系和巴利语系研究室、佛教文物研究室、图书资料室等室（处），各由主任、副主任一人具体掌管。

5. 由所长、副所长、各室（处）负责人组成所务会议，讨论、决定本所日常重要工作。

第五条：人员：

1. 本所各室设研究员、副研究员和助理研究员若干名，进行具体的研究工作和教学工作。研究员需要有显著的研究成果；副研究员需能独立进行研究工作，并有一定的研究成果；助理研究员需要能从事教学工作。以上三种职称需要一定的考核后方才正式确认。

2. 本所请国内外有成就的佛教学者为通讯（或特邀）研究员，其研究计划可纳入本所研究规划，也可约请其在适当时候来讲学或从事某项研究工作。

3. 招收若干有一定佛学基础、有志于从事佛学研究工作的佛教徒或非佛教徒为本所研究生，在研究员、副研究员带领下从事佛学研究和其他所务工作。

4. 本所拟设佛学培训班，由各地佛协和寺庙选送若干名有培养前途的中青僧人来所里学习和工作，为期一至二年，期满后留下优秀者作为研究生继续深造。

第六条：经费：

1. 由中国佛教协会筹集。

2. 由佛教徒自愿布施。

②朴老批示

《草案》报给赵会长后，朴老在首页上批示：

"请将佛学院章程重新搞一下。研究所规划放在里面。请征求一下巨赞法师意见。"又："中国佛学院章程可查1956年《现代佛学》，酌呈修改一下，佛学研究所附设于佛学院。"

③巨赞法师的意见

巨赞法师看到《草案》后的意见是："中心"的用法，在国外相当普遍，国内还没有用过（注：《草案》中曾提议用"中国佛教研究中心"）。

1. 过去办过"佛学院"，没有办过"佛教院"，故以用"佛学研究所"为适当。

2. 宗旨一项，似可用"研究佛教教理，造就研究及弘法人才"。

3. 为了造就研究人才，可设研究员及研究生。

4. 为了造就弘法人才，可设培训班。

5. 根据现有师资，可设：汉语系佛学研究室、藏语系佛学研究室及巴利语系佛学研究室。

6. 此外，设办公室、图书资料室即可。总之，规模不必大，目的在于"出成果出人才，成果是要靠人创造的"。因此佛学研究所的工作就是"发现、培养、造就、关心、爱护、支持、提拔一切愿意献身于佛学研究的'实干家'"。

7. 顾问委员会可以设，学术委员会则目前尚无此必要。

④明真法师的建议

明真法师对巨赞法师关于《草案》提出的意见做了补充："从长远看，计划组织应完整，但应火速地搞，实事求是地搞，只要对佛学有兴趣，有适当的基础，乐意终身从事佛学研究的人，无妨先集中起来，特别是指导佛学研究的导师。可设通讯研究员、研究生。课程，应从学人的已有基础设置。此外，我听说天台山有十来个新出家的青年，云居山有二十来个，福建省有三十来个。眼看这都是佛教的接班人。怎样使这些新出家的青年人，初步明白一点佛法，好好做个比丘，然后再逐步深造，这似乎也是当务之急。"

⑤《草案》经多方讨论、会商后改为"佛教文化研究所"

改名"佛教文化研究所"是受到"关于南京大学宗教研究所的初步打算稿"的启示。其稿首句：早在1963年，毛主席在"关于加强对外研究的报告"中批示：要对影响世界广大人口的三大宗教进行研究，要建立一个由马克思主义者领导的研究机构，出版这方面的刊物。同时指出：不批判神学，就不能写好哲学史、文学史或世界史。根据这一指示，1964年成立了世界宗教研究所。同一年周总理遵照毛主席的批示，对宗教研究做了具体批示：要研究世界三大宗教的理论、现状和历史，包括它们的起源、经典、教派、教义等等。但是，由于林彪、"四人帮"的干扰破坏，没能开展实际工作。粉碎"四人帮"后，在全国五届人大的政府工作报告中，把宗教学的研究列入哲学、社会科学的研究规划。

有鉴于此，中国佛学研究所不能重复原有的机构模式，而要契理契机，突出文化，因此决定提高单位级别，由中国佛教协会主办，地点暂设广济寺内，名称定为：中国佛教文化研究所。

鉴于当时"左"的思想观念流毒未消除，这也算是一个方便法，更为佛教文化事业的发展奠定了基础。

当时呈给上级主管部门的《关于成立中国佛教文化研究所及人事安排的报告》始终未得到批复。众人是一边等待批复，一边筹备。

在筹办中确定了正式名称，便礼请赵会长题写"所牌"。1987年2月4日，又给国务院宗教事务局上报："为了团结会内外佛学专家进行研究工作，佛协筹办及研究人员公举赵朴初担任中国佛教文化研究所名誉所长。"

当时要立即确定"佛研所"研究人员的职称有非常大的困难，因此决定采用先易后难的办法。先礼请一批特约研究员，拟请本会的正果、观空、李荣熙三位大德为顾问。在社会上礼请的特约研究员，原来都有研究员或教授的职称，无须再解决职称和工资的问题。这个意见报给赵朴老后，决定礼请：梁漱溟、启功、隆莲、巫白慧、虞愚、苏晋仁、王森、王尧、土登尼玛、常任侠、潘絜兹、金维诺；中国佛协内部聘请郭元兴、魏承彦等多人为研究员。

研究所暂定编制为15人，开办经费五千元；每年从弘化基金及其他款项中拨款五万元（图书资料费二万元，出版书刊费二万元，研究业务费一万元）。同时确定会计工作由中国佛教协会财务部负责管理。今后还将设立"佛教文化基金"，通过向国内外友好人士募集捐款，作为"佛研所"的运营经费。

此外，就是拟定研究部门，拟设立：学术委员会、研究室、编辑室，条件成熟后，再设图书资料室。

"佛研所"成立会，原定为1987年2月12日，由于批件未下来，又面临"佛代会"召开前夕，且中国佛协研究部不少人员回家探亲，成立会延期。当时有同志提出建议，可否等"国宗局"批复下来，在会本部宣布一下，就算成立，日后正式成立后补开会议。后来，赵朴初会长专门在当年的春节前，召开了一次办公会议，搞出一个纪要，使得各部门有了工作任务，此后筹办工作继续推进。

（以上是根据1987年1月22日，周绍良、魏承彦、净慧等五人写结赵会长的报告内容摘取。）

（四）中国佛教文化研究所正式成立

经过各方的努力，中国佛教文化研究所于1987年4月23日，在北京

广济寺正式成立。中共中央统战部张作声局长、国务院宗教事务局赤耐副
局长到会并讲话。中国佛教文化研究所名誉所长赵朴初，特约研究员梁漱
溟、启功、常任侠、常书鸿、吴晓铃、徐梵澄、潘絜兹、巫白慧、虞愚、
苏渊雷、苏晋仁、王森、王尧、陈明远、金维诺；中国佛协有：正果、观
空、李荣熙、郭元兴、魏承彦及佛协各部室负责人等出席会议。周绍良所
长主持会议。

二　中国佛教文化研究所的初期工作规划

中国佛教文化研究所自1991年8月迁到三时学会旧址以来，在朴老
领导下，提倡人间佛教思想，发扬三个优良传统的精神，本着弘扬佛教文
化、促进精神文明的宗旨，拟定了十二项工作规划。

（一）办刊

办好两个刊物——《佛教文化》与《佛学研究》，1991年的《佛教
文化》（年刊）由佛研所接手编辑出版发行工作。一种是综合性的《佛教
文化》季刊杂志，以一般读者为对象，突出文化知识性的特点。这是由
原《佛教文化》（年刊）改为季刊的。一种是专业性的《佛学研究》年
刊，即《中国佛教文化研究所学报》，以专家学者为对象，突出学术研究
的特点。

（二）出版

出好两套丛书——《佛教文化丛书》与《佛教文化小丛书》。《佛教
文化小丛书》，简称《小丛书》，根据朴老有关佛教文化研究课题的开示，
如佛教与学术文艺方面的研究，包括佛教与哲学、佛教与文学、佛教与语
言、佛教与诗词、佛教与艺术、佛教与建筑、佛教与绘画、佛教与书法、
佛教与音乐、佛教与民俗、佛教与天文、佛教与历象、佛教与方术、佛教
与饮食（蔬菜、素食、斋法等）、佛教与茶、佛教与园艺……

已列入《小丛书》的，有上海人民出版社的《俗语佛源》、香港佛教
文化出版社的《嘉言书法集》（书画类）；与中国社会科学出版社联系出
版的有郭鹏编译的《佛教故事选》、陈兵著的《佛教与现代文明》。

（三）译经

组好三种译经——南藏译汉、汉藏大藏对译、世界佛学名著今译。完
成的有外语学院邓殿臣与斯里兰卡留学僧威马莱拉担尼合译的《长老尼
偈》，经"佛研所"审定修改后，交中国社会科学出版社出版。

派往斯里兰卡的留学僧净因、广兴等五比丘已回国。朴老安排他们到所里继续修学，请季羡林、方立天两教授为他们的导师，拟结合他们攻读巴利三藏经典的博士学位课题，开展南藏佛经的翻译和研究工作。

汉藏大藏对译，已与藏语高级佛学院初步联系合作，先摸清已经对译的底子，然后研究工作方案。

（四）编藏——重新整编汉文《大藏经》

（五）编审教材

编审教材——编审初、中、高三级佛学院相互衔接的佛学教育教材，包括课程设置、教学大纲、教科书辅导材料等等。培养僧才，是佛教第一等大事，要编审好一套适合中国国情，既继承优良传统，又符合时代精神，具有中国体系的佛教系统教材。根据曾在上海召开的"全国汉语系佛学教育工作座谈会"的有关精神，整理有关资料和意见，成立编审委员会之后，提出通盘计划和工作方案。

（六）辅导研究——主要是辅导研究生

根据朴老关于"中国佛学院毕业生，经过考核，可作为研究生到研究所学习，取得相当于硕士"乃至"博士"学位资格的指示精神，拟开展对研究生的辅导工作。

（七）讲学——主要是举办佛学讲座

拟有计划地开展佛学和佛教文化的讲学活动，聘请高僧大德或专家学者主讲。

（八）组织研究

1. 科研课题的研究。拟定《中国佛教禅宗寺院沿革及宗派源流通考》这一课题，作为可行性项目，向中国社会科学院提出申请。

2. 按佛教文化的方方面面组织专人专题研究。

3. 对中国佛教带根本性的方向性、决策性的问题进行研讨、调查、研究。

（九）主办、协办或参加一些必要的国内外学术研讨会。如，主办第四届中日佛教学术研讨会。

（十）参加一些有关的社会活动

（十一）咨询服务

（十二）参与拍、编英藏敦煌文献佛经部分。社科院历史研究所与英国图书馆联系，拟拍摄、编辑、出版英藏敦煌文献佛经部分，包括汉文佛经文献、古藏文佛经文献及西域诸国语言（如西夏语）佛经文献，历史研究所拟与佛研所合作承办。

以上十二项工作规划，是系统工程。研究所人力、财力极其有限，办法是开门办所。续聘了一批特约研究人员，联系了一批专家学者和有关人士，充分运用和组织社会力量，共同从事佛教文化的弘扬事业和研究工作。

三　中国佛教文化研究所初期取得的成果

（一）"佛教与精神文明"学术笔谈会

1983年12月7日召开的"庆祝中国佛教协会成立三十周年茶会"上，班禅大师就党中央提出的清除精神污染问题做了发言。赵朴初会长也在讲话中提到，"党中央提出要清除精神污染，这是一件非常重要及时的大事，关系到发展安定团结的政治局面和促进社会主义物质文明、精神文明的建设，关系到青少年的健康成长和全民族的兴衰成败"。

于是，赵朴初名誉所长一再指示佛教文化研究所，要重点组织人力研究佛教文化积极方面的思想，为社会主义精神文明建设做贡献。于是"佛研所"有关人员积极组织佛教界、学术界专家学者、知名人士召开了"佛教与精神文明"学术笔谈会。针对当今人类社会精神文明建设，论述佛教与我国哲学、文学、史学、艺术和伦理道德等多方面的关系，很好地回应了党和政府对清除精神污染的积极行动。会议之后，同年《法音》第12期开始刊登《佛教与精神文明》学术笔谈会文章，后将巫白慧、牛实为、方立天、田光烈等20多篇文章汇集出版。

笔谈会之后，中国佛教文化研究所又一次举办了"发扬佛教优良传统学术笔谈会"征稿活动，发扬"佛教三个优秀传统"。

（二）出版

在出版方面，1991年6月15日至19日，在北京民族文化宫展览馆，举行了"陕西佛教彩塑摄影展"。此次影展之后，由中佛协与山西省文物局编辑出版了《山西佛教彩塑》。

"佛研所"还出版了由百名书家所书《嘉言书法集·佛言禅语篇》。在学术成果上，将特约研究员巫白慧所著《印度哲学与佛教》，徐梵澄所译《薄伽梵歌》《安慧〈三十唯识〉疏释》列为"中国佛教文化丛书"

之一。陈兵研究员编著的《简明佛教词典》，邓殿臣、威马莱拉担尼合译的巴利语《经藏·小部》中的第九部经《长老尼偈》作为"中国佛教文化丛书"一同列入计划出版。1995年又出版了由田青年主编的《朝暮课诵规范谱书》。

"佛研所"又拟定了出版计划：《中国佛教漫谈》《中国佛教建筑艺术》《佛教常识答问》《中国佛教史话》《法苑谈丛》《四百论颂》《四百论释》《玄奘法师研究文集》；郭元兴建议重新出版新中国成立前出版的学术性较强的著作如：高观如的《佛学实用辞典》，太虚的《真现实论》，欧阳竟无的《佛学文集》，周叔迦的《因明新例》《唯识研究》，梅光羲的《相宗纲要》，法尊的《西藏民族政教史》。并完成《中国佛教》第四辑的编辑工作。

"佛研所"特别有影响的一部书是《俗语佛源》的编辑出版。

赵朴老曾说过：

> 语言是一种最普遍最直接的文化。我们日常流行的许多用语，如世界、如实、实际、平等、现行、刹那、清规戒律、相对、绝对等等都来自佛教语汇。如果摒弃佛教文化的话，恐怕他们连话都说不周全了。

于是在1986年5月16日，朴老写便条给王新：

> 《俗语佛源》上次写了约一百条，此次约卅条，我未留底，请找一位同事誊写复印几份征求意见，给我一二份，拜托！（最好按笔画排列）。

在朴老亲自指导下，其随想随记的词条交给魏承彦、王新。魏承彦建议复印几份分别给姚长寿、传印法师、净慧法师、刘丰、任杰、郑立新等人，由郭元兴去翻阅、选择条目，认真查考。魏承彦还建议参加过《汉语大词典》编辑的李明权参与编辑《俗语佛源》的工作。1986年5月16日，朴老在魏承彦的信上批示：你们的意见很好。我今天又想了几十条，分两批给你，请一并整理打印。

此时汇集了一千四百多条，由于词量大，或不常再用，朴老又指示："我意选常见的字词，大概有五百条左右，便少多了。可以在序言中说明这是其中一小部分。"

朴老又指示：

《俗语佛源》前言不必由我署名字。既有些谈话前言可以更短一些。《俗语佛源》的解释似可更简单通俗一些。因为一般人看不懂，引用经文不必太多……我记得似前看过《梵英字典》上。"尘"字好像主要解释是"微尘""原子"的意思，佛教是原子论者。不应完全看做是"污染"，佛教有"六尘说法"之说，眼见经卷，耳闻声教，即是色尘说法、声尘说法。这就不能说"尘"是污染。但也有作染污的解释，所以说"一尘不染"。以上是随手涂抹的，不一定妥当，请你们再斟酌一下。"弹指"条下，可引用苏东坡挽一位僧人的诗句："一弹指顷去来今。"

八月四日夜

为了不重复以往文化方面谈话的内容，赵朴老将郭元兴代写的序言与专访一并整理成文章，题曰"从日常用语中来看佛教与中国文化关系"。文字后整理，刊登于《文史知识·佛教与文化专号》上。

《俗语佛源》由中国佛教文化研究所编，上海人民出版社出版，共收集了500余条词目，包括流行于民间的通俗词语及进入文学、哲学、史籍等领域的佛教词语。后来在会刊《法音》上转载了部分词条。

（三）讲座

赵朴老对佛教文化研究所的关心支持，促使"佛研所"上下齐心协力，共谋发展，共同作为。据1991年第三期《佛教文化》学术动态载，所长吴立民于8月17日至24日到河北省正定临济寺举行了为期一周的讲学活动。讲座分别为《佛教与中国文化》《临济禅与赵州禅》《心经释义》《盂兰经讲解》。副所长王新于9月6日至10月15日应邀去中国佛学院九华山寺院执事进修班讲学。10月14日至15日，在中国社会科学院学术报告厅召开了"中日第四次佛教学术会议"。10月12日，所长吴立民应国务院宗教局与新闻出版署之邀，为五大宗教、国宗局负责人，新闻出版署组织国内主要出版社、报社、杂志社等出版部门的负责同志一百多人做报告。

（四）朴老的便条

1991年1月4日，朴老给魏承彦写了便条，布置他可以：

在新的一年研究所工作计划是否可用访问或通信方式，向有关学

者征询意见，如亚白慧、王尧、土登尼玛诸位（在京者访问为好）。请研究见告。朴初

1991 年 1 月 9 日，朴老给王新写了便条，将研究所当年可以考虑的几个课题布置如下：

①环境保护问题，可以和护生问题联系起来。西方国家有保护动物会，有利于生态平衡。②和平与裁军问题。③扫盲问题，今年是国际扫盲年。我看我们佛教可以做些具体工作，参加扫盲活动。④社会风气问题。请你找几位同志商谈。朴初。

王新注：2 月 23 日下午，讨论了半天，出席周、游、净、姚、王、魏。这从中可以看到朴老对人才及课题的关心。

朴老为了加快研究成果的出版，还亲自写信并交给叶均先生一本《巴利小辞典》请翻译。叶均托法映法师完成巴利文部分，托圆辉、德宗担任日文部分的翻译工作。朴老把这个项目当"佛研所"的重要工作，亲自布置安排。不仅如此，朴老对研究所工作人员勤奋工作，非常关怀。不仅将"佛研所"工作人员超烦保送至斯里兰卡留学，希望他学修上座部经教，同时学通巴利文。此年，朴老给周绍良、游骧写信，要求把自己所获"和平奖金"存银行利息一万一千余美元，合人民币四万五千余元，拿出两万元作为奖金，专为鼓励佛学研究优良的人员。

（五）出版《法音》学术版

中国佛教文化研究所成立大会召开后，经过准备终于出版了第一辑《法音》学术版。创刊号内容有：梁漱溟的《佛法大意》，郭元兴的《读〈佛法大意〉书后》，方兴的《慧思及其大乘止观法门》，杨家政的《论佛教在云南的传播及演变特征》，陈志强的《汉传佛教护教类著作的历史》，许惠利的《弘法藏新考一得》，王小盾的《汉唐佛教音乐述略》，〔美〕弗洛姆著、王雷泉译的《解除抑制于开悟》，及"第一届中日佛教学术交流会议文提要"等十篇。

《法音》学术版，是净慧法师主导编辑的。编辑地点和中国佛教文化研究所址同在广济寺内，两套牌子，一组人员。出版第二辑后，1989 年更名《佛教文化》。1991 年 8 月办公地点也移至南长街 27 号，原三时学会旧址。

（六）更名为《佛教文化》

1989 年 12 月，由赵朴老题写刊名的《佛教文化》出版。创刊号上有：周绍良的《五代俗讲僧圆鉴大师》，杜仙洲的《辽代佛教文化小议》，苏晋仁的《〈释氏疑年录〉补》，萧𫗠父、吕有祥的《〈古尊宿语录〉校点前言》，任杰的《略述房山石经概况及其价值》，魏承思的《中国佛教史学述论》，徐建华的《中国古代佛典目录分类琐议》，汶江的《马鸣及其〈金刚针论〉》，罗颢的《对本无宗、即色宗、心无宗三家旧般若学派理论的再认识》，纯一的《世间现量与出现量之分歧》，〔日〕俊藤延子著、何燕生译的《梁漱溟的佛教人生论》，洛珠加措的《果洛寺院经济初探》，元金的《全国藏汉因明学学术交流会述评》等文章。

《佛教文化》创刊号所刊发文章的作者，即有杜仙洲、苏晋仁、周绍良等老一辈的专家学者，也有一批中青年学人，内容涉及的面也相当广泛。集老中青三代学人，有关佛教文史哲三类文章于一刊，这本身就显示了我国佛教文化研究工作的承先启后、继往开来，充满了希望。

在其《编者的话》中，自信地说："只要我们仍持正确的态度，有正确的方法，加上锲而不舍的研究精神，恢复我国自汉唐以来形成的佛教第二故乡的荣誉，也是完全有条件的。"

《佛教文化》作为"所刊"，是全国唯一的一份以交流佛教文化研究成果为主要任务的学术刊物。这成了海内外大德、专家学者及广大读者交流与合作的平台。《佛教文化》本为学术性刊物，其宗旨："继承和发扬佛教优秀的文化传统，促进对佛教教理、教史及与佛教有关的文化遗产的研究，发表研究成果，同海内外佛教学人进行学术交流，推动佛教文化学术研究工作的发展。"1992 年底，《佛学研究》年刊及副刊《佛学研究资料》创办，担负起学术研究成果发布的平台。而《佛教文化》则成为通俗易懂的普及性佛教刊物。

时光荏苒，至今已 30 周年了，"佛研所"的成立是当代佛教健康发展道路上的一个重大事件。佛门之兴隆，更为中国百姓增添了文化的自信。我们要利用"我们的文化"，作创新发展、合理性的转化，引导人们感知中国文化的魅力，为人心的净化、促进整个人类文明的合力转型承担责任。

附：中国佛教文化研究所成立会上的发言摘录

赵朴初会长：

中国佛教文化研究所，我会酝酿已久。1983 年在庆祝我会成立三十周年的报告中明确提出"亟需成立中国佛教哲学历史文学研究所"的倡议，得到佛协全体理事的赞同。经过几年来的酝酿筹备，成立中国佛教文化研究所的时节因缘终于具足。中国佛教文化研究所的宗旨是：在党和政府的文化、宗教等方针政策的指引下，在中国佛教协会的直接领导下，对佛教教理、教史及与佛教有关的文化遗产，进行如实的研究，重点放在能配合我国哲学、历史、文学、艺术等社会科学研究的项目上。注意延揽研究佛教文化的高级知识分子，培养年轻的佛教研究人员，并与有关研究单位和个人保持联系，进行学术交流。同时我们也将同港澳台同胞、海外侨胞和国外的佛教界、佛教学术文化团体进行学术交流。

在三四年内我们的工作重点是建立和健全机构、组织队伍，培养人才，搜集和积累材料，争取在不远的将来使研究所成为中国佛教文化研究的一个中心。

在研究方法上，我们要积极借鉴国外先进的研究方法和成果。了解港澳台以及国际佛教学术研究的动态和成就，加强图书资料的信息工作。我们应该打破经院哲学的研究风气，面向社会，加强同其他佛教学术研究机构或个人的联系和协作，掌握研究现状和发展趋势。佛教界和学术界曾经有过很好的协作。1955 年斯里兰卡发起编纂英文佛教百科全书。当时周恩来总理接受斯里兰卡总理的请托，将撰写有关中国佛教条目的任务交给了中国佛教协会。我会接受这个任务后，即成立了中国佛教百科全书编纂委员会，聘睛了国内佛教学者和会外有关学者担任撰述、编辑和英译工作；学术界的朋友们撰写了不少稿件。这是一次很好也很成功的合作。1963 年为纪念玄奘大师逝世 1300 周年，学术界的朋友们也为我们撰写专稿。这些经验表明，佛教界与学术界的合作，是有助于佛教研究事业的发展的。

今天在座的特约研究员，都是在各自研究领域具有卓著成就的专家学者，对研究工作有着丰富的经验。我们把诸位请来，不仅是希望你们同我们进行合作，而且希望你们对我们的工作进行指导。研究所尚属草创阶段，专业研究队伍人员少，研究规划尚不完善。希望诸位畅所欲言，献计献策。

研究所暂设研究室、编辑室，具体开展学术研究活动和编辑出版工作，条件成熟时将增设图书资料室。我们还将设立学术委员会，决定研究规划、评审研究成果，将来有条件时评定学术职称。对特约研究员和其他研究人员的研究项目，我们将给予相应的研究助成费。对有质量的研究成果，通过公开本或自费两种出版渠道，助成出版。

中国佛教协会提倡"人间佛教"的精神。"人间佛教"的主要内容是五戒十善、六度四摄，前者着重净化自己的身心，后者着重利益社会人群。对于佛教文化在传统文化中的地位及其在社会主义文化建设中的作用问题，需要我们能够实事求是地加以研究与总结，做出正确的估计。这就是发扬佛教注重学术研究的优良传统，在社会主义时代发扬"人间佛教"精神的具体体现，也是佛教文化的精华可以为社会主义精神文明建设服务的具体体现。

佛教文化的研究是大有可为的，而我们肩负的任务也是艰巨而繁重的。我相信，通过我们坚持不懈的努力和同心协力的合作，一定能够在不远的将来振兴佛学研究、赶超世界先进水平、担当时代赋予我们的历史使命，无愧于古德先贤的业绩，无愧于佛教第二故乡的称号。

周绍良（中国佛教协会副会长兼研究所所长）：

佛教文化，在中国文化史上占有极重要的地位，它关系到社会科学的各个方面，比如哲学、文学、历史、美术、文物、考古；甚至在经济方面，在敦煌石窟发现一些寺庙经济文书，就是研究唐代社会经济的重要材料。所以在目前的大好形势下，社会科学各个领域的研究都在全面展开，因之对于佛教知识的要求也随之迫切起来。赵会长高瞻远瞩，决心创立中国佛教文化研究所。这不只是为使佛教有一个研究机构，主要还是为展开佛教文化之研究，为整个社会提供研究处所，培养研究人才。这也不仅是佛教徒本身需要，也是社会文化建设的需要。

张声作（中共中央统战部局长）：

我很高兴能参加今天这个会议，对于中国佛教文化研究所的成立，第一是热烈祝贺，第二是全力支持。虽然我是搞宗教工作的，但在佛教知识方面还是个小学生。我们觉得，这次中国佛教文化研究所的成立也给我们搞宗教工作的同志提供了一个很好的学习场所。刚才朴老说到，我国是佛教的第二故乡，我们在佛学研究方面的确应当无愧于中国佛教这样的地位。过去许多高僧大德、学者，在佛学研究方面做了许多工作，但由于组织得不够，力量分散，不能产生显著的成效。朴老发起、筹备成立这样一个专门的研究机构，这是对于祖国文化（包括佛教文化）的振兴做出的一个贡献。在社会主义两个文明建设中佛教文化的研究大有可为，有着深远的意义。我觉得，不懂得一点佛教，不懂得一点宗教，就很难说完说懂得中国文化，也很难理解中国的社会。比如搞西藏工作的，不懂得点藏传佛教，那么对西藏社会就很难了解，就无法制定正确的政策和工作方法。希望佛教界的朋友、各位佛教学者，共同为祖国的繁荣，为社会主义文化的振兴，其中也包括中国佛教文化研究的发展做出贡献。

赤耐（国务院宗教事务局副局长）：

中国佛教文化研究所的成立，不仅是佛教界的大事，也是发扬祖国传统文化的一件大事。我代表国务院宗教事务局表示热烈的祝贺。今后，对研究所的工作，宗教局一定要在各方面尽我们的能力给予支持，使佛教文化研究所的各项活动更好地开展。正向张声作局长所说，研究所的研究成果和开展活动的各个方面，将为我们从事宗教工作的干部提供一个学习的机会。

梁漱溟（全国政协常委）：

我从十几岁就是一个虔诚的佛教徒，在这里我只想讲两点：第一点，因为我喜欢钻研佛法，所以我广泛地研究了《大藏经》。当初我受北大校长蔡元培先生的聘请，到北大教印度哲学，其中即包含佛法。佛法对于人生，归结一句话，那就是人的一生，"在今生以前有前生，在今生之后有来生"。我觉得，要弘扬佛法，就要有这种救世的精神，心里头没有自己，只有众生，只有这样才是一个佛教徒。再说一点，我曾在四川重庆北碚皈依了贡噶上师，听他讲无相大手印，我接受了灌顶。所以我一点不含糊地说，"我是一个佛教徒"。

常任侠（中央美术学院教授）：

我祖母是个佛教徒。我从小跟着她念经，对佛教很向往。在贡噶活佛那里，我受了大人圣慧灌顶戒。佛教认为一切众生皆可成佛，反对婆罗门的种姓制度，教团中也接受女的出家修行，打破了那种只有男性才能修行证道观的观念。佛陀降生在人间，就是要消灭人世间的痛苦和不平，为人类服务。佛教的这种精神是很好的。佛教在印度很早就消亡了。佛教传入我国，成为具有中国特色的宗敦。我国的汉文《大藏经》和藏文《大藏经》资料最全，弥足珍贵。佛教还传到日本、朝鲜、越南等国，对这些国家的文化产生了深远的影响。因此中国是佛教的第二故乡，中国佛教文化具有世界意义。中国佛教文化研究所的成立是做了一件大好事。

潘絜兹（《中国画》主编）：

我是搞美术的。我的美术生涯是从佛教美术开始的。我出生的那个时代，几乎村村有寺庙，我最喜欢去的地方就是庙，庙里都有塑像和壁画，后来我走上学美术的道路，就是受民间美术，特别是寺庙壁画的影响。如果不懂得佛教文化，对中国美术史的研究就很困难。这个道理，我以前不太懂，但在敦煌学习一段时间后，发现民族美术的根在民间，而民间受佛教美术影响最深。就拿今天我们的美术遗产来说，最大量的还是佛教美术。而且从画史看，有不少绘画大师是佛门弟子。现代画家我敢说没有哪一个没有受佛教美术的影响。无论是文人画也好，民间美术也好，或其他各个流派，都程度不同地受到佛教文化的滋养。拿我自己来说，如果没有佛教文化的滋养，我也不会有今天这一点成绩。我们对佛教文化的研究与中国是佛教第二故乡这样的地位还极不相称，还有许多工作要做。我觉得，佛教于今人的精神文明建设有很大的助力。正像朴老所说，人间佛教的精神不是独善其身，而是要普度众生，要使人人向善。我觉得当一个画家，要有宗教徒这种思想感情。对于艺术家来说：佛家的禅定修养，可视为艺术创作前的一种精神准备，做到精神专注，然后才能搞好创作。许多画家都注重这种艺术修养。

金维诺（中央美术学院教授）：

佛教传入我国近两千年了。当初中国社会为什么能接受佛教？佛教对中国社会深入的影响表现在哪些方面？这些都是值得我们研究的课题。我是搞佛教美术的。我们考察新疆等地少数民族的文化，发现他们与佛教有着很深的关系。在那里，我们找得到的最早的文化遗迹大都与佛教有关，我们要编写中国美术史，应该将少数民族的美术史包括进去，这样才能体现我国美术史的全貌，而许多少数民族的美术是以佛教美术为主的。我们有些同志不懂佛教文化，缺少这方面的知识，就容易说错话。例如，有的同志在外事按就把鸠摩罗什说成是印度人，实际上鸠摩罗什是龟兹人，龟兹在我国的新疆地区。

巫白慧（中国社会科学院哲学研究所研究员）：

中国是佛教的第二故乡，这是名副其实的。但由于某些传统的影响，我国的佛学研究还是封闭性的，对国际上的佛学研究了解较少。在世界近代文化研究中，佛教文化研究占有非常重要的地位。许多国家都把它作为重要的研究对象，尤其是在佛教的哲学、历史、美术和逻辑方面。佛教提出的生住异灭的规律是对《奥义书》的发展。《奥义书》当时只发现"有与无"的问题，但辩证法的体系还未形成，到了佛教尤其到了龙树时代，佛教辩证法才比较完整了。恩格斯对此给予了高度的评价。我们知道，佛教辩证法中涉及自然观的问题，如三千大千世界。早期佛教曾提出欲界、色界、五色界三界说，到了大乘佛教，则提出了整个宇宙系统，作为范畴是大大发展了。佛教提出我们这个世界外还有世界，正像我们说星球外还有星球一样。释迦佛还以"成住坏空"四大劫，来说明始点与终点，四大劫同时又是循回轮转的，现代科学也承认这一点，可见佛教宇宙论在许多方面与现代宇宙论是吻合的。世界上许多哲学家都很重视佛教哲学，原因就在于无论在自然哲学，还是辩证法方面，人们都可以从中汲取养料，得到启发。逻辑学也是一个时髦的研究课题，西方哲学家就在用数理逻辑来研究论证佛教因明学。在西方，近代哲学有两大思潮，一是实证主义，一是现象学。后者是一纯意识理论，与佛教唯识宗的理论很接近。可见佛教文化在世界文化中为一重要分支，占重要的地位。另外，今天我想提几点看法。中国佛教文化研究所，顾名思义，就是要对文化进行研究，而文化的范畴不限于宗教，如刚才讲的美术、历史、哲学、语言等。研究机构，我们希望它能发展，除研究、出版之外，还能培养人才，成为一个完整的机构。应该与教育部、社会科学院挂上钩，应该得到国家的承认。我们说到要实践人间佛教，人间佛教既要求有立身之道，又要有生存之道。这样，我们的研究所才能与社会的发展相适应。第三点，我们搞研究不谈方法是不行的。科学、客观的研究方法是我们应该吸取的。

白云山海会寺探源

郭　储[*]

衡量一个地区佛教兴盛发展与否，可能要涉及该地区道场兴建、僧人活动、教理传播、民众信仰以及佛教与这个地区的互动（如佛教文化与这个地区文化在物质层面以及精神层面的结合，包括具有当地特色的佛教建筑等的产生以及具有佛教文化的居民生活习俗的出现）等诸多方面。而太湖禅宗作为中国禅宗发展的源头以及根据地之一，其兴盛发展也可以通过以上几点反映，尤其是在道场兴建以及僧人活动上。在寺院兴建这一点上，根据中国佛教协会网站公布的宗教活动场所基本信息，到目前为止，太湖县登记在册的现存的汉传佛教寺院共有 51 座。而按照历史记录，在唐宋时期兴建的比较重要的且现存的寺院主要有四面寺、大中寺、真乘寺、千佛寺、弥陀寺、上城寺、海会寺等等。至于僧人往来，尤其是有迹可循并有重大影响的，则有慧可、本净、白云守端、法演、投子义青等等。在上述寺院之中，就"海会寺"而言，目前中国以"海会"作为寺名的寺院众多，比较有名的、拥有比较多记载的主要有杭州临安海会寺、山西阳城海会寺、舒州白云山海会寺、潭州云盖山海会寺、山东阳谷海会寺等。其中舒州白云山海会寺就是如今坐落在太湖县的白云山海会寺。现在，与杭州临安海会寺、山西阳城海会寺相比，舒州白云山海会寺的名气较弱，受到的关注也较少。但舒州白云山海会寺的历史地位不容忽视，尤其是在梳理整个安庆地区禅宗乃至佛教的发展时。除此之外，在佛教的宗教积累、文化积淀等方面，海会寺对于太湖县乃至整个安庆地区如今禅文化的发展与规划，以及发挥其在社会优秀文化建设中的积极作用有重要意义。

鉴于此，本文拟从白云山海会寺道场兴建、白云山海会寺僧人往来及

＊　郭储，西北大学佛教研究所。

大事记、与白云山海会寺相关的文学创作这三方面来论述海会寺发展的始末，从海会寺的历史底蕴、宗教积累、文学积淀入手来说明白云山海会寺在太湖禅宗发展史上不容忽视的地位，以及海会寺在现代语境下成为禅文化发展构建中的重要一员的可行性。

一　关于海会寺建寺的诸说法

在编写太湖县或者整个安徽省的风土人情志时，不可避免会有一小章节提到当地的名胜古迹，其中就有白云山海会寺。而在诸多关于白云山海会寺的记载中，都会记录白云山海会寺建寺的传说，其中关于海会寺建寺比较主流的说法在此列举如下五种：

1. 海会寺在太湖城东九公里的白云山中。相传唐高僧海会曾到此修行，后坐化于梅树下。人们为了追忆这位高僧，于是依凤凰山势建上、中、下三殿。①

2. 在太湖县城东十五公里的白云山麓。相传唐代高僧海会曾到此处修行，最后坐化在一棵梅树之下。后人为了纪念他，取名为"海会寺"。②

3. 坐落在太湖县城东十五公里的白云山麓……相传是唐代禅道四方的海会和尚云游至此开山建寺，故名。③

4. 县城向东二十公里，有一山名白云山，山中有座海会寺……乾隆《太湖县志·杂志类》中，有"梅仙祖师"条，记载："尝学道于白云山，笃戒行。夏月坐化于梅树下，数里皆闻梅花香，经旬不绝，远近异之。有御史某路过，疑其事，命舁于邑。曰：'复能香乎？'香更闻三日。乃命众即葬于梅树下，造石塔志之。后于旁建海会寺。"这位梅仙祖师生平不详，当是一位奇僧。④（对于"梅仙祖师"这一条记载，有多人援引，主要观点是白云山海会寺为唐建，在于纪念梅仙祖师。）

5. 寺坐落于太湖县小池区石马公社，原名白云寺，因白云祖师而得名……因经中有莲池海会佛菩萨，故后又改名海会寺。⑤

---

① 宋濂、夏坤编著：《安庆揽胜》，安徽美术出版社，1989，第38页。
② 《安徽概况》编写组：《安徽概况》，安徽科学技术出版社，1984，第131页。
③ 安庆市地方志编纂委员会编：《安庆大观》，黄山书社，1999，第237页。
④ 余世磊：《白云山：一炉香散》，《安庆晚报》，2014年9月12日，B10。
⑤ 徐慧源：《海会寺史话》，政协太湖县委员会办公室、文史组编：《太湖文史资料》（第一辑），1983，第42页。

上述五种说法，前四者基本一致。其一致性表现在：第一，直接点名海会寺的建寺时间为唐代。第二，故事的主人公都与梅树相关（第一、二、三种说法是与一位名为"海会"的高僧密切相关，第四种说法为"梅仙祖师"。通过事迹比对，两者为同一人的可能性较高）。第三，海会寺名"海会寺"（第一、二、三种建寺说法都与高僧海会相关，毋庸置疑；第四种说法中也未提别名，皆只有"海会"一名）。然而这四种说法的差异性表现在：第一，第一、二、四种说法表明海会寺是人们为了纪念高僧海会（或说梅仙祖师）而建，且第四种说法的记载更为具体、生动；而第三种说法则表示海会寺是直接由高僧海会而建。第二，关于海会寺距离太湖县城东的距离也产生了分歧。第一种说法是"九公里"，第二、三种说法皆是"十五公里"，第四种说法是二十公里。

至于第五种说法中关于海会寺建寺的始末，则与前四种说法完全没有共通之处。第五种说法为慧源法师《海会寺史话》一文中的论述。"白云祖师"为何人？按《海会寺史话》所言，白云祖师即白云守端禅师。整篇梳理下来，有如下疑点：第一，假设白云寺是因为白云祖师而得名，那么在认同寺建于唐代以及"白云寺"是因宋时的白云祖师而得名的前提下，该寺之前又有什么寺名？第二，在古代，一般情况下，为了区分僧人，往往会在僧人法号的前面添加僧人的籍贯、所在的地点以及所处的寺院等能明确表示身份的信息作为前缀。白云祖师的"白云"二字的出处又是哪里？显然不会是禅师的籍贯，那么可能是所在地点或是所处寺院之名了；如此，白云祖师或者说白云守端禅师因寺得名这一默认规律，又与寺因白云祖师得名背道而驰。

据《海会寺史话》，海会寺成寺的逻辑顺序如下：1. 此处原就有一座寺院，但不具名号；2. 白云祖师来此，因号白云寺（在慧源法师《白云祖师的传说》一文中，"传说海会寺的白云祖师是从北京白云寺来到太湖的"，尤其是根据《七真宝卷》，白云祖师曾在建于唐代的北京白云寺修道，在元时为国师，和邱处机斗法。北京白云寺后被道教占据，改为白云观①）；3. 因经中有莲池海会佛菩萨，改名为海会寺（但改名的时间不明）。这看似成立的逻辑却忽略了很重要的一点，那就是白云祖师的"白云"从何而来的问题。若依照《白云祖师的传说》，"白云"，不管是白云

---

① 徐慧源：《白云祖师的传说》，政协太湖县委员会办公室、文史组编：《太湖文史资料》（第四辑），1987，第152~154页。

祖师还是（太湖）白云寺都来自北京白云寺——白云祖师因曾在北京白云寺修道名"白云"，（太湖）白云寺因白云祖师名"白云"。这种名字的传承似有道理，但第一，符合唐代建立、位于北京、与道教有关、和"白云"二字关联等条件的是北京白云观。关于北京白云观的正史记载，从唐建立起其就一直为道观，且在明初才有"白云"之名。第二，白云祖师若为白云守端禅师，其出现在元并与道教长春真人邱处机斗法还失败的相关记录，与白云守端禅师为北宋时人，在时间上不符合；且该故事更有宗教对立、提高道教地位的感情色彩，这与元时佛教列各宗教之首在背景上不符合。尤其是在佛教中藏传佛教是官方认定的至尊，汉地佛教处于劣势，以禅宗受到的贬斥更重，汉地佛教禅宗出生的白云祖师成为元国师是绝无可能的，反而是元在藏传佛教中有"帝师"。此外，若按《太湖县志》"海会寺，县东白云山麓"① 这一普遍认可的地理位置，因为它坐落于白云山，取名白云寺也未尝不可。且此类以地点命名寺院的做法比比皆是，如与海会寺同属太湖县的四面寺就是如此。但若是这种说法成立的话（即白云寺因白云山而得名），那就会与"原名白云寺，因白云祖师而得名"以及白云祖师的"白云"称号发生逻辑错乱。另一方面，从更多的历史记载中，尤其是在与海会寺相关的文学作品中，也很难找到"海会寺"原为"白云寺"的线索。北宋人程俱有《宿海会寺》一诗，其中程俱称"海会寺"，未见有"白云寺"之字眼。程俱为公元1078年至公元1144年的北宋人，而白云守端禅师生卒年为公元1025至公元1072年，如果存在改名一说的话，那么应该在程俱作诗之前就改了。览程俱生平，按《宋史》"程俱字致道，衢州开化人。以外祖尚书左丞邓润甫恩，补苏州吴江主簿，监舒州太湖茶场，坐上书论事罢归。起知泗州临淮县，累迁将作监丞，近臣以撰述荐，迁著作佐郎。"② 程俱曾兼舒州太湖茶场，该诗可能便是这一时期所作。至于作诗的时间范围，同一时期有晁咏之"为河中教授，元符末，应诏上书论事，罢官"③ 之事，两者的"上书论事"应为同一事件，同在"元符末"之后罢官的可能性很大（元符末为公元1100年）。且据《程俱年谱（上）》，程俱绍圣四年（1097）授苏州吴江县主簿，三年任满辟差舒州太湖茶场，后在崇宁元年九月十三日乙未被斥

---

① 《民国太湖县志》卷6《舆地志·寺观》，《中国地方集成·安徽府县志辑16》，江苏古籍出版社，1998，第48页。

② （元）脱脱等撰：《宋史》卷445《文苑·晁咏之》，中华书局，1977，第13112页。

③ （元）脱脱等撰：《宋史》卷444《文苑·程俱》，第13136页。

为邪等。① 而崇宁元年为公元1102年，因此，程俱可能在1102年前后已经离开了太湖地区。据此，若要从白云寺改为"海会寺"之名，应不会晚于1102年。而按《海会寺史话》之逻辑，白云寺因白云祖师得名，若原为"白云寺"，有着开山意义的"白云祖师"之"白云"后人又怎可随意移除？只有白云祖师本人在"白云寺"期间，也就是治平（1064~1067）末到熙宁（1068~1077）初年间才最有可能易名。所以，"白云"之名的改换不会早于公元1067年，其改名的时间区间为公元1067~1102年。但事实上，在这段时间内改"白云"为"海会"是不可能的。首先是在关于白云守端禅师生平的记载中很明确地表明禅师"迁居白云海会"，这个记载出自北宋诗僧惠洪的《禅林僧宝传》。惠洪生卒年为公元1070~1128年，其长成的年代距白云守端禅师的年代非常近，记载的可信程度高，信息混杂的可能性低。而在1073~1082年间，投子义青禅师主持海会寺，并未有相关的记载表明曾改名，记载投子义青来寺用的是"白云山海会寺"。对其他僧人往来的记载中也不见记载"白云寺"。

且尝从白云守端法师就学的北宋诗人郭祥正在宋崇宁（1102~1106）初年前后前往湖北黄梅五祖寺看望五祖法演禅师，为同门师兄作偈，其中便回忆了同门之谊，偈中提到——"白云岩畔旧相逢，往日今朝事不同"。法演也回应称"几度白云溪上望，黄梅花向雪中开"。② 郭祥正与法演二人作偈的时间应不会早于程俱离开太湖的时间，而当时所谓"白云寺"已经改名为"海会寺"；而偈中回忆的是跟随白云守端禅师就学的日子，但其中并不见改名的冲突。且郭祥正以及法演偈中的分别是"白云岩畔"与"白云溪上"，从语境与字词上来判断，两者的"白云"指的都是白云山这一地理标志，并不涉及"白云寺"。白云山这一地理名称也恰恰切合了《太湖县志》中对海会寺的描述——海会寺，县东白云山麓。此外，一提及白云守端禅师，默认的都是白云山的守端禅师，而不是白云寺的守端禅师。所以，是否有白云寺一说是很值得商榷的。

二 海会寺僧人往来及大事记

在梳理过白云山海会寺兴建的诸多说法之后，进一步展开对白云山海

---

① 李欣、王兆鹏：《程俱年谱》（上），《中国韵文学刊》2006年02期。

② （宋）普济著，苏渊雷点校：《五灯元会》卷19《临济宗·提刑郭祥正居士》，中华书局，1984，第1249页。

会寺建寺之后僧人往来以及重大事件的梳理，以此来观察白云山海会寺的历史底蕴与宗教积累，以及在太湖禅宗发展史上的地位，同时以此作为判断白云山海会寺在现代语境下成为禅文化发展构建中重要一员的可行与否的依据之一。

1. 太湖置县——太湖开皇初改为晋熙，十八年复改名焉。① 在太湖禅宗的范围内讨论白云山海会寺，因此将太湖置县作为开端。太湖县始建于隋开皇十八年，即公元598年。

2. 海会寺兴建——海会寺比较公认的建寺年代是唐代，具体在唐的何时未明。关于其建寺的几种说法（见上文），在此拟采用较为普遍的高僧海会（或说梅仙祖师）一说。海会寺始建于唐，相传为纪念梅仙祖师所建，闻名于宋，杨岐方会的法嗣白云守端，弟子五祖法演，再传弟子演门三佛等，汇集了一个庞大的参禅群体，在太湖县海会寺及其相邻的大中寺、龙门寺布坛说法多年，举扬杨岐宗风。②

3. 北宋中期，建有藏经阁。明道元年（1032），县令李镎撰《太湖县白云山海会寺建经藏记》。

4. 法华举禅师住白云海会寺——禅师名全举，汾阳昭公之嗣也。初住龙舒之法华寺，后移居白云之海会寺。③ 法华举禅师属临济宗派，为南岳十一世，是杨岐、黄龙分派前之人。法华举禅师往来白云山海会寺的确定时间不明，但早于白云守端禅师，白云守端禅师为南岳十三世。

5. 白云守端禅师住海会寺——舒守闻端高风，欲以观其人。移文请以居之，端欣然杖策来，衲子至无所容。士大夫贤之，迁居白云海会。④ 又逊居圆通，次徙法华龙门、兴化海会，所至者如云集。⑤ 此为白云守端禅师到白云海会寺的缘由以及盛况。至于白云守端禅师到白游海会寺的时间，史籍记载中并无明确的指向。但经过后人考证，对这个时间有一定范围的划定。如有一种说法是"守端住持白云山海会寺的时间没有明确的文献记载，据推测，当在治平（1064～1067）末、熙宁（1068～1077）初"⑥。当然，熙宁年间的时间跨度至1072年就截止了。

---

① （唐）魏征、令狐德叶撰：《隋书》卷31《地理志下》，中华书局，1973，第678页。
② 殷书林：《禅源太湖》，安徽文艺出版社，2012，第101页。
③ （宋）惠洪著，吕有祥点校：《禅林僧宝传》卷15《法华举禅师》，中州古籍出版社，2014，第108页。
④ （宋）惠洪著，吕有祥点校：《禅林僧宝传》卷28《白云端禅师》，第196页。
⑤ （宋）普济著，苏渊雷点校：《五元灯会》卷19《临济宗·白云守端禅师》，第1233页。
⑥ 滑红彬：《白云守端生平事迹补考》，《衡阳师范学院学报》，2015年02期。

6. 法演禅师住白云山海会寺——初住四面，迁白云，晚居东山。① 法演禅师为白云守端禅师法嗣，在白云守端禅师住白云山海会寺时从禅师学，接禅师临济宗法衣。

7. 郭祥正白云海会寺访白云守端禅师——功辅自当涂绝江，访白云守端和尚于海会。② 功辅即郭祥正，为北宋诗人，同时也是一名佛教居士，生卒年为公元 1035 年至公元 1113 年。郭祥正曾在庐山访白云守端禅师，后又至白游海会寺向禅师问道，与五祖法演禅师同学；后在崇宁初（1102）前后至湖北黄梅五祖寺，探望同学五祖法演禅师，作偈一首。

8. 白云守端禅师在白云海会寺坐化——逮白云终于舒之海会，方五十六岁。③ 是年为熙宁五年，即公元 1072 年。

9. 1072 年至 1080 年投子义青禅寺住白云山海会寺——禅师名义青，本青社人，李氏子也……熙宁六年，还龙舒，道俗请住白云山海会寺，计其得法之岁，至此适几十年。又八年移投子山。④ 投子义青禅师接曹洞宗衣法后，在熙宁六年（1073）回到舒州。而时白云守端禅师在熙宁五年（1072）于白云山海会寺坐化，其法嗣五祖法演禅师未能主持海会寺，适逢投子义青禅师来舒州，道俗便请禅师主持海会寺，时间跨度为八年。义青禅师后迁桐城投子山投子寺，发扬曹洞宗。

10. 芙蓉道楷禅师在投子义青禅师主持海会寺期间于白云山海会寺从学投子义青禅师——东京天宁芙蓉道楷禅师，沂州崔氏子……谒投子于海会。⑤ 芙蓉道楷禅师为投子义青禅师的法嗣，属青原下十一世。

11. 程俱公元 1097 至公元 1102 年于太湖地区任职，或游白云山海会寺，作《题海会寺》⑥ 诗一首。

12. 宋淮西金事王伦题额曰：淮西第三禅刹。

13. 王之道游白云山海会寺，作《白云山海会寺》⑦。王之道为北宋时人，生卒年是公元 1093 ~ 公元 1169 年，著有《相山集》30 卷。

---

① （宋）普济著，苏渊雷点校：《五元灯会》卷 19《临济宗·五祖法演禅师》第 1240 页。
② 《禅林宝训》，《大正藏》第 48 册，No. 2022，第 1019b 页。
③ 《禅林宝训》，《大正藏》第 48 册，No. 2022，第 1120a 页。
④ （宋）惠洪著，吕有祥点校：《禅林僧宝传》卷 17《投子青禅师》，第 121 页。
⑤ （宋）普济著，苏渊雷点校：《五元灯会》卷 14《曹洞宗·芙蓉道楷禅师》，第 882 页。
⑥ （宋）程俱：《北山小集》卷 1《古诗》，四部丛刊续编景宋写本，中国基本古籍库，第 5 ~ 6 页。
⑦ （宋）王之道：《相山集》卷 3《五言古诗》，清文渊阁四库全书补配清文津阁四库全书本，中国基本古籍库，第 18 页。

14. 宋嘉定（1208~1224）年间，安庆郡丞赵希发巡视太湖，在通往寺门的曲径旁的玉带河上建一凉亭①。按《太湖县志》，赵希发为宋嘉定年间庐江郡丞，作《止泓亭》一首。②

15. 康熙年间，县人毕琪光游寺，作《游海会寺》。毕琪光具体事迹不详，按《太湖县志》，毕琪光为太湖人，清康熙年间岁贡生。③ 且《（康熙）安庆府太湖县志》一书署名为清王庭等修、清毕琪光等纂，康熙二十七年（1688）刻本。

16. 康熙四十二年（1702）重修。

17. 乾隆二十四年（1759）知县吴易峰同绅士张廷谒等重修，乡饮宾张一通捐枫香资保张家井田三石。按，知县吴易峰于乾隆辛巳年（公元1761年）曾修《（乾隆）太湖县志》22卷本。

18. 道光元年（1821），僧松隐募建大殿，规制具备，廊宇一新。

19. 咸丰九年（1859），寇毁，仅存前殿三楹。

20. 同治四年（1865），监生马平声、殷贻琚倡捐重建祖师殿。

21. 光绪四年（1878），主持僧醉安积置田一石八斗，共田十二石□八升，重修殿宇，增设廊房。④

22. 慈禧太后对寺赐匾"真如自在"。

23. "文革"时遭严重损毁。

24. 1982年，被列为县级重点文物保护单位。

25. 中国佛教协会会长赵朴初先生于1984年9月20日为海会寺题名。后事不叙。

通过对太湖置县、海会建寺到赵朴初老先生题名致力于恢复寺院这一近一千多年历史的梳理，白云山海会寺的历史兴衰较为完整地呈现。在唐宋时期，白云山海会寺记载丰富，寺院高僧云集，"在全盛的时候僧众多达3000人"⑤，在社会上层阶级以及一般民众间都负盛名，成了临济宗的祖庭；同时也独树一帜，成为禅宗在内发展的根据地和对外发展

---

① 朱洪：《灵山秀水安庆佛教文化》，合肥工业大学出版社，2011，第23页。

② 太湖县地方志编纂委员会：《太湖县志》，《安徽省地方志丛书》，黄山书社，1995，第830页。

③ 太湖县地方志编纂委员会：《太湖县志》，《安徽省地方志丛书》，第833页。

④ 《民国太湖县志》卷6《舆地志·寺观》，《中国地方集成安徽府县志辑16》，第48a页。（从16~21条）

⑤ 丁晓慧：《唐宋时期太湖禅宗发展概述》，《安庆师范学院学报》（社会科学版）2016年第4期。

的辐射地。至于元明之间，汉地佛教发展缓慢，关于白云寺海会寺的可靠记载不多。进入清之后，因为县志的修纂，对白云山海会寺的记载增多；且因为历代的损耗以及战乱的波及，白云山海会寺重修的情况屡次出现。清末，白云山海会寺虽已不见唐宋时的盛况，但依旧屹立，并得到了慈禧太后的赐匾。以上种种可见，白云山海会寺作为临济宗的祖庭，其历史底蕴以及宗教积累是很深厚的。同时，在这近一千多年的时间里，其所传递的佛教文化肯定也一定程度上与当地的文化进行了融合，在潜移默化中成为人们生活的一部分。若以白云山海会寺为依托，在振兴中华文化的新时代语境下，将其所拥有的禅文化作为文化振兴中的一个作用点，有其可行性。

三　与海会寺相关的文学创作

海会寺坐落于白云山麓，加之太湖地区山水秀美，且海会寺也是盛极一时，所以在历史上不缺文人骚客以及僧侣居士前往览胜并赋诗。这在历史底蕴、宗教积累深厚的基础之上，又为白云山海会寺增加了几分文学沉淀，更显禅性诗意。今在此列举具有代表性的几首，如下：

1. 白云守端禅师作《寄九江道人》① 一首：

> 灯前一夜看庐山，屈指俄经五载间。今日白云堪自爱，悠悠舒卷水潺潺。

《白云夏日》② 一首：

> 夏日宜山寺，优游趣几何。闲庭芳草长，危岭断云过。洞水穿廊远，岩风入座多。更当星少夜，月色透松萝。

《白云清夜》③ 一首：

> 兴作都无定，中宵殊未眠。窗明檐外雪，室静竹间泉。几道无声际，还归有象前。盘桓成此曲，不觉晓光连。

---

① 《白云守端禅师广录》，《大正藏》第 69 册，No. 1352，第 319 页上。
② 《白云守端禅师广录》，第 320 页上。
③ 《白云守端禅师广录》，第 320 页上。

2. 五祖法演禅师作《次韵酬黄龙图》① 一首：

> 海会云山叠乱青，龙潭泻碧声冷冷。使君乞与安闲地，时共禅徒终夜听。

作《送化士四首》② （其四）：

> 出自白云山，携筇步烟渚。心中几万端，唯我能相许。

3. 宋程俱游海会寺，作《题海会寺》③ 一首：

> 万杉堆青没山骨，云埋七峰时出没。飞泉拂石泻哀湍，下有万古蛟龙窟。藏头睡熟呼不起，地坼三年螳螂出。千山脉理渍清甘，一罅涓涓流石液。同游况与惠询辈，纳履振衣何勃窣。大门当前新筑道，跨水曲栏欹突兀。春鸣轳辘趁朝炊，水硙悬流机械发。搘筇对此自三叹，抱瓮老人长撊撊。却坐幽堂忽浩歌，回首已失西山日。

4. 王之道游白云山海会寺，作《白云山海会寺》④ 一首：

> 龙舒富山水，白云又其角。七峰互回环，仰见天一握。古木森建幢，苍藤大张幄。初疑翠黛扫，颇类青玉琢。飞泉何处来？其势自天落。春撞吼雷霆，激射纷雪雹。田家承下流，伐石竞耕凿。摇风麦初齐，泛水秧尚弱。恍若桃花源，误入不容却。况有古道场，碧瓦照丹腹。楼台锁烟霞，松杉聚猿鹤。我来孟夏初，征衫汗如濯。行行不知劳，梯云上青廓。入门寂无人，幽鸟自相乐。登堂赵州出，此意亦不恶。徐徐叩其端，善巧万金药。销除爱欲恼，澡浣尘土浊。山神似相留，入夜雨还作。明朝出山去，欲去更盘礴。何当赋归来，寄傲酬素约。

5. 郭祥正崇宁初（1102）前后至湖北黄梅五祖寺，探望同学五祖法演禅师，作偈一首：

> 白云岩畔旧相逢，往日今朝事不同。夜静水寒鱼不食，一炉香散

---

① 《法演禅师语录》，《大正藏》第 47 册，No. 1995，第 666 页中。

② 《法演禅师语录》No. 1995，第 666 页中。

③ （宋）程俱：《北山小集》卷 1《古诗》，第 5～6 页

④ （宋）王之道：《相山集》卷 3《五言古诗》，第 18 页。

白莲峰。①

6. 清康熙年间邑人毕琪光作《游海会寺》② 一首：

> 看钓溪桥上，春风结伴行。崖花潭底笑，涧水石中鸣。曲径龙潭
> 邃，平沙鸟篆轻。醉归山月吐，倚杖听钟声。

关于白云山海会寺的文学创作并不止于上述九首诗，但它们颇具代表意义。既有在白云山海会寺往来的代表僧人白云守端禅师、五祖法演禅师的禅诗，也有文人居士郭祥正的偈子，更有文人的游寺赏景寄情之作。尤其是诸文人之作，也能从侧面反映出当时白云山海会寺在社会上的发展状况。毕竟，值得文人们提笔留诗的地方不会是一个无名之地，而诗文能够传世的文人也不是一个普通的文人，他们的取向与品位在一定程度上能反映当时的社会潮流。

白云山海会寺的历史是悠久的，其作为太湖禅宗有机组成的一部分，在经过千年的历史考验后现在依旧存在。在经过以白云守端禅师、五祖法演禅师、投子义青禅师三位禅师为代表的僧人的开坛弘法之后，临济宗、曹洞宗在此发扬光大；同时，也以此地为据点向四周辐射，使得白云山海会寺成为当时禅宗发展的重镇，蔚为大观。但随着时间的推移，白云山海会寺的光芒日渐黯淡，不为人所关注。如今，打造积极的中国禅文化成为一种文化新气象，而白云山海会寺作为太湖地区中国禅宗文化的聚集地之一，在历史底蕴、宗教积累、文化沉淀上具有闪光点，其文化价值以及文化内涵是可以为太湖地区禅文化的构建所用的。尤其是作为临济宗的祖庭，白云山海会寺有其天然的禅宗文化优势，值得各界去进行深入的挖掘。

---

① （宋）普济著，苏渊雷点校：《五灯元会》卷19《临济宗·提刑郭祥正居士》，第1249 页。

② 太湖县地方志编纂委员会：《太湖县志》，《安徽省地方志丛书》，第833 页。

赵朴初先生推进当代佛教中国化问题研究

戴继诚*

当代中国佛教的中国化是传统佛教与社会主义相适应的必然选择。作为新中国佛教的奠基人与开创者，赵朴初先生高瞻远瞩，善巧方便，在理论与实践上进行了卓越探索，被誉为当代"中国佛教之父"。① 赵朴初先生为当代佛教中国化做出的贡献值得后人永远铭记并发扬光大。

一　继往开来，总结佛教中国化的经验

中国佛教协会成立前，筹备处主任赵朴初主持起草了《中国佛教协会章程（草案）》，并请中央统战部部长李维汉呈毛泽东主席审阅。毛主席认真审阅了《中国佛教协会章程（草案）》，并亲笔加进了"继承与发扬佛教优良传统"这句话。从某种意义上说，佛教"优良传统"就是佛教"中国化"的经验问题；如何发扬这一传统，让佛教更好、更快适应社会主义建设，赵朴初先生殚精竭虑，深入思考与探索。1983 年 12 月，他在中国佛协第四届理事会的《中国佛教协会三十年》报告中，将中国佛教的"优良传统"归结为三方面，即农禅并重、注重学术研究、国际友好交流。

首先，关于"农禅并重"，这是佛教中国化的经济基础。

印度僧人托钵乞食，不事生产，而我国以农立国，反对不劳而食。因此，中国僧众必须适应这一国情，躬耕田亩，自食其力，"一日不作，一日不食"，并认为"担水砍柴，皆是妙道"，这一传统后以《禅门清规》

---

* 戴继诚，中国人民公安大学教授。
① 参见学愚《中国佛教的社会主义改造》，香港中文大学出版社，2015，第 479 页。

形式固化下来。"农禅并重"是佛教中国化的经济基础，新中国成立后，佛教僧众继续弘扬这一优良传统，如巨赞法师曾开办麻袋厂、毛巾厂、草绳厂，垦荒种植，支援国家经济建设。

其次，关于"注重学术研究"，这是佛教中国化的思想动力。

佛教思想博大精深，义理缜密，传入中国后，面对儒、道两大本土文化"长城"，一方面要"格义"、依附，另一方面，要推陈出新，合会儒道，构建具有中国特色的佛教思想，并对儒家知识分子或世俗官僚产生强大吸引力。宋志磐《佛祖统纪》卷四十五载："荆公王安石问文定公张方平曰：'孔子去世百年，生孟子，亚圣后绝无人，何也?'文定公曰：'岂为，只有过孔子上者。'公曰：'谁?'文定曰：'江西马祖、汾阳无业禅师、雪峰、岩头、丹霞、云门是也。'公暂闻，意不甚解，乃问曰：'何谓也?'文定曰：'儒门淡薄，收拾不住，皆归释氏耳。'荆公欣然叹服。其后说以张天觉，天觉抚几叹赏曰：'达人之论也!'"① 注重学术研究既是佛教中国化的必然选择，也是它获得中国社会认同的文化与心理基础。如何结合新时代中国特色社会主义推进学术研究，是佛教中国化必须要审慎思考的原则性问题。

第三，关于"国际友好交流"，这是佛教中国化的"增上缘"。

中国佛教本身就是国际友好交流的成果。一方面，无论是西行高僧，如法显、玄奘、义净，还是东渡大师，如鉴真，他们为法忘身，传播友谊的精神值得后人敬仰感恩。另一方面，不管是取经，还是"送宝"，都有一颗慈悲济世、爱国爱教的宽广胸襟。当代佛教中国化的一个重要方面是"走出去"。佛教不仅要成为中、日、韩三国的"黄金纽带"，还要走向其他大洲，传播中国智慧，展示中国形象，弘扬中华文化。在这方面，近年来，少林寺通过选派法师、武僧到海外传播佛教文化，取得很好的效果。②

毫无疑问，佛教"优良传统"对当代中国佛教中国化具有重要的启示，赵朴初先生说："我以为我们社会主义中国的佛教徒，对于自己信奉的佛教，应当提倡人间佛教思想，以利于我们担当新的历史时期的人间使命；应当发扬中国佛教农禅并重的优良传统，以利于我们积极参加社会主

---

① 陈善：《儒释迭为盛衰》，《扪虱夜话》上册卷 10，转引自方立天《中国佛教哲学要义·绪论》上卷。中国人民大学出版社，2002，第 1~2 页。

② 参见戴继诚《少林寺走出国门　中国文化造福世界》，《中国宗教》2015 年第 5 期。

义物质文明建设；应当发扬中国佛教注重学术研究的优良传统，以利于我们积极参加社会主义精神文明建设；应当发扬中国佛教国际友好交流的优良传统，以利于我们积极参加增进同各国人民友好，促进中外文化交流和维护世界和平的事业。"① 应该说，传统佛教的"优良传统"对于今天佛教信众投身国家现代化建设，提升社会文明水平，增进中外友谊都具有积极意义。

赵朴初先生还指出："我提'人间佛教'实际就是从使佛教与社会主义社会相适应相协调的角度提的，这在佛教教义上是有根据的。当然，这是提倡的重点，并不包括佛教的全部内容。……今天这样提是为了更好地鼓励佛教徒为社会主义服务。"② 现代"人间佛教"运动始于太虚大师，但新中国成立后在大陆首倡并致力于"人间佛教"运动，并使之与社会主义相适应的是赵朴初先生，佛教与社会主义相适应本质上就是当代佛教的中国化。

二 破迷开悟，纠正教内外对佛教的错误认识

赵朴初先生在《中国佛教协会发起书》中说："中国人民的解放，给予中国佛教以涤瑕荡垢、重见光明的机会。"③ 隋唐之后，中国佛教开始走下坡路，不仅在教义教理上陈陈相因，在信仰活动上也日趋功利化，明清佛教更是每况愈下，④ 至民国时期，这种窳败现象有增无减，教内外对佛教的误解与偏见愈加严重。以史为鉴，赵朴初先生认为，要使佛教与社会主义相适应，必须纠正教内外的某些错误观念。

首先，重新诠释佛教的政教观。

中国传统佛教对政治持"敬而远之"的态度，僧众崇尚"超出三界外，不在五行中"，隐居山林，不问世事。新中国成立后，人民成为国家的主人，这种逃避现实的消极观念不利于佛教信众参加国家经济文化建设，赵朴初先生在不同场合对这种观念与认识做了分析与批判。

1955 年 1 月，他撰写《如何能使佛日增辉法轮常转》一文，首先分析了传统佛教僧众不愿涉足政治的背景："佛教徒不问政治的风气由来已

① 《中国佛教协会三十年》，《赵朴初文集》（上卷），第 536 页。
② 《关于佛教与社会主义精神文明建设的关系》，《赵朴初文集》（下卷），第 757 页。
③ 《中国佛教协会发起书》，《赵朴初文集》（上卷），第 46 页。
④ 参见郭朋《明清佛教》，福建人民出版社，1982。

久。这主要有两个原因。一、在过去的旧社会里，佛教徒，特别是出家佛教徒，是不允许与闻政治的。……二、在过去旧中国，政治一团糟，佛教徒中确也有不少正派的人不愿意同流合污，因此在组织佛教团体的时候，首先声明不问政治。"① 但新中国成立后，这种认识显然过时了，它"使得多数佛教徒不能全心全意为人民服务"。② 赵朴初先生指出，佛教徒必须改变这种陈旧认识，因为："一、我们佛教徒要关心时事，要参加政治生活，首先是因为我们是人民的一分子。……如果说过去在旧中国里，我们为着不愿意同流合污而标榜不问政治是有一部分理由的话，那么，今天在人民自己掌握政权的新中国里，再说不问政治，那就毫无理由了。……二、我们佛教徒要关系时事，要参加政治生活，正因为我们是佛教徒。佛教是相信缘起道理的。法不孤起，仗缘而生。……'佛种从缘起'，就要重视时节因缘，所以我们要认识时代；就要重视国土因缘，所以我们要报国土恩，参加社会主义建设，爱护祖国；就要重视众生因缘，所以我们要全心全意为人民服务。"③

赵朴初先生对政教关系的新诠释，契理契机，公允中肯，一定程度上解决了佛教信众投身国家建设的认识困惑，具有"思想解放"的作用。爱国爱教，参政议政，这是当代佛教中国化的重要表征。赵朴初先生说："爱国，在现今历史条件下，就是爱社会主义新中国。……历史充分证明，没有共产党就没有新中国。……因此，爱国，就必须自觉地接受党和政府的领导。历史也充分证明，只有社会主义才能救中国，……我们无论从公民还是从佛教徒的角度，都应该拥护社会主义，维护社会主义制度。"④

其次，强调佛教是"文化"。

为了破除社会上将佛教与"迷信"等同的错误认识，赵朴初先生尤其重视对"佛教是文化"的诠释。他说："现在有许多人不理解佛教，认为佛教是迷信。'迷信'两个字是佛教首先提出来的，'迷信'的对面是'正信'（正确的信仰），相信一切事物都是'无常'的，一切事物都有发生、变异、消灭的过程。相信'无常'的道理便是正信。相信有一个常住、不变地起主宰作用的自我（或者叫灵魂）的是迷信。……相信缘

---

① 《如何能使佛日增辉法轮常转》，《赵朴初文集》（上卷），第 102 页。
② 《佛教徒应该坚决走社会主义道路》，《赵朴初文集》（上卷），第 271～272 页。
③ 《如何能使佛日增辉法轮常转》，《赵朴初文集》（上卷），第 102～105 页。
④ 《中国佛教协会三十年》，《赵朴初文集》（上卷），第 558～559 页。

赵朴初先生推进当代佛教中国化问题研究

311

起论便是正信，相信神创造便是迷信……"赵朴初先生指出，有人误以为佛教是迷信，佛教界自身也要做反省："我觉得我们佛教徒也要负一部分责任。群众的一些迷信活动我们不应当迁就。比方说，算命、卜卦、烧纸人纸马，甚至有烧纸电视机、纸冰箱拜财神等，这些都是很荒谬的迷信活动。……有些佛教徒不懂这些道理，把旧社会一些民间的习俗带到佛教里来，我们不要迁就。我们迁就了，就会被人家扣帽子，说佛教是迷信了。"①

如果说赵朴初先生重新诠释佛教"政教观"主要面对教内信众的话，他对"佛教是文化"的强调则注重破除社会上对佛教的误解，并鞭策教内信众树立正信，坚持原则，改善佛教形象，更好造福人生，利乐有情。

为了充分印证"佛教是文化"的观点，赵朴初先生常引用毛主席、钱学森、范文澜三人的言行予以印证。他说："我曾看到一位曾是毛主席的勤务员李银桥写的书。有一天，毛主席在延安出门散步，毛主席对李银桥说：'我们去看看佛教寺庙，好不好？'李银桥说：'那有什么看头？都是一些迷信。'毛主席说：'片面片面，那是文化。'我因而想起'文化大革命'结束后，周建人先生写信给我说：'文革'初期范文澜先生向他说，自己正在补课，读佛书。范老说，佛教在中国将近两千年，与中国文化有那么深厚的关系，不懂佛教，就不能懂得中国文化史。一九八七年，我到四川一个佛教名胜地方看到被人贴迷信标语的事，回来写了一份报告，钱学森博士看见了，写信给我说：'宗教是文化。'这三个人。一是伟大的革命家，一是著名的历史学家，一是当代的大科学家，所见相同，都承认佛教是文化。"②

赵朴初先生强调"佛教是文化"还有另外两层意思，一是寓指佛教是中国传统文化的重要一支。他说："现在有一种偏见，一提中国传统文化似乎只是儒家文化一家，完全抹煞了佛教文化在中国传统文化中的地位，抹煞了佛教徒对中国文化的贡献。其实魏晋南北朝以来的中国传统文化已不再是纯粹的儒家文化，而是儒、佛、道三家汇合而成的文化形态。"③"一部《六祖禅经》已成为中国佛教和中国哲学具有代表性的经

---

① 《弘扬佛法 利乐有情——赵朴初会长视察深圳弘法寺重要讲话》，《赵朴初文集》（下卷），第1080页。

② 《佛教常识答问英文版·序》，《赵朴初文集》（下卷），第1422页。

③ 《佛教与中国文化的关系》，《赵朴初文集》（下卷），第801页。

典著作。"① 二是指佛教思想深刻影响了中国本土文化。他说："现在许多人虽然否认佛教是中国文化的一部分，可是他一张嘴说话其实就包含着佛教成分。语言是一种最普遍最直接的文化吧！我们日常流行的许多用语，如世界、如实、实际、平等、现行、刹那、清规戒律、相对、绝对等等都来自佛教语汇。如果真要彻底摒弃佛教文化的话，恐怕他们连话都说不周全了。"②

赵朴初先生认为，人类文化发展是连续的，要汲取传统文化中有价值的精华来充实发展社会主义的民族新文化，"对于佛教文化在中国传统文化中的地位及其在社会主义民族文化建设中的作用问题，如果我们能够实事求是地加以研究和总结，做出正确的估价，我们就会发现，佛教文化的精华同样可以为社会主义精神文明建设提供养料。"③

三　善巧方便，积极探索佛教中国化的新途径

新中国成立后，中国佛教走过了一条从新生、挫折到振兴的曲折历程，无论处在何种形势下，赵朴初先生都能识大体顾大局，善巧方便，协助党和政府贯彻宗教信仰自由政策，维护民族团结，推动中外友好交流，为佛教中国化付出了巨大的努力。

（一）继往开来，倡导中国佛教走与社会主义相适应的"人间佛教"道路。

赵朴初先生最初提出中国佛教走"人间佛教"道路是于20世纪80年代初出版的《佛教常识答问》一书；1983年，中国佛协第四届理事会第二次会议倡议将"人间佛教"作为中国佛协历史使命与指导方针。1987年3月，中国佛教协会第五届全国代表会议确定把"提倡人间佛教积极进取思想"写入协会章程。

近现代"人间佛教"首倡于太虚大师。1933年10月，他在汉口商会发表《怎样来建设人间佛教》的演讲，其中称："人间佛教，是表明并非教人离开人类去做神做鬼，或皆出家到寺院山林里去做和尚的佛教，乃是

---

① 《在深圳弘法寺佛像开光暨大焕老和尚升座典礼上的讲话》，《赵朴初文集》（下卷），第1175页。
② 《要研究佛教对中国文化的影响》，《赵朴初文集》（下卷），第800页。
③ 《佛教与中文化的关系》，《赵朴初文集》（下卷），第808页。

以佛教的道理来改良社会，使人类进步，把世界改善的佛教。"① 但因缘不济，仅存设想。太虚圆寂前将《人生佛教》一书赠与赵朴初先生，对他寄予厚望。赵朴初先生的"人间佛教"在理念上与太虚大师有相通、相续之处，但也有显著差异。② "赵朴初的最大贡献是把提倡人间佛教放在整个中国佛教的指导地位，强调了人间佛教思想的普遍意义。这是太虚当年未能做到的，由此也进一步触及了太虚想解决而未能解决的人间佛教与中国化佛教各宗派的关系问题。"③ 赵朴初先生之所以能把"人间佛教"放到中国佛教的指导地位，显然与新中国的现实国情与他的辛勤努力分不开。

新中国成立后，在党和政府的协助下，中国佛教界知名人士发起成立了"中国佛教协会"，其宗旨是团结全国佛教徒在人民政府领导下参加爱护祖国、保卫世界和平运动，协助人民政府贯彻宗教信仰自由政策，并联系各地佛教徒发扬佛教优良传统。④ 赵朴初是该组织的发起人之一，并担任第一届到第三届的副会长兼秘书长，从第四届到第六届担任会长。

与前人"人间佛教"的理念最大不同在于，赵朴初先生的"人间佛教"是与社会主义相适应的"人间佛教"，也就是当代"中国化"的人间佛教。他说："我提'人间佛教'实际就是从使佛教与社会主义相适应相协调的角度提的，这在佛教教义上有根据。当然，这是提倡的重点，并不包括佛教的全部内容。……今天这样提是为了更好地鼓励佛教徒为社会主义服务。"⑤ 这里所说的"佛教教义上有根据"，他在《佛教文化与中国文化的关系》（1986年）、《团结起来，发扬佛教优良传统，为庄严国土利乐有情作贡献》（1987年）、《中国佛教协会四十年》（1993年）与《在"宗教与社会主义相适应"研讨会上的发言》（1994年）、《宗教与社会主义相适应始终是我国宗教的主流》（1999年）等发言、报告或文章中都有比较翔实的解读。

在《佛教文化与中国文化的关系》一文中，他就佛教和社会主义精神文明建设的关系问题进行了如下的诠释："社会主义时期的佛教，应该

---

① 太虚：《怎样来建设人间佛教》，《太虚大师全书》第25册，宗教文化出版社、国家图书馆文献缩微复制中心，2005，第354页。
② 参见邓子美等《当代人间佛教思想》第五章，《人间佛教的展开与赵朴初思想》，甘肃人民出版社，2009。
③ 邓子美：《二十世纪中国佛教智慧的结晶》（下），《法音》1998年第7期。
④ 《关于中国佛教协会发起经过和筹备工作的报告》，《赵朴初文集》（上卷），第51页。
⑤ 《关于佛教与社会主义精神文明建设的关系》，《赵朴出文集》（下卷），第757页。

如何结合时代发展的趋向为两个文明建设服务呢？重要的是要吸取佛教文化的精华，要发扬'人间佛教'的精神。'人间佛教'的主要内容是五戒、十善和六度、四摄，前者着重在净自己的身心，后者着重在利益社会人群。……我们要发扬佛教的优良传统，继承先人的遗业，以'人间佛教'的入世度生的精神，为社会主义四化建设服务。"①

在《中国佛教四十年》报告中，他从两方面对佛教与社会主义社会的关系进行了阐释："中国佛教必须而且能够与有中国特色的社会主义社会相适应或相协调。佛教与政权相分离，不干预国家的行政、司法、教育，不进行反对马列主义、毛泽东思想的宣传；佛教不受外国势力支配；佛教徒爱国守法，拥护中国共产党的领导和社会主义制度，继承和发扬中国佛教的优良传统，积极参加社会主义物质文明和精神文明建设，这是实现'相适应'或'相协调'对佛教的基本要求。我们还认为，佛法博大精深，佛教的诸行无常、诸法无我的世界观，缘起性空、如实观照的认识论，无我利他、普度众生的人生观，诸恶莫作、众善奉行的道德观，三学并重、止观双修的修养方法，不为自己求安乐、但愿众生得离苦的奉献精神以及佛教在哲学、文学艺术、伦理道德、自然科学、生命科学等领域内所积累的丰硕成果，是人类文明的宝贵财富，在当今建设有中国特色的社会主义，特别是社会主义精神文明建设中仍然具有旺盛的生命力和特殊的积极作用，将在今后不断发展的东方文明乃至世界文明中放射异彩。另一方面，党和政府切实认真贯彻执行宗教信仰自由政策，真正做到把宗教信仰作为公民的私事，从法律和政策的实施上保护公民宗教信仰自由的基本权利和宗教的合法权益，这是实现'相适应'或'相协调'的基本前提。宗教与社会主义相适应或相协调是建设有中国特色社会主义的重要组成部分。"②

在《在"宗教与社会主义相适应"研讨会上的发言》中，他集中阐释了佛教思想与社会主义精神文明之间的一致性："宗教作为一种意识形态，包括宗教思想信仰和宗教文化，有没有与社会主义社会相适应的内在依据呢？这是一个深层次的问题。其他宗教我没有多大的发言权，以佛教为例，佛教思想文化是能够为社会主义精神文明建设服务的。……精神文明建设包括思想道德建设和教育科学文化建设。社会主义思想道德建设要

---

① 《佛教文化与中国文化的关系》，《赵朴初文集》（下卷），第 808 页。

② 《中国佛教协会四十年》，《赵朴初文集》（下卷），第 1234～1235 页。

求公民有理想、有道德、有文化、有纪律（'四有'），爱祖国、爱人民、爱劳动、爱科学、爱社会主义（'五爱'）。佛教教义中建设人间净土、庄严国土、利乐有情的理想；众生平等的主张；报国恩，报众生恩，普度众生的愿力；诸恶莫作，众善奉行，自净其意的原则；慈悲喜舍，四摄六和的精神；广学多闻，难学能学，尽一切的教诫；自利利他，广种福田的思想；禁止杀、盗、淫、妄等戒规，以及中国佛教的许多优良传统，都与'四有''五爱'的要求有相通之处，对信仰佛教的人们来说是实现精神文明建设要求的增上缘。从文化建设方面来说，社会主义文化是在继承传统文化精华的基础上发展起来的，而佛教文化是中国传统文化的重要组成部分，留下了灿烂辉煌的文化遗产。……中国佛教协会第六次全国代表会议决定今后工作重点放在加强佛教自身建设、提高佛教四众素质上。所谓加强自身建设，包括信仰建设、道风建设、教制建设、人才建设、组织建设。特别是人才建设，要培养具备'四有''五爱'的僧人，同时引导广大在家信众修德讲学，爱国爱教，遵纪守法，做好本职工作，做个好公民。"①

宗教中国化方向是宗教与社会主义相适应的重要表征。2016年，习近平总书记在全国宗教会议上指出，要用社会主义核心价值观来引领和教育宗教界人士和信教群众，弘扬中华民族优良传统，用团结进步、和平宽容等观念引导广大信教群众，支持各宗教在保持基本信仰、核心教义、礼仪制度的同时，深入挖掘教义教规中有利于社会和谐、时代进步、健康文明的内容，对教规教义做出符合当代中国发展进步要求、符合中华优秀传统文化的阐释。

应该说，全国宗教会议提出的"宗教中国化"的要求与赵朴初先生《在"宗教与社会主义相适应"研讨会上的发言》等文章中提出的佛教思想文化能够为社会主义精神文明建设服务的思路是不谋而合的。赵朴初先生"人间佛教"走的正是当代佛教中国化的路线。

（二）与时俱进，为制定适合当代国情的宗教政策献言献策。

赵朴初先生既是一位杰出的社会活动家，也是一位思想深刻的宗教学者，长期的宗教工作与社会调研，使他对宗教问题的重要性、复杂性、敏

---

① 《在"宗教与社会主义相适应"研讨会上的发言》，《赵朴初文集》（下卷），第1258～1259页。

感性有独到的体悟。他曾说;"对于一个宗教来说,最重要的外缘当然是政府对宗教信仰自由的保障。"① 制定切实可行的宗教政策是尊重与保护公民宗教信仰自由的前提,出于高度的责任感与使命感,他通过各种方式向有关部门献言献策,提出自己的建议与思考。

《赵朴初文集》中有多篇这方面的内容,如《宗教界可以为维护社会稳定作贡献》《关于当前宗教工作的形势、方针和任务》《巩固和发展中国共产党同宗教界的统一战线》《关于宗教工作的若干问题》《在"宗教与社会主义社会相适应"研讨会上的发言》《关于宗教工作的几点认识和意见》《关于切实贯彻党对宗教问题的基本观点和基本政策的几点意见》《正确认识和处理我国社会主义初级阶段的宗教问题》《在中共中央召开的宗教界迎新春座谈会上的发言》《与社会主义社会相适应始终是我国宗教的主流》等,既有会议讲话、发言,也有有关方面向他征求意见时发表的看法和意见等。② 内容涉及对宗教概念的界定、宗教与社会主义相适应、宗教管理、抵御宗教渗透、无神论宣传等问题,一些真知灼见被吸收到中央相关文件中。

1993 年 10 月 15 日,他《在中国佛教协会第六届全国代表会议上的报告》中指出:"(十一届三中全会后),我会不遗余力地协助党和政府贯彻落实宗教信仰自由政策,在《宪法》和《刑法》等有关法律、法规以及中共中央、国务院有关文件与政策规定的制定过程中,我会代表佛教徒的权益,反映情况,提出意见和建议,大多被采纳。……在这个时期内,本会就所谓开展对'宗教神学'的批判、宗教方面形势的估量、宗教的五性(群众性、民族性、国际性、长期性、复杂性)、宗教概念的界定、宗教工作的方针任务、保持宗教信仰自由政策的连续性和稳定性、坚持四项基本原则对宗教徒的要求、宗教与社会主义相协调的条件、政府主管部门对宗教事务进行管理的涵义、抵制境外敌对势力利用宗教进行渗透的界限、政教分离与政教分开、宗教工作与民族工作的关系等一系列理论政策性问题发表了见解和意见,受到中央领导部门的重视,许多意见得到采纳。"③

1979 年 7 月 1 日,第五届全国人大第二次会议通过《中华人民共和

---

① 《中国佛教协会第一届理事会工作报告》,《赵朴初文集》(上卷),第 246 页。
② 萧秉权:《赵朴初宗教思想研究》,上海交通大学出版,2010,第 150 页。
③ 《中国佛教协会四十年》,《赵朴初文集》(下卷),第 1228 ~ 1229 页。

国刑法》，其中，第一百四十七条规定，"国家工作人员非法剥夺公民的正当的宗教信仰自由和侵犯少数民族风俗习惯，情节严重的，处二年以下有期徒刑或者拘役。"这一条款就是根据赵朴初等人的建议采纳的。① 此外，"还同其他宗教代表联名对当前很多宗教活动场所仍被占用及管理体制混乱问题，向人大提出了制定颁布《宗教活动场所管理条例》的提案。对《宪法》第四十六条有关宗教信仰自由的条文，也提出了修改意见。"② 1982 年修改《宪法》的过程中，有关部门吸取了赵朴初等人的合理建议，恢复了 1954 年《宪法》第八十八条条文，即"中华人民共和国公民有宗教信仰的自由"，同时规定："国家保护正常的宗教活动"。③

1982 年的《关于我国社会主义时期宗教问题的基本观点和基本政策》是关于我国社会主义时期宗教问题的纲领性文献，在其制定过程中，经过深入思考，并征求宗教界人士意见，赵朴初写信给时任中共领导人，提出意见和建议，多为中央有关部门所采纳。④

1990 年年中，中共中央、国务院对宗教工作全局性问题进行研究，起草相应文件（即 1991 年 6 号文件），筹备召开全国宗教工作会议。从 6 月下旬开始，中共中央、国务院主管部门与各宗教负责人多次协商，征求意见。赵朴初先生于 6 月 23 日、9 月 7 日、10 月 15 日，先后三次就宗教工作重大原则性问题提出书面意见。他说："中共中央、国务院采纳丁主教（丁光训）和我的建议，对原来拟定的《中共中央、国务院关于进一步做好宗教工作若干问题的通知》稿做进一步修改，使我非常感动。……我想，丁主教和我一样，我们直言不讳地提出意见和建议，不仅仅是从维护宗教的权益出发，更主要是从党和政府宗教工作的大局出发的，从维护国家和社会稳定、党和国家的根本利益出发的。"⑤

赵朴初等提出的意见和建议引起中央高度重视，为进一步研究和修改会议文件，会议被延期到当年的 12 月，由国务院主持召开，总理做重要

---

① "为了在政策上得到国家立法的保障，在讨论《刑法》草案的政协会议上，提出了对任何危害宗教信仰自由活动和现有宗教场所，应予以刑事处分的建议。这一建议，得到了采纳。"见《中国佛教协会第三届理事会工作报告》，《赵朴初文集》（上卷），第 441 页。

② 《中国佛教协会第三届理事会工作报告》，《赵朴初文集》（上卷），第 441 页。

③ 《切实保障公民宗教信仰自由的权利》，《赵朴初文集》（上卷），第 532 ~ 534 页。

④ 参见张琪：《赵朴初居士对新时期我国宗教政策法律、理论、实践方面做出的诸多贡献》，《佛学研究》，2014。

⑤ 《关于当前宗教工作的形势、方针和任务》，《赵朴初文集》（下卷），第 1029 页。

讲话，会后发布了《中共中央、国务院关于进一步做好宗教工作若干问题的通知》（简称中央 6 号文件）。其中，对先前有争议的"国家加强对宗教活动的管理"的提法做了更加规范的表述，即"依法对宗教事务进行管理，是指政府对有关宗教的法律、法规和政策的贯彻实施进行行政管理和监督。……根据这个界说，管理的对象指的是什么呢？不是指宗教，也不是指宗教活动，而是指有关宗教的法律、法规、政策的贯彻实施。这同过去曾经出现过的'国家对宗教进行管理或国家加强对宗教活动的管理'等不确切的提法是有原则区别的'。"①

（三）立足长远，高度重视僧才的选拔与培养工作。

在佛、法、僧"三宝"中，僧是主持佛法的代表，其素质高低直接影响佛教的生存与发展。赵朴初在《在中国佛教二千年纪念大会上的讲话》中说："'人能弘道，非道弘人。'中国佛教二千年而不衰，其根本原因是薪尽火传，慧炬长明，人才辈出。古往今来，多少高僧大德，为中国佛教的繁荣昌盛，呕心沥血，精进不息，甚至'死而不已'，乘愿再来，普度众生。中国佛教就是靠这样的人才才延续到今天的。"② 的确，正是因为有历代高僧大德弘法传教，开拓创新，才使佛教久盛不衰，源远流长。

僧才的培养既需要时节因缘，更需要佛教界的与时俱进、精心培养。赵朴初先生说："佛教自身建设的好坏是决定中国佛教兴衰存亡的根本内因。自身建设的重点是以戒为师，大力加强建立在具足正信、勤修三学根基上的道风建设；自身建设的关键在于培养佛教人才，提高四众素质。只有这样，佛教才能保持健康的肌体和活力，续佛慧命，弘法利生，庄严国土，利乐有情。……大力培养合格僧才，加强人才建设，是关系中国佛教命运和走向的头等大事，是我国佛教事业建设与发展最紧迫、最重要的任务。"③

僧才的培养是一项系统工程，赵朴初先生为营造有利于僧人培养的环境而奔走呼号。1953 年，中国佛教协会成立后，他就考虑筹办佛学院事宜，经过精心筹备，在有关部门的支持下，1956 年 9 月 28 日，中国佛学

---

① 《关于宗教工作的若干问题》，《赵朴初文集》（下卷），第 1161 页。
② 《在中国佛教二千年纪念大会上的讲话》，《赵朴初文集》（下卷），第 1430 页。
③ 《中国佛教协会四十年》，《赵朴初文集》（下卷），第 1236～1238 页。

院正式成立。1957 年，他在《中国佛教协会第一届理事会工作报告》中说道："佛学院的宗旨是培养热爱祖国、拥护和平、具足正信、能发扬佛教优良传统的僧伽人才。"① 学院设有专修科、本科、研究班和研究部，至"文革"时被迫停止，共培养出四百余名爱国爱教、具有相当佛学水平的汉藏僧伽人才。"文革"后，这批人才中的幸存者百炼成钢，成为佛教事业恢复和发展的中坚力量。

1980 年，经过赵朴初等人的推动，中国佛学院恢复办学，1982 年 11 月起改二年制为四年制本科，后来又开办研究生班。1980 年中国佛学院恢复后，又有十余所佛学院相继成立。他在《中国佛教协会四十年》报告中说："本会大力加强培养佛教人才的工作。一九八〇年恢复了中国佛学院，继后成立了中国佛学院灵岩山分院、栖霞山分院。接着，福建省佛学院、闽南佛学院、上海佛学院、四川尼众佛学院、四川省佛学院、普陀山佛学院、九华山佛学院、岭东佛学院、江西佛学院、黑龙江依兰尼众佛学院等一批汉语系佛学院相继成立。"②

佛学院是培养僧才的重要渠道，为了更好发挥其功能，赵朴初先生于 1986 年和 1992 年两次主持召开会议，研究推动佛教教育事业发展和佛教人才培养的办法和措施。在 1992 年的佛教教育工作座谈会上，他再次重申了佛学院的办学方针："中共中央一九八二年 19 号文件规定：'宗教院校的任务，是造就一支政治上热爱祖国，拥护共产党的领导和社会主义制度，又有相当宗教学学识的年轻宗教职业人员队伍'。对这一办学方针，各佛学院校在指导思想上必须十分明确和坚定，并且在招生、教学、思想工作、管理、分配的全过程中继续认真贯彻。"③

这次会议对佛教院校教育中的三个"方针性"的问题，即修与学的关系、通与专的关系、长线与短线的关系进行了指导性诠释，并对佛学院教学人员的职称待遇问题，教材及课程的设置，教学大纲的规范化、系列化问题，佛教教育事业的经济保障问题做了说明，为佛教教育新局面的开展创造了良好的条件，极大地推动了佛教人才的培养工作。

2000 年 5 月 21 日，赵朴初先生与世长辞，5 月 31 日《人民日报》发表了《赵朴初同志生平》长篇文告。其中说："作为新中国一代宗教领

---

① 《中国佛教协会第一届理事会工作报告》，《赵朴初文集》（上卷），第 243 页。
② 《中国佛教协会四十年》，《赵朴初文集》（下卷），第 1230 页。
③ 《佛教工作最重要最紧迫的事情是培养僧才》，《赵朴初文集》（下卷），第 1122 页。

袖，赵朴初同志把佛教的教义圆融于中国共产党领导的建设有中国特色社会主义的伟大事业之中；圆融于维护民族和国家的尊严、捍卫国家领土和主权的完整，促进祖国和平统一的伟大事业之中；圆融于促进中国佛教界与世界各国佛教界友好交往的伟大事业之中。"三个"圆融"凝练厚重，字字千斤，高度评价赵朴初先生的爱国情操与宗师风范，哲人其萎，天地垂首，但他为推动当代佛教中国化做出的贡献必将永为后人铭记，他开创的"人间佛教"事业必将结出丰硕的成果。

简述赵朴初人间佛教思想的主要内容

丁晓慧[*]

赵朴初人间佛教思想是继承近代以来中国佛教界关于"人生佛教""人间佛教"的理论成果，并总结新中国成立以来大陆佛教界的实践经验和集体智慧，结合当今时代特点而形成的理论体系。赵朴初的人间佛教思想继承了大乘佛教的救世济世精神，发扬利乐有情、普度众生的佛教教义，实现人间净土；以出世的精神做入世的事业；要实行农禅并重，在参禅悟道的同时积极参加社会建设。这种思想与实践开创了中国佛教的新局面，为佛教发展指明了新的方向，在开展社会福利事业、发展对外友好关系和维护世界和平方面做出了显著成就。

一 走"人间佛教"的道路

人间佛教思想是大乘佛教教义的体现，历代佛教徒在"佛在人间"这一思想的指导下，走出寺院，参与社会建设，与时代发展相协调，对社会发展做出了很大的贡献。20世纪初，太虚大师提出佛教应该走"人生佛教"的道路，后经印顺法师对太虚理论的修正和完善，使人间佛教思想得到进一步发扬光大。赵朴初对人间佛教思想的传承与创新，使佛教人间化，并与社会主义社会相圆融，开创了中国佛教的新局面。在大乘佛教之中，佛法与世间法是紧密相连的，出世和入世是统一的。大乘佛教的特点是"着重利他（利益大众的行为）"[①] 和"根据缘起的道理而说法性空"，[②] 大乘佛教的圆融精神是人间佛教的指导思想，在提倡人间佛教顺

---

① 赵朴初：《佛教常识答问》，拜石书屋编印，第36页。

应时代发展的同时，应提倡大乘佛教的圆融真俗精神。赵朴初指出："存在了将近两千年的中国佛教，是拥有内容丰富、绚丽多彩的文化遗产。论它的典籍文化，论它的成绩经验，论它的国际影响，无论作为宗教或学术看待，中国佛教在全人类的文化发展和文明进步的历史中，都有不容忽视的地位。"① 在新的历史条件下，赵朴初把人间佛教思想圆融于社会主义精神文明建设中，圆融于人间和平事业建设中，圆融于中国佛教与世界佛教友好交往的事业中。人间佛教思想在强调佛教要"关怀社会、回报社会"的同时，还强调要知恩报恩，报国家恩，报社会恩。这主要体现在佛教的文化教育和公益慈善事业中。人间佛教本着"关怀社会、回报社会、庄严国土、利乐有情"的精神主旨，把菩萨行基本定位于人间止行，积极参加社会主义精神文明和物质文明建设，鼓励支持社会主义福利事业，广泛兴办各种慈善机构，为党和国家排忧解难，推动社会主义事业顺利发展。

赵朴初人间佛教思想直承太虚大师的人生佛教思想，走人间佛教的道路，主要表现在以下几个方面：1. 提倡菩萨行。赵朴初说："怎样叫学佛？学佛就是要学菩萨行，过去诸佛是修菩萨行成佛的，我今学佛也要修学菩萨行。"赵朴初认为，学佛就是要学菩萨行，修菩萨道，以佛教无常的世界观与菩萨行的人生观为行动指南。中国佛教的四大菩萨即大慈大悲的观世音菩萨、聪明智慧的文殊菩萨、无量行愿的普贤菩萨、大愿地藏王菩萨，是人间佛教精神的典范。正如星云大师"号召佛教徒把对四大菩萨的朝拜祈求要转化为学习效法四大菩萨的实际行动——应以观音的慈悲，给众生方便，为众生服务；以文殊的智慧，引导众生走出迷途，获得光明；以地藏的愿力，使佛法进入每个人的人生、家庭，传遍世界每个角落；以普贤的功行，契理契机，随顺众生，行难行能行之事。"②

2. 继承人间佛教的基本内容。人间佛教的基本内容是五戒十善、四摄六度等自利利他的广大愿行。"五戒"是指不杀生、不偷盗、不邪淫、不妄语、不饮酒。这是佛教中最根本的戒律，也是一切戒律的基础。"十善"是在"五戒"的基础上发展而来的。"十善"分为身业、口业、意业。身业有三，口业有四，意业有三，合起来共有十种，故而称为"十善"。其中，身业是指不杀、不盗、不邪淫；口业是指不妄语欺骗、不是

① 赵朴初：《佛教常识答问》，第109页。
② 星云：《星云回忆录》，圆神出版有限公司，1997，第537页。

非两舌、不恶口伤人、不说无益绮语;意业是指不贪、不嗔、不愚痴。四摄六度指四条使众生团结的途径和六种到达觉悟彼岸的方法,即布施、爱语、利行、同事这四摄和施度、戒度、忍度、精进度、禅度、慧度这六度。提倡四摄六度,体现佛教对人际关系的重视和对世俗生活的关怀。赵朴初的人间佛教思想一方面立足于人间,解决现实人生问题;另一方面,发挥大乘佛教的利他精神服务大众,净化社会。他强调人间佛教是对原始佛教的复兴与回归,人间佛教在发扬大乘佛教慈悲利他精神的基础上,更加注重入世,并与时代潮流相圆融,真正实现"庄严国土,利乐有情"的大愿。在净化自身方面奉行五戒十善,在利益人群方面广修四摄六度,从而达到实现人间净土的目的。

3. 实现人间净土的建设目标。赵朴初的人间佛教思想是佛教在新的历史时期的人间使命,也把太虚、印顺等人的人间佛教思想提高到了一个新的高度。赵朴初把人间佛教根植于社会主义社会这个大环境之中,抓住社会主义的特点和社会建设的需求,把佛教的教义与社会主义相圆融,与现代化建设相协调,他认为"佛教'人间净土'的思想含有社会主义思想的因素,佛教徒对社会主义事业应当具有极大的信心和责任感。佛教的教义告诉我们佛教徒要'报国土恩,报众生恩',要以'庄严国土,利乐有情'为己任。佛经上说:'一切资生事业悉是佛道。'我们的先辈提倡'一日不作,一日不食'。历史上,我国佛教徒在农事耕作、造林护林、造桥修路以及保护历史文物等方面,有过不可磨灭的功绩"。[①] 人间佛教思想是佛教在社会主义新时期的新发展,而"人间佛教"所要达到的目的就是:"人人依照五戒十善的准则行事,那么,人民就会和平康乐,社会就会安定团结,国家就会繁荣昌盛,这样就会出现一种和平安乐的世界,一种具有高度精神文明的世界。"[②] 人间佛教的最终目标就是要建设并实现人间净土。

二 实践"爱国爱教"的原则

人间佛教思想实践爱国爱教的原则,赵朴初在中国佛教协会第四届理事会第二次会议上的报告指出:"佛教徒必须爱国守法,接受中国共产党

---

① 《赵朴初文集》(下卷),华文出版社,2007,第1262页。
② 赵朴初:《佛教常识答问》,第125页。

和人民政府的领导，拥护社会主义。"① 他还说："我们新中国佛教徒，首先是新中国公民。从我们信奉的佛教教义讲，佛教徒应该而且必须热爱、维护世世代代哺育我们中华民族的伟大的可爱的祖国。爱国，在现今历史条件下，就是爱社会主义新中国，就是要为着把我国建设成为高度文明、高度民主的社会主义现代化国家而奋斗。"② 作为佛教徒，热爱自己所信奉的佛教是不言而喻的，佛教作为一种意识形态而存在，它必须依赖一定的载体，而这个载体就是它所存在的国家。那么，爱国和爱教是一种什么样的关系呢？赵朴初认为："要正确认识爱国与爱教的关系。我们佛教徒自然爱自己信奉的佛教。不爱佛教，那说明你不信仰它，就不成其为一个佛教徒。对于我们来说，爱教同爱国是统一的，是和谐一致的。皮之不存，毛将焉附！没有国，哪有教？没有社会主义新中国，就没有我们的宗教信仰自由权利，就没有我们同其他公民同等的政治权利和社会地位。没有繁荣富强的社会主义国家，就没有佛教事业的兴旺发达。"③ 赵朴初认为，爱国和爱教是分不开的，每个佛教徒都必须拿出热爱自己宗教的热忱来热爱自己的国家。在我国，佛教徒的爱国行为和自觉地接受党和政府的领导是分不开的。1982 年，赵朴初在南京栖霞寺举行的僧伽培训班的开学致辞时说："对佛教徒来说，爱国和爱教是完全统一的。爱国不碍爱教，爱教首先必须爱国。我们每一个同学一定首先要明确认识这一殊胜因缘，发大愿心，努力学习佛教知识，争取做一个合格的僧材，将来在佛教工作岗位上发挥应有的作用。"④ 赵朴初通过对爱国和爱教关系的阐述，把爱国和爱教统一起来，号召广大佛教徒发大愿心，努力学习佛教知识，为社会主义社会多做贡献。

中国僧人一直遵循爱国爱教的原则，传习佛法，并把学到的知识用于中国佛教的建设之中。赵朴初通过历代高僧大德的传法行为，阐述佛教徒的爱国行为。他说："就佛法来说，这是世法与出世法圆融的问题。爱国爱教，是中国佛教一个优良传统。中国历代高僧大德，没有一个不是爱教的，也没有一个不是爱国的。玄奘西去求法，鉴真东渡传戒，都是范例。不爱国爱教，玄奘就可长住印度，享受供养，不回长安；不爱国爱教，鉴真也可安养中国，不必在双目失明的情况下五次东渡日本。他们都是把世

---

① 《赵朴初文集》（上卷），第 558 页。
② 《赵朴初文集》（上卷），第 558 页。
③ 《赵朴初文集》（上卷），第 558~559 页。
④ 《赵朴初文集》（上卷），第 525 页。

法上的爱国与出世法上的爱教统一起来，也就是把世法的爱国与出世法的爱教圆融起来而有当机弘法利生的。如同世法的有国才有家一样，佛教也是有国才有教。佛法住世间，不离世间觉，虽然佛教信仰是超越国界的，但信仰的教徒却是有国籍的，是受国家的管理和保护的。"

佛教是一种信仰，更是一种文化。赵朴初把佛教文化同中国传统文化相结合，论述了爱国主义思想是宗教界的光荣传统。他说："开展爱国主义教育，要继承和发扬中华民族的爱国主义光荣传统。中华民族富有爱国主义光荣传统，这是人所共知的。这里我要反指出的是，我国宗教界也历来具有爱国主义光荣传统，它是构成我们中华民族爱国主义光荣传统的一个重要部分。我国的五大宗教在其产生或者传入、演变、发展的历史长河中，创造了丰富多彩的宗教文化。宗教文化精华是灿烂的中华文明总宝库中光彩夺目的瑰宝。宗教文化不仅在哲学、社会科学、文学艺术、伦理道德、科学技术等领域结出了丰硕的果实，而且留下了星罗棋布、蔚为壮观的文物古迹和博大精深的经典论著。在此，我要进一步指出的是，宗教文化精华是构成我国一些少数民族传统文化的主体，宗教还是中外文化交流的一个重要的载体和渠道。宗教文化孕育了许多思想家、文艺家，被鲁迅先生称为'民族脊梁'的西行求法的玄奘，为中日文化交流做出巨大贡献的鉴真，在佛学和科技两个领域都卓有成就的一行，以及善于吸收和传播西方科技成果的徐光启等人，就是他们的代表。宗教文化当然有宗教的内涵，但也有爱国主义内涵。近代一些著名的仁人志士，从谭嗣同、康有为、梁启超到章太炎，到瞿秋白都曾经从宗教思想文化精华中吸取过营养。宗教文化是一笔丰厚的文化遗产，是进行爱国主义教育，特别是进行宗教界爱国主义教育的宝贵资源。爱国主义是一个历史范畴，在社会发展的不同阶段、不同时期有不同的具体内涵。在新民主主义革命时期，推翻帝国主义、官僚主义、封建主义三座大山，建立人民当家做主的新中国，是这个阶段爱国主义的主题。这个时期，爱国的宗教界人士响应共产党的号召，参加抗日救亡运动和各项爱国民主活动，为中国人民的解放事业做出了贡献。新中国成立后，宗教界开展了反帝爱国斗争，参加抗美援朝、土地改革等运动和各项社会主义事业，涌现了一批先进工作者和劳动模范。整个宗教界虽然经历了多次'左'的冲击和'文革'的迫害，但从来没有动摇过爱的信念。中共十一届三中全会以后，宗教界积极协助政府贯彻宗教信仰自由政策，维护社会稳定和民族团结，参加社会主义物质文明和精神文明建设，促进祖国统一，开展国际友好往来，保卫世界和平，所有这些，充分实践和体现了当代中国爱国主义的主题。总的说来，从古到今，爱国主义一直是我国宗教界的主旋律，在开展宗教界的爱国主义教育中，继承和发扬中华民族包括宗教界的爱国主义光荣传统，将更加激励广大宗教徒紧密团结在中国共产党和人民政府周围，积极参加建设有中国特色的社会主义的宏伟事业，并且能够把爱国爱教有机地统一起来，办好我国的宗教事业。"①

三　发扬佛教三大优良传统

赵朴初认为，"佛教中一切有利于人们大众，有利于社会主义建设，有利于世界和平的东西，都是应当发扬的优良传统。"② 他在中国佛教协会成立三十周年大会上郑重提出："当代社会主义中国的佛教徒，对于自己信奉的佛教，应当提倡一种思想，发扬三个传统。中国佛教已有近二千年的悠久历史。在当今的时代，中国佛教向何处去？什么是需要我们发扬的中国佛教的优良传统？这是我们要认真思考和正确解决的两个重大问题。"③ 赵朴初认为当代社会主义中国的佛教徒应该认真思考中国佛教的去向问题和佛教应该发扬哪些优良传统的问题。对于第一个问题，赵朴初认为，当代中国佛教的去向就是要大力发扬人间佛教思想，"奉行五戒、十善以净化自己，广修四摄、六度以利益人群，就要自觉地以实现人间净土为己任，为社会主义现代化建设这一庄严国土、利乐有情的崇高事业贡献自己的光和热。"④ 对于第二个问题，赵朴初强调要继承和发扬中国佛教的三大优良传统。

第一，农禅并重的传统。从广义上说，这里的"农"是指有益于社会生产和服务性的劳动，"禅"是指宗教禅修。农禅并重的思想是佛教的一大优良传统，自古以来，佛教在参禅修持的同时都不忘农业劳作，在"净佛世界，成就众生"思想的指引下，中国佛教的高僧大德结合中国国情，经过艰苦的探索与实践，带领众僧建立了农禅并重的丛林风规，开创了田连阡陌、风景优美的名刹大寺。人间佛教大力发扬农禅并重的优良传统，提出"一日不作，一日不食"的主张。历史上，我国佛教徒在农事

---

① 《赵朴初文集》（下卷），第 1283～1284 页。
② 《赵朴初文集》（上卷），第 273 页。
③ 《赵朴初文集》（上卷），第 562 页。
④ 《赵朴初文集》（上卷），第 562 页。

耕作、造林护林、造桥修路以及保护历史文物等方面，有过不可磨灭的功绩。赵朴初非常重视佛教农禅并重的优良传统，他提倡佛教徒要注重自我劳作，积极参加生产劳动和社会实践，把参禅悟道和生产劳动结合起来，为社会多做贡献。赵朴初在全国政协五届四次会议宗教小组上曾说："我们希望在政府的支持和扶助下，城乡寺庙的僧尼，凡有条件的，都应积极从事适合寺庙情况的农业、林业、副业、手工业以及文教、卫生和其他社会服务工作，努力做到以庙养庙，减少国家负担，为社会多创造财富，为国家多做贡献。"①

第二，注重学术研究的传统。佛教文化博大精深，佛教义理亘古绵长。我国佛教历史上高僧辈出，大德如林，他们阐释佛教教义，译经著述，传经授业，创宗立派，大力宣传佛教思想，为后人留下了珍贵的佛教文学、哲学、艺术和历史等方面的宝贵资料，大大地丰富了我国民族文化的宝库。在新的历史条件下，人间佛教思想继承和发扬了佛教学术研究的优良传统，把佛教学术研究引向人间，开创了佛教教学和研究的新局面。

第三，国际友好交流的传统。在历史上，中国和国外其他国家的交流也很频繁，特别是和亚洲许多国家的高僧曾频繁地往来于海陆丝绸之路，传播友谊，交流中外文化。其中法显、玄奘、义净、鉴真大师的西行和东渡，成为我国佛教史上最为著名的东西佛教文化交流的典范。总之，在当今社会主义现代化建设进程中，应该大力提倡人间佛教思想，担当起新的历史时期的人间使命。继承并发扬佛教的农禅并重和注重学术研究的优良传统，积极参加社会主义物质文明和精神文明建设，发扬中国佛教在国际友好交流中的作用，增进与各国人民的友好交往和文化交流，促进世界和平。

赵朴初人间佛教思想是对中国佛教优良传统的总结，并在继承前人优秀成果的基础上，创造性地把佛教与社会主义相圆融，与社会主义物质文明和精神文明建设相圆融，把佛教关注的重点从彼岸佛国转移到现实人间，赋予人间佛教以新的时代内涵。赵朴初人间佛教思想为当代佛教的发展指明了方向。

四　宗教要与社会主义社会相协调

1987 年在第五届全国佛代上，赵朴初提出"中国佛教已经走向与中

---

① 《赵朴初文集》（上卷），第 501 页。

国特色社会主义相适应、相协调的道路"。宗教的发展离不开它所处的社会环境,"宗教与社会主义相协调问题,关系到各民族宗教徒同全国人民团结一致共同建设具有中国特色的社会主义。它既是一个重要的理论问题,又是一个重要的实践问题。"① 赵朴初说:"从世界观来说,宗教与科学社会主义分属不同的思想体系。但是这两种思想体系并存于整个社会主义乃至更长时期是不可避免的。既然如此,就有一个处理好'协调'的问题。社会主义不仅是思想体系,而且是一种先进的社会制度。宗教不仅是一种意识形态,而且是一种社会实体,是爱国统一战线中的组织实体,在相当程度上还是包含文化乃至经济因素的实体,就这方面来说,宗教与社会主义相协调更是完全必要的。"② 赵朴初认为实现宗教与社会主义社会相协调的基本条件有两个方面。一个方面的基本条件是:党和国家从政策上、法律上尊重和保护宗教信仰自由的权利。新中国成立以来的大部分时间,尤其是党的十一届三中全会以来的实践和"文化大革命"及其以前的"左"的错误,从正反两个方面证明,只有正确地贯彻执行党的宗教信仰自由政策,才能团结广大宗教徒积极为社会主义事业服务,从而使宗教与社会主义社会相协调。另一个方面的基本条件是:宗教徒爱国守法,拥护党的政策,积极为社会主义物质文明和精神文明建设服务。赵朴初在这里要强调的宗教与社会主义社会相适应表现为一种双向适应模式,即宗教徒及其活动要符合社会的规章制度,社会也要为宗教提供栖息的场所和发展方向。在这种双向适应模式中,党和政府的领导是起主导作用的。实践证明,自新中国成立以来,宗教徒在党和政府的领导下,贯彻党的正确方针,执行党的政策,依靠爱国主义和社会主义的思想觉悟,走社会主义的道路,积极参加社会主义建设,取得了很大的成绩,为建设现代化国家做出很大贡献。

赵朴初主张宗教要与社会主义社会相适应,这是他人间佛教思想的体现。"历史也充分证明,只有社会主义才能救中国,社会主义是我们国家走向繁荣富强的必由之路。社会主义制度是已经确立的我们国家的根本制度。在我们佛教徒看来,消灭剥削压迫制度及其带来的一切罪恶、趋向人类平等的社会主义社会及其将来的高级阶段,乃是我们向往的'人间净土'。因此,我们无论从公民还是从佛教徒的角度,都应该拥护社会主

---

① 《赵朴初文集》(下卷),第 759 页。
② 《赵朴初文集》(下卷),第 759~760 页。

义，维护社会主义制度，并坚决反对破坏社会主义制度的敌对分子。"①
赵朴初认为，要实现宗教与社会主义社会相适应，就必须正确认识佛教以
及佛教协会的性质和任务，才不至于迷失方向。他在担任佛教协会会长时
提出："必须将我们的任务和国家的总任务紧密地结合起来，我们的一切
工作，才有坚实的基础。"②

当代中国社会首先是社会形态发生了实质性的变化，宗教也随之发生
了相应的变化，因此宗教与社会主义社会相适应已经成为应有之义。赵朴
初说："在我国现今的条件下，在我国宗教的社会政治状况发生根本变化
的情况下，宗教不再是旧的半封建半殖民地社会上层建筑的残余，而是社
会主义社会上层建筑的组成部分。不仅宗教是实体，宗教文化也可以为社
会主义经济基础服务，而宗教思想信仰体系中的积极精神也可以为社会主
义经济基础服务。"③ 赵朴初敏锐地看到中国社会主义的特点和发展趋势，
决定了中国佛教徒只能走社会主义的道路，而且佛教只有与社会主义社会
相协调，才有最好的出路。十一届三中全会以来，党中央制定了正确的思
想政治路线和组织路线，以及一系列正确的方针政策。六中全会通过的
《关于建国以来党的若干历史问题的决议》，科学地总结了建国以来党的
基本经验。一年来全国经济形势进一步好转，政治上进一步安定团结，各
条战线的工作都取得了显著成绩。赵朴初号召佛教徒要同全国人民一样，
对党中央的正确领导，对祖国的光辉前程满怀信心。把我国建设成为一个
具有高度物质文明和精神文明的社会主义现代化强国，这在佛教徒看来是
千载、万载难逢的殊胜因缘，是"庄严国土，利乐有情"的殊胜事业。

赵朴初在中国佛教协会第六届全国代表会议上总结了中国佛教协会
走过的四十年的历程，得出结论："中国佛教必须而且能够与中国特色的
社会主义社会相适应或相协调。佛教与政权分离，不干预国家的行政、司
法、教育，不进行反对马列主义、毛泽东思想的宣传；佛教不受外国势力
的支配；佛教爱国守法，拥护中国共产党的领导和社会主义制度，继承和
发扬中国佛教的优良传统，积极参加社会主义物质文明和精神文明建设，
这是实现'相适应'或'相协调'对佛教的基本要求。我们还认为，佛
法博大精深，佛教和诸行无常、诸法无我的世界观，缘起性空、如实观照

---

① 《赵朴初文集》（上卷），第 559 页。
② 《赵朴初文集》（上卷），第 272 页。
③ 《赵朴初文集》（上卷），第 263 页。

的认识论，无我利他、普度众生的人生观，诸恶莫作、众善奉行的道德观，三学并重、止观双修的修养方法，不为自己安乐、但愿众生得离苦的奉献精神以及佛教在哲学、文学艺术、伦理道德、自然科学、生命科学领域内所积累的丰硕成果，是人类文明的宝贵财富，在当今建设有中国特色的社会主义，特别是社会主义精神文明建设中仍然具有旺盛的生命力和特殊的积极作用，将在今后不断发展的东方文明乃至世界文明中放射光彩。另一方面，党和政府切实认识贯彻执行宗教信仰自由政策，真正做到把宗教信仰作为公民的私事，从法律和政策上实施保护公民宗教信仰自由的基本权利和宗教的合法权益，这是实现'相适应'或'相协调'的基本前提。宗教与社会主义社会相适应或相协调是建设有中国特色社会主义的重要组成部分。"①

五　对外友好交往，维护世界和平

赵朴初人间佛教思想提倡对外友好交往，维护世界和平。中国佛教徒本着佛教慈悲、平等的精神，在我国政府和平外交政策的指引下，努力增进同各国人民的友谊，维护世界和平。赵朴初在《中国佛教协会三十年》报告中指出："三十年来，我们积极开展了佛教方面的国际活动，对增进我国人民同世界各国人民的相互了解和友谊，对维护世界和平，都起了积极和良好的作用。"② 赵朴初的宗教和平主要表现在以下三个方面：第一，维护祖国统一和民族团结。赵朴初始终关心祖国的和平统一大业，积极开展同台湾、香港、澳门和海外华侨佛教界的友好交流与联系，同破坏祖国和平统一事业的言论和行动进行坚决斗争。

第二，反对侵略战争和殖民主义。20世纪30年代，赵朴初赴上海参加抗日救亡宣传活动，明确反对日本帝国主义的侵略战争。新中国成立后，赵朴初号召全国佛教徒团结起来，一致为抗美援朝保家卫国而奋斗。他说："应当认识，今天，中华人民共和国是中国人民百余年来历尽困苦艰难，牺牲无数生命，和外国侵略者与国内反动派进行斗争所得到的胜利战果。……我们是爱好和平的。中国人民推翻了反动统治，建立了自己的中央人民政府之后，一年以来，政府与人民同心协力，医治战争创伤，进

---

① 《赵朴初文集》（下卷），第 1235 页。
② 《赵朴初文集》（上卷），第 558 页。

行和平建设……但今天帝国主义者偏不要和平，不但不肯停止侵略，反而疯狂发动战争、破坏和平。事实教训我们，委曲求全只足以助长侵略者的气焰，得不到和平的。用积极行动来抵抗暴行、制止侵略，以争取和平，才能得到和平。"①

　　第三，提倡与各国人民友好往来，促进世界和平发展。赵朴初一生致力于中外友好交流活动。1951年，赵朴初代表中国佛教界给日本佛教界送观音像，打开了中日民间友好交流的大门。随即，日本佛教界发起了护送中国二战时期在日本殉难烈士骨灰归回祖国的活动，受到周恩来总理的高度赞扬。1961年3月，他赴印度新德里出席世界和平理事会，在会议上他驳斥了某些反华势力的恶意攻击，维护了中国的尊严。1980年，他推动和组织了鉴真和尚塑像回中国探亲活动，掀起了中日民间友好交流往来的高潮。1993年，赵朴初提出中韩日三国友好交流"黄金纽带"的构想，得到韩国和日本佛教界的一致认同。这些活动，充分发挥了宗教在国际交往中的积极作用，向世界人民宣传了中国政府的宗教政策，加深了中国人民与世界人民的友谊，为维护亚洲和世界和平做出了贡献。赵朴初曾言："抚今思昔，我深为中国佛教庆，深为中国佛教徒庆。我深信，作为灿烂的民族古典文化的绚丽花朵，作为悠久的东方文明的巍峨丰碑，中国佛教必将随着祖国建设事业的发展而发展，并在这一伟大事业中，为庄严国土，为利乐有情，为世界人类的和平、进步和幸福做出应有的贡献。瞻望未来，前程似锦，春回大地，万卉争艳，佛教的前途是无限光明的。"②

---

① 《赵朴初文集》（上卷），第28页。
332　② 《赵朴初文集》（上卷），第560页。

赵朴初人间佛教思想与"一带一路"

一 引言

太虚大师于1933年10月在汉口市商会的演讲中首次提出"人间佛教"思想[①]，是中国佛教史上的重大革新，奠定了二十世纪乃至二十一世纪中国佛教的发展方向。[②] 二十世纪三十年代，赵朴初先生与太虚大师相识相知。赵朴初景仰太虚，太虚也器重赵朴初。太虚大师辞世前十日，专门邀请赵朴初至玉佛寺相见，将所著之《人生佛教》一书相赠，勉励其努力护法，光大佛教。赵朴初很快领悟到太虚大师希冀传扬人间佛教的深意。这从赵朴初为太虚大师所做的挽诗中可见一斑：旬前招我何为者，付我新编意倍醰。遗嘱分明今始悟，先机隐约话头参。神州风雨沉千劫，旷世光华掩一龛。火宅群儿应不舍，再来仁见雨优昙。[③]

1949年以后，中国佛教面临的首要问题是需要适应新的政治、经济、文化形势，而人间佛教思想与社会主义社会最为契合。二十世纪80年代初，赵朴初在其所著《佛教常识答问》第五章最后一节，以"发扬人间佛教的优越性"为题，倡导人间佛教思想，提出"以此净化人间，建设人间净土"，揭开了在新时期弘扬人间佛教的序幕。

赵朴初人间佛教思想以大乘菩萨行作为核心内容，以利益国家和社会，实现人间净土为目标。其鲜明的特点是明确地提出要继承和发扬中国

---

* 许淳熙，华中科技大学图书馆。

① 释太虚：《怎样来建设人间佛教》，《海潮音》第15卷第1期，1934，第3~14页。

② 蒋九愚，胡丽娜：《近代人间佛教兴起原因探析》，《池州学院学报》第22卷第1期，2008，第53~56页。

③ 正澄：《赵朴初居士和中国的人间佛教简论》，《佛学研究》，2008，第57~65页。

佛教优良传统。主要包括"农禅并重""注重学术研究"和"国际友好交流"三大传统。其中"国际友好交流"传统的弘扬，意义深远。

2015年国家三部委联合发布《推动共建丝绸之路经济带和21世纪海上丝绸之路的愿景与行动》①，由此提出了"一带一路"建设国际合作倡议。在中国古代，丝绸之路不仅是贸易之路，还是佛教传播和融汇之路、文明互鉴之路。通过丝绸之路，以佛教传播为媒介，中国与世界许多国家开展了文化经济方面的友好交流。那么在今天，由于中国与"一带一路"沿线国家有历史、地域、命运共同体等多方面的相互关系，赵朴初人间佛教思想对"一带一路"方略也将产生多方面的积极影响。

二 促进国家之间的平等互信

"一带一路"方略的实施，以国与国之间的平等互信为基础。互信思想具有鲜明中国特色，对构建公平合理的国际政治经济新秩序贡献了中国智慧和方案。中国在国际交往层面坚持国家无论大小、贫富、强弱一律平等，主张国家间要相互尊重、相互信任，增进人类共同的利益。从维护世界和平稳定来说，国家间因缺少最基本的尊重和最起码的信任，才导致国际形势紧张。弘扬平等互信思想，有利于推动争端的和平解决。从促进世界发展来说，国家间无论大小，只有相互信任，才能深化合作，实现共赢。②

国家之间的互信与民族之间的情感，与文化的相互认同关系密切。佛教是最提倡平等的，而在位于南亚、东南亚的我国周边国家，大都是佛教盛行的国度。其中以佛教为国教的国家包括：柬埔寨、老挝、缅甸、不丹、斯里兰卡。

1993年柬埔寨王国宪法第43条规定：男女公民均享有充分的信仰自由，国家保护信仰和宗教自由。并明确地将有93%以上的国民信奉的佛教（上座部佛教）定为国教。佛教在国民的社会生活中扮演着重要角色，几乎所有的男性都有出家当和尚的经历，国王、大臣也不例外。

老挝人民民主共和国有85%的民众信奉佛教，1961年的宪法将上座

---

① 国家发展改革委，交流部，商务部：《推动共建丝绸之路经济带和21世纪海上丝绸之路的愿景与行动》，人民出版社，2015。

② 杨晓光：《中国平等互信交流思想研究》，辽宁大学博士学位论文，2016。

部佛教定为国教。在老挝，寺院遍及全国各地的每一个城镇与村庄，即使在贫困的山乡，也要建一个木房作为拜佛的场所。

缅甸联邦共和国于 1961 年 8 月 26 日通过宪法，宣布佛教为国教。长期以来缅甸佛教与缅甸政治紧密结合。同时，它还对缅甸文化施予极深的影响，缅甸人常说，佛教即缅甸文化。

不丹王国有 75% 的民众信奉佛教，历史上曾仿照中国藏传佛教管理制度建立宗教组织机构和教阶等级来管理国家，形成了僧俗双重的神权统治政府，佛教就成为国教。由于不丹佛教是从中国西藏传入的，不丹人都把中国西藏视为佛教圣地，每年都有很多信徒前往烧香朝觐。

斯里兰卡民主社会主义共和国有 70% 的居民信奉佛教，早在公元前 3 世纪，佛教就成为了斯里兰卡的国教。从面积上看斯里兰卡是个小国，国土面积为 65000 余平方公里，但就佛教而论，却是一个大国，有 6500 多座寺庙，平均每 10 平方公里就有一座寺庙。

虽然在当代佛教未被立为国教，但对政治、经济、文化艺术和社会生活等产生着重大影响的国度有越南、泰国、新加坡、马来西亚。

佛教是越南社会主义共和国的最大宗教。在越南历史上的李朝与陈朝时期，佛教占据了唯我独尊的地位，10 世纪后，曾被立为国教。越南佛教分为南北二宗，北宗系由中国传入的大乘佛教；南宗则是由泰国和柬埔寨传入的小乘佛教。

泰王国素称"黄袍佛国"，宪法虽未明确规定佛教是国教，但写明"国王必须是佛教徒，国家、宗教和国王神圣不可侵犯"，从而确立了佛教的崇高地位。在泰国大到国家庆典、阅兵仪式，小到商店开业、婚丧嫁娶，都采用佛教礼仪，均有僧侣到场诵经祈祷。鉴于佛教对规范泰国社会生活发挥着重要作用，国际社会均视泰国佛教为"不是国教的国教"。

新加坡共和国别称狮城。佛教经典中常将佛比喻为人中狮子，因而新加坡之别名"狮城"，即"佛地"之意，表明在古代新加坡曾流行佛教。在当代新加坡佛教有南传佛教与北传佛教二大系统，大小寺庙达数百间。

马来西亚虽以伊斯兰教为国教，然而其佛教的历史悠久，全国性、区域性佛教组织众多，颇具影响力。

在历史上佛教具有特殊意义的国家有尼泊尔与印度。

尼泊尔联邦民主共和国为佛祖释迦牟尼的诞生地。在尼泊尔每年都要举办纪念佛祖诞辰的活动。庆祝活动当天，人们会抬着佛祖玉像，举行隆重热

并利用唐朝向南诏施加压力，从而使自己摆脱南诏的控制。

高僧的取经、参访与传道为中国与南亚、东南亚各国的文化交流写下了浓墨重彩的一笔。历史上中国僧人西行求法出现过三个高潮。第一个高潮是东晋时期，其时有相当多的僧人或为求法，或为朝拜圣地而前往天竺。由于旅途艰辛，他们大多客死半途。这一时期的代表人物是著名的取经先驱法显。其取经历时14年，游30余国，携带了大量梵本佛经回国。第二个高潮是隋唐时期，先后有百余高僧分别由海陆两路前往天竺取经，著名的玄奘大师即产生于这一时期。最后一个高潮出现于宋代，宋太祖曾两度派遣庞大的僧团赴天竺求法。乾德二年（964），宋太祖曾诏遣沙门继业等300余人往天竺求舍利、佛经。乾德四年（966），又有僧行勤等157人赴西域求法。

到了20世纪，中国的佛教组织开始出现。1929年，近代佛教领袖圆瑛大师和太虚大师共同发起成立了中国佛教会，由圆瑛大师任会长。圆瑛大师从1907年至1948年，曾有八次东南亚之行，其中有四次是在中国佛教会成立后出访的，代表着中国佛教组织与东南亚国家的联系。圆瑛大师的足迹遍布新加坡、菲律宾、缅甸、印度、马来西亚、锡兰、泰国等国家。一方面他竭尽全力，把汉传佛教以及中国传统文化推向东南亚，使得东南亚各国存留了为数众多的具有中国风格的佛教文化场所；另一方面，东南亚各国的民众与华侨在圆瑛大师始终不渝的爱国情怀与慈善精神的感召下，为中国的抗日战争与各类慈善事业做出了巨大的贡献。

为促进"一带一路"方略的实施，人间佛教思想的传播与交流可以成为我国文化交流中的重要内容。通过国际的各种文化交流活动，促使"人间佛教"这一人类智慧的结晶为越来越多的国家、民族、人种所知晓、所接受、所赞同，从而使"人间佛教"价值观深入人心。

四 促进命运共同体意识的形成

人类命运共同体，反映的是以合作共赢为核心的新型国际关系。该理念于中共十八大报告提出："这个世界，各国相互联系、相互依存的程度空前加深，人类生活在同一个地球村里，生活在历史和现实交汇的同一个时空里，越来越成为你中有我、我中有你的命运共同体。"十八大以来，习近平主席六十多次谈到了"命运共同体"，不断充实"人类命运共同体"这一价值观，把握人类利益和价值的通约性，建立和维护世界和平的纽带。这一对人类未来的理性思考，已逐步获得了国际共识。①

"人类命运共同体"的提出是基于世界发展的现实，即人类生活在同一个世界里，而且也只能生活在同一个世界里。而在这个世界里，适合于人类生活发展的资源与空间是有限的，人类历史表明，围绕着资源与空间，世界各国各民族之间发生摩擦、纷争、冲突乃至战争的状况屡见不鲜，而冲突与战争只能使原本有限的资源更快地消耗。同时，自然灾害、环境污染、疾病流行与各种极端事故也给人类造成巨大灾难。在世界成为地球村的今天，任何国家和民族都不可能实现脱离世界安全的自身安全。在这样的背景之下，人们必须找到一个超越纷争、化解冲突的相处之道，发挥人类智慧和愿力的独特作用，让生存和生活的世界和谐有序。在这一意义上，人类就是一个命运共同体。

"一带一路"沿线60多个国家的总人口约44亿，在全球占有举足轻重的地位。"一带一路"建设有利于沿线各国发挥优势，发展建设，而"人类命运共同体"意识的深入人心则有利于消除各国之间的种种冲突，化解人们之间的种种矛盾，使"一带一路"建设走上良性发展之路。

赵朴初人间佛教思想的核心内容之一是建设人间净土。当下的人间确实是不完美的，但是如果人人皆有造净土之胜愿，努力去做，人间就可能成为净土。这就是说，作为一个佛教徒，不应厌弃现实世界，而是要用自己的一片清净之心，去改造和建设现实世界，使之变成净土世界。人间净土就其本质来看，就是要以人为本，肯定人的自觉性，并以佛法为指导，解决人世间的各种难题，最终实现人与社会的和谐与全面发展。②

人间佛教思想如果在各国平等互信的基础上，通过文化交流互融，就有条件在不同文化、不同国家、不同民族和部落之间产生认同感、凝聚力，并惠及沿线各国人民。人间佛教与"一带一路"沿线各国文化并非二元对立或文明的冲突，而是能够实现共生的"伙伴关系"。通过不同文明、宗教的对话与交流，实现交融共生，即既保持文化差异，又能在一个文化多样性的文明圈里和谐相处。

这里我们可以看到，人间净土思想与命运共同体意识相互含摄。命运

---

① 国纪平：《为世界许诺一个更好的未来——论迈向人类命运共同体》，《人民日报》，2015年5月17日。

② 雷火剑：《论赵朴初人间佛教思想及其革新意义》，《重庆社会主义学院学报》2009年第5期，第58~59页。

共同体意识指出现实世界中世界各民族的相依共存关系的意义。人间净土思想强调人的净化，人人自觉地以实现人间净土为己任，直观地反映出将人类、社会、自然视为一个整体的观念。由此观之，人间净土思想的弘扬，有利于人类命运共同体意识的形成。

"人间佛教"杰出的发扬者和
践行者——赵朴初

侯　铨　　林秀珍[*]

赵朴老是"人间佛教"思想在新时期杰出的发扬者和践行者。"文革"后百废待兴，赵朴老为佛教的恢复和发展，从讨回寺庙、传灯人培养、经书重印等方面做了大量工作。有效开展国际交流，成功地将"人间佛教"思想作为中国佛教发展的指导方针，成功地为"佛教是文化"正名，成功地把佛教发展和中国特色社会主义建设紧密结合起来，得到政府和人民的支持与认可。

一　赵朴初是"人间佛教"思想的发扬者和践行者

自 1840 年第一次鸦片战争以来，中国内乱外患交迭而至，连年战争和浩劫，社会空前大动荡。佛教徒中普遍存在单纯求出世与厌世倾向，重"死"重鬼神，产生了许多流弊。太虚大师清醒地认识到在现代，"须从吾人能实行之佛的因行上去普遍修习。尽吾人的能力，专从事利益人群，便是修习佛的因行……废弃不干，便是断绝佛种！"（《行为主义之佛乘》）提出了"人间佛教"理念，并建构了人间佛教理论体系。"太虚大师的佛教思想，是以中国佛教为核心，以适应现代社会为目标，在态度上是'人生的'，在范围上是人间的。"（江灿腾《从"人生佛教"到"人间佛教"》）。但囿于当时的历史环境和现实情况，以及太虚大师的社会地位，太虚大师只能够提出思路，对人间佛教理论运作实践上的诸多问题，未能解决。作为其"人间佛教"思想继承人的印顺法师，也没能解决。太虚

＊　侯铨，中国农业银行漳州市支行。林秀珍，漳州金峰毛纺集团。

大师期待着："然我终自信，我的理论和启导确有特长，如得实行和统率力充足的人，必可建立适应现代中国之佛教的学理与制度。"（《我的佛教革命失败史》）。

太虚大师期待的"实行和统率力充足的人"，就是赵朴初先生（下称赵朴老）。赵朴老承继太虚大师"人间佛教"思想和理论体系，并顺应现实社会环境，进行充实补充、细化，是新时代太虚大师未竟之志的发扬者和践行者。赵朴老的最大贡献是把提倡人间佛教放在整个中国佛教的指导地位，强调了人间佛教思想的普遍意义；进一步触及了太虚想解决而未能解决的人间佛教与中国化佛教各宗派的关系问题，这是太虚当年未能做到的。对转变现代知识界和社会对佛教的观感，引导民俗佛教趋向正知、正见、正信都具有决定性意义，获得政府对人间佛教在新时期所起的有益作用和国民思想净化提升作用的认可与支持。这些都是太虚大师当年未能做到的。

而且，赵朴老的另一个重要的历史功绩，是在经过"文化大革命"，几乎全国的寺庙等宗教活动场所都被毁坏占用，僧尼等宗教修行和管理人员被赶出寺院，被逼还俗，佛法典籍文献被付之一炬，佛教成了封建迷信的代名词这种极端困难的情况下，不懈努力，对佛法在我国的复兴和发展做出重大的现实和历史贡献。

赵朴老，被称之为当代中国佛教的中兴者，当之无愧。

二 赵朴老把恢复佛教的活动场所和正常的弘法作为第一要务

弘扬佛法离不开场所，让寺庙重新回到僧尼手中管理，让佛像重新修复，让修佛者有一个合法的修行和弘法的场所，让大众有一个接受正知正觉正见的地方，最重要的是讨回并恢复寺庙场所的宗教功能，这是佛教得以复苏的前提条件。虽然中央的拨乱反正已给了宗教部门一些政策，而从各权力部门、各利益团体中，讨回已被占用多年的寺庙，涉及的部门和利益关系最复杂，牵涉的方方面面最多，得罪的人最多，不作为也最多，是最困难的一环。赵朴老不顾古稀年老，不惮劳苦，风尘仆仆，走遍祖国的天南海北，到处寻访流离失所的僧人，察看一座座容颜破损的寺庙。他斡旋于各级政府机构和有关部门之间，宣讲党的宗教自由政策。对有些中央虽有政策，但地方以存在各种困难或影响经济发展等各种原因为由，拖着不办的，赵朴老甚至多次到地方去，商讨解决难题的妥善办法，三番五次地督促将工作落到实处。如禅宗祖庭广州光孝寺的恢复，一波三折，广东省委 3 次做出决定，将光孝寺交给宗教部门管理，但每次都遇到省文化厅和国家文化部门的反对，甚至在国务院同意光孝寺作为佛教寺庙对外开放后，当时占用光孝寺房产的文化部门仍置国务院文件于不顾，用种种理由阻挠光孝寺的恢复。赵朴老于 1986 年 10 月特意写了一封《致习仲勋、田纪云并转胡耀邦、胡启立同志函》，最终，才于 1986 年至 1988 年 12 月 29 日分三次完成移交。广州光孝寺的恢复，凝聚赵朴老的诸多心血。在党和政府的关怀和支持下，经赵朴初向中央和地方党政领导致函力争，直接推动了一大批寺院问题的解决，例如上海龙华寺，北京法源寺，贵阳弘福寺，苏州西园寺、寒山寺，南通狼山广教寺，扬州大明寺，西安慈恩寺、洛阳白马寺等等。特别是经过多次向中央领导反映，排除重重阻力，促进了四川大足圣寿寺、广州光孝寺、开封大相国寺、沈阳长安寺等"老大难"问题的解决。

同时，赵朴老除了和各级政府部门斡旋，敦促落实宗教信仰自由政策，还四处寻访各地被还俗的僧尼，与他们座谈交流，动员他们放下戒心恐惧，回归寺院。告诉他们："相信党中央吧，佛菩萨是慈悲的。"（赵朴老召集漳州南山寺被迫脱下僧衣的僧众座谈时语）邀请幸存的高德回庙主持。在赵朴老的努力下，国内的佛教浴火重生，"文革"期间被迫还俗的僧众开始陆续返回寺庙。有些地方开坛授戒，吸纳新的出家僧尼。佛事活动也逐渐开始恢复。这也为"人间佛教"以后的发展和传播打下良好的基础，为国内佛教的中兴筑下坚实的基石。

三　赵朴老对新时期佛教的弘法、修行和发展做出的历史贡献

为修复佛教传承的断代，面对佛教人员普遍的年老体迈，年轻的佛教人员稀缺，青黄不接、后继无人的危机，赵朴老指出，必须开办佛学院，吸收年轻僧才，培养新生力量，让佛教的传承得以顺利进行下去。在他的主持下，先后恢复了中国佛学院，中国佛学院栖霞山、灵岩山分院，闽南佛学院等全国三十多所佛教院校，并于 1981 年在南京栖霞山开办第一期僧伽培训班，培养了改革开放后的第一批寺院管理人才。赵朴老一贯重视佛教人才的培养，即使在九十多岁时，还在病榻前与后辈佛子陈兵谈起创

办中国佛教大学的规划：中国这样的佛教大国，起码应该有一所高水平的佛教大学，下设梵巴语佛学系、汉语佛学系、藏语佛学系等。同时，面对佛教经书典籍的缺失，赵朴老在艰苦的条件下，主持恢复了南京金陵刻经处，保障了各寺院和各地信众对佛教经书的需求。

在着手解决接班人员和经书的刚性需求的同时，赵朴老敏锐地意识到传承的质量问题。经过多年的风雨摧残，国内具有正见正知正信的高德明显稀缺，这一方面满足不了佛教发展的需求，另一方面对年轻一代接班人的成长有很大的制约和影响。而港澳台和日韩等地区和国家的佛教发展，没有这种传承的断裂，引进和推动国内外的佛界交流，既开阔了青年佛子的眼界，又使青年佛子可以亲聆高僧大德的教诲、指导和开示，对国内未来的佛学栋梁，无论从佛学知识的提高、心性的陶冶、修行涵养的成熟，无疑都具有极关键的意义。赵朴老顶住重重压力与各种非议，营造港澳台和日、韩、东南亚等地区和国家之间加强交流的有利局面，不仅为当代佛学的中兴营造良好的氛围，更为国内佛教佛学未来的弘扬发展，播下了种子、奠定了基础。

赵朴老力促和躬行的与港澳台和日、韩、东南亚等地区和国家之间加强交流的例子：赵朴老作为中国佛教界的代表，向日本佛教界赠送了一尊象征和平的观音菩萨像，并祈愿中日两国和平友好。这引起日本佛教界知名人士来信，表示对过去的侵略战争的忏悔；也为当时日本佛教界未能阻止这场战争，而深表歉意。自此，打开了中日民间交流的大门。到1993年提出中韩日三国佛教"黄金纽带"关系的构想，赵朴老亲自构建了"中韩日三国佛教友好交流"的组织架构，谱写了中韩日三国佛教友好交流的新篇章。中央领导人李瑞环同志在会见中韩日三国佛教代表时曾指出：中国佛教协会会长赵朴老先生说，"佛教如黄金纽带"，我赞成这句话，并希望这条"黄金纽带"今后继续放出光彩。赵朴老贯彻周恩来总理"民间先行，以民促官"方针，开展中断了多年的与日本佛教和东南亚各国佛教的友好交流，为积极开展民间外交工作做出重大贡献。特别是在中日关系正常化和建交的重大历史事件中，起到当时政府层面无法起到的积极作用，受到了国家领导层和各界的认可和赞赏，也使各级领导认识到佛教佛学在新时期社会主义社会发挥的积极作用，让佛教佛学的发展得到更多的支持和包容，利国利民利教，泽被千古。1982年，我国改革开放刚刚起步，在赵朴老主持下，中国佛教协会向香港佛教界赠送《龙藏》，开创了两地佛教友好交往的新阶段。1986年，香港建造天坛大佛，赵朴老亲自担任中国佛教协会"香港天坛大佛随喜功德委员会"主任。1999 年，赵朴老以 93 岁高龄，亲自护送佛牙舍利赴港供奉，密切了香港与内地佛教的法缘、血缘、亲缘关系。1988 年，在台湾当局刚刚开放台湾民众回大陆探亲时，朴老就邀请台湾佛光山星云法师来访，以法缘、亲缘、血缘为纽带，以深厚的亲情、乡情、友情为依托，打开了与台湾佛教界密切交往的大门。之后，赵朴老又组织指导护送佛指舍利赴台巡回供奉，在厦门南普陀寺举行"海峡两岸暨港澳佛教界为降伏非典国泰民安世界和平祈福大法会"，海峡两岸佛教音乐展演团在大陆、台湾、香港、澳门等地同台巡回演出，并远赴美国、加拿大等地巡演，盛况空前，影响深远。

赵朴老非常重视保持队伍的纯洁性，1993 年，当佛教事业经历了由恢复阶段转向发展的情况下，部分寺庙僧尼被红尘中种种思潮所影响，出现信仰淡薄、戒律松弛、道风不正、世俗化、商品化日趋严重的倾向，把一些烧纸人纸马等很荒谬的迷信活动以及旧社会一些民间的不良习俗带到佛教里来。赵朴老提出佛教讲的"八正道"中教人们应当"正命"，"正命"的意思就是正当的生活。审时度势，在第六届全国佛代会上，赵朴老提出了大力加强佛教"五个建设"的历史性任务，即信仰建设、道风建设、人才建设、教制建设、组织建设。他在论述中指出：信仰建设是核心，道风建设是根本，人才建设是关键，教制建设是基础，组织建设是保证。朴老提出的"五项建设"，对"努力培养一批信仰纯正、道风严谨、品德高尚的佛教界代表人士"发挥了重要作用。并于 1996 年主持制定了《全国汉传佛教寺院传授三坛大戒管理办法》《关于在全国汉传佛教寺院实行僧尼度牒僧籍制度的办法》《关于全国汉传佛教寺院住持任职退职的若干规定》等文件，从制度上完善规范了有关要求，保证了佛教事业未来的健康稳定发展。

四　赵朴老对"人间佛教"有关内涵的充实与发展

赵朴老是承继太虚大师"人间佛教"思想和理论体系，并顺应现实社会环境，进行充实补充、实化细化，在新时期将太虚大师未竟之志付诸实践的最伟大的发扬者和最完美的践行者。

（一）中国的佛教，分成许多不同的派别，在漫长的历史发展中，始终不能融为一体。人间佛教在中国如何和合佛教各宗派的分歧，协调其关系，如何引导中国佛教原有的宗派寻求一个发展的共同点，这个难题太虚大师没能解决，太虚大师也坦承他的改革遭挫，未能成功。赵朴老是将"人间佛教"作为中国佛教未来方针的首倡者和推行者。赵朴老大力宣传和提倡"人间佛教"，进一步将其通俗化，并将其圆融到建设中国特色社会主义的伟大事业之中，贯穿爱国爱教、团结进步、拥党爱民的主线。将佛教劝善止恶的戒规和伦理规范——五戒、十善及大乘菩萨四摄、六度等进行现代诠释，使之与社会公德、公民道德建设和思想教育相会通，发挥积极作用。1981年，他撰写的《佛教常识答问》首先在《法音》上发表，其最后一节即《发扬人间佛教的优越性》。在1983年中国佛协第四届理事会第二次会议上，赵朴初所作《中国佛教协会三十年》报告获得通过。该报告提出把提倡人间佛教作为中国佛教协会的指导方针。总结佛教几千年的兴衰史，在与当时社会和谐相处时期则昌盛、反之则衰亡的现实基础上，清醒地思考佛教与现实中国社会政治的关系问题。在总结佛教历史、统观社会客观事实的基础上，赵朴初明确指出，"佛教'人间净土'的思想同社会主义不矛盾"。这一对佛教的社会本质的精确概括，获得广大佛教徒的认同和各个宗派的一致认可。1987年3月，中国佛教协会第五届全国代表会议决定把"提倡人间佛教积极进取思想"写入中国佛教协会章程，作为中国佛教协会宗旨的重要内容之一。至此，标志着"人间佛教"成为佛教的指导思想，近代佛教已从观念走向了广阔的社会实践，实现了解决太虚大师当年想解决而未能解决的人间佛教与中国化佛教各宗派的关系问题。这是赵朴初对"人间佛教"的一大历史贡献。

（二）赵朴老坚持"佛教是文化而不是迷信"，厘清佛教修行与鬼神之类迷信以及法轮功等邪教的界限，把个人的佛法修行与利他的行为及社会主义的伟大事业结合起来，促使佛教成为当今中国先进文明的有机组成部分，促进了中国社会的和谐发展。把支持社会福利公益事业和救济工作、回报与关怀社会作为新时期佛教所追求的崇高思想境界。将佛教劝善止恶的戒规和伦理规范——五戒、十善及大乘菩萨四摄、六度等进行现代诠释，使之与社会公德、公民道德建设和思想教育相会通，发挥积极作用。赵朴老提出应当继承和发扬中国佛教的"农禅并重""注重学术研究""国际友好交流"三大优良的传统。他在1987年佛协第五届全国代表会议所做的报告中重申和阐释了这一思想，并且在新修订的佛协章程中明确规定："团结全国各民族佛教徒提倡人间佛教积极进取思想，发扬佛教优良传统，积极参加社会主义物质文明和精神文明建设"。明确和强调佛教及其"人间佛教"的内涵，是一种文化，是建设社会主义物质精神双文明的大文化的组成部分；在建设和谐社会中，是思想教化和精神建设上积极向上的重要一环，并得到了政府和人民的认可。正是赵朴老的禅示和躬行，使佛教从长期以来是大众和各级官员认定的封建迷信这种固化思维中解脱出来，堂堂正正立于社会主义新文化之林；使大众和各级官员从对佛教讳忌如深不敢触及，到敢于公开承认佛教的积极作用，支持佛教工作的依法开展，这是很关键很重要的一环。赵朴老本人就是一方面自己虔修佛法，一方面无私利乐众生的楷模。赵朴老以自己的高风亮节、一言一行，为"佛教是文化""人间佛教"成为融入社会主义双文明建设的契入口做了最有力的诠释。这是赵朴老对"人间佛教"的又一大历史贡献。

（三）赵朴老把和平反战、保家卫国、撒播人间大爱的内容引进和充实到"人间佛教"的愿景中，要求佛教徒"爱国爱教，以庄严国土、利乐有情的实际行动报效祖国，报效人民"，得到国家和人民的认可和赞扬。早在抗日战争时期，年轻的佛教徒赵朴老和广大信众一起义无反顾地投身抗日救亡活动。他参与并联合佛教界人士成立"中国佛教徒护国和平会"，任总干事，在"上海慈善团体联合救灾会"任常委，兼任战区难民委员会收容股主任。在解放初期，他负责华东生产救灾的工作，使数十万游民成为自食其力的劳动者，体现了佛教慈悲精神与共产党为人民服务的一致。赵朴老是一位杰出的和平使者。在新中国，赵朴老多次以团长身份出席"禁止原子弹、氢弹，保卫和平"的大会，代表中国宗教界积极参加国际和平组织，宣传中国佛教，宣传中国社会的建设与发展，增进了解，倡导和平，开展同亚洲以及世界各国佛教界的友好交往。赵朴老先后被推选为"世界宗教者和平会议"副主席、"中国宗教界和平委员会"主席、"世界佛教徒联谊会"第一副主席，为亚洲和世界和平积极奔走，并因功勋卓著，获得"传道功劳奖"、日本"庭野和平奖"及"世佛联"授予的最高荣誉奖章。在对外交往中，对出现的反华不和谐杂音，一向慈眉善目的赵朴老，也会金刚怒目，维护国家尊严。如1961年3月，廖承志和刘宁一带队到新德里参加世界和平理事会，中国佛教协会负责人赵朴初奉命参加印度著名诗人泰戈尔百岁诞辰纪念会。大会主席、印度科学和文化部部长卡比尔在发言时，却突然改变话题攻击中国。卡比尔的发言立即引起一些反华分子跟着起哄，会场大乱。赵朴老挺身而出捍卫祖国的尊严，严词加以驳斥，以理服人，得到各国代表一致赞扬。代表团团长廖承志笑眯眯地赞扬："菩萨，反应很好！"年老时，赵朴老在无锡小灵山大佛前欣然赋诗，吟出"和平世界共心期"的诗句。

　　慈善事业也是他老人家终生不弃的追求。他长期担任中国红十字会、中国红十字基金会、中华慈善总会名誉会长。一生生活简朴，却个人捐赠无数，得到的奖金和多年国内外给他的一份份捐款，他都分文未动，全部交给中国佛教协会，用于救济、弘法等。从云南地震，到西藏青海雪灾，从大兴安岭森林火灾到1991年、1998年的特大洪灾，从南方雪灾到非洲大陆三十多个国家的旱灾，到东南亚发生海啸，都能看到赵朴老的捐赠及组织国内和港澳台佛教徒筹集的救灾资金，直到晚年体弱多病时，都未停息。据统计，仅1986年到1998年间，他个人捐赠就达240万元。赵朴老带领佛教徒这种知恩报恩、回馈社会的行为，是践行人间佛教造福社会、利益人群的菩萨行的生动体现，得到国家、人民及国际社会的赞赏和尊敬。也吸引更多教外大众接触佛教佛学、认识佛教佛学，得到教内教外一致对"人间佛教"的认可。这对佛教事业以后的健康发展，起到了重要的保证作用。这也是赵朴老对"人间佛教"在新时代站住脚并得到发扬光大做出的重大历史贡献。

简论赵朴初缘起思想与"一带一路"

黎在珣　邓志强[*]

2013 年 9 月 7 日,习近平在哈萨克斯坦纳扎尔巴耶夫大学提出了构建"新丝绸之路经济带"的倡议,同年 10 月 3 日,他在印度尼西亚国会又提出了共同建设"21 世纪海上丝绸之路"的倡议,这两个倡议就是具有开放包容特质的"一带一路"。作为中国领导人第一次提出涉及 65 个国家、44 亿人口的影响深远的这一倡议,力求通过共商、共建、共享的方式,打造发展共同体、责任共同体、命运共同体,使"一带一路"沿线国家地区实现和平发展、和谐合作、互利共赢,进而推动美国、欧洲、非洲、拉丁美洲的经济增长,为国际社会提供可供分享的优质的公共产品。

在漫长的"一带一路"上,天竺高僧迦叶摩腾、竺法兰、古印度莲花生大士、阿底峡尊者等古圣先贤为佛教的传播做出了巨大牺牲和贡献。中国的法显、义净、玄奘等许许多多求学弘法的高僧在"一带一路"上不畏峻岭重洋的艰险阻隔,前赴后继,以百折不回的坚忍气概,不仅谱写出一曲曲大慈大悲、舍生忘死的壮曲悲歌,还给后世的中国和东亚的宗教信仰、哲学观念、文学艺术、礼仪习俗等带来深刻影响。与此同时,佛教凭借其文化纽带作用,广泛接引信众,不断加强沿线人民友谊、促进沿路睦邻友好。历史的车轮行进到当代,佛教不仅依然会延续其原有的文化纽带功能,还为打造发展共同体、责任共同体、命运共同体的"一带一路"倡议的落实提供思想引导和实施途径。本文结合赵朴老《佛教常识答问》① 中有关缘起的理论就"一带一路"倡议的实施做个简要的阐说。

---

* 黎在珣、邓志强,安徽省宿松县宿松中学高级教师。

① 《赵朴初文集》(上卷),华文出版社,2007,第 571 ~ 676 页。下面源于此书的引文不再加注。

一　赵朴初缘起思想概述

赵朴初缘起思想是其人间佛教的重要内容，主要集中在《佛教常识答问》里。下面简要列举相关内容。在回答"缘起"为何意时，赵朴老说：

> "缘起"即"诸法由因缘而起"。简单地说，就是一切事物或一切现象的生起，都是相待（相对）的互存关系和条件，离开关系和条件，就不能生起任何一个事物或现象。因（Hetu）、缘（Paccaya），一般地解释，就是关系和条件。佛曾给"缘起"下了这样的定义："若此有则彼有，若此生则彼生；若此无则彼无，若此灭则彼灭。"这四句就是表示同时的或者异时的互存关系。

在回答"色不异空，空不异色"为何意时，赵朴老说：

这就是说一切法"缘起性空"。"色"，就是色、受、想、行、识五蕴中的色，是指物质。任何物质现象都是缘起，它有相状，它有功用，但是它的相状和功用里面没有常恒不变的指挥它的主宰，所以说是空。色是缘起所起，色法上不能有个不变的实性，所以说"色即是空"；唯其没有实性，所以能遇缘即起，所以说"空即是色"。受、想、行、识等精神现象也同样的是"缘起性空"。

赵朴老在20世纪50年代曾指出，弘扬与延续佛法要注意时节因缘、国土因缘："无论对个人或团体来说，要培养佛种、绍隆佛种，就要重视因缘，重视时节因缘，重视国土因缘，重视众生因缘，三种因缘具足，佛的种子才能得到滋润发芽，以至开花结果。既是重视时节因缘，就要认识时代，适应时代。既是重视国土因缘，就要报国土恩，参加社会主义建设，爱护祖国。"[1]

这些简洁而又通俗的解说蕴含着深刻的佛学义理。第一、果从因生。一切结果和现象都是由因缘和合而生。第二、事依理成。不管说一因一果，多因一果，或一因多果，还是同时或异时因果，所有事相都有其存在、运行的关系和条件。第三、有因空立。存在或现象的相状和功用都是建立在不存在（空）的基础上。第四、只有具足时节、国土、众生因缘，

---

① 《赵朴初文集》（上卷），第271页。

佛种才能发芽、开花、结果。

　　缘起可分内外，涵盖宇宙间的一切现象。缘起思想不仅导向闻思修者解脱成佛，为众生现实人生遭遇的问题提供智慧引导和解决途径，还为"一路一带"战略的推进提供丰富的思想资源和路径支持。本文主要从外缘起的角度考察"一带一路"这一倡议的落实。

二　"一带一路" 倡议缘起

　　如同植物是种子、土壤、水、阳光等诸因缘和合而生一样，"一带一路"倡议的缘起，也是特定时期国内外形势发展所致，亦即时节因缘、各方面关系和条件和合而成。下面我们还是看看专家对此的分析。①

　　虽然中国经济已经成为世界经济走势的重要"风向标"和"成分股"，但是，国内传统外需极度疲弱。为了突破经济发展瓶颈，我国一方面要加速产业结构升级，另一方面要寻找新的贸易合作伙伴和产业对接国。中国政府提出"一带一路"倡议，就是为了让我国与沿线国家实现优势互补，资源共享，推动中国实现产业转移，带动沿线国家产业发展。

　　放眼世界，展望全球，进入 21 世纪以来，国际经济形势产生了深刻复杂的变化：世界各国相互依存日益加深，全球价值链中的分工合作不断深化；世界经济进入深度调整期，复苏乏力，发达经济体结构调整压力不断加大；新兴市场的地位和作用不断提升，但是发展问题依然突出，发展要求日益迫切，发展格局亟待改善。在此特定国际背景下，中国政府提出"一带一路"，直指世界经济格局的这些短板，意图为世界经济再平衡注入新的动力。从丝绸之路看，"一带一路"的东端是全球经济发展最有活力的东亚地区，西端是发达的欧洲经济圈，而在中间连接的中亚、西亚、东南亚、南亚等广大地区则主要以发展中国家和新兴经济体为主，这些地区发展潜力很大，发展要求迫切，但是发展基础薄弱，发展内生动力不足，在一定程度上成为欧亚之间的"经济塌陷区"。"一带一路"倡议旨在通过基础设施、资源能源、投资贸易等方面的深度融合，促进沿线国家经济发展、产业结构调整，加快构建利益共享的区域资源保障体系和产业分工体系，不断开展深化多行业、多领域的合作，进一步巩固沿线国家的合作基础，促进彼此的相互支撑与扶持，有利于经济共同体的建设。

---

　　① 参见李光辉《一带一路战略对中国经济的重要意义》，《紫光阁》2015 年第 6 期。

"一带一路"这一倡议问世之后，接着是怎样通过具体的努力将它变成现实。落到实处的稳健推进才是关键，就如马克思晚年在《哥达纲领批判》中所指出的"一步实际行动胜过一打纲领"。从缘起论的角度看，"一带一路"倡议这一缘起构成推进"一带一路"建设的主因。要持续推进这一宏伟倡议，直至变成现实，还少不了各种缘的相助。在争取各种必备助缘和合的过程中，各相关国家、地区需要努力在以下几个方面尽善尽美。

佛教缘起说告诉我们，宇宙万有世间万物万事都是因缘和合而生，因缘散尽而灭，因而不能离开"相待（相对）的互存关系和条件"。在回答"异时的互存关系是否就是因果关系"时赵朴老说："照佛教的说法，所谓互存关系，都是因果关系。……以甲为因，则乙丙丁和其余一切都是果，由此而看出一因多果；以其余一切为因，则甲是果，由此而看出多因一果。实际上，没有绝待的因，也就没有绝待的果。世界就是这样由时间上无数的异时连续的因果关系，与空间上无数的互相依存关系组织的无限的网。"没有绝对的因，亦无绝对的果，而且不只存在一因多果，多因一果，还存在多因多果。在众缘和合过程中，缺一缘都不行。正因为万物万象都以他方的存在为自身存在的条件，所以在推进"一带一路"的过程中，不同国家地区的作用和地位都应尊重。

缘起理论告诉我们，具体的相状和功用源于不同的关系和条件。不同的区域会产生不同的各具特色的文化、政治制度，形成不同的文化、政治传统，而且这些文化、政治制度一直变化不居。它们很难说有高低优劣之分。因此，推进"一带一路"的过程中，一定要有平等意识，互敬互重。因此，虽然有构想，有规划，但在推进"一带一路"的过程中，必须秉承"和而不同"的原则，放下自己和别人在道德、政治和信仰上最深刻的分歧，将每个国家、地区视为自身利益的最佳判断者，充分尊重每个国家地区的自由和权利，约束自己支配他国的冲动，尊重每个国家地区的自愿选择，才能激发相关国家地区参与的积极性；把"一带一路"的形成、发展看作是由有着自己文化、传统的相关国家自发协调、相互合作、自然发展的过程，是自治与共治式的"一带一路"。

在2015年11月发布的《新华社在新闻报道中的禁用词（第一批）》45条禁用词、规范用语基础上，新华社发布的《新华社新闻信息报道中的禁用词和慎用词（2016年7月修订）》新增57条内容。"一带一路"倡议这一过去惯用提法之所以在新晋的禁用词之列，就是因为容易让他国产生不被平等尊重的联想。没有对他国的包容和尊重，靠中国或几个国家地区推动，"一带一路"会举步维艰。

赵朴老曾言："世界就是这样由时间上无数的异时连续的因果关系，与空间上无数的互相依存关系组织的无限的网。"这就意味着宇宙万物与人类是互为因果、同体共生、不可分割的整体，"一带一路"沿线国家地区都处在一种此荣故彼荣、此枯故彼枯、此灭故彼灭的关系之中。因此，"一带一路"是由时间上无数的异时连续的因果关系，与空间上无数的互相依存关系组成的复杂庞大的系统工程。

从缘起理论角度看，中国提出的"一带一路"这一倡议是因，而这一倡议的响应、落实和实现则是果，"一带一路"沿路各国现有条件和主观努力都是助缘。"一带一路"的倡议得到了不少国家地区的积极响应，拥有庞大经济体量的中国政府也在不断强力推进，到目前为止，也有一定的组织化、产业合作基础和基础设施基础。但是，万里长征还只是迈出起始几步。"一带一路"要变成现实，需要众多因缘和合，需要一定时节才能瓜熟蒂落。主因已经种下，果能不能成熟？什么时候成熟？果以什么样的方式呈现？取决于方方面面的和合，如主因的生命力是否顽强，各种助缘能否在适当的时节发挥其应有的作用等等。千万不可低估"一带一路"建设的难度，不可低估沿路沿线国家地区合力的作用。

缘起思想蕴含着彼此共存共荣而不相互伤害的理念，帮助人们关注自己与他人、与社会以及与自然万物的相互关系和影响，约束自己的行为，坚持联合国宪章宗旨和原则，照顾彼此利益关切，寻求而不是破坏共识，化解而不是制造矛盾，共商规则，共建机制，共同推进，以增强国家地区共存、共生、共享、共荣意识。

基于一荣俱荣、一损俱损的经济一体化的现实，沿路沿线各国既要求同存异，又要求异存同。有异才能互通有无，才能在互联互通互动的过程中互鉴互惠互信。在这个过程中，信任不仅需要，也会被促进。在不断被促进的相互信任的基础上，不断扩大合作内含和外延，才有可能本着整体意识、人类意识、宇宙意识，超越政治、种族、文化局限，促进"一带一路"沿路国家地区互利共赢，使之在积极的多方互联互通互动中获得自身权益的同时，推动地区朝着更加公正合理的纵深化方向发展。

三　朴老缘起思想的新时代应用

（一）互利共享。诸法皆由因缘而生，因缘产生结果，而结果亦为另一结果的因缘。而且任何因缘之形成与变化，在时间上都是持续的，从过去、现在到未来，如锁链一样，前后关联。大国、强国有自己的利益和需要，小国、弱国也有它们的利益和需要。必须正视国与国之间既有不同特点，又有各自天赋权利。大家只有找到各方利益的汇合点，才能在此基础上开展富有成效的合作，才有可能构建利益共同体。赵朴老所揭示的缘起中的互存思想告诉我们，在推进"一带一路"的过程中，中国需要少一些、甚至杜绝中国中心主义的意识，多些平等尊重他国的行为和态度；需要学会按照大家都认可接受的规则行为。

只有在权利平等、机会平等、规则平等的基础上使相关各方的利益如愿以偿，各方的需要得到满足，才谈得上共享。也只有在"一带一路"沿路各国平等共商共享的基础上，自利利他，才有可能吸引美国、欧洲、日本等国和世界银行、国际货币基金组织、亚洲开发银行等国际组织参加，才能不断通过有效路径纵深推进、合作联动，实现欧亚大陆的持久和平与共同繁荣，进而推动世界经济的强劲发展。如果不能理解和包容别国的文化、历史、风俗和宗教信仰，以及他人的利益诉求，通过多种途径化解对方的疑虑、担心乃至恐惧，"一带一路"的倡议就无法推进。

（二）相随时势。"若此有则彼有，若此生则彼生；若此无则彼无，若此灭则彼灭。"这是"凡所有相皆是虚妄"[①] 的基石。建立在"缘起性空"之上的宇宙万有都"如梦幻泡影，如露亦如电"[②]，因此只能勉强分别这因、他缘、那果。其实并没有独立实体的因、缘、果，即作为因或缘的现象本质上只是幻相。不执着于幻相（现象）是缘起论应有之义。比如，某人身体的某一处关节酸痛，去药房买来治疗酸痛的特效药膏，贴了以后酸痛好了，膏药也就要拿掉。如果继续贴着，皮肤会瘙痒、肿胀、发炎，甚至导致更严重的后果。扫荡一切所取相，遣除一切邪执邪见，是般若智慧的重要部分。

中国要想通过"一带一路"走出去，就需要相关国家的配合。而如

---

① 《金刚经》，《大正藏》第 8 册，第 749 页上。

　② 《金刚经》，第 752 页中。

果一开始某些国家不配合，就需要我们去说服他们。这些说服既受到相关国家地区政治、经济、文化等方面的影响，又受到风云变幻的国际形势和经常充满变数的国家、地区局势的影响。尽管整体框架可以在平等协商的基础上构建，但是，不仅大量看似细节的路径和措施需要依据具体的情形与时俱进、因地而异，而且一些沿袭已久的观念也需要与时修正。如一些国家遇到困难，中国也会提供一定的援助。与之相应，我们会希望这些遇到困难的国家、地区能够改善它们的某些做法以确保自己的援助不会血本无归。而从中国几十年来一直秉承的主权观来看，那些对他国的说服、建议（包括解决方案）其实是对相关国家内政的干涉。但是，如果只援助而不试图影响或帮助相关国家、地区改善它们的治理，就如同银行没有任何抵押和附加条件就贷款给某个企业或者个人一样没有保障。实际上，中国近40年的进步就受惠于一些发达国家"干涉中国内政"的真知灼见。从经济特区到引进外资，再到加入世界贸易组织，无不需要中国接受一些国家对自己经济运行规则的"干涉"。中国一些有针对性的建议需要被倾听被接受，同样，他国对中国的一些富含真知灼见的建议也需要倾听需要接受。因此，从理念到路径，都要本着务实求真的态度去不断修正、完善。

（三）协同创新。赵朴老所揭示的缘起互存思想告诉人们，许多事物或现象虽然表面上看来表现为个体各自独立，但内在却有着错综复杂的我们已发现和未发现的文化、历史和环境等因素的关联。一些细小的变化都可能引起类似蝴蝶效应那样看似不可思议的巨大效应。虽然经济因素是推进"一带一路"的最重要动力，但是一个国家或地区政治、社会、文化方面的得失权衡也会以不同的形式表现出来并影响其国家的选择，在一定条件下甚至构成关键的影响因素。何况，经济上的权衡往往以政治、社会、文化方面的权衡表现出来。这些权衡是成就"一带一路"硕果的必要助缘。因此，绝不可忽视不同国家或地区基于政治、社会、文化等方面的权衡。在推进"一带一路"的过程中，正确的态度是直面各种分歧和问题，理解不同国家地区基于各自因素的权衡。这就要求有针对各相关国家、地区在政治、经济、文化等方面的差异而又超越这些差异的协同创新。

过往的历史告诉人们，任何一个成功的区域性组织或联盟，不仅在于它能够给相关国家地区提供贸易机会、发展援助和物质产品，还在于它能够创造出区域内国家或地区甚至世界认同的新制度、新观念、新模式以及富有吸引力的价值观念。随着"一带一路"的推进，需要不断转型升级，由经贸合作到政治互助，走向基于治理经验层面的交流和互鉴基础上更高形态的协同创新，如人文、观念、制度的培育和塑造。

（四）把握节奏。赵朴老重视时节因缘的思想以及因果同时和异时的思想启示我们，要把握好"一带一路"建设的节奏，不可急躁冒进。

佛经上说："法不孤起，仗境方生；道不虚行，遇缘则应。"善因、恶因需要加上时间和外缘才会成熟，因的类别、动机的强弱有差别，果报也会有所不同。因此，即便广种善因，乐果也需要特定时节必备的缘起才能收获，如古人所说的"待时而动"（《易传·系辞下》）、"与时偕行"（《周易·损卦》），亦即"因时制宜，审势而行"（清·洪仁玕《资政新篇》）。《易传·艮卦》中的"时止则止，时行则行，动静不失其时，其道光明"，就是指行止要依时而动。因缘未合之时，着急实施揠苗助长是不可能如愿的。

"一带一路"沿线发展中国家从政治经济角度基本上都倾向于或赞同合作结盟，很多学者和政治家都支持并致力于推动这种区域一体化的努力。但是，任何国家的行为都受政治、经济等利益之约束，更多遵循看得见的现实主义逻辑，因而"一带一路"的实际进展往往落后于政治意愿。只有相关国家地区的实际收益能超过成本时，一体化才能得到推进。从经济学的角度看，在政治、经济和文化多元的地区，一体化能否推进取决于能否实现帕累托改进。也就是说，只有不断实现帕累托改进，才能不断推进"一带一路"；只有维护效用水平，才能让沿线各国各地区富有诚意地互建联动；否则，"一带一路"就只能停留在构想阶段。因此，把握好节奏是实施和实现"一带一路"这一倡议构想的重要方面。这就需要我们警惕那种对自我的过分信任、对于"一带一路"构想的向往而产生的澎湃激情，以防止偏离理性务实的轨道和路径。

"一带一路"这一倡议涉及 65 个国家、44 亿人口，虽然沿线各国各地区经济结构具有一定的互补性，有利于相关各方区域产业经济协同，因为公共产品供应规模和范围经济效应大而让区域成员收益增大，有利于提高相关国家地区积极推动和维护"一带一路"的实施，从而有可能实现更高程度的区域一体化程度，但是，成员越多，规模越大，政治、文化、经济差异越大，协调成员共同行动越困难，也就相应地推高了区域公共产品供应成本和区域一体化的成本，从而影响区域成员推动和维护一体化的积极性和动力，增大实现这一构想的难度。先前节奏把握不当是造成当前欧盟麻烦不断的重要原因。一方面，苏联解体后，欧盟吸纳东欧国家时，对于它们存在的经济状况、政治制度和文化历史差异未给予足够重视；另一方面，在经济政策特别是财政政策协同机制尚不完备之时，急于推出欧元，导致其存在天然缺陷，为后来欧洲一些国家的主权债务危机埋下隐患。

虽然如朴老所言，"世界就是这样由时间上无数的异时连续的因果关系，与空间上无数的互相依存关系组织的无限的网"，因而"一带一路"的实施充满无数不可控和不可预测性，但我们还是应该因上努力、努力、再努力。缺少推进这类涉及几十个国家地区协同经验的中国政府，虽然种下了"一带一路"这一优良种因，但是，还需要做好协同、动员，让各相关国家地区能够好好培育、利用这一优良种因，在强力推进这一倡议的过程中，遵守联合国宪章宗旨和共识，坚持互敬互重、和合联动、平等共享、相随时势、协同创新、把握节奏等原则，和合良因良缘，将这一伟大倡议持续稳健地推进，直至变成现实。

佛法与时代

胡不群*

佛教的"佛"字，是古代高僧根据梵语音译后的简称，全称"佛陀耶"，意译为"觉"，含自觉、觉他、觉满三义。所谓"自觉"，是指学习者通过先觉的教化而契入觉悟之境而言；所谓"觉他"，是指自觉后教化他人使之觉悟的行为而言；所谓"觉满"，是指自觉与觉他之行都已经达到了究竟圆满之境界而言，也就是通常所说的成佛。"教"字，当然指的是教育。因此，对"佛教"二字的诠释，应该以佛陀的教育为最高准则。

从这个层面说，佛教既可以说是觉悟了的人所创立的教育，也可以说是使人觉悟的教育。如果按通俗的说法，将佛教认定为一种宗教的话，那也只能是一种以"觉"为"宗"的教育，与通俗意义上说的宗教如基督教之类是有原则性的区别的。

然则，佛教教人觉悟什么呢？根据赵朴老"佛教无常观的世界观和菩萨行的人生观的具体实践，这也是人间佛教的理论基础"① 的人间佛教思想判识，我以为"人间佛教"之教，就是教人觉悟并契入"诸法因缘生，诸法因缘灭，因缘所生法，是中无有常"。质言之，就是教人觉悟并契入"缘起性空"，教人觉悟并契入"无常观"。

"诸法因缘生，诸法因缘灭"说的是"缘起"；"因缘所生法，是中无有常"说的是性空，说的是"无常"。

这首偈中的"法"字，是"事物或现象"义；"缘"字勉强可以说成是"一定的条件和关系"义；"常"字则是"永恒"义。偈中的意蕴是：一切"事物或现象"是在"一定的条件和关系"成熟时生起或出现，当生起或出现

* 胡不群，中南大学国学研究中心副主任、湖南中医药大学教授。

① 《赵朴初文集》（上卷），华文出版社，2007，第675页。

此"事物或现象"的"条件和关系"坏灭或消失时,此"事物或现象"也就坏灭或消失了。凭依着"一定的条件和关系"而生起的"事物或现象",因其所凭依的"条件和关系"既不可能各自独立,也不可能静止不变,因为这些"条件和关系",也是要凭依着其他的"条件和关系"的支撑才能存立,所以说在这些凭依着"一定的条件和关系"而生起的"事物或现象"中,是不可能有一个永恒不变的"事物或现象"存在的。可以这样说,所有的"事物或现象"或者说"条件和关系",都是处于普遍联系之中,处于相互作用、相互影响、相互依存、相互勾连之中,都是动态的、变化的,用佛教的术语说,都是"无常"的。如果说世间有什么"事物或现象"是永恒不变的话,那就只能是"无常"。所以佛教说"无常即真常""无常乃实相""诸法本无自性"。"无自性"讲的也是"无常"。

"无常"是真正的现实,"无常"是实实在在的世间相,"无常"是真实的,"无常"是真理。

人容易陷入对"常"的执着,所以常常生活在固定不变的观念(成见、偏见、私我见、自我中心)或模式之中,妄想有简单的生活、平静的生活,妄想有独立的(或私密的)生活空间,妄想好的生存条件和关系永恒不变,因而常常被现实击得粉碎而痛苦……

人如果陷入对"世界一定是和平"的执着,当战争的狼烟突然生起时……

人如果陷入对"拥有金钱即幸福"的执着,当金钱失去或无法获得足够的金钱时……

人如果陷入对"拥有健康身体即幸福"的执着,当恶疾缠身或无法获得健康的身体时……

人如果陷入对"人应老而后死"的执着,当亲戚或好友未老而死亡时……

人如果陷入对"相爱的人应天长地久地永远相爱",当爱你或你爱的人与人"相约黄昏后"时……

人如果陷入对……,当……时,……

……

当然,人如果悟入了"缘起性空",建立了"无常观",那就"花儿别样红",又是另外一番景象了。

悟入了"缘起性空"、建立了"无常观"的人,也一样有"世界永久和平"的美好愿望,但他们会明白:"世界永久和平"自有"世界永久和平"的"缘起",因而会本然地积极努力,发现并营造"世界永久和平"所赖以形成的"缘",为推进"世界永久和平"而献智献力。当经过艰辛努力,而仍然起了狼烟时,他们也不会过度惊慌失措、痛苦不堪,也不会心中不安。因为他们深知世界的无常性,世界不可能永久和平,起狼烟是完全有可能发生的事情。况且他们为维护和推进世界和平做出了最大的努力。对经过努力仍没能阻止的狼烟突起,他们会认命,会接受这经过了最大的努力仍没能改变或消除的逆境,并继续努力,将灾难降低或减少到最小的程度。对没能改变或消除的逆境的出现,他们只会追问:在阻止或推迟逆境出现的奋斗过程中,自己是否尽了心?是否尽了力?是否对得起自己的良心?对得起自己的责任心?如果回答是肯定的,那又怎么会心中不安呢?因此,他们自然能以一种平和安定的心态去面对,能真正做到:处变不惊,临危不乱,从容自然。

他们也一样会有"拥有更多金钱"的愿望,但他们与执着于"常"的人不同的是:他们会更加积极地努力发现并抓住或创造拥有更多的金钱的"缘",来实现自己的愿望。假如他们通过努力仍然没能拥有更多的金钱,他们绝不会因此而痛苦不堪,甚至痛苦到不能自存!因为他们深知永远拥有很多金钱或人人都拥有很多金钱是不可能的事情。因为"拥有很多金钱"这种现象,绝对也是一种"无常",因而能以一种平和安详的心态去面对……

总之,人如果陷入了对"常"的执着,不能悟入"缘起性空",不能建立"无常观"的思想的话,就永远不能超越苦难,解脱烦恼;就永远不能建立更大的功业,为人类谋更大的福祉……就永远不能契入"真常大乐"——宁静、自然、祥和……

当然,这里所说的苦痛现象,也仅仅是就佛教所说的"坏苦"而言,除了坏苦外,还有所谓的"苦苦"与"行苦"。这些"苦",佛教对它们生起或出现的"缘起"都有深入的观察与体证,都是可以在觉悟了的人的点化下,通过修行实践而达到灭苦或化苦为乐的。我在这里所说的"缘起",只是就一般意义上说的,细说则又有"业感缘起""八不缘起""阿赖耶缘起""如来藏缘起"和"法界缘起"的不同。这些都是可以在觉悟者的点化下,通过修行实践而悟入的。因非这篇小文所涉及的范围,在这里就不细说了。

近代佛教学者欧阳竟无说:"佛法非宗教非哲学,而为今时所必需"①,

---

① 欧阳竟无,1932 年讲于南京第四中山大学(现南京师范大学)。

我虽不完全同意其佛法非宗教非哲学的判断，但对其"乃今世之所必需"的判断，还是非常赞同的。因为现代社会"无常"更加迅速，因而人类心灵的苦痛也就更加广泛而惨烈。因此弘扬赵朴老所极力倡导的"人间佛教"精神，令众生悟入佛教的"缘起性空"境界、建立"无常观"也就更加迫切而急需了。让我们携起手来，为实践赵朴老的"人间佛教"思想，共同努力，为建设和谐的社会共尽绵薄之力。

最后，请允许我借此机会，以虔诚的心祈愿：人人悟入"缘起性空"，人人建立"无常观"，人人获得宁静、祥和、智慧、富裕、平安、喜乐的福报，人人获得"真常大乐"！

赵朴初人间佛教思想与实践

徐仪明[*]

赵朴初（1907～2000）居士是当代中国著名的佛教领袖，曾经长期担任中国佛教协会会长，为振兴和发展中国当代佛教事业做出了卓越的贡献，深受僧俗两界大众的敬仰和爱戴。赵朴老在1983年5月底纪念中国佛教协会成立30周年大会上所做的《中国佛教三十年》报告中，系统提出了自己关于人间佛教的基本思想。其实，综观赵朴老一生，在弘法和护法的佛学实践活动中，无时无刻不是在践行人间佛教的核心价值观。因为这是与六祖慧能大师首倡到近现代太虚、印光等佛学泰斗的不断发扬光大是一脉相承的。当然，赵朴老的人间佛教更具特色，因为他认为佛教意识形态与社会主义精神文明建设的"四有""五爱"具有内在的一致性，主张把菩萨行定位于人间止行。也就是说，朴老最关心的就是如何使佛教与社会主义相适应这样一些重大的问题，因此，其中所显示的理论意义和实践意义就必然达到了一个新的高度。下面，笔者就赵朴老的人间佛教思想与实践做一论述，敬请各位高僧大德批评指正。

一　中国共产党的领导是中国佛教发展的根本保证

赵朴老在《佛教常识答问》一书中指出："我们是共产党领导的社会主义国家，党和政府保护宗教信仰自由政策是长期不变的，坚定不移的，毫不含糊的。新中国成立以后全国佛教从奄奄一息的状态中得到复苏和发展，宝镜重光，法炬复燃，像设严饰，气象万千。尤其是粉碎'四人帮'以来，一切恢复整顿工作顺利进行，短短数年之中取得有目共睹的巨大成绩。所有这一

362　　*　徐仪明，湖南师范大学公共管理学院教授、博士生导师。

切，都是和党的宗教信仰自由政策的正确贯彻，党和政府的亲切关怀和大力支持分不开的。抚今思昔，我深为中国佛教庆，深为中国佛教徒庆。我深信，作为灿烂的民族古典文化的绚丽花朵，作为悠久的东方精神文明的巍峨丰碑，中国佛教必将随祖国建设事业的发展而发展，并在这一伟大事业中，为庄严国土，为利乐有情，为世界人类的和平、进步和幸福做出应有的贡献。展望未来，前程似锦，春回大地，万卉争妍，佛教的前途是无限光明的。"① 这一段论述明确地指出了中国佛教的发展离不开中国共产党的正确领导，中国共产党是中国佛教能够不断发展的根本保证。这是赵朴老通过自己一生的经历切身体会到所总结出的一个颠扑不破的真理性认识。

我们知道，赵朴初在青年时代就曾经给我党领导的五卅运动提供过经济资助，他茹素以代卧薪尝胆，把节俭所得捐献给因罢工而陷入生活困顿的工人群众。抗日战争时期，赵朴初先生在圆瑛大师的介绍下皈依了佛门后，立刻积极参加了由中国佛教界组织的慈联会救助难民。他亲自指挥佛教慈善联合会所辖的五十余个难民收容所，先后收容 50 万人次，极大地解决了难民的危机，并且将一些共产党人安排在难民救济所，为在难民中开展党的工作创造了有利的条件，这是赵朴初与共产党人的一次精诚合作。在此后的数月内，他一如既往地为新四军培养和输送了大批优秀人才。并在难民所中开办无线电培训班，以支持新四军的技术人才力量。据统计，难民无线电培训班和难童职业中学共培养学员三百余人，后来大部分成为新四军的无线电通信技术骨干，为抗日战争的最终胜利做出了巨大的贡献。1947 年，太虚大师在临终前赠给赵朴初《人间佛教》，勉励他终生弘法护法，为当代中国佛教的振兴和发展做贡献。1949 年新中国成立，赵朴老当选为全国政协委员。10 月 1 日，他站在天安门城楼上，见证了中华人民共和国宣告成立的历史时刻。1951 年，赵朴老身兼华东民政部副部长和上海市生产救灾委员会副主任，深入基层调研，为华东地区的生产救灾做了大量细致而卓有成效的工作。在民政部的领导岗位上，他尽职尽责，廉洁奉公，经手了 350 余亿元的救灾经费而分毫不错，可见他的志行高洁。难怪周恩来总理得知这一情况后，赞叹道："赵朴初是国家的宝贝。"② "文革"当中，赵朴初受到了迫害，他和正果、法尊、明真、虞愚、林子青等法师和居士在中国佛协所在地的广济寺后面的跨院里被监管

---

① 赵朴初：《佛教常识答问》，赵州柏林禅寺印，2006，第 163 页。
② 谷卿等：《赵朴初传》，东方出版中心，2014，第 111 页。

劳动，从事劈柴、扫厕所、拾粪和抟煤球等体力活，还要受到所谓的"红卫兵小将"的批斗。即使在这样极其困难的境遇下，赵朴老也始终坚信严寒终会过去，佛教复兴的春天一定会到来。1983年当选为全国政协副主席之后，作为中国佛教协会会长的赵朴老在党和政府的领导下，竭尽全力投入到恢复和重建中国佛教的宏伟事业之中，做出了令世界瞩目的卓越贡献。一些重要的佛教寺庙在赵朴老的努力争取下，重新成为佛门宝刹。比如河南登封少林寺，在"文革"中被文物部门占据，费尽周折总算移交了，但又被嵩山风景区管理局夺取领导权。由于体制不顺，该寺连续发生两起冲突事件。在赵朴老的大力呼吁下，有关单位才最终放弃了把少林寺作为自己直辖的基层经营点。类似的事情非常之多，都是经过赵朴老不断向上级领导部门反映，这些与僧争权、与庙争利的情形才一一得到纠正。1987年，赵朴老在宝华山做了一次重要讲话，他说："出家是大丈夫事，要有决心献身于佛教，为法忘躯，出家为了求解脱，要解脱必须要持戒，要以戒为师。譬如公民要安居乐业，必须要遵守法律；上街走路，必须遵守交通规则，否则不安全。佛教要与社会主义相协调：一方面，国家有宗教政策，确保信仰自由；另一方面，教徒必须爱国守法……佛教与中国文化有密切关系，佛教事业越来越得到国家支持。范文澜说：'不懂佛教，即不懂中国文化。'周建人说：'佛教是值得重视的。'他们两老都是马列主义者。"① 赵朴老强调出家是"大丈夫"事，因为佛陀的十个名号之一是丈夫，指富贵不淫贫贱不移、威武不屈的大丈夫。因为不做大丈夫，不顶天立地，不能仰不愧于天、复不怍于地，就不能成佛。另外一层意思是，他认为马列主义与佛教并无冲突，不仅范文澜、周建人等学者名流有此观点，就像马克思、恩格斯等经典作家的著作之中，也有称赞佛教的话语。

通过以上的论述，我们感到赵朴老坚决拥护中国共产党的领导，坚信只有中国共产党才是中国佛教事业兴旺发达的根本保证，本身就是在努力践行人间佛教的思想。他一生信仰佛法的经历都是与我们党领导的革命事业紧密相连的，他为中国革命做出的贡献，为中国佛教事业发展做出的贡献，都是在中国共产党的领导下做出的，体现了中国共产党统一战线政策的正确性。赵朴老一生都是行大道、做大事，真正是一位顶天立地的大丈夫，称得上"民族脊梁"这个光荣称号。

---

① 朱洪：《赵朴初传》，人民出版社，2004，第259页。

二 只有"人间佛教"才能与社会主义相适应

1983 年 5 月底,赵朴老在纪念中国佛教协会成立 30 周年大会上作《中国佛教协会三十年》报告。在这次讲话中他强调了人间佛教思想的重要性。他说:"佛教界以出世的精神做入世的现实事业,佛教徒要农禅并重,在参禅悟道的同时积极参加社会主义现代化建设;要研究佛学,研究哲学、科学、医学、音乐、书法和文学等;注重开展国际交往,以民间外交的形式推动国际和平和交往。"① 人间佛教思想可谓源远流长,由来已久,最早可以追溯到佛陀那里。佛陀在《增一阿含经》中说:"我身生于人间,长于人间,于人间得佛。"佛学是关于佛教经典的学问,是研究人间究竟义的学问,所以不能脱离社会现实,脱离了社会现实就像树木离开了土壤,就不能生根开花结果,就没有生命力,与人类生活密切相关的诸如生、死、苦、乐就没有了任何价值。中观宗之祖龙树菩萨在《大智度论》中提出:"一切资生事业悉是佛道。"瑜伽宗的祖师弥勒和无著两位菩萨在《大庄严经论》之中,提出了化身佛教化众生的四种示现以工巧为首,也说明了佛教始终关心的是人间的生活水平和生产技能。这些积极入世的思想,在我国得到了继承和弘扬,特别是禅宗六祖慧能大师提出"佛法在世间,不离世间觉;离世觅菩提,恰如求兔角"。这一观念深入人心,使得以禅宗为代表的中国佛教从此与社会生活息息相关。直至近现代以来,太虚大师提出了"人生佛教"的思想,积极投身社会政治生活,注重人的今生今世问题,并对佛教提出了一系列改革措施,使之更加关心人间世的一切活动。印顺法师则提出了"佛在人间"的观点,认为人间佛教既重契机又重契理。就契机方面来说,着重人间正行,适合现代的需要,诸如办慈善和教育事业等。赵朴老继承并发扬前人关于人间佛教的思想,从而提出了自己有关人间佛教的新的认识和新的理念。

赵朴老指出:"人乘、天乘、声闻乘、缘觉乘、菩萨乘这叫五乘。其中后三种叫出世法,教理深奥,比较难学;前二乘教是世间法。世间法是世人易学而能够做到的,也是应该做到的,前人名之为人间佛教。人间佛教主要内容是:五戒、十善。五戒是:不杀生、不偷盗、不邪淫、不妄语、不饮酒。佛教认为,这类不道德的行为应该禁止,所以称为五戒。十善是在五戒的基础上建立的,约身、口、意三业分成十种。身业有三种:

---

① 朱洪:《赵朴初传》,第 217~218 页。

不杀、不盗、不邪淫。口业有四种：不妄言欺骗，不是非两舌，不恶口伤人，不说无益绮语。意业有三种：不贪、不嗔、不愚痴。这就叫十善，反之就叫十恶。"① 赵朴老把佛教中的"五戒""十善"等道德观念作为人间佛教的重要内容，可谓切中肯綮，抓住了要害。特别是在以习近平同志为核心的党中央大力反腐的今天，所蕴含的现实意义更加突出。大量的事实告诉人们，每一个被揪出来的贪官，哪个不是违反了五戒？哪个不是沉溺于十恶之中而不能自拔？还有一些罪大恶极的杀人犯之类，根本就不知道什么是五戒、十善，所以陷入了罪恶的深渊而不能自拔。对于这一类人，赵朴老指出："对罪大恶极、负有命债的杀人犯，应当绳之以法。这是因为触犯国家法律，应按法律制裁，而不是哪个人要杀他。法官虽有判决权，那是依法判决，不是法官个人的事。释迦牟尼为弟子，不许弟子们杀生害命，这是就个人说的，同时也是为了避免触犯国家法律。佛陀从来没有说过国家法律对坏人的制裁有什么不对，总是教诫弟子遵守所在国的法律的。这是根本不同的两回事，不能混为一谈。佛教讲因果律时常说：善有善报，恶有恶报，杀人一定要偿命。这就说明了佛教是不会违反世间法律的，而是承认世间法律的。不杀生是这样，不贪、不嗔也是这种精神，若是为国家生财，为人民谋利，这是利益众生的事，是大好事。若是为个人贪财，为私人泄愤而害人，那就为戒律所不许。总之，假使人人依照五戒、十善的准则行事，那么，人民就会和平康乐，社会就会安定团结，国家就会繁荣昌盛，这样就会出现一种和平安乐的世界，一种具有高度精神文明的世界。这就是人间佛教所要达到的目的。"② 只有把那些杀人犯和形形色色的恐怖分子清除干净，世界才能和平安乐，这就像在抗日战争中，只有做到"上马杀贼，下马学佛"文武双全，佛门中人也拿起武器和全国军民一道消灭日本法西斯强盗，才能获得伟大抗战的最后胜利。所以说佛陀讲不杀生不是针对一切人的，那些违法犯罪的人一定要受到惩处，这才是最大的行善。当然，对于世间大多数人来说，都具有向善去恶的根器，就是如何引导他们实现六波罗蜜，即布施、持戒、忍辱、精进、静虑、智慧等六度，这六度是菩萨行的纲领。赵朴老指出："根据佛陀的教导，修学菩萨行的佛弟子，不但不贪求分外的财物，还要以自己的财物施给别人，这叫布施；一切损害别人不道德的行为严禁去做，这叫持

---

① 赵朴初：《佛教常识答问》，第 158 页。
② 赵朴初：《佛教常识答问》，第 159 页。

366

戒；不对他人起嗔害心，有人前来嗔害恼我，应说明情况，要忍辱原谅，这叫忍辱；应该做的事情要精勤努力去做，这叫精进；排除杂念，锻炼意志，一心利益众生，就叫静虑；广泛研习世出世间一切学问和技术，就叫智慧。这六种法门通常也叫作六度。这六件事做到究竟圆满就叫波罗蜜，波罗蜜意为事究竟，也叫到彼岸，古译为度。佛陀叫弟子依这六波罗蜜为行为准则以自利利人，就叫菩萨行。菩萨以此六波罗蜜为航舟，在无常变化的生死苦海中自度而度人，功行圆满，直达涅槃彼岸，名为成佛。菩萨成佛即是得大解脱、得大自在，永远常乐我净。这就是大乘佛教菩萨行的最后结果。菩萨成佛之前，学佛度众生，以度众生为修行佛道的中心课题，成佛之后还是永远地在度众生，这就是大乘佛教的中心思想。菩萨行的人间佛教的意义在于：果真人人能够学菩萨行，行菩萨道，且不说今后成佛不成佛，就是在当前人们能够自觉地建立起高尚的道德品行，积极地建设起助人为乐的精神文明，也是有益于国家社会的，何况以此净化世间，建设人间净土！"① 赵朴老的这番话把原来人们以为离我们很远的菩萨行以及菩萨成佛引入到我们的现实生活当中，就是告诉我们只要严格按照佛陀的教导，依照六波罗蜜即六度的要求自利利人，就可以由菩萨行而成佛。在人间人人都照此去做，就能够积极地建设起助人为乐的精神文明，从而有益于国家社会，并以此来净化世间，建设人间净土。

显然，赵朴老提出的人间佛教思想是以佛陀指出的六波罗蜜为道德建设指归的，也就是说要以高尚的道德准则来规范人们的行为活动，这显然与当前党中央在培育和践行社会主义核心价值观方面的要求十分契合，值得我们认真学习和研究，加以总结借鉴，并努力汲取其中所蕴含的智慧和经验。

在赵朴老看来，佛教的意识形态与社会主义精神文明建设的丰富内涵具有内在的一致性，所以他始终把菩萨行定位在人间的范围之内。在新的历史时期，可以看到赵朴老的思考重心一直围绕着如何让佛教与社会主义相适应这个重大问题来展开，体现了赵朴老始终具有一颗与时俱进之心。他的人间佛教思想显然具有重大的理论意义和现实意义，是我们取之不尽用之不竭的精神宝藏。赵朴初人间佛教思想体系的提出，是对中国佛教事业发展做出的巨大贡献，也是对社会主义精神文明建设做出的巨大贡献。我们一定要努力学习赵朴初人间佛教思想，努力践行社会主义核心价值观，以此来隆重纪念伟大的中国佛教界领袖赵朴初居士。

---

① 赵朴初：《佛教常识答问》，第 161～162 页。

早期佛教中国化的文本之路

——以惠皎《高僧传》神迹叙事为例

周　骋*

　　佛教中国化，包含从佛教义理到仪轨，从僧伽制度到丛林法则等多方面的内容。佛法汉代东传中国的过程，也就是佛教不断中国化的过程。记载高僧行状的传记一直都是传教弘法的重要载体。佛教中国化不仅表现在义理与仪轨的本土化，在佛教传记上也表现出明显的中国化之路。佛教这方面的中国化之路，在佛教的传记文学中，能梳理出非常明显的转变特征。

　　印度佛教自汉朝传入中土以来，便陆续出现不少记录自西域来华传教弘法的高僧传记文章，汉魏六朝之际产生了多部记录佛教人物的传记。僧祐的《出三藏记集》第十四、惠皎的《高僧传》、房玄龄的《晋书》第九十五卷等，都是记录佛教僧侣的作品，尤以惠皎的《高僧传》对后世影响甚大。《高僧传》并不是第一部记录佛徒的传记①，但却开启了后世佛传文学的写作样式，注入佛传文学新的精神。后世如唐代道宣的《续高僧传》、宋代赞宁的《宋高僧传》、明代如惺的《大明高僧传》等，无论是在体例上，还是著述精神上，都对惠皎的《高僧传》有所模仿和借鉴。

　　惠皎《高僧传》在佛教传记中的特别之处在于，它一方面是收集的高僧大德人物众多，更主要的一方面在于，慧皎打开文学想象的"方便法门"，对诸多人物多有想象性发挥创造，使得他笔下的人物穿行在史学和文学之间，这对后世佛教传记的写作有着规范性影响。

---

*　周骋，湘潭大学哲学系主任、副教授。

①　有研究者认为这是第一部记录高僧历史的书籍，"其中，最系统地记录高僧历史的书籍肇始于南朝梁代释慧皎的《高僧传》。"见刘鹃，《魏晋南北朝释家传记研究：释宝唱与〈比丘尼传〉》，岳麓书院，第 1 页；或者把慧皎的《高僧传》地位抬得过高，"慧皎的《高僧传》，一枝独秀，并且保存相当完整，为后代研究六朝佛教提供了极其珍贵的文献资料。"见刘湘兰的论文，《信仰与史实的统一》，《中山大学学报》2006 年第 3 期。

本文以慧皎《高僧传》中的著名篇目《鸠摩罗什传》为例，特别是以传记中刻画的鸠摩罗什之母耆婆为关注重点，以普林斯顿大学陆扬先生的一些论断为参考和再思考的出发点，进而分析慧皎在前人记载基础上改写耆婆形象的动机和缘由，从而对整个《高僧传》文学叙事手法背后的思想动机和实际效果给出新的评判。进而分析指出，中国的本土文化恰恰是推动这种变化发生的重要依据。

一 有关鸠摩罗什之母形象刻画的变化

鸠摩罗什是中国历史上最有影响的域外佛教僧侣，古人遗留下有关他的记载非常丰富，这也为近现代学者的再解读提供了史料基础。从汤用彤的《魏晋南北朝佛教史》，到吕澂的《中国佛教源流略讲》，都有对鸠摩罗什的相关研究和分析，这些大学问家更为关注的是如何从有关鸠摩罗什的传记中推导出真正符合史实的部分。而本文试图跳过这个古老的话题，侧重分析不同传记记载背后所依附的思想资源和动机何在。

最早记载鸠摩罗什母亲形象的作品是僧祐的《出三藏记集》，僧祐笔下的鸠摩罗什之母在文初只有寥寥数语："王（指的是鸠摩罗什母亲的哥哥）有妹，年始二十。才悟明敏，过目必能，一闻则诵。且体有赤黶，法生智子。诸国娉之并不行。及见炎（鸠摩炎，鸠摩罗什之父），心欲当之。王闻大喜，逼炎为妻，遂生什。"而慧皎的《高僧传》中对此记载大致相同，但是有了些细微的变化："王有妹，年始二十，识悟明敏，过目必能，一闻则诵。且体有赤黶，法生智子。诸国娉之，并不肯行。及见摩炎，心欲当之，乃逼以妻焉。"两个文本的变化之处不多。第一处是：僧祐的"并不行"，在惠皎笔下成了"并不肯行"；第二处是僧祐笔下的"及见炎，心欲当之。王闻大喜，逼炎为妻"，而在惠皎笔下，省略了"王闻大喜"，直接是"心欲当之，乃逼以妻焉"。这只是很小的两处，后面的记载中还有很多细微的差别。但就此两处变化而言，笔者的看法是，无碍大体，还是表现了一位有个性的年轻女子看重自己心仪的男子，并通过她哥哥帮助最终获得如意郎君的美好结局。

陆扬在文中对惠皎如何成功描绘罗什之母展开了细致的文本分析①，

---

① 参见陆扬《解读鸠摩罗什传：兼谈中国中古早期的佛教文化与史学》，《中国学术》2006 年第 23 辑，商务印书馆，第 42~45 页。

他据此认为是"增加了一个肯字，主动性得以加强"；僧祐笔下的"及见炎，心欲当之。王闻大喜，逼炎为妻"，而在惠皎笔下，省略了"王闻大喜"，直接是"心欲当之，乃逼以妻焉"。陆扬同样认为，前者的描述表明罗什之母是在国王的强迫之下完成的，但后者乃是自己强迫鸠摩炎才娶了她的。

先看第一处增加"肯"字。笔者认为增加一"肯"字，没有从根本上改变罗什之母起初不肯嫁人，而见到鸠摩炎之后动心欲嫁之的本意。而增加一字，很有可能是出于诵读或形式上的考虑。从诵读的角度看，惠皎的行文"且体有赤魇，法生智子，诸国娉之，并不肯行。"这增加的"肯"字使文章读起来更有诗歌的韵律。从形式上看，并行的四字句使行文更整饬完美。其实纵观全文，无论是僧祐还是惠皎的，四字一断句甚是多见。在这里惠皎完全有可能只是出于形式的需要而增加一"肯"字（齐梁之际，正是骈四俪六之骈体文最为风行时，迎合读者喜好而采用大家喜好的四字句完全有可能）。再看第二处国王逼鸠摩炎娶他妹妹的描述。陆扬认为没有"王闻大喜"，则表明是耆婆自己逼迫鸠摩炎，而不是如僧祐笔下是国王逼的，这样罗什之母的主动性更加突出。可是细细一想，一个待字闺中的女子（即便才识过人，贵为王室成员），她有什么世俗的本领和办法逼迫一个"将嗣相位"、才貌双全的优秀男子娶她为妻呢？最终还只能依靠自己身为国君的哥哥以权势加以威逼利诱而已。省略了"王闻大喜"四个字，就可以推导出罗什之母是凭借一己之力强"娶"鸠摩炎的壮举吗？显然，这种推论站不住脚。

陆扬对此小结道，僧祐的《出三藏记集》与惠皎的《高僧传》有关罗什之母的部分相比较，发现慧皎对鸠摩罗什母亲耆婆的记载更为详细。这种详细的原因是因为：第一，"这很可能和当时社会中佛教尼姑地位开始大幅提升，并受到社会一定程度的尊重有关。"①；第二，"中古的很多读者显然已经接受了一种观念，那就是天竺和西域在风俗等方面和中土完全不同，甚至那些异域人士（包括女性）寻求超脱的行为也会有所不同……而这种描写如果换在中土女性形象上则不大可能出现。"②

陆扬认为宝唱《比丘尼传》在梁朝时期的出现，是尼姑地位大幅提

---

① 陆扬：《解读鸠摩罗什传：兼谈中国中古早期的佛教文化与史学》，《中国学术》2006年第23辑，商务印书馆，第47页。

② 陆扬：《解读鸠摩罗什传：兼谈中国中古早期的佛教文化与史学》，第47页。

升的表现。当时僧尼的社会地位情况到底如何？我们可以从《比丘尼传》中窥见一二。"宝唱的《比丘尼传》，是一部翔实的尼史。中国妇女从家门遁入空门的最初情景，尼姑史作为血泪史的渊源，以及比丘尼制度如何在大江南北逐步展开，都可以在这部书里取得具体的历史认识。"① 笔者翻检了《比丘尼传》的相关内容，早寡、家贫、拒婚是女子遁入空门的主要动机。一如许理和在他的《佛教征服中国》中所写："许多此期名僧据说出家前都生活在相当贫困的环境中"②，"僧团，一旦成为学术和文化中心就必然对有才能的出身低贱的人产生极大的吸引力，他们一旦进入寺院就能分享到某种程度的士大夫生活。"③ 这一推断应该是符合历史本原面目的。当时之世，社会动荡，乱世祸福，常无定规。佛教的因果报应之说，占卜之术，易于被普通百姓接受。"《高僧传》详述澄术之神异，又记其立寺893所，虽不尽可信，然佛教之传播民间，报应而外，必亦藉方术以推进，此大法之所以兴起于魏晋，原因一也。"④ 汤先生在此主要是分析佛教兴盛的原因，但我们亦可从侧面探知当时社会思想之芜杂，社会历史之动荡。佛教最初的传播者、研习者或借道玄学，或依傍世族大家，但远未到僧侣集团地位大幅提升、"佛教完全征服中国"的阶段。佛教初入中土之际的尼姑们，在当时的条件下，并无太多社会地位可言。

同时，陆扬还认为虽然鸠摩罗什的时代僧尼群体大量存在，但"这些都不足以解释耆婆这种形象的出现，因为在现存的印度与中国早期的佛教论述中，似乎并没有像惠皎对耆婆这样的大胆描写求道女性的形象。"⑤ 首先是如何定义"佛教论述"？陆似乎把"佛教论述"仅仅局限在类似《高僧传》这样具有明显传教特征的文献之中。同时代有部非佛学类著作《金楼子》（梁元帝萧绎撰，见残存的《永乐大典》萧绎部分），据日本京都大学兴膳宏的考证，《金楼子》保存完整的共八篇。⑥ 而另有《后妃》等四篇虽不完整，亦可阅读。其中《阮修容传》就是《后妃》的一部分。《阮修容传》是通过萧绎的眼光，生动具体描写自己母亲在六朝后宫生活的文章。那么我们来看看这位女性的求道之心。阮修容"初习

---

① 蔡鸿生：《尼姑谭》，中山大学出版社，1996，第248页。
② 许理和：《佛教征服中国》，李四龙、裴勇等译，江苏人民出版社，2003，第6页。
③ 许理和：《佛教征服中国》，第8页。
④ 汤用彤：《汉魏两晋南北朝佛教史》，昆仑出版社，2006，第172页。
⑤ 汤用彤：《汉魏两晋南北朝佛教史》，第172页。
⑥ 〔日〕兴膳宏：《异域之眼：兴膳宏中国古典论集》，戴燕选译，复旦大学出版社，2006，第157页。

《净名经》义，备该玄理，权实之道，妙极法门。末持《阿毗昙心论》，精研无比，一时称首。"更难得的是，她深入研究，撰写了一部解释《杂阿毗昙新心论》的《杂心讲疏》。阮修容不仅追求佛道的理论知识，而且积极造佛像、做施舍。"京师起梁安寺，上虞起等福寺，再荆州起禅林、祇洹等寺"，"性好赈施，自春及冬，无日而怠"。这都是和惠皎同时代的有心向佛的女子。其实，自《史记》以来，历代的正史都有后妃传。曹植曾写《卞太后诔》，钟会又写《生母张夫人传》，陆机有《大司马夫人像赞》①，谁能说没有像惠皎那样描写大胆求道女性形象的呢？而这种非佛教典籍记述佛教徒一心向佛之事能说与佛教论述无关吗？大胆求道的女性形象大可不必一定出现在陆扬所理解的"佛教论述中"。

二 僧祐与惠皎记录高僧差异的缘由

的确，惠皎笔下的罗什之母较之僧祐笔下寥寥数笔的罗什之母，确乎差异颇大。差异的原因，在笔者看来，无关妇女在当时的社会地位及中土对西域文化的想象，而更多的源自僧祐《出三藏记集》与惠皎《高僧传》这两本书不同的体例和写作目的。《出三藏记集》本为记录佛典的译出与编撰而作，译经师传记仅是附载；《高僧传》则不然，慧皎的目的是要为高行者立传，以作为后世的参照模范的，所以对于传主的负面言行，一律删除，并在不违背史实的考虑下，对传主作了适当的艺术加工，使其形象更为鲜明饱满。

《出三藏记集》全书共分四大部分，卷一为撰缘记，卷二至卷五为铨名录，卷六至卷十二为总经序，卷十三至十五为列传。"纵观全书，以目录为主干，记述大量移译经典，有知译者，有失译名者，有疑伪者，围绕集录众多序记，评述翻译过程，……故本书虽有四部分，而中心则以佛典翻译为主。"②可以说关注佛典的翻译情况，是僧祐的出发点和着力点。当然，翻译是由人进行的，也就自然要记录相关僧人的行状。而《高僧传》则是专门记录汉至梁四百余年间高僧事迹，而且惠皎有很强的道德遴选标准。他自谓："前代所撰，多曰名僧。然名者，本实至之宾也。若

---

① 葛晓音主编《汉魏六朝文学与宗教》，香港浸会大学人文中国学术丛书，上海古籍出版社，2005，第9页。

② 僧祐著，苏晋仁、萧练子校，《出三藏记集》，中华书局，1995，第17页。

实行潜光，则高而不名；寡德适时，则名而不高。名而不高，本非所记；高而不名，则备今录。"那么在《高僧传》里能单独列传的，至少在他眼里都是名实相副或高而不名的僧人。这里有树立榜样、道德感化的意图在其间。这一根本不同的出发点，形成了僧祐与惠皎著作不同的文风和记言的差别。

先宕开一笔，不表罗什之母。我们看看两个僧人在《出三藏记集》和《高僧传》中一增一删两个迥异的"命运"。

在《出三藏记集》卷十三竺法护第七中，主要是记载竺法护的生平事迹，但除此之外，在文章近尾处有他弟子法乘事迹的简略记载。而在惠皎的《高僧传》卷第一中，有"晋长安竺昙摩罗刹（竺法护）"的记载，内容与僧祐所载大同小异，但此节中删去了竺法护弟子法乘的记载。在《高僧传》第四中单列"晋敦煌竺法乘"，所用材料，同样源自僧祐，个中蹊跷值得思量！在僧祐处，可能出于简略的考虑，将竺法护和自己弟子法乘的事迹置于一章，一来便于叙述，读者易于了解相关人物的关系脉络；二来节约篇章，因为《出三藏记集》主要想记录佛典的翻译情况，而不是僧人大德。但是惠皎是想给历代高僧立传，所以尽可能网罗更多高僧事迹，而不求相关人物关系与脉络。也许惠皎认为法乘就是"高而不名"者，所以有必要单独作传。

惠皎不仅会增加列传人数，有时也会删减，如竺叔兰在《高僧传》中的命运。《出三藏记集》卷十三朱士行卷第五，竺叔兰卷第八，分别记录了两个僧人的事迹。朱士行和竺叔兰在僧祐眼里享受同样待遇，都是各列一章，因这两人并无关系，不是师徒，也不是亲友。但是竺叔兰和普通僧人不太一样，初为浪子，"性嗜酒，饮至五六斗方畅"，"后经暂死，备见业果"，从此"改励专精，深崇正法"。而在惠皎笔下，他取消了竺叔兰独列一章的"待遇"，将他并入朱士行一章中。因而在惠皎笔下朱士行一章中便很突兀地多了一段描写一个浪子回头的僧人竺叔兰的故事。著者这样编排的理由，我想主要是出于一种"道德过滤"。他认为竺叔兰是"名而不高"者，不是他心中具有理想人格的僧人，因此取消他单列一章，只是将他穿插在朱士行的记载之中。

"所有的传记都在它的自身内部笨拙地掩盖着一部自传。"①，所以我们在探讨惠皎的写作动机、成书目的及作传理念时，特别要考虑其身份和

① 赵白生：《传记文学理论》，北京大学出版社，2003，第125页。

目的。"传记写作有三个主要动机：纪念、认同和排异"①。慧皎成书目的很明显：一是盛载道高品正高僧的理想人格，弘扬高僧的精神，明佛理见真性，开悟众生，以励后人；二是传教护法，大力宣扬释教，使众人虔诚地皈依佛门。而僧祐《出三藏记集》如前所及，实为中国现存的最古的佛教经录。僧祐在此书中自称："爰自安公始述名录，铨品译才，标列岁月，妙典可征，实赖伊人。敢以末学，响附前规，率其管见，接为新录，兼广访别目，括正异同"（《出三藏记集》卷二）。他在此书的撰制当中，曾经"钻析内经，研镜外籍，参以前识，验以旧闻"②，旁征博考，确实费过不少功力。此书保存了古代译经史上许多原始资料，是后世学人研究中古时期佛教传播问题的重要依据。僧祐是律学大师，他著书的目的在于梳理佛经目录、文献，这一根本出发点的差异决定了在材料的取舍上和惠皎不同。

三 惠皎详述罗什之母的缘由与目的

鸠摩罗什是中印文化交流史上的重要人物，与玄奘并为佛经翻译史上的"双子星座"，言其光耀千古都不为过。同时代关于鸠摩罗什的史料和传说可能确实很多，但是为何除了在篇初出现了其父鸠摩炎的点滴信息之外，后全无其父的踪影？如果说鸠摩罗什之母确有过人之处，那鸠摩罗什之父也非同寻常呀，否则当年耆婆为何逼而"娶"之呢？可是后续的历史叙述却在不断叠加耆婆的形象而对鸠摩炎的形象不断地作减法。这一加一减的背后，读者的"接受心理"倒值得探究。弗洛伊德的"弑父娶母"理论差不多揭示了男权社会、男性书写背后共通的心理"暗角"。许多有关伟大男性历史人物的叙述中，我们能见的多是母亲扮演了道德榜样和启蒙先知的角色，而父亲的形象从来就是缺席的。从孟母三迁到岳母刺字，在特别强调道德教化的中国文化中，由"伟大的母亲"担当引路人和教育者的作用更加突出。惠皎详述耆婆的形象，其内在的动机和读者的潜在心理，我想或许与此有关。而不是如陆扬所言，"这种描写换在中土女性的形象上就不大可能出现"。③

① 赵白生：《传记文学理论》，第122页。
② 僧佑著，苏晋仁、萧练子校，《出三藏记集》，"序"第2页。
③ 陆扬：《解读鸠摩罗什传：兼谈中国中古早期的佛教文化与史学》，《中国学术》2006年第23辑，商务印书馆，第47页。

惠皎《高僧传》中详细叙述了罗什之母，在于他试图借此女性形象宣扬教化，弘扬佛法。其间不无虚构、浮夸之辞。而惠皎《高僧传》的文学色彩，早有学者专门探讨。复旦大学中文系刘强就曾专门论述《世说新语》与《高僧传》之关系，并指出"《高僧传》所采《世说》高僧言行甚多"，而且"从篇目分类思想看，《高僧传》极有受到《世说》启发之可能"。① 为了达到宣扬教化的目的，对母亲进行"高大全"式的艺术处理是完全有可能的。

本文第二节中对僧祐和惠皎不同的著书目的进行了分析。再从两者的行文风格看，僧祐的记载更显严谨，立场更显客观。还有一个小例证，每有一人物介绍时，比如鸠摩罗什，僧祐会说："鸠摩罗什，齐言童寿。"而惠皎说："鸠摩罗什，此云童寿。"且细细翻阅《高僧传》就会发现，凡有类似人物介绍时，惠皎都是"此云××"，而历代的注释者都会在此处标注《祐录》或《内典录》或《开元录》作"齐言"或"宋言"等等。最初的版本是"齐言"还是"此云"，这是版本学上值得考究的问题。但从另一角度看，一"齐"一"此"，各自立场彰然。僧祐的《出三藏记集》是站在一个相对客观、中立的角度论说的，虽然他亦是中土人士。但惠皎的"此云"就很明显是站在一个中土（中国）人士的立场上言说的，他似乎很顾及中土民众的接受心理。

简言之，慧皎的《高僧传》，一改前人只重史料的偏向，开创了用文学手法记载佛教僧侣生平、传奇、神迹故事的新方法、新范式，使得笔下的人物更加形象动人，能够自如地穿行在文学与史学之间。这种记载方式对后世历代高僧传记产生了深远影响，也为魏晋之际志怪、传奇等"准小说"的诞生提供了温床和土壤，文学在魏晋之际渐渐脱离"经""史"的范畴独立出来。高僧传记由重视史料到文学与史学并举，这种嬗变的背后，是西域文化东传过程中，不断汉化和契合汉地民众接受心理的过程。中土更重母亲的教化作用，父权制社会共通的弑父心理，也许都是惠皎详述罗什之母的创作前提和心理预期。而以史料为基础，对罗什之母形象进行文学性塑造和再创造，都服膺于慧皎著述《高僧传》之终极目的——传教弘法，开悟众生，以励后人。

印度佛教自东汉传入中土，高僧大德弘法传教的事迹借由各类传记广

---

① 葛晓音主编，《汉魏六朝文学与宗教》，香港浸会大学人文中国学术丛书，上海古籍出版社，第502、507页。

为流布。中土的记录手法从注重史料到注重文学性的转变，是佛教中国化的重要表现。这种转变不仅推动了汉地佛教文学的发展，也对佛教深入人心、使佛法广为人知起到了重要作用。文本的流行，从来都不只是文字的翻译和改编，背后起支配作用的往往是本土的主体性文化精神与自我选择。这也许是佛教中国化给我们最大的启示。

佛教中国化的契理与契机

谭忠诚[*]

佛教中国化肇端于"白马负经"东来，印度佛教哲学义理与中国本土儒、道思想之间相互碰撞、不断交流而自我发展的一场文化自觉现象：一方面，作为中国本土文化之代表的儒、道思想体系在面对一种外来异质文化的冲击时不得不进行相应的自我调适，察诸义理，儒家的"和而不同"（《论语·子路》）与道家的"冲气以为和"（《老子·第四十二章》）的思想境界已为任何外来异质文化的融入准备了精神气象；另一方面，作为外来文化的印度佛教为了消减其本身与中国本土文化间的差异而引发的"水土不服"亦不得不"中国化"，稽诸史实，中国佛教史上的"禅宗"与"人间佛教"的出现，均堪称是佛教"中国化"的两次宗教革新运动。结合佛教"中国化"的单个历史现象来考察，不但可以窥探佛教何以能够"中国化"之潜在而深层的理论机制——契理，而且还可以发现佛教"中国化"之现实而特定的历史机遇——契机。正是"契理"与"契机"的精妙结合，亦步亦趋地推动着佛教中国化的必然之路。

关于佛教中国化的契理问题，笔者曾撰《佛教中国化的契理管窥》一文，对于蕴含在印度佛教中的"如来藏""二谛"及"三性"（或"三无性"）之类的基本哲学义理与中国本土儒、道文化之间有着某种思维方式上的对应性进行过一番中国语境下的"格义"式解读，并大致得出：印度佛教同中国本土儒、道二家在哲学义理上确实是存在着诸多内在的、可以通约的互证关系。正是中、印文化之间这种内在关联性奠定了印度佛教在中国的传播与发展，同时，也因为这种内在关联性决定了印度佛教必须"中国化"的命运，即印度佛教在传入中国以后，它必须要同中国固

---

* 谭忠诚，中南大学公共管理学院副教授。

有的儒、道思想不断地交流，相互吸收，不断发展，最终形成一种有别于印度佛教的新形态——中国佛学，而"所谓中国佛学，既不同于中国的传统思想，也不同于印度的思想，而是吸取了印度学说所构成的一种新说"。① 这类中国佛学正是冯友兰所称"中国的佛学"，在冯先生看来，"中国的佛学"与"在中国的佛学"应该是有所区别，"因为佛教中有些宗派，规定自己只遵守印度的宗教和哲学传统，而与中国的不发生接触"。历史上比较著名的例子就是玄奘创立的唯识宗（即相宗），冯友兰说："像相宗这样的宗教，都只能叫作'在中国的佛学'。它们的影响，只限于少数人和短暂的时期。"②

本文仍然沿袭佛教中国化的契理追问之路，将尝试另一种研究视角的转换——单就中国儒家或道家文化本身所固有的精神气象来探究佛教中国化"何以可能"的原生文化机理。围绕这样的视角，本文将分别从中国儒、道两家原生文化的精神格局来展开，其大致可以细分为两个层面：一是儒家孔子"和而不同"的消极包容性，二是道家老子"冲气以为和"的积极开放性。

一

关于儒家与佛教之间的冲突及交融，《弘明集》载诸甚详，在此不再单列。相传菩提达摩祖师东来震旦（中国）传法之时，就是因为洞悉东土大乘根性业已成熟了的历史机缘。后来大多数学者把这种东土大乘根性已臻成熟的标志归根于孔孟儒家的"成己""成人"到"成物"的精神气象，如《论语·宪问》所载孔子的"修己""安人""安百姓"与《礼记·中庸》论"诚"时说"诚者非自成己而已也，所以成物也"之类的思想均与大乘佛教"利乐有情""恒不舍离"的菩萨道基本一致。又如孔子"天下有道，丘不与易焉"（《论语·微子》）及"己欲立而立人，己欲达而达人"（《论语·雍也》）的济世情怀跟佛教地藏王菩萨的"地狱不空，誓不成佛"的宏誓大愿也是不谋而合的。因此，尽管佛教东传时，曾经在一些宗教仪轨如"沙门不敬王者"及剃发与不婚无子等方面跟儒家礼制与孝道相抗，然而，由于儒、佛两家皆有一番共同的"修己"以

---

① 吕澂：《中国佛学源流略讲》，中华书局，1979，第1页。
② 冯友兰：《中国哲学简史》，北京大学出版社，2013，第231页。

"度人"济世精神，使得这些冲突仅是停留于表面形式。更何况，儒、佛两家各自另有一番豁达圆融的精神境界：在佛教看来，这就是"一切圣贤皆以无为法而有差别"（《金刚经·无得无说分》）；在儒家眼里，则是"君子和而不同"（《论语·子路》）。"和而不同"虽语出孔子《论语》，然而对"和"的追求，乃是儒家（或道家）思想的核心价值，如《论语·学而》说："礼之用，和为贵，先王之道，斯为美。"由此可知，"和为贵"乃是儒家古圣先王执政与修身之道。究其根柢，儒家所崇尚的"和为贵"思想，还蕴含了另一种更深层次的"生生"之理，即《国语》史伯所称言的"和实生物，同则不继"。正是凭借着对于天地万物存有的这番"和实生物"的"生生"之理的真彻体悟，才生发了孔子所谓"和而不同"的无限包容性思想。儒家这番"和而不同"的精神境界，使得作为华夏主体文明的儒家思想能够不断地调适其自身与任何外来异质文化的紧张关系。因此，同样作为异质文化的佛教，在其传入中国之初虽曾不可避免地遭遇了来自传统儒家礼教的冲突，而其佛教固有的精神根柢却仍然能被儒家的"和而不同"所宽容，并在中国延续了一段缓慢而长久的传播与生息之路。不过，佛教能够真正地在中国得以绵延生根的长生久视之道，又可归因于中国另一本土文化——道家道教的殊胜接引之缘。

佛教大行于中国南北朝，时值中国道家之学极盛。当时佛、道二家学者，皆被大众视为一流人物。在南北朝时期的谈玄之士眼里，大多数以为道家老庄与佛教本无二致，如《无量义经》序引刘虬说："玄圃以东，号曰太一；罽宾以西，字为正觉。希无之与修空，其揆一也。"这里将道家的"希无"与佛教的"修空"比而论之。又如范晔则直言佛教的"清心释累之训，空有兼遣之宗"皆为"道书之流"。[①] 当时佛教丛林内部，以老庄来讲习佛学的"格义"之风甚烈，如《高僧传》卷六曾述慧远"引庄子义为连类"以讲佛教之"实相义"时"惑者晓然"。这种征道家以"格义"的习佛之风，在当时的道安、支遁身上也非常明显。在这方面，传世最有名的著作当是僧肇的《肇论》，堪称援老庄以解佛的典范之作。道家思想之所以能够被佛教讲习者大肆征引"格义"，这一方面跟佛、道二家哲学义理上的共通性紧密相关，另一方面也由道家本身"冲气以为和"的理论开放性所决定。"冲气以为和"一语出自老子《道德经》第四十二章，这个"冲"即交冲、激荡也。在道家思想内部看来，"道如于一，

---

① 《后汉书·西域传论》。

一而不生，故分而为阴阳，阴阳和合而万物生"。(《淮南子·天文训》)因此，道家能够积极地看待外来力量与自己本身的和谐关系，并视其为阴阳之间的交冲与激荡。在中国历史上，道家正是凭借这股"冲气以为和"的开放心态来接引佛教降临的。它不仅在教义上以道家的"无"来全面接引佛教的"空"以成"格义"之学，还积极借鉴了佛教的修行方法来充实道教本身的自我完善。例如王重阳在创立全真教时，一方面在戒律方面借鉴了佛教律宗，规定除必须出家外，当舍去一切，严守乞食制。对不太重视戒律的道教，此为一大改革，另一方面在修炼上不用符箓，不炼外丹，要反身修养，尤其专注心灵能起超时空的相互感通，这显然又是借鉴了佛教禅宗的修行法门。

二

在佛教东传中国的过程中，儒家"和而不同"的包容性与道家"冲气以为和"的开放性，两者仅能提供一种佛教中国化的潜在可能性，这种潜在可能能否成为现实，还跟佛教在中国传播时所遭遇的特定历史机遇紧密相关。这种特定的历史机遇就成了佛教中国化的"契机"。以下兹引历史上佛教中国化的两大现实形态——禅宗和人间佛教的创立为例，以揭示这种佛教中国化的历史"契机"。

在近代佛教史上，"契理契机"还曾经是太虚大师当年力倡人间佛教运动时所遵循的一条弘法宗旨。太虚说："佛法之原则在于契理契机，理是诸佛诸圣满证、分证诸法性相之理实，机是众乘众趣已修、未修众生行果之机宜。不契理，则失实而本丧；不契机，则失宜而化滞，无佛法亦无僧及信徒矣。"[1] 可见，太虚的这一"契理契机"的弘法宗旨是要求佛教僧尼在不背离佛典教义之根本精神（即"契理"）的前提下，对自己当下特定情境中的佛法修持方式做出一种合乎时宜的权衡与变通（即"契机"）。正是基于这种"契理契机"的弘法宗旨，在20世纪初期，太虚大师针对近代佛教丛林中所涌现的诸多弊端与颓废而发起了一场旨在革新佛教的宗教复兴运动——人间佛教运动。在中国佛教史上，太虚的这场人间佛教运动的宗旨意在实现由传统佛教向现代佛教的重大转型，是中国本

---

[1] 太虚大师：《即人成佛的真现实论》，《太虚大师全书》（第47册），宗教文化出版社，2005，第457页。

土继禅宗慧能法师以来的又一次重大的佛教中国化"革新"运动，它几乎奠定了整个二十世纪乃至二十一世纪中国佛教事业的发展方向。自太虚以后，大陆的赵朴初居士不仅在理论上，而且在实践上不遗余力地推动着大陆当代人间佛教事业的稳步发展；台湾的印顺法师和星云法师等人也一直在如火如荼地积极奉行太虚大师人间佛教的理论与实践，并取得了令众生瞩目的无上功德。

如果把人间佛教兴起的历史机遇——其"契机"归因于中国近代佛教丛林发展中所滋生的诸多弊端而发起的一场旨在革新佛教的宗教复兴运动，那么，中国历史上另一种佛教中国化的产物——禅宗的出现，又遭逢了一番怎样的历史机遇呢？

与近代人间佛教兴起时所遭遇的佛教丛林之颓废态势相反，佛教史上的禅宗虽然肇始于齐梁乱世，由印度第二十八代祖师达摩把释迦"拈花正宗"传入中国，但是，中国禅宗真正的开山祖师却是出生于初唐佛教鼎盛时期的六祖慧能。六祖慧能之所以能够创立中国化的佛教——禅宗，这可以从历史的时空两方面来分析：首先，从时间上来看，东汉到魏晋南北朝时期，正是中国对印度佛教的吸收时期，绝大多数的佛教经典，也是在这一时期翻译过来的，而自隋唐以来正值佛教在中国已独具特色，逐渐走向独立发展的历史阶段，慧能正处于这一历史阶段的转折点上；其次，从空间上来看，慧能创立的"南宗禅"与传统以来的"南中国精神"是基本一致的。关于中华民族文化的研究，大致可以分为南北两派，一派是以黄河流域为中心的孔孟文化，属于儒家思想体系；一派则是以长江流域为中心的老庄文化，属于道家思想体系。历史上的老庄是楚国苦县人，庄子是宋国蒙县人，二人的思想在当时都属于南方文化。随着历史的推进，这种南方文化还在不断地扩张到江淮、江东及闽、粤等地区。六祖慧能出生于粤，其发心求佛的黄梅寺又是楚文化的中心地带。因此，其所创立的"南宗禅"亦不可避免地带有这种南方文化特色，具备一种"南中国精神"。对此，印顺法师也在其《中国禅宗史》中指明了这种"南中国精神"，他说："代表南中国文化的特性是什么？大概地说，面对现实的、人为的、繁琐的、局限的世界，倾向于理想的、自然的、简易的、无限的；这不妨称之为超越的倾向。江南的佛教，尤其是发展于南方的'南宗禅'，更富于这种色彩。"①

---

① 印顺：《中国禅宗史》，江西人民出版社，1999，第72页。

上述尝试性地探寻了禅宗中国化的契理与契机，最后再来简单地揭示历史上两次佛教中国化的时代意义。关于人间佛教的历史意义，如前文已略有交代，在此仍然值得一提的是，近代人间佛教的兴起，不仅从佛教内部扭转了自清末民国以来的佛教丛林发展的萎靡颓废状态，还在佛教外部，能够代表着本土文化实现了对近代基督教文化大举入侵中国的有效抵制。

关于佛教中国化之禅宗出现的历史意义似乎更值得深究。六祖慧能在盛唐佛教大行其道的历史时期，独树一帜地首倡"不立文字，教外别传"的禅宗门派，并直言"菩提自性，本来清净，但用此心，直了成佛"（《坛经·行由品》）的修行方法。这代表着中国佛教彻底摆脱了对印度佛教的依赖而完全自我发展的一种文化自信。再者，倘若放眼于"后禅宗时代"中国佛教史发展的历史境遇来看，唐朝虽然一方面佛教大行，但另一方面也是佛教盛极而衰的历史拐点，尤其是"武后一朝，对于佛法，实大种恶因"，"武则天与奸僧结纳，以白马寺僧薛怀义为新平道行军总管，封沙门法朗等九人为县公，赐紫袈裟银鱼袋，于是沙门封爵赐紫始于此矣。"① 到了唐武宗时竟然上演了中国佛教史上最大的厄难——会昌法难。据《通鉴》记载，仅至会昌五年八月，天下所拆寺四千六百余所，还俗僧尼二十六万余人。同时，又帖诸寺牒云：如有僧尼不伏还俗者，可违敕罪，当时决杀。

在这次唐武宗"会昌法难"的灭佛运动中，当时唐朝的佛教除禅宗外的所有宗派全军覆灭了，而只有六祖慧能开创的禅宗，不仅安然地度过了此劫，反而迎来了"病树前头万木春"的蓬勃发展时期，并在会昌法难后的几十年间迅速遍布全国，可谓后来居上，取得了后来中国佛教的主导地位。关于会昌法难后，佛教丛林在唐朝出现"诸宗消沉，禅宗独盛"的历史原因，贾题韬居士有过这样一番揭示，兹引如下，以作本篇之结语：

诸宗消沉，禅宗独盛的原因是什么呢？大家知道，禅宗的旗帜是"教外别传，不立文字，直指人心，见性成佛"。由于禅宗在当时没有寺

---

① 汤用彤：《隋唐佛教史稿》，江苏教育出版社，2007，第19页。

院、寺院经济及经典文献上的包袱，唐武宗灭佛几乎毁坏了全国的寺院和典章文献，但却没有伤到禅宗的一根毫毛；同时，禅宗的方法简捷可行，与传统的儒道思想方法不相矛盾，并能贯穿和深化儒道思想，易为士大夫们接受，有普及性；另外，禅宗本身涵摄了佛教的全部精义，有蓬勃的生命力，一个禅者本身就是一粒种子，不论在什么样的环境中都可以生根、发芽、开花、结果。禅宗的这些特点，较其他诸宗有不可比拟的优越性，遂使它在一千多年的历史中成为中国佛教的主流和主体。①

---

① 贾题韬：《贾题韬讲〈坛经〉》，上海古籍出版社，2011，第7页。

五祖法演禅师对于禅宗的贡献

李万进[*]

中国禅宗有一千多年的历史，这一宗派的法脉至今仍有延续，并在东亚乃至世界各地都有法脉的传承。在一千余年中国禅宗历史发展中，北宋时期的中国禅宗有着一些特色。这一时期的禅宗，特别注重于参公案，出现了由圆悟克勤开创的文字禅。而作为圆悟克勤的师父——五祖法演禅师，对于参公案乃至文字禅的形成也是多有贡献的。五祖法演曾在白云守端禅师处参禅问道，得到了白云守端禅师的印证，并在海会寺弘扬禅法多年，于晚年才移居到黄梅的五祖寺。从五祖法演禅师的生平经历可以看到，五祖法演弘扬禅法，对于禅宗多有贡献的时期，是在太湖地域完成的，因此要探讨太湖禅宗文化的意蕴，以及太湖禅宗对于中国禅宗的影响与意义，那么五祖法演禅师就是一个绕不开的环节。

从中国禅宗的发展来看，四祖、五祖都曾在太湖地域弘扬过禅法，后来白云守端禅师、五祖法演禅师等禅门祖师大德又在这里弘扬禅法，所以太湖禅宗对于中国禅宗的影响与地位是不言而喻的。仅就五祖法演禅师而言，他在太湖弘扬禅法多年，奠定了北宋禅宗发展的格局，并培养了圆悟克勤、佛鉴慧懃、佛眼清远等三位禅门高僧，当时被称之为"三佛"。就此而言，五祖法演与太湖禅宗对于中国禅宗的贡献无可限量。同时，五祖法演在禅法理论上面也是多有贡献的，这样从禅门妙法的传承方面也可以为五祖法演在中国禅宗史上做一个定位，由此来凸显太湖禅宗在中国禅宗史上的地位。

一 五祖法演的历史地位

中国禅宗的传承根据灯录的记载，一般会追溯到印度佛教的西天二十

---

[*] 李万进，四川师范大学文理学院副教授。

八祖，但对于中国本土起到过重要作用的，也就是达摩祖师。而对于中国禅宗起到实质性用的却是六祖慧能，中国禅宗一千多年来，灯灯相续、代代相传的，几乎都是六祖慧能的法脉，所以唐代禅宗开启了中国禅宗的历史。到了北宋时期，中国禅宗的发展，出现了一些新的气象，那就是后世关注的禅门公案和文字禅。文字禅的创始人是圆悟克勤，而圆悟克勤又是五祖法演的嫡传弟子，所以在确立与探讨圆悟克勤在中国禅宗史上的地位时，不能够绕开他的师父——五祖法演禅师，唯有对于五祖法演禅师的历史地位进行深入的研究，才能够明了圆悟克勤开创文字禅的来龙去脉，更为清晰地研究文字禅的意义与影响。

关于文字禅之地位与影响，后世之人有一种说法，那就是不立文字与不离文字的统一，文字禅在确立了禅门妙法超言绝象的宗旨的基础上，希企通过文字与名相，来作为参禅悟道者逐渐悟入禅门妙法的不二法门。如果从这一角度来分析与考察文字禅的意义与影响，以及在禅宗史的地位，那么就可以看到五祖法演在这之中对于禅宗的贡献：

> 盖闻，言语道断，而未始无言，心法双亡，而率相传法。有得兔忘蹄之妙，无执指为月之迷。故宗师起而称扬，若尺棰取之不竭，学者从而领悟，如连环解之无穷，教外别传道，斯为美演师和尚。游方寖久，询请无私，周旋黄蘗之庭，践履白云之室，常心是道，信手成金。红粉佳人，发最上之机，金色头陀，无容身之处，念聪明咒，唱太平歌，皆诸方之所未闻，后人之所警策，其它妙语不可殚论，广于简编，庶为龟鉴云耳。①

禅门妙法一直被称之为是佛法之中教外别传、直指心性的宗派，这一宗派的宗旨就在于悟入妙心之法，无不在文字与名相上计较与纠缠，所以超言绝象与不可言说一直是禅门妙法心心相印的不二法门。禅门妙法的教外别传、心心相印、以心传心的法门，既然无法用名相与文字予以表达，那么就会出现机锋与棒喝等禅门独特的方式，以此来启迪参禅悟道者悟入禅门妙法的真谛。关于机锋与棒喝之方式，从流传于世的资料中可以看到，五祖法演禅师也是运用自如的，所以在五祖法演禅师处参禅悟道而开悟者不计其数，这也显示了五祖法演禅师在禅宗史上的地位。更为重要的是，五祖法演禅师尽管师从白云守端禅师，传承了白云禅师的禅门法脉，

---

① 《法演禅师语录》序文，《大正藏》第 47 册，第 668 页。

但是五祖法演禅师却将这一禅门法脉予以发扬光大，在得到了白云守端禅师的印可之后，能够推陈出新，因材施教，根据不同根器的参禅悟道者之具体缘法，予以开示禅门的妙法，所以从禅宗史的角度来看，五祖法演禅师既有师承的固守，也有自我的推陈出新，从而在当时将太湖地域的禅宗推到了一个新的发展阶段：

> 粤自灵山拈出，葱岭传来，天下丛林，分枝布叶，石霜古月，海会重圆，介在祖山，隐若敌国，谁主兹地，演公其人。演公系本蜀川，令行淮甸，三提宗印，二纪于兹，仁义道中，空华结果，荆棘林内，石笋抽条，莫疑优钵现前，翻作葛藤会去。克勤上人录其语要，俾之赞扬，兔角龟毛，敢言有实，狐裘羔袖，终愧非宜。①

如前所述，五祖法演禅师的弟子中，最为有名、最有影响力的就是圆悟克勤、佛鉴慧勤、佛眼清远三位禅门高僧。这三位禅门的高僧，奠定了其师五祖法演在中国禅宗史上的地位。特别是圆悟克勤，由于开创了文字禅，并受到了皇家的重视与册封，这种不仅仅在禅宗一个宗派之中，甚至在中国佛教各个宗派之中也是极为荣耀的，所以圆悟克勤的地位衬托出其师五祖法演禅师的地位。从后世资料来分析，五祖法演禅师住持太湖的海会寺，阐扬禅门妙法之时，吸引了全国各地的参禅问道者前来，其时太湖的海会寺之盛况可见一斑。也就是在五祖法演禅师于太湖海会寺弘扬禅门妙法之时，圆悟克勤来此参禅问道，并最终受法于五祖法演禅师门下。所以这些不仅奠定了五祖法演的地位，也显示出了太湖禅宗在中国禅宗史上的地位。值得注意的是，五祖法演禅师的弟子门人圆悟克勤将其师的言行与语录予以记载传世，后世之人才得以窥见五祖法演禅师的行迹。这些记载由圆悟克勤完成，其行为既有追思其师之义，更有阐扬与广大本师门禅法的意义，所以圆悟克勤以一代禅门宗师至尊而推崇其师，无疑为五祖法演禅师的地位作了一种极高的评价：

> 海会演师，昔行脚至白云峰顶，逢一善知识，据师子座，现比丘身，为无所为，说无所说。有时拿云攫浪游戏自如，有时截铁斩钉纪干不可，诸方辐凑，四众景从，罔测其由，举皆自失。师独熟视而笑，莫逆于心。曾未逾时，遂蒙受记，天人叶赞，自四面而住太平，

---

　　① 《法演禅师语录》序文，《大正藏》第47册，第668页。

父子相承，由太平而来海会。随机答问，因事举扬，不假尖新，自然奇特。①

在研究与分析五祖法演与太湖禅宗在中国禅宗史上的地位时，应该从白云守端——五祖法演——圆悟克勤这样的禅门师承与禅门法脉的传承上来进行。相较于圆悟克勤在禅宗史上的地位而言，其师五祖法演以及其太师父白云守端固然没有那么大的名气与影响，特别是日本禅宗受到圆悟克勤之影响是不争之事实，于此而言，在讨论太湖禅宗的意义时，应该从白云守端、五祖法演与圆悟克勤师徒三代人中来进行。中国一般注重的是家风与家族的文化传承，那么对于已经实现了中国化的佛教各宗派而言，师徒之间的传承，犹如家族与家风的传承一样。正是由于一个宗派乃至一个宗派的支派，经历了几代人的发展与对于禅法的弘扬，最终才能够产生一个具有举足轻重之影响的禅门祖师大德，圆悟克勤无疑就是这样的宗派与支派的师徒传承之环境与氛围中产生的禅门祖师。所以，白云守端与五祖法演为圆悟克勤的产生奠定了基础，也为本宗派日后能够于中国禅宗史上显赫一时，奠定了基础。

二　无字公案的参悟

参公案是禅门妙法的一个不二法门，公案的参悟在宋代已经十分流行，文字禅的产生与参公案的禅门风气也是息息相关的。五祖法演在阐扬禅门妙法时，注意到了参公案的重要性，所以在传授禅门妙法时，将参公案提到了一个极为重要的位置。在众多的公案之中，参无字公案是极为盛行的，历代禅门祖师对于此都有开示，而五祖法演对于无字公案却又有自我独到的见解与体悟的境界。

五祖法演对于无字公案的参悟，是从禅门妙法直指心性与教外别传的宗旨来进行的，其传授弟子门人也是秉承这一禅门妙法的宗旨予以开示。也就是说，五祖法演禅师并不是完全照抄与照搬禅门前辈祖师的语录与禅法，而是有着自我的参悟与体证之境界在其中，并且在开示弟子门人时，也是有针对性地予以启迪，而不是一锅粥地不分情形来进行。从五祖法演禅师参无字公案的开示，可以看到其对于禅门妙法的一些贡献：

① 《法演禅师语录》序文，《大正藏》第47册，第669页。

上堂云：一代时教，五千四十八卷，空有顿渐，岂不是有。永嘉
道：亦无人亦无佛，大千沙界海中沤，一切圣贤如电拂，岂不是无。
大众若道是有，违他永嘉。若道是无，又违释迦老子，作么生商量得
恰好。若知落处，朝见释迦，暮参弥勒，若也未明，白云为尔点破。
道无不是无，道有不是有，东望西耶尼，面南看北斗。①

关于有与无的关系，可以说是禅门妙法乃至整个佛教教理都要面临的
问题。对于参悟禅门妙法者而言，什么是有，什么是无，似乎因人而异、
因事而异，很难有一个统一的标准，就像马祖道一的即心即佛与非心非佛
的开示一样，都是对机设教的法门，不能够说真的是有还是无。五祖法演
禅师在开示门人弟子时认为，佛法所说的经论、顿渐等法门显示出的正是
一种真实的有之存在，否则就会堕入一切皆空、空无所有的顽空与恶趣
空，这是从真有的角度来破除空之着。但是，五祖法演禅师也看到了另一
种的极端，那就是在肯定了禅门妙法之真谛的存在基础上，对于禅门妙法
产生了执着，这也是与禅门妙法之真谛相违背的，因此他引述了永嘉禅师
的观点，否认了佛与人的存在，这是在以空破有，祛除人们对于禅门妙法
的执着。那么，既然不能够执着于有，也不能够执着于无，即使是佛法本
身也是不能够执着的，应该用怎样的态度来对待参禅悟道之事？五祖法演
禅师认为应该是如行云流水般的了无挂碍之境界来应对一切，既不执着于
有，也不执着于无，唯有超越了对于有与无的执着与分别，才是真正的禅
门妙法之境界。这种超越有与无的境界，与马祖道一所倡导的"平常心
是道"是一致的，与马祖道一所说的即心即佛与非心非佛的教理也是一
致的。从这种角度而言，五祖法演禅师对于无字公案的开示，是对禅门公
案的一种阐扬。这种阐扬的主旨，是立足于禅门妙法不立文字与不离文字
之统一，与教外别传、直指心性的根本教理来进行的，这也是研究与分析
五祖法演禅师无字公案对于禅宗发展之贡献的一种视野：

小参云：达摩西来不立文字，直指人心见性成佛。忽有个出来
道：长老寻常室中爱问人如何是尔心，某甲即不会。却问长老，如何
是和尚心，老僧即向他道：却来者里将虎须，什么心造次说向尔。他
若又问，柏树子话长老作么生会。向伊道：我有个方便有甚方便，却
须先问取首座。又问德山入门便棒，作么生会，我闻便肉战。临济入

_____

① 《法演禅师语录》卷中，《大正藏》第47册，第657页。

门便喝，作么生会，是什么破草鞋，直饶一时透过，也是七九六十八。①

无字公案显示的是有与无的超越，也就是禅门妙法所倡导的行云流水、去留无心，这样才能够真正做到心无挂碍，这种心无挂碍的境界就是与达摩祖师所说的直指心性、见性成佛之道相契应的。五祖法演禅师认为，纠缠于有与无之中，那么就是堕入到了文字、名相的执着之中，这与不立文字、直指人心、见性成佛的禅门妙法是相违背的，所以参悟无字公案者应该在自我之心上痛下功夫。问题是自我之心该如何去参悟与体悟，因为自我之心也容易陷入一种文字与名相之纠缠。在这种情况下，如果不能够将参悟公案之人的心识意念予以调控，那么也会堕入魔道。五祖法演对于心法的重视正是禅门妙法的主旨所在，关于此，五祖法演将参无字公案和参悟心法结合在一起来进行开示，这无疑是对禅法的一种发展。关于从参悟心法而论无字公案，五祖法演认为可以从随任自然的境界中进行：

> 上堂举，古人道，夫为善知识，须是驱耕夫之牛，夺饥人之食。驱耕夫之牛，令他苗稼滋盛。夺饥人之食，令他永绝饥虚。众中闻举者，多是如风过耳相似，既驱其牛，为什么却得苗稼滋盛，既夺其食因什么永绝饥虚。到者里须是有驱耕夫之牛、夺饥人之食底脚手，便与拶一拶、逼一逼，赶教走到结角处便好。向伊道：福不重，受祸不单行。②

心法之参悟与有无之参悟一样，都是要针对不同根器之人来进行的，因为心识意念流动不居，如电光石火般闪烁不定，这样心法之参悟也就在一刹那，这也是禅门妙法一直所说的电光石火的原因。要把握住这种瞬间即逝的意念，就肯定不能够用世间法的任何形式。禅门妙法的机锋与棒喝固然是针对此而设立的不二法门，参悟公案之宗旨依然是如此。从历代禅门祖师大德阐扬禅门妙法的形式来看，禅门妙法也是法无定式的，需要禅师针对不同根器之人予以点拨。即使是同一个人在不同的情形下，也需要运用不同的方式来使之开悟。五祖法演禅师在开示如何参悟无字公案时，不是仅就无字公案这一例来进行开示与点拨，而是将禅门之中一些有名的

---

① 《法演禅师语录》卷中，《大正藏》第 47 册，第 659 页。
② 《法演禅师语录》卷下，《大正藏》第 47 册，第 663 页。

公案聚于一处，来开示参悟者。这种开示的方式，其实已经是将禅门公案的形式推行到极致，以此来显示公案与禅门妙法之间的密切关系。将机锋与棒喝和禅门公案结合在一起，以加棒喝的形式来启迪与开示参禅悟道者去参究公案，这就是五祖法演禅师对于禅宗发展的一个贡献。因为禅门妙法的第一义谛即真谛是无法用言辞与文字名相予以表达的，唯有以公案的形式、以机锋和棒喝的手段予以展现：

> 龙门和尚白椎云：法筵龙象众，当观第一义。师云：若论第一义，西天二十八祖，唐土六祖，立在下风。一大藏教白云万里，摩竭掩室，毗耶杜口，正在梦中，千佛出世，寱语未了，文殊普贤拗曲作直。所以道，设使言前荐得，犹是滞壳迷封，纵饶句下精通，未免触途狂见，若也把定封疆，说什么法堂前草深一丈，直得凡圣路，绝鸟飞不度，天下衲僧无出气处。众中莫有不甘底么，出来相见。时有僧问：优昙花现方便门开，朝宰临筵如何举唱。师云：今日好晴，学云：杲日当空，清风匝地。师云：省得我多少。问：如何是人中境。师云：宝阁凌空金铎响，怪松隈险野猿啼。学云：如何是境中人。师云：鼻直眼横。乃云：更有问话者么，若无，双泉今日向第二义门。放一线道，与诸人相见，和泥合水一上。且要释迦弥勒动地雨花，文殊普贤观音势至，各踞一方助佛扬化，皆务本事器量堪任。双泉不免也入一分，共说东家杓柄长西家杓柄短，任从春草青青，炎光烁烁，秋树叶零，冬冰片薄。何故如是？且要诸人顺时保爱。乃拈起拄杖云：古人道，拈起也天回地转，放下也草偃风行，四面即不然，拈起也七穿八穴，放下也锦上铺花。且道：还有为人处也无。良久云：来年更有新条在，恼乱春风卒未休。①

第一义谛即是与禅门妙法之真谛相契应的，但是如何才能够参悟与契应第一义谛，却是参禅悟道者需要痛下功夫的，并且由于各人的根器与机缘的不同，很难保证每一个参禅悟道者都能够最终参悟第一义谛。这样从世间法与出世间法的统一角度而言，五祖法演禅师主张运用世间法的第二义谛来启迪参悟第一义谛，这也就是真谛与俗谛不相违的教理。从参悟第一义谛即禅门妙法的真谛层面而言，参无字公案就是要超越有与无的分别与对立，祛除了有与无的分别与对立，就能够证悟第一义谛。所以纠缠于

① 《法演禅师语录》卷上，《大正藏》第47册，第649页。

文字与名相，就是落入了第二义谛即俗谛之中，这是参无字公案的大忌。五祖法演禅师认为第一义谛在禅门祖师大德那里已经是被证悟了的，所以仅就禅门祖师大德而言，不存在因为参无字公案而出现障道之困境。但是，对于一般人而言，没有禅门祖师大德的根器与根基，所以还是需要从第二义谛即俗谛的一些方便法门入手，如此才能够循序渐进地悟入第一义谛。对于已经悟入第一义谛的上乘根器之人而言，一切佛经乃至机锋、棒喝和公案等法门都是多余的。但是对于一般人而言，参究公案，深入经藏，通过机锋与棒喝予以开示，却是必要的途径，不如此则无法通过第二义谛逐渐趋向第一义谛。五祖法演禅师在这里将真谛与俗谛，第一义谛与第二义谛结合在一起来阐述禅门妙法的修证之道，其特点在于参公案就是可以将真谛与俗谛、第一义谛与第二义谛很好地结合。参公案固然有堕入文字名相等俗谛之嫌，但是当时的参禅悟道者之根器的确需要通过参公案来成就禅门妙法的真谛。所以五祖法演禅师对于禅门妙法的贡献，就参公案而言，与后来其弟子圆悟克勤禅师开创的文字禅是一脉相承的。

三 禅门妙法的境界

历来参悟禅门妙法重在开悟的境界与见地，唯有通过对于境界与见地的印证，才能够最终检验参禅悟道者是否真的开悟，所以历代禅门祖师大德都十分注重禅门妙法境界的阐释，五祖法演禅师在阐扬其禅门妙法时也是注重禅门妙法境界的问题。但是，境界只有参悟者自我知晓，如人饮水，冷暖自知，所以禅师对于禅门妙法境界的传授，只能够予以点拨与开示，参禅悟道者自己去体悟。不过，禅门妙法之境界却不是完全没有章法可循。尽管禅门妙法是超越了世间法的，其境界也是不可思议与不可言说的，但是从历代禅门祖师大德的语录来看，禅师们还是运用了一些看似不相对应的诗句与语句来开示门人弟子，希企其中有根器之人能够通过这些诗句与语句，来把握与体悟禅门妙法的境界。五祖法演禅师在开示禅门妙法的境界时，将这种看似南辕北辙的诗句与语句的形式，运用到了极致：

到兴化上堂僧问：和尚未离四面时如何。师云：在屋里坐。学云：离后如何。师云：走杀阇黎。乃举法眼颂云：山水君居好城隍我亦论，静闻钟角响，闲对白云屯，大众，法眼虽不拿云攫雾，争奈遍

391

地,清风四面,今日试与法眼把手共行,静闻钟角响。且不是声闲对白云屯,且不是色。既非声色,作么生商量。乃云:洞里无云别有天,桃花似锦柳如烟,仙家不解论冬夏,石栏松枯不记年。①

五祖法演禅师早年曾经遍参大江南北的禅师,并于白云守端禅师处得到了禅门妙法境界之印证,因此他本人对于禅门妙法之境界是有切身的体悟与修证的。从五祖法演禅师的语录以及与人的问答来看,关于禅门妙法的境界,五祖法演禅师更倾向于不离世间法而言出世间法,也就是前面提到的真谛与俗谛、第一义谛与第二义谛不相违的模式。禅门妙法的境界固然不是世间法的声色,但是如果不借助于世间法的声色等范畴,却又无法开示与点拨参禅者如何去悟入禅门妙法的境界,所以禅门妙法的境界与世间法的关系是不一不异的模式,既有联系却又不能够纠缠于世间法之中,其宗旨还是在于破除世人对于世间法的分别与执着,更在于要破除世人对于世间法的对立的认识。对于禅门妙法的境界之描述,五祖法演禅师运用了一首诗:"洞里无云别有天,桃花似锦柳如烟,仙家不解论冬夏,石栏松枯不记年"。在这首诗中,体现了无拘无束、了无羁绊的自然境界,这与禅门妙法行云流水般的随任自然之境界是一致的。在这种境界中,没有世间法的对立、执着与分别,因此也就没有了世人的烦恼与妄念,这当然与禅门妙法所追求的解脱与超越的境界是一致的。同时,五祖法演禅师所开示的禅门妙法,还体现了禅门妙法一直追求的刹那即终古、瞬间即永恒的境界,这也是五祖法演禅师在阐扬禅门妙法时对于禅宗的一种创见:

上堂云:古人道,无边刹境,自他不隔于毫端,十世古今,始终不离于当念。师云:是即是,只是太旧。雪峰示众道,尽大地撮来,如粟米粒大,抛向面前,漆桶不会,打鼓普请看。大众,雪峰对面热瞒诸人不少也,然虽如是,还有与雪峰同步底么?试出来与五祖相见,有么?若无,遂拈拄杖卓一下举起云:五祖今日与雪峰,同乘槎泛四大海,穿八大龙王髑髅,经过百千个须弥山,却回来法座上坐。又送雪峰归雪峰山,只是不曾动着一步,诸人还信得及么。若信不及,遂举拄杖云:岂不见先师翁道,放在卧床头,急要打老鼠。②

---

① 《法演禅师语录》卷上,《大正藏》第47册,第650页。
② 《法演禅师语录》卷下,《大正藏》第47册,第664页。

禅门妙法也被称之为心法，也就是说禅门妙法重在证悟自我之心性，这样能够将一切看似对立之法融于其中而圆融无碍，其圆融之基础就在于一心，所以五祖法演禅师开示众人，要明了一切法，始终不离于当下之一念，一念之中善恶分明，净染分明，如此能够悟入禅门妙法的境界。但是，这个一心之念看似简单，人人皆有，人人皆知，却不是人人都能够捕捉得到，更遑论能够可以自我自如地控制一心之念的，这就是禅门妙法境界的殊胜处，即通过观心可以最终自我把控心识意念，使得一心之念不会停滞在外在之境与外在之法上，这是禅门妙法境界的宗旨，也是一切参禅悟道者最终修证禅门妙法的最高境界。为了展现禅门妙法的这种殊胜境界，五祖法演禅师说了如是的语录，"岂不见先师翁道，放在卧床头，急要打老鼠"，这就是将禅门妙法的境界融入一般的世间法的生活之中，在看似平常的一举一动与一言一行中，显示出禅门妙法的不凡之举。这种融禅门妙法于世间法之中的模式，五祖法演禅师还在开示中，融入了一些中国化的元素：

> 师开堂日，授疏示众云：兵随印转，将逐符行，请对尊官，分明剖露。宣疏了指法座云：此大宝华王座，从朝至暮，与诸人同起同坐，诸人还见么？若见，更不在升；若不见，莫道今日谩尔。便升座拈香云：此一瓣香，先为今上皇帝，伏愿，常居凤宸，永镇龙楼。次拈香云：此一瓣香，奉为州县官僚，伏愿，乃忠乃孝，惟清惟白，永作生民父母，长为外护纪纲。又拈香云：此一瓣香得来久矣，十有余年海上云游，讨一个冤仇，未曾遭遇，一到龙舒，果遇其人，方契愤愤之心，今日对大众雪屈，须至爇却，为我见住白云端和尚，从教熏天炙地。一任穿过蔡州，有鼻孔底辨取。①

从中国禅宗乃至中国佛教历史的发展来看，到了北宋时期，禅宗与中国佛教在世俗的政权、皇权的纷争中，逐渐与世俗政权融为一体。所以也就是从宋代开始，一些寺院与僧人将对皇权与政权的加持融入佛法的传承仪轨之中，这一趋势在五祖法演禅师的开示中可以看到，这就是五祖法演禅师在拈香说偈语时对于皇权与地方政权的祝福，这种趋势显示出的正是佛教中国化的特质。禅宗作为佛教中国化的代表性宗派，在这方面之所以会被以中国化之代表宗派予以历史性定位，这本身就可以从佛法与王权矛

---

① 《法演禅师语录》卷上，《大正藏》第47册，第649页。

盾的调和中寻得踪迹。五祖法演禅师无非是认识到了这种历史性的大趋势，所以在开示禅门妙法之境界时，融入了调和与世间王权矛盾的元素，这也是禅门妙法将世间法与出世间法，融为一体的特质之表现。其后，从禅门祖师大德的语录与言行来看，都或多或少会与王权变现出调和与融合的姿态，这种将王权融入禅法之中的境界，其实质是佛教中国化的结果，也就是禅宗能够最终赢得中国文人士大夫阶层之赏识并被深入奉行的原因。五祖法演禅师审时度势，把握住了禅宗在中国历史发展的大趋势，相应地做出了如是的世间法与出世间法的融合之举，为推动禅宗在中土社会的流传与传播，做出了顺应时代发展大趋势的贡献。

明月清风

赵朴初诞辰110周年
学术研讨会论文集

【下册】

圣辉 成建华 主编

社会科学文献出版社
SOCIAL SCIENCES ACADEMIC PRESS (CHINA)

"赵朴初与当代中国佛教文化"学术研讨会参会代表合影

圣辉法师主持"赵朴初与当代中国佛教文化" 学术研讨会主会场。（湖南长沙）

"赵朴初与当代中国佛教文化" 学术研讨会主会场发言席之一。（湖南长沙）

"赵朴初与当代中国佛教文化" 学术研讨会主会场发言席之二。（湖南长沙）

"赵朴初与当代中国佛教文化" 学术研讨会主会场发言。（湖南长沙）

"赵朴初与当代中国佛教文化" 学术研讨会分会场之一。（湖南长沙）

"赵朴初与当代中国佛教文化" 学术研讨会分会场之二。（湖南长沙）

安徽太湖县朴老骨灰树葬地。（安徽太湖县）

部分参会者于朴老骨灰树葬地留影纪念。（安徽太湖县）

圣辉法师（右）、帕松列龙庄勐法师（左）于朴老骨灰树葬地前拈香致敬。（安徽太湖县）

朴老骨灰树葬地纪念活动之一。（安徽太湖县）

朴老骨灰树葬地纪念活动之二。（安徽太湖县）

朴老骨灰树葬地纪念活动之三。（安徽太湖县）

　　赵雯（左一）、圣辉法师（左二）、王海生（右二）、成建华（右一）在朴老骨灰树葬地亲切交谈。（安徽太湖县）

赵朴初与当代中国佛教文化学术研讨会总结会。（湖南长沙）

目 录

上 册

下　册

Contents

明
月
清
風

学术研讨会论文集　赵朴初诞辰110周年

明月清風

学术研讨会论文集 赵朴初诞辰110周年

Contents

明月清风

赵朴初诞辰110周年学术研讨会论文集

赵朴老是我们佛教徒学习的楷模

释天通 *

赵朴老不是一个僧宝，但在世人眼里，他是维摩诘居士再世，是一位在家菩萨。他还被看作无尽意菩萨再来，以居士身现于世间。他的宏愿，他的修持，他的美德，无不值得我们佛教徒去努力学习和效仿。我作为一个赵朴老家乡的后辈，以家乡出了赵朴老而骄傲。而把学习赵朴老落实到日常修行和生活，我觉得是对赵朴老最好的纪念。赵朴老是学不尽的，这里我只想谈谈我们应该着重学习的几个方面。

一　我们要学习赵朴老知恩报恩、行愿无尽

赵朴老经常教育佛教徒要"知恩报恩"，他给中国佛学院题写的校训即为"知恩报恩"。可以说，"知恩报恩"是赵朴老毕生去努力践行的大愿。

如何理解"知恩报恩"？赵朴老在栖霞寺佛学院对学僧的讲话中阐释说："佛教讲上报四重恩：一报父母师长恩，他们对我们有养育、教育之恩；二报众生恩，我们的生活，依靠大众多种多样的劳动，我们应以同等的劳动报答他们；三报国家恩，我们居住在国土上，享受公民一切权利，应该奉公守法，以庄严国土（美化）、利乐有情（利人）来报恩；四报三宝恩，佛教导我们诸恶莫做（有害大众的事莫做），众善奉行（有利大众的事多做），自净其意（息灭贪嗔痴烦恼），饶益有情（行菩萨道修六度）。"

赵朴老堪为践行"知恩报恩"的典范。无论何时何地，国家、人民、三宝的利益，在他心中始终摆在第一位，不容有任何侵犯。

---

　　*　释天通，安徽省安庆市佛教协会会长，太湖县西风禅寺住持。

　　早在大革命时期,年轻的赵朴老目睹在帝国主义野蛮侵略下中华民族备受欺凌,在封建地主剥削下广大农民蒙受苦难,就立下救国救民的远大抱负。大上海的先进文化,培养了他一颗无比忠诚的爱国爱民之心,又正是拥有了这种无比的忠诚,使得他具备了一种大无畏的勇士精神。1937年,当日军的炸弹落在上海街头,他把个人的生死置之度外,冒着敌人的枪林弹雨,带领成千上万的难民觅地安生。他冒着生命危险,与日寇周旋,把难民送往新四军,有力地支援了抗战。上海的汪伪势力以名利诱惑拉拢他,他毫不为所动。他反对国民党反动独裁的黑暗统治,积极参加争取民主、反对内战、解救民众的爱国运动。在那种白色恐怖中,他收留、掩护了许多共产党人,通过各种关系为解放区购买药品。他参与创建了中国民主促进会,努力促进国家民主政治之实现。正如《赵朴初同志生平》所评价的:"在民族危亡时刻,在新中国建立过程中,赵朴初同志义无反顾地与中国共产党和全国人民站到一起,同国家、民族的命运紧密相连,展现了他热爱祖国、热爱人民、热爱中国共产党的高尚情操。"

　　新中国成立后,赵朴老按照周总理的指示,积极与邻国开展民间外交,把和平的种子撒遍世界。在印度的一次会议上,面对有人公开反华,他挺身而出,予以驳斥,维护了国家的尊严。他坚决反对境外势力试图将西藏分裂出去的罪恶图谋,拥护中央关于藏传佛教的工作。他积极组织开展海峡两岸的佛教联谊工作,同破坏祖国统一事业的言论和行动进行坚决的斗争。香港回归的日子,他每天抄录林则徐词以表庆贺。1999年5月,他亲自送佛牙赴港供奉,按他的年龄和身体,绝对不宜长途飞行,但为了香港的稳定和繁荣,他把国家的利益放在了首位。在他生命垂危之时,还念及台湾的老友故旧,心系祖国统一。1996年,他大病险些不救,脱险后有诗抒怀:"一息尚存日,何敢息微躯?众生恩不尽,世世报无穷。"这首诗,也是他报众生恩不止的真实写照。

　　可以说,赵朴老把他的一生献给了中国佛教,献给了三宝。他的一生,也即中国佛教发展的一段断代史。他年轻时就皈依三宝,投身佛教工作,参与了中国佛教在民国初年的反对庙产兴学的护法运动。抗战后,一直在上海主持佛教慈善工作,救助难民,办净业儿童教养院,付出了大量的心血。新中国成立后,他和进步的高僧大德共同开创了具有全新意义的新中国佛教,使佛教在社会主义事业中焕发勃勃生机。他积极组织开展国际佛教文化交流,使五六十年代成为中国佛教国际交流的黄金时期。特别是在"文革"后，为恢复破坏殆尽的中国佛教，他可谓呕心沥血，积极争取党和政府的支持，千方百计落实宗教政策，使中国佛教在短时期内得到全面恢复，乃至有了今天欣欣向荣的局面。

赵朴初从小敬重父母，奉行孝道。他少小离家，投身救国救民事业，不能于父母膝下行孝，但一直心记父母，时有问候。母亲于新中国成立前不幸在家乡逝世，成为赵朴初毕生之痛。他把父亲接到上海，尽量抽时间去侍奉。后来响应政府号召，送父亲和弟弟回安庆居住，他负责父亲日常生活费用。晚年的他，时常怀念父母。1990 年回家乡，专程去祭扫父亲之墓，在老家太湖县寺前镇以母亲别号"拜石"设立奖学金，以表对母亲的纪念。他没有很好地尽到对父母的"小孝"，但他视众生为父母，尽的是对众生父母的"大孝"，体现了一个大乘佛教徒崇高的心灵境界。

回向偈中有"上报四重恩，下济三途苦"，这是我们佛教徒神圣的责任和使命。今天的佛教进入了一个伟大的时代，我们得到了更多的报四重恩的殊胜因缘，我们一定要珍惜这些机缘，把报四重恩落实到我们日常的修行中，特别是坚持爱国爱教、正见正行，为实现中国梦贡献我们佛教徒的力量。

二 我们要学习赵朴老精进不止、学而不厌

佛教强调精进，就是要努力去做自利利他的事情，做有益于自己和众生的事情。而赵朴老堪称这种精进的代表。

赵朴老能成为一代大家，固然有他天才的成分，但更离不开他的精进好学。赵朴老很小的时候，就跟父母亲学习认字写字。上了私塾时，学习非常用功，而且勤于思考。七八岁的时候，就能够对对子了。

14 岁时，母亲将他送到上海求学，由关大姨和关大舅照顾，在学习上受到严格要求。关大姨将他送到好友陆伯璋医师家住读，补习英语、算术和地理。那时，赵朴老白天学习非常刻苦，放学回到关家，除了完成功课，每天还要坚持练习书法。不仅要临名家的帖子，还写空心字，这些空心字不是一笔一画的描摹，而是顺着轮廓线一气呵成。

用"手不释卷"来形容赵朴老的一生，是不为过的。1920 年，他因病放弃学业，回到觉园，养病期间阅读大量佛书，又打下深厚的佛学根基。即使是战火纷飞的年代，只要有空，赵朴老都用来读书，读古书，读佛书。我们读《赵朴初韵文集》，他写的诗，看似通俗易懂，其实用典特

别多。晚年的赵朴老身体不好，是北京医院的常客。即使住院，找他的人还是络绎不绝。不过，相对来说略为轻闲，他觉得非常难得，利用这段时间抓紧读书写作。

作为一个书法大家，赵朴老对书法艺术也始终不满足，一生都在临池习字，即使到了晚年，他还在尝试练习草书。

1997年，赵朴老九十岁，他写过一首诗《九十抒怀》，诗中有句："九十犹期日日新，读书万卷欲通神。"九十岁，还要日日有所追求，还要读书万卷。用佛教的话说，这就是勇猛精进。

赵朴老在学习上精进，在工作上更是精进。"文革"后，他已年至古稀，仍然像个年轻人一样，为佛教的恢复奔走忙碌。八十岁以后，身体多病，经常住院，只要身体稍好，就又投入了工作。而每天，接待客人，开会，批阅文件，几乎塞得满满的。听许多在赵朴初身边的工作人员说，他老人家的工作精力，连年轻人都自叹不如。赵朴老说自己的精力是"打起来的"，是他从一颗不愿放逸的佛心里打起来的。

对于我们佛教徒而言，"众生无边誓愿度，烦恼无尽誓愿断，法门无量誓愿学，佛道无上誓愿成"。人生短暂，只有精进不止，不敢放逸，才能有所作为。

三 我们要学习赵朴老智慧处世、圆融无碍

佛陀教导我们为人处世，必须具备智慧，做到圆融无碍，也即破除偏执，圆满融通。赵朴老一生丰功伟绩，做了许多大事，与他富有智慧、处处圆融是分不开的。

赵朴老的智慧，体现在他高超的文艺才华上，在诗词曲和书法方面都达到相当高的造诣。赵朴老的智慧，体现在他巧妙的处世交际上。他为人谦虚，和蔼，笑脸常开，处处与人为善。他也有批评人的时候，但很少直接批评，而是以非常婉转的方式，给人留有余地。他用他的诗、他的字、他的知识、他自身的示范等作为工具，搭起与人交往的桥梁。赵朴老的智慧，体现在他非常富有创意的工作方法上。他一生做了许多在国内外都很有影响的大事，充分展示了他作为领导者的雄才大略。譬如：抗战期间，他在上海主持难民救济工作，面对日寇的重重封锁，他想出"让难民去后方垦荒"的借口，把许多难民从日寇的眼皮底下送到抗战前线。1963年，他利用鉴真逝世1200周年，发动中日佛教界、文化界共同开展纪

念活动，使中日民间交往达到一个高潮。晚年他提出建立中韩日佛教"黄金纽带"的构想，得到三国政府和佛教界的支持，使这一构想成为现实。

赵朴老为人极其圆融，体现在两个方面。一是他个人处世接物的圆融，把自己圆融于人民大众之中，与大众和社会打成一片。他不以位高而自大，不以艺高而自骄，不以年高而自倚。上至国家领导，下至他家旁边小学里的顽童，他都能与之和谐相处。特别是对待矛盾时，他总是以其智慧与圆融，尊重他人，化解矛盾，尽量找到彼此都能接受、包容之处，使人能够和谐相处，使事情能够做到圆满。譬如：新中国成立之初，他发动佛教界为抗美援朝捐赠飞机，许多佛教徒以为捐赠飞机用于战争，有违佛教不杀生之戒。赵朴初耐心做大家的工作，告诉大家："我们捐的飞机是用于战场上救死扶伤的。"赵朴老这样一说，佛教界就没有争论了，纷纷捐款。二是他在佛教事业上的圆融。佛教事业同样需要圆融，也即要契理契机，这个机，就是要符合时代因缘，这也是佛教长盛不衰的一个重要原则。旧中国佛教严重脱离生活，遭到世人责难、诟病。由赵朴老开创的新中国佛教，则积极圆融于新中国的建设与发展，而获得旺盛的生命力，受到国家和人民的重视，给人民生活以丰富的灵性。这种佛教事业的圆融，其体现正如《赵朴初同志生平》所总结的："作为新中国一代宗教界领袖，赵朴初同志把佛教的教义圆融于中国共产党领导的建设有中国特色的社会主义伟大事业之中；圆融于维护民族和国家尊严，捍卫国家和主权的完整，促进祖国和平统一的伟大事业之中；圆融于促进中国佛教界与世界佛教界友好交往的伟大事业之中。"

我们佛教徒要学习赵朴老的这种智慧和圆融，与人和谐相处，做好每一件事。当见解不一、矛盾纷争出现时，如果我们能放下偏执，消除我慢，求同存异，行六和敬，就必然能做到圆融、和谐。我们还要善于把我们今天的修行和佛教事业，圆融到当今中国社会发展的先进潮流中。

四 我们要学习赵朴老慈悲为怀、广济众生

《观无量寿佛经》中说："佛心者，大慈悲是。"《大智度论》中则更明确宣称："慈悲是佛道之根本。"佛教的慈悲精神，在大乘佛教中得到了最充分的发扬，甚至被视为佛教的最根本精神。

赵朴老是一位伟大的慈善家。从 1927 年北伐军进入上海开始，20 岁的赵朴老就参加了上海佛教界救济难民的慈善工作，以其年轻和勤勉深受佛教界前辈的欣赏。之后，一直从事慈善工作，积累了丰富的工作经验。1937 年抗战开始，赵朴老担任上海慈联会战区难民委员会难民收容股主任，建起难民所 50 多个，使 50 多万难民得以安身立命。难民工作结束后，他又主持上海净业流浪儿童教养院，后更名少年村，使数百名流浪儿童得到良好教育，成为国家有用之才。上海解放之际，赵朴老任上海临时联合救济会总干事，觅地建棚安置游民 60 万。新中国成立，华东地区连续多年洪灾，赵朴老发动上海市民捐款捐物救灾，还专门赴山东、安徽等地察看灾情。

赵朴初主持中国佛教协会工作，号召全国佛教徒积极投身社会各项事业，特别是救苦救难，有力地支持了国家的社会主义建设。每次国内外发生重大灾害，他都带领佛教徒积极响应，开展募捐活动。他个人的捐献活动也从来没有停止过，1981 后获日本"传道功劳奖"，奖金连同贺礼 208 万日元；1985 年获"庭野和平奖"，奖金 2000 万日元，包括国内外教友给他的供养，他都分文未动，全部交中国佛教协会，用于救济灾难，弘扬佛教文化等。1985 年，他捐非洲救灾款 4 万元，1998 年捐湖北和安徽 16 万元；1990 年以来，为家乡太湖县捐助学和扶贫款 50 多万元……据不完全统计，20 年来他个人总共捐助人民币达 240 万元。

赵朴老关心世上受苦人，他是中国残疾人福利基金会和中国康复研究中心的发起人之一。1991 年，他在北京医院的病床上为残疾人事业题词："愿我们经常提醒自己，勉励自己，关心年老的残疾人如同自己的父母，关心年相若的残疾人如同自己的兄弟，关心年少的残疾人如同自己的子女。"拳拳慈悲之情，溢于言表。

而赵朴老自家过的却是别人难以想象的简单生活，几乎连一件像样的家具也没有。他和夫人睡的床，还是两张单人床拼凑起来的。有人曾告诉他们夫妇："您年纪这么大了，身体也不好，不能因为捐款而影响了自己的生活啊！"他笑笑说："不要紧，我给社会捐点钱，其中一部分是国外发给我的奖金和稿费，另外，我的工资花不了，也没有什么用，取之于民，用之于民，还之于民吧。"

慈悲济世也是中国佛教的优良传统。在今天的中国，贫困人口还大量存在，灾难时有发生，对于我们佛教徒来说，当常怀慈悲之心，在救灾扶贫、参与社会关怀事业中发挥积极作用。

五　我们要学习赵朴老难忍能忍、难行能行

忍辱也是佛教六波罗蜜之一，只要修得忍辱，才能破除嗔痴，化为善缘。古往今来成大事者，莫不做到难忍能忍、难行能行。赵朴老经常以"慈忍"二字书赠他人，并录蕅益大师语："世出世事莫不成于慈忍，毁于忿躁。"慈忍也是他毕业行事的准则。

赵朴老虽然一生辉煌，身登高位，名扬世界，但我们检点他的人生，却是充满了坎坷，甚至是别人难以承受的苦难。这些苦难有：一是国家之苦。旧中国积贫积弱，受尽欺凌，从小立下救国救民之志的赵朴老出生入死，勇往直前，救国家于水深火热。二是佛教之苦。旧中国佛教因其腐朽落后，一直饱受责难。新中国成立，赵朴初开创了佛教全新局面，但也历经了曲折和磨难。尤其是"文革"，佛教遭受灭顶之灾。作为佛教领袖的赵朴老，心中的痛苦我们可想而知。三是家庭之苦。他的许多亲人因为历史的原因，受到许多不公正的待遇。特别是他的母亲，在"土改"中被迫害致死，骨灰又在"文革"中被丢弃，成为赵朴老心中永远之痛。

赵朴老以一颗菩萨心，选择了默默地忍受。"文革"之后，面对佛教一片废墟，他没有对"文革"过多的责怨，而是以佛教因果之理视为佛教不可避的劫难，他只是寄希望于未来，尽快拨乱反正，恢复这片废墟。正如他在诗中所说："人天万象凭调整，待看千花照眼明。"①

而对于家庭、个人的利益，赵朴老从来没有过多地看重。1990年，他回到阔别64年的家乡太湖县，面对故居淹于花亭湖下"水深千尺"，想起亲人们所受到的极不公正的待遇，他让自己"不教往事惹思量"②，想到的是"问还余几多光热，报我乡邦？"这是何等慈悲而宽广的情怀呀！

在抗战中将难民送往新四军，白色恐怖中追求民主政治的实现，新中国成立后以佛教文化交流搭起与周边国家友好之桥，这些事情或充满了危险，或充满了艰难，但赵朴老从不退缩，体现了一个佛教徒难行能行的精神。特别是"文革"后，赵朴老运用其大智慧，大勇气，争取方方面面

---

① 《飞抵福州二首》，1981年。
② 《自度曲·书赠太湖县人民政府》。

的支持，使宗教政策得以尽快落实，宗教得到极快的恢复。

佛教事业和其他社会事业一样，都不可能是一帆风顺的，有些事情可能会遇上许多逆增上缘。我们也要学习赵朴老难忍能忍、难行能行，用智慧和勇猛去克服困难，最终成就我们的事业。

六　我们要学习赵朴老严守戒律、以德立世

赵朴老作为一名佛教居士，守居士戒，以清净、严格的修行，把佛法落实于日常生活和工作中。

赵朴老受家庭影响，笃信佛教，早在东吴大学读书时，就开始食素，终生不改。

赵朴老去上海读书，母亲曾送他一件狐裘大衣，让他在冬天御寒。他不忍衣动物皮毛，一直锁在箱中，没有穿过。

赵朴老在家建有佛堂。他工作极为繁忙，功课不如其他佛教徒正常。但只要在家，他总会到佛堂礼佛，诵经。即使工作在外，有空时，也会坚持在心中默诵《心经》等。读经，学佛，他从来不敢放松。20世纪五六十年代，为了写《佛教常识答问》，白天没有时间，只能在晚上写，为了表达准确，查阅学习了大量佛教书籍资料。

作为一名在家居士，赵朴老极其尊敬法师。在正式场合，主动给法师顶礼，即使对于年轻的法师，也会表示极大的尊意。"文革"期间，他在自身受到冲击的情况下，还关心茗山法师等老法师的生活，给他们寄去粮票等。20世纪90年代，清定老法师进京，他亲自安排老法师的起居，无微不至。

赵朴老年高体弱，每天仍然应付大量的事务，求他写字的人更是应接不暇。有时，他也感到精神不济，心有厌烦。每当这时，他总是以佛法来要求自己，把这些作为佛事来做，作为报众生恩，还众生债。他告诫自己"应世莫惮烦，会客与写字。谈天助人和，涂鸦亦佛事"（《应世》）。他有诗《文债》："漫云老矣不如人，犹是蜂追蝶逐身。文债寻常还不尽，待将赊欠付来生。"他还特别加了个注："写字，为文，无论自愿，他求，皆文债也。"

赵朴老是个合格的佛子，亦是一个优秀的中国知识分子，集佛子与中国知识分子之美好德行于一身，成为当今中国并不多的大家之一。他以德立世，豁达大度，虚怀若谷，嘉言懿行，清正廉洁，尊老爱幼，礼贤下

士，谦和平易，温文尔雅，学贯中西，思想深邃，才华出众，在海内外享有崇高的威望和广泛的赞誉。

《华严经》云："戒是无上菩提本，长养一切众善根。"持戒是学佛的基本原则。我们佛教徒无论在家出家，都要严守各自的戒律。我们要学习赵朴老，不仅要深入经藏，还要不断学习一切善法，让自己深受中国优秀文化的浸润，不断培养我们良好的德行和操守。

总之，赵朴老作为一名大德居士，堪为弘法利生、修行奉法的典范。他不仅将佛教的修持做得好，还融中华优秀传统文化于修持中，在中国佛教史上树起了一座丰碑。今天，全国上下正在努力弘扬中华优秀传统文化，实现中华民族伟大复兴的中国梦，这也是我们佛教徒之责。我们佛教徒应该怎样去实现中国梦？前有赵朴老为我们树立了楷模。

"人才佛教"与"人间佛教"

——赵朴初对当代中国佛教的反思和构想

陈　坚[*]

天台宗讲求"教观并重",其具体内容就是"定慧双修""止观双运"。该宗创始人智者大师（538～597）在《童蒙止观》中对之做了明确的表述,曰:

> 若夫泥洹之法,入乃多途,论其急要,不出止观二法。所以然者,止乃伏结之初门;观是断惑之正要。止则爱养心识之善资;观则策发神解之妙术。止是禅定之胜因;观是智慧之由藉。若人成就定慧二法,斯乃自利利人,法皆具足,故《法华经》云:"佛自住大乘,如其所得法,定慧力庄严,以此度众生。"当知此之二法,如车之双轮,鸟之两翼。

智者大师以"车之双轮,鸟之两翼"来比喻天台宗所特别重视的意在保持宗教平衡的"双运"修行,实在是非常恰当的,因为车若只有一轮,鸟若只有一翼,那这车和鸟实际上也就不成其为车和鸟了。当然,我们这里不是要谈天台宗,而是想以天台宗的"双运"宗教模式起个兴,来谈谈赵朴初（1907～2000）的佛教思想。

作为当代中国佛教曾经的领导人,赵朴初先生对当代中国佛教的发展真可谓殚精竭虑、呕心沥血,并展示了他的高瞻远瞩,即他在构思当代佛教如何发展的问题时,给中国佛教装上了"车之双轮,鸟之两翼",这就是"人才佛教"与"人间佛教"。在赵朴初先生看来,唯有给当代中国佛教装上这两个轮子,佛教在传入中国两千年后的今天才能继续前进和发展,其中"人才佛教"为"人间佛教"提供智力支持,而"人间佛教"

---

　　*　陈坚,山东大学佛教研究中心主任、教授、博士生导师。

则为"人才佛教"提供展示平台,两者相得益彰。

赵朴初关于"人才佛教"与"人间佛教"的佛教"两轮"思想乃是与他的佛教"三自"思想紧密联系在一起的,是后者必然的逻辑结论。这里,了解点当代中国宗教的人肯定觉得奇怪,"三自"不是当代中国基督教的思想吗?与佛教方面的赵朴初有什么关系?有关系!这种关系就是,赵朴初先生在基督教"三自"思想的启发下,也提出了佛教的"三自"思想以指导当代中国佛教的发展。我们都知道,新中国成立后,中国基督教为摆脱对国外教会的依附,开展自治、自养、自传的"三自"运动,自力更生办教,并于1954年正式成立了中国基督教"三自"爱国运动委员会。此后,"三自"一词就几乎成了中国基督教的代名词,但却不是中国基督教的专有名词。佛教也可以有自己的"三自",尽管佛、基两教的"三自"在具体内容上所指不同。

佛教的"三自"是赵朴初先生1995年于《在省级佛教协会工作座谈会闭幕会上的讲话》(以下简称《讲话》)中提出来的,他说:

> 我想到一个问题向各位请教,大家都知道中国基督教有个三自爱国运动组织,我们佛教是否也可以有个"三自"?当然其内涵是不一样的。我们的"三自"是什么呢?就是"自知、自反、自强"。①

赵朴老提出佛教"三自"固然是受了基督教的启发,但是佛教的"三自"和基督教的"三自",两者的内涵显然是不一样的。基督教的"三自"是指自治、自养、自传,而佛教的"三自"则是指自知、自反、自强。基督教"三自"的提出是为了摆脱西方宗教对中国基督教的控制,而佛教"三自"则是赵朴初对当代中国佛教现状的反思以及对当代中国佛教如何发展的一个构想。下面就让我们对赵朴初的佛教"三自"思想做一探析。

一 佛教"三自"植根于中国传统道德观念

作为佛教"三自"的内容,自知、自反、自强都属于中国传统道德观念的范畴,即便是"自知""自反""自强"这三个词本身,亦是中国

---

① 赵朴初:《在省级佛教协会工作座谈会闭幕会上的讲话》,《法音》1995年第5期,第6页。

古代经典中现成而常用的。

(一)"自知"

赵朴老在《讲话》中界定"自知"是"我们到底知道自己多少？自己认识自己多少？"①"这里谈到的自知，就是自己知道自己，自己认识自己。"② 可见，"自知"即是指认识自己，了解自己。《老子》第三十三章中曰："知人者，智也；自知者，明也。"（后人曾据此语总结出"人贵有自知之明"的格言）"自知"，不但是要了解自己，更重要的是还要了解自己的得失，如《周易·系辞下》中曰："《复》以自知"，疏曰："自知者，既然返复求身，则自知得失也"③，意谓《复》卦讲的是"返复求身，自知得失"的道理。其中，所谓"复"，即是指回复于自身。回复于自身干什么呢？"中以自考"（《复》卦"六五"之象辞），"自考"，即是考察自己，亦与"自知"同义。

(二)"自反"

赵朴老在《讲话》中界定"自反"曰："孔孟讲自反，就是'事有不得者反求诸己'。我们佛教讲'自净其意'，这个非常重要。"④"自反"的思想有着深厚的中国传统道德背景，如《礼记·学记》中曰："学，然后知不足；教，然后知困。知不足，然后能自反也；知困，然后能自强也。"《孟子·离娄下》中曰："有人于此，其待我以横逆，则君子必自反也；我必不仁也，必无礼也，此物奚宜至哉？"又，《孟子·公孙丑上》中曰："自反而缩，虽千万人，吾往矣。"赵岐注："缩，义也，自省有义，虽敌家千万人，我直往突之。"

"自反"也常叫"反求诸己"，如《论语·卫灵公》中曰："君子求诸己，小人求诸人。"《孟子·公孙丑上》中曰："仁者如射，射者正己而后发，发而不中，不怨胜己者，反求诸己而已矣。"又，《孟子·离娄上》中曰："行有不得者，皆反求诸己，其身正而天下归之。"

"自反"在中国古代经典中还有一些同义词，如《论语》中的"内省""自省"："内省不疚，夫何忧何惧？"（《颜渊》）"见贤思齐焉，见不

---

① 赵朴初：《在省级佛教协会工作座谈会闭幕会上的讲话》，《法音》1995 年第 5 期，第 6 页。
② 赵朴初：《在省级佛教协会工作座谈会闭幕会上的讲话》，《法音》1995 年第 5 期，第 7 页。
③ 陈凤高：《〈周易〉白话精解》，西南师范大学出版社，1997，第 354 页。
④ 赵朴初：《在省级佛教协会工作座谈会闭幕会上的讲话》，《法音》1995 年第 5 期，第 6 页。

明月清风

赵朴初诞辰 110 周年学术研讨会论文集

贤而内自省也。"(《里仁》)"吾日三省吾身，为人谋而不忠乎?"(《学而》)《礼记·乐记》中的"反躬":"好恶无节于内，知诱于外，不能反躬，天理灭矣。"《周易·蹇卦·象》中的"反身":"君子以反身修德。"

(三)"自强"

赵朴老在《讲话》中并没有对"自强"做解释，这是因为"自强"的含义人所共知，无须解释。今观"自强"之渊源，亦源自中国的传统文化。《周易·乾卦·象》中曰:"天行健，君子以自强不息"，这句话非常有名，古往今来，许多中国人都将它当作自己的座右铭。再如《孔子家语·五仪解》中曰:"笃行信道，自强不息。"《礼记·学记》中曰:"学，然后知不足;教，然后知困。知不足，然后能自反也;知困，然后能自强也。"(这段话在"自反"一节中已有引用，此是重出)

作为中国传统道德观念的三个重要范畴，"自知""自反""自强"千百年来在中国社会薪火相传，许多有识之士自觉地将其作为自律或教育他人的精神资源。现在，赵朴老以中国佛教领袖的身份，用"自知""自反""自强"来要求中国佛教界，提出佛教"三自"，裨使中国佛教能以"三自"的精神来回应时代的挑战，从而发展自身——这无疑是上承传统、返本开新之举。

二 赵朴初对当代中国佛教现状的反思

赵朴老在阐述佛教"三自"时借"自知"和"自反"以反思当代中国佛教，并在这种反思的基础上，为中国佛教指出了一条发展"自强"之路。赵朴初对当代中国佛教的反思大致可以分两个大的方面:

(一)就"自知"而言，赵朴老认为，"在这方面，由于过去的忽视没有下很大功夫，现在应当下点功夫。……我们佛教徒到底知道佛教的情况有多少? 我看作为佛教徒至少要了解佛教的基本理论，要知道什么是佛教。另外要了解佛教在中国的历史，在中国历史上我们佛教到底作了多少贡献"。① 在这里，赵朴老呼吁，佛教徒应该"下点功夫"了解佛教，包括了解佛教的基础知识和基本理论，了解(中国)佛教史。也许有人要问，难道佛教徒还不了解佛教吗? 不了解佛教还算佛教徒吗? 且慢，赵朴

老提出这一点并不是空穴来风、杞人忧天，也不是危言耸听、哗众取宠，而是击中了中国佛教之时弊。我们不否认，在今日之中国佛教界，了解佛教甚至对佛教深有研究的佛教徒亦是有的，但放眼整个中国佛教界，不了解佛教的"佛盲"佛教徒实在太多了！"我们最近收到江西一位名叫聂明读者的一封来信，说他参拜某一禅宗的祖庭时和僧人谈话的情形：'许多僧尼对佛教知识一无所知，不知道什么是三法印、三世因果，甚至不知道戒腊这个佛教名词是什么意思。'僧尼素质之差，这是普遍存在的现象。"① 连佛教的常用名词都不甚了了，更遑论了解古色古香的佛书，了解深奥的佛学思想以及源远流长的佛教史了。

佛教徒不了解佛教，对佛教缺乏"自知"，究其原因，我认为至少有以下五个方面：

1. 在现实的皈依入佛的游戏规则中，皈依无须以了解佛教为前提。佛教界对皈依者是有某些要求的（尤其是对要求出家者），但就是没有"了解佛教"这一要求；即使偶尔有这一要求，在实际的操作过程中也是把握不严，形同虚设，因为"了解佛教"实在是一条"软杠子"，经常被置于可有可无的境地。总之，了解佛教并不是皈依成为佛教徒的一个必需条件。原则上讲，任何一个人，只要自己发心，愿意做一个佛教徒，那么他只要找一个依止师，即可皈依入佛。

2. 皈依者——这里仅就出家人而言——的动机不纯。许多人出家当和尚是"醉翁之意不在酒"（亦"不在山水之间"），其意根本不在佛教本身，而是有别的非分之想，如想通过出家当和尚来发点财，至少也能混口饭吃；或想通过当和尚逃避世俗责任乃至法律的追究；或想通过当和尚以达到出国、做官的目的；有的人甚至认为自己的命不好，当和尚可以冲冲晦气，等等，动机五花八门。试想，在如此的动机下，出家人还能好好地去了解佛教吗？还能关心佛教的真义吗？

3. 佛教徒的文化素质不高，但是了解佛教，尤其是了解精深的佛学理论，却需要较高的文化水平，这种落差使得一些佛教徒即使有心了解佛教，也是心有余而力不足。就中国佛教界的现状而言，在出家人中，高中毕业的算是不错了，大学毕业的寥若晨星，而许多人则是小学、初中水平，仅能识几个字而已；在在家居士中，中老年人居多，而且大多是中老年妇女，他们很多人小时没受过多少教育，有的甚至是文盲，这

---

① 赵朴初：《自知·自反·自强》，《法音》1995 年第 5 期，第 47 页。

样一个文化程度不高的佛教徒群体，你能期望他们对佛教有多深的了解？

4. 许多佛教徒认为，学佛主要是修心的实践活动，与了解不了解佛教的知识和理论无关大局，有人甚至拿禅宗的"不立文字"来为自己在佛教上的无知作辩护。他们东施效颦地认为学佛只要回到自心自性即可，根本不需要了解佛教的经教文字。殊不知，禅宗的所谓"不立文字"，其意思并不是不要经教文字，而是不要执着于经教文字，亦即经教文字是要了解的，但千万不可执着。如果说"不立文字"是指不要经教文字，那么请问，慧能听《金刚经》而开悟又作何解释？可见，以"不立文字"来为不了解佛教作辩护，尤其是以"不立文字"为借口故意不去了解佛教，这是十分不明智的。

5. 在现实的佛教生活中，迷信色彩的佛教大行其道，烧香拜佛，念经做忏，至于真正的以解脱烦恼为本位的佛教却乏人问津，这样一种佛教大环境根本就不利于佛教徒对佛教作正确的了解。

赵朴老在《讲话》中对造成佛教徒不了解佛教、对佛教缺乏"自知"的原因也曾提及，但在这样的大会讲话中没有也不可能充分展开来，我只是照着赵朴老的思路往下说而已。尽管以上对佛教颇有揭短之嫌的话我是照着赵朴老的意思说的，但是，同样的话由赵朴老嘴里说出与由我嘴里说出，其意味是完全不一样的。本来，作为一个世俗人士，我是不应该对佛教界指手画脚的；但是，作为一个学者，我完全有评论乃至批评某种社会现象的责任和自由，毕竟中国佛教界存在的种种不尽如人意的地方也是一种客观存在的社会现象（实际上，今天人们对大学的批评远多于和激烈于对佛教的批评）。赵朴老在《讲话》中只是指陈"佛教徒"不了解佛教，我这里想把"佛教徒"这个概念置换成"佛教人"。所谓"佛教人"，包括出家佛教徒、皈依了的在家佛教徒、没有皈依的佛教徒、各级佛教协会和政府宗教管理部门中的工作人员、各级统战部门和政协的相关工作人员、大学和研究机构中的佛教学者以及其他与佛教有关的工作人员，如出版社和杂志社的编辑、旅行社的导游等。总之，举凡其生活或工作与佛教有关的人士，皆属于我所说的"佛教人"。在我看来，不但佛教徒应该了解佛教，应该"自知"佛教，佛教徒以外的其他一切"佛教人"也应该了解佛教。有这么一件可笑的事：

最近佛学院某学生给上海一家书店写信买书，落款为"某某合十",因为是竖式书写,书店误认"合十"为"拿",在回信时的称呼成了"某某拿同志"。①

真是令人喷饭、啼笑皆非。"合十"本是佛教的一种基本礼节,书店的工作人员居然懵懂无知,闹出了如此笑话。我还听某公安局的一位科长说过一件更为可笑的事:他有一次向某佛教协会的副秘书长讨教何为佛教中的"六根",该副秘书长煞有介事地对他说,"六根"即是指两手、两脚、一头、一阳具!("六根"应是指眼、耳、鼻、舌、身、意)

(二)就"自反"而言,赵朴老在《讲话》中回顾了中国佛教界所做过的事,并就其中的得失作了中肯的评价——有贡献,但存在的问题也不少。他作了一个十分形象的比喻来说明这种"自反",他说:"我曾经到梅兰芳的家里去过,他有一个房子设有很多镜子,前面、旁边、后面都有镜子,他不仅要从前面看到自己的表演姿态,也要从各个方面看到自己的形态。"② 梅兰芳先生在不同方位设立镜子来观察自己的表演姿态是否适当,赵朴老以此来比喻中国佛教界也应从不同的角度来观照自己的得失成败。他认为,在宏观方面,"近十几年来,我国佛教的各项事业逐步振兴,在政策落实、教制建设、人才培养、学术研究、社会救济、海外联谊、国际交往等方面都有了很大开展,为庄严国土、利乐有情做出了贡献"③。尤其在对外交往方面,佛教的作用不可替代,是对外交往的一种"特殊渠道"。然而,在微观方面,由于中国佛教界缺乏前面所说的"自知",缺乏对佛教本身的了解,因而导致在具体的佛教实践中严重偏离佛教的真义和宗旨,"佛教内部还存在着忧患,总的来讲是人才缺乏、素质不高,商业化、庸俗化的现象滋长,突出地表现为信仰淡薄、道风不正、戒律松弛、学修不讲、追逐名利,这些问题应该加以高度警惕和严肃对待。"④ "如不'加以高度警惕和严肃对待',作为佛教徒来说,不但不能荷担如来家业,续佛慧命,且有损于'人天师表'这一庄严形象。"⑤

---

① 《学点儿专业外的学问》,见《灵山海会》2003 年春季号,第 38 页。
② 赵朴初:《在省级佛教协会工作座谈会闭幕会上的讲话》,《法音》1995 年第 5 期,第 6 页。
③ 赵朴初:《在中国佛教协会六届一次常务理事(扩大)会议上的讲话》,《法音》1995 年第 5 期,第 5 页。
④ 赵朴初:《在中国佛教协会六届一次常务理事(扩大)会议上的讲话》,《法音》1995 年第 5 期,第 5 页。
⑤ 赵朴初:《自知·自反·自强》,《法音》1995 年第 5 期,第 47 页。

赵朴老发现，中国佛教界所存在的这些问题，使得佛教在教外民众中没有什么好印象，如"现在往往有些人把宗教，特别是佛教扣上封建迷信的帽子"，"人家说我们是封建迷信，我们在理论上是不承认的。我举一个例子，毛主席在延安的时候，曾经带着一个勤务员出去散步。毛主席说，我们去看看庙好不好？那个勤务员说，那有啥看头，都是些封建迷信。毛主席说，片面，片面，那是文化，你懂吗？这是毛主席说的。有一次我到四川大足山去视察，那里有一个文物部门贴的条子写的是：佛教是封建迷信，是精神污染。我批评了他们。回来后写了个书面报告，其中一份是给钱学森同志的。钱学森就写了两封信给我。他说宗教不是迷信，是文化。一个是伟大的革命导师讲的话，一个是伟大的科学家讲的话。我现在给大家讲一讲，我们要有自信，佛教不是迷信。"① 从理论上讲，佛教不是迷信而是文化，但是教外将其视为迷信却是一个不争的社会事实。面对这个社会事实，赵朴老认为，这一方面与教外民众不了解佛教有关，但更重要的是与佛教自身所存在的问题有关：如果佛教徒自己真懂佛教，不借佛教之名行迷信之实，恐怕教外民众也不会如此普遍且强烈地认为佛教是迷信。在赵朴老看来，中国佛教界不但要自觉地"自反"，而且在面对来自教外民众对佛教的不利评论时更要"自反"，不怨天尤人，只"反求诸己"，从自身找问题，有则改之，无则加勉。

实际上，在今天商品经济的社会中，佛教最为人所诟病的倒不是它的迷信，而是它的日趋严重的"商业化"。人们对佛教寺院唯利是图、浸淫于赚钱骗供，颇有微词。赵朴老也注意到了这个问题，但他一分为二，认为寺院"商业化"这个责任不能全由佛教徒来负，因为许多寺院在体制上并非由佛教徒自己来管理。"许多非宗教部门和单位，利欲熏心，不择手段，滥建寺宇，滥造佛像，借佛敛财，影响极坏，反使佛教蒙受不白之冤。"② 但是，在寺院"商业化"的问题上，佛教自身也是难辞其咎的。现在，作为"公开的秘密"，确实有许多佛教寺庙成了"佛教公司"，其方丈或主持就是"佛教公司"的总经理。最近"苦口"写了一篇《对方丈导游的思考》的文章，反映南岳衡山佛教寺院，方丈当导游，不讲修行办旅游，破坏了南岳自古以来形成的神圣的佛禅文化，读来发人深思。我

---

① 赵朴初：《在省级佛教协会工作座谈会闭幕会上的讲话》，《法音》1995 年第 5 期，第 6、7 页。

② 赵朴初：《在中国佛教协会六届一次常务理事（扩大）会议上的讲话》，《法音》1995 年第 5 期，第 5 页。

想在此摘录文中的几段"苦口婆心"的话以回应赵朴老的"自反":

> 具有道眼与可尊之德成了方丈的必备条件,那么,如何指导阖院大众修行,如何开示白衣善信,应当是方丈的重要职责,也是衡量一个方丈是否称职的标准。而方丈放下这些本分事不管,却自觉地来担当导游这个差事,这实在令人百思不解。作为方丈,偶然陪伴道友或贵宾游山,倒是情有可原的,但毕竟不可以去担当职业的导游,那将是本末倒置的事情,且从根本上违背了佛门的教规。……另外,作为素食餐饮业的开发,也应当由社会来承担,寺院似乎不可过多地涉足于经济的开发。……寺院或出家人出来经营素食餐馆,毕竟与其身份与职业不相符合,也与佛门的清规直接相违。……旅游与餐饮商业对寺院则无时不在产生着负面的影响,寺院中的出家人如何保持自身的清净,坚持远离红尘的梵行,这倒是考验出家众的一个重要关卡了。……如果放弃出家人的本分事,去从事旅游与餐饮等与出家人的身份极不相称的职业,则只恐不但不能提升南岳的历史人文地位,反而会使南岳已经拥有的美好声誉变得黯淡乃至消失。[①]

三 赵朴初对当代中国佛教发展的构想

赵朴老认为"自强"就是针对"自知"和"自反"中暴露出来的问题,在实践中寻求解决这些问题的对策,以期中国佛教能摆脱旧时习气(中国佛教存在的许多问题实际上都是历史遗留的问题,是旧问题之新反映),"强立潮头",因应时代之变化。赵朴老在《讲话》中提出了"实践,认识,再实践,再认识"的历史唯物主义"自强"观,换言之,即中国佛教要"自强",就必须在"自知"和"自反"的认识过程中,不断地去实践,不断地去改正缺点,从而找到一条适合自己的出路,但是赵朴老在《讲话》中并没有提出中国佛教具体的"自强"之路(整篇《讲话》主要是关于"自知"和"自反"的)。尽管如此,"自强"还是赵朴老"三自"思想的核心,因为"自知"和"自反"都是为"自强"服务的,"三自"的目的乃在"自强",在中国佛教的"自强"。而且纵观赵朴老一生的工作,尤其在中国佛协会长任上的工作,他一直是在为振兴中

---

① 《灵山海会》2003 年秋季号,第 6~8 页。

国佛教、为中国佛教的"自强"而呕心沥血。这里，我想结合赵朴老历来的思想和实践总结赵朴老为中国佛教设计的"自强"之路，大致有三条，其具体内容就是"人才佛教"与"人间佛教"。

（一）"人间佛教"

自从近代太虚大师提倡"人生佛教"以来，中国佛教便在努力开启一条人间之路，直到今天，"人生佛教"或"人间佛教"乃成了新时代佛教的发展方向，其理念和实践成为当代有理想的佛教徒的追求。赵朴老顺应了佛教人间化的这一时代潮流，努力引领中国佛教走"人间佛教"之路。台湾佛光山的星云法师在评价赵朴老的"人间佛教"思想时说："赵朴初先生高瞻远瞩，提出人间佛教、文化佛教的口号，适应了时代发展机缘，扭转了中国佛教局面，再创了近代佛教的复兴，功不可没。"① 台湾当代的主流佛教也是"人间佛教"，如刚才说到的星云法师，还有法鼓山的圣严法师，华梵大学的创办人晓云法师等高僧皆是在台湾积极开展"人间佛教"运动的先锋人物，可见赵朴老提倡"人间佛教"，亦表达了台海两岸佛教领导人的共同心声。

说实在的，赵朴老提倡"人间佛教"乃是回归佛教之本来，因为"人间佛教"乃是佛陀的本怀，佛教的真义。君不见，《华严经》中说："不乐住世间，退失佛法"；君不见，《坛经》中说："佛法在世间，不离世间觉；离世觅菩提，恰如求兔角。"佛教的最终目的就是帮助芸芸众生解脱烦恼，在人间幸福地生活。现在，河北佛协会长净慧法师所倡导的"生活禅"，台湾圣严法师所开辟的"人行道"（他有《人行道》一书，宣传佛法是人间的"人行道"）等，皆是"人间佛教"实践的注脚。

（二）"人才佛教"，也就是人才培养问题

"人间佛教"只有建立在"人才佛教"的基础上才能得以落实。佛教事业也像世俗事业一样，没有人才储备是难以济事的。在赵朴初看来，佛教徒文化素质不高，不懂佛教，对佛教缺乏"自知"，这已成了新时期中国佛教发展的瓶颈。一个文化素质不高的佛教徒很难适应知识爆炸、科学发达的当今社会。试想，自身适应尚难，更谈什么弘法利生？有鉴于此，赵朴老在 1992 年于上海召开的全国汉语系佛教教育工作座谈会的讲话中，

---

① 学愚：《台湾佛教掠影》（续一），《法音》1995 年第 5 期，第 38 页。

提议将全国佛教工作的重心转移到僧伽教育上来，希望通过加强教育来提高佛教徒的素质，为中国佛教的发展提供智力保障。此后，他逢会便讲僧伽教育、人才培养的问题，并在实践中将此作为头等大事来抓，不但十分关心各级佛学院和僧伽培训班的发展，而且亲自选派有潜力的佛教徒到海外留学。赵朴老有一句在教界广为流传的名言，曰："中国佛教要发展，第一需要人才，第二需要人才，第三还是需要人才"。此话毫不含糊，铿锵有力，如"狮子吼"，如"无畏说"，期在引导中国佛教界营造一种尊重教育、尊重知识、尊重人才的良好氛围。

（三）"人才佛教"与"人间佛教"的三个面向

我们都知道，"改革开放之初，赵朴初首次提出'人间佛教'的思想，提倡佛教界'以出世的精神做入世的现实事业'。根据当时的社会现实，赵朴初突出了'农禅并重''学术研究'和'国际友好交往'三个方面"①，这三个方面乃是赵朴初"人间佛教"的具体内容，而其中的"学术研究"和"国际友好交往"，无疑是需要"人才佛教"之支持的。赵朴初当年非常重视"三国两岸"之佛教交流。三国系指中、日、韩三国。中、日、韩三国的佛教同属汉传佛教系统，历史上本是一家，后来只因政治分区而形成各自的法统。就三国的佛教现状而言，日、韩两国的佛教有许多地方值得中国佛教学习，尤其在佛教教育和人才培养方面，更是走在中国前面。赵朴老积极组织并参与三国佛教的交流，希望通过这种交流取长补短，将中国佛教从封闭演化引上开放发展之路——赵朴老曾将三国之间的交流称为"黄金纽带"。同时，赵朴老也十分重视海峡两岸的佛教交流，因为这样的交流一方面可以借佛教以沟通两岸同胞的感情；另一方面，台湾佛教在许多方面确实有值得大陆佛教学习的地方。尽管我们不能说日、韩以及中国台湾的佛教就是中国大陆佛教所要仿效的样板，但是它们的某些具体做法却无疑是大陆佛教今后发展的目标。

四 结语："旧三自"与"新三自"

赵朴老提出的自知、自反、自强之佛教"三自"，被教界称作是"振

---

① 《赵朴初与"人间佛教"》，参见 http://blog. sina. com. cn/s/blog_5e98bc2b0102 vd3a. html，2015 - 01 - 04。

兴中国佛教的庄严理论"①。在佛教"三自"中"自知"和"自反"属于认识范畴，而"自强"则是属于实践范畴；"自强"是目的，而"自知"和"自反"则只是手段。我们不妨将"自治、自养、自传"的基督教"三自"称为中国宗教的"旧三自"，而将赵朴老提出的"自知、自反、自强"佛教"三自"称为"新三自"。尽管"旧三自"原初是中国基督教的，"新三自"原初是中国佛教的，但是，实际上对于中国宗教现有的五大组织佛教、道教、基督教、天主教和伊斯兰教来说，"旧三自"和"新三自"都是合适的。比如就佛教而言，"新三自"自不必说，即就"旧三自"而言，佛教从汉代传入中国以来，一直是走"自治、自养、自传"之路的。因为，当时印度和西域的僧人到中国来传教，都是个人行为，而不是受某佛教组织的派遣，这与当年西方基督教徒受教会组织的派遣到中国来传教的情形是完全不一样的。再者，从传教内容上看，当时传到中国来的也只是佛经、佛教思想和修行方法，而不是印度和西域的佛教组织和制度，因而不管从哪个意义上来说，中国佛教一开始就与印度和西域的佛教组织没什么瓜葛，而且印度和西域的佛教组织本身也没有在中国佛教界搞"殖民"的意图，因而中国佛教压根儿就不存在"依附"的问题，从而也就不存在"摆脱依附"的问题，中国佛教从来都是独立自主的。我们可以说"旧三自"不但是中国基督教的作风，更是中国佛教的优良传统。今天，中国佛教若能保持"旧三自"的优良传统（在当今复杂的宗教局势下，境外的佛教组织或有插手中国佛教的可能），再以"新三自"开辟出新路向，中国佛教就能大有作为，并可告慰赵朴老在天之灵。

纵观中国佛教发展史，一方面中国佛教从不依附于国外的任何佛教组织；另一方面，佛教在中国的每一步发展又都以吸收中国文化资源为其动力，而且正是在这一动力的支持下，佛教在中国才实现了中国化并成为中国化的佛教。根据前述可知，赵朴老亦是从丰富的中国文化资源中找到了"自知、自反、自强"之"三自"以为新时期中国佛教发展的动力——中国佛教的发展什么时候都离不了中国文化的支持。

---

① 赵朴初：《自知，自反，自强》，《法音》1995 年第 5 期，第 47 页。

从佛教的中国化到禅宗的形成

姚彬彬*

  禅宗是佛教传入中国后，与中国文化间经数百年的融通涵化，所形成的典型的"中国化佛教"之宗派。唐代中期以后，佛教诸宗渐次衰微，禅宗独盛，宋代以后更是席卷东亚，开枝散叶。20世纪以降，在日本僧侣的努力下，禅宗又推广到了欧美诸国，形成了世界性的文化思潮。

  禅宗之"禅"，本为印度佛教中的一种静坐入定的修持方法。"禅"为"禅那"（梵文 dhyāna）的简称，在汉传佛教的典籍中，对于梵文 dhyāna 的音译为"禅"，意译则谓之"定"，故亦合称为"禅定"。在古印度，禅的起源非常古老，早在佛教诞生之前的婆罗门教之《奥义书》时代已经盛行。由于印度气候炎热，物产丰富，宗教修行者们具有较多的闲暇时间，故常在森林树下静坐冥想，此即称为禅定。公元前5世纪前后，印度影响较大的宗教，如婆罗门、佛教、耆那教皆以禅定为修持方法。故在"禅定"意义上的"禅"，实为印度文化的一大特色，其方法为通过一定方式的心理上的反观体察而诱发潜意识层面的宗教经验。

  近人胡适早已注意到，禅宗之"禅"与印度禅定之"禅"在内涵上是有区别的，指出"印度禅重在'定'；中国禅重在'慧'。"[1] "中国禅是要运用智慧，从无办法中想出办法来，打破障碍，超脱一切"，故其特征在"慧"。这种"慧"，与印度禅远离人境的避世修行不同，它不离于日常生活，旨在实现一种超越的人生境界。赵朴初先生对于禅宗的论述，也多次注意到其不同于印度佛教的"中国化"思想特征，如朴老在《佛

 姚彬彬，武汉大学文理学部中国传统文化研究中心副教授。
[1] 胡适：《中国禅学的发展》，见《20世纪佛学经典文库·胡适卷》，武汉大学出版社，2008，第40页。

教常识答问》中明确指出:"禅的种类很多,有声闻禅、有菩萨禅、有次第禅、有顿超禅。禅学方面,在中国有一支异军突起,那就是所谓'教外别传'的禅宗。这个宗所传习的,不是古来传习的次第禅,而是直指心性的顿修顿悟的祖师禅。"① 已经明确指出禅宗并非印度所"古来传习"者。此外,笔者近读《顾颉刚全集》,亦发现一条朴老的重要论述,以往向来无人提及。顾颉刚在《枫林村杂记》中曾记述朴老当年私下与他谈论禅宗的话,颇有见地,朴老说:"释迦牟尼所创之佛教,本为心物二元论。其后势力日大,党派渐分,唯心论遂占上风。唯心主义之最高峰,是为禅宗。"② 云云。顾氏为史学大家,著述谨严,此记应相当可靠。虽其中可能有特殊的历史语境,但也明确指出禅宗思想与印度早期佛教的明显差异。毫无疑问,朴老的这些观点,对禅宗作为"中国化"佛教的研究具有很大的启示意义。本文试从佛教传入中国后的"中国化"的几个方面,探讨禅宗的思想渊源。

一 禅法与般若的会通

公元 2 世纪前后,以禅数学为代表的小乘佛学及以般若学为代表的大乘佛学几乎同时由西域的安世高、支娄迦谶译介至华土。斯二学在佛教传入的早期,并为显学,均为时人所重。所谓"禅数学",所重在习定修观,是谓其"禅";而斯学常将佛教的基本理论用编排数字的方法进行归纳,如五阴、十二入、十八界等,称"法数",合而谓之"禅数"。禅数学本出印度上座一切有部,而般若学则为大乘早期之说。当时的情况,中国佛徒对印度历史的发展几乎不甚了了,亦不清楚大乘与小乘的分别,后世所谓"判教"之说,亦未形成,故当时的佛教学者所理解的佛法,应是一完整的体系。这种理解,促成了禅法与般若二学的会通,这也是佛教"中国化",形成了独立于印度佛学发展路径的起点之一。

东晋时,中国佛教的第一个枢纽性人物道安(312~385)兼为两系佛学的集大成者,汤用彤先生指出:"自汉以来,佛教之大事,一为禅法,安世高译之最多,道安注释之甚勤。一为《般若》,支谶、竺叔兰译

---

① 赵朴初:《佛教常识答问》,华文出版社,2011,第 135 页。
② 顾颉刚:《枫林村札记》,见《顾颉刚全集》28 册,中华书局,2010,第 157 页。

大小品①，安公研讲之最久。"② 道安在其早年，主要研习禅数学。从目前其传世的有关作品来看，主要是对安世高所译出的禅法典籍的阐释。道安认为安世高所出禅经"乃趣道之要径"，可见其禅法思想主要是据安世高的译介而建立的。

安世高的译经，多采用格义的方式，也就是常借中土固有之老庄术语来对译印度佛学名相。因此，道安对禅法的论述，也濡染了同样的特质，颇具玄学味道，如他在《安般注序》中云：

> 安般者，出入也。道之所寄，无往不因；德之所寓，无往不托。是故安般寄息以成守，四禅寓骸以成定也。寄息故有六阶之差，寓骸故有四级之别。阶差者，损之又损之，以至于无为；级别者，忘之又忘之，以至于无欲也。无为故无形而不因，无欲故无事而不适。无形而不因，故能开物；无事而不适，故能成务。成务者，即万有而自彼；开物者，使天下兼忘我也。彼我双废者，守于唯守也。故《修行经》以斯二法而成寂。得斯寂者，举足而大千震，挥手而日月扪；疾吹而铁围飞，微嘘而须弥舞。斯皆乘四禅之妙止，御六息之大辨者也。③

所谓安般，为安那般那（Ānāpāna）之略称，为利用控制呼吸来达到定境的修行方法。道安在文中"以《老子》之'道''德'范畴表述安般之寄寓，又以老庄'无为''无欲'思想说明禅定的意义，还以《周易·系辞》'开物成务'之说比喻禅定所达到的境界，这些都与玄学的思想方法联系在一起。"④ 至于此段文中之形容禅定境界之"举足而大千震，挥手而日月扪；疾吹而铁围飞，微嘘而须弥舞"一语，更为后世所习用。显而易见，这与《庄子·逍遥游》中"乘天地之正，而御六气之辨，以游无穷"之境界，诚有异曲同工之妙。显然，道安所理解的禅法，从一开始便有意无意地携带了中土玄理的诠释维度，这也应是魏晋时期老庄玄学盛行的环境影响。

禅数学在文体上，属于佛教的"阿毗昙"（简称毗昙），意译为"对法""无比法""大法"。大体而言，在佛典的分类上，一般将一切有部的

---

① 大小品，指《大品般若经》和《小品般若经》。
② 汤用彤：《汉魏两晋南北朝佛教史》，武汉大学出版社，2008，第130~131页。
③ （梁）僧祐：《出三藏记集》卷六。
④ 潘桂明：《中国佛教思想史稿》（第一卷上），江苏人民出版社，2009，第175页。

论典归为毗昙类。在中国，"毗昙学"实质上就是指"禅数学"。道安认为，毗昙学的意义，亦在于开启"般若"之门，是研习大乘般若学的基础所在，他曾如是论述：

> 自佛即幽，阿难所传，分为三藏。篡乎前绪，部别诸经，小乘则为《阿含》。四行中，《阿含》者，数之藏府也。阿毗昙者，数之苑薮也。其在赤泽，硕儒通人，不学阿毗昙者，盖阙如也。夫造舟而济者，其体也安；粹数而立者，其业也美。是故般若启卷，必数了诸法，卒数以成经。斯乃众经之喉襟，为道之枢极也。①

道安更谓《阿毗昙》为学佛者所尚的原因有三，即"以高座者尚其博，以尽漏者尚其要，以研机者尚其密"。所以，"其将来诸学者，游燚于其中，何求而不得乎！"② 这就是说，道安认为《阿毗昙》（也就是禅数学）将佛教的精神全部贯彻其中，是学佛的根本。而更将禅数的修习视作开启大乘般若思想的前提。

道安时代的般若学有所谓"六家七宗"的派别，其中主要的为三家，即道安所主张的本无义、支道林所主张的即色义及支愍度主张的心无义，诸家对般若学的理解，用后世僧肇的话来讲，可谓"偏而不即"，无一例外地受庄老玄学之影响。道安所谓"本无"之论，后世学者以一言蔽之，盖谓"无在万化之前，空为众形之始"，乃是一种以"无"为本的存有论。吉藏《中观论疏》中说：

> 什师未至，长安本有三家义③。一者释道安明本无义，谓无在万化之前，空为众形之始。夫人之所滞，滞在未（末）有。若诧（宅）心本无，则异想便息。安公本无者，一切诸法，本性空寂，故云本无。

汤用彤先生指出"无在万化之前"数语乃出于昙济《六空七宗论》，④ 其文见《名僧传抄·昙济传》所引，文中谓：

> （昙济）著《七宗论》，第一本无立宗曰：如来兴世，以本无弘

---

① 《十法句经义序》，见《出三藏记集》卷十。
② 《阿毗昙序》，见《出三藏记集》卷十。
③ 笔者按：此即谓本无、即色、心无三者。
④ 汤用彤：《汉魏两晋南北朝佛教史》，武汉大学出版社，2008，第167页。

教，故《方等》深经，皆备明五阴本无。本无之论，由来尚矣。何者？夫冥造之前，廓然而已。至于元气陶化，则群像禀形。形虽资化，权化之本，则出于自然。自然自尔，岂有造之者哉！由此而言，无在元化之先，空为众形之始，故称本无。非谓虚豁之中，能生万有也。夫人之所滞，滞在末有。宅心本无，则斯累豁矣。夫崇本可以息末者，盖此之谓也。

此外，《肇论·不真空论》中批判诸家之偏颇，其破本无义之论述。慧达在《肇论疏》中谓即道安之说。其所言即略释上段。文谓：

> 第三解本无者，弥天释道安法师《本无论》云，明本无者，称如来兴世，以本无弘教。故《方等》深经，皆云五阴本无，本无之论，由来尚矣。须得彼义，为是本无。明如来兴世，只以本化无物。若能苟解无本，即异想息矣。但不能悟诸法本来是无，所以名本无为真，末有为俗耳。

根据以上史籍之记载，分析道安本无义思想之要点，应有两个方面：第一，世界的本体是"无"，即"本无"。在道安的理论框架内，这是对于世界本质的一种描述；第二，人们必须认识到"无"这个本体，才能达到佛教所言解脱的境界，这是从人的主观方面强调认识"无"的重要性。道安的意图似在于从主客观结合的方法上体认般若性"空"；同时，道安之"本无"虽然在"万化之前"，却并非绝对的虚无，而为"众形之始"，如昙济所述"非谓虚豁之中，能生万有也"。显而易见，本无说同玄学贵无的思想有密切的关系，其突出"无在元化之先，空为众形之始，故称本无"，视万物本源为"无"，与王弼所言"有之所始，以无为本"可谓如出一辙。[①]

道安本无义之般若学，虽所诠释者为佛家之缘起性空，但不仅思维类乎庄老玄理，其语言亦多援用中土于《易》《老》《庄》诸书。汤用彤先生指出"道安之状般若法性，或可谓常之至极，静之至极欤！至常至静，故无为，故无著。"其本无义的诠释甚近老子渊静无为之旨，"凡此常静之谈，似有会于当时之玄学。……然融会佛书与《老》《庄》《周易》，

---

① 参见麻天祥《道安对佛教哲学的译介与推广》，见《中国政法大学学报》2012年3期，第80~81页。

实当时之风气，安公之学说仍未脱此习也。"① 今人所谓"佛教中国化"，正是说中国佛教在道家、儒家等本土思想影响下的发展和迁变，般若学在魏晋时期与老庄玄理的合流，正是其发轫所在。

道安将大乘般若学与小乘禅观之境界论联系起来的理论依据，是其在《道行经序》中说的"大哉智度！万圣资通，……千行万定，莫不以成"。在道安看来，禅法的"千行万定"都需要借助般若而成就。以止观贯通诸行，又以诸行联系般若，二者相辅相成、相互统摄，即以般若为禅法的基础，反过来又通过禅法成就般若。② 这样，道安把本于印度泾渭分明的般若学与禅学合二为一，使禅法濡染了大乘佛教的思辨特质，并体现了老庄玄理的诠释风格，这为"印度禅"向"中国禅"的转化奠定了基础。

二 "佛性"与"顿悟"

鸠摩罗什（344～413）来华，是中国佛教史上的一个有划时代意义的大事。他生于西域龟兹（今新疆库车），博通三藏。后秦弘始三年（401）入长安，至十一年（409）与众弟子合作译成《大品般若经》《法华经》《维摩诘经》《阿弥陀经》《金刚经》等经和《中论》《百论》《十二门论》《大智度论》《成实论》等论，系统介绍了龙树中观学派的学说，自此中国佛教方系统完整地了解了印度大乘般若学的学说。其门下弟子竺道生（355～434）也是晋宋间的佛教义学高僧，其辩才慧解，于关中僧众中颇具盛名。罗什门下的高足中有四圣、十哲等称，道生皆予其列。道生完成期的佛学思想，以糅合罗什所传的般若性空思想与《涅槃经》中的佛性思想为其特色。若汤用彤先生所指出的：

> 晋宋之际佛学上有三大事。一曰《般若》，鸠摩罗什之所弘阐。一曰《毗昙》，僧伽提婆为其大师。一曰《涅槃》，则以昙无谶所译为基本经典。竺道生之学问，盖集三者之大成。于罗什、提婆则亲炙受学。《涅槃》尤称得意，至能于大经未至之前，暗与符契，后世乃推之为《涅槃》圣。③

---

① 汤用彤：《汉魏两晋南北朝佛教史》，武汉大学出版社，2008，第169～170页。
② 参见吕澂：《中国佛学源流略讲》，《吕澂佛学论著选集》卷五，济南：齐鲁书社，1991年，第2524页。
③ 汤用彤：《汉魏两晋南北朝佛教史》下，中华书局，1983，第431页。

大乘佛教涅槃学系统的经典属如来藏学一系，道生本从罗什精研中观性空之学，后则"提倡《涅槃》之教"，成为中国佛教佛性学说承前启后的奠基学者，其思想的发展过程，亦代表此一阶段中国佛学思想的一大转向，般若性空与涅槃佛性思想间的内在逻辑，亦可从中看出端倪。

众所周知，大乘空宗经论中，已出现作为后来如来藏学的核心观念如法身、实相、法性等名相。然空宗论师对这类概念的诠释，皆不出"有无双遣"，不做肯定性描述的所谓"遮诠"路径。据记载，鸠摩罗什平生所撰述中唯一"有系统之作"，便是讨论实相问题的《实相论》（二卷），惜已不传。不过，从其传世的与慧远讨论佛学问题之《大乘大义章》中，仍可见其有关论述，诸如有关法身实相问题，罗什认为：

> 法身可以假名说，不可以取相求。
>
> 从法身以后，所受之身，如幻、如镜中像。
>
> 诸佛所见之佛，亦从众缘和合而生，虚妄非实，毕竟性空，如同法性。
>
> 若言法身无来无去者，即是诸法实相，同于泥洹，无为无作。
>
> 所谓断一切语言道，灭一切心行，名为诸法实相。诸法实相者，假为如、法性、真。此中非有非无，尚不可得，何况有无耶？

如是种种，罗什显然认为，法身、实相等词，也是虚幻不真的假名，由此，诚可印证任继愈先生对空宗学说根本要害问题的点出：

> "涅槃"即佛教认为修行所达到的最善，最完美，最幸福，最高的精神境界，而大乘空宗却教人们认为他们是空幻的，甚至说如果有比涅槃境界更高的，也是幻的……对佛教信仰带来了不利的影响……①

在当时，对罗什的有关论述，如江南佛教领袖慧远等学者均表示难以接受。在与罗什的讨论后，慧远通过对《大智度论》的研读，反而更加坚定了自己的"形尽神不灭"思想，如他后来所表述的：

> 有而在有者，有于有者也；无而在无者，无于无者也。有有则非有，无无则非无。何以知其然？无性之性，谓之法性。法性无性，因

---

　　① 任继愈：《法相宗哲学思想略论》，《任继愈自选集》，重庆出版社，2006，第360页。

缘以之生。生缘无自相，虽有而常无；常无非绝有，犹火传而不息。
夫然，则法无异趣，始末沦虚，毕竟同争（当为净），有无交归矣。①

罗什的彻底的否定性诠释之所以难以被中国佛教主流学者所接受，归根结底是认为就佛教而言，虽然什么都可以空掉，但作为众生成佛的依据是不能空掉的，否则将会使修行者无所适从。况且，当时的中国佛教学者，其思想基础皆为魏晋玄学的本体论，自难接受空宗的那种扫荡一切名相的彻底的"一切空"。因之，对法身实相诸问题转向实有性的诠释，在当时的文化环境中，应是一个必然的趋势，这个转向恰恰由罗什的高足道生而完成。

道生平生以倡导"一阐提人皆能成佛"名世，关于佛性问题所论甚多，皆对之持确然的肯定说法，如：

> 夫体法者，冥合自性，一切诸佛莫不皆然，所以法为佛性也。
> （《涅槃经集解》卷五十四）
>
> 无我本无生死中我，非不有佛性我也。（《注维摩诘经》卷三）
>
> 佛法中我，即是佛性，是则二十五有，应有真我，而交不见，犹似无我。（《涅槃经集解》卷十八）
>
> 性者，真极无变之义也，即真而无变，岂有灭耶。（《涅槃经集解》卷九）
>
> 性本是真，举体无伪。（《涅槃经集解》卷五十一）

显然，在道生看来，佛性是真实的长存不灭的善性，是众生皆能成佛的内在依据。就如来藏学的体系而言，诸如佛性、法身、实相诸问题，皆可谓"同出而异名"的一类。

道生本出于罗什门下，关于佛性等成佛主体因素的看法却异于乃师，他对相应问题的理解，应如汤用彤先生所言：

> 《般若》《涅槃》，经虽非一，理无二致。（《涅槃》北本卷八，卷十四，均明言《涅槃》源出《般若》）《般若》破斥执相，《涅槃》扫除八倒。《般若》之遮诠，即所以表《涅槃》之真际。明《般若》实相义者，始可与言《涅槃》佛性义。②

---

① 慧远：《大智度论抄序》，《出三藏记集》。
② 汤用彤：《汉魏两晋南北朝佛教史》下，中华书局，1983，第451页。

汤先生进一步指出："实相无相，故是超乎象外。佛性本有，则是直指含生之真性"，阐明了性空和佛性二说之间看似针锋相对，实则相辅相成的内在关系。道生从般若性空转向涅槃学的佛性论，不仅代表了南北朝时期佛学的一个重要逻辑向度，也是中国佛学主体思维逐渐落实到"如来藏"系统的佛性论的一个决定性标志。

在道安的早年，当时全本的《大般涅槃经》尚未传入南方，南朝只有六卷《泥洹》流传，是全本的一部分，其中说"除一阐提皆有佛性"，"一阐提"谓断除了善根的恶人，也就是认为有一部分众生是不存在佛性的。但道生仔细分析经文整体的义理，主张"一阐提人皆得成佛"才是涅槃佛性说的根本思想。当时的保守僧团认为他的说法违背经论，故将他摈出僧众。道生遂入吴中的虎丘山，传说他曾聚石为徒，讲到阐提有佛性之义时，群石皆为点头（《佛祖统纪》）。元嘉七年（430）以后，全本《涅槃》传入南朝，其中果然有"一阐提人有佛性"的说法，于是众皆服之。所谓"一阐提人有佛性"，也就是说"一切众生皆有佛性"，这一思想后成为中国佛学主流各宗的共同基石，无论天台、华严各宗均以此说为标榜，而主张"即心即佛"的禅宗心性论哲学的兴起，更与道生的佛性论具有直接的关系。

禅宗有所谓"南顿北渐"之说，即《坛经》中所记载的弘忍门下惠能与神秀思想的分野。神秀于北方弘法，主张"渐修"之说；而惠能则主张"见性成佛"的顿悟说。事实上，惠能的顿悟说亦导源于道生的"大顿悟"之说。印度大乘佛教一般认为，修持佛道有严格的阶梯，是所谓"菩萨十地"，需要通过一点点的努力渐次升进。后名僧支道林（314～366）等提出，修至十地中的第七地后，方达到了一个顿悟阶段，后世把这种说法称为"小顿悟"。至道生则更进一步，他提出，所谓顿悟，即是寂鉴微妙，不容阶次，一达斯境，便是与佛道相契无间的豁然大悟。后世称此种顿悟为"大顿悟"，若陈时慧达所撰《肇论疏》卷上曾记载，"竺道生法师大顿悟云：夫称顿者，明理不可分，悟谓照极。以不二之悟符不分之理，理智悉称，谓之顿悟。"显然，道生大顿悟之说，是南北朝时期的中国佛学对于印度传统佛教的又一种"创造性诠释"，这种诠释风格，我们可从《高僧传》的记载中得到一些提示：

> 生既潜思日久，彻悟言外，乃喟然叹曰："夫象以尽意，得意则象忘。言以诠理，入理则言息。自经典东流，译人重阻，多守滞文，

鲜见圆义，若忘筌取鱼，始可与言道矣。"于是，校阅真俗，研思因果，乃言善不受报，顿悟成佛。[1]

此处的记载已经明确提示了，道生"顿悟成佛"之说受到庄子哲学得鱼忘筌、得意忘言（《庄子·外物篇》）的心性空明之境的启发，也是佛学与魏晋玄理之学合流的一结晶。"大顿悟"之说距离后世惠能所说"故知一切万法，尽在自身中；何不从于自心，顿现真如本性"（《坛经》）的顿修顿悟之说，恐怕也就只有一步之遥了。

三 关于"楞伽宗"

《楞伽经》是与禅宗早期历史关系密切的经典，其全名《楞伽阿跋多罗宝经》，或称《入楞伽经》。其内容通过阐述唯识学理论而申"诸法皆幻"之旨趣，故认为成佛之道，系证入真实圆满之"如来藏"，是印度佛教唯识系与如来藏系的重要经典。圣严法师曾指出："《六祖坛经》是以般若为方法，以如来藏为目标，用般若的空观来破除烦恼的执着，以期达到'明心见性'的目的。所谓'明心'就是无烦恼的清净心，'见性'就是见到与佛无二无别的佛性。佛性是如来藏的另一个名字，清净心是般若智慧的别名，它是用般若智慧以达见性成佛的目的。"[2] 这比较准确地概况了以《坛经》为"宗经"的禅宗的印度佛教思想渊源，其如来藏方面的思想元素，应与《楞伽经》有直接的关系。

据说禅宗的"东土初祖"菩提达摩尝以四卷本的《楞伽经》授其弟子"二祖"慧可，并云："我观汉地，唯有此经，仁者依行，自得度世。"慧可以降，其历代门徒受持此经，游行村落，不入都邑，行头陀苦行，修习禅定，逐渐形成独立的派别，而被称为楞伽师，胡适先生在其《楞伽宗考》文中称之为"楞伽宗"。后世禅宗所言之东土六祖之前五祖，也就是达摩、慧可、僧璨、道信、弘忍，皆应属"楞伽宗"之谱系。

菩提达摩为南天竺人（一说波斯人）。不过，早期史实上所记载的达摩与后世禅宗所叙述的事迹颇有出入。近代学者胡适、汤用彤等根据较早的佛教典籍《洛阳伽蓝记》和《续高僧传》中的记载考证。达摩于南朝刘宋时期来华，抵达南越（今广州一带），并于刘宋末年（约 470～479）

---

① （梁）慧皎：《高僧传》卷七。
② 圣严：《六祖坛经的思想》，《中华佛学学报》1990 年 4 月第 3 期。

北上，游化于伊洛。在华生活了五六十年而故去。在可靠的记载中，其平生并未见到梁武帝。至于后世禅宗所传，达摩于梁武帝时期来华，因"所言不契"继又"一苇渡江"北上，"九年化去"。平生还有面壁少林、只履西归乃至于精通武术等说法，皆逐渐形成于 8 ~ 9 世纪乃至更后的时代。

历史上的菩提达摩之思想，据《续高僧传》所载，其教人有"理入"与"行入"二途。所谓"理入"者，"藉教悟宗，深信含生同一真性。客尘障故，令舍伪归真，凝住壁观，无自无他，凡圣等一，坚住不移，不随他教，与道冥符，寂然无为，名'理入'也"①。意思就是相信众生皆有佛性，一切平等，重视禅坐入定的精神训练。而所谓"行入"者，有"四行"，为报怨行、随缘行、无所求行、称法行，都是强调日常无欲的苦行功夫。达摩传法所本之经典即为宋译之四卷《楞伽经》，其后世弟子多自称为"南天竺一乘宗"，但在达摩的平生，华人佛教学者不甚重视其学说，唯有"领宗得意者，时能启悟"。

"楞伽宗"之传承，自"四祖"道信（580 ~ 651）后有突破性的发展，道信于唐初武德七年（624）应蕲州（今湖北蕲州镇）道俗僧众的邀请，到达江北传法，见黄梅县西的双峰山的山泉秀丽，便在此处造寺作为修行和传法的中心道场。道信在此居住 30 多年，"诸州学道，无远不至"（《续高僧传·道信传》），其中著名者有荆州法显、常州善伏、玄爽等。山中门人最多时达 500 余人，其中以"五祖"弘忍为上座。道信住黄梅后所开创的僧团组织，后世谓之"东山法门"。有学者认为，道信、弘忍师徒在黄梅活动时期，禅僧团发生了多方面的革命性变化，其主要表现有三：第一，道信和弘忍先后在湖北黄梅的双峰山和东山传教弘禅数十年，道信的弟子 500 余人，弘忍的弟子上千人。禅僧由此从分散流动转向聚众定居，稳定的传教基地随之建立起来，并且成为后世众多禅派向全国发展的唯一中心地。第二，把劳动纳入修行范围，农禅并重，自耕自食，佛教通过游走乞食解决衣食来源，通过接受供养筹集经费的传统生存方式，从此发生了彻底转变。第三，随着禅众有了新的生活方式、修行方式和生产方式，以自信自立、自求解脱为特点的新教义也应运而生，逐渐流行于僧俗、知名于朝野。② 由此可见，"东山法门"的成立，为惠能以降禅宗的

---

① （唐）道宣：《续高僧传》卷十六。
② 参见魏道儒《禅宗的创立与起源考辨》，见《中国社会科学报》2011 年 8 月 2 日。

正式创立，奠定了宗教制度化的重要社会基础。

道信的禅修理念，继承了达摩以来观心法门的宗旨，以《楞伽经》的"如来藏"真心本净说为依据。认为一切众生虽具佛性，但被妄念所覆盖，需要通过"一行三昧"等禅修方法破除无明而渐渐开显本心。"五祖"弘忍（601～674）承继乃师之言教，后人于敦煌文献中发现了其作品有《最上乘论》，《最上乘论》中的思想要之在于倡"守本真心"之说，谓修持佛道无外通过禅坐而开显本来觉悟的如来藏自性清净心，与道信所阐"一行三昧"的观心法门并无本质上的区别。关于弘忍门下的情况，《楞伽师资记》中引用玄赜《楞伽人法志》的记载说，弘忍临终前二日曾语玄赜曰："吾一生教人无数，好者并亡；后传吾道者，只可十耳。"于玄赜以外，更举出了上首神秀、资州智诜、白松山刘主簿、华州惠藏、随州玄约、嵩山老安、潞州法如、韶州惠能、扬州高丽僧智德、越州义方。这十人中闻名后世者，自为神秀和惠能二人，而惠能更是后世所谓以"不立文字，直指本心，见性成佛"为特征的禅宗的真正创始人。

值得注意的是，在道信与弘忍两代人中，将一部大约在梁陈之际由华人伪作的经典《大乘起信论》的思想引入禅学。据近人考证，《大乘起信论》是南朝时华人不知名者所造，为引起重视而托名一位印度菩萨马鸣。该书影响中国佛教之发展非常深远。《起信论》提出一心开二门之说，以为世俗谛的"生灭门"与胜义谛的"真如门"皆为一心开出，提出觉悟的"本觉"真心是生成一切万法的根源。谓"念无自相，不离本觉。譬如迷人，依方故迷。众生亦尔，依觉故迷。若离觉性，则无不觉"，强调佛性的"当下即是"与"一切具足"，其途径则是"自信己身有真如法，发心修行"。《起信论》中认为证悟佛理只是返观"自心"的体验过程，这种颇具道家"返本还源"论特点的"真心本觉"说深刻影响后世的禅宗，故后世禅宗将《起信论》托名的作者马鸣亦尊为"西天二十八祖"之一。

历史上的"楞伽宗"传承分支复杂，当然不止以上被后世禅宗尊为直系祖师的五人，而后世的"北宗禅"神秀一脉，亦可视为楞伽宗的流衍。虽禅宗事实上为惠能正式开创，然其思想义理上亦与前代楞伽师们有千丝万缕的联系。《坛经》记载，惠能闻《金刚经》而开悟，其平生亦最重《金刚》，如汤用彤先生所说，"菩提达摩以四卷《楞伽》授学者。大鉴慧能则偏重《金刚般若》"，"《金刚般若》者言简意深。意深者谓其赅括虚宗之妙旨。言简者则解释自由而可不拘于文字。故大鉴禅师舍《楞伽》而取《金刚》，亦是学问演进之自然趋势。由此言之，则六祖谓为革命，亦可称为中兴"① 者是也。

惠能正式开创禅宗之后，于唐末五代时已席卷天下，宋代以后则成为汉传佛教绝对的主流，亦如朴老所言："禅宗在中国是很兴盛的。……从唐到宋，南宗的禅师辈出，在此三四百年中又分为五家七派，可想见其兴旺的景象。此宗和净土宗一样，一直是中国流传最广的宗派。"② 之所以能够如此，也许正是因为禅宗是"佛教中国化"发展历程的最终产物。侯外庐等认为，禅宗是"综合了其他各派佛学所共具的一些基本思想，而使烦琐的教义归于简易。思辨的佛学在这里已经到了转折点，繁重的推理形式已经部分地为通过谜语似的问答而被'顿悟'的神秘途径所代替。"③ 其教理正符合鸠摩罗什所说"秦人好简"的特点。虽然，宋代以后的禅宗思想发展，总体上是方法和形式的翻新，并未有实质性的拓进，不过，禅宗的思想宗旨却广泛地向中国文化的各个领域进行渗透，无论是宋明理学，还是宋元新道家的兴起，乃至于艺术、诗歌理论，都不同程度地受到了其影响。张中行先生有段话说得非常精辟："思想的影响，有如水洒在土地上，四散，浸湿邻近的土。能浸湿是水之性，邻近的土受影响不受影响，可以用是否浸湿来检验。同理，其他事物是否受了禅的影响，也要用是否吸收了禅之性来检验。禅之性是什么？人人可以意会，可是想明确而具体地说清楚却不容易。勉强说，大致包括四个方面：一是'认识'方面，是：世间尘嚣可厌，应舍；自性清净，见性即可顿悟，即证涅槃。二是'实行'方面，即如何立身处世，是：悟后一切随缘（近于万物静观皆自得），自由无碍，并可化逆为顺（视不可欲为无所谓）。三是'受用'方面，是：心境湛然，不为境移，不为物扰，无烦恼。四是'表现'方面，是：因为深入观照，体会妙境，无执着，所以言行可以超常，有意外意，味外味。总说一句，是有世外气，有微妙意。"④ 千百年来，禅宗的思想风格早已润物无声地渗入到中国人的思维方式、审美意识乃至处世态度等各个方面。我们读史论事，诚可随处体认带有禅宗味道的"世外气""微妙意"，这里也就毋庸多言了。

---

① 汤用彤《隋唐佛教史稿》，中华书局，1988，第189页。
② 赵朴初：《佛教常识答问》，华文出版社，2011，第138页。
③ 侯外庐主编《中国思想通史》第四卷（上），人民出版社，1957。
④ 张中行：《禅外说禅》，中华书局，2013，第436～437页。

生态文明寺院建设与人间佛教的发展

崔红芬[*]

20 世纪二三十年代太虚大师（1889～1947）契理契机地提出了人间佛教的思想。人间佛教是以佛教的道理来改良社会，使人类进步、世界改善，以关注人生、改善人生和服务现实社会为宗旨，最终目标是实现人间美好净土。目前生态环境问题成为当下迫切需要解决的问题，也是人间佛教所面临和关注的新问题。生态环境问题已被提到国家战略的发展高度，十八大提出了推进中国特色社会主义事业之经济建设、政治建设、文化建设、社会建设、生态文明建设"五位一体"的总体布局。这充分体现了党和政府对生态文明建设的关注和重视，也反映出生态环境问题日益严重。生态文明寺院建设是人间生态环境建设的一个重要环节，它既体现了尊重佛教的优良传统，彰显佛教生态理念，也是人间佛教与时俱进的具体体现，对推动全社会生态建设和环境改善具有重要的现实意义。本文在前人研究的基础上，对生态文明寺院的建设与人间佛教的发展进行探讨。

一 佛教环保理念与人间佛教思想内涵

佛教虽不是生态学，其思想中不仅蕴含丰富的生态保护内涵，而且具有珍爱大自然、珍爱生命的践行活动。佛教自两汉之际传入中土，经历南北朝的发展，不断与中国本土文化相互融合，到唐宋时期成为具有中国特色的佛教，佛教文化也成为中国传统文化的一部分。有关生态环保问题也是人间佛教所关注的问题，佛教中有关生态理念对于当下环境保护有一定借鉴作用。当代社会背景下，生态文明寺院的建设也是对人间佛教思想的进一步完善和发展。

* 崔红芬，河北师范大学宗教所副所长、教授、博士生导师。

（一）佛教生态环保理念

1. 缘起性空与众生平等

缘起与平等思想是佛教的核心内容。平等是建立在"缘起"的理论基础上，《缘起经》讲道："云何名缘起初？谓依此有故彼有，此生故彼生，所谓无明缘行，行缘识，识缘名色，名色缘六处，六处缘触，触缘受，受缘爱，爱缘取，取缘有，有缘生，生缘老死，起愁叹苦忧恼，是名为纯大苦蕴集，如是名为缘起初义。"①《杂阿含经》也讲："如来离于二边，说于中道，所谓此有故彼有，此生故彼生，谓缘无明有行，乃至生、老、病、死、忧、悲、恼、苦集；所谓此无故彼无，此灭故彼灭，谓无明灭则行灭，乃至生、老、病、死、忧、悲、恼、苦灭。"②

"此有故彼有，此生故彼生；此无故彼无，此灭故彼灭"则充分表现出世间任何事物的生死、存在都是互为条件，互为因果的。佛教"缘起性空"的思想，改变了以人为中心的观念，对于建立人与自然、人与社会相互依存的和谐关系非常重要。

"众生平等，万物皆有佛性"和"无情有性"的生命平等观是以缘起为基础，"青青翠竹尽是法身，郁郁黄花无非般若"③则充分说明世间的山川、草木、大地、瓦石、虫鸟等都是平等的，都具有佛性。众生平等要尊重生命，禁止滥杀，爱护生灵，保护生命。《楞严经》曾讲道："若不断杀，修禅定者，譬如有人自塞其耳，高声大叫，求人不闻，此等名为欲隐弥露。清净比丘及诸菩萨，于岐路行，不踏生草，况以手拔……"④

在现实生活中，可以通过佛教教义的宣说不断提升人们对保护生态环境的认知，认识到环境与我们的生活和社会息息相关。以"法界缘起说"让人们认识万物皆由因缘合和而生，因缘散而灭，生态也随因缘的改变而变化，改变人们对世界整体性的认识。以"业报因缘说"的善恶因果报应和六道轮回等思想，劝说人们止恶行善，相信因果，给杀生和破坏环境者以威慑力，提升世人对于环境保护的意识。另一方面，还要加大立法执行力度，防止对生态的进一步破坏和恶化。

---

① （唐）玄奘译：《缘起经》，《大正藏》第2册，第124号，第547页中栏17。
② （刘宋）求那跋陀罗译：《杂阿含经》，《大正藏》第2册，第99号，第66页下栏25。
③ 《御选语录》，《卍新纂续藏经》第68册，第1319号，第611页上栏。
④ （唐）般刺蜜帝译：《大佛顶如来密因修证了义诸菩萨万行首楞严经》，《大正藏》第19册，第945号，第132页上栏19。

2. 慈悲与智慧的思想

慈悲喜舍是佛教四无量心，即以四种清净无染的善心拔苦与乐，利益众生，达到悲智双运的目的。《大般涅槃经》记载："为诸众生除无利益，是名大慈；欲与众生无量利乐，是名大悲；于诸众生心生欢喜，是名大喜；无所拥护，名为大舍；若不见我、法相、己身，见一切法平等无二，是名大舍；自舍己乐，施与他人，是名大舍。善男子！唯四无量，能令菩萨增长具足六波罗蜜。"①

佛教慈悲与智慧表现在戒杀、爱生、放生和护生等方面，五戒之首是戒杀，十善之首也是不杀，出家人的四根本皆也是以不杀为首。《大智度论》讲道："知诸余罪中，杀罪最重；诸功德中，不杀第一。"② 佛教五戒十善，提倡众生平等、发慈悲心和怜悯心，珍爱生命是爱生、护生的保证。

戒杀和平等可演化出不杀生、放生、护生和素食等利于保护生态和维护良好环境的行为。放生是行善，是积累功德的行为，还可延续寿命和避免众难。《药师经》记载："是故我今劝诸有情，然灯造幡，放生修福，令度苦厄，不遭众难。"③ 五戒、十善要人发慈悲心，珍爱生命，常放生积善。若按照五戒、十善的原则行事，少贪欲去嗔痴，引导人们进行"诸恶莫作，众善奉行"的人生道德实践，鼓励人们通过自身的努力实践，实现美好的人生，使我们的生活环境变得和谐和美好。

3. 心净国土净

佛教强调修心，只要心安定下来，就能去除杂念，在生活、工作中使得身心清净，心清净就会杜绝或减少一切不好的行为。若想净化世界，必须要从救人心做起，如果人的思想观念不能净化，要使得社会风气净化，是非常难的。《维摩诘所说经》"佛国品"所说："随智慧净则其心净，随其心净则一切功德净，是故宝积。若菩萨欲得净土当净其心，随其心净则佛土净。"④

台湾圣严法师"心灵环保"思想是强调修心的最好体现，包含两个

---

① （北凉）昙无谶译：《大般涅槃经》卷15，《大正藏》第12册，第374号，第454页上栏04。
② （后秦）鸠摩罗什译：《大智度论》，《大正藏》第25册，1509号，第155页中栏21。
③ （唐）玄奘译：《药师琉璃光如来本愿功德经》，《大正藏》第14册，450号，第408页上栏19。
④ （后秦）鸠摩罗什译：《维摩诘所说经》，《大正藏》，第14册，第475号，第538页上栏。

方面的内容，一是指物质环境的保护；二是污染的根源来自"心灵"。为了解决目前全球面临的环境问题，圣严法师不是就生态问题解决生态问题，而是从问题的根源入手，把净化众生的心灵视为生态问题解决的前提、社会和谐的根本、是人间佛教建设中不可缺少的环节。在物质污染和心灵污染两个方面中，圣严法师更是强调"心灵"的作用，"心灵"的清洁才是治理物质污染的根本。正如圣严法师在《心灵环保自序》中所言："从1989年起，又提倡建设人间净土的理念，响应环境卫生、保育自然生态、珍惜自然资源的号召。同时呼吁发起'心灵环保'的运动。之后又发起心五四和心六伦运动。若想救世界，必须要从救人心做起，如果人的思想观念不能净化，要使得社会风气净化，是非常难的。心灵的净化，便是理性与感性的调和，智慧与慈悲的配合，勇敢放下自私的成见，勤于承担责任及义务，奉献出自己，成就给大众，关怀社会，包容他人。唯有如此，人间净土的实现，才不会仅是空洞的理想。"①

"心灵环保"是圣严法师提出的用以净化台湾社会和弘扬佛法的主张，希望通过教育树立环保意识，提倡农禅，以观念的导正，能够不受环境的影响而产生内心的冲击，以达到平衡身心，以健康的心态面对现实，正确处理问题，倡导低碳简朴生活，减少温室气体的排放，减少能源的消耗，反对浪费等，解决面临的环境问题，协调人与自然的关系。圣严法师反对使用一次性餐具和过度包装，提倡不用化学制剂，尽量减少生活垃圾，要对垃圾进行分类处理。提倡节约用水、用电，少用洗发精、洗涤精等化学清洁剂，减少对水资源的污染，珍惜上天赐予我们的空气、阳光和水，不用塑料袋，扩大宣传力度，并能在现实生活中身体力行，把环保落实到物质生活的各个层面，以此提升人的素质，建设人间净土。

（二）赵朴初人间佛教理念

人间佛教是由太虚大师提出的，在大陆和台湾得到广泛的传播和发展。大陆地区人间佛教的弘扬是在改革开放之后。1983年，赵朴初先生在《中国佛教协会三十年》讲话中首次提出继续弘扬人间佛教的思想，并提出要继承中国传统佛教的农禅并重、学术研究和国际交流的优良传统，以此作为新时期佛教发展的人间使命。这三个传统是中国佛教徒在经

---

① 圣严：《心灵环保自序》，法鼓全集光碟版"第三辑第五册"。

过长期的探索和实践后创造和发展的，也是赵朴初先生对人间佛教的补充和完善。

赵朴初先生对于人间佛教有自己的阐述，他认为："人间佛教主要内容就是：五戒、十善。五戒是：不杀生、不偷盗、不邪淫、不妄语、不饮酒。佛教认为，这类不道德的行为应该严格禁止，所以称为五戒。十善是在五戒的基础上建立的，将身、口、意三业分为十种，身业有三种：不杀、不盗、不邪淫；口业有四种：不妄语欺骗，不是非两舌，不恶口伤人，不说无益绮语；意业有三种：不贪、不嗔、不愚痴，这就叫十善，反之就叫十恶。"①

五戒与十善是佛教核心思想，赵朴初先生的人间佛教思想首先继承传统佛教思想，要求人们从修五戒、十善做起，从身边的小事做起，从自己的言行做起。为国家生财、为人民谋利是属于利益众生的事业，是善事，是符合佛教戒律的。为个人谋财谋利，为发泄私欲而害人则是戒律所不允许的。世人出于私利和贪欲破坏生态环境的问题是佛教戒律所不允许的，也是违反国家法律的行为。

五戒、十善的内容是要人们做好人，如释迦牟尼所言："诸恶莫作，戒具之禁；清白之行，诸善奉行；心意清净，自净其意；除邪颠倒，是诸佛教，去愚惑想。"② 若按照五戒、十善的原则行事，少贪欲去嗔痴，引导人们进行"诸恶莫作，众善奉行"的人生道德实践，鼓励人们通过自身的努力实践，才能实现美好的人生，使我们的生活环境变得和谐和美好。赵朴初先生认为："假使人人依照五戒十善的准则行事，那么，人民就会和平康乐，社会就会安定团结，国家就会繁荣昌盛，这样就会出现一种和平安乐的世界，一种具有高度精神文明的世界。这就是人间佛教所要达到的目的。"③

赵朴初先生的人间佛教思想除了五戒和十善以外，还包括"四摄和六度"内容。赵朴初先生所讲的"四摄"的"摄"，其意思就是大众团结的条件。"四摄"：一是布施；二是爱语，即慈爱的语言和态度；三是利行，即为大众利益服务；四是同事，即让自己在生活和活动方面同于大众。"六度"的"度"，意思是从烦恼的此岸度到觉悟的彼岸。其"六

---

① 赵朴初：《佛教常识答问》，北京出版社，2009，第157页。
② （东晋）瞿昙僧伽提婆译：《增一阿含经》卷二十六，《大正藏》第2册，第125号，第551页上栏。
③ 赵朴初：《佛教常识答问》，第158页。

度"是六个到彼岸的方法：一是布施；二是持戒；三是忍辱；四是精进，即不懈地努力于自度度他、自觉觉他的事业；五是禅定；六是般若，即为自觉觉他而修禅定和智慧。①

赵朴初先生人间佛教思想是要奉行五戒、十善，以此净化自己的心灵，去除贪欲，做好人，做清白正直的人；广修四摄、六度以利益人群，自觉地以实现人间净土为己任，为社会主义现代化建设这一"庄严国土、利乐有情"的崇高事业贡献自己的力量和智慧。

五戒、十善、四摄和六度的内容与上求佛道、下化众生的大乘菩萨行精神是一致的，认识世间一切都是无常和无我的，破除我执，净化心灵，利益众生，以度众生为己任，建立高尚的道德品行，利于国家和社会，利人利己，实现社会和谐。

赵朴初先生提出继续弘扬人间佛教的思想之时，正是我国"文革"结束后的拨乱反正时期。佛教面临全面恢复。赵朴初先生提出了中国佛教三大优良传统，即学术研究、农禅并重、国际友好交流。这是为了适应新时代佛教发展和符合现代化建设的需要，推动了人间佛教的进一步发展。赵朴初先生的中国佛教三大优良传统之一是农禅并重的传统，他说："中国古代的高僧大德们根据'净佛世界，成就众生'的思想，结合我国的国情，经过几百年探索与实践，建立了农禅并重的丛林风规。从广义上理解，这里的'农'系指有益于社会的生产和服务性的劳动，'禅'系指宗教学修。正是在这一优良传统的影响下，我国古代许多僧徒们艰苦创业，辛勤劳作，精心管理，开创了田连阡陌、树木参天、环境幽静、风景优美的一座座名刹大寺，装点了我国锦绣河山。"② 农禅并重的实践不仅建造了一座座风景优美的名刹大寺，而且也装点了我国锦绣河山。赵朴初提出三大传统之时，正是十年动乱结束不久，佛教处于恢复时期，他却能将寺院恢复建设和生态建设相结合，希望寺院有环境优美、树木参天的良好生态环境。

人间佛教是以人们道德的树立、社会的改良和人类的进步等为前提，太虚大师还说："人间佛教，是表明并非离开人类去做神做鬼，或皆出家到寺院山林里去做和尚的佛教，乃是以佛教的道理来改良社会，使人类进

---

① 倪强：《赤子佛心赵朴初》，宗教文化出版社，2007，第216页。

　② 《中国佛教协会三十年》，《赵朴初文集》（上卷），华文出版社，2007，第562页。

步，把世界改善的佛教。"① 人间佛教是由世人在世间完成和实现，只有这样才能成就佛陀事业，最终实现人间净土。

二 促进生态文明寺院建设的前提基础

当今人们在享受社会进步的成果时，也遭受环境生态等诸多问题的困扰。环保是当今世界最为关注的话题之一。随着工业化和现代社会物质文明快速发展，人们越来越讲求丰富而优厚的物质享受，追求经济效益的最大化，欲望膨胀、滥用资源、过度使用燃料、滥排滥放、可怕的水污染、连续的雾霾天气、异常的天气、无节制的采伐、土地沙漠化、物种灭绝和滥用农药等使我们生活的地球正在遭受前所未有的破坏，生态失衡，给人们的身体和身心健康带来极大破坏。环境的问题是关乎人类生存的解决生存问题、生活问题和生死问题的关于生命的哲学，是为芸芸众生提供解脱的宗教思想体系。面对严重的生态问题，佛教伦理和思想为世人提供了许多宝贵的资料，解决环境的问题也是人间佛教内涵的丰富和完善。寺院一向以优雅的环境著称，在寺院文明生态建设方面有以下几点思考。

（一）培养和谐有序的管理队伍

要想建设生态文明寺院，首先要有一支高素质的僧团管理队伍，人才是寺院有序发展的保证。赵朴初先生的人间佛教理论上承佛陀和历代祖师的遗绪，下应时代需求。佛教为了适应时代的发展，需要积极培养僧才。赵朴初先生还强调佛教僧团自身建设和僧伽人才的培养，使之更加适应中国现状和实际需要。

1956 年 9 月中国佛学院在北京法源寺成立，其宗旨是"培养热爱祖国，拥护和平，具足正信，能发扬佛教优良传统的僧伽人才"。② 1957 年赵朴初先生在中国佛教协会第一届理事会工作报告中提到了僧人培养的重要性。只有培养僧才才能肩负起弘传佛法和管理寺院、建设寺院的重任。

现代社会中生态寺院的建设不仅需要培养大量的僧才，而且要有国家法律的保证和政策的支持。为保证佛教生态思想的发掘和建设生态寺院，

---

① 释太虚：《怎样来建设人间佛教》，《太虚大师全书》第 25 卷，宗教文化出版社，2004，第 354 页。
② 赵朴初：《中国佛教协会第一届理事会工作报告》，《赵朴初文集》，华文出版社，2007，第 243 页。

应该从寺院的良好管理、僧众素质的提升和良好生态环境的建设几个方面进行，这些方面相辅相成。如果寺院缺乏高素质的管理人才和良好的管理，那么其生态环境的建设也不可能得到保证。

培养僧才，净化心灵，加强寺院的管理和人才的培养也是赵朴初先生十分关心的问题。赵朴初说："今后，如何搞好管理，更好地体现宗教政策精神，使这些寺院更加庄严并成为佛教徒精进学修的场所，还有大量的事要做。我们当进一步发挥佛协作为佛教徒与政府之间的桥梁作用和它自己应有的专业机构作用，继续协助这些名山大寺做好这方面的工作。"①

寺院的管理和僧才的培养，既要秉持佛教精神，受到戒律约束，积极学习和宣传佛法；又要在佛教协会的领导和协调下，使寺院建立与政府、信众的友好关系，这些都是人间佛教弘扬的内容。人间佛教本来是佛教契理契机的发展，在当今面临严重生态危机和环境污染的情况下，要充分弘传缘起、平等理念，发菩提心，修菩萨行，积极为改善生存环境而努力。

为了保证寺院生态文明的建设，僧众更要适应新的形势，吸收先进的管理理念，更要发挥佛教爱护大自然和珍爱生命的优良传统，积极践行人间佛教的思想。同时需要佛教管理部门制定相关的法律法规，约束和规范寺院的管理。2009 年、2012 年，国家宗教事务局等多部委联合下发了《关于进一步规范全国宗教旅游场所燃香活动的意见》和《关于处理涉及佛教寺庙、道教宫观管理有关问题的意见》等，用制度和先进的理念保证生态寺院的建设。

2011 年 1 月 28 日，我国五大宗教全国性团体发表了《倡导宗教和谐共同宣言》："尊重自然，保护生态，追求健康生活方式，树立可持续发展理念，促进人与自然和谐相处。"《共同宣言》表明我国宗教界在生态保护和推进方面达成了共识。

（二）发挥寺院生态示范作用

国家宗教局局长王作安在《发挥宗教界在生态文明建设中的作用》一文中也讲道："建设美丽中国，实现中华民族永续发展，关乎人民福祉和民族未来，必须全民动员投身生态文明建设。宗教界参加生态文明建设，有信仰基础，有历史传统，有自觉意识，有社会公信，可以发挥独特

---

　　① 《中国佛教协会三十年》，《赵朴初文集》（上卷），第 442 页。

作用，是一支重要力量。"① 王作安认为，生态文明的建设不仅需要全民投入，而且也要有宗教界的参加，宗教界可以发挥信仰基础、历史文明传统，起到独特的作用。

"天下名山僧占多"反映了寺院良好的生态环境，当我们走进一座座寺院，给世人印象最深的莫过于环境优美，庄严清净。我国寺院自古就有着注重自身生态环境建设的良好传统。西夏（1038～1227）还将保护寺院生灵写入法律条款，西夏文《天盛律令》是遗存下来的第一部少数民族法律，卷十一"为僧道修寺庙门"规定："诸人于寺庙内不许□□、杀生、捕捉禽鸟。倘若违律时，徒六个月。"②

中国寺院建筑格局一般分为庭院式或山林式。山林寺院可以凭借大自然生态优势，依山傍水，深山幽谷，古木参天，绿树成荫，云雾缭绕，鸟语花香，殿宇庄严，人工建筑隐约在树木丛林之中，自然与建筑融为一体，超凡脱俗的僧众与周边的环境和谐一致。寺院或其周围优雅美好的生态是佛教长期从事生态建设的结果，达到了"寺因山而钟灵，山以寺而闻名"的境界。

而庭院式寺院则仿中国传统建筑，主次分明，左右对称，疏密有致，寺中种植树木、花草，建假山、修庭廊、开池塘，池塘中莲花郁郁，水中鱼儿游动，形成错落有致和动静结合的幽雅环境。

但无论哪种格局的寺院建筑都注重寺院本身和周围环境的建设，能把自然与人类和谐的理念融入其中。凡是寺院所在，大都树木葱茏，鸟语花香，成为环境优美的典范。生态文明寺院的建设也给其他城市或村镇的建设提供了示范作用。净慧老和尚也曾说："人类的存在与整个山河大地的存在分不开，而且是要协调和谐地存在，只有人与自然和谐地存在，人类才能生存；一旦不和谐，人类的生存就会出现危机。"③

佛教的活动中心是寺院，寺院也是弘扬佛教思想文化理念的中心，寺院有自己的僧人和信众，具有很好的文化辐射作用，寺院在全民生态建设中起着独特作用，要充分发挥宗教注重生态建设的引导作用和示范作用。生态寺院的建设是人间佛教的进一步弘扬和发展，既包含佛家对于生态的保护理念，也是具体实践的体现。

① 王作安：《发挥宗教界在生态文明建设中的作用》，《中国宗教》2013 年第 7 期。
② 史金波等译注《天盛律令》，法律出版社，2000，第 410 页。
③ 净慧：《生活禅钥》，三联书店，2008，第 290 页。

三 开展生态文明寺院建设的举措

(一)慈悲为怀与爱生放生

佛教认为,放生的功德是很大的。但是现实生活中,很多人不懂大自然规范和缺乏对动物习性的了解,一味追求放生的形式,出现了很多不科学的放生活动。例如随意乱放生,破坏生态平衡,导致外来物种入侵而失去控制;放生动物基本依靠购买,致使一些不法之徒为了利益而滥杀、滥捕,违反国家法令,刺激杀生行为;不顾他人安危,随意乱放有危险的动物,在城市放生眼镜蛇等。这些行为使放生变为杀生,严重危害大自然的生态平衡。这种流于形式而不科学的放生既严重破坏了生态,也给人们的生活带来诸多不便。

寺院在护生和素食方面做出了很好的例证,一些寺院也积极行动起来进行宣传,引导信众合理放生,把放生和护生的实践结合起来,或变放生为护生,珍爱生命。据《梵网经》所载:"以慈心故,行放生业,一切男子是我父,一切女人是我母,我生生无不从之受生,故六道众生皆是我父母。而杀而食者,即杀我父母,亦杀我故身。一切地水是我先身,一切火风是我本体,故常行放生。生生受生常住之法,教人放生。若见世人杀畜生时,应方便救护解其苦难。"常教化讲说菩萨戒救度众生。①

《梵网经》的记载反映了佛教合理放生和积极救生的优良传统,培养怜悯之心、珍爱生命、遇到动物将被杀时,应行方便进行救护,并规劝救下生灵,也就等于放生、保持自然生态平衡。

在引导合理放生和积极宣扬护生的同时,寺院要通过各种手段呼吁大家尊重自然,敬畏生命,禁止杀生,减少物欲,杜绝浪费。寺院积极宣传佛教教义,要求人们克制自身的欲望,尊重自然法则,以慈悲的心态对待世间一切,倡导众生平等,不要处处以人为中心,剥夺其他生灵的生存权利,要懂得知福、惜福、培福、种福和感恩,倡导素食,爱护动物,戒杀放生,减少食物链环节的缺失,减少富贵病的发病率,践行爱护一切生命的价值,做到人与动物的和谐相处。

寺院依靠佛教生态观在积极宣扬合理放生,积极护生,保持良好的生

---

① (后秦)鸠摩罗什译:《梵网经》第十之下,《大正藏》第24册,第1484号,第1006页中栏09。

态环境，从四谛、十二因缘和八正道的方面探究人类烦恼痛苦的根源即是佛教三毒（贪嗔痴）和我执，由于三毒使人们"无明"，产生痛苦和烦恼。诸多生态危机是由贪婪心、我慢心造成的，是现代社会中人们盲目追求物质享受，对自然环境肆无忌惮的掠夺式开发造成的。

为了和谐人与自然界、动物界的关系，人们通过学佛和修习，认识自我，开发智慧，修持戒律，止恶扬善，转染为净，转识为智。只有心灵净化才有具体行为的净化，只有众生觉悟，众生心灵的净化，才有人类生活环境的净化，做到人与自然、人与社会和谐。

（二）正信佛法与文明敬香

在传统佛教中，香、灯、花、水供养是最为常见的供养形式，有丰富内涵，可以庄严身心、净化道场等。《百丈清规证义记》记载："一请戒、二忏摩、三回复、四开示苦行、五燃香、六说戒、七发愿、八授梵网、九给牒、十回复。"①《普贤行愿品》也载："我以普贤行愿力故，起深信解，现前知见，悉以上妙诸供养具而为供养。所谓：华云鬘云、天音乐云、天伞盖云、天衣服云、天种种香、涂香、烧香、末香，如是等云，一一量如须弥山王；然种种灯，酥灯、油灯、诸香油灯，一一灯炷如须弥山，一一灯油如大海水，以如是等诸供养具常为供养。善男子！诸供养中，法供养最。"② 如上种种供养既可满足僧众不同需求，也可表示以虔诚之心礼敬神灵。

但随着人们生活水平的提高，闲暇之余，外出旅游的人不断增加，他们游览名山大川、佛教圣地，尤其来到佛教圣地，无论有无宗教信仰，很多人会烧香礼佛，表示对神灵的敬畏、对亡故亲人的怀念和对美好生活的期盼等。然而他们对于燃香的真正用意并不清楚，或出于对神灵的虔诚，或为某种利益，强卖诱骗，烧高香、大香、粗香、大把香，尤其在节假日或出于攀比心理，存在抢头炷香、烧发财香和长寿香等陋习，且所燃香、蜡烛价高质次，存在有害的化学成分，刺鼻呛人，使寺院烟雾缭绕，不仅有损于游客和僧众的身心健康，而且给文物和林木带来很大的安全隐患，严重污染环境，损害了佛教庄严形象，使寺院失去了清幽的环境，败坏了

---

① （唐）怀海集：《百丈清规证义记》卷7上，《卍新续藏》第63册，第1244号，第471页中栏06。
② （唐）般若译：《大方广佛华严经》卷40，《大正藏》第10册，第293号，第844页下栏24。

社会风气。

宗教管理部门和很多寺院也积极行动起来，如灵隐寺、少林寺、白马寺、峨眉山等正确引导信众燃香，倡导信众用鲜花、新鲜瓜果、清水供养礼佛，不允许香客自己带香和蜡烛进入寺院，由寺院免费提供优质的清香，杜绝了浓烟滚滚的情景，为寺院及周边环境的改善做出了很多努力，逐渐树立信众环保意识。1998 年圣严法师在法鼓山举行了焰口和普施甘露的平安法会，倡导用素果鲜花和简单的饮料等祭拜孤魂，使他们得到慈悲的温暖。为亡故亲人不烧纸币、棒香，不燃蜡烛，在寺院敬佛少焚香和燃蜡烛，用鲜花、水果和清水代替，以此提倡环保。

实际上，在古代寺院有很好的环保经验，历史上敦煌和贺兰山地区佛教寺院众多，很多文献记载寺院或周边种植大量果树，一方面美化了寺院和周边环境，另一方面满足了僧人和供养神灵的需求。

《普贤行愿品》也提到诸供养中以法供养为最殊胜，《六祖法宝坛经》记载："师（慧能）曰：'一、戒香，即自心中无非无恶、无嫉妒、无贪瞋、无劫害，名戒香。二、定香，即睹诸善恶境相，自心不乱，名定香。三、慧香，自心无碍，常以智慧观照自性，不造诸恶；虽修众善，心不执着，敬上念下，矜恤孤贫，名慧香。四、解脱香，即自心无所攀缘，不思善、不思恶，自在无碍，名解脱香。五、解脱知见香，自心既无所攀缘善恶，不可沈空守寂，即须广学多闻，识自本心，达诸佛理，和光接物，无我无人，直至菩提，真性不易，名解脱知见香。善知识！此香各自内熏，莫向外觅。'"① 这些记载不仅阐述了烧香的内涵，也揭示了供养神灵要心诚，不能仅仅流于形式。若人心中有香，无须外求，发自信众内心的戒香、定香、慧香就是最好最殊胜，只要正信佛法，虔心向善，真正的心香就会永驻。

《中国宗教》记者就文明敬香的问题曾采访演觉法师，法师指出："文明敬香最终反映的是一个寺院的管理水平。生态文明寺院应该包括环境优雅、殿堂建筑整洁、造像庄严等多方面。寺院不是专门烧香的地方，而是出家修道的场所，是信众的精神家园，是文化交流的纽带，来寺院就是为了烧香，这是对寺院的误读。因此，文明敬香对于提升寺院的综合管理来说是十分重要的。"

---

① （宋）宗宝编《六祖坛经》，《大正藏》第 48 册，第 2008 号，第 353 页中栏 29。

（三）加大宣传力度

1. 寺院举办宣传活动

有条件的寺院可以举办佛教生态思想研讨会，邀请学者撰写相关主题的论文，与教界一起发掘佛教生态内涵和探讨生态文明寺院的建设，会后整理出版研究成果等，以影响更多的人。

寺院还可以以大众乐于接受的形式，利用网站、绘画、图册、内部刊物和宣传栏等多渠道宣传佛教的环保思想。寺院还可建立生态环保宣传教育机构，安排专人负责宣传工作，在佛学院开设生态环保课程，培养僧众的环保意识。寺院的环保宣传要有充分的例证和亲身体验，不要只讲套话。

利用植树节、公益慈善活动等机会参与政府、社会的生态建设，发挥寺院在生态文明建设中的作用；或通过僧人参政建言的机会发挥自身的作用，呼吁社会重视生态环境保护。

寺院还可借助夏令营和禅修等活动，向年轻学子和参与禅修的信众宣传生态环境知识，树立他们保护环境的意识，从自身做起，以此影响更多的人。

2. 发挥居士群体的影响力

寺院不仅可以以自身的建设为环境的治理提供宝贵的借鉴经验，而且还要发挥寺院庞大的居士和信众群体的影响力。首先是寺院的教育，提高居士群体的生态环保意识。寺院可以通过举办法会和印发宣传册等多种方式对居士、信众们进行生态教育，普及环境保护和生态建设基本知识，逐渐培养他们尊重和保护自然的生态文明理念和环保意识，使他们在日常生活和工作中能够处处以保护环境约束自身。

然后是调动居士协助寺院宣传生态和保护生态的积极性。寺院的居士和信众来自不同领域，分为不同的层次，他们和社会各个方面都有着密切联系，希望居士和信众在日常生活中能够身体力行，从身边做起，由居士和信众影响家里的亲人、周边的朋友、同事乃至他们生活的社区，以此不断扩大影响范围。并要充分发挥诸多居士和信众的特长，变废为宝，充分利用身边的资源，使我们赖以生存的环境变得越来越美。

综上所述，佛教虽不是生态学，但充满了生态学的内涵。自古以来，寺院就积极践行着佛教的生态观念，以优雅的环境和庄严的国土而著称。佛教独特的生态观，对于我们处理所面临的环境问题有很好的借鉴和帮助。近些年来，生态环境问题已成为政府和民众广为关注的问题，关系到每个人的身体健康，人类的福祉与其所处的环境息息相关。只有保护好人类赖以生存的环境，改善被破坏的生态，才能做到人与自然之间、人与动物之间的和谐共处。生态文明寺院建设既是人间佛教思想在当下社会的继续发展，也是佛教缘起、平等、慈悲、智慧和心净国土净等思想理念的弘扬。促进生态文明寺院建设，不仅需要培养高素质的僧才管理队伍，还要发挥寺院良好幽静环境的示范作用。

神通与佛教中国化

夏德美[*]

一 神通在佛教修行体系中的地位

汉译佛经中译为"神通"（又译作神通力、神力、通力、通等）的词语，在梵语中有多个词语与之对应，比如 abhijñā, adhisthāna, addhi, vikurvita 等等。大致而言，神通是指通过修行获得的特殊能力，可以知晓一切，可以变化无穷等等。在印度，大多数宗教都认为一个修行者可以通过特定的修行具有某些神通，比如作为婆罗门教基本经典的《瑜伽经》就提到通过修习瑜伽可以知道往世宿命，可以隐身，预知死亡，获得大力，空中行走，获得天耳通、他心通[①]等等。这些神通是修行者达到解脱过程中必然会具备的能力，但为了达到最终的解脱，修行者又不能过分执着于这些神通。佛教作为印度文化的一支，也深受这一文化传统的影响，对神通非常重视。佛教常讲的神通有神足、天眼、天耳、他心、宿命、漏尽等六神通。这六种中，只有漏尽通是佛教所独有的。实际上，神通种类是无数的。因为，佛教认为神通来自禅定，禅定有无数种，相应的神通也就有无数种。《大智度论》卷十七中的一段话，对神通与禅定的关系有比较清楚的说明。问曰：菩萨法，以度一切众生为事，何以故闲坐林泽，静默山间独善其身，弃舍众生？答曰：菩萨身虽远离众生，心常不舍。静处求定，获得实智慧，以度一切。譬如服药，将身权息众务，气力平健，则修业如故。菩萨宴寂，亦复如是，以禅定力，服智慧药，得神通力，还化众生。或作父母妻子，或师徒宗长，或天，或人，下至畜生，种种语言，

---

* 夏德美，中国社会科学院世界宗教研究所副研究员。

① 参见黄宝生译《瑜伽经》，商务印书馆，2016，第 89~111 页。

方便开导。

这里的"以禅定力，服智慧药，得神通力，还化众生"一句，经常被引用。这句话包含了两层意思：一、禅定是获得神通的基本条件。对佛教而言，智慧也是获得神通必不可少的。在佛教的修行体系中，禅定、智慧都属于三学，是基本的修习内容。只有具备了较高禅定能力和智慧的人，才能获得佛教的神通，而不是外道的神通。二、菩萨获得神通的目的不仅是为了自己的解脱，还是为了弘教传法，度化众生。

从原始佛教到密教，神通都是佛教修行者达到解脱必不可少的条件，特定的神通也被认为是达到某种修行成果的重要表现之一。原始佛教倡导的修行最高果位是阿罗汉，而获得阿罗汉果位者必须得"漏尽通"。东晋时翻译的《佛说箭喻经》："此是义，是法，得成神通，行梵行，至等道，与涅槃相应，是故我一向记之。"这里所说的"等道，与涅槃相应"，也就是阿罗汉果位，达到这一果位必须要有神通。其他果位也需要有神通，《增一阿含经》："我自有至要之道得成正觉，眼生、智生，意得休息，得诸神通，成沙门果，至于涅槃。"沙门果就是指沙门修行的四种果位，即须陀洹、斯陀含、阿那含、阿罗汉，获得神通被看作获得沙门果位的一种表现。但总体而言，原始佛教时期，佛教是平实的，特别强调通过戒定慧的修行，达到内心清净，获得解脱，对于神通没有大力渲染。

大乘佛教时期，神通作为解脱成佛不可或缺的因素，被大力渲染。佛、菩萨的各种不可思议、打破常规的神通变化被详细反复地描述，神通甚至成为修行成功的关键。比如在华严类经典中普贤菩萨被看作修行的样板，因为普贤能与法身契合，而契合的关键正是神通行。正如魏道儒先生在《中国华严宗通史》中所指出的，"于是，号召学习普贤，更主要的是鼓励修习禅定以获神通，此即为修普贤行。……作为菩萨修行样板的普贤，并不是以学问精湛、能言善辩、智慧超群见长，而是以具有不可思议的神通变化，具有法身的善权方便著称"①。到了大乘密教时期，重视神通达到顶峰，追求神通几乎可以与追求解脱相提并论。密教的基本修行方法咒语、手印、坛场都具有多方面的神通功能。

虽然神通对于佛教修行是必需的，或者说神通是佛教徒修行到特定阶段必然会具有的能力，但神通绝不是佛教修行要达到的目的，而且在佛教

① 魏道儒：《中国华严宗通史》，凤凰出版社，2001，第13页。

传播中神通的使用是有条件的。在原始佛教时期，佛陀并不主张过度使用神通，阿含类经典中有多处佛教反对使用神通的故事，比如《长阿含经·坚固经》中，佛陀谆谆教导比丘们："我终不教诸比丘为婆罗门、长者、居士而现神足上人法也，我但教弟子于空闲处静默思道，若有功德，当自覆藏；若有过失，当自发露。"依据佛教最基本的业力学说，因果是自负的，神通的显现可以让见到神通者种下信佛之因，但以前的业力仍然会发生作用。释迦牟尼无法解救释迦族的灭亡，正说明了这一点。在佛经中也记载了佛或其弟子通过向一些难以度化之人展现神通，使其皈依佛教的事情，这些充分展现了神通的作用，但按佛教原理，能够得见佛或其弟子的神通，也是因为此人前世种下了某种因，因此神通的作用是有限的。第一位在中国佛教史上作出重要贡献的译经僧安世高具有很多神通，但他也无法改变自己的业因果报，需要来中国"偿对"，被人杀死①。这表明神通的显现并不违背因果学说。

二 中国佛教神通传教的普遍性

在古印度，有两个基本观念，即轮回和因果报应。所谓轮回，就是指，众生（五道或六道）在获得解脱之前，处于一种无始无终的轮转状态，不同的众生死而复生、生而复死，不断流转。因果报应，就是指在轮回中众生流转的处所和具体的境遇完全由自己的业力决定，善业会有善报，死时善业的力量大，就会被牵引到善处（人、天等）；恶业会有恶报，死时恶业的力量大，就会被牵引到恶处（地狱、饿鬼等）。基于这样的信念，各种鬼神和神通现象也被人们广泛接受。中国文化很早就形成了"人生一世"的观念，虽也有对神灵的崇拜、对神异现象的敬畏，但"神道设教"，将神异现象主要用作教化的观念始终占主导地位。人们对生命的关注大都限于一世（一生）之内，并通过血缘亲族的关系凝结成牢固的纽带，将每一个人固定在由近及远的各种关系之中，人生、人际成为最核心的问题，那些神异灵验的事情显得不很重要。当社会稳定之时，更是如此，大多数人都积极投身于现世的生活之中。一旦社会结构发生巨大变化，生死存亡成为人们切身感受的事情，就会有一些人对生命的价值进行重新思考，神异之类也会受到一定重视。但总体而言，中国文化是重实

① （梁）释慧皎撰《高僧传》卷一《安清传》，汤用彤校注，中华书局，1992，第6页。

际、重人伦的，对神异现象的接受和探索是有限的。

佛教的传入，为中国文化打开了一个新的窗口。佛教虽然在两汉之际就已经传入中国，但真正在社会上产生一定影响，已经到了东汉末年。佛教经典集中传入，出家僧众出现，一定数量的在家信众护持，佛法才开始在中国社会立住脚跟，轮回报应的观念也在一定范围内被接受。但佛教在中国社会发挥重大作用，还需要假以时日。安世高、支谶之后的一百五六十年，中国社会王纲解纽，天下纷争，统一的汉王朝分崩离析，先是三国鼎立，再是西晋短暂的统一，再到东晋定都建康，少数民族入主中原。社会的大动荡，使儒家经学所建立的现世秩序已经风雨飘摇，人们在痛苦犹疑中纷纷探讨生命的真正意义。于是，有玄学的兴起，有道教的建立。佛教也终于获得了大显身手的机会。作为一种外来宗教，佛教靠什么来吸引信众？佛教因果报应的学说怎样才能得到汉地民众的信服？佛经的翻译，为知识阶层提供了新的思想资源，但对于广大民众或者是关注实利的帝王国主，却往往需要更直接有效的方式。佛教修行者们正是通过神通展现特异的能力，治病救人、预言吉凶，为佛教进入中国社会提供了一种重要途径。

翻阅从梁到宋的三部高僧传，我们可以看到，从佛教初传中土开始，成功的传教者大都运用神通来吸引信众，推动佛教发展。中国佛教史学家对具有神通功能的僧人非常重视，慧皎的《高僧传》分为十科，神异①为第三科，仅排在译经和义解之后，可见对神异僧人的重视。其后，道宣的《续高僧传》和赞宁的《宋高僧传》把神异改为"感通篇"，仍然是专门记载以神通著名的国内外僧人，在整个僧传中占有很大的篇幅（《续高僧传》共31卷，感通篇有3卷；《宋高僧传》共30卷，感通篇5卷）。

仅从三部《高僧传》"神异"或"感通"类的记载来看，神通表现形形色色，涉及各个方面，比如分身显现、预测吉凶、祈雨祈晴、降服猛兽、显现祥瑞、治病救人、手作神像、幽冥讲经，等等。不胜枚举的

---

① "神异"一词在汉译佛教中，很少见。笔者检索《大正藏》，仅在鸠摩罗什翻译的《大智度论》中出现。"神通"一词却大量见于汉译佛经中，最早出现于东汉支谶译经中。"神通"在佛教中具有完全正面的意义，神异，却多少有一些异于常情。本文尊重佛教传统，除了因慧皎《高僧传》明确以"神异"命名外，在其他地方统称为"神通"。道宣以《感通篇》命名，显然是综合了佛教神通和中国文化中"天人感应"的思想。

神通表现形式，令人几乎很难划分出几个类别而概括无遗。但是，就神通本质而言，是把人的感官功能扩大到不受自然规律、社会规律和思维规律支配的地步。很多著名的僧人就是靠神通取得了统治者的信奉和支持，从而将佛教发扬光大，比如佛图澄，他之所以被石赵尊为国师，"朝会之日，澄升殿常侍以下，悉助举舆。太子诸公，扶翼而上"①，正是凭借了对国家大事和个人吉凶的预测能力。佛图澄的神通为佛教的发展开创了新局面，取得了"所历州郡，兴立佛寺八百九十三所，弘法之盛，莫与先矣"的效果。

实际上，在传教中运用神通手段的，并不仅仅限于神异篇和感通篇中的僧人，其他科目，包括那些以翻译经典、讲解义理而知名的僧人中，也不乏著名的神通传教者。在我国译经史上，第一位知名的译经僧人安世高就是极具代表性的例子。在他身上，比较全面地反映了佛教初传时期成功的外来僧人的基本风貌。就其传教而言，他在华活动时间长，可能有40年；他活动范围广，从北方的洛阳到南方的广州。他所具有的传教素质，所采用的传教方法、手段和内容，集中体现了此后大多数外来成功传教者的特点。安世高自幼"志业聪敏，刻意好学。外国典籍，莫不该贯，七曜五行之象，风角云物之占，推步盈缩，悉穷其变。兼洞晓医术，妙善针口，睹色知病，投药必济。乃至鸟兽鸣呼，闻声知心"②。安世高通晓天文、风角、占卜、医学等技能，这些是此后一些成功传教者大多具备的能力。也正因为具有这些能力，使他"俊异之名，被于西域。远近邻国，咸敬而伟之"。安世高所具有的这些技能的具体内容不能确切知道，但是，其基本方面与当时汉代社会上流行的一些方术有类似之处，应该是没有问题的。应该指出的是，佛教的神通是自身固有的，并不是外来僧人迎合中国方术而采取的。

可以说，绝大多数佛教僧人是把显示神通作为手段，把传播佛教基本教义作为目的的。作为修行过程中必须具备的能力，神通的确有助于传教者吸引、感召信徒，获得来自僧俗两界社会各阶层人士的承认和支持。另一方面，佛教的神通无疑扩大了中国人的视野，这种不同于中国传统神仙方术的特异现象，与佛教系统精深的思想理论结合在一起，引起了更多人的关注和信仰，多少改变了中国文化的面貌。

---

① （梁）释慧皎撰《高僧传》卷九，第6页。
② （梁）释僧祐：《出三藏记集》卷十三，中华书局，1995，第508页。

三　中国佛教对神通的主流看法

传统的力量是强大的。来自羯胡的石赵政权，可以名正言顺地宣布"佛是戎神，正所应奉"①。但佛教要想在华夏文化传统中站稳脚跟，却不得不与这一社会最基本的价值体系——儒家进行调和。从儒家的观点，毫无疑问，各种各样的"神通"，都是一些逆于常理、荒诞不经、观之难测、思之难解的现象，这与儒家"不语怪力乱神"的传统是相违背的。过度宣扬神通，并不利于佛教在中国的传播。随着佛教的发展，一些有远见的僧人逐渐认识到这一点，并进行多种努力。在中国佛教史上具有重要地位的道安法师就是其中最杰出的代表。道安曾就学于神异高僧佛图澄，但他"家世英儒"，深受儒家文化影响，不满于神通传教的局限，下决心"令无生之理宣扬季末，使流遁之徒归向有本""游方问道，备访经律"，整理佛教经典，为诸多佛经作序，积极寻求在佛教义理上有所建树。道安僧团在中国佛教史上能够占据重要地位，与其僧团所体现的理性精神有很大关系。东晋名士习凿齿曾写信给谢安，向其隆重介绍道安："来此见释道安，故是远胜，非常道士，师徒数百，斋讲不倦。无变化伎术，可以惑常人之耳目；无重威大势，可以整群小之参差。而师徒肃肃，自相尊敬，洋洋济济，乃是吾由来所未见。"② 习凿齿看重道安的正是其不凭借神异灵通惑众，而靠切实修行整肃僧团的精神。但另一方面，我们也要看到，作为佛教徒，道安对于佛教的神通是信服的，在《道安传》中也记载了多处神通事件。

道安建立的传统在中国佛教中一直具有重要地位。关于神通的产生、作用以及在佛教修行解脱体系中的地位和价值，一些杰出的中国僧人有着全面的认识。三部高僧传神通部分，都对这一问题进行了深入论述，应该说它们代表了中国佛教界对神通问题的主流看法。

慧皎《高僧传·神异》对神异的性质进行了说明："或由法身应感，或是遁仙高逸。"对神异传教进行了全面分析，指出神异传教对佛教的传播具有重要意义："神道之为化也，盖以抑夸强，摧侮慢，挫凶锐，解尘纷。"同时又指出，显示神异只是一种"权"，是为了实现"道"的一种手段，虽违背常情，但只要是善的，是可以使用的："夫理之所贵者合道

---

① （梁）释慧皎撰《高僧传》卷九《佛图澄传》，第352页。
② （梁）释慧皎撰《高僧传》卷五《释道安传》，第178页。

也，事之所贵者济物也。故权者反常而合道，利用以成务。……光虽和而弗污其体，尘虽同而弗渝其真。"最后，强调不能随意使用神异，否则就是"夸衒方伎，左道乱时"①。

道宣《续高僧传·感通篇》将"神异"改为"感通"，认为神通在佛教中具有重要位置，"规模之道既弘，汲引之功无坠"。但神通并不容易获得，尤其是在像法、末法时代"像、末浇兢，法就崩离，神力静流，通感殆绝"。对于在社会上广为流传的僧人神通的情况，道宣采取"存而不论"的态度，却对神通传教导致的弊病，痛切批评："顷世蒙俗，情多浮滥，时陈灵相，或加褒饰，考核本据，顿坠淫邪，妖异之谚林蒸，是非之论蜂起。"道宣对神通的认识最有特点的是明确将神通与业报结合在一起，认为"命系于业，业系于心，心发既其参差，业成故亦无准"。神通最终能够发挥多大的作用，能够发挥什么样的作用，是与运用者和被运用者各自的业力直接相关的。

赞宁《宋高僧传·感通篇》对神通的产生及其在整个佛法修行体系中的位置进行了全面论述：

> 原夫室静生虚白，心静则神通。儒玄所能，我道奚若？引发静虑，自在现前，法不喧嚣，万缘都泯。智门开处，六通由是生焉。动相灭时，五眼附兹照矣。目连运用，彰何第一之名？那律观瞻，有是半头之见。迷卢入其芥子，海水噏于毫端。不思议时，凡夫之心口两丧；神通生处，诸佛之境界一如。复次，我教法中以信解修证为准的，至若译经传法，生信也。义解习禅，悟解也。明律护法，修行也。神异感通，果证也。孰言像末无行果乎？亦从多分说也。②

这段话可以分为三个层次，第一，认为儒家、道教承认有神通，佛教的神通与儒道有相似处，但佛教神通的获得需要禅定（静虑）和智慧。第二，列举佛经中以神通著称的人物，以及神通展现出来的效果。第三，结合高僧传的分类说明神通在整个佛教修学体系中的位置：译经、传法（慧）是生信，义解（慧）、习禅（定）是悟解，明律（戒）、护法（慧）是修行，神异、感通是果证。

---

① （梁）释慧皎撰《高僧传》卷十《神异》，第398页。
② （宋）赞宁撰《宋高僧传》卷二十二《感通篇》，范祥雍点校，中华书局，1987，第576页。

综合三篇僧传的论，我们可以看出，中国佛教史学家对于神通的态度是比较客观而中肯的。作为佛教徒，他们不否认佛教神通的存在，认为神通是法身的显现，是佛教修行中获得的一种能力（或业果）。但对如何获得神通，神通在传教中如何发挥作用都采取了谨慎的态度。这固然与他们个人的素养有关，也与中国文化的传统有关。赞宁试图将佛教神通与儒家思想进行协调。《宋高僧传·感通》：

> 或曰：感通之说近怪乎？对曰：怪则怪矣，在人伦之外也。苟近人情之怪，乃反常背道之徒欤。此之怪也，非心所测，非口所宣，能至其涯畔矣。令神仙鬼物皆怪者也。仙则修炼成怪，鬼则自然为怪。佛法中之怪则异于是。何耶？动经生劫，依正法而修，致自然显无漏果位中之运用也。知此怪正怪也，在人情则谓之怪，在诸圣则谓之通。感而遂通，故目篇也。

感通是否为"怪"？提出这个问题的人，正是以儒家为标准的。赞宁的回答包含了三个层面：一、一般被认为"怪"的现象或事物是指违背常情、违反大道的。感通超出于人伦（儒家）之外，违背常情，是人的思维无法认识、语言无法描述的，从这个意义上，可以说它"怪"。二、佛教中的"怪"与神仙鬼物等怪是不同的，是无数劫以来修行获得的果位的变现。三、佛教中的"怪"在俗人看来是怪，在圣贤看来则是一种感应之后的通达（感通）。人通过自身的修养，可以获得一些感应，这是儒家，特别是董仲舒以来强调"天人感应"的儒家所承认的。那么佛教与儒家就没有矛盾。恰恰相反，佛教的感通，把人的行为和果报放在三世因果的视角下，正可以弥补儒家只重视此世，善恶报应很难解释的缺憾。

总之，神通是整体佛教理论和实践不可或缺的内容，没有神通功能，不能达到最终的解脱，不能显示修行的果报，同时，也不能更有效地弘扬佛法，更广泛地争取各界信众。传教者用神通传教是手段，不是目的，他们希望通过这些神通表现来弘扬佛法，为佛教的传播创造良好的环境，这样更加容易被普通民众所接受。对于人数最为众多的那些难以理解佛教哲学化义理的社会大众，特别是文化程度不高的妇女，对于那些切盼解决自己实际的问题的无助者，神通具有很大的吸引力。无论是哪个社会阶层的人，都希望有神通，乐于接受神通。但神通的显现是有条件的，过度宣扬神通，会导致"怪力乱神"，对佛教的弘扬也是不利的，中国历史上一些有见识的高僧也都清楚认识到了这些。

浅谈人间佛教在圣俗关系上的革新对佛教发展的意义①

王　鹰*

一　非神化、非鬼化，人成即佛成的人间佛教理论

从宗教社会学的角度来看，神圣关系是宗教信仰体系的源头，每一宗教信仰都离不开神圣信仰对象和神人关系等问题。人间佛教作为佛教的现当代革新形式，尽管在理论上不出离佛教思想，但是在神人关系的实践建构上却有所突破。

首先，人间佛教思想的核心内容和主要目的，是以改善人生、解决人生痛苦为导向，而不是只求死得好、死后之好或者天化、神化。如太虚大师将其人生佛教思想概括为"仰止唯佛陀，完成在人格，人成即佛成，是名真现实。"提出佛教思想（教理）、僧团组织（教制）和寺院经济（教产）的"三大革命"；提倡大乘佛法的慈悲心，宣扬由人生而成佛的"人菩萨行"，适时将佛法和人生、社会相结合，以实现对世事人心的救度。这些都促成人间佛教发展为一场以实践为目的的"佛教改进运动"。后来赵朴初代表中国佛教协会，提出的佛教自身建设的五大纲领，包括信仰建设、道风建设、人才建设、教制建设和组织建设，与太虚大师人间佛教思想的主旨也是一脉相承的。

印顺法师继承了太虚大师的人间佛教思想，认同佛法要与当下社会

---

① "神圣"（the sacred）与"世俗"（the profane）这对范畴来自拉丁语，词源与人们在空间上的划分有关。拉丁语 sacrum 的含义是属于神灵及其力量，被罗马人用来特指膜拜仪式及其场所。Profanum 意为"在圣殿区域的前面"。本文理解的世俗，是相对"神圣"而言的范畴。神圣与世俗是互为参照、互为基础、互为依托的对立统一的关系。

* 王鹰，中国社会科学院世界宗教研究所副研究员。

发展相适应。他指出相对声闻法的从有生到无生，即非正面从事经济、政治活动，通过超越社会而得解脱，大乘佛法的思想则是完全不同，"它以为生即无生，无生而不离生，故正面的去从事经济政治等活动，并不妨碍自己的清净解脱。它要从世间的正业去体验而得解脱，这种解脱，叫作不思议解脱，这在《华严经》里说得很多。故大乘佛教的思想，对于社会，并不一定要站在旁面，政治、经济等，在吻合佛教的思想体系下，何尝不是佛法？因为它主张世间法即是出世法的缘故。总之，佛法一是净化身心的声闻教，守住自己的岗位，不失自己的立场，从旁面去影响社会，不去从事正面的经济等活动；它深刻不能广及。二是以世间而达到清净解脱的大乘佛法，可以正面地去从事经济政治等活动。出家人应以声闻佛教为立脚点，而在家佛教徒则可本着大乘佛教的精神，正面的去从事政治经济等活动。这政治经济等，就是佛法。"①

而在印顺法师看来，在家佛教又是人间佛教践行主要依靠的力量："复兴中国佛教，说起来千头万绪，然我们始终以为：应该着重于青年的佛教，知识界的佛教，在家的佛教。今后的中国佛教，如果老是局限于——衰老的，知识水准不足的，出家的（不是说这些人不要学佛，是说不能重在这些人），那么佛教的光明前途，将永远不会到来。在这三点中，在家的佛教更为重要。"②"在家人分布于农工商学兵各阶层，佛法正需要居士的力量，把它带到世界的每一角落……大乘佛法的对象是众生，所以着重村落乡镇都市的地方，向大众弘法，深入社会。居士与社会的关系密切，更容易达成此一任务，由此可见居士在佛教中的地位，是如何的重要！"③印顺法师还指出在家佛教主要包括："一、佛化的家庭；二、由在家佛弟子来主持弘扬。"④

其次，人间佛教人神关系的建构，从太虚大师的"非鬼化"，又发展到印顺法师的"非神化"。相对太虚大师的人生佛教要对治中国佛教重视死与鬼的现象，印顺法师指出人间佛教除了要避免佛教的俗化，对治佛教对死亡与鬼神的信仰，也不要让佛教神化，因为俗化与神化，都不会让佛法昌明。人间佛教的思想与实践要以人为本，注重"人格的最高完成"，

---

① 印顺：《政治经济等与佛法》，《妙云集》24，第407~408页。
② 印顺：《建设在家佛教的方针》，《妙云集》21，第81页。
③ 印顺：《妙云集》21，第241~242页。
④ 印顺：《建设在家佛教的方针》，《妙云集》21，第82页。

在实践中从大乘法趋向佛果。①

　　关于这个问题，星云法师也曾指出"过去传教者鼓励信徒舍弃人间，抛妻弃子，入山修道，埋没了佛教的人间性，致使佛教衰微，了无生气"。② 因此"在今后的工业时代里的佛教，一定要从入世重于出世做起"。佛教向现代转型要做到"一佛法现代语文化；二传教现代科技化；三修行现代生活化；四寺院现代学校化"。③ 此外，圣严法师也提出了"心灵环保""人间净土"等人间佛教的理念。证严法师曾被问到，"做慈济，这么忙，能了脱生死吗?"法师答复不要执着在名相上的超越六道轮回的了脱生死，因为"不知生，焉知死"，真正的了生脱死是在当下，如在现世凡间超越人与事的烦恼就是"了生"，面对死亡而不畏惧就是"脱死"。④

　　再次，人间佛教已将神圣这一品性赋予人间，贯穿于社会的政治、经济活动之中，使佛法成为契合社会人生、指导日常生活的方式。在大陆，赵朴初首倡人间佛教思想为佛教发展的指导方针，希冀"以此净化人间，建设人间净土"。他指出"大乘佛教是说一切众生都能成佛，但成佛必须先做个好人，做个清白正直的人，要在做好人的基础上才能学佛成佛"。⑤而如何才能做个好人呢，"修学菩萨行的人不仅要发愿救度众生，还要观察、认识世间一切都是无常无我的，要认识到整个世间，主要是人类社会的历史，是种不断发生发展、无常变化、无尽无休的洪流。这种迅猛前进的滚滚洪流，谁也阻挡不了，谁也把握不住。菩萨觉悟到，在这种无常变化的汹涌波涛中顺流而下没有别的可做，只有诸恶莫作、众善奉行、庄严国土、利乐有情，这样才能把握自己，自度度人，不被无常变幻的生死洪流所淹没，依靠菩萨六波罗蜜的航船，出离这种无尽无边的苦海"。⑥ 从佛教道德伦理规范来说，人间佛教的"基本内容包括五戒、十善、四摄、六度等自利利他的广大行愿"。⑦"假使人人依照五戒十善的准则行事，那

①　参见印顺《说一切有部为主的论书与论师之研究·自序》；印顺：《人间佛教三宝观》，第73页。
②　释星云：《人间佛教的基本思想》，《星云大师讲演集》第四集，佛光山电子大藏经电子版2000。
③　释星云：《佛教如何现代化》，《星云大师讲演集》第四集。
④　卢蕙馨：《慈济的生死观与宗教实践》，载"人间佛教的思想与实践"海峡两岸学术研讨会会议手册。
⑤　赵朴初：《佛教常识答问》，宗教文化出版社，2016，第212页。
⑥　赵朴初：《佛教常识答问》，第213页。
⑦　《中国佛教协会三十年》，《赵朴初文集》（上卷），华文出版社，2007，第31页。

么，人民就会和平康乐，社会就会安定团结，国家就会繁荣昌盛，这样就会出现一种和平安乐的世界，一种具有高度精神文明的世界，这就是人间佛教所要达到的目的。"①

在台湾，星云大师和证严法师等人都成功践行了人间佛教思想。星云大师创建的佛光山在弘法、文化、教育等方面，于世界范围都颇负盛名。佛光山除了有自己的出版社、报社、电台、电视台、图书馆、美术馆等设施和机构，在全球五大洲还建立了数以百计的道场，在美国、澳洲、中国台湾都创办了大学。

证严法师的慈济事业则覆盖了慈善、医疗、教育、文化，还有国际赈灾、骨髓捐赠、环境保护、小区志工等。

此外，值得一提的是，为了在更多的信众中传播佛法，人间佛教的建筑形式也以都市佛教为主，而不是寂静的深山老林的佛教丛林。内部功能也与现代科技接轨。如台北的慧日讲堂，将佛教思想和现代艺术手段结合起来，采用了中国书法和立体几何等抽象造型符号来设计，象征智能的启发如同太阳升起照耀大地，对治我们无始劫以来的无明烦恼。

二 佛教的"议政而不干政"与美国的约翰逊法案

赵朴初抗战初期担任中国佛教会主任秘书，其间深受太虚大师人间佛教理论的影响。面对教内外非议太虚大师的"议政而不干政"的政治立场，赵朴初从佛教的现实处境出发，挺身维护太虚大师，并一针见血地指出："今日的中国佛教，是没有人权可言的。以一个没有人权保障的佛教，而要求它担当起弘法利生、护国济民的事业，这是戏论。所谓'自度度他'，必须从当前迫害欺侮下，自己度脱出来，方能度脱众生。因此，当前佛教的任务，应当是为佛教的人权而奋斗。太虚大师一生的努力，正是如此。他的办佛学院，办佛教会，整理僧伽制度，倡导人生佛教，乃至最后的有意参政，无非是为了这个目的。"②

上面的历史事实表明，太虚大师的时代，佛教作为薄弱的社会力量，还无法参与到社会政治的发展之中。同时我们也要意识到，人间佛教作为与社会有着紧密联系的信仰方式，有着广泛而积极的社会参与，体现在利

---

① 赵朴初：《佛教常识答问》，第212页。
② 转引自文杰《太虚大师在重庆》，《宁波佛教》1995年第4期。

世益人的宗教目标上，也会有相应的社会责任和政治诉求，因而从这个意义上说，完全与政治绝缘，"与世无关"的人间佛教形态是不存在的。

宗教团体是否可以参政议政，也是中外政教关系都会涉及的问题。在美国，1954年由美国参议员、后来的美国总统林登·约翰逊提出约翰逊修正案（Johnson Amendment）。这项修正案修正了美国税例第 501（c）（3）条，规定包括教会在内的免税团体在进行若干活动时将丧失免税地位。这些活动包括直接或间接地参与或干预任何政治运动，支持（或反对）竞选公职的任何候选人，提供候选人政治竞选经费或对其立场发表公开声明。

值得关注的是，美国总统特朗普从宗教自由的角度认为应该废除约翰逊修正案。他在 2017 年度的全美祷告早餐会上表示："宗教自由是神圣权利，但是现在我们的世界受到如此多的威胁，宗教自由的权利也受到威胁。"因此"我们会全面地废除约翰逊修正案，允许我们信仰的代表自由地表达自己的观点"。

基督教界对约翰逊修正案也表现出正反两方面的态度，有支持该法案的，也有希望法案被废除的。反对废除法案的基督徒忧虑于教会一旦可以参政议政，则教会本身将成为被世俗世界利用的目标，教会既可能成为政治献金的对象，自己的资金也有可能成为政治献金，而且教会本身也会因为政治立场的不同发生分裂。在很多基督徒看来，川普以拉票为目的的废除法案行为，会让教会陷入世俗化的泥沼，是对教会的戕害。

防止宗教世俗化历来都是教界自身建设的关键，赵朴初也曾针对佛教界出现的世俗化、商业化、信仰淡化、戒律松弛等现象，在中国佛教协会第六届全国代表会议上，从佛教事业建设与发展的未来着眼，号召"各级佛教协会和全国佛教界都必须把注意力和工作重点转移到加强佛教自身建设、提高四众素质上来"。他认为，佛教界所出现的"这种腐败邪恶的风气严重侵蚀着我们佛教的肌体，极大地损害了我们佛教的形象和声誉，如果任其蔓延，势必葬送我们的佛教事业。如何在改革开放、市场经济的形势下，保持佛教的清净庄严和佛教徒的正信正行，从而发挥佛教的优势，庄严国土，利乐有情，这是当今佛教界必须解决的重大课题"。他还将这一问题提升到了关系佛教生死存亡的高度，他说："在宗教信仰自由政策得到贯彻执行这一必不可缺的外缘具足的情况下，佛教自身建设的好坏是决定中国佛教兴衰存亡的根本内因。自身建设的重点是以戒为师，大力加强建立在具足正信、勤修三学根基上的道风建设；自身建设的关键在于培养佛教人才，提高四众素质。只有这样，佛教才能保持健康的肌体和活力，续佛慧命，弘法利生，庄严国土，利乐有情。"①

而今年广泛征求意见后加以修订颁布的《宗教事务条例》，从法治层面试图解决赵朴老当年所担心的宗教界存在的世俗化、商业化问题。《条例》修订主要着眼的六个方面，其中四个都和规范宗教财产有关。即"两明确"：明确宗教活动场所法人资格和宗教财产权属，明确遏制宗教商业化倾向。两规范：规范宗教界财务管理，规范互联网宗教信息服务。其中第五十二条和五十三条，指明"宗教团体、宗教院校、宗教活动场所是非营利性组织，其财产和收入应当用于与其宗旨相符的活动以及公益慈善事业，不得用于分配。而任何组织或者个人捐资修建宗教活动场所，不享有该宗教活动场所的所有权、使用权，不得从该宗教活动场所获得经济收益。禁止投资、承包经营宗教活动场所或者大型露天宗教造像，禁止以宗教名义进行商业宣传"。对宗教财产的严格监管，也是通过政府行为防止宗教被商业化、世俗化，以保有其神圣性。

人间佛教思想在太虚大师和印顺法师非鬼化、非天化、非神化的阐释和实践下，通过赵朴初、星云大师、证严法师等人与当下社会环境相结合的推动，鼓励学佛的人首先要做个清白正直的人，做个好人，相信人成即佛成及要依靠佛化家庭等在家信众的力量，完善一个更加美好的现世生存环境。

这正如当代西方宗教学家伊利亚德（MirceaEliade）所诠释的神圣。伊利亚德关注人与神圣相遇的经验，他认为神圣的显现可以发生在平凡的生活、对象、事情与工作中，虽然这些本身不是神圣，但是因为人们通过它们与神圣相遇，因此它们具有神圣性。②

那么，人间佛教为了对治社会人生问题，超越圣俗时空的阻隔，在宗教关注上从彼岸到此岸重心的转移是否会淡化宗教信仰的神圣性，抑或促成佛教的世俗化？

我们知道，始于20世纪中叶的世俗化讨论经久不衰，仿佛整个世界都在经历一个世俗化的过程。而伴随世俗化命题的结果是宗教的衰弱甚而消亡。西方特别是欧洲社会的"世俗化"进程正是这一推断的最好注脚。

---

① 《中国佛教协会四十年》，《赵朴初文集》（上卷），华文出版社，2007，第259～260页。
② 参见黎志添《宗教研究与诠释学：宗教学建立的思考》，香港中文大学出版社，2003，第16页。

与世俗化命题相反的社会现实，是出现了"美国例外"，即美国在实现了高度发达的工业文明的时候，也有着高度的宗教参与。在我国，台湾人间佛教伴随着社会经济发展实现的空前繁荣和复兴，也是对世俗化命题的一个现实反例。那么，既然世俗化过程与社会经济高度发展无关，又是何种原因促进了宗教的世俗化？在西欧，对宗教的后现代阐释，认为真正衰落的是传统形式的宗教，是制度化的宗教。斯塔克（Rodney Stark）的理性选择论，也提出宗教通过它的多元主义和个体层面为人们提供信仰的机会，形成了一股宗教复兴的热潮。因此宗教以各种方式对日常生活造成影响，已成为一种社会现实。①

从这个意义来说，在全球范围内宗教进行现代转型的特殊时期，人间佛教的革新举措既是对当下社会发展的回应，也有着超越时代的预见性，是对圣俗关系的一个成功变革。在理论上，它重点诠释了人间之于佛教信仰的意义，将人们从超凡脱俗对神圣超越者的追求中，拉回到以社会人生为修行基点、以人—菩萨——佛为修行逻辑的圣俗结合的信仰方式。可以说，人间佛教思想抓住了神圣的本质，即神圣的意义不在于它的与世隔绝的空间地理位置，不在于它一成不变的建筑形式，不在于它与人间的截然对立，不在于固定的修行主体，而在于信仰者是否可以在日常生活中与神灵沟通，进而实现生命的超越和人间的净土。

---

① 黄剑波：《在日常生活中发现和理解宗教——读〈宗教与日常生活〉》，《宗教人类学》第三辑，社会科学文献出版社，2012年5月，第374~375页。

"一带一路"视域下的东亚"黄金纽带"

——以中韩佛教文化交流为中心

洪 军*

中国与周边各国或是山水相依，或是隔海相望，地缘相近，人缘相亲，在政治、经济、文化等诸多领域相互交往，历史悠久、源远流长。

如由张骞出使西域而开辟的丝绸之路不仅是古代东西方国家之间商贸交流的国际大通道，而且是不同民族的文化交流的"友谊之路"；再如唐玄奘历经17年之久，历尽磨难，西行取经开启的"玄奘之路"，更是中印两个文明古国文化交流的经典之旅。而在东亚则早已有之的"书籍之路"，将古代的中国大陆和朝鲜半岛、日本列岛连接成一个极具思想性和生命力的文化圈。而且，以汉字和汉传佛教、儒家思想为主要媒介而形成的"东亚文化圈"，至今仍是充满魅力且为人们所津津乐道的"热门"话题。

一

自从佛教传入中国以来，它便成为我国与周边各国，尤其是与东亚各国友好往来的重要内容。

佛教传入朝鲜半岛时，正是朝鲜半岛古代各国由部族集团向近代国家形态推移之时，即各国的国家体制雏形正在形成之时。朝鲜半岛古代之国中，最先接受佛教的是高句丽，然后依次为百济和新罗。①

东晋僧人支道林（314～366）曾写信给高句丽道人，称赞过竺潜

---

* 洪军，中国社会科学院哲学研究所副研究员、研究生导师，中国社会科学院东方文化研究中心秘书长。

① 参见何劲松《韩国佛教史》上，宗教文化出版社，1997，第13页。

（286～374）。①

由此可知，支道林入寂的故国原王三十六年之前，高句丽已有人接受佛教，但具体情况已无从查考。

据《三国史记》记载，高句丽小兽林王二年（372），前秦王符坚派僧人顺道到高句丽。顺道还带来了佛像和经文。② 学界通常把第十七代小兽林二年（372）视为佛教正式传入高句丽的始点，亦把它视为佛教在朝鲜半岛传播的开始。

百济接受佛教晚于高句丽十二年。③ 枕流王元年（公元384年），东晋僧人摩罗难陀来到百济。翌年，在百济国都汉山建立了佛寺，度僧十人，此为百济佛法之始。《三国史记》记载："秋七月，遣使入晋朝贡，九月，胡僧摩罗难脱自晋至。王迎之，至宫内，礼敬焉，佛法始于此。二年春二月，创佛寺于汉山，度僧十人。"④ 不过，佛教传入百济之前儒学思想已传入百济。《三国史记》百济近肖古王三十年（374）条记载："古记云：百济开国已来，未有以文字记事。至是，得博士高兴，始有事纪。然高兴未尝显于他书，不知其何许人也。"⑤ 后来百济的佛教还传至日本。不过，百济佛教的真正发展始于圣王四年（526），从印度学成归国的谦益僧人时算起。

高句丽僧人墨胡子在新罗传法，是新罗接受佛教的开始。⑥ 讷祇麻立干（公元417～457年）时，墨胡子来到新罗西北境——善郡（善山）的毛礼家，并寄宿于毛氏家中，开始传授佛法。毛礼也就成了新罗最初的佛教信徒。此时，中国使臣带着香到新罗。但是，新罗王室还不知香的用途。后来，墨胡子上奏说明了香的用途。新罗王室知道香的用途后，焚香发愿企求早日治愈公主的病。以此为机缘，新罗王室也开始接触佛教。传播初期，佛教徒在新罗还寥寥无几。此后，至照知麻立干（479～499）时，从高句丽又来了一位僧人阿道。阿道在新罗的传法，使信徒开始逐渐

---

① 参见《高僧传》卷四，义解，竺潜、《出三藏记集》卷十二，与高句丽道人书，支道林。
② 有关佛教在高句丽的初传内容可参阅何劲松：《韩国佛教史》上，宗教文化出版社，1997，第13～14页。
③ 参见楼宇烈《东方哲学概论》，北京大学出版社，1997，第143页。
④ 《三国史记》卷24，"百济本纪"枕流王即位年。
⑤ 《三国史记》卷24，"百济本纪"第2。
⑥ 佛教在新罗初传情况可参阅《韩国文化史大系》Ⅵ，高大民族文化研究所出版部，1978，第182～183页；何劲松：《韩国佛教史》上，宗教文化出版社，1997，第16～17页。

多起来。

随着信徒的增多，新罗王室曾试图把佛教进一步普及。但是，遭到贵族势力的反对。当时以部族制为基础的新罗社会，还很难接受与本国固有思想生活方式和生活理念完全不同的新的社会理念。

佛教在三国时代传入韩国。当时佛教无疑是个外来宗教，不过它不只是单纯性的宗教，而是一种文化现象，带动了民族文化的变革。产生于印度且蕴含和包容印度文化的佛教，传入中国之后，和优秀的中国文化接触与融合，进而形成了既丰富又多样的中国佛教文化。佛教从中国经陆路传入高句丽，由海路传入百济，高句丽从前秦等中国北方接受佛教，百济从东晋等南方接受中国佛教。而新罗的佛教则最早从高句丽传入，之后从百济、中国南朝、隋唐等地传入，从而在中国和朝鲜半岛形成了一个佛教文化圈。

在韩国佛教史上，最为突出的特点是佛教与王权的结合。新罗佛教便是其典型的例子。以法兴王为首的新罗王室为了建立中央集权的国家体制，把佛教作为了构筑这一体制的精神支柱，并把王法和佛法合而为一，试图以佛的威力来代替王的威力，由此来确立王的绝对权威。公元570年，法兴王颁布律令完成了对国家组织的重新整备。公元577年又排除"排佛派"的阻力，正式宣布容受佛教。同王十六年，还颁布令，禁止杀生。初期的新罗佛教只停留于"行善受福""因果教理"的阶段。①

高句丽和百济的佛教虽然没有达到新罗佛教那样把王法与佛法相合一的程度，但是两国佛教亦具国家宗教之色彩。

在三国当中，高句丽的社会文化最为发达。在佛教传来之前，它已接受先进的中原社会政治制度和文化思想。当时，儒家、道家思想已在其境内传播。同时它与西域和中亚国家也有了交往。

起初，高句丽接受的是基于老庄思想的格义佛教，属于中观派的三论宗在高句丽得到了迅速传播，平原王时僧朗曾游学于敦煌，成为三论学大家。中国三论宗的开宗大师吉藏的授业恩师法郎是僧朗的再传弟子。另外，荣留王（618~641）八年，在隋的嘉祥寺师从吉藏学三论奥旨的慧观，东渡日本，被任为僧正，并在河内创井上寺，成为日本三论的始祖。而在同期亦跟随吉藏学三论思想的道澄，也来到了日本的元兴寺，道显则

---

　　① 〔韩〕李基白：《三国时代佛教的传来与社会性格》，《历史研究》第六辑，1954。

住大安寺。① 由此亦可窥出，当时三论学在高句丽之盛况。高句丽平原王十八年（576）义渊被大丞相王高德派往北齐。义渊在北齐向法上请教大乘论书的著述以及著述的由来之后回到高句丽。② 高句丽僧人对《菩萨地持经》《大智度论》《十地经论》《金刚般若经》等重要大乘论书的探究，还反映了高句丽佛教对瑜伽系统的唯识学的关心，天台宗的传入，又促进了对涅槃经的研究。这一研究的影响还波及百济、新罗。

百济主要接受的是中国南朝佛教，即以小乘系统佛教为主。故它比较重视以涅槃经、般若经为中心的佛教教理的研究。百济开国至圣王朝（523～553）时，正值国运昌盛，海上贸易也十分频繁。圣王四年（526）谦益法师入天竺，带回梵本五部律和阿毗昙藏。"弥勒佛光事迹"云："百济圣王四年丙午，沙门谦益矢心求律，航海以转至中印度常伽那大律寺，学梵文五载。洞晓竺语，深攻律部，庄严戒体，与梵僧倍达多三藏赍梵本阿毗昙藏、五部律文归国。济王以羽葆鼓吹郊迎，安于兴轮寺，召国内名释二十八人，与谦益法师译律部七十二卷。是为百济律宗之鼻祖也。于是昙旭、惠仁两法师，着律三十六卷献于王，王作毗昙新律序，奉藏于台耀殿，奖欲剞劂广布，未遑而薨。"③

五部律是律藏的总称，指昙无德部、萨婆多部、弥沙塞部、迦叶遗部、摩诃僧祇部等。阿毗昙藏则是小乘佛教的论部，即哲学书。谦益还与当时国内 28 位精通疏译的学者一起翻译了律部七十二卷。后谦益住持兴轮寺，成了百济律宗的鼻祖。昙旭和惠仁二位法师则依之著律书三十六卷，进一步发展了戒律学。④

新罗在三国中处于最不利的地理环境，又不谙国际动向和新的文化趋势，故消极地接受从高句丽传来的佛教文化。因此，高句丽的高僧正方和灭垢疵在新罗传播佛教时为教牺牲，墨胡子和阿道等传道僧亦隐藏于市井。到了第 23 代法兴王时，佛教虽得到公认，但佛教活动未见起色。直到真兴王（534～576）时期才创建兴轮寺、黄龙寺、祇园寺、实际寺等，培养了僧尼并援助僧尼求法留学。其中，黄龙寺是朝廷历时十三年建成的大寺院。此后供奉佛陀舍利、建造佛像、建立僧统制、设立国仙花郎团体等，佛教文化才得到发展。日后的历代君王也致力于振兴和保护佛教的

---

① 〔日〕受宕显昌：《韩国佛教史》，转瑜译，佛教出版社，1989。
② 《海东高僧传》卷1，义渊。
③ 李能和：《朝鲜佛教通史》下，新文馆，1918，第103页"谦益赍梵本之律文"。
④ 〔韩〕李能和：《朝鲜佛教通史》下，谦益赍，梵本，三律文条。

461

运动。

另外，真平王时的圆光（554～637）大师和善德女王时的慈藏律师，对教化活动有很大的贡献。关于圆光，《续高僧传》记载："释圆光，俗姓朴，本住三韩，卞韩、马韩、辰韩，光即辰韩新罗人也。家世海东祖习绵远，而神器恢廓，爰染篇章，校猎玄儒，讨雠子史，文华腾鹜于韩服，博赡犹愧于中原，遂割略亲朋，发坟溟渤。年二十五，乘舶造于金陵，有陈之世号称文国，故得谘考先疑，询猷了义，初听庄严旻公弟子讲，素霭世典，谓理穷神，及闻释宗，反同腐芥，虚寻名教，实惧生涯，乃上启陈主请归道法，有敕许焉。既爰初落采，即禀其戒，游历讲肆，具尽嘉谋，领牒微言，不谢光景，故得成实涅槃，蕴括心府，三藏数论，遍所披寻，末又投吴之虎丘山，念定相沿，无忘觉观，身心之众，云结林泉，并以综涉四含，功流入定，明善易拟，简直难亏，深副夙心，遂有终焉之虑，于即顿绝人事，盘游圣纵，摄想青云，缅谢终古。时有信士宅山下，请光出讲，固辞不许，苦事邀延，遂从其志，创诵成论，末讲涅槃，皆思解俊彻，嘉问飞移……听者欣欣，会其心府，从此因循旧章，开化成任，每法轮一动，辄倾注江湖，虽是异域通传，而沐道顿除嫌郄。故名望横流，播于岭表，披榛负橐而至者相接如鳞。"[1] 真平王二十二年（600）圆光回国后撰写了《如来藏私记》和《大方等如来藏经疏》，积极参与了大乘教学和基于佛教的国民伦理道德善恶观的建立活动。圆光不仅把当时中国佛教的新流派介绍到新罗，而且还为新罗中央集权制的统一国家的建立发挥了重要作用。此时，玄泰等许多僧侣还曾前往印度等地求法留学。

在统一新罗时代的新罗善德女王（632～646）五年，慈藏来华求法。慈藏来华时已年过四十，比其他留学僧年龄都大许多。但是，他是一位持戒精进的比丘，亦称为"慈藏律师"。关于他的生平和事迹，《三国遗事》记载道："大德慈藏，金氏，本辰韩真骨苏判（三级爵名），茂林之子。其父历官清要，绝无后胤，乃归心三宝，造于千部观音，希生一息，祝曰：'若生男子，舍作法海津梁'。母忽梦，星坠入怀，因有妊，及诞，与释尊同日，名善宗郎。神志澄睿，文思日赡，而无染世趣，早丧二亲，转厌尘哗，捐妻息、舍田园为元宁寺，独处幽险，不避狼虎。修枯骨观，微或倦弊，乃作小室，周障荆棘，裸坐其中，动辄箴刺，头悬在梁，以祛昏冥。适台辅有阙，门阀当议，果征不赴，王乃敕曰：'不就斩之'。藏

---

① 《续高僧传》卷13，义解篇9，新罗国皇隆寺释圆光传。

闻之曰：'吾宁一日持戒而死，不愿百年破戒而生'。事闻，上许令其出家，乃深隐岩丛，粮粒不恤，时有异禽含果来供，就是而餐。俄梦天人来授五戒，方始出谷，乡邑士女，争来授戒。藏自叹边生，西希大化，以仁平三年丙申岁（即真观十年也），受敕，与门人僧实等十余辈，西入唐，谒清凉山。山有曼殊大圣塑相，彼国相传云，帝释天将工来雕也，藏于像摩顶授梵偈，觉而未解。及旦有异僧来释云（已出黄龙塔篇），又虽曰学万教，未有过此，又以袈裟舍利等付之而灭（藏公初匿之，故唐僧传不载）。藏知已蒙圣荫，乃下北台，抵太和池，入京师，太宗敕使慰抚，安置圣光别院，宠赐颇厚。藏嫌其烦，拥启表入终南云际寺之东崿，驾嵓为室，居三年，人神受戒，灵应日错，辞烦不载。既而再入京，又蒙敕慰，赐绢二百匹，用资衣费。真观十七年癸卯，本国善德王上表乞还，昭许引入宫，绢赐一领，杂彩五百端，东宫亦赐二百端，又多礼贶。藏以本朝经像未充，乞赍藏经一部，洎诸幡幢花盖，堪为福利者皆载之。既至，洎举国欢迎，命住芬皇寺（唐传作王芬），给侍稠渥。一夏请至宫中，讲大乘论，又于黄龙寺演菩萨戒本七日七夜，天降甘澍，云雾暗霭，覆所讲堂，四众咸服其异。朝廷曰，佛教东渐虽百千龄，其于住持修奉，轨仪关如也，非夫纲理，无以整清。启敕藏为大国统，凡僧尼一切规猷，综委僧统主之。"① 慈藏在芬皇寺讲授了《摄大乘论》，在黄龙寺讲授了《菩萨戒本》。律宗即由慈藏弘于新罗，是韩国戒律宗的创系人。其间，他还撰写了《私分律羯磨私记》《十诵律木叉记》《阿弥陀经义记》《关行法》等著作。《阿弥陀经义记》后来还被日本学僧良忠（1199～1278）著的《法华经私记》所引用。② 担任大国统后，慈藏创建通度寺（善德王十五年）大弘法化，国中信佛受戒者迅速增加。到了真德王三年（贞观二十年，649），他使新罗服装改准唐仪。这是新罗采用中国服仪的开始。新罗至第30代王文武王（661～680）三年，即唐高宗龙朔三年灭了百济。文武王八年（唐高宗总章元年），又由唐将李勣等协助攻灭了高句丽，结束了半岛的分裂局面。

半岛的统一，为新罗社会的经济、文化发展创造了有利条件。统一的新罗王朝建立后致力于佛教的民众化，即民族性的佛教文化创建。尽管此前经圆光和慈藏等僧人的努力，佛教在社会教化方面取得了显著效果，但

---

① 一然：《三国遗事》卷4，慈藏定律条，岳麓书社，2009。
② 参见《韩国文化史大系》Ⅵ，高大民族文化研究所出版部，1978，第209页。

是更多地被以王室为中心的贵族阶层所接受。惠宿、惠空、大安、元晓、义湘、太贤等人为了使佛教教义由贵族阶层普及至庶民百姓，深入庶民阶层以种种方式进行了各种佛教说法。如当时僧侣们大都住在城内大寺院过着贵族生活，惠宿却对此表示不满。他则到乡村建弥陀寺，积极宣扬只要皈依阿弥陀佛、常念"阿弥陀佛"便可往生极乐的弥陀信仰。善德女王和真德女王（647~653）年间的惠空和尚，整日背着百姓的日常用具篑，微醉之后在街巷以歌舞的方式致力于对百姓的教化，故他又被称为"负篑和尚"。① 新罗佛教的发展大体呈现出两个特点：一是民众净土信仰的隆盛，即佛教的民众化倾向；二是以理论探索为中心的教学佛教的发展，教义研究更加深入。此一时期韩国佛教史上出了多位理论上颇有建树的高僧大德，其中最具代表性的人物便是——元晓和义湘。他们的思想不仅反映了新罗佛教发展的新方向，而且后来成了新罗社会的精神支柱和此后韩国佛教发展的理论基础。

二

开展文明对话，推动"一带一路"各沿线国间的互学互鉴，非常有意义。习近平总书记指出："文明因交流而多彩，文明因互鉴而丰富。"②

产生于印度的佛教是一种戒律十分严格、富于哲理的宗教，它强调通过轮回转世来拯救自己。公元前六世纪由古印度北天竺迦毗罗卫国王子乔达摩·悉达多所创的佛教，大约在东汉时传入中国。如前所述，之后佛教复由中国传至朝鲜半岛和日本。但是，朝鲜半岛的佛教并非是中国佛教的简单延续。佛教自从传入韩国后，便与韩国固有的思想和文化相结合，形成了颇具地域特色的独特的韩国佛教。韩国佛教不仅影响了日本佛教的发展，而且为世界佛教的发展做出了重要贡献。事实上，韩国佛教已成为东方佛教文化圈中不可或缺的一环。

在东亚佛教文化圈中受中国佛教思想影响最深、最广的国家应为韩国。诚然，韩国佛教最初主要是从中国传入，相对于朝鲜民族的固有文化，这是一种异质文化。从中国输入的佛教在与韩国文化的结合中，凭借

---

① 参阅《三国遗事》卷4义解第5，二惠同尘；《三国遗事》卷5神咒第6，郁面婢念佛西升等条目。

② 中共中央宣传部：《习近平总书记系列重要讲话（2016年版）》，学习出版社、人民出版社，2016，第204页。

着韩国人细密的思维方式、精微的逻辑思辨、强烈的忧患意识，发生了重要变化，演变为具有本民族印记的"韩国佛教"。于是，韩国佛教便具有了"会通小乘、大乘、一乘的通佛教"特色。韩国佛教从最初起就对宗派和论争进行取舍，接受大乘佛教，形成了中道的、总和的通佛教。而且，在民族和国家危难之际又发扬其护国佛教传统站到了挽救民族危亡的最前列。①

这一文化现象表明，佛教具有多元和合之特性，它并不崇尚对异己者的排斥。这符合现今世界文化多元化的发展特性。因此在东方文明日益受到世人瞩目的今天，对它进行研究与探讨，继承和发扬其优秀文化传统，使其更好地为我国正推进的"一带一路"倡议构想服务，是我们当代学人的责任。

中国佛教思想是我们民族的宝贵精神财富，也是中华民族对人类文明做出的重大贡献。我们必须加以重视和珍惜，并赋予它新的生机与活力，使它继续在世界文化园林中得到发展，这也是不可推卸的历史责任。

佛教思想在漫长的历史发展过程中，在东亚及东南亚地区形成的以汉字和佛教理论为核心的文化圈，为我国与周边各国的友好交往提供了良好的人文基础。

众所周知，周边是我国安身立命之所，发展繁荣之基。习近平总书记强调，要谋大事、讲战略、重运筹，把周边外交工作做得更好。② 因此从某种意义上讲，开展亚洲各国间的文明对话、文化交流比东西文化对话更具现实意义。尤其是今天在我国全面推进小康社会建设的关键时期，一个和平稳定的周边国际环境显得尤为重要。

文化交流、文明对话作为民间外交的一部分，可以为"一轨外交"起到很好的辅助作用。比如在增进各国人民间的友谊与相互理解方面可以起到很好的桥梁和纽带作用。赵朴初先生倡导的中韩日三国佛教"黄金纽带"关系，也得到韩国和日本佛教界和民众的积极响应。王作安先生曾在"第13次中韩日佛教友好交流会议"开幕式上的致辞中指出："1993年赵朴初先生提出了中韩日三国佛教交流'黄金纽带'的构想，希望三国佛教之间千年不衰的法谊关系，如'黄金纽带'般永续，为东亚

---

① 参见〔韩〕金煐泰《韩国佛教史概况》，柳雪峰译，社会科学文献出版社，1993，第3页。

② 中共中央宣传部：《习近平总书记系列重要讲话（2016年版）》，学习出版社、人民出版社，2016，第269～270页。

乃至整个亚太地区的和平发展做出贡献。这个构想得到了韩日两国佛教界人士的高度认同和积极响应，由此揭开了中韩日三国佛教友好交流史上崭新的篇章。1995 年发起召开的中韩日佛教友好交流会议，致力于发展三国佛教法乳一脉的特殊关系，推动三国人民的友好交流，促进东亚地区乃至人类社会的和平事业，为'黄金纽带'注入了新的生机。在三方共同努力下，会议的组织机制不断成熟，交流内容不断丰富，涉及弘扬佛法、环境保护、人类和平、佛教戒律、社会发展、宗教对话等诸多共同关心的议题。15 年来，通过持续不断的交流和讨论，三国佛教的传统友谊更加巩固，并随着时代发展不断深化。"①

但是，此前我们在与周边各国的文化交流和交往过程中，对东亚的视角并未引起足够的重视。如在谈论东亚佛教文化圈、儒家文化圈时，时常以中国的视角代替东亚，以中国的佛教、儒教思想概指东亚的佛教、儒教等思想文化全貌，缺少了东亚的视角。

不过，随着对东亚佛教和思想研究的深入，学者们已意识到中日韩三国思想和文化所呈现的"似是而非"的各自不同的特点。

共同的过去、现在与未来，将中国与周边国家连成休戚与共的命运共同体，因为邻居是没法选择的。正如国家主席习近平在德国答记者问时指出的："远亲不如近邻。从国与国的关系讲，朋友可以选择，但邻居是无法选择的，要世代相处下去。无论是从理智上，还是从感情上，我们都认为与邻为善、以邻为伴是唯一正确的选择。"② 正所谓"国之交在于民相亲，民相亲在于心相通"，因此若要与周边各国交往中突出体现亲、诚、惠、容的理念③，首先离不开彼此间的深入了解和认识，了解对方的历史与文化；其次要关心彼此的现实关怀和核心利益，这样才能真正做到平等对话、相互尊重、相互信任和互利双赢。

文化、文明和宗教作为理解一个国家、民族的重要途径，加强彼此间的交流和对话可以拉近不同民族和人民之间的心理距离。尤其是在传统时期业已形成共同文化圈的东亚地区，使我们可资借鉴的资源更为丰富，如思想文化上的佛教思想、语言文字上的汉字文化、民俗上的各种节日文化

---

① 王作安：《把中韩日佛教"黄金纽带"关系发扬光大》，载《中国宗教》2010 年 11 期，第 10 页。

② 《人民日报》2014 年 3 月 30 日 01 版。

③ 中共中央宣传部：《习近平总书记系列重要讲话读本》（2016 年版），学习出版社、人民出版社，2016，第 270 页。

等等。这些都是我们通过民间的文化交流增进区域内各国人民间友谊，逐步加深民众情感，为我国整体的周边外交和"两个一百年"的奋斗目标服务的重要资源和渠道。

而在现今国际社会中，自习近平主席提出"一带一路"倡议以来，"一带一路"研究正成为学术界的"热门"话题。所谓"一带一路"倡议，是指2013年习主席访问哈萨克斯坦和印度尼西亚时，分别提出的建设丝绸之路经济带和21世纪海上丝绸之路的合作倡议。"一带一路"合作倡议契合中国、沿线国家和本地区发展需要，符合有关各方共同利益，顺应了地区和全球合作的潮流。

众所周知，人文合作和文明互鉴是建设"一带一路"经济带的重要方面。并且，人文合作和文明互鉴还是继政治、经济之后推动国家间关系发展的新的动力源。而且，其在增进国民间相互了解、夯实民意基础、促进双边关系稳定发展方面所具有的不可替代的重要作用也日益凸显。

为了全面提升中国与周边各国在政治、经济以及文化方面的合作水平和增进人民间的友谊，国家主席习近平也曾在多个场合强调加强与周边各国的人文交流与人文纽带的重要性。如在2015年博鳌亚洲论坛的《迈向命运共同体　开创亚洲新未来》主旨演讲中，习主席指出："在漫长历史长河中，如亚洲的黄河和长江流域、印度河和恒河流域、幼发拉底河和底格里斯河流域以及东南亚等地区孕育了众多古老文明，彼此交相辉映、相得益彰，为人类文明进步做出了重要贡献。今天的亚洲，多样性的特点仍十分突出，不同文明、不同民族、不同宗教汇聚交融，共同组成多姿多彩的亚洲大家庭。"

无疑，在全球化时代进程中不同文明间的互学互鉴，交流共生，是构筑人类文明共同体、人类命运共同体的重要途径和保障。不同国家和民族的思想文化各有千秋，各具特色，因此每个国家和民族不分强弱、大小，其思想和文化都应得到尊重和承认。这样才能使我们的世界文明之园"百花争艳春满园"。我们不仅要维护和珍惜本国本民族的思想文化，而且要尊重和承认他国他民族的思想文化。每一个国家和民族的思想文化，也既需要薪火相传，更需要与时俱进。

和平、发展、合作、共赢的时代潮流滚滚向前。随着各国民众间情感的逐步加深，中国与周边各国的合作将日臻成熟和顺畅，中国的发展必将更好地造福各国人民。这应该是我国推进"一带一路"建设，积极推动与各国人文交流的目的和意义所在。同时，随着"一带一路"研究的日益深入，也将会引起学术界对亚洲文明多样性、独特性的关注。不同宗教与不同民族文化间的和生、和处、和立、和达、和爱①，应该是我国"一带一路"倡议的应有之义。

---

　　① 　张立文：《和合学概论》，首都师范大学出版社，1996，第1145页。

赵朴初与当代中国佛教国际化

范文丽[*]

赵朴初（1907~2000，下称朴老、赵朴老）居士是当代中国佛教发展历史上一位重要领袖，其探索和践行的佛教发展道路奠定了当代中国佛教的基本面向。

20世纪中叶，国际、国内政治环境的混乱让中国佛教遭受重创。改革开放之后，中国佛教面临的核心问题是，如何在由中国共产党领导的社会主义新中国重建中国佛教的传统，引导佛教在这片土地上重新生长，再创辉煌。作为这一时期中国佛教的实际领袖人物，赵朴老提出了许多著名的口号，比如改革开放前期所倡导的"人间佛教"，一直提倡的"佛教是文化"，以及著名的"中国佛教三大优良传统"的论说。朴老所说的"三大优良传统"[①] 指的是：一、"农禅并重"的传统，强调佛教对社会生活的参与和贡献；二、"注重学术研究的传统"，强调佛教自身理论的发展和对中国文化的参与；三、"国际友好交流的传统"，强调佛教作为共同信仰与亚洲乃至全世界范围内其他文化传统的交流与联结。实际上，朴老的三大传统说不仅仅是对历史的总结，更是对当时佛教发展方向的规划，"是针对中国大陆佛教的现状，为复兴与重建创造更好的政治与社会环境，适应政治和社会对佛教的要求"。[②]

本文尝试从世界文明史的视角，以汉文化圈为关注点，对朴老当时的佛教对外交流思路做一重新审视。文章主要关注朴老对于"国际友好交流的传统"之弘扬与推动，旨在理清其推动中国佛教国际化事业的思路、对当代中国佛教国际化所做出的努力和贡献，同时也试图在全球文明史的

---

[*] 范文丽，中国社会科学院哲学研究所。

① 《赵朴初文集》（上卷），华文出版社，2007，第562~563页。

② 圣凯编：《人间佛教思想文库·赵朴初卷》，宗教文化出版社，2017，第26页。

视野下来观察当代中国佛教与整个东亚文化圈的互动，以理解朴老的中国佛教国际化事业。

佛教与东亚文化圈

文化圈这一概念首先由德国民族学家格雷布纳（Robert Fritz Graebner）在其 1911 年的著作《民族学方法论》（*Methode der Ethnologie*，"*Method of Ethnology*"）中进行系统阐述。他认为，每种文化现象都在某个地点也即世界的几个文明中心一次完成，接下来就是向四周传播、扩散的过程。这些强势的文化最终会渗透进周围地区，同化、影响弱势的本土文化，从而形成某种文化圈。这一学说后来被奥地利民族学家施密特（WilhelmSchmidt）、德国文化人类学家 W. 科佩斯、美国人类学家 F. 博厄斯及其继承者 A. L. 克罗伯、R. H. 罗维等人继承和发展，被称为传播学派、历史批判学派等，一度颇具影响力。

虽然现在文化批判学派作为一个学派不再活跃，但是，"文化圈"这一概念却传播开来，作为一个大家既有的共识被广泛使用。一般来说，文化圈可从地理、民族、语言、宗教、民俗、律令制度等多种角度划分。法国东方学家汪德迈（Léon Vandermeersch），将中国大陆、香港、台湾和日本、朝鲜、新加坡、越南等国家和地区的经济与政治的发展放到东亚地区历史和文化的整体背景上来考察，称之为汉字文化圈或者汉文化圈。① 从地理的角度，中国属于东北亚地区，或者广义上的东亚地区，所以汉字文化圈又有东亚文化圈之称，东亚文化圈一般指代作为汉文化核心的中国，以及作为文化受容国的日本、朝鲜、韩国、越南等。这一文化片区因其地理位置上的邻近，文字上的亲缘性——使用汉字或者由汉字而来的文字，律令制度上的相关性——从唐朝开始的中国的政治主导地位，思想上的相近——都受儒家思想影响颇深，以及共同的宗教信仰——汉传佛教，而被认为具有某种意义上的整体性，显示出文化发源地和受容地的关系，被称为东亚文化圈。

东亚文化圈，肇始于魏晋时期，形成于隋唐。整合东亚文化圈，使之成为一个整体的因素，主要有汉字、儒家思想、以大唐王朝为代表的中华帝国的律令，以及汉传佛教。在东亚文化圈的形成和发展过程中，中国因

---

　　① 参见〔法〕汪德迈《新汉文化圈》，陈彦译，江西人民出版社，2007。

为其强大的文化软实力，而作为东亚文化圈的核心成员国，一直在这一地区的文化格局中起着主导作用。

近代以来，西方科学技术、政治文化观念发展迅速，并且传入东亚地区。东亚各国先后接受西方文化，东亚文化圈的整体性受到了大大的削弱。19世纪后半叶，清朝逐渐走向衰落和闭关锁国，随后更是被中华民国取代，传统帝国的律令不存，也不再有能力号召、整合东亚文化圈。五四运动提出"打倒孔家店"以来，一直扮演着统治阶级意识形态的儒家思想的地位衰落，更被强势的西方民主启蒙思想席卷东亚地区。19世纪末，日本开始"削减汉字"还是"废除汉字"的争论，虽然并未完全废除汉字，但是其"去汉字化"的运动也使汉字文化圈走向衰落。20世纪初期，韩国随后也开始去汉字化的运动。汉字，也失去了作为统一东北亚文化圈之媒介的功能。① 总而言之，在整合东亚文化圈的四大因素中，律令、儒家思想、汉字都已经不再拥有昔日的地位。各国文化交流不再以辐射状朝向中国，中国也无力继续保持自己的主导地位。

这种文化格局变动所带来的影响是非常巨大的。最为典型的就是日本的"脱亚入欧"计划，以及随后的"大东亚共荣圈"设想。这意味着日本在接受西方文化科学技术的同时，主动地与东亚文化圈脱离，同时产生了很强的重组东亚政治、文化格局之冲动。这种冲动最后导致了中日之间漫长的战争，然而，日本的这一尝试并未得到当时世界的认可，一方面遭到中国人民长达十多年的顽强抵抗，另一方面遭到国际谴责，并承受了两颗原子弹带来的伤害。换言之，日本这一重组格局的尝试不仅对中国，也对自己国家造成了巨大的伤害。

朴老开始担任中国佛教重要领袖、主持佛教对外活动的五十年代，中国面临的局面是原有的东亚文化格局已然不存、日本的重组格局之尝试也宣告失败。这种情况下，如何重新整合东亚文化圈，为这一地区的人们谋得一个和平安定的发展环境，变成了最重要的问题。如前所述，东亚文化圈曾经有四种黏合剂，当律令、汉字、儒家思想已经不再能够起作用的时候，能够担此重任的只有佛教这一东亚民族共同信仰了。正是在这样的局面下，朴老所领导的中国佛教一马当先，成为中日关系的破冰者，成为重

---

① 对东亚文化圈的形成、衰退过程之探究，参见李铭娜、武振玉《东亚文化圈的形成、衰退与重建——以汉字的地位变迁为视角》，《东北亚论坛》2011年第5期，第117～122页。林龙飞：《东亚汉字文化圈及其形成论析》，《东南亚纵横》2006年第8期，第58～62页。

建东亚秩序这一事业的重要力量。

近代中国佛教国际化之背景

要理解朴老的国际化事业，首先需要理解近代中国佛教国际化历史。近代中国佛教国际化之肇始者应该是杨文会居士（1837～1911）。十九世纪后半叶，西方的列强侵略东亚诸国，印度沦为英国的殖民地，中国国内对此大为震惊、恐慌，同时也引发了佛教到底是兴国还是亡国的讨论①。而佛教界深知，当时的印度社会主流宗教是婆罗门教，当地的佛教几近衰亡。1888 年，杨文会在英国传教士李提摩太（Timothy Richard, 1845 - 1919）的引荐下认识了锡兰摩诃菩提会创立者、会长达摩波罗（Anagārika Dharmapāla, 1864～1933）。1893 年，达摩波罗访华，请中国佛教徒帮助印度复兴佛教。② 1898 年，杨文会与在其所创办的金陵刻经处设立祇园精舍，研究佛学之外也学习英文，作为以后研究梵文、巴利文的基础。该精舍首推佛教国际化的理念，对后续中国佛教的发展影响巨大。

然而，杨文会时期，近代中国佛教国际化还只处在一个萌动阶段，真正将这一事业发扬光大、造成国际国内影响力的是太虚大师（1890～1947）及其门下负责佛教国际化事业的弟子法舫法师（1904～1951）。太虚大师曾就学于祇园精舍，其世界佛教运动的思路与杨文会一脉相承。

作为近代世界佛教运动的推动者，太虚大师倡导这一运动的背景大致包含以下几个方面：首先，太虚大师认为中国佛教积弊已久，而其中一个重要的弊端就是过度隐逸，安于丛林，不知天下事，也未能参与到社会生

---

① 因佛教源自印度，故当时国人有认为印度之亡国，原因要归咎于佛教徒迷信，只知拜佛祈祷，不事反抗等原因。相关讨论见 Tansen Sen, "Taixu's Goodwill Mission to India: Reviving the Buddhist Links between China and India", Nayanjot Lahiri and Upinder Singh, eds., *in Buddhism in Asia: Revival and Reinvention* (New Delhi: Manohar, 2016), p305.

② 达摩波罗于 1893 年 12 月在上海附近的龙华寺发表演讲，介绍了印度佛教没落的现状，呼吁中国佛教界施以援手，重建佛教圣地，复兴印度佛教。部分演讲词如下："About seven hundred years ago Buddhism was totally destroyed in India by the Mohammedan conquerors; and as long as they were in power, Buddhism had no place in the land... Now there is no Buddhism in India, and my object in coming to this great country is to inform my Chinese co-religionists of this fact and to ask their support and sympathy for the rehabilitation of this religion. India gave you her religion and now I appeal to you to help her in her hour of need." 参见 Don A. Pittman, *Toward a Modern Chinese Buddhism: Taixu's Reforms* (Honolulu: University of Hawai'i Press, 2001), pp. 43.

活中去。大师提倡人间佛教，主张佛法应主动参与世界，以发挥劝世化俗的功能。太虚大师主张佛教应在国家的外交事务上发挥作用，借助于天然的宗教亲缘关系，联合南亚、东南亚佛教国家的国际友人，争取相关国家的支持，以捍卫中国的主权。其次，推动佛教国际化也是当时的世界局势使然。二十世纪初期，中、印、日三国的知识分子界兴起"亚洲主义"（Asianism，Pan-Asianism）思潮，主张以佛教为媒介，沟通亚洲地区，以加强文化交流、促进和平与发展。虽然后来日本将"亚洲主义"这一思潮纳入他们的所谓"大东亚共荣圈"计划，成为侵略中国的借口，但不论如何这一思潮还是对中国佛教国际化起了推动作用。1924 年梁启超邀请印度诗人泰戈尔（Rabindranath Tagore，1861～1941）访华就是这一思潮的代表性事件。① 最后，太虚大师所处的时代，中国佛教一片衰颓，大师试图整顿佛门，但是当时没有相关制度依据，操作起来非常困难。太虚大师观察到当时的政治动向，认识到各家各派都深受国际思潮之影响，故打算"曲线救教"，即先推动世界佛教运动，使佛教先流行于西方精英阶层，形成国际性的佛教思潮，再以这一思潮反过来影响中国的民众，达到重建中国佛教的目的。② 同时，佛教的国际化亦能够使佛法弘扬于西方世界，改变西方人的观念、生活方式，从而影响其社会、政治局面，有助于世界的和平发展。

在太虚大师的领导下，法舫法师等的具体推动下，这一时期的中国佛教国际化颇有成效，包括：一、创办了世界佛学苑，包括汉藏教理院、世界佛学苑图书馆等机构，除了广搜藏经、佛书外，还恢复了佛学研究部，培养了一大批具有国际视野，熟悉英文、梵文、巴利文的佛教僧才。此外，汉藏教理院的设立还为联结中央政府和西藏自治区做出了贡献。二、鼓励留学之风气，派遣留学僧到南亚留学，为国家进行宣传，联络南洋缅甸、印度、斯里兰卡诸国的佛教徒，为国家争取友人，另一方面研究南传

① 相关讨论见 Tansen Sen，"Taixu's Goodwill Mission to India：Reviving the Buddhist Links between China and India"，in *Buddhism in Asia：Revival and Reinvention*. Edited by Nayanjot Lahiri and Upinder Singh.（New Delhi：Manohar，2016），pp. 306.

② "由于国家没有一定的政治和社会制度可依据，想复兴中国佛教，整理中国僧寺，是不可能的。中国各派政治的兴仆，都是受了国际思潮的迁动，故我当时有应先着手世界佛教运动的理想，先使欧西各国优秀人士信解于佛法，把他们做人立国的思想和方法都有所改变，中国的政治和社会才可安定，中国的民众亦因欧美的信仰佛法而信仰，如果从这个大处着手的运动成功，那么建立中国的佛教就有办法了。"太虚：《我的佛教改进运动略史》，《太虚大师全书》第 19 编"文丛"，第 29 册，第 96 页。

之佛教，学习印度梵文、巴利文、宗教哲学等，为中国佛教义理之深入研究打基础。法舫法师就是被派遣的留学老师，在缅甸、印度、斯里兰卡等地居留共近十年，除了佛教的研究和学习之外，他还考察缅甸、斯里兰卡等地的僧教育、僧寺制度情况，撰写报告向国内宣传。三、推动国际性佛教组织的成立和运作，积极参与国际性佛教活动。世界佛学苑的建立，目的就在于打造一个国际性的佛教组织。作为世界佛学苑的主要责任人，太虚大师及法舫法师积极与东方文化学会、芝加哥佛教朋友会、印度摩诃菩提寺、伦敦佛教杂志、伦敦佛教会等联系，呼吁合作，互通有无，并在太虚大师主编的《海潮音》杂志上进行宣传。1950年，世界佛教徒联谊会（The World Fellowship of Buddhists，简称"世佛联"，WFB）在斯里兰卡首都科伦坡正式成立时，法舫法师是主要负责人之一。总之，设立世界佛学苑、派遣留学僧弘法、推动世界佛教组织的建立，这一时期的中国佛教国际化已经取得了诸多切切实实的成就。

朴老与中日佛教交流

值得强调的是，近代至当代中国的这一波中国佛教国际化运动中，最重要的一个驱动力是对和平的诉求。从太虚大师到朴老的这一段时间，世界政局多变，两次世界大战的爆发为整个世界带来无尽灾难和恐慌，中国自身也经历了漫长的抗日战争，随后又经历国内政局的更迭、新中国建立初期的不稳定，佛教自身亦遭受重创。朴老之结缘佛教，圆瑛法师是关键人物。圆瑛法师曾以"保卫和平是最大的佛事"勉励朴老①。因此，朴老面临的重建佛教任务中，一项重要的工作就是借助佛教这一共同信仰纽带，加强与周边国家的联系，一方面为国家发展争取和平的环境，另一方面重建佛教在政治、社会生活中的正面形象。这一诉求主要体现在与日本、韩国等东亚佛教国家之间的交流上。

早在20世纪二三十年代，中日之间政治对峙之时，太虚大师就试图通过与日本佛教界的建交来影响日本的对华政策，避免战争，促进和平，遗憾其志未行。朴老在这一点上与太虚大师思路颇相似，也是希望通过与

---

① 1955年8月18日，日本佛教界为中国在日殉难烈士及中国佛教协会已故会长圆瑛法师示寂两周年举行法会，朴老作诗纪念，"普门一念同回向，礼赞香花忏悔辞。识得和平为佛事，十方世界共扶持。"并注明，诗中是举瑛师"保卫和平是最大佛事"一语相勉。参见沈去疾编著《赵朴初年谱》，上海辞书出版社，2008，第53页。

日韩等国的佛教联系来增进两国人民感情，促进和平稳定的局面。

1952 年 10 月，"亚洲及太平洋区域和平会议"在北京召开，朴老作为中国代表参加会议，会上代表中国佛教徒把一尊象征和平与友谊的观世音菩萨像委托出席会议的日本代表转赠日本佛教界，恢复了被战争中断的中日两国佛教徒的传统友谊。随后，日本佛教界友好人士也投桃报李，组织送还中国在日殉难烈士遗骨，从此开始了新中国成立后我国佛教界同日本佛教界的友好联系。至十年动乱前，中日佛教界人士多次互访，开展了一系列增进双方友好关系、促进两国邦交正常化和维护世界和平的活动。东亚地区传统的佛教友谊得到了新的发展，对维护亚洲和世界和平事业产生了积极的影响。① 1955 年，朴老作为新中国佛教界的代表第一次访问日本，参加"禁止原子弹和氢弹世界大会"。

"文革"开始后，佛教对外活动一度停顿，70 年代之后逐渐恢复。1974 年，日本佛教界各大宗派联合成立了"日中友好佛教协会"，日本佛教一些宗派也相继组团来访。"四人帮"被粉碎特别是中共十一届三中全会以后，佛协同各国佛教界的交往面日益扩大。同日本佛教界的友好往来已从少数宗派扩大到各大宗派，并发展到具体的友好合作。

1980 年 4 月，奉迎鉴真大师像回国巡展，是中日佛教关系史上的重大事件，把中日友好推向新的高潮。后来，又相继和日本净土宗共同举行了纪念善导大师圆寂一千三百周年的活动，在西安香积寺联合举行了纪念法会和善导、法然二祖的开光法会；同日本曹洞宗在浙江鄞县天童寺共同举行了纪念宗祖的法会，并在该寺立了道元禅师得法灵迹碑；同日本日莲宗在西安草堂寺共同举行了鸠摩罗什三藏法师像开光法会；同日本天台宗在天台山国清寺共同举行了天台宗祖师纪念碑揭幕法会，等等。

1981 年，朴老率团参加"亚洲宗教徒和平会议"（简称"亚宗和"）第二次大会，并发表讲话《亚洲宗教徒团结起来，为世界和平作出积极的贡献》。讲话中，他表示，"一切正义而善良的人们，尤其是我们亚洲宗教徒，都有义不容辞的责任，尽一切努力，反对霸权扩张，制止侵略战争，保卫亚洲以至世界和平，改变当前这种惨绝人寰的现实。佛教是广泛

① 朴老在 1983 年中国佛教协会第四届理事会第二次会议上做报告回顾中国佛教协会三十年，在报告中梳理了 1953 年中国佛协成立之后到 1983 年三十年间佛协开展的佛教国际交流活动。参见圣凯《人间佛教思想文库》，宗教文化出版社，2017，第 13～15 页。下文以该报告中梳理的事件为基本脉络，增补了部分细节和未被谈到的事件，同时补充了 1983 年之后朴老主持、参与的一些推动中国佛教国际化的活动。

流行于亚洲许多国家的宗教，和各国人民形成精神上的联系，我们佛教徒应该站到这个队伍的前列，发扬教祖释迦牟尼倡导的大无畏精神，为制止侵略、争取和平、造福人类的伟大事业作出有力的贡献。"①

1982年，朴老应邀访问日本，接受日本佛教传道协会授予的第十六届佛教传道功劳奖和日本佛教大学授予的名誉博士称号。1985年4月，日本庭野和平财团授予朴老当年的庭野和平奖，朴老在颁奖仪式上发表主题为《佛教与和平》的演讲。朴老在接受庭野和平奖的仪式上曾表示，"佛陀教导他的弟子要'勤修戒、定、慧，息灭贪、嗔、痴''诸恶莫作，众善奉行'。我以为佛教这种提倡道德、发扬智慧的积极精神，对于制止战争，维护和平无疑是有所裨益的。"②并以佛教缘起论来号召大家珍视和平，彼此尊重，共建和平安定的社会："世间任何事物的存在都是互相依赖、互为条件的，在时间上表现为因果相续，在空间上表现为彼此相依。如果用佛教的缘起观点来理解我们人类的现实生活，就不难看出：我们人类原来是一个因果相续、自他相依的整体！正因为如此，国家与国家之间，种族与种族之间，都应一律平等，互相尊重，互相信任，和睦相处，共同致力于全人类的和平与发展事业。"③"中国人民热爱和平，反对战争，我国人民正在致力于现代化建设，真诚希望有一个稳定的、长期的国际和平环境。我们不仅今天需要和平，将来也同样需要和平。因为我们决不愿意让自己经过千辛万苦取得的建设成果遭到战争破坏，也不希望看到人类再一次蒙受世界战争的浩劫。"④

1993年，朴老率领中国佛教协会代表团出访日本，参加日本佛教界在京都举行的庆祝中国佛教协会成立四十周年纪念活动，朴老在讲话中提出"黄金纽带"这一概念，认为佛教是中韩日三国佛教界友好交流的连接纽带，且是一条坚固、光辉的"黄金纽带"。这一次会议的召开和会上《北京宣言》的发表，奠定了共同的理念基础。随后几年，中日韩佛教界多次举行友好交流会议，促进了东亚地区的和平。1995年5月，在《中韩日佛教友好交流会议开幕词》上，朴老重提这一概念，强调中韩日三国人民、三国佛教徒之间源远流长的友谊："中韩日三国人民、三国佛教徒之间有着悠久、深厚的亲缘关系。在地缘环境上，我们山水比邻，在文

① 圣凯：《人间佛教思想文库》，第93页。
② 圣凯：《人间佛教思想文库》，第24页。
③ 圣凯：《人间佛教思想文库》，第24页。
④ 圣凯：《人间佛教思想文库》，第27页。

化习俗上，我们同溯一源，在宗教信仰上，我们一脉相承。有许许多多的纽带把我们紧紧联系在一起，不可分离。在所有这些纽带中，有一条源远流长、至今还闪闪发光的纽带，那就是我们共同信仰的佛教。我曾送给它一个形象的名字"黄金纽带"。这条纽带史自有以来，回溯历史，佛教在中韩日三国人民的文化交流中起着媒介的作用。可以说，佛教上的合作与交流是中韩日三国文化交流史上最重要、最核心的内容。"①

在战后的东亚局势中，中国和日本的关系是和平稳定的一个关键因素，佛教作为两国之间重要的连接力量，发挥着举足轻重的作用。朴老作为中国佛教这一时期的领导人，以其卓绝的眼光、超强的实践能力以及圆融的处事风格，促进了中日之间的友好交往，为亚洲的和平做出了贡献，协助打造了一个有利于国家发展的安定环境。也正是因为在国际事务中所体现出来的这种积极功能，使得佛教在国内的政治社会生活中有一个正面的、积极的形象。因此，朴老的工作体现了双赢的思路，着眼于国家利益，同时也为佛教自身的发展创造了环境和机遇。

中国佛教与其他地区的交流

除了与日本佛教界保持友好往来之外，朴老也十分注重与亚洲其他国家、地区之间的交流，并且积极打造、参与世界性的佛教组织，以加强中国人民与其他地区之间的文化交流，同时维护中国的统一，提升中国的国际影响力。

早在 1956 年，朴老就接待了由七个东南亚国家佛教僧侣组成的代表团来访，同缅甸、斯里兰卡、印度、尼泊尔、柬埔寨、越南、老挝、印度尼西亚等国佛教界多次互访，还曾出访泰国和蒙古。1955 年和 1961 年，我国的佛牙舍利两次被迎请到缅甸、斯里兰卡，受到这两个国家的政府和人民的盛大欢迎。1958 年 1 月，在埃及开罗出席亚非团结大会。1978 年，孟加拉国政府和佛教会派团来华迎奉阿底峡尊者灵骨，并与中国佛教界共同举行了法会。1982 年，佛协组织迎奉佛像代表团访泰，受到泰国僧王的亲切会见，并参加了泰方赠予三尊佛像的交接仪式。1983 年，佛协邀请了朝鲜佛教徒联盟访华团的来访，与朝鲜佛教界开始有了友好往来。1983 年 10 月，赵朴初会长应朝鲜佛教徒联盟中央委员会的邀请，率团回

---

① 圣凯：《人间佛教思想文库》，第 201 页。

访了朝鲜。这是新中国成立以来，我国佛教界领导人第一次访朝，受到了朝鲜佛教界和有关方面的热情接待，为加强中朝两国佛教界的友好关系奠定了良好的基础。1984年，佛协派团访问印度，和印度佛教界有了友好接触。次年中国佛协与印度驻华使馆联合在北京举办了"佛教圣迹图片展览"，对推动中印佛教文化交流起到了良好的作用。

佛教作为很多中华儿女共同的信仰，在联系港台同胞方面也发挥了重要的作用。1982年，中佛协赠予香港宝莲寺一部清刻《大藏经》，香港迎经团访问大陆，佛协护经团访港，极一时之盛况，大大地增进了彼此间的相互了解和同胞情谊。1984年中英两国政府关于香港问题的联合声明发表后，到内地参拜佛教圣迹的①香港佛教徒日益增多。在庆祝建国三十五周年之际，佛协协助有关方面接待了香港佛教联合会会长觉光法师等一行到北京参加国庆观礼和回乡探亲。1986年，佛协为随喜香港宝莲寺建造"天坛大佛"，发起成立了"香港天坛大佛造像随喜功德委员会"，聘请内地诸山长老和大心檀越担任委员，筹集净资，以襄盛举。同年9月，朴老应邀赴港出席天坛大佛建造工程签约仪式，推进了与香港佛教界的友好交流与合作关系。这些联谊工作的开展，对推进"一国两制"的实施，促进祖国和平统一和振兴中华发挥了积极作用。1990年，朴老在《关于宗教工作及佛教界为国家和社会的稳定作贡献问题》中谈到与中国台湾佛教界的交往问题。他表示，"台湾佛教具有广泛的社会影响，信徒人数超过全岛总人口的三分之一，其国际联系和国际影响也不可忽视。台湾佛教源于大陆，视大陆佛教为'母亲'，台湾佛教界对大陆佛教怀有深厚的崇敬和报恩的感情。通过佛教的渠道开展对台工作，促进'一国两制'祖国统一，有其不可取代的优势。"

在国际佛教界活动和组织中，朴老带领的佛协从五十年代起就一直发挥着重要的作用。1956年，佛协派团分赴缅甸、印度、尼泊尔等国参加佛陀涅槃两千五百周年国际性纪念活动。同年，派团参加了在尼泊尔召开的世界佛教徒联谊会第四届大会。1961年与1964年，中国佛协先后参加了在日本举行的世界宗教徒和平会议第一、二届大会。1963年10月，为支持越南南方佛教徒反对反动当局残酷迫害佛教徒的正义斗争，中国发起召开了"亚洲十一个国家和地区佛教徒会议"，发表了《告世界佛教徒书》。1964年，佛协邀请亚洲十多个国家的佛教界代表在北京隆重举行玄

---

① 圣凯：《人间佛教思想文库》，第201页。

奘法师圆寂一千三百周年纪念活动和佛牙塔开光典礼。

70 年代末开始，朴老领导的中佛协同以庭野日敬先生等为领导的"世界宗教和平会议"（以下简称"世宗和"）建立了亲密的合作关系，朴老本人在 1979 年曾率领中国宗教代表团出席了在美国召开的"世宗和"第三届大会。会上，中日两国代表团联名提案，建议"世宗和"领导人访问有核国家，要求这些国家的领导人声明不首先使用核武器，并得到大会通过。为实施这个提案，1982 年，"世宗和"和平使节团在庭野日敬先生率领下，应邀访问了中国，受到中国政府和宗教界的高度重视和热情接待，圆满地达到了预期的目的。1984 年，我国宗教界又派代表团出席了在肯尼亚召开的"世宗和"第四届大会，同来自六十个国家的六百多位代表共商和平大计，大大鼓舞了中国宗教徒继续为争取人类和平而努力的信心和决心。

1979 年，中佛协同基督教、伊斯兰教朋友共同组团出席了在美国召开的"世界宗教和平会议"第三届大会。1981 年，中佛协同国内兄弟宗教界朋友们共同组团出席了在印度召开的"亚洲宗教和平会议"。1982 年，佛协派团出席了斯里兰卡政府文化部主办的"世界宗教领袖和学者会议"，并对该国进行了访问。1983 年，佛协派团参加了孟加拉国举办的阿底峡尊者诞生一千周年国际讨论会。1986 年，佛协与兄弟宗教组织共同组团先后出席了"亚宗和"会议第三次大会。1984 年中佛协派团出席了"世佛联"第十四届大会。1986 年 11 月，班禅大师率领全国人大代表团访问尼泊尔，参加了"世佛联"第十五届大会的开幕典礼，赵朴初会长以特别顾问身份同行，同时中国佛教协会派团出席了"世佛联"大会。

佛教从印度传到中国，与中国文化冲撞融合之后，成为中华文明不可或缺的一部分。在中华文明鼎盛时期的唐朝，佛教作为汉文化的重要内容向周边国家扩散，为汉文化圈的形成起到了重要的作用。清朝后期国力衰弱，近代饱受侵略战争之苦，中国在汉文化圈中的领袖地位受到很大的挑战。新中国成立之后，中华民族走上复兴道路。在这一过程中，佛教作为汉文化圈诸国共同的信仰纽带，能够也应该承担起连接各国、各地区友谊，促进文化交流的责任。

结　语

本文以朴老所参与、主持的佛教对外交流活动为关注点，对朴老一生的中国佛教国际化事业进行了整理和分析。文章首先从东亚文化圈的角度着手，对近代东亚地区文化格局的变动做了梳理，然后介绍了近代杨文会居士、太虚大师等主导的近代中国世界佛教运动。杨文会居士为近代中国佛教国际化运动的启动者，太虚大师及其弟子法舫则是这一事业早期的践行者。他们设立世界佛学苑，加强与东南亚各国之间的佛教交流，派遣留学生南下留学，积极参与世界级的佛教组织和佛教活动，提升了中国佛教在国际上的影响力，同时也为国内的人间佛教事业增加了新的内容和视野。然后，文章梳理了朴老所主持的当代中国佛教对外交流活动。朴老所推动的对外交流活动在积极参与国家政治社会生活、致力于地区和平事业、旨在为众生求得安稳生活环境这些方面与前辈们一脉相承。稍有区别的是，朴老的佛教国际化工作主要集中于亚洲尤其是东亚地区，而在与东亚各国的佛教交流中，朴老着力最多的是与日本的交流，且在交往过程中采取的是一种平等友好的姿态。

如何看待朴老这一时期佛教对外交流活动的特点？除了新中国当时所采取的睦邻友好外交政策外，还包括当时战后东亚局势的原因、日本与中国的文化亲缘关系的原因等。

实际上，中国作为东亚文化圈的发源地，作为这一地区领土和人口最大最多的国家，理应承担起整合地区力量、把握地区文化格局的责任。从历史上看，整个东亚地区都是在广义之汉文化圈范围之内运作，中国作为汉文化的最早输出国，保持国力，保持文化领袖地位，既有利于自身政局稳定、人民安康，也能够有利于整个东亚地区的稳定的发展。而 20 世纪以来的文化格局变动，使得传统的黏合因素纷纷失效，汉传佛教这一共同信仰开始成为各国之间最重要的媒介。这对于中国佛教来说，既是挑战，也是机遇，更是责任。

从朴老的立足点来看，以佛教来整合东亚文化圈，加强各国之间的友谊和文化交流，打造一个和平安宁的地区环境，第一符合佛陀的慈悲本怀，第二符合人间佛教所主张的佛教应当参与世界、主动发挥劝世化俗作用的理念，第三符合其师圆瑛法师"和平为最大的法事"之教诲，第四符合新中国外交事务的需要、符合东亚地区人民和平发展的需要，第五，符合佛教塑造正面形象以求自我重建的阶段性任务。而且，佛教对于中国来说也是一个舶来品，以佛教来连接东亚地区，有利于维护各民族的独立和国家安全。

虽然朴老并未言及此处，但是前文提及的他所倡导的"黄金纽带"

概念与这一思路十分符合。朴老提出这一概念是在 1993 年，距离他首开中日佛教之交流的 1952 年已经过去了四十多年，可以说，这一概念是对他一生佛教国际化交流事业的凝聚性阐述，是他长期实践、思考之后的成果。总而言之，在朴老时代的东亚格局中，需要一个大家都能接受的渠道来进行交流，以促进地区的和平发展，在种种现实机缘下，这一时段中最堪当此任的就是佛教。

朴老所处的时代，中华民族还是在休养、复建阶段。今天，世界格局已然发生重大改变，无论是经济、政治还是文化，中国都已经成为一个强国。因此，由今日之中国来倡导世界佛教、国际佛教，既有利于中国的政治文化影响力，符合当今"一带一路"倡议的理念，也有利于世界的和平发展。佛教在当今的世界流传甚广，在欧美社会的渗透也非常深入，可以说佛教已经成为世界人民的信仰纽带。佛教若能承担起文化输出的媒介功能，既有利于佛教自身的发展，也有利于中华文化的传播。

从大肚弥勒佛在当代印度的流行
看朴老的国际化视野

印　照[*]

　　弥勒信仰是佛教信仰的重要构成部分之一，产生于印度，在中国的长期流行过程中，出现了大肚弥勒这种新形态。近代以来，随着印中两国日益密切的交往，大肚弥勒信仰也随之传入印度，并广泛传播流行，形成了当代的"新弥勒信仰"[①]。印度的大肚弥勒信仰，既不同于古代印度的弥勒信仰，也有别于中国传统的大肚弥勒信仰，其中蕴含着一定的中国民间文化因素。

一　弥勒信仰略述

　　"弥勒"意译为慈氏，佛典中常称其为阿逸多菩萨，是被授记的未来佛，又被尊称为"弥勒佛"。"弥勒"是其姓，音译于吐火罗语 Metrak 或 Maitrak，梵文为 Maitreya[②]，意译为慈氏；名为"阿逸多"，译为"无能胜"。另外，也有人说"阿逸多"为姓，"弥勒"是名。经典中有很多弥勒事迹的记载。释迦佛化世时的弥勒，生于南天竺一个婆罗门家庭，值遇释迦世尊修得了慈心三昧，有慈悲的救苦精神，所以被称为慈氏[③]。他先

---

[*]　印照，中国社会科学院哲学研究所博士后。

[①]　笔者对印度当代"新弥勒信仰"的关注，始于 2009 年开始到印度留学时。笔者认为，印度人对大肚弥勒的供奉，已经具备信仰的特征，故此名为"新弥勒信仰"。相关研究《故土新踪——当代印度"新弥勒信仰"现象考察并试析》（《法音》，2014，353：01；354：02），论文的第二部分详细分析了何以名为"新弥勒信仰"。另，《印度德里当代"新弥勒信仰"调查与分析》（会稽山佛教协会、会稽学院主办《支遁与魏晋朝佛教国际学术研讨会论文集》，浙江：绍兴，2014，第 203~222 页）一文，则从田野调查的角度，论证了"新弥勒信仰"表述的正当性。

[②]　季羡林：《梅呾利耶与弥勒》，《季羡林文集》第十二卷《吐火罗文研究》，江西教育出版社，1998，第 232 页。

[③]　（隋）吉藏：《法华义疏》卷一，《大正藏》册 51，第 1721 号，页 771 中。

佛入灭，生于兜率天内院，接引众生①。经过五十六亿七千万岁②，然后下生人间，于华林园龙华树下成就正觉，度化人间。当他降世的时候，世间和平、民众富乐、饮食充足、人命长寿，那时的世界比现在美好许多③。佛经关于弥勒化生的记载，引得历史上无数民众礼拜、信仰，并祈求能够得生其所化生的国度，弥勒信仰也曾长时间流行于印度、中国等地。古代印度佛教，无论小乘或大乘，都有弥勒信仰的流传。印度大乘佛教两大法脉之一的瑜伽学派，就是在弥勒菩萨的直接影响下产生④。弥勒信仰的流传，特别是大乘佛教兴起之后，弥勒造像大量出现，近现代考古出土的弥勒佛像遍布印度各地及佛教历史的各个不同时期⑤。中国古代赴印的求法僧，对此也有不少相关记载⑥。（图1、2）。

弥勒信仰几乎随着佛教的传入同步进入中国。弥勒信仰的传入首先从经典的翻译开始。最早记述弥勒圣迹的经典是安世高的《大乘方等要慧经》，而道安"特崇弥勒"⑦，"开辟了信仰弥勒净土"⑧，之后弥勒信仰遍及华夏。中国汉传佛教保存了不少关于弥勒信仰的印度佛经⑨。弥勒信仰的兴盛使瑜伽宗也在中国发扬光大，玄奘法师主要修学和弘扬的就是瑜伽宗的唯识法门。

---

① （宋）沮渠京声译，《佛说观弥勒菩萨上生兜率天经》，《大正藏》册14，第452号，页418中~420下。

② （后秦）竺佛念译，《菩萨从兜术天降神母胎说广普经》卷2，《大正藏》册12，第384号，页1025下。

③ （西晋）月氏三藏竺法护译，《佛说弥勒下生经》，《大正藏》册14，第453号，页421上~422中。

④ （陈）天竺三藏真谛译，《婆薮盘豆法师传》卷1，《大正藏》册50，第2049号，页188中至下。

⑤ 参考 Asha Das., *Maitreya Buddha in Literature, History and Art*（Kolkata：PunthiPusak，2003）。另外，宫治昭著《涅槃和弥勒的图像学》（李萍、张清涛译，文物出版社，2009）一书，对印度犍陀罗时期弥勒造像艺术的特征与背景有着详细的考察。

⑥ （东晋）法显：《高僧法显传》卷1（《大正藏》册51，第2085号，第858页上）；（梁）宝唱：《名僧传抄》卷1（《续藏经》册77，第1523号，第358页下）；（唐）玄奘：《大唐西域记》卷3（《大正藏》册51，第2087号，第884页中），卷7（《大正藏》册51，第2087号，第907页中~下），卷8（《大正藏》册51，第2087号，第915页下~916页上）；（唐）义净：《大唐西域求法高僧传》卷2，（《大正藏》册51，第2066号，第8页中）等文献，皆有记载。

⑦ 汤用彤：《汉魏两晋南北朝佛教史》，武汉大学出版社，2008，第149页。

⑧ 周绍良：《隋唐以前之弥勒信仰》，参见汤一介主编《中国宗教：过去与现在——北京国际宗教会议论文集》，北京大学出版社，1992，第211页。

⑨ 参考松元文三郎（Matsumoto Fuburo）著《弥勒净土论》第二、三、四、五章，张元林译，宗教文化出版社，2001。

图1　二世纪印度弥勒菩萨禅定像①　　　图2　二世纪印度弥勒菩萨造像②

　　早在西秦时期（公元四至五世纪），甘肃炳灵寺石窟已有弥勒佛像的出现。在古代中国、朝鲜与日本佛教造像中，弥勒像的数量比释迦佛的还要多③。汉传佛教的弥勒像造型共有三种，根据《弥勒上生经》和《弥勒下生经》的描述形成的造像是弥勒菩萨与弥勒佛两类（图3、4、5）。

图3　交脚弥勒菩萨像④　　图4　弥勒菩萨立像⑤　　图5　莫高窟弥勒大佛⑥

---

①　黑岩造像，印度LoriyanTangai地区出土，现藏于加尔各答印度博物馆（Indian Museum），No. 4956/A23194。

②　青灰岩造像，印度Nathu地区的古代佛教寺院出土，现藏于昌迪加尔博物馆（Museum of Chandigarh），Acc No. 1127。

③　Kim Inchang(1997). *The Future Buddha Maitreya*. New Delhi: D. K. Printworld(P)Ltd., p. 1.

④　北魏中期造，云冈石窟，见李治国《中国石窟雕塑全集：第三卷云岗》，重庆出版社，2001，第74页。

⑤　北魏普泰二年（532）孔雀造弥勒像，见张淑敏《山东博兴铜佛像艺术》，文物出版社，2009，第47页。

⑥　唐代弥勒造像，高35.5米，敦煌莫高窟第96窟，图片引自敦煌研究院《中国石窟：敦煌莫高窟》，文物出版社、同朋社，2013。

自五代之后，随着浙江奉化雪窦寺契此和尚应现为弥勒的传说的流行①，及禅宗兴起、禅寺一统天下之后，对弥勒化生说的推崇，中国汉传佛教寺院供奉的弥勒形象遂转变成了以光头大肚、欢喜大笑、祖胸露腹为主的中国僧人形象（图6、7）。这是中国弥勒的第三种形象，为弥勒信仰民间化、世俗化的结果。

图6　陕西宋代大肚弥勒佛造像②　　　图7　杭州灵隐寺飞来峰宋代石雕大肚
　　　　　　　　　　　　　　　　　　　　　　弥勒佛像③

　　自九世纪到十三世纪，在印度逐渐被穆斯林全面占领及烧杀劫掠之下④，弥勒信仰也随着佛教在印度的灭亡而中断近千年。近代以来，随着中印两国在文化、宗教、经济等方面交流的日益密切，汉传佛教的大肚弥勒佛也传入印度，形成了跨越民族、地域、语言、宗教的一个普遍的"新弥勒信仰"（图8、9、10）。

　　当代印度"新弥勒信仰"，具有普遍传播、自发接受、迅速融入三大基本特征，以私人供奉为主，没有官方背景，没有任何社会团体乃至宗教组织的推广⑤。在笔者所做的一个社会调查中，绝大部分人知道大肚弥勒的名称，已经有相当多的人供奉他，并自认为有一定的效果⑥。在造像上，大肚弥勒佛像已经形成了新的本土化特征，逐渐融入印度人的衣饰、

---

①　（宋）道原：《景德传灯录》卷27，《大正藏》册51，第2076号，页434上－中。
②　陕西安塞石寺河北第3窟前壁，宋宣和元年至五年（1119～1123）所造大肚弥勒佛像，清华大学美术学院李静杰教授摄影，供图。
③　清华大学齐庆媛博士后摄影，供图。
④　〔英〕渥德尔（A. K. Warder）：《印度佛教史》，王世安译，商务印书馆，1995，第471～480页。
⑤　释印照：《故土新踪——当代印度"新弥勒信仰"现象考察并试析》，《法音》，354：02，2014年，第33～35页。
⑥　见体恒《印度德里当代"新弥勒信仰"调查与分析》，《支遁与魏晋朝佛教国际学术研讨会论文集》，2014年，第203～222页。

装扮与审美观。

图8　孟买博物馆藏大肚弥勒佛像②

图9　浦那帕枢博物馆藏大肚弥勒佛像①

图10　孟买博物馆藏大肚弥勒佛像③

　　当代印度"新弥勒信仰"的供奉主体，固然是来自中国汉传佛教，并可追溯到古代印度文化，但是其信仰的形态、特征与目的既不完全等同于古代印度的弥勒信仰，也与传统汉传佛教的弥勒信仰有一定差异。其包含一定的中国民间文化与民间信仰成分，其中最为明显的是中国的"风水"文化。

二　当代印度"新弥勒信仰"的特征

　　风水在印度被译为 FengShui，Fung shway 或 FengShoy 等，意译为 Geo-

---

① Peshwe Museum on Maratha Artifacts, Pune, Maharashtra, India.

② Chhatrapati Shivaji (Prince of Wales) Museum, Wellingdon Circle, Mumbai, India.

③ Chhatrapati Shivaji (Prince of Wales) Museum, Wellingdon Circle, Mumbai, India.

mancy。风水文化以民间传播为主，没有任何国家意志和政府行为，也没有组织与团体的推广，广受印度人的欢迎，民众自发接受。中国的风水文化体现在印度人的生活、建筑、装饰、商业、信仰等许多方面①。在印度的很多城市与小镇上，都有一些风水商店，专门为人们提供各种风水服务。其中不少物品都属于中国风水文化的产物，或直接从中国进口而来。

在印度的书店里，有很多不同版本、不同语言的风水书籍，很受欢迎。关于风水的含义，不同作者的解释，侧重点不同。《风水：中国人健康、财富与幸福的艺术与生活》一书给风水学说定了性，认为"风水是一门诠释隐秘、神秘力量的科学，是一个实用的环境规划途径。"② 作者解释，"风水，按照字面的意思翻译，就是风和水，它是古代中国的一种带来幸福、繁荣和健康，创造和谐环境的科学"。③

而《风水：环境和谐的生活艺术》一书则认为，风水"一部分是技能，一部分是艺术形式，一部分是如何生活的一种直觉方法"。④ 该书作者指出，风水已经在中国流传数千年，在中国文化、历史与哲学中扎根深厚，在流传过程中也受到了佛、儒、道及不同哲学家的影响。非但过去非常受欢迎，就是今天，它依然在世界各地"持续适应不同文化的现代生活方式"⑤。他们对待风水的态度是"没有人能够说风水都正确或都不正确，你根据自己的内心来实践它就好。如果觉得正确就接受它，相反就算了。但是别忘了——获得快乐。"⑥

印度人把风水当成是"中国古代一种安排环境的制度，在于使我们与环境和谐相处"⑦。"风水"能产生一种"能量"，这种能量就是"指某种抽象的自然力量，运行于山河大地而且对人有影响。这种能量也称为风水力量，它负责确定（人的）健康，繁荣和好运"。⑧

---

① 袁南生：《感受印度》一书就关注到了中国"风水"文化对当代印度人生活的影响，见本书第七篇第一章"风水文化很流行"，中国社会科学出版社，2007。
② AmalChoubey, *FengShui*: *The Chinese Art of Living for Health*, *Wealth and Happiness*（New Delhi: Hind Pocket Books Pvt. Ltd., 2000），pp. 11.
③ Ibid., Preface, V.
④ Richard Craze, *FengShui*: *The Art of Living in Harmony with Your Environment*（New York: Harper Collins Publishers, 2006），pp. 7.
⑤ Ibid., pp. 5.
⑥ Richard Craze, *FengShui*: *The Art of Living in Harmony with Your Environment*（New York: Harper Collins Publishers, 2006），pp. 5.
⑦ AmalChoubey, *FengShui*: *The Chinese Art of Living for Health*, *Wealth and Happiness*, Chapter 1, 2000, pp. 10.
⑧ Ibid., pp. 10.

《风水：中国人健康、财富与幸福的艺术与生活》一书说："风水是有五千多年历史的古老（文化）系统，在中国文化中有着根深蒂固的传统。"① 书中解释，在中国，很多地方重要的建筑都依照风水的规则建造。该书作者还认为，"风水发展于人们受环境、房子位置与方向的影响的简单观察"。② 中国人留意到一些环境比其他的要优胜、吉利。所有的建筑、墙、开口与角落都受它的影响，如果人们改变环境，就能改变他们的生活。"风水的目标是通过流过我们的身体和外境的'气'，即宇宙的呼吸，改变和调整环境，来增长好运。"③ 风水被中国人应用于从小到一件家具的位置，中到卧室和客厅的陈设，大到整个住宅所在方位和所处环境的考察。

他们知道，风水就是要求人们掌握那些时刻围绕在身边的宇宙能量——"气"的知识。若是围绕人们的气是差的或负面的——它就是名为"煞"的"害气"，人们将因此遭受厄难，出现僵硬的人际关系，糟糕的健康，缺乏生活的积极性，及常常陷入昏睡或迟钝的反应当中。相反，如果人们提升了气的流动，就会得到健康，改善人际关系，获得好运，增加财运潜能与幸福指数。一旦人们知道这种气如何运行，就会合理安排他们的家与家具，甚至安排好自己的各种活动，为生活带来最佳的状态。而一旦知道了如何操作气的运行，当气处于停滞或不健康的时候，人们就能采取某些措施改变环境，增进健康。因此，"简单说，风水就是为我们尽可能带来利益的一种环境安排方法"。④

风水既然是一种环境安排的方法，就能帮助人们理解房子问题的所在和提供解决问题的可能性。如果一些建筑的方向和环境对人们不好，或一些建筑物不适合居住者，而万一又不能搬迁到一个没有任何风水问题的新房子，或房间的方向不可能再有改变，这时就可以采用增加房子里的宇宙能量——"气"的做法，就是通过放置一些植物、镜子、灯类、风铃、水晶球或大肚弥勒佛像等，达到战胜房子的问题，获得较好的居住条件。"即使你不能改变外部的环境，但你可以运用适当的方式来控制内部环境。"⑤

---

① Ibid. , pp. 11.

② Ibid. , pp. 11.

③ Ibid. , p. 11.

④ Richard Craze, *FengShui*：*The Art of Living in Harmony with Your Environment*，2006，pp. 7.

⑤ AmalChoubey, *FengShui*：*The Chinese Art of Living for Health*，*Wealth and Happiness*，2000，Preface，Viii.

印度有一本关于大肚弥勒的专题著作——《笑佛：快乐生活的炼金术》，里面专门有一章内容叙述弥勒与风水的关系。作者认为，根据风水理论，如果风水物品安置得当，它会给我们带来和睦与幸运。而大肚弥勒佛就是最受欢迎的风水象征之一，"是风水中快乐、富足和幸运的最高象征"①。他认为弥勒佛可以带走人们所有的问题、烦恼与压力，可以帮助人们克服悲伤和障碍，并提供一个充满了幸福的平稳生活。最关键的是，许多人相信"笑佛可以吸走负能量的'气'，散发出正能量"②，具有风水角度无与伦比的价值和作用。

正是因为这样，"此佛被视为财神之一，据说在家里安奉他可以带来富裕、幸福与成功。据说供奉笑佛塑像在商业地点可以增加生意与财运，可以消除负面的气并发出正能量。这是一个非常吉祥的象征，而且常被装饰于家庭、庙宇、餐馆和交通工具上，也是送给亲人的最好礼物"。③ 因此，在印度，供奉大肚弥勒佛像的现象非常普遍，各种餐馆、宾馆、医院、药店、商店、办公室、印度教寺庙乃至私人家庭等，无处不在，也有许多人把他和印度传统的象鼻财神（Ganesha）等共同供奉于一起。香烛、鲜花、水果、点心、饭菜等供神的物品也供奉给了大肚弥勒佛像。破旧的大肚弥勒佛像没有像普通工艺品一样被弃置或当废品处理，而是送于神庙之中或以传统习俗放在大树之下。甚至，民间还形成了一种互相赠送大肚弥勒佛像的风俗，认为只有获赠的佛像，供奉起来才有灵感，而自己得到了赠送之后，也要赠送其他人。于是，大肚弥勒信仰越来越普遍。

供奉大肚弥勒佛必须根据风水的规则，不同的情况下供奉不同形态的佛像。作者 SakshiChetana 举例如下：以一种放松的神态、慈祥有爱地闭着双眼，端坐着的笑佛雕像，对构建人际关系及培养快乐家庭非常吉利。手持金罐或装满金块的口袋的笑佛，供奉于办公室或营业场所，能财源广进。坐在一个口衔金币的蟾蜍上的笑佛，能带来充裕的金钱。那些带着一个钵的笑佛雕像可以带来全面的吉祥与好运。带着大麻袋的笑佛，可以护佑旅途平安。坐在一个坚固的大金块基座上的笑佛，可以创造一个快乐的

---

① SakshiChetana, *Laughing Buddha*: *The Alchemyof Euphoric Living*. Inner Light Publishers (first publishedin2011)（reprinted in Delhi），2016, pp. 15.

② Ibid., pp. 15 – 16.

③ Laughing-Buddha, LaughingBuddha and Feng-ShuiSymbol, 2013 年 12 月 25 日查阅。http://anamikas. hubpages. com/hub/Laughing-Buddha-Feng-Shui-Symbol-Wealth-Good-Luck-and-Prosperity.

家庭环境。穿着细纱衣服、一只手拿着象征理解的扇子，另一只手按在象征着收集建议的麻袋上的笑佛雕像，可以带来灵智。戴着一个大帽子端坐、犹如无忧无虑享受生活的笑佛，则可以带来长命百岁。①

对于供奉弥勒佛的方式，也有一定的讲究。印度一家出售风水物品的网站认为："笑佛的理想供奉处所应当距地三十英寸左右，正对大门，也可放在房间边侧的桌子或屋角的桌子上，斜对着前门或房间的门。据信直接放在地上是不恭敬的。"② 风水专家还认为，学生们可以供奉于书桌，从而使学习的效果更好。供奉弥勒佛于营业处所的办公室或前台，可以增加经济收益。但是，不应在卧室、卫生间与餐厅里供奉弥勒佛像。

印度人日常供奉大肚弥勒的形式，是谨遵风水师教导的。笔者在印度考察时，发现大多数人供奉的大肚弥勒佛像，都是被单独放置于桌面或窗子里，面朝门外。如下面图 11 中，一尊一米多高、手举元宝的大肚弥勒佛被放置于宾馆正门前，面对着一条熙熙攘攘的马路；图 12 是一家服装店，大肚弥勒佛像被供奉在门口上方的玻璃内侧，正对着门口；图 13 是一家金店，弥勒佛像所放的位置在办公橱柜的一角，也是正对门口；图 14 是一家鞋店，弥勒佛像与一些商品共同放在玻璃橱的中层，面对店外的街道；图 15 的房产中介办公室，其他神像都在墙上，只有弥勒佛像侧面对着门口；图 16 是笔者曾经看牙的诊所，弥勒佛像正好位于面对大门的前台桌面。

图 11　一家宾馆门口的大肚弥勒佛像③　　　图 12　一家女性服装店的

---

① SakshiChetana, Laughing Buddha: The Alchemyof Euphoric Living, 2016, pp. 17–18.

② Laughing-Buddha, LaughingBuddha and Feng-ShuiSymbol, 2013 年 12 月 25 日查阅. http://anamikas. hubpages. com/hub/Laughing-Buddha-Feng-Shui-Symbol-Wealth-Good-Luck-and-Prosperity.

③ Hotel Jagannath, 426B, SomwarPeth, Opp State Bank of India, Pune, Maharashtra, India.

弥勒像①

图 13　一家金店的弥勒佛像②

图 14　一家女性鞋店里的弥勒像③

图 15　一家房屋中介办公室里的
　　　　弥勒像⑤

图 16　一家牙科诊所的弥勒像④

　　与大肚弥勒佛像经常相伴随的，还有来自中国的风水球、貔貅、金蟾、葫芦、聚宝盆、麒麟、铜钱摆件等，有的甚至直接与弥勒佛像结合在了一起。图 17 是印度知名网络与实体店兼备的连锁商店 AVA Shop 所出售的一款大肚弥勒佛像，弥勒佛与水晶球就被结合在了一起；图 19 那家餐馆里供奉的大肚弥勒佛像，也是坐在一个水晶球的后面；图 18 是一个印度教徒所开的中餐馆里供奉的弥勒佛像，弥勒佛像的左手边是麒麟，右手边是貔貅，背后靠着一个中式宝塔，塔后假山上有一个水晶球，简直集中国风水标志于一堂。

---

① Ladies Beauty Palace, Shop No. 13, Kingsway Camp Chowk, Delhi, India.
② Shop No. 17, Ashok Hotel, 50 - B, KautilyaMarg, Diplomatic Enclave, Chanakyapuri, New Delhi, India.
③ Hack Shoes, E-143, KamlaNaga, New Delhi, India.
④ Ysgg Laser & Dental Implant Center：G15, Single Story, Vijay Nagar, Delhi-110009, India.
⑤ Shivam Properties& Motors, 58, Main Road, IndraVihar, Near Mukerjee Nagar, Delhi-110009, India.

图 17　商店出售带水晶球的弥勒①

图 18　一个餐厅里供奉的弥勒②

图 19　餐馆里带水晶球的弥勒③

　　印度人之所以这样喜爱风水，与近代以来，特别是近十几年两国贸易高速增长、人员往来频繁有密切的关系。中国香港、广东、浙江与福建等沿海地区的商人，对大肚弥勒更为尊崇。这些地区，也正好是近代中国最早与印度接触的地方——尤其香港，风水极为流行，弥勒信仰风行，加之曾经同为英国的殖民地，发达的经济与包容的社会，使印度民众能以到香港谋生为无上光荣。一直以来，也确实有许多印度人在香港工作、生活。他们挣钱养家的同时，也把香港人的风水文化带回了印度。目前在印度流行的风水典籍，一部分就来源自香港。

---

　①　AVA Shop，地铁蓝线 Barakhamba Road 5 号出站口店，New Delhi, India.

　②　China Bowl Restautant, 1597, Outram Line, Kingsway Camp, Delhi, India.

　③　Shagun Restaurant, F-16, Vijay Nagar, Opp. Ndpl, Delhi-110009, India.

近十几年，中国与印度之间的贸易日益密切，中国已连续多年为印度全球第一大贸易伙伴国，而印度亦是中国排名前十一的重要贸易国家①。目前，每年都有超过百万的中印商人往来于两国之间。商人重利，中国商人的富裕引发印度商人的羡慕，他们也开始供奉弥勒佛。在笔者访问的供奉弥勒佛的印度人中，有不少就是因与中国生意伙伴的交往才开始供奉弥勒佛。

另外，印度人之所以能够接受中国的"风水"，也与他们传统习俗中的类风水文化——毗斯荼（Vastu）有关。Vastu 一词，源于梵语中的 Vas，意思是"居住"。毗斯荼所代表的印度风水学有时被叫作司塔巴迪亚吠陀（Stapatya Veda），在《吠陀经》的《阿闼婆吠陀》（Atharva Veda）里有提到过，该经主要讲解术数类的知识。他们认为，一个人的吉利或不吉，百分之八十受他的住所及周围环境的影响，所以他们一直十分重视自己的居住环境。印度人认为，中国的风水文化与印度古典风水有一定关系，中国的"风水是一个五千年历史的文化体系。在同一时期，印度的古代圣贤已经为造福人类而推理出某些原理，称为毗斯荼·斯巴斯（VastuSbastra）。人们还认为，风水已经被印度文化影响——特别是佛教。"②

三　从印度的"新弥勒信仰"看朴老的国际化视野

民间信仰，由于有着深厚的社会生存根基，有着强大的民众心理需求，所以也就有着顽强的生命活力。有史以来，尽管许多上层人士一直对民间信仰抱持贬斥乃至打压的态度，实际上均未能将它们彻底降服或消灭；相反地，它们犹如路边的野草，哪怕遭受无数践踏，只要得到阳光雨露，立刻恢复生机。最近几十年来，大陆的民间信仰几乎完全被人为中断，看起来是移风易俗的新气象，从更长远的角度来看，则是一种巨大的民族文化损失。当前的一些社会问题，或多或少与民间信仰的缺失、传统伦理的消失有一定关系。彼德·贝格尔认为，人必须为自己创造一个世

---

① Ministry of Information and Broadcasting. *India* 2015 *AReference Annual*. 7 Commerce，13 Finance. India：the Director General，Publications Division，Ministry of Information and Broadcasting，Government of India，SoochnaBhawan，CGO Complex，2015.

② AmalChoubey. *FengShui*：*The Chinese Art of Living for Health*，*Wealth and Happiness*，2000，Peface，p. Vii.

界，为自己的生活提供意义与秩序，以完成人自己的存在①。风水等中国传统的民间信仰，起源于数千年前佛教尚未传入中国时的精神洪荒时期，已经成为中国民间传统不可分割的一部分②。笔者并不是风水文化的拥趸，只是在探究了印度"新弥勒信仰"流行的原因后，想以事实表明，只有珍视和传承自己的民族文化。才有可能为他人提供精神的泉源。弘扬中华文化是这个时代的主旋律之一，可是要想进行文化传播，就必须遵守与顺应文化传播的规律。如果一边自毁文化，一边外传文化，只会流于无源之水、无本之木，最终徒得其表而已。大肚弥勒在印度的传播发展，为中华文化走向世界提供了一个可供借鉴的珍贵样板。当然，佛教只有与本土文化融为一体，有新的创造、新的形态，才可能成为其他国家、其他民族向往的目标。

纵观印度当代"新弥勒信仰"的信仰主体大肚弥勒佛的原型——契此和尚一生的行为，可以说，其本身就是佛教关怀社会民众的表现，是佛教关注现实的体现，是佛教人间化的特征。"新弥勒信仰"能被当代印度民众普遍接受，说明了"人间佛教"理念的强大吸引力，某种程度上也说明了赵朴初先生倡导的人间佛教路线的前瞻性与实用性。

宗教国际化是当今时代的全球化主题之一，如果一个宗教不能够做到国际化，只是满足于传统的信仰民族或传统的信仰地区，那么在其他宗教日益咄咄逼人的传教攻势下，非但不能发展壮大，甚至会出现固有信仰市场不断萎缩，逐渐失去生存空间的巨大危机。在这方面，日本与韩国佛教就是两个可供借鉴的、正好相反的例子。

一百多年前，日本佛教徒在面对西方文化与宗教的强大攻势面前，迅速调整发展模式，吸收西方宗教的传教经验，加大对教育与学术的投入，培养大量国际化人才，融入现代的研究方式，冲出本土向西方传播佛法，于是形成了"佛教产生于印度、发展于中国、研究在日本"的局面，尽管日本的政治体制早已完全西化，可是在文化与宗教上始终能够保持自己的传统特色，甚至能够吸引很多西方人到日本学习佛教。而同为传统东亚汉文化圈国家之一的韩国，在过去一千多年的历史中，佛教一直是其主流

---

① 彼德·贝格尔（Peter L. Berger）：《神圣的帷幕——宗教社会学理论之要素》，高师宁译，上海人民出版社，1991，第1~36页。
② 李亦园说："把中国人最基础的信仰与仪式，如祖先崇拜、四时祭仪、生命礼俗、符咒法术、占卜风水以及宇宙观念都排除在宗教信仰的观念之外，又如何研究中国的传统文化呢？"载《李亦园自选集》，上海教育出版社，2003，第451页。

的民族宗教信仰，佛教思想影响下的观念与习俗也是其主体民族文化，可是近几十年来，由于韩国佛教没有能够搭上国际化潮流的这班列车，在西方基督教的不断渗透之下，佛教势力日渐微弱，佛教徒在韩国国民的宗教信仰人口比例中持续下降，影响力不断下滑，韩国已经从一个传统佛教信仰为主的国家转为了一个世界上重要的基督大国，韩国基督教的发达，甚至已经到了能够向世界各地派出传教团体的程度。

中国目前的宗教生态也已经相当复杂，基督教的发展无比迅猛，大量地下教会不断蚕食传统佛教信仰领域，广大农村地区几乎已经成了他们的天下，这种局面，我们决不能再熟视无睹。以国际化的方式武装、壮大自身，走出去，再走回来，这样才不至于丧失佛教在中国的主流宗教信仰地位。

赵朴初先生认为国际交流也是古代汉传佛教的优良传统之一①。他早就看到了宗教国际化的潮流。他在 20 世纪 50 年代就向国家领导人建议，加强中国佛教与其他国家佛教之间的交流，加强汉传佛教与南传和藏传佛教的交流。在他领导中国佛教协会的二十几年里，经常为了中国佛教能走出国门而奔波于世界各地②。朴老还特别鼓励汉传佛教青年僧人出国留学，向外弘法，他说中国佛教界特别需要对外交流的优秀人才③。20 世纪 80 年代中期，他亲自组织中国佛学院的五位青年学生到斯里兰卡公派留学④，这是继太虚大师之后，近当代中国汉传佛教第二次公派留学僧到国外留学。朴老的努力功不唐捐，这五位学生后来都成长为重要的佛教教育与学术研究人才，弘法于国内外，影响深远。

当然，一个宗教的国际化，也要有国际化的前提条件，那就是这个宗教的教义、教理与宗教仪规中，是否能够开发出适应不同国家、不同民族的信仰资源。印度当代"新弥勒信仰"的流行，说明了汉传佛教的教义中有足够多可供开发的资源实现国际化，有足够多的资源来为不同国家、不同民族的民众提供精神养料。明白了这个前提，我们就应该对汉传佛教的国际化充满信心，以印度当代"新弥勒信仰"的研究为契机，努力开

---

① 《英译〈大唐大慈恩寺三藏法师传〉序》，载《赵朴初文集》（上卷），华文出版社，2007，第 153 页。

② 倪强：《赤子佛心赵朴初》，宗教文化出版社，2007，第 374～428 页。

③ 《年轻僧人要善于学习善于工作》，载《赵朴初文集》（下卷），华文出版社，2007，第 780 页。

④ 《在中国佛学院成立三十周年庆祝大会上的讲话》，载《赵朴初文集》（下卷），第 796 页。

图20　1986年11月7日，赵朴老在广济寺欢送中国佛学院的五位学生到斯里兰卡留学

发中国汉传佛教的国际化因素，不断向国内外开拓，在中国特色社会主义的新时代获得新的发展。

赵朴初人间佛教思想探源及其践行

米　媛[*]

赵朴初的思想十分丰富，尤其以他倡导"人间佛教"思想所产生的影响最为深刻，也最值得我们从多个角度进行系统的探讨和研究。由于"人间佛教"思想代表了二十世纪中国佛教发展的主流与趋势，并且与中国社会主义现代化进程有着莫大关联，因此无论是在理论上还是实践上，它都对佛教的发展和社会文化素养的提升起到了积极而深远的作用。因此，梳理"人间佛教"思想的理论来源及内容，有助于了解它对中国现代社会的思想文化所产生的深远影响。同时，还要关注到赵朴初在"人间佛教"思想指引下对当今国家和人民做出的贡献，这对我国文化定位和宗教的发展提供了借鉴。

一　"人间佛教"的思想探源

佛教起源于印度，现今流传于世的佛教思想大都可在印度早期佛典中找到其思想渊源，"人间佛教"也不例外。在印度佛教中，《阿含经》和律典是佛教最早结集形成的文献，其中涉及的观念和僧团生活，比较真实地反映了当年佛陀关注人间的思想。佛陀在《增一阿含经·等见品》中说："比丘当知，三十三天著于五欲，彼以人间为善趣，……所以然者，诸佛世尊，皆出人间，非由天而得也。"[①] 他还举自己为例："我身生于人间，长于人间，于人间得佛。"[②] 此处言明十方三世一切诸佛皆在人世间成佛，揭示了佛陀重视人间的根本精神，并强调佛陀及其教法不离人间。

＊　米媛，中国社会科学院哲学研究所博士后。
① 《增一阿含经》卷二十六，《大正藏》第 2 册，第 694 页上。
② 《增一阿含经》卷二十八，《大正藏》第 2 册，第 705 页下。

在佛教看来，天上是自私庸俗的，而人间要比天上好，佛经中也常有"人身难得"等观点。佛教主张成佛在世间，并且成佛以关注人间为前提，这是佛教追求的最高境界。此外，《增一阿含经·惭愧品》中说："以世间有此二法（惭愧），不与六畜共同。""惭愧"的意思是不断改造自己、充实自己、提高自己，要有积极向上、向善的菩提心，尊重自己和他人，遵从世间的法律与民意，即"轻拒暴恶，崇重贤善"。成佛，是觉悟宇宙人生究竟圆满的真理，实现最终个人完全的自由，获得永不退失的安乐，自利利他，福慧圆满，得大解脱。人类想要成佛，必须精进修行，修行的前提是要发大惭愧心。惭愧也是人与畜生的区别，拥有惭愧之心是佛家追求的境界，也由此看出原始佛教对人间的关注是通过提高自己，尊重他人，尊重世间民意的民主思想体现出来的。

从原始佛教的教义来看，主要思想包含"四谛法"和"十二因缘"，其中以苦、集、灭、道为内容的四谛法以众生解脱为中心，以无明等为内容的十二因缘法以众生生死流转为中心。这表明以"四谛法"和"十二因缘"为代表的原始佛教皆是以人为中心，去论证人生的关键问题。由此可以看出印度佛教关注世间众生的思想。

从佛陀垂化布教的原则来看，最为根本的是"契理契机"，即佛教要保持对真理的独到觉悟与体证的特质，才能称其为佛教。而佛教要传承延续，又必须与承载它的时空环境相协调，必须与它所处的人间社会相适应，必须与它所处的时代和其时代人群的事理相契合，所以说印度佛教从很早便开始关注如何将佛法融入世间。

此外，"人间佛教"的基本思想在我国古代的佛教思想中也早有体现。中国佛教的入世化、人生化可谓由来已久，它是构成印度佛教中国化的重要内容之一。从佛教对众生的弘法、传教、慈济、福利中都可以看到佛教积极入世的方面。千百年来，佛教之所以能够在中国社会扎下深厚的根基，成为中国人生活的一个组成部分，都必须归功于佛教对人世的旨趣。只有这样，佛教才能够在中国社会取得生存与发展的空间。简略地说，佛教传入中国的成功之处，在于以积极入世的态度成功地影响和改善了中国社会的许多方面。

大乘佛教的"不坏假名而说实相""不坏世法而入涅槃"以及"世间与涅槃不二"等思想为佛教的出世法与世间法的沟通提供了契机，而中国化的佛教正是由此进一步走向了现实的社会与人生。《肇论》中说"触事即真""真俗不二"，其中便包含了出世不离世的思想。隋唐以来兴起的中国佛教宗派——禅宗，在充分肯定每个人的真实生活所透露出的生命的底蕴与意义的基础上，融理想于当下的现实人生之中，化求佛于平常的穿衣吃饭之中，如六祖慧能的"佛法在世间，不离世间觉，离世觅菩提，恰如求兔角"①，他把成佛的追求融入当下的人间生活，认为成佛的唯一法门是即世间求解脱，建设人间佛教的思想已初见端倪。百丈禅师的"一日不作，一日不食"的理念，也是把解脱融入当下的现实生活中。同时，以宣扬在家修菩萨行的《维摩诘经》在中国备受欢迎，其所宣扬的"入世即是出世"思想对禅宗影响极大，这一理念沟通了佛法与世间法，把人生的修行解脱植根于现实生活，主张不坏世法而入涅槃，依人道而立佛法。

近代许多高僧大德的论述也无不反映出这一共同的基本思想趋向，太虚大师等人提出了"人生佛教"的思想，主张"学佛先从做人起"，提倡要"服务社会""为社会谋利益"等等，并把"现实"解释为人生宇宙，也就是佛典所说的法界实相，从而把佛陀说成是真正的现实主义者。可见建设人间净土是中国佛教的优良传统。从古印度佛教到中国佛教，都一直有关注世俗生活、关怀世间有情、关怀世间人伦传统，这为赵朴初倡导人间佛教、建设人间净土提供了思想渊源和理论依据。

二　赵朴初"人间佛教"思想的主要内容及实践

"人间佛教"，从其实质上讲，即是以人为本或以人为中心的佛教，用以区别那些以死或鬼为中心的佛教及天（梵）化、神化乃至巫化的佛教。它是在传播佛教一脉相承的大背景下，肯定人的自觉意识、觉他行为和觉悟圆满。重视人生，是用佛法来指导、解决人类在世间面临的各种问题。

1. "人间佛教"思想的主要内容

赵朴初在《佛教常识答问》中回答什么是五乘法，什么是世间法和出世间法的问题时，提出人间佛教的内容，"人乘、天乘、声闻乘、缘觉乘、菩萨乘这叫五乘。其中后三种叫出世间法，教理深奥，比较难学；前二人天乘教是世间法。世间法是世人易学而能够做到的，前人名之为人间佛教。人间佛教主要内容就是：五戒、十善。五戒是：不杀生、不偷盗、

---

① 《六祖大师法宝坛经》，《大正藏》第48册，第351页下。

不邪淫、不妄语、不饮酒。佛教认为，这类不道德的行为应该严格禁止，所以称为五戒。十善是在五戒的基础上建立的，约身、口、意三业分为十种。身业有三种：不杀、不盗、不邪淫。口业有四种：不妄语欺骗，不是非两舌，不恶口伤人，不说无益绮语。意业有三种：不贪、不嗔、不愚痴。这就叫十善，反之就叫十恶。"① 此处表明，佛教的最终目标是成佛，要成佛先建人间净土，即建立人间佛教。"大乘佛教是说一切众生都能成佛，但成佛必须先要做个好人，做个清白正直的人，要在做好人的基础上才能成佛，这就是释迦牟尼说的，诸恶莫作，众善奉行，自净其意，是诸佛教。"② 也就是说，做到了五戒十善也就达到了建设人间佛教的目的，也即建立了人间净土。关于六度，"度字义是'到彼岸'，就是从烦恼的此岸到觉悟的彼岸的意思。六度是六个到彼岸的方法。第一是布施，有三种：凡以物质利益施于大众的叫作'财施'，包括身外的财物和自身的头目手足和生命；凡保护大众的安全使他们没有怖畏的叫作'无畏施'；凡以真理告知大众的叫作'法施'。第二是持戒，戒也有三种，即防止一切恶行，修集一切善行和饶益有情。菩萨最根本的戒是饶益有情戒，就是一切为了利益大众，其余所有戒条都要服从这一条。第三是忍，即为利益有情故，忍受毁骂打击，以及饥寒等苦，所谓'难行能行、难忍能忍'，终不放弃救度众生的志愿。第四是精进，即不懈地努力于自度度他、自觉觉他的事业。第五是禅定，第六是般若（即智慧），为自觉觉他而修禅定和智慧。"③ 关于四摄，"摄的意义就是大众团结的条件。第一是布施；第二是爱语，慈爱的言语和态度；第三是利行，为大众利益服务；第四是同事，自己在生活和活动方面同于大众。四摄法是菩萨在众生中进行工作的方法。"④ 提倡四摄六度，而且突出布施和忍辱，反映了佛教对人际关系的重视和对世俗生活的深切关怀。以四摄六度为内容表明人间佛教以关怀世间有情为己任，以关注世俗人伦为重心。赵朴初在《佛教常识答问》中提出人间佛教的内容是五戒十善、四摄六度，在以后的人间佛教的践行中始终倡导这一理念。

赵朴初后来又在中国佛协第四届理事会第二次会议上做了《中国佛教协会三十年》的报告，提出把提倡人间佛教作为中国佛教协会的指导

---

① 赵朴初：《佛教常识答问》，中国佛教协会印行，1983，第 110 页。
② 赵朴初：《佛教常识答问》，第 111 页。
③ 赵朴初：《佛教常识答问》，第 34 页。
④ 赵朴初：《佛教常识答问》，第 34 页。

方针，获得了广泛的认可和拥护。赵朴初明确指出，当今时代要提倡人间佛教，发扬佛教三个优良传统。他说："中国佛教已有近 2000 年的悠久历史。在当今的时代，中国佛教向何处去？什么是需要我们发扬的中国佛教的优良传统？这是我们要认真思考和正确解决的两个重大问题。对于第一个问题，我以为在我们信奉的教义中应提倡人间佛教思想。它的基本内容包括五戒、十善、四摄、六度等自利利他的广大行愿。《增一阿含经》说：'诸佛世尊，皆出人间'，揭示了佛陀重视人间的精神。《六祖坛经》说：'佛法在世间，不离世间觉，离世觅菩提，恰如求兔角'，阐明了佛法与世间的关系。佛陀出生在人间，说法度生在人间，佛法是源出人间并要利益人间的。我们提倡人间佛教的思想，就要奉行五戒、十善以净化自己，广修四摄、六度以利益人群，就要自觉地以实现人间净土为己任，为社会主义现代化建设这一庄严国土、利乐有情的崇高事业贡献自己的光和热。对于第二个问题，我以为应当发扬中国佛教的三个优良传统。第一是农禅并重的传统。……第二是注重学术研究的传统。……第三是国际友好交流的传统。"① 这里，他提到的三个优良传统，可以说是从一个侧面揭示了中国佛教的"中国特色"。而他提到的人间佛教，则从"中国佛教向何处去"的高度做了强调。他特别号召全国佛教徒："我们社会主义中国的佛教徒，对于自己信奉的佛教，应当提倡人间佛教思想，以利于我们担当新历史时期的人间使命。"② 正是在他的大力提倡和推动下，中国佛教日益走上了人间佛教的道路，致力于自利利他，实现人间净土。赵朴初在这里提到的人间佛教有两点特别值得注意：一是他引证中印佛教的经典，为人间佛教的合理性提供了重要的理论依据；二是他提倡人间佛教思想，是为了更好地担当新的历史时期的"人间使命"。这两点也是今天在推展人间佛教时需要重点思考和解决的问题。

2. "人间佛教"思想的践行

自人间佛教思想在中国佛教发展中的指导地位得以确立，发展人间佛教成为中国佛教协会、地方佛协和各佛教团体的共识之后，各地便开始有序地建设人间佛教。首先，恢复佛学院的教育，办佛学培训班，建寺院；其次，从佛教内部着手，培养高素质的僧伽队伍，送僧伽到国外留学等；再次，创办佛学刊物。中国佛教协会在赵朴初的带领下，在"人间佛教"

---

① 《赵朴初文集》（上卷），华文出版社，2007，第 562 页。
② 《赵朴初文集》（上卷），第 563 页。

的实践方面取得了令人瞩目的进展。

（1）创办佛学院

在"人间佛教"思想的指导下，中国佛学院及各地佛学院纷纷成立，佛教教育事业如雨后春笋。如中国佛学院苏州灵岩山分院和南京栖霞山分院、上海佛学院等具是在这一时期成立的。各地一些有条件的寺院也都办起了初级佛学院或僧伽培训班、学习班。已故十世班禅大师生前亲自主持成立了中国藏语系高级佛学院，在西藏、青海、甘肃、四川等地也开办了培训藏语系佛教人才的佛学院。此外，云南上座部佛教教育工作也有新的进展，开办了云南省佛学院。他们与中国佛学院遥相呼应，互相交流合作，促成了中国佛教教育的多元化、体系化，从而形成了一个以中国佛学院为首，以各地方佛学院等教育机构为支撑的高级（中国佛学院和西藏语系佛学院）、中级（中国佛学院分院和省级佛学院）、初级（重点寺庙）既相衔接又各有侧重的三大语系佛教教育体系。它们以真实践履人间佛教思想、发扬中国佛教三大优良传统为宗旨，培养坚持社会主义道路，奉行人间佛教思想，对自己的祖国、对世界人民做出毕生贡献的僧伽人才。进一步弘扬了人间佛教理念，稳固了人间佛教思想在佛教界的主导地位，为人间佛教的深入发展奠定了人才和思想理论基础。

（2）培养佛教人才

在建设实践人间佛教的方针下，赵朴初本着"立足于青年"的精神，以办学育僧为头等大事，培养了一批能续佛慧命、承继佛教事业的僧伽人才，开拓了中国人间佛教事业的新局面。中国佛学院的恢复教育进一步发展，培养了大批人间佛教的僧才。此外，从1981年起，赵朴初还先后选送几批品学兼优的毕业生去日本、斯里兰卡、缅甸、英国等国的高等院校和佛学研究机构进修深造。此举不仅践行了中国佛教国际友好交流和学术研究的优良传统，更为中国人间佛教走向二十一世纪储备了新生力量。

（3）创办佛教刊物

本着发扬中国佛教注重学术研究的优良传统和弘扬践行人间佛教思想的宗旨，中国佛教协会、各地方佛协、名山大寺、佛教团体都响应时代号召，创办刊物、出版书籍，以当代社会大众喜闻乐见的方式宣传人间佛教，并与现代人繁忙的世俗生活方式相联系，对治世人身心疾病，将人间佛教之践履融入世俗社会、世俗生活。如中国佛教协会的《法音》、湖南佛协的《正法眼》、河北佛协的《禅》、九华山佛学院的《甘露》、浙江省台州地区佛协的《台州佛教》、广东佛协的《广东佛教》等。这些刊物层次参差，各有侧重，或重在学术研究，以佛学理论见长；或倾向普及教理知识，以化导社会人心为主。但从内容上看都以弘法利生为目的，以宣传宗教政策、推行人间佛教、普及教理知识、指导学人修行、推进佛教与现代化相适应为主旨。并多辟有专栏刊载佛教界各地新闻、短讯，报道重大事件。除了学术性很强的刊物外，一般普及性刊物都采用了自筹资金出版发行和免费赠阅的流通方式，办刊风格平实活泼，力求与现代人的生活方式、生活理念相契合，这些刊物的创办发行，无论于人间佛教的思想推展，实践推行，还是当今的社会导化、人心净化，都大有裨益。

综上可见，佛教教育事业的兴办及佛教刊物的印行充分表现出中国佛教人间化发展导向的成功。弘扬佛教事业为确立人间佛教在中国佛教发展中的指导地位奠定了基础，也为中国佛教现代化打下了根基。

三　赵朴初倡导"人间佛教"思想的现实贡献

佛教传入中国的历史，就是不断调整适应中国国情完成弘法利生的历史。新世纪，中国进入全面建设小康社会的历史阶段。在党和政府的领导关心支持下，实现中华民族的伟大复兴，这也是中国佛教徒与全国人民共同的理想。赵朴初与历史上"知行合一"的高僧们一样，将佛教精神思想积极付诸实践行动，并在新的社会历史条件下赋予新的思想境界。赵朴初一生都在践行人间佛教思想，其现实贡献主要表现在三个方面：

1. 维护民族团结、祖国统一

与中国共产党风雨同舟、亲密合作几十年的赵朴初的人间佛教思想，首先体现在中国人民的解放事业和建设事业以及祖国统一和民族团结之中。从1945年起，他作为以"发扬民主精神，推进中国民主政治之实践"为宗旨的政党——中国民主促进会创始人之一，就为巩固和发展爱国统一战线、为多党合作和政治协商的制度做出了重要的贡献。1961年3月，赵朴初赴印度新德里出席世界和平理事会议，会前应邀参加泰戈尔诞辰一百周年纪念大会，当场义正词严地驳斥了某些反华势力的恶意攻击，赵朴初维护国家尊严的举动，赢得了各代表团的热烈拥护，陈毅副总理也给予了高度评价。五六十年代，他积极促进各国宗教界的团结和稳定，积极支持十世、十一世班禅的工作，建立藏传佛教的正常秩序，反对达赖和境外势力分裂祖国的活动，维护国家统一。1999年7月，当台湾李登辉逆世界和平潮流，悖中华民族统一的意志，公然鼓吹"两国论"时，已是高龄又久卧病榻的赵朴初，仍郑重发表谈话，严厉谴责李登辉的谬论。直至生命垂危时，还念及台湾故旧，心系祖国统一而鞠躬尽瘁。

2. 反对侵略战争、殖民主义

在三十年代抗战期间，作为中国佛教协会主任秘书的赵朴初即在上海积极进行抗日救亡宣传活动，从人员和物资支援新四军进行抗日，以反对日本帝国主义发起的侵略战争。新中国成立后，1955 年、1957 年他两次率代表团出席日本召开的禁止原子弹氢弹的国际会议。1963 年 10 月，中国佛教协会为扩大同亚洲各国佛教界的联系，邀请了 11 个国家和佛教徒代表团到北京法源寺举行隆重法会。在这次会议上，越南南方六和佛教徒联合会主席释善豪法师向与会代表报告了越南南方佛教徒遭受美吴（庭艳）集团迫害的情况，并且呼吁世界上的佛教徒和人民支持越南南方佛教徒争取信仰自由的正义斗争。该会议积极发挥了宗教界在国际反帝反殖民主义斗争中的作用。10 月 20 日，周恩来总理在接见出席会议的代表时说："解决问题靠的是人心，是人心所向。你们都是爱好和平的人，手无寸铁，但你们这次会议上一致发表了《告世界佛教徒书》。"① 1964 年 7 月，中国佛教协会副会长赵朴初率团出席了在日本东京举行的第二届世界宗教徒和平会议，并做了精彩的发言，他提出："近几年来，各国宗教徒对于和平事业的积极性和在这方面的国际合作有了极大的加强；越南南方佛教徒反抗迫害、争取自由的斗争，表现了宗教徒坚持正义、不惜生命的大无畏精神；目前，战争威胁的根源主要是美国的侵略政策。"② 赵朴初的发言实际上还表明了中国政府在禁止原子弹、解除核武器、裁军和支持被压迫人民的反侵略战争等问题上的原则和立场，对于未来促进世界和平具有积极意义。

3. 与各国人民友好交往，促进世界和平

近代社会以来，宗教也是维护世界和平的一支重要力量。因此，积极推动宗教界保卫世界和平的运动，一直是身任中国人民保卫世界和平委员会副主席、中国人民争取和平与裁军协会副会长、中国宗教和平委员会主席的赵朴初殚精竭虑、孜孜不倦的努力方向。1952 年，在北京召开亚太

---

① 《周恩来年谱》（卷中），中央文献出版社，1997。
② 《中国代表团团长赵朴初在第二届世界宗教徒和平会议上的发言（摘要）》，《人民日报》1964 年 7 月 29 日。

区域和平会议时，赵朴初代表中国佛教界将一尊象征和平的佛像赠送给与会的日本佛教代表团，在日本佛教界引起强烈的反响。不仅使日本佛教界友好人士派代表团送还中国在日殉难烈士遗骨，而且这一友好交往成功打开了中日民间友好往来的大门。1962年至1963年，以赵朴初为首的中国佛教界人士为推动中日两国佛教界的交流，开展了纪念鉴真和尚圆寂1200周年等系列活动。1993年，赵朴初率佛教代表团出访日本时，提出："中韩日三国的佛教文化是我们三国人民之间的黄金纽带，源远流长，值得我们珍惜，爱护和继承发展。"这一"黄金纽带"友好交流的构想立即得到韩日两国朋友的赞同。赵朴初曾言："扶今思昔，我深为中国佛教庆，深为中国佛教徒庆。我深信，作为灿烂的民族古典文化的绚丽花朵，作为悠久的东方文明的巍峨丰碑，中国佛教必将随着祖国建设事业的发展而发展，并在这一伟大事业中，为庄严国土，为利乐有情，为世界人类的和平、进步和幸福做出应有的贡献。瞻望未来，前程似锦，春回大地，万卉争艳，佛教的前途是无限光明的。"①

在中国佛教文化繁荣发展的今天，重温赵朴初及其人间佛教思想，对于在二十一世纪引导佛教与社会主义社会相适应，更好地发挥佛教"诸恶莫作，众善奉行，自净其意，是诸佛教"的积极作用，具有重要的理论和现实意义。

---

① 沈瑞英：《赵朴初佛教文化思想略论》，《五台山研究》2002年第4期。

赵朴初"人间佛教"思想的
民本价值面向

陈力祥*

　　中国文化与西方文化存在着显著的差异：中国文化从一开始就关注人的问题，关注人如何成圣、成贤的问题，因此，中国的人本主义文化比较发达；而西方文化从一开始就关注自然界的问题，多关注自然现象背后的原因问题，故此，西方的科技文化比较发达。中国古代的人本主义思想对中国学人产生了或多或少的影响。无论是儒家文化，抑或是道家文化，更抑或是佛教文化，均可看成是一种人本主义文化。赵朴初先生是中国"人间佛教"的驱动者，他一生着力于"人间佛教"的推广与实行，以实现民本主义的价值面向为鹄的，乃典型的人本主义文化。

　　赵朴初先生关心佛教事业、助推"人间佛教"的完善，成就民本价值面向的最终实现。赵朴初先生"人间佛教"思想民本价值面向的实现，历经了佛教向"人间佛教"的渡越、"人间佛教"向民本价值旨归的渡越两个阶段。

　　赵朴初先生民本价值面向的形成，与其"人间佛教"思想有着千丝万缕的关系。他与"人间佛教"的因缘，则与其良好的家教、家学、家风密切相关。"赵朴初出身书香世家，从小受到良好的教育和熏陶。他的高祖曾留有'志读诗书莫做官''和善待人不居高'的家训。"① 赵朴初先生之高祖对其影响颇深，同时，其父母一生笃信佛祖，践行佛规，对赵朴初先生的影响也不可谓不深。家学、家规等对他的影响，成就了赵朴初先生一辈子的佛教因缘。不仅如此，赵朴初先生还将佛学与现代人生结合

＊　陈力祥，湖南大学岳麓书院教授。

①　张梁森：《赵朴初和平思想形成的三大主要根源》，http：//www. fjdh. com/wumin/2009/04/08161755269. html.

起来，实现了佛教思想的创造性转化。在这创造性转化的过程中，赵朴初先生特别注重"人间佛教"的民本情怀。赵朴初先生"人间佛教"的民本价值面向，乃其"人间佛教"思想的特色所在。

一　佛教转生：力主佛教向 "人间佛教"转换以利民本

赵朴初先生的一生，可以说是弘扬佛教的一生，让佛教大众化的一生，让佛教之光普照民众的一生，让佛教惠民的一生，让佛教为民服务、实现以民为本的一生。他一生以弘扬佛法为己任，让佛光普照神州大地，接地气，惠民生，彰显了"人间佛教"的民本价值取向。赵朴初先生说："存在了将近两千年的中国佛教，是拥有内容丰富、绚丽多彩的文化遗产。论它的典籍文化，论它的成绩经验，论它的国际影响，无论作为宗教或学术看待，中国佛教在全人类的文化发展和文明进步的历史中，都有不容忽视的地位。"① 赵朴初先生弘扬佛教的基本精神，阐扬佛教内蕴的伦理文化，并力图使佛教接地气，服务于广大民众，服务于中国社会主义现代化建设。基于此，赵朴初先生认为佛教不仅仅是一种出世的学说，更应该是一种接地气，也即入世的学说；佛教徒不应该生活在彼岸世界的王国里，更应该生活在现实世界中，有责任担当意识，唯其如此，佛教才能更好地服务于社会主义现代化建设，服务于广大黎民百姓。为此，赵朴初先生力主佛教改革，他在"教理、教制和教产三方面，广泛发起了佛教改革运动，努力使佛教成为服务社会和人生的集团力量"，② 使佛教向"人间佛教"转生。赵朴初先生的佛教改革运动，实现了佛教在中国的转生，实现了佛教文化在中国的大众化。佛家本是"舶来品"，按照常理，这种"舶来品"在神州大地生根发芽，并非易事。然而，赵朴初先生将佛家文化的精髓与中国的具体实情结合起来，搞佛教中国化，孕育了"人间佛教"，彰显了佛教文化之生命力。赵朴初先生说："我以为我们社会主义中国的佛教徒，对于自己信奉的佛教，应当提倡人间佛教思想，以利于我们担当新的历史时期的人间使命。"③ 只有提倡"人间佛教"，才能使佛教真正造福人民大众，才能发挥佛教本身所应有的价值。赵朴初先生所倡导

---

① 赵朴初：《佛教常识答问》，中国佛教协会印行，1983，第109页。
② 《赵朴初文集》（上卷），华文出版社，2007，第416~435页。
③ 《赵朴初文集》（上卷），第562~563页。

的"人间佛教",实质上是开启了佛教文化之改革,给予了佛教文化新的生命力。众所周知,佛教文化从印度传入中国以后,并没有因水土不服而"夭折",恰恰相反,佛教文化与本土的儒家文化、道家文化相互融合、相互吸收,最终催生了新的文化形态,进而使佛教文化在中华大地熠熠发光。佛教文化的中国化进程,恰恰是佛教文化生命力彰显的历程。佛教的原产地是印度,佛教在印度,并没有实现佛教印度化,佛教并没有满足印度人们的现实需要,即是说,佛教在印度的不接地气而导致了佛教在印度的逐渐萎靡,导致了印度文化的短暂断裂。难为可贵的是,中国的佛教文化因为适应了人民大众之需要,在一定层面上愈发发扬光大,以至于印度文化的佛教之光需要反向"舶来"。赵朴初先生的佛教改革,实践并完成了佛教中国化的历史使命,乃是中国佛教文化进一步繁荣发展的原动力。正因为如此,赵朴初先生的"人间佛教"思想,才会在神州大地上熠熠发光。

"人间佛教"思想的出发点是让佛光普照人民大众,让人们生活幸福、安康,其本质上彰显了"人间佛教"的民本价值面向。赵朴初认为:"中国的佛教徒,应当提倡人间佛教思想,以利于我们担当起新时期的人间使命。"① 赵朴初先生力主佛教向"人间佛教"的改革,实现佛教由"彼岸世界"向此岸世界的渡越,实现佛教由"出世"向"入世"的渡越,实现佛教由"放得下"向拿得起的渡越,进而实现人间佛教向民本的价值面向之渡越。故此,赵朴初先生力主人间佛教,以利于佛教更接地气,为社会主义服务,更有利于佛教为人民大众服务。他说:"我以为在我们信奉的教义中应该提倡人间佛教思想。"② 因为提倡人间佛教,方能彰显佛教的人本主义情怀;提倡人间佛教,才能彰显佛教之入世精神;只有提倡"人间佛教",方可彰显出佛教以出世的心态做入世的事情;也只有推行"人间佛教",才能实现佛教普度众生之目标,实现民本的价值旨归。因此,赵朴初先生所说的佛教之事业,实际上说的是佛教与社会主义的相适应、相协调的问题,本质上说的是"人间佛教"与人民大众利益的一致性的问题。赵朴初先生说:"我提'人间佛教'实际就是从使佛教与社会主义社会相适应相协调的角度提的。"③ 社会主义的本质是"解放生产力,发展生产力,消灭剥削,消灭两极分化,最终达到共同富裕"。赵朴初先生所提出的佛教与社会主义

---

① 萧秉权:《赵朴初宗教思想研究》,上海交通大学出版社,2010,第45页。
② 《赵朴初文集》(上卷),《中国佛教协会三十年》,华文出版社,2007,第268页。
③ 《关于佛教与社会主义精神文明建设的关系》,《赵朴初文集》(下卷),第757页。

相适应的问题，实质上是佛教利益与人民大众利益相一致的问题。可见，赵朴初先生的"人间佛教"思想，实现了佛教之现代转生，同时也实现了佛教与社会主义现代化建设相适应的问题，实现了佛教与人民大众利益相协调的问题，为"人间佛教"向民本思想的渡越奠定了扎实的基础。基于此，赵朴初力主"团结全国各民族佛教徒提倡人间佛教积极进取的思想"，[①] 即是实现佛教为人民大众服务的思想，实现佛教以民为本的思想。赵朴初先生的人间佛教思想，开启了佛教利益与人民大众利益一致之门，开启了人间佛教立场即是人民立场之门，开启了人间佛教向民本思想渡越之门。

二 利益契合：佛教利益与大众利益的高度契合彰显民本价值诉求

赵朴初先生力倡"人间佛教"，主张佛教利益与人民大众利益相一致的思想，从而实现其民本的价值诉求。在民本价值诉求追寻的过程中，赵朴初先生与太虚大师一样，"侧重于人生之改善的'人生佛教'"。[②] 赵朴初先生的人间佛教思想，继承与发展了太虚大师"侧重于人生改善之思想"，关注人的问题，关注人民大众的利益问题，内蕴了赵朴初先生以民为本的价值倾向。赵朴初先生民本的价值倾向，与中国传统哲学乃是人学的基本观点神似。赵朴初先生关注人的问题，并因此而彰显出其人本主义的道德关怀，为其民本的价值旨归奠定了扎实的基础。

赵朴初先生的"人间佛教"思想，力主佛教利益与大众利益的高度契合，实现人间佛教与民本价值诉求的高度契合。为此，他积极倡导"人间佛教"，认为佛教不能以出世为能事，而要以积极进取的态度入世，救赎大众，造福大众，唯其如此，方可彰显佛教的基本价值与精神。他说："佛徒就应该以出世精神做入世事业，以嘉惠群生为志。"[③] 由此可知，赵朴初先生所倡导的"人间佛教"，其基本教义在于责任担当，在于为人民众谋福祉。"人间佛教"以实现人之幸福为基本价值倾向与价值旨

---

① 《接受日本〈读卖新闻〉社记者小林敬和采访时的谈话》，《赵朴初文集》（下卷），第 978 页。
② 《太虚大师全书》（第一编），上海大法轮书局，1948，第 23 页。
③ 《〈书画功德集〉序》，《赵朴初文集》（下卷），第 743 页。

归，因为，在赵朴初先生看来，"佛教利益与大众利益是一致的"①；"佛教的利益必须与人民的利益结合起来"。② 即是说，"人间佛教"应运而生，本质上是为了人民大众的福祉与利益，正因为如此，佛教的基本教义与人民大众的利益相契合。"人间佛教"的价值诉求，本质上彰显了民本的价值面向。赵朴初先生的一生，可谓佛教人生，更可谓民本人生，他的"人间佛教"思想所主张的一切，均与民本的价值诉求息息相关。正因为如此，"赵朴老一再强调，佛教的利益必须与众生的利益结合起来。佛教徒的职责，不仅是要为增长人民的利益，而且要为保卫人民的利益而奋斗。"③ 可见，赵朴初先生所主张的人间佛教思想，以人民的利益为核心、为宗旨，以人民群众之利益为基本的价值诉求，以人民大众的利益为鹄的，充分实现了人间佛教与民本的价值诉求高度契合，彰显了赵朴初先生"人间佛教"的经世济民。

赵朴初先生不仅主张人间佛教从物质利益与人们大众的利益高度相契合，还主张实现人间佛教与人民大众精神层面的价值诉求相契合。佛教在此层面上独具价值。在纪念中国佛教两千年大会上，智渊法师说："在未来的世纪，人类的幸福和世界的和平，将主要取决于人类精神品格的自我完善。在这方面，佛教有自己独具的优势，一方面能给人类提供一种精神信仰，另一方面又具有总持人类文化、解决人生根本问题的智慧和方法"。④ 即是说，佛教对人类的精神境界的提升，对人类社会的安身立命、安命达德独具价值。因此，赵朴初先生所主张的"人间佛教"，不仅能为人民大众物质层面的利益谋福祉，同时能为精神层面谋解脱，使人民大众能获得精神上的解脱与自由。从本质上说，人间佛教对人民大众精神层面的解脱，亦实现了"人间佛教"民本的价值旨归。赵朴初先生关于佛教常识答问层面，回答关于什么是菩萨的问题时，道出了人间佛教对人之精神层面解脱的问题。他说："凡是抱着广大的志愿，要将自己和一切众生一齐从苦恼中救度出来，而得到究竟安乐（自度度他）；要将自己和一切众生一齐从愚痴中解脱出来，而得到彻底的觉悟（自觉觉他）——这种人便叫作菩萨。"⑤ 赵朴初先生不仅主张人间佛教利益与民众利益的高度

---

① 《佛教徒应该坚决走社会主义道路》，《赵朴初文集》（上卷），第 264 页。

② 《赵朴初同志生平》，《人民日报》2000 年 5 月 31 日。

③ 赵朴初：《佛教常识答问》，江苏古籍出版社，1998，第 215 页。

④ 智渊：《纪念中国佛教二千年大会在京隆重举行》，1998，第 6 页。

⑤ 赵朴初：《佛教常识答问》，第 334 页。

契合，也主张佛教精神层面的解脱与人之精神层面解脱的高度契合。

综上，无论是从物质利益层面，还是从精神层面，赵朴初先生都主张人间佛教与人民大众的利益相契合，其核心主旨实现了民本的价值诉求，实现了"人间佛教"与民本价值诉求之渡越。人间佛教与民本的价值诉求之间的内在关联，既是民本价值诉求的彰显，又是宗教本身的内在要求。如若宗教本身的实践，不能接地气，不能实现以民为本，而片面地强调爱教，这本质上不是爱教、护教，而是害教；片面爱教，则伤害了"人间佛教"的初衷与目标。赵朴初先生说："宗教的利益必须服从国家人民整体的利益，如果从狭隘的宗教情感、本位主义出发，离开了爱国孤立地强调爱教，就不能很好地符合人民的利益……表面上是爱教，实际上是害教。"① 赵朴初先生的人间佛教思想，本质上主张以教爱民。如果不能实践以教爱民，实际上是对宗教的践踏与残害。因此，赵朴初所强调的"人间佛教"，彰显了人间佛教与民本价值向度的高度契合。

三　立场契合：人间佛教立场即是人民立场以实现民本思想之渡越

赵朴初先生认为佛教的利益与人民大众的利益相一致，彰显出民本的价值诉求。不仅如此，他认为"人间佛教"的基本立场与人民的立场相一致，同样彰显赵朴初先生"人间佛教"与民本价值相契合。赵朴初先生的人间佛教思想，与"人间"密不可分，此与太虚大师所说的人生佛学相一致。太虚大师说："说法的中心对象，则仍在人类众生，故佛法实是人类众生的佛法，佛所说的一切学理和道德，都是不离开人间的。"②太虚大师所说的佛法在人间，实际上讲的是佛教与人世间的生活息息相关，与人民大众的生活息息相关。赵朴初先生的人间佛教思想，本质上追求的是佛教对人民幸福生活之"干预"，并以提升人之幸福为价值维度。在他看来，佛教不能简单地规约为"出世"，同时也必须入世，关注广大民众世俗的生活。因为"人间佛教"，"其基本特征是力图参与和干预社会的世俗生活，要求深入众生，救度众生。"③ "人间佛教"，以世俗的生

① 《上海市佛教界人士的学习情况》，《赵朴初文集》（上卷），第75页。
② 《太虚大师全书》（第一编），第26页。
③ 《上海市佛教界人士的学习情况》，《赵朴初文集》（上卷），第80页。

活为基本价值导向，其目的是为了更好地实现民本的价值诉求。因此，赵朴初先生认为佛教的立场即是人民的立场，说"人间佛教"的"立场只有一个，这就是人民的立场，不可能自外于人民地另有个佛教立场"①。可见，赵朴初先生的"人间佛教"思想，其价值旨归为人民；"人间佛教"的基本立场，即是人民的立场，从而彰显出"人间佛教"民本的价值取向。赵朴初先生的"人间佛教"思想，意欲借佛教复兴、转型之名，行佛教经世济民之实，并因此而实现民本的价值旨归。赵朴初先生认为这即是一种利生事业。他说："尝念佛教欲复兴于今日之世，当首先注重利生事业。限能利生，始能深入社会，深入民心。每与圆公（即圆瑛法师）道及居士正知正见而多应世之才，宜为利生事业最好倡导者。"② 这段话，乃是赵朴初先生与郑颂英居士的一次通信中所提及的"人间佛教"与利生事业。赵老先生之意，佛教应更多地关注人世间的事情，"人间佛教"应关注人民大众的利生、厚生问题，因为佛教立场与人民立场是相一致的，实现民本的价值鹄的。因为，对人民大众的厚生，此乃"人间佛教"分内之事。"一切世法，无非佛法；一切人事，无非佛事。"③ 人民大众之事，是以佛教本身之事为出发点与落脚点。人事即佛事，佛事即人事。因为：佛教本身的鹄的在于："上求佛道，下化众生，是以救度众生为己任的。"④ "人间佛教"的基本意涵在于：以佛道促人道，救度众生，为民众求福祉，与民本的价值面向相契合。诚如赵朴初先生所说："佛教徒要和人民在一起，为创造富裕、美好、幸福、文明的生活而精勤不息。"⑤ 因此，佛教的价值旨归为富民、裕民、厚生。可以说，佛教的立场与人民的立场相一致，从而更好地实现民本的价值诉求。人间佛教的立场与人民的立场高度契合，彰显了"人间佛教"民本面向的价值诉求，此乃"人间佛教"智慧使然也。基于此，赵朴初主张"人间佛教"一切均以人民的利益为先、为上，如此，佛教的智慧必将永远长存，佛教事业也必将因此而兴旺发达。"我们的生命，我们的智慧，我们的力量是一滴水，只要我

① 《上海市佛教界人士的学习情况》，《赵朴初文集》（上卷），第 76 页。
② 沈去疾：《赵朴初年谱》，上海辞书出版社，2008，第 3 页。
③ 阎献晨：《关于"人间佛教"思想的几个问题》，《五台山研究》1997 年第 1 期。
④ 赵朴初：《佛教常识答问》，第 23 页。
⑤ 《关于中国佛教协会一九五五年工作情况和一九五六年工作安排的说明报告》，《赵朴初文集》（上卷），第 165 页。

们肯把它放在人民利益的大海里的话,这一滴水是永远不会干的。"① 赵朴初先生将"人间佛教"本身的立场与人民的立场等同,从而实践、实现了"人间佛教"民本的价值面向。

四 民本面向: 人间佛教向民本价值之渡越

赵朴初先生的"人间佛教"思想,实现了佛教由出世向入世的历史性转生,实现了人间佛教向民本价值旨归之渡越。赵朴初先生的"人间佛教"思想,实现了"人间佛教"与民本价值向度的内在契合。赵朴初先生的"人间佛教"思想,本质上是为了更好地实现民本的价值诉求。赵朴初先生的"人间佛教"思想与民本价值旨归的实践,在"利益"与"立场"两个层面,实践了人间佛教与民本的价值旨归高度契合。针对"人间佛教"思想与民本价值面向,赵朴初先生提出了"三个有利于"的基本方针,即人间佛教"有利于人民大众,有利于社会主义建设,有利于世界和平"② 的基本方针,明确了人间佛教在当下应该履行的职责与目标。"三个有利于"的人间佛教实践,赵朴初先生将"有利于人民大众"的思想,放在首要位置,证实了赵朴初先生重视"人间佛教"与民本价值之面向。赵朴初先生一生努力践行"人间佛教",号召广大佛教徒为人民服务,为人民造福:忧人民之所忧,急人民之所急,想人民之所想,一切为了人民,目标直指广大民众。他说:"世法上的为人民服务正是佛法上修菩萨行,佛教徒为人民服务,对自己是积集了福德资粮,对大众是作了广大饶益,对佛教是广结了善缘。"③ 佛教徒为人民服务,体现出双赢的价值目标:一方面是佛教徒本身修行为善的具体体现,另一方面实现了"人间佛教"为人民服务的价值追求。为实现这一目标,赵朴初先生鼓励佛教徒按照"五戒十善"的准则行事,践行"人间佛教",造福广大人民群众,从而使佛教徒与人民大众均获得精神层面的富足。他说:"假使人人依照五戒十善的准则行事,那么,人民就会和平康乐,社会就会安定团结,国家就会繁荣昌盛,这样就会出现一种和平安乐的世界,一种具有高

---

① 《佛教在中国》,《赵朴初文集》(上卷),第150页。另见赵朴初:《关于中国佛教协会发起经过和筹备工作的报告》,《赵朴初文集》(上卷),第53页。
② 《关于中国佛教协会发起经过和筹备工作的报告》,《赵朴初文集》(上卷),第273页。
③ 《佛教徒应该坚决走社会主义道路》,《赵朴初文集》(上卷),第271页。

度精神文明的世界。"① 赵朴初先生认为，践行"人间佛教"，不仅为满足广大人民群众精神层面的需求，还必须满足广大人民群众物质层面的需求，使广大人民群众在"人间佛教"佛光普照之下，获得物质与精神层面双重享受。赵朴初说："人间佛教""使我们的人民大众过得安乐，有物质的庄严、有精神的庄严，二者不可偏离。"② 赵朴初先生的"人间佛教"思想，其价值取向在于为民，实现民本的价值旨归，在"人间佛教"的佛光指引之下，实现"人间佛教"向民本价值旨归之渡越。总之，赵朴初先生的"人间佛教"思想，内蕴着民本的价值面向。

---

① 《赵朴初文集》（上卷），第339页。

　② 赵朴初：《佛教常识答问》，第154页。

太湖县与"茶禅一味"的产生

孙志远[*]

　　说起"茶禅一味",这个传颂千年的法语由宋代圆悟克勤禅师提出,把茶与禅的关系进行了高度的总结,成为佛教文化和茶文化的重要内容之一。茶道起源于中国,传入日本,"茶禅一味"被视为日本茶道境界。

　　关于"茶禅一味"之源头,围绕圆悟克勤禅师参禅饮茶,有多种说法。

　　位于皖西南的太湖县,是圆悟克勤禅师接法习禅之地,也是中国古代著名的茶叶产地。无疑,对于"茶禅一味"文化之产生,是不可忽视的一个地方。

一　太湖茶在唐代就享有盛名

　　太湖县位于今天的皖西南,其建县始于南朝。这里倚大别山,望长江水,县城跨山区和平原,其地形的多样性和丰富性,使其物产极为丰富,一直为重要的农业生产区。

　　清人冒襄《芥茶汇钞》曰:"茶产平地,受土气多,故其质浊。芥茗产于高山,浑是风露清虚之气,故为可尚。"明人罗廪《茶解》曰:"茶地南向为佳,向阴者遂劣。"高山、向南者,都是出产名茶的必要条件。太湖县就地处大别山南麓,日照充足,境内以山地为主。更妙者,太湖境内多水,旧有五湖,又濒长江,气候湿润,特别是山间多云雾,更加适合茶叶的生长。这些良好条件,使太湖县很早就成为茶叶的著名产地。

　　太湖县产茶,产好茶,在唐代就见于文字记载。太湖县在唐代属于淮南道舒州。舒州辖区与今安庆市所辖地区大致相同,治所在今潜山县城,

　　*　孙志远,朴老亲属。

时辖怀宁、潜山、桐城、望江、宿松、太湖等县。茶叶大家陆羽《茶经》中《八之出》记载当时茶叶的产生，有段文字曰：

> 淮南：以光州上（生光山县黄土港者，与峡州同），义阳郡、舒州次（生义阳县钟山者，与襄州同；舒州，生太湖县潜山者，与荆州同）。

由此段文字可知：早在唐朝，位于太湖县的茶叶就颇有名气，虽然比不上光山县出产的茶叶质量好，但能载入《茶经》，自然不同一般。

太湖县还有一个优越的条件——交通便利。这里有连接蕲州、江州、庐州、和州、光州的重要驿道，为通往南北东西的主干线之一，不仅是战略要塞，也是商业重地。可以想象，各地商人来此贾茶，使太湖茶名声远扬。

种茶，卖茶，给太湖人带来了丰厚的收入。

1900年6月22日，在甘肃敦煌的佛教圣地莫高窟中，发现了一个近三米见方的密室，内藏近六万卷写本文献以及彩色绢画、金铜法器等宝物，其中有篇王敷的《茶酒论》。王敷是唐末人，为一名乡贡进士。《茶酒论》以对话的方式、拟人手法，广征博引，取譬设喻，以茶酒之口各述己长，攻击彼短，意在压倒对方。《茶酒论》中有一段文字：

> 茶为酒曰："阿你不闻道：浮梁歙州，万国来求。蜀川（山）流（蒙）顶，其（登）山蓦岭。舒城太湖，买婢买奴。越郡余杭，金帛为囊。素紫天子，人间亦少。商客来求，舡车塞绍。据此踪由，阿谁合少？"

这里用拟人的手法，以茶自述，叙说茶给全国一些产茶地区带来的好处，来证明茶的高贵。"舒城太湖，买婢买奴"——那个时候，太湖县人靠着种茶，获得丰厚的收入，可以用来买婢买奴。由此可知，太湖茶，在那个时代已是闻名全国。

二　太湖县在宋代就设有重要的茶场

宋代是中国茶叶生产飞跃发展时期，茶的种植面积和区域较唐持续扩大，产量持续增加，测算年产有5300多万斤，较唐代增长2倍多。茶已成为国家极其重要的经济作物。

宋代国力不强，与边疆烽火不息，财政困难、战马短缺是两大难题，困扰着皇室宫廷，故入宋以后，倍加重视榷茶制度。从乾德年间至太平兴国年间，全国相对稳定有茶叶生产和交易的六务十三场。六个榷货务是江陵府（今湖北江陵县）、真州（今江苏省仪征市）、海州（今江苏连云港市）、汉阳、无为（今安徽无为县）和蕲州的蕲口；江淮间所设的十三个山场是蕲州的王祺、石桥、洗马、黄梅，黄州的麻城，庐州的王同，舒州的太湖、罗源，寿州的霍山、麻埠、开顺，光州的商城、六安等。

宋代大学士、著名书法家蔡襄，也是一位茶叶专家，写有《茶录》一书，分上下两篇，上篇论茶道，包括辨茶、煎茶、品茶等十种；下篇论茶器，包括制茶工具、饮茶器具等9种，生动详尽。史家说："蔡君谟善辨茶，后人莫及。"蔡襄曾过太湖，写有《太湖驿寄建州同年窦职方》：

> 别驿临溪曲，清寒结晓阴。
> 滩声生乱石，雨意在闲林。
> 登第年华久，相逢礼受深。
> 茶山春物近，那得共追寻。

在这首诗里，蔡襄对太湖茶表现出浓厚的向往，希望能去追寻，品尝一杯太湖茶。

《皖志综述》记载太湖的茶叶生产：

> 全县茶树所入，不减稼穑。太湖县因有皖河可以通航，直达长江，旧时为茶叶集散地。北宋设有"太湖场"，管理茶园生产和茶叶专买。淮南十三处山场的茶叶专买量，舒州太湖场一度占居首位。

三 太湖茶早在禅宗初创时就与禅结下殊胜因缘

中国人种植茶叶历史悠久。据史书记载，早在秦汉时期，茶叶的种植即由巴蜀传到长江中下游的湖北、安徽等地。

佛教传入中国，即对茶特别青睐。特别是禅宗，对茶更是情有独钟。这是因为茶叶性淡，醒脑提神，既符合佛教戒酒禁欲、忍受苦难的教义，又利于佛教修行禅定。僧徒在坐禅时可借茶消除疲劳、放松精神、阻止瞌睡，从而达到止息杂虑，安静沉思。

一般认为，佛教是东汉明帝时开始传入中国。时楚王刘英信奉佛法，是较早的护法居士。楚王刘英封地在彭城（今江苏徐州），后又被贬丹阳（今安徽泾县）。刘英把佛法带到江淮，很快渗透到今安庆市太湖县一带。

西晋，禅僧佛图澄来太湖县大尖山建佛图寺。此事记载于旧县志，是为安庆地区最早有文字记载的寺庙。

南北朝时，达摩将禅法带到中国，于嵩山传给二祖慧可。慧可接法不久，即遭北周武帝灭佛。慧可不得不逃往南方，一直逃到当时位于南朝的陈国太湖县，在太湖县城建观音寺，又沿长河而上，卓锡县北狮子山，并在山上建二祖禅堂。后来慧可上司空山，找到弟子僧璨，将禅宗衣钵传给僧璨，僧璨便为三祖。后来北方恢复佛教，慧可回到北方，最终遭人陷害。

慧可在太湖县保护并弘扬了禅宗，对禅宗开始中国化，又经三、四、五祖加以发展，最后在六祖惠能处正式开宗立派。故今太湖县又有"禅源"之称。

二祖慧可博学多才，《高僧传》说他"外览坟索，内通藏典"。相传他对于制茶、饮茶，也颇有研究。当年随达摩祖师在嵩山面壁参禅，常口嚼茶叶，通宵不眠；后于北朝传法，遍饮北方名茶，并有心研究各地制茶之法。太湖县虽然种茶历史悠久，但由于地处蛮荒，制茶、饮茶者并不多，茶的做功、成形等方面过于粗糙。慧可来到太湖县后，决意改进茶叶生产技术，研制了一种茶叶。这种制茶技术传1000余年，后人为纪念二祖，将这种茶取名二祖禅茶。

四 太湖禅在宋代与禅形成 "一味"

唐宋以来，茶与禅宗的密切程度是空前的。饮茶成了禅寺的日常制度，成了僧众们的主要生活内容，并由此形成了一系列庄重肃穆的饮茶礼仪。

禅宗在唐宋形成"五家七派"，其中临济宗风最为强劲。临济宗下又分为杨岐派和黄龙派。杨岐派因杨岐方会而得名。方会的弟子，以白云守端成就最大，声望最高。守端（1024～1072），湖南衡阳人。他自幼读书，善写文章，为人腼腆，性格拘谨。20岁时投茶陵郁禅师出家，受具足戒后又来参访杨岐方会。离开方会禅师后，曾住江西承天寺等，后迁舒州太湖县白云山海会寺。

在海会寺，茶成了守端禅师说禅引众的重要道具。《白云禅录》就多处写到茶：

> 因嗣者点茶，上堂云："拈花付烛，土上加泥。断臂安心，水中捉月。且道作么生得此脉，到今日不坠。"良久云："青山不锁长飞势，沧海合知来处高。"

点茶就是把茶瓶里烧好的水注入茶盏中。

白云山中多野菊，秋天，野菊花盛开。守端和弟子们采来野菊，和茶叶一起烹茗。守端写有《九日菊》：

> 金菊丛丛带露新，采来烹茗赏佳晨。
>
> 浮杯何必须宜酒，但有馨香自醉人。

宋神宗熙宁五年（1072），守端示寂，世寿仅 48 岁，葬于海会寺附近的木鱼包。墓毁于"文革"期间，今尚存塔石几块，恭存于海会寺内。

守端弟子中，以五祖法演门庭最盛，影响最大。

法演（1024～1104），俗姓邓，绵州巴西（今四川绵阳）人。他为求佛法，离开成都，来到禅风盛行的南方，经浮山法远的点化，前来太湖县参访白云守端。法演在海会寺住了多年，参禅悟道，得到守端禅师印可。在太湖海会寺、四面寺的生活，几乎天天也是和茶联系在一起的。录《五祖法演禅师语录》一则：

> 结夏上堂。僧问："如何是白云境？"师："七重山锁㶉溪水。"学云："如何是境中人？"师云："来千去万。"学云："人境已蒙师指示，向上宗乘又若何？"师云："面赤不如语直。"乃云："此夏居白云，禅人偶聚会。三月九旬中，尊卑相倚赖。粥饭与茶汤，精粗随忍耐。逐意习经书，任运行三昧。彼此出家儿，放教肚皮大。"

"粥饭与茶汤，精粗随忍耐。"遇粥吃粥，遇茶吃茶，精粮也行，粗粮也可，表现出禅者处处随便、任动自在的风范。

点茶、分茶、煎茶，也是寺中常有之事。《五祖法演禅师语录》中又有：

> 陈助教入山煎茶。上堂云："戒定慧相扶，堂堂大丈夫，吹毛光灿烂，佛祖不同途。"

宋徽宗崇宁三年（1104），法演示寂于五祖寺，春秋 80 岁。

法演门下弟子甚多，以"三佛"最为著名，即佛鉴太平慧勤禅师（1059～1117）、佛果圆悟克勤禅师（1063～1135）、佛眼龙门清远禅师（1067～1120），杨岐派通过他们盛传于世。在三佛中，圆悟克勤禅师影响最大。

圆悟克勤（1063～1135），或称佛果克勤，"佛果""圆悟"分别是宋徽宗、宋高宗所赐之号。俗姓骆，彭州（治今四川彭州市）崇宁人，依妙寂院自省法师剃度出家，受具足戒后到成都各处参学，后来出蜀，游历各地访师参禅。最后，克勤来到今太湖县白云山海会寺参谒杨岐下二世法演禅师。在白云山，克勤在师父法演带领下，每日与师兄弟们种茶饮茶，于茶中参禅悟道。

据当今禅学泰斗杨曾文老师在其《宋元禅宗史》中（第 377、378页）记述："克勤此后到舒州白云山参谒杨岐下二世法演禅师，在参禅答问中表现出争胜好辩颇为得意自负的样子，立即受到法演的讥讽……（克勤）便回到白云山再次参谒法演。法演对他的回归表示欢迎，让他在自己身边任侍者。"后来，法演引述一首"小艳诗"，使克勤开悟，并让克勤担任首座。法演晚年主持湖北黄梅东山五祖寺，克勤亦前往主持寺务。

克勤离开法演后，先后住持南北 7 座寺院：成都昭觉寺、澧州夹山灵泉寺、潭州长沙道林寺、江宁蒋山寺、开封天宁寺、金山龙游寺、南康军建昌县云居真如寺，聚徒传法，得到儒者士大夫和信众的欢迎和支持，在两宋之际为推进杨岐派向社会广泛传播，发挥了很大作用。

克勤禅师在太湖参禅多年，并于太湖接法。太湖茶滋养了他，给了他许多禅悟。其"茶禅一味"之说，如果真要追根溯源，也许可以追溯到太湖县这里。

千百年来，太湖县作为中国禅源之地，禅宗不断在这里得到光大，禅寺林立，禅风远扬。茶禅一味，茶也从来与禅不离左右，是寺院僧人待客、修行必备之物。旧《太湖县志》里，许多写到寺院的诗里，都写到茶。

五 赵朴初居士极大地丰富了"茶禅一味"文化

赵朴初居士，1907 年生于太湖，1911 年回到祖居地太湖县生活，在太湖县接受启蒙教育。1920 年离开太湖县，到上海、苏州求学，从此掀开他波澜壮阔的人生。

赵朴初作为一个虔诚的佛教徒，终生食素，饮食清淡，唯好是茶，曾兼任中国茶文化协会会长，自诩为"茶篓子"。他在许多诗词里写到茶，他的许多书法作品也以茶为素材。可以说，他将茶、禅、诗、书融为一味，极大地丰富了"茶禅一味"文化的内涵。其"茶禅诗书一味"味道隽永，令人喜爱。

但在所有茶中，赵朴初对家乡茶情有独钟，留下了许多动人的佳话。

赵朴初是喝着太湖茶长大的。他记得放学回家，母亲常用茶泡饭为他充饥。他还记得母亲别出心裁，制作一种荷花茶。即在夏天早起，待荷花开时，将茶叶置于荷花中，用针线将荷花缝裹起来。过了一日一夜，拆去缝线，摘下荷花，取花中茶叶泡之，清香无比。

赵朴初长期工作于上海。母亲知道他爱茶，每年春天新茶上市时，都要托人捎些茶叶给赵朴初。

20 世纪 80 年代，太湖县研制成功一种"天华谷尖"茶。赵朴初饮之，高兴地赋诗一首：

题天华谷尖茶

深情细味故乡茶，莫道云踪不忆家。

品遍锡兰和宇治，清芬独赏我天华。

作者自注：友人赠我故乡安徽太湖茶。叶的形状像谷芽，产于天华峰一带，所以名"天华谷尖"。试饮一杯，色碧、香清而味永。今天，斯里兰卡锡兰红茶，日本的宇治绿茶，都有盛名。我国是世界茶叶的发源地，名种甚多。"天华谷尖"也应属于其中之一，是有它的特色的。

字里行间，不难看出，赵朴初对家乡茶充满了深情的眷恋，也有为家乡茶叶做广告的意思。这首诗极大地提高了天华谷尖茶的文化品位和知名度。

1989 年 6 月 15 日，又有人赠赵朴初太湖茶，赵朴初与友人共品，再次赋诗赞家乡茶：

与述之兄晤聚于方行、辛南伉俪家，谈笑竟日，述兄以故乡新茶相赠，漫成一绝，以博一笑。

相逢白首老娃娃，前进终输历史车。

阅世但当开口笑，举杯相劝太湖茶。

赵朴初爱喝家乡茶，每年家乡人进京，都要带些茶叶给他。他常泡着喝，还让夫人留存一些，送给日本朋友。

太湖县厚重的茶叶生产史以及禅宗发展史，与"茶禅一味"文化有着深厚的因缘，是"茶禅一味"文化的重要组成部分。研究太湖茶与太湖禅的历史文化，将茶与禅在今天更加紧密地融合，成为更好的"一味"，对于弘扬"茶禅一味"文化，发展茶叶经济，安定人心、和谐社会等都必将发挥极大的促进作用。

试论太湖县海会寺的地位与影响

叶宪允*

太湖县在中国佛教发展中扮演重要角色，其中海会寺尤其地位突出。"海会"一词，出于佛教著名典籍《华严经》。《华严经》上说："海会者，乃以深广故意。"佛教中灵山海会和莲池海会之说，形容高僧云集，虔诚修行，如百川入海，同归西方净土。莲池海会是对西方极乐世界中道场的妙喻，称为"莲池海会佛菩萨"。《地藏菩萨本愿经纶贯》："同向莲池海会，庄严净土。记荫亲承，然后回入婆婆，分身尘刹。亦如地藏萨埵，救苦六道众生，虚空有尽，我愿无穷。"（《卍新续藏》第21册）《阿弥陀经注》："法界者，统心法事，法之所到而为界，言其广大，无所不包也。莲池海会，指西方净土中人也。我佛，指阿弥陀也。"（《卍新续藏》第22册）晚明四大高僧的憨山德清（1546～1623）在《上山东德王》中论道，"一念往生净土，即得见佛闻法，亲近弥陀。与安养极乐世界诸大菩萨，同游莲池海会。将来垂悲愿力，转去十方度生。"① 憨山大师还在《重修龙川县南山净土寺记》中道："新其寺，别祠宇为殿三楹，塑莲池海会诸佛菩萨、八部诸天像。森罗云列、庄严妙丽、光明灿烁，俨然净土真境也。"② 可以说，西方净土的莲池海会世界为佛教徒十分向往的地方，故此古今各地多海会寺。目前尚存和历史上有名的海会寺，有山东省聊城市阳谷县海会寺、江苏省丹阳海会寺、江西省庐山海会寺、台湾省基隆海会寺、江苏宜兴海会寺、湖南省湘潭海会寺、广东省鹤山市海会寺、北京朝阳门海会寺、北京木樨园海会寺、杭州海会寺等。众多海会寺各有传承，声名远播。山西省晋城市阳城县海会寺创建于隋代，唐代已颇

---

* 叶宪允，华东师范大学图书馆古籍部副教授。

① （明）释德清：《憨山老人梦游集》卷十四，《卍新续藏》第73册，第557b页。
② （明）释德清：《憨山老人梦游集》卷二十三，《卍新续藏》第73册，第629c页。

具规模，后历代重修、增修，规模宏大，明清之际遐迩闻名。庐山是中华十大名山之一，内蕴深厚、历代文人墨客纷纷登临，儒释道文化聚集，儒有大儒朱熹与白鹿洞书院，释则慧远大师与东林寺。万杉寺、归宗寺、秀峰寺、栖贤寺、海会寺合称庐山五大丛林。东南佛国的杭州也有海会寺，号称"钱王故里，千年古刹"，为江南第一皇家寺院、江南最早的十大寺院之一，相传距今已有1500多年历史。苏轼在杭州时有《宿海会寺》诗，"篮舆三日山中行，山中信美少旷平。下投黄泉上青冥，线路每与猿猱争。重楼束缚遭洞坑，两股酸哀饥肠鸣。北度飞桥踏彭铿，缭垣百步如古城。大钟横撞千指迎，高堂延客夜不扃。杉槽漆斛江河倾，本来无垢洗更轻。倒床鼻息四邻惊，纵如五鼓天未明。木鱼呼粥亮且清，不闻人声闻屦声。"《海会寺清心堂》，"南郭子綦初丧我，西来达摩尚求心。此堂不说有清浊，游客自观随浅深。两岁频为山水役，一溪长照雪霜侵。纷纷无补竟何事，惭愧高人闭户吟。"①

　　众多海会寺中，太湖县海会寺在佛教史上占据了很重要的地位。太湖县位居南北交界地带，在佛教从北向南传播过程中起到重要作用。鄙人曾根据有关专家的考证，撰文指出，太湖县佛教以及禅宗文化深厚，历史悠久，一些著名的佛门大师佛图澄、慧可、僧璨、本净、守端、法演、清远、克勤、慧勤、赵朴初等都与太湖有密切因缘。与太湖产生渊源最早的佛门大师是佛图澄（232～348），佛图澄在太湖所建寺院称佛图寺。公元561年，禅宗二祖慧可大师因周武帝灭佛而避难南来太湖县狮子山建二祖道场，在葫芦石内参禅打坐，修道说法，弘扬佛禅，从而造就了太湖为佛教禅宗文化发禅地的历史地位。二祖在太湖狮子山建道场弘法，并传法与三祖僧璨，僧璨在附近的潜山县皖公山下建立三祖道场。四祖道信、五祖弘忍到离太湖县百余里的湖北黄梅县开创东山法门，使佛教禅宗在皖西荆楚一带广为弘扬。后又演化出五家七宗。慧可、僧璨、本净、守端、法演、清远、克勤、慧勤等禅门以及佛门巨匠皆与太湖有深厚渊源，此乃众多文献所记载。太湖县历史上高僧辈出，在佛教史和禅宗史上的地位不言而喻，可谓十分尊崇。到了现当代，太湖又有赵朴初先生（1907～2000年），他曾任全国政协副主席、中国佛教协会会长，是具有广泛影响的爱国宗教领袖。"朴老一生不断探索真理，追求进步，对国家和人民的事业忠心耿耿，奋斗不息，成为著名的社会活动家、慈善家，杰出的爱国宗教

---

　　① （宋）苏轼：《苏文忠公全集》卷五，明成化本，第49页。

领袖，中国共产党的亲密朋友，享誉海内外的著名作家、诗人和书法大师。生前担任第九届全国政协副主席、中国民主促进会中央名誉主席、中国佛教协会会长等重要职务，为中华民族的振兴，为世界和平做出了伟大的贡献。"① 太湖寺院众多。目前，全县有二祖禅堂、海会寺、真乘寺、西风禅寺、观音寺、千佛寺、龙门寺、杨泗寺、太平庵、普照寺、法华寺、白衣庵等36所寺庙庵堂。海会寺被列为省级重点寺庙。"② 据清代同治年间修《太湖县志》记载，太湖寺庵有秋潭寺、音山寺、觉严寺、普照寺、卢塘寺、石洋寺、南山寺、妙法寺、得雪寺、观音寺、高格寺、无相寺、安乐寺、廨院寺、石溪寺、上生寺、弥陀寺、相山寺、圣迹寺、舍利寺、三千寺、光山寺、崇报寺、千佛寺、佛图寺、长林寺、二祖寺、龙泉寺、蒙山寺、广兴寺、荻胜寺、桐山寺、金井寺、仁圣寺、金渡寺、圣帝寺、狮子庵、见龙庵、碧云庵、望龙庵、铁山庵、文珠庵、骑龙庵、七里庵、智果庵、义举庵、白云庵、准提庵、云峰庵、庞峰庵、松云庵、华严庵、普乐庵、新庵、弥陀庵、麻谷庵、玉泉庵、太平庵（有两所）、永宁庵、普济庵、白乐庵、王家庵（有两所）、龙会庵、菩提庵、金甲庵、延寿庵、清凉庵、治平庵、西峰庵、荷珠庵、朝阳庵、长岭庵、崇福庵、从新庵、鸣崖庵、白莲庵、广缘庵、镇龙庵、孙家庵、瑞云庵、般若庵、西方庵、百子庵、净土庵、华陀庵、蒙山庵、建龙庵、地藏庵、古佛庵、大林庵、文殊庵、云隐庵、白衣庵、黄龙庵、桐佛庵、陶普庵、龙王庵、广福庵、击竹庵、万象庵、如意庵、仰天庵、魏家庵、法云庵、河南庵、大士庵。按以上寺庵统计，太湖县在清代同治年间有佛寺36所，佛庵72所，可谓数量不少，佛教文化基础厚实。当然可能还有别的寺庵。这些寺庵既体现了历代高僧在太湖建立寺院阐扬佛法的历史，也反映了佛门信众在佛教文化的熏染下的历代传承。

在众多太湖著名寺院中，海会寺享有尊崇的地位，可谓千年古刹，一批高僧传法于此，香火流传，在禅宗南传中担当非常之作用。海会寺风景优美，一批文人墨客登临颂歌。时至今日，海会寺再次焕发新的生机，被列为安徽省级重点寺庙。

海会寺在太湖县东白云山。《舆地纪胜》卷四十六载："白云山在太

① 潘善成：《发展太湖县宗教文化旅游的对策与建议》，《安徽农学通报》16卷15期，第238页。

② 潘善成：《发展太湖县宗教文化旅游的对策与建议》，第238页。

湖县东三十里,有海会寺,其寺至今存焉。"① 《(同治)太湖县志》卷三:"白云山,县东北三十里,有石径,越数里始达其麓,有海会寺,峰峦环合,时多白云掩映如练,有泉瀑于两崖之间,下注成涧,有桥有石,景殊幽胜。"②

海会寺建于唐代,自那时以来,灯传不绝,为淮西名刹,盛称"圣众会合之座"。"梅仙祖师尝学道于白云山,笃戒行。夏月坐化于梅树下,数里皆闻梅花香,经旬不息,远近异之。有御史某路过,疑其事,命舁于邑,曰复能香乎?香更闻三日,乃命众即葬于梅树下,造石塔志之。后于旁建海会寺。"③ 到清代时,康熙四十二年(1703)、乾隆二十四年(1759)、道光元年(1821)得到过修葺。咸丰九年(1859)因太平军与清军激战,该寺受害严重。光绪年间,才得以恢复,慈禧太后曾敕赠"真如自在"匾额,说明其还有不小的影响。"文革"中海会寺受损,改革开放后重建,佛教协会会长赵朴初加以关怀,重新恢复了千年古刹的荣光。《(同治)太湖县志》卷二十六:"斡王伦为淮西金事,按节太湖。至白云山海会寺,叹曰,淮以西,山水胜者,白云亦在一二数。题曰,淮西第三刹。龙仁夫,父起沄,江西永新人,避兵居太湖之凉泉,键户著书,深明性理之学,州郡交辟不起。"④ 关于海会寺的历史渊源。《(同治)太湖县志》卷六记载,"海会寺,县东白云山麓。宋淮西金事斡王伦题额曰淮西第三禅刹。端演禅师阐道于此。康熙四十二年重修,乾隆二十四年知县吴易峰同绅士张廷谒等重修。张一通捐枫香保张家井田三石、寺傍东冲田六斗、西冲田六斗,为禅乞香灯资。道光元年,僧松隐募建大殿,规制具备,廊宇一新。绅士李清捐田四斗,为香火费。咸丰九年,寇毁,仅存前殿三楹。同治四年,监生马平声、殷贻琚倡捐重建祖师殿。"⑤

海会寺寺内有《永明灯碑》,其记载,"自唐宋以后灯传不绝,昔日殿角轩昂,神灵赫濯。"海会寺的重要性主要体现在一批佛教史上高僧住持海会寺或者与海会寺渊源深厚。众人考证,一代高僧、禅宗二十一世白云守端禅师(1025~1072),俗姓葛,衡阳人。守端禅师幼时即事翰墨,长大后依茶陵郁禅出家,后往杨歧方会禅师座下参学,后在海会寺弘扬佛

① (宋)王象之:《舆地纪胜》卷第四十六,清影宋钞本,第719页。
② (清)符兆鹏:《(同治)太湖县志》卷三,清同治十一年刊本,第100页。
③ (清)符兆鹏:《(同治)太湖县志》卷二十六,第1205页。
④ (清)符兆鹏:《(同治)太湖县志》卷二十六,第1200页。
⑤ (清)符兆鹏:《(同治)太湖县志》卷六,第201页。

法。白云守端，系禅宗临济宗八世杨岐方会的法嗣。庆历六年（1046）杨岐方会以临济正脉付守端，守端遂为临济宗九世，守端在海会寺遂将临济正脉付予法演。临济宗的杨岐派在宋、元两代传入日本。在日本镰仓时代禅宗二十四派中，有二十派皆出于杨岐的法系。守端在海会寺说法的语录很多，大多被他的弟子录入《白云守端禅师语录》及《白云守端禅师广录》。宋神宗熙宁五年（1072），守端示寂，葬海会寺附近木鱼包。法演禅师俗姓邓，绵州巴西（今四川绵阳市）人。少年出家，先在成都学习唯识，后归禅游方各地，历时 15 年，最后得法于白云守端。法演禅师是北宋中后期临济宗——杨岐禅派的著名禅师，先后住持安徽舒州白云山和湖北蕲州五祖寺等处。法演至海会寺有诗呈守端：山前一片闲田地，又手叮咛问祖翁。几度卖来还自买，为怜松竹引清风。守端有楹联一则：掀翻海岳求知己；拨乱乾坤见太平（《五灯会元》）。在白云守端之外，投子义青也与海会寺关系密切。白云守端和投子义青都是一个人来海会寺，经过发展，带出一批高僧，走出海会寺。同时，曹洞宗中兴之臣投子义青也曾在此卓锡八年。义青"熙宁六年（1073）还龙舒，道俗请住白云山海会寺"。（《历代佛祖通载卷19》）投子义青在海会寺期间，将临济宗杨岐派的宗风融入曹洞宗，丰富了曹洞宗"君臣偏正"宗旨。同时在海会寺培养了一批传灯人才，其中以芙蓉道楷（1042～1118）最为杰出。妙慧、周会明《临济宗的祖庭——海会寺》一文记载，杨岐方会的法嗣有白云守端，白云守端的法嗣有五祖法演及再传弟子"三佛"禅师。所谓"三佛"是指佛鉴慧勤（1059～1117）、佛眼清远（1067～1120）、佛果克勤（1063～1135），他们活跃在北宋末期，并在太湖县海会寺、千佛寺、四面山大中寺、龙门寺布坛说法多年，举扬杨岐宗风。在白云守端、五祖法演、"佛门三杰"周围，还有一个习禅、弘禅的士大夫群体，最为典型的就是北宋著名诗人郭祥正。这一群体的禅行，使杨岐宗由山林拓展到社会各个阶层，杨岐宗成为临济宗的正脉，临济宗在一定程度上代表着禅宗，故史学家称"临天下，曹半边"。如今，我国绝大多数禅寺，是临济宗杨岐派的子孙。而临济宗杨岐派是在太湖县发展壮大起来的。临济宗八代传人、杨岐二代传人白云守端，三代传人五祖法演及其法嗣"佛门三杰"在海会寺修禅参道，开示大众，杨岐宗从此走出了太湖，走向世界。因此，太湖县是中国禅宗文化的发祥地，海会寺是中国临济宗的祖庭。① 对

---

① http：// www. ebaifo. com/fojiao-221455. html.

于海会寺，历代高僧地方志、佛教文献等记载已经很多，现代人的论述也已经颇为透彻明达。

海会寺风景优美，佛缘深厚，故此历代游历吟咏者众多。宋代诗人王之道有《游白云山海会寺》纪胜：龙舒富山水，白云又其角。七峰互回环，仰见天一握。古木森建幢，苍藤大张幄。初疑翠黛扫，颇类清玉琢。飞泉何处来？其势白天落。春撞吼雷霆，激射纷雪雹。田家承下流，伐石竞耕凿。摇风麦初齐，泛水秋尚弱。恍若桃花源，误入不容却。况有古道场，碧瓦照丹腹。楼台锁烟霞，松杉聚猿鹤。我来孟夏初，征衫汗如濯……消除爱欲恼，澡浣尘土浊。山神似相留，入夜雨还作。明朝出山去，欲去更盘礴。何当赋归来，寄傲酬素约。"① 宋著名诗人郭祥正于熙宁初年来海会寺参谒守端并赠诗。临海人教谕余汶也有一首《宿海会寺》："踏遍青山思满襟，一灯联榻话丛林。檐花点袖夜初寂，霜叶拥阶秋正深。笑合三人千古在，吟成一字二毛侵。振衣起舞情无限，明月满天啼野禽。"② 鲁之裕《同丹徒潘虬资玉湑游海会寺》："并辔秋林骤晚凉，化城选佛古开场。千松拔地熊罴撼，一水喷空霹雳狂。近寺芝兰迎客馥，过桥钟磬出风长。偷闲自结云泉契，不坐维摩狮子床。"③ 罗汝芳《游海会寺》："山人放鹤去，鹤得山人心。为觅蓬壶底，年来水浅深。"④ 在历代官员文人外，太湖本地的文士多有吟咏海会寺者。太湖人毕琪光有《游海会寺》："看钓溪桥上，春风结侣行。岩花潭底笑，涧水石中鸣。曲径龙宫邃，平沙鸟篆轻。醉归山月吐，倚杖听钟声。"⑤ 太湖人庠生吕震《游海会寺》，"亦谓春游好，春来几日闲。多君能着屐，顾我得看山。芳树霾云峡，奇峰锁竹关。远公真出世，莲社漫追攀。"庠生刘国观《春游海会寺》："万壑千岩抱两峰，白云深锁一重重。逶迤石磴驱疲马，缥缈山亭度午钟。涧水碧含春气暖，炉烟红接夕阳浓。莲花社许高僧结，狂醉樽前不禁侬。"⑥ 太湖人知县吕元也有《游海会寺》："闲过招提玩物华，烟云万里思无涯。芒鞋着露初经滑，草帽迎风不觉斜。稚子遍山挑野菜，

① （宋）王之道：《相山集》卷三，清文渊阁四库全书补配清文津阁四库全书本，第18页。
② （清）符兆鹏：《（同治）太湖县志》卷四十四，第2204页。
③ （清）符兆鹏：《（同治）太湖县志》卷四十四，第2236页。
④ （清）符兆鹏：《（同治）太湖县志》卷四十三，第2190页。
⑤ （清）符兆鹏：《（同治）太湖县志》卷四十三，第2186页。
⑥ （清）符兆鹏：《（同治）太湖县志》卷四十四，第2244页。

老僧沿径扫残花。等闲又是春狼藉，欲脱青衫付酒家。”①

海慧寺内外的风景优美独特处还有不少，今日提出十景之说。涤尘亭应该就是属于海会寺，太湖人廪生阮霨《涤尘亭》，“巉峭最深处，孤亭踞此间。屏云松有画，枕月石无关。意似山麋静，身同野鹤闲。嚣氛飞不到，清旷度潺湲。”海慧寺还有止浤亭，《（同治）太湖县志》卷六记载，“止浤亭，在邑白云山海会寺。宋嘉定赵容之创建。明嘉靖二年，寺僧得石刻，曰止浤，复建此亭。”②

海会寺还有大观楼。太湖人庠生程元度《大观楼为章明府赋》“飞楼云际起，放眼物皆亲。斗曜凭棂接，山川入座陈。闲来勤课士，延伫切观民。漫说嬉游地，功成永翊人。”③ 廪生陈企圣有《大观楼》，“大观何屼嵂，客到与天齐。马路窗前小，龙峰槛外低。淡云依翠瓦，秋水映璇题。夜半琴声静，青灯独照藜。”④ 庠生李景文次韵《游西风洞》：“曲径多幽景，攀藤到洞西。云连天柱近，日射海门低。古刻名犹著，仙踪路不迷。登临人去晚，露浥草萋萋。”⑤ 王庭《大观楼》：“层楼高百尺，缓步蹑云梯。倚槛诸天近，当窗万岫低。柳塘频过雁，烟井每闻鸡。极目秋城里，弦歌日未西。”⑥ 鲁之裕《宴大观楼，分得俄字》：“秋霁层楼集玉珂，霜林红绕护城阿。仙源自惜沿洄晚，尘网其如系累多。千里晚霞三楚路，八窗明月九天歌。愁心倚□浑如醉，莫笑当年侧弁俄。”⑦

海会寺还有西风洞，应该也有风景独特的所在。太湖人庠生马方城《宿西风洞赠履先上人》：“探胜来精舍，秋风一院清。云深疑地迥，寒重觉衣轻。野月虚窗白，禅灯古殿明。远公情不厌，相对话平生。”⑧ 太湖庠生彭灿《游西风洞》：“曲曲穿幽径，吟筇上翠微。石传双凤集，桥渡几仙归。古寺僧栖稳，孤亭客憩稀。兴酣尘思净，趺坐即忘机。”⑨ 到太湖做官或路经太湖的一批文人也游览海会寺。清朝邹应锡有《游西风洞》：“胜日风烟悄，寻幽古洞西。回怀千界合，放眼万山低。石劈斧痕

---

① （清）符兆鹏：《（同治）太湖县志》卷四十四，第2202页。
② （清）符兆鹏：《（同治）太湖县志》卷六，第231页。
③ （清）符兆鹏：《（同治）太湖县志》卷四十三，第2187页。
④ （清）符兆鹏：《（同治）太湖县志》卷四十三，第2186页。
⑤ （清）符兆鹏：《（同治）太湖县志》卷四十三，第2185页。
⑥ （清）符兆鹏：《（同治）太湖县志》卷四十三，第2188页。
⑦ （清）符兆鹏：《（同治）太湖县志》卷四十四，第2236页。
⑧ （清）符兆鹏：《（同治）太湖县志》卷四十三，第2190页。
⑨ （清）符兆鹏：《（同治）太湖县志》卷四十三，第2188页。

旧，桥横砌影迷。仙踪何处觅，怅望草萋萋。"① 何邦猷《游西风洞》："荦确寻幽径，山花绕路红。云来低古刹，客至坐西风。怪石如人立，飞泉与竹通。披襟松籁下，凡虑自消融。"② 赵文楷《游西风洞夜宿狮子庵》："古寺云深处，扪萝问牧童。鸟盘秋色外，人语暮烟中。厨盖千年石，岩呼半夜风。暂抛尘梦去，禅榻一灯红。"③ 嘉兴人知县徐必达《游西风洞》："凌高上仙台，俯瞰城郭小。白鸥水中浮，青山云外绕。"④ 对海会寺风景的登临与吟咏，自然不单单是因为白云山和海会寺的风景优美之本身，还在于海会寺在中国佛教史上的地位，有佛学之旨在，历代高僧留下了足迹与文化内蕴。

妙慧、周会明在《临济宗的祖庭——海会寺》一文中记载评价道，晋代高僧佛图澄于太湖县寺前建佛图寺，佛教文化从此就开始传入太湖。北魏周武帝灭佛、道二教时，禅宗二祖慧可大师于公元562年，从河南省嵩山少林寺辗转南移，来到太湖县狮子山参禅弘法达31年之久，在达摩印度禅宗文化的基础上，培植形成了具有中国特色的禅宗文化，并将衣钵传三祖僧璨，在佛教历史上，从此奠定了太湖县作为中国禅宗文化发祥地的地位。从二祖到五祖，禅宗的活动区域一直在太湖县与相邻的湖北黄梅县之间，经过六祖慧能后，禅宗活动区域才扩大到广东等地区，并开始南北分宗。经过几代禅师的努力和培植，最后形成了临济、曹洞、云门、法眼、沩仰等五个法门，其中临济宗又衍化成黄龙、杨岐两个派系。随着历史传承，云门、法眼、沩仰等三个禅宗宗派相继断绝，曹洞宗仅存广东曹溪等地一小角，而临济宗杨岐派愈传愈烈，成为代表禅宗的主要派系。这都与海会寺有关，因而海会寺也就具有了很重要的地位，人称其为禅宗临济宗祖庭，也有其合理性。海会寺是国内重要寺院，见证了禅宗临济宗流布天下的历史进程。

---

① （清）符兆鹏：《（同治）太湖县志》卷四十三，第2185页。
② （清）符兆鹏：《（同治）太湖县志》卷四十三，第2188页。
③ （清）符兆鹏：《（同治）太湖县志》卷四十三，第2190页。
④ （清）符兆鹏：《（同治）太湖县志》卷四十四，第2236页。

太湖禅宗对中国禅宗发展的贡献

黄　凯[*]

　　太湖县位于安徽省西南部，是一个历史悠久的文明古县。"古太湖"与"今太湖"的地理范围不同，当我们讨论太湖的禅宗文化时，既要立足于今天太湖的佛教现状，也需要对古太湖禅宗文化进行回溯。佛教文化进入太湖具有悠久的历史，东晋大兴年间，西域高僧佛图澄率领弟子来到太湖县寺前镇建造佛图寺，这是太湖县乃至江淮地区有文字记载的第一座佛教寺院。自禅宗二祖慧可来到太湖后，禅宗就在这里生根发芽，直至发展壮大，并且形成具有中国特色的禅宗文化。[①] 太湖县以其特殊的地理位置和淳厚的佛教氛围，对中国禅宗的发展做出了特殊的贡献。

一　太湖禅宗对中国禅宗祖师谱系形成的贡献

　　在中国禅宗祖师谱系中，二祖慧可和三祖僧璨都曾与太湖发生密切的联系，太湖禅宗在禅宗祖师谱系形成的过程中扮演了重要的角色。

（一）太湖与禅宗二祖慧可

　　中国禅宗二祖慧可（487～593），武牢（今洛阳东部）人。俗姓姬，初名神光，又名僧可。僧传记载他博涉内外典籍，"外览坟素，内通藏典，末怀道京辇，默观时尚，独蕴大照，解悟绝群"。[②] 对佛学的造诣颇深。四十岁时，慧可在洛阳一带遇到菩提达摩，跟随他学习六年，受衣钵为禅宗二祖。东魏天平初年（534），慧可至邺都（今河北临漳县）说法，

　　* 黄凯，西北大学佛教研究所。

---

① 丁晓慧：《唐宋时期太湖禅宗发展概述》，《安庆师范学院学报》（社会科学版）2016年4期。

② （唐）道宣：《续高僧传》（卷十六），《大正藏》第50册，第551页下。

从学如流。据说当地势力强大的道恒禅师怕慧可夺其门徒，非常忌恨，便"货赇俗府，非理屠害。"① 又纠集徒众寻踪追迫，几至其死。天平二年，慧可得僧璨为徒，师徒在患难中相依为命，"韬光混迹，变易仪相"②，随宜行化。因北周武帝灭佛，慧可南下舒州，隐居在当时的太湖县司空山。据说慧可来到太湖后，起先住在司空山主峰下"仰天窝"石室中，后来在石室前加建殿宇，即后世所称二祖寺。二祖寺前有讲经台，寺后有三祖洞。石室顶端有巨大的"传衣石"，相传是二祖、三祖衣钵授受之处。僧璨后定居潜山天柱山，并往来于太湖十余年。其时，太湖为慧可师徒避开北周武帝迫害，开设道场、传佛心印讲法传教创造了良好的条件。

（二）太湖与禅宗三祖僧璨

禅宗三祖僧璨在历史上的记载不多，以至于僧璨其人是否真实存在也曾引起学者们的怀疑和讨论，但在禅宗的祖师谱系中，僧璨作为三祖的身份已经成为信仰的共识，因此僧璨身份的真实性问题本文不做讨论。笔者所关注的是，从目前存世的佛教典籍中有关僧璨的内容来看，太湖与僧璨之间也有着密切的交集。主要表现在以下几个方面。

第一，太湖是三祖僧璨得道与受法衣之地。据《佛祖历代通载》卷十四记载："禅师号僧粲，不知何许人。出见于周隋间，传教于惠可大师，抠衣邺中，得道于司空山。"③ 这里点明了僧璨得道的地方就在太湖县司空山。而《禅林宝训顺朱》卷二则说："司空山属安庆府太湖县，二祖传衣三祖之地，即古司空，原李白尝避地于此。"④ 这更是将二祖为三祖传授法衣的地点定在了太湖县，现在司空山二祖寺后的"传衣石"也是这个事件的有力佐证。

第二，太湖是三祖僧璨长期隐居、往来之地。据《历代法宝记》载：

隋朝第三祖璨禅师，不知何处人，初遇可大师，……可大师知璨是非常人，便付嘱法及信袈裟。可大师曰：汝善自保爱，吾有难，汝须避之。璨大师亦佯狂市肆，后隐舒州司空山。遭周武帝灭佛法，隐皖公山十余年。⑤

---

① （唐）道宣：《续高僧传》（卷十六），《大正藏》第50册，第552页上。
② （宋）道原：《景德传灯录》（卷三），《大正藏》第51册，第221页上。
③ （元）念常：《佛祖历代通载》（卷十四），《大正藏》第49册，第603页上。
④ （清）圣可：《禅林宝训顺朱》（卷二），《卍续藏》第64册，第564页上。
⑤ 《历代法宝记》，《大正藏》第51册，第181页中。

由此可见三祖僧璨在北周武帝灭佛之前就已经在太湖隐居了，北周武帝灭佛后他转到皖公山。北周武帝灭佛始于建德三年（574），因此僧璨在太湖隐居的时间当不晚于此。另外，《释氏通鉴》记载："己丑（陈高宗孝宣帝太建元年）……陈三祖僧璨大师奉传法衣来，自北齐遁于司空山。"① 这一记载与《释氏稽古略》《佛祖纲目》的说法一致，据此可知，僧璨于太建元年（569）来到太湖，这与《历代法宝记》所记载的北周武帝建德三年（574）灭佛开始后僧璨隐居皖公山两相对照，或可推测僧璨隐居太湖的时间当在569年至574年之间，前后时间跨度约为5年。

但是我们看到文献中还有另一种说法，即三祖僧璨在北周武帝灭佛前隐居在皖公山，在灭佛之后长期往来于太湖县司空山。如《景德传灯录》卷三记载：

第三十祖僧璨大师者，不知何许人也。初以白衣谒二祖，既受度传法，隐于舒州之皖公山。属后周武帝破灭佛法，师往来太湖县司空山。居无常处积十余载，时人无能知者。②

由此我们看到僧璨先是隐居在皖公山，在北周武帝灭佛后才在太湖司空山活动。与《景德传灯录》记载相同的还有《嘉泰普灯录》《五灯会元》等。

总之，不论是先在司空山隐居后转到皖公山，还是先在皖公山隐居后活动于司空山，僧璨往来于太湖十余载是没有问题的，太湖是僧璨长期往来、隐居之地也当是确认无疑的。

综上我们看到，太湖是禅宗二祖慧可长期隐居之处，是二祖传法给三祖之地，也是三祖僧璨长期隐居、往来之地。太湖以其特殊的地理环境在北周武帝灭佛时为禅宗祖师提供了保护，为禅宗的传承和禅法的弘扬提供了理想的环境和土壤。

二 太湖禅宗对南禅北上的贡献

禅宗在五祖弘忍之后，出现了南北对立的局面。北方以神秀禅法为主，南方以慧能禅法为主，形成"南能北秀"的局面。唐高宗凤仪年中，年逾古稀的神秀来到江陵当阳山玉泉寺，在玉泉山东七里的楞伽峰

① （宋）本觉：《释氏通鉴》（卷六），《卍续藏》第76册，第61页下。
② （宋）道原：《景德传灯录》（卷三），《大正藏》第51册，第221页下。

下大开禅法，一时从者甚多。武则天闻其盛名，于久视元年（700）遣使迎请入京，被尊为"两京法主，三帝国师"①，成为北方禅宗的领袖。此后直到安史之乱的50年间，神秀禅法在当时的禅学思潮中占据着主导地位。

正当神秀师徒在中原地区传播禅法、誉满两京之时，在南方岭南地区兴起了另一个禅宗的派别，这就是后来被称作南宗的南宗禅。它的首创者就是禅宗六祖慧能。慧能的禅学思想的主要特点是"识心见性""顿悟成佛"。慧能的禅法开始仅在岭南一带传播。开元十二年（724），慧能的弟子神会在滑台（今河南省滑县）大云寺设无遮大会，和当时著名的佛教大师崇远进行辩论。他认为达摩法系一脉相承，以袈裟为证信，南宗顿教才是达摩禅法的正统所在，抨击北宗师承是傍，法门是渐，而称自己师承是正，法门是顿。从此，南方慧能一系被称为"顿宗"，北方神秀一系被称为"渐教"，南顿北渐之说即始于此。

一般认为神会是促成南宗禅北上的重要人物，但实际上在神会之后，司空本净禅师同样为南宗禅向北方传播做出了重要贡献。

司空本净禅师（666～761），福建东平人，幼年出家，少年时即有不同常人的节操和志向，后到曹溪依归六祖慧能学法。慧能归寂后，48岁的本净禅师离开曹溪北上太湖驻锡司空山二祖寺。本净禅师隐居在太湖县，寄身山水，潜心修行，远离政治与名利，与尘世保持着一定的距离。天宝三年（744），79岁高龄的本净禅师因杨光庭而被召入京，与京师名僧辩论而声名大起。上元二年（761）归寂，寿龄九十五，敕谥大晓禅师。本净禅师一生保持着比较明显的山林佛教的作风，随方传授，不出文记，不聚僧众，他的法嗣也只有杨光庭一人。②

天宝三年（744）玄宗遣中使杨光庭入司空山采常春藤，与本净禅师"邂逅相逢，论道终日"。③ 杨光庭返回长安后，"具以山中所遇奏闻"。④ 唐玄宗随即"召司空山本净禅师至阙，问禅宗要旨，敕住白莲亭"。⑤ 本净禅师于当年十二月十三日到京，并在第二年正月十五日和长安名僧发生了一场激烈的辩论。这场辩论最终以本净禅师的全面胜利而结束，朝廷非

---

① （元）念常：《佛祖历代通载》（卷十二），《大正藏》第49册，第586页下。
② 黄凯：《司空本净禅师生平及其对南禅北上的贡献》，《文化学刊》2016年第2期。
③ （宋）赞宁：《宋高僧传》（卷八），《大正藏》第50册，第758页下。
④ （宋）道原：《景德传灯录》（卷五），《大正藏》第51册，第242页下。
⑤ （宋）志磐：《佛祖统纪》（卷四十），《大正藏》第49册，第375页中。

常满意，而围观的听众也为本净禅师的精深佛法所折服。正是这场辩论对南宗禅北上的历史进程产生了深远影响，具体表现在两个方面。

第一，本净禅师北上长安提高了南宗禅的政治地位。本净禅师北上长安所参加的这场辩论是由唐玄宗直接参与并主持的，这从侧面反映了统治阶级当时对本净禅师和对慧能一系南宗禅法的重视，以及对了解南宗禅法的渴望与迫切。而本净禅师在这场辩论中的出色表现，也让统治阶级对南宗禅法思想有了直接的接触，从而大大提高了对南宗禅法的认识与肯定。本净禅师与长安僧众的辩论是继滑台大会后又一次南宗禅法获得广泛关注的重要事件。因为唐天子的直接参与，这场辩论的影响自然也远远超过了神会的滑台大会。如果说，开元年间由神会主导的南北宗的辩论是在民间的话，到天宝年间，由本净禅师主导的南北宗的论战已经引起了唐王朝的高度重视。

本净禅师于天宝三年（744）北上长安，神会禅师于天宝四年（745）入住洛阳，几乎在同一时间，慧能的两位弟子一东一西占据洛阳、长安两京政治中心，进入统治阶级的视野。他们东西相应积极宣传南宗禅法的思想，为南宗禅在政治上获取了支持。而且本净禅师还是继北宗禅神秀一脉的普寂和义福被封为国师之后，首位被封国师的慧能一系南宗禅弟子，其政治认可度尚在同一时期对南禅宗北上传播做出巨大贡献的神会之上。

本净禅师凭借在与长安僧众辩论中的出色表现，从而取代北宗禅弟子获得了统治阶级的认可，极大地提高了南宗禅的政治地位。他的胜利使南宗禅思想开始在北宗禅的另一个重要中心长安打进了一个楔子，为后来慧能法系得到朝廷的正式承认、南宗禅得以在北方弘法传播以及南宗禅法在全国范围内的广泛普及与继续发展打下了坚实的政治基础。

第二，本净禅师北上长安获得了北方僧众的认可。本净禅师在长安的辩论不仅为南宗禅获得了政治上的支持，而且在当时的佛教界产生了广泛的影响。本净禅师在这场激烈的南北禅辩论中，受到了多方的发问，如百矢逐一兔，而本净禅师在这场辩论中的表现可以说是卓越异常！尽管面对密集的质问，本净禅师依然泰然自若，滔滔不绝地引经据典对答如流。他以流畅简洁的阐述、从容不迫的应变、敏捷灵活的禅思，微言大义，高屋建瓴，旁征博引，缓缓道来，使听者皆称善，闻者皆叹服，完全征服了北方僧众，获得了北方僧众发自内心的敬服。后世僧人在《宗镜录》中对于本净禅师的禅学修为给予了充分的认可和高度的评价，甚至将他的地位提高到了与禅宗六祖、马祖道一等开宗立派的祖师人物同等的水平。本净禅师通过这次辩论而显闻于世，不仅获得了统治阶级的认可，更是代表南宗禅在普通僧众中树立了良好的形象，获得了广泛的认同。不仅使慧能一系的南宗禅法受到了北方僧众的广泛了解和重视，更为后来南宗禅北上传播并逐步取代北宗禅打下了坚实的群众基础。

综上，司空本净禅师是南禅北上的先驱者，他是把南宗禅思想第一个带入皇宫的人，他在与京都名僧硕学的辩论中阐扬法理，尽显南禅思想，使众僧闻语失色，逡巡避席，扩大了南宗禅的影响。而这也使得太湖在禅宗二祖、三祖之后，再一次名扬四海，成为禅宗的重要中心。

三　太湖禅宗对杨岐派兴盛和曹洞宗中兴的贡献

太湖县在经历了本净禅师时期的辉煌后，在宋代又迎来了一次发展的高峰，这其中海会寺扮演着重要的角色。海会寺始建于唐代，闻名于宋。唐宋时期海会寺是著名的禅宗丛林，禅宗各派都在海会寺开设道场，接引学人。如唐僖宗时代的曹洞宗二代传人舒州白水山和尚、五代时舒州海会院如新禅师、北宋曹洞宗六代传人投子义青、云门宗四代传人舒州海会显同禅师、舒州海会通禅师、白云守端禅师、五祖法演禅师、海会守从禅师、海会宗和尚、雪窦重显、法华全举等高僧都曾驻锡海会寺，其中值得浓笔重书的是白云守端与投子义青两位。

守端（1024～1072），湖南衡阳人。20岁时投茶陵郁禅师出家，受具足戒后又来参访杨岐方会，在方会处开悟。守端随侍方会多年后，开始外游说法，曾住持承天寺、圆通寺、法华寺、龙门寺、兴化寺、海会寺等，其中以驻海会寺时间最长，达16年之久，守端也因此得名白云守端。

守端有法嗣五祖法演、云盖智本、琅琊永起、保福殊、崇胜珙等禅师，其中五祖法演门庭最盛、影响最大。五祖法演在安庆地区的27年里，先后住持过太湖县四面寺、潜山县太平寺和太湖县海会寺，其中以在海会寺生活的时间最长。五祖法演在海会寺期间，融合禅宗各派特点和太湖县优秀的地方文化，使杨岐宗获得了良好发展，门下弟子众多，龙象辈出。其中最杰出的弟子有克勤、慧勤、清远等佛门三杰。同时以海会寺为中心，以白云守端、五祖法演、"佛门三杰"为领袖，还形成了一个习禅、弘禅的强大信众群体，其中以士大夫阶层为主，例如郭祥正、王安石、黄庭坚等就是其中的代表。这一僧俗合力弘扬禅法的群体，使杨岐宗由山林拓展到社会各个阶层，广为世人接受，杨岐宗逐渐成为临济宗的正脉，并传播到日本等东南亚地区。这不得不说是太湖县这块土地对于禅宗发展所做的重大贡献。

守端在海会寺说法的内容多数被他的弟子录入《白云守端禅师语录》及《白云守端禅师广录》。宋神宗熙宁五年（1072），守端示寂，葬于海会寺附近的木鱼包，其墓在"文革"期间被毁，今尚存塔石。

投子义青是中兴曹洞宗的重要人物，他也曾在海会寺驻锡八年。"熙宁六年（1073）还龙舒，道俗请住白云山海会寺。"[①] 义青在海会寺期间，将临济宗杨岐派的宗风融入曹洞宗，丰富了曹洞宗"君臣偏正"的宗旨。同时在海会寺培养了一批传灯人才，其中以芙蓉道楷（1042～1118）最为杰出。芙蓉道楷是沂州（今山东临沂）人，年少时就有学道之心，出家受戒后，遇到当时在太湖县海会寺的投子义青，并成为他的法嗣。经历了百年孤独的曹洞宗，正是以投子义青接续法脉为分界线，并经过芙蓉道楷的努力，迎来了第二个兴盛阶段的到来，此后曹洞宗才得以蓬勃发展。曹洞宗的复兴，同样是在太湖县的土地上开始的。

中国禅宗的五家七宗发展至今，仅存临济宗杨岐派和曹洞宗，而这两宗都是在海会寺发展壮大起来的。因此，我们今天再怎么肯定太湖县海会寺为中国禅宗发展做出的贡献，都是不为过的。

四　余论

太湖县是禅宗二祖慧可、三祖僧璨传授衣钵的根本道场，也在南禅北上的过程中发挥过重要作用，同时是临济宗杨岐派兴盛和曹洞宗中兴的地方。太湖禅宗对中国禅宗发展所产生的重要影响，使其在中国禅宗史上有着极为重要的地位。太湖县的佛教禅宗文化博大精深，自南北朝时期禅宗二祖慧可、三祖僧璨遁迹修禅于此后，历代均有禅宗高僧归隐修行。这一方面是太湖县作为禅宗源头的神圣感召，同时也使太湖县作为禅宗中心的地位不断巩固。

近代以来，从太湖走出去的赵朴初老先生，更是为中国佛教的复兴做

---

① （元）念常：《佛祖历代通载》（卷十九），《大正藏》第 49 册，第 670 页上。

出了巨大贡献。赵朴初个人的历史，也基本上是 20 世纪中国佛教的发展史。他在国内外宗教界有着广泛的影响，有着极为高深的佛学造诣，深受广大佛教徒和信教群众的尊敬和爱戴。他把佛教的教义圆融于中国共产党领导的建设中国特色社会主义伟大事业之中，圆融于促进中国佛教界与世界各国佛教界友好交往的伟大事业之中。他一生致力于中外友好交流活动，向世界人民广泛宣传了中国政府的宗教政策，加深了中国人民与世界人民的友谊，为维护亚洲和世界和平做出了贡献。其光辉的一生、伟大的贡献和高尚的人格，不仅在海内外享有崇高的威望，更是太湖人民的骄傲。

饮水思源，今日禅宗弘布中外，这与禅宗的历代祖师大德潜修密化、艰苦创业是分不开的，也需要今天的我们承担起更多的责任与担当。深入了解太湖县在中国禅宗发展历史上所具有的重要意义，对我们今天深入发掘与弘扬太湖禅宗文化，进一步促进"禅源太湖"的地方建设也具有重要现实价值。

对赵朴老加强人间佛教"神圣性"问题的再思考

郭延成[*]

一 问题的提出

赵朴初（1907~2000）（以下尊称"赵朴老"），是我国现代卓越的佛教领袖。他秉承太虚大师提出的"人间佛教"的理念，带领全国广大佛教信众积极践行，并取得了卓著的成就。

近些年来，佛教学界对赵朴老人间佛教思想的研究在不断开展，如杨曾文教授通过对赵朴老提出并付诸实践的"人间佛教"的考察，对其要点进行了归纳，认为：赵朴老人间佛教思想具有六个方面的要点：人间佛教要走与社会主义社会相适应的道路；佛教伦理要在精神文明建设中发挥积极作用；佛教以建设"人间净土"为己任，造福社会、利益人群；继承和发扬中国佛教"农禅并重""注重学术研究""国际友好交流"三大传统；佛教必须加强自身的信仰、道风、人才、教制、组织五大建设；维护法律尊严、人民利益、民族团结、社会和谐、祖国统一。[①] 再如洪修平教授认为：赵朴老提倡人间佛教思想，不但提出了佛教要担当新的历史时期的"人间使命"，而且更加强调佛教"出世间"的宗教性和神圣性；因此，赵朴老人间佛教思想对中国佛教的发展具有积极的引导作用。[②]

十分值得一提的是圣凯教授的文章，他通过对赵朴老所总结的中国佛

---

[*] 郭延成，辽宁大学哲学与公共管理学院副教授。
[①] 参见杨曾文《赵朴初人间佛教思想试论》，《佛学研究》2005 年第 5 期。
[②] 参见洪修平《赵朴初的人间佛教思想及其现实意义》，《世界宗教文化》2015 年第 2 期。

教"学术研究、农禅并重、国际友好交流"的三大优良传统的阐述，提出了如何在"后朴老"时代反思三大传统的不足与困境，继承与发扬赵朴老的这一事业，继续深入探讨中国佛教优良传统的问题。① 笔者援引他文中的一段话：

> "农禅并重"作为农业社会的优良传统，曾经为中国佛教的发展经济基础与修行解脱矛盾提供了最好的解决之道。"农禅并重"的根本困境在于其理论体系是深植于农业社会的山林佛教……，汹涌澎湃的商品经济浪潮将中国佛教卷入无限的利益纠缠中。同时，至唐中期提出"农禅并重"，中国佛教用了一千年时间才消解了生产劳作与修行的矛盾；而突如其来的商品经济，中国佛教还来不及反思与探讨商品经济下的佛教徒该如何修行，如何亦能像古代禅宗祖师，对市场经济背景下的寺院经济做出自己的创造性诠释？②

我们说，圣凯教授提出的"反思三大传统的不足与困境"的问题，实际是基于他对现当代佛教界于市场经济大潮中出现的一些问题的反思以及对佛教未来发展的忧患意识，十分值得称道！他提出的确实是十分关键的问题——这一问题实际上是关乎人间佛教"神圣性""根本性"的大问题，也与宗教学中所探讨的"宗教的世俗化"问题有密切的连带关系（虽然中国人间佛教思想的"人间性"与西方宗教学所探讨的在西方宗教学语境下的"宗教世俗化"，在社会背景、文化、宗教形态等方面存在巨大差异），十分值得佛教界、学界对此进行深入思考和研究。然而，圣凯教授所说的"三大传统的不足与困境"，笔者认为，是由于时空、社会、文化、人的意识等条件的变迁，才使得佛教的"三大传统"仿佛出现了"不足与困境"；我们知道，佛教是以具有契理契机的智慧而获得赞誉的，也就是说，在不同的时空条件下，佛教能以契理契机的"柔性"智慧来充分化解各种问题。"三大传统"有其发挥作用的时空条件性，也有其超越时空的恒久价值。

以下就根据赵朴老对此问题的智慧解答来进行探讨。

---

① 圣凯：《赵朴初对中国佛教优良传统的思考》，《佛学研究》2012 年总第 21 期。
② 圣凯：《赵朴初对中国佛教优良传统的思考》，《佛学研究》2012 年总第 21 期。

二　赵朴老始终坚持人间佛教的"神圣性"并以智慧及策略来践行

我们知道，赵朴老在长达 70 余年的践行大乘佛教的生涯中，始终把对佛教的纯正信仰、坚持人间佛教的"神圣性"置于根本位置，他一切的行为都以大乘佛教的根本精神——"慈悲济世"为圭臬和动力；换句话说，就是赵朴老在坚持人间佛教的"信仰性""神圣性"的前提下，将佛教的方便智慧用于入世的弘法利生、慈悲济世的种种事业之中。正如赵朴老所言："重振和发扬以佛教信仰体系为核心的佛教文明。这里之所以要强调以信仰体系为核心，这是因为信仰是佛教文明的基石，信仰是佛教的生命之所系；同时，也唯有信仰，才使佛教具有化导现实人生的功能。佛教文化学术的发展，佛教对现代社会的适应，都必须以强化佛教信仰建设为前提，而绝不能以淡化信仰为代价。"①

（一）赵朴老以"五大建设"的智慧策略来化解佛教界出现的问题

赵朴老于 1983 年 12 月 5 日所做的《中国佛教协会三十年》的报告中指出：

> 我以为应当发扬中国佛教的三个优良传统。第一是农禅并重的传统。中国古代的高僧大德们根据"净佛世界，成就众生"的思想，结合我国的国情，经过几百年的探索与实践，建立了农禅并重的丛林风规。从广义上理解，这里的"农"系指有益于社会的生产和服务性的劳动，"禅"系指宗教学修。正是在这一优良传统的影响下，我国古代许多僧徒们艰苦创业，辛勤劳作，精心管理，开创了田连阡陌、树木参天、环境幽静、风景优美的一座座名刹大寺，装点了我国锦绣河山。其中当然还凝结了劳动人民的劳动与智慧。中国佛教协会成立三十年来，一直大力发扬这一优良传统，号召全国佛教徒以"一日不作，一日不食"的精神，积极参加生产劳动和其他为社会主义建设事业服务的实践。在开创社会主义现代化建设新局面的今天，

---

① 《重振和发扬以佛教信仰体系为核心的佛教文明》，《赵朴初文集》（下卷），华文出版社，2007，第 1351 页。

我们佛教徒更要大力发扬中国佛教的这一优良传统。①

可见，在改革开放的初期，赵朴老号召全国的佛教信众，要以中国佛教在历史上形成的"农禅并重"的优良传统为借鉴，积极参加生产劳动和其他为社会主义建设事业服务的实践。我们知道，中国改革开放自1978 年 12 月开始；赵朴老做此次报告的时间，正值中国改革开放进入到第 5 个年头，还是处在改革开放的初期。那时，中国社会在经历"十年动乱"后不久，由改革开放所带来的经济发展刚有一些起色；寺院在经济基础方面有赖于佛教信众通过生产、服务等活动所带来的收益来支撑。所以，赵朴老提出的号召是适应当时社会经济发展状况的。再看中国古代社会的情况，中国古代社会是农耕经济占主导，"农禅并重"的佛门规约的形成，正是对这种经济状况的适应所做出的行动选择和制度安排；同时，还以"农"为参"禅"悟道的契机，即把作为生存基础活动的"农"与作为追求生命超脱的"禅"相互融会；这充分体现着中国佛教具有"方便智慧"及顽强的生命力。所以，赵朴老提倡全国佛教信众发扬中国佛教的"农禅并重"传统，还有更加深层次的考量——"农禅并重"的传统具有超越时空的价值所在，即具有"以禅寓农"的佛法修行的关键方面。这样，发扬"农禅并重"的传统，从实质上说，就是要使广大佛教信众在以"农"作为生存基础活动的同时，不忘践行佛教追求超越的、具有神圣性的这一维度。

然而，时间过去了十年，赵朴老于 1993 年 10 月 15 日又做了《中国佛教协会四十年》的报告，报告中指出：

> 当今中国佛教从自身建设来说，也面临着严峻的挑战。中央关于改革开放、建立社会主义市场经济体制的决策是完全正确的。但是，在对外开放、市场经济的大潮中，拜金主义、享乐主义、极端个人主义腐朽思想的泛起是难以避免的。在这种情况下，佛教界有相当一部分人信仰淡化，戒律松弛；有些人道风败坏，结党营私，追名逐利，奢侈享乐乃至腐化堕落；个别寺院的极少数僧人甚至有违法乱纪、刑事犯罪的行为。这种腐败邪恶的风气严重侵蚀着我们佛教的肌体，极大地损害了我们佛教的形象和声誉，如果任其蔓延，势必葬送我们的佛教事业。如何在改革开放、市场经济的形势下，保持佛教的清净庄

---

① 《中国佛教协会三十年》，《赵朴初文集》（上卷），第 562～563 页。

严和佛教徒的正信正行，从而发挥佛教的优势，庄严国土，利乐有情，这是当今佛教界必须解决的重大课题。①

可知，赵朴老做《中国佛教协会三十年》报告十年后的 1993 年，中国改革开放已进入到第 15 个年头。那时，改革开放又进一步促进了经济发展。但是，正如赵朴老所说的那样，在对外开放、市场经济的大潮中，拜金主义、享乐主义、极端个人主义腐朽思想出现了泛起之势；佛教界也出现了一些问题："有相当一部分人信仰淡化、戒律松弛；有些人道风败坏，结党营私，追名逐利，奢侈享乐乃至腐化堕落；个别寺院的极少数僧人甚至有违法乱纪、刑事犯罪的行为。"由此，赵朴老对全国广大佛教信众发出了掷地有声的警醒之言："这种腐败邪恶的风气严重侵蚀着我们佛教的肌体，极大地损害了我们佛教的形象和声誉，如果任其蔓延，势必葬送我们的佛教事业。"可见，正是因为对佛教充满坚定的信仰和具有肩负如来大业的使命感，赵朴老才说出了振聋发聩的话语。

在披露佛教自身出现的诸多问题之后，赵朴老提出解决这些问题的总体策略：

> 根据当前的形势和我国佛教的实际情况，着眼佛教事业建设与发展的未来，各级佛教协会和全国佛教界都必须把注意力和工作重点转移到加强佛教自身建设、提高四众素质上来。加强佛教自身建设，就是加强信仰建设、道风建设、教制建设、人才建设、组织建设。这五个方面，信仰建设是核心，道风建设是根本，人才建设是关键，教制建设是基础，组织建设是保证。②

也就是说，鉴于佛教界出现的问题，赵朴老提出了在改革开放、市场经济形势下对治"腐败邪恶的风气"、继续推进佛教事业健康发展的策略，那就是要求各级佛教协会和全国佛教界都必须把注意力和工作重点转移到加强佛教自身建设、提高四众素质上来；就是从加强"信仰建设、道风建设、教制建设、人才建设、组织建设"五个方面，来加强佛教自身建设。

赵朴老还进一步提出了具体措施：

---

① 《中国佛教协会四十年》，《赵朴初文集》（下卷），第 1236 ~ 1237 页。
② 《中国佛教协会四十年》，《赵朴初文集》（下卷），第 1236 ~ 1237 页。

加强信仰建设、道风建设、教制建设，首先是要求寺院僧尼具足正信，勤修三学，遵守戒规，严肃道风。为此，寺院必须坚持早晚课诵、过堂用斋、修禅念佛、讲经说法、半月诵戒、夏季安居、冬季打七以及在佛教传统节日举行法会等。上述这些修学活动，各寺院都必须根据实际情况使之制度化、规范化、经常化。寺院负责人要身体力行，领众熏修。寺院应信众要求举行佛事活动，应视为僧人带领信众进行的修持，必须严肃认真，如法如律，坚决克服佛事活动商业化的不良倾向。对这些佛事活动，有关寺院要统筹兼顾，适当安排，不可过于频繁，影响僧尼的经教学修。要在近一两年内采取切实有力的步骤，分期分批地对汉族地区佛教寺院进行一次整顿道风的学习与检查。在大多数僧尼增强信仰、严肃道风的基础上，对有些信仰淡化、有悖僧律的僧尼，经学习愿意改正继续为僧者，应按戒律的规定进行忏悔乃至重新受戒；对确无悔改表现者，必须收回衣钵戒牒，离寺还俗。对僧尼中个别严重违犯戒规、道风败坏、屡教不改者，必须按戒规的要求收回衣钵戒牒，摈出僧团。对僧尼中极个别为非作歹、触犯刑律者，由司法机关处理。要制定和完善寺院管理，僧尼剃度、受戒，僧籍、僧阶等规章制度和具体办法，以利寺院各项工作的正常开展和僧尼队伍的清净和合。寺院和居士团体要引导在家二众进行学修，正信正行，爱国爱教，遵纪守法，做好本职工作，做一个好公民、好佛教徒。在家二众要恭敬三宝，关心寺院，护持佛教……①

可见，赵朴老从几个方面阐述了在改革开放、市场经济的形势下促进佛教健康发展的具体措施：第一、对寺院僧尼提出要求及具体措施：总的要求是，具足正信、勤修三学、遵守戒规、严肃道风。具体措施是，必须坚持早晚课诵、过堂用斋、修禅念佛等修学活动，并使之制度化、规范化、经常化；寺院负责人要身体力行，领众熏修。第二、对寺院举行佛事活动的要求：必须严肃认真，如法如律，坚决克服佛事活动商业化的不良倾向；要统筹兼顾，适当安排佛事活动，以不影响僧尼的经教学修为度。第三、要在近一两年内，对汉族地区佛教寺院整顿道风的状况进行一次检查和督促行动。第四、对寺院中存在的有悖于佛教戒律的僧尼，视其不同

---

　　① 《中国佛教协会四十年》，《赵朴初文集》（下卷），第 1237～1238 页。

情节和程度等情况，给予不同的处置。第五、要制定和完善寺院各种制度。第六、对在家二众学修方面的要求。此外，具体措施中还包括加强佛教人才建设、组织建设等方面的具体举措。

（二）赵朴老以70余年投身慈善事业的躬身实践来践行人间佛教的"神圣性"并积极倡导之

我们知道，赵朴老一生都在不遗余力地践行佛教慈善，从慈善济世方面积极推动人间佛教事业的开展。赵朴老早在20世纪30年代的上海，就开始积极投身社会慈善公益事业，如：1936年，赵朴初在上海发起成立"中国佛教护国和平会"，以动员广大佛教徒和社会各界人士同日本侵略者做斗争。1937年，"八·一三"淞沪会战爆发，由战争导致的难民日益增多；为安置难民，"上海慈善团体联合救灾会"（简称"慈联会"）成立，赵朴初任常务委员。他经常冒着日寇的炮火、枪弹，将难民带至安全地带进行安置。从1937年8月到1940年3年的时间里，他冒着生命危险收容难民达五十多万人，先后设立收容所五十多处。①

1940年，上海净业流浪儿童教养院成立，用以安置难民收容所等处遗留的难童，赵朴初任副院长，主持日常工作。赵朴初对如何教养难童的问题十分上心，专门撰写《流浪儿童教养问题》的文章，通过对流浪儿童的来源及其成长，抢救流浪儿童的必要性，流浪儿童的心路历程、性格特征的详细分析等，对如何教育流浪儿童的方法进行总结：和他们一起生活，处处以慈爱的心关爱他们，教育他们犯了过失要忏悔过错，学习劳动技能，以佛教"六和"精神为指导过有序的集体生活等等。赵朴初充满慈悲情怀地说道："教养院是一座桥梁，把孩子们从黑暗的一头，带到光明的一头。"②

我们说，赵朴老在此后的佛教生涯中还不断出力、出资，带头做好佛教慈善活动，并巧妙地将财布施、法布施、无畏布施结合在一起。如1990年，他回到阔别64年的故乡，看到故乡许多人生活贫困，当即拿出2万元，1万元设立拜石奖学金，1万元用于扶贫事业。此后，几乎每年都要寄回一笔钱，用于奖学和扶贫。再如1998年夏，长江流域发生百年不遇的大洪水；身居病室、已经是92岁高龄的朴老不顾病体参加了在广

---

① 参见殷实《赵朴初先生在上海》，《都会遗踪》（上海市历史博物馆论丛）第一辑，学林出版社，2011。

② 《流浪儿童教养问题》，《赵朴初文集》（上卷），第1~25页。

济寺举行的赈灾活动的开幕式，捐出 6 幅作品，卖得 18 万元，全部用于救济灾民。朴老并非豪富，但他总是竭力从自己有限的财物中挤出可观的一份，援助给迫切需要的地方。有人统计，在 20 世纪八九十年代，朴老个人共为社会捐助人民币达到 240 万元。①

赵朴老不仅亲身从事佛教慈善事业，还大力号召全国佛教信众积极投身于慈善事业。

赵朴老于 1983 年 12 月 5 日所做的《中国佛教协会三十年》的报告中指出：

> 我以为在我们信奉的教义中应提倡人间佛教思想。……我们提倡人间佛教的思想，就要奉行五戒、十善以净化自己，广修四摄、六度以利益人群，就会自觉地以实现人间净土为己任，为社会主义现代化建设这一庄严国土、利乐有情的崇高事业贡献自己的光和热。②

可见，这是赵朴老号召广大佛教信众开展人间佛教运动，以为国家建设贡献力量。而人间佛教正是以践行"五戒""十善""四摄""六度"为主要内容，其中便包括了入世济世的慈善事业。

赵朴老于 1986 年著文《佛教与中国文化的关系》说：

> "人间佛教"的主要内容是五戒、十善和六度、四摄，前者着重在净自己的身心，后者着重在利益社会人群。从历史上看，佛教徒从事的公益事业是多方面的，也是多种多样的。如有的僧人行医施药，有的造桥修路，有的掘义井、设义学，有的植树造林，这在古人记载中是屡见不鲜的。……我们要发扬佛教的优良传统，继承先人的遗业，以"人间佛教"入世度生的精神，为社会主义四化建设服务。③

可见，这是赵朴老从中国历史角度，阐述中国佛教具有的从事慈善事业的优良传统。

1986 年 3 月，赵朴老在与中央有关部门负责同志进行《关于佛教与社会主义精神文明建设的关系》的谈话时说：

---

① 参见黄明哲、杨笑天《略伦佛教文化的慈悲精神——纪念赵朴初诞辰 100 周年》，《河南师范大学学报（哲学社会科学版）》，2011 年 11 月。
② 《中国佛教协会三十年》，《赵朴初文集》（上卷），第 562 页。
③ 《佛教与中国文化的关系》，《赵朴初文集》（下卷），第 808 页。

三十多年来，佛教徒为社会主义建设作的贡献是相当大的。……有一段时间，社会救济工作全由政府担负起来，近来有了一些改变。现在佛教做了一些救济福利工作，办敬老院；赞助残疾人福利事业；从事国际救灾，如救济非洲灾民、柬埔寨难民，修桥补路也是佛教的传统。修长城，抢救大熊猫，佛教徒都是参加的。这些说明在物质文明建设方面，佛教及其他宗教都能起作用，也正在起作用。①

可知，这是赵朴老对佛教在慈善事业方面取得的成就，以及为社会主义建设做出的重要贡献等方面做出的客观、积极的评价。

这些都表明赵朴老提出的开展佛教慈善事业是中国佛教优良传统的依据，得到了全国广大佛教信众的积极响应，并在慈善事业上做出了显著的成就。

由此可知，正是由于赵朴老始终投身于佛教慈善事业，才能在这一过程中不断体证佛教的慈悲本怀，即对佛教的"神圣性"进行不断强化；赵朴老以坚定的佛教信仰，带领全国佛教信众，不断践行人间佛教济世度众的根本精神，从而取得人间佛教事业的辉煌业绩。

三　充分继承赵朴老坚持人间佛教"神圣性"的主张及策略并进一步深化之

通过以上对赵朴老始终如一地秉承人间佛教"神圣性"的主张并不断践行的论述，我们说：赵朴老虽然离开我们已经 17 年了，但是，赵朴老的主张、策略，是赵朴老以大乘佛教的慈悲精神为核心，通观整个中国佛教史，在充分把握时代脉搏，并以高瞻远瞩的智慧对中国佛教未来发展进行预见的基础上提出的，因此，对我们当今广大佛教信众开展人间佛教运动仍具有重要的指导意义。作为后学，我们应当首先充分学习、全面领会、掌握赵朴老"人间佛教"的精神实质、策略、实施举措、步骤，并以此为指导，在开展实践过程中充分地践行之。

当然，时空流转、社会变迁，会出现很多前人所无法完全预料的社会状况的变化等，这也是佛教缘起思想所阐明的事实；所以，我们还应在不断变化的社会环境中，以佛法契理契机的智慧来回应、化解现实不断出现

---

① 《关于佛教与社会主义精神文明建设的关系》，《赵朴初文集》（下卷），第 752~753 页。

的种种问题——这也正是赵朴老以智慧策略不断化解随社会变迁所出现的诸多问题的精神实质之所在。然而，我们还应清楚的是：对佛教的坚定信仰，对佛教"神圣性"的坚守，确是一种超越时空的恒久价值之所在，赵朴老正是这方面的楷模——他以坚守佛教的"神圣性"为根本原则，将对人间佛教"神圣性"的秉持与人间佛教的"人间性"相融合，将人间佛教的"真谛"的原则性与"俗谛"的灵活性相结合，向我们展示了一位佛门大智者、实践家的本色！

如果说我们面前的社会在不断展露其永久的变迁性，那么我们也要以佛教的契理契机的智慧，以及赵朴老化解诸多问题的智慧和策略，来捕捉社会不断变化的"当下"状态，并积极提出对治的策略及措施。我们说，除了我们要持之以恒、坚持不懈地践行赵朴老所提出的原则、方案、策略、措施外，还可以从以下几个方面来进行进一步深化推进：

第一，进一步深入开展人间佛教的慈善运动，不断强化人间佛教的"神圣性"并及时总结新的理念。

我们说，赵朴老以其一生践行慈善，来继承中国佛教自古以来行慈善的优良传统，并大力倡导全国佛教信众以行慈善的行动来开展人间佛教运动。当然，当下与赵朴老所处的时期相比，我们国家的经济实力又有了进一步提升；也就是说，从践行慈善的角度来说，与当时相比较，慈善运动应该有更大规模、更深层次、更新形式等方面的进展和提升，也应当进行与当下时代相适应的慈善理念的概括总结等。

在这方面，例如天津市佛教慈善功德基金会理事长妙贤法师，自1996年开始就率领佛教信众积极投身于慈善事业，经过二十余年的实践，慈善惠及面达到全国16个省、自治区。妙贤法师对佛教慈善的新理念进行了概括，她说："传统慈善理念在一定程度上限制了现代慈善事业的发展，呼唤着现代慈善理念的产生。现代慈善理念是一种全新的社会价值观，是以人权和人性化为基础而产生的大慈大善大爱。现代慈善理念的最大特点是，救助者和被救助者不是救世主（神）和个体人的关系，而是两者人格平等、彼此尊重、公平公开的权利义务关系，从个体之间的慈行善举飞跃到社会化、组织化的群体行为，从短期的阶段性救济飞跃到经常性的全社会互助。"① 由此可见，由于当代社会交通发达，慈善实施的地域空间较以往有了更大程度的拓展；慈善的内容也由以前以"扶弱济困"为主逐渐向内容

---

① 妙贤法师：《发扬观音精神，做好慈善事业》，《第三届世界佛教论坛论文集》，2017。

更加多样化的方向扩展，如当代佛教慈善与动物保护、生态环保相结合，佛教慈善促进民族团结等；而历经多年慈善实践总结出来的新慈善理念，与当代社会发展状况更为适应，与当代社会的价值观更为契合。

此外，学界也有一些研究佛教慈善的成果面世，主要集中在对佛教慈善的历史研究方面。我们说，随着人间佛教慈善运动的不断开展，会有研究程度更深的，尤其是研究当代慈善实践及理念的新成果不断出现；当然，这需要佛教界、学界共同努力。

第二，将佛教各宗派的修行体证与人间佛教运动进行融通，进一步彰显人间佛教的"神圣性"。

我们说，赵朴老对于中国佛教历史的把握是全面而深刻的，如他对"农禅并举"传统的认识十分深刻；他对当下中国佛教出现问题的捕捉是敏锐的，提出的解决策略、措施是英明的，如他提出的中国佛教的"五大建设"，笔者对此在前面已做了引述和评论。我们说，算起来中国佛教协会自产生到当下已经将近 64 年了，中国佛教在改革开放的良好的社会环境下得以重生和逐渐走向复兴，那么，中国佛教的各个宗派，在长期的历史积淀中所形成的修行方法、宗风特质、法脉传承等，在当下的佛教信众尤其是出家僧众那里，能否在其复归的基础上继承和再弘扬？可喜的是，当下确实出现了以上所言的佛教宗派复归的趋向，例如祖庭文化的发掘就是当下佛门出现的一个新的现象。那么，接下来就是对各宗派修行方法、宗风特质等再继承和弘扬的问题。我们说，如何在当今信息化社会的环境下，继承古代以来各宗的修行方法、宗风特质等，确实是广大佛教信仰者尤其是出家僧众需要深思及践行的大问题。在信息化社会中，人与人之间、在家与出家之间在人际、信息等方面的联系，没有以往任何一个时代可以与当今相比。所以，当下时代面临着践行自古代形成的宗派的修行传统、接续宗风特质与在信息时代开展入世济世的人间佛教之间的融通的新问题。"农禅并举"的"农"，在当下时代已经在内容、种类、信息量、技术高度等方面，不知比古代时期的"农"有了多大的变化！

我们说，将人间佛教的慈悲本怀、"神圣性"的维度作为修行的增上缘，同时以自古形成的宗派的修行方法、宗风特质作为修行证道的直接门径（当然，自古形成的宗派的修行方法、宗风特质于当下时代继承的程度还须进一步实践才能得知），这应该是融通两者关系的原则吧。

第三，各国佛教之间的交流（包括宗教之间的交流），开展佛教（包括宗教学）研究，对于强化人间佛教的"神圣性"的意义。

我们知道，赵朴老是一位非常注重与其他国家、民族、地区进行佛教交流的大德，他将与其他国家的佛教交流作为中国佛教协会的常态工作之一；在赵朴老的《中国佛教协会三十年》《中国佛教协会四十年》的报告以及其他众多相关文章中，我们都能深深地体会到这一点。赵朴老将佛教文化作为友好的纽带和使者，在促进与各国的文化交流、民族了解、增进友谊等方面发挥了积极的重要作用。

我们说，赵朴老积极开展与其他国家、民族之间的佛教交流，是非常适应当时国际背景和社会条件的；而在当下信息时代，我们可根据具体时空条件，将佛教间的国际交流向开展各种宗教间的国际交流与对话方向进行拓展（赵朴老也常提及宗教间的交流问题，并也进行了一些交流活动）①。这样做，既可以逐步达到不同国家、宗教在平等对话前提下的相互理解、发掘共同的价值观所在，又可以消除隔阂、促进中国与其他各国之间的友谊。

再者，众所周知，赵朴老非常注重对佛教的学术研究，而对于中国佛教的义理、历史、文化方面的精神实质的真正理解和把握，能帮助广大信众、僧众进一步确立佛教的"神圣性"。而对于宗教学的研究，赵朴老在一篇文章《宗教学的研究应当受到全社会的重视》②中有提及，也就是说，赵朴老对于宗教学研究也是持开放性的支持态度的，也是对其寄予厚望的。我们说，通过对宗教学的研究，既能把握各种宗教的共同特性、发展脉络，还能预见未来趋势，也能为佛教的未来发展提供一些可资借鉴的启发吧。

---

① 这方面的文章，可参见赵朴初著《世界和平与宗教合作》，《赵朴初文集》（下卷），第 855~858 页；《各国宗教徒团结起来，为维护世界和平而努力》，《赵朴初文集》（下卷），第 909~910 页。

② 《宗教学的研究应当受到全社会的重视》，《赵朴初文集》（下卷），第 906~908 页。

赵朴初"人间佛教"教育思想及现实意义

蔡洞峰　殷洋宝[*]

　　为适应近代传统社会的现代转型，佛教必须随着时代的发展而自我调适和改造，由太虚大师所倡导的人间佛教（人生佛教）运动，奠定了 20 世纪中国佛教的发展方向。随后印顺法师在继承太虚大师思想的基础上，对人间佛教理论做了比较全面、系统、深入的阐释，进一步推动和发展了太虚大师的人间佛教理论。赵朴初则在理论和实践上积极推动人间佛教在当代中国的发展。

一　"人间佛教"的历史发展

　　人间佛教理论随着时代的发展而不断发展、完善。太虚认为"人生佛教"应包括三大要义：第一，人生佛教应以"人类"以及人类的"生存发达"为中心，以适应现代文化的人生化的需求；第二，人生佛教应以"为群众"的大乘佛教为中心，以适应现代人生的"群众化"的需求；第三，人生佛教应以"圆渐"的大乘佛教为中心，以适应现代重实证的科学化的需求。在《人生佛教问题》一文中，太虚大师对"人生佛教"这三大要义做了阐述。他说："佛法虽普为一切有情类，而以适应现代之文化故，当以'人类'为中心而施设契时机之佛学；佛法虽无间生死存亡，而以适应现代之现实的人生化故，当以求人类生存发达为中心而施设契时机之佛学是为人生佛学之第一义。佛法虽亦容无我的个人解脱之小乘佛学，今以适应现代人生之组织的群众化故，当以大悲大智为群众之大乘佛法为中心而施设契时机之佛学，是为人生佛学之第二义。大乘佛法，虽

---

*　蔡洞峰，苏州大学文学博士；殷洋宝，安庆师范大学副教授。

为令一切有情皆成佛之究竟圆满法，然大乘法有圆渐、圆顿之别，今以适应重征验、重秩序、重证据之现代科学化故，当以圆渐的大乘法为中心而施设契时机之佛学，是为人生佛学之第三义。"（《人生佛教问题》，《太虚大师全书》第五册）

在分别论述了人生佛教三大要义的基础上，太虚对何为"人生佛教"做了一个界定："'人生佛教'者，当暂置'天''鬼'等于不论，且从'人生'求其完成以至于发达为超人生，超超人生，洗除一切近于'天教''鬼教'等迷信，依现代的人生化、群众化、科学化为基，于此基础上建设趋向无上正遍觉之圆渐的大乘佛学。"（《人生佛教问题》，《太虚大师全书》第五册）

由此可以看出，"人生佛教"的提出是在传统社会面临的现代转型的历史语境中建立起来的，反映了近代以来世界文化思潮的人的主体地位的确立大众化、科学化的时代潮流。反映在佛教上，即"适应现代社会人生的需要，以大乘佛教的圆渐法为取向，以为人类求生存与发达为宗旨的现代佛教"。①

如果说从传统佛教到"六祖革命"以后的禅宗新佛教是实现了从佛本到人本的转变，那么从禅宗新佛教到近代"人生佛教"则是实现了从人本到人生的转变。不过，太虚大师的"人生佛教"在强调佛教的现实性和人生性的同时，仍具有明显的出世色彩。针对太虚大师"人生佛教"入世性的不彻底性，一批现代佛学大师和爱国佛学者提出了建立"人间佛教"的主张，这其中以印顺法师和赵朴初最具代表性。

为了消除太虚"人生佛教"中的出世色彩和神道内容，印顺法师提出"人间佛教"思想，对传统佛教以更加理性的精神进行改造，使佛教彻底回归到现实的人间社会。印顺说："太虚大师说'人生佛教'，是针对重鬼重死的中国佛教。我以为印度佛教的天（神）化，情势异常严重，也严重影响到中国佛教，所以，我不说'人生'而说'人间'。希望中国佛教，能脱落神化，回到现实的人间。"（《妙云集·佛在人间》）

在太虚大师反对重"鬼"重"死"的佛教，提倡重"人"、重"生"的佛教的基础上，提倡重视现实人间的佛教，这是"人间佛教"对"人生佛教"的发展之处。在印顺看来，佛教所崇拜的偶像"佛"既不是天

---

① 李霞：《从"六祖革命"到"人间佛教"：中国佛教人文精神的建立》，《社会科学战线》，2006年第4期。

神，也不是鬼怪，而是人。佛是由人修成的，菩萨更是如此，一切神灵均不存在。与反对一切神灵之说相联系，印顺对念佛、念咒等传统佛教修行方法也持否定态度，从而大大淡化了佛教的宗教色彩而贯注了现实的理性精神。

除了印顺，当代佛学大师吕澂先生在现代"人间佛教"建设方面也做过积极努力，他通过重新阐释佛教基本原理而将其引导到"人间佛教"的轨道上来。他说："入世出世的问题，依着菩萨乘的践行，是要投身于世间，渗透于世间，而求世间本质上的变革，并无脱离世间生活的说法。"（《人生佛教问题》，《太虚大师全书》第五册）佛教虽然主张出离世间，但佛家"所出离的并不是整个的现实世界，而只是属于世间即所应破坏、变革的一切染污、不善成分"。（《人生佛教问题》，《太虚大师全书》第五册）佛教的"出世"并不是与现实人生无关，而只是力图超越现实生活中不尽合理的人生。并且，佛教既有"出世"的一面，也有"即世"的一面，佛教所追求的正是像莲花那样出淤泥而不染的人生。莲花只有植根于污泥之中，方能显出其高洁的品格；佛法只有立足于世间，才能普度众生，发扬其慈悲济世的精神。显然，吕澂先生是通过对传统佛教进行现代诠释，来确立"人间佛教"的价值取向的。值得注意的是，吕澂先生对佛经的阐释已开始显现佛教从伦理化的善恶思想转化为审美意义上的"人间净土"思想的端倪。

新中国成立后，以赵朴初为代表的我国佛教界进步人士对传统佛教继续进行改造，致力于使之与社会主义社会相适应，"人间佛教"遂获得了崭新的内容。1983 年 12 月 5 日，赵朴初在中国佛协第四届理事会第二次会议上所做的《中国佛教协会三十年》的报告中，对中国佛教的优良传统和人间佛教做了特别的说明，他说："中国佛教已有近 2000 年的悠久历史。在当今的时代，中国佛教向何处去？什么是需要我们发扬的中国佛教的优良传统？这是我们要认真思考和正确解决的两个重大问题。对于第一个问题，我以为在我们信奉的教义中应提倡人间佛教思想。它的基本内容包括五戒、十善、四摄、六度等自利利他的广大行愿。《增一阿含经》说：'诸佛世尊，皆出人间'，揭示了佛陀重视人间的精神。《六祖坛经》说：'佛法在世间，不离世间觉，离世觅菩提，恰如求兔角'，阐明了佛法与世间的关系。佛陀出生在人间，说法度生在人间，佛法是源出人间并要利益人间的。我们提倡人间佛教的思想，就要奉行五戒、十善以净化自己，广修四摄，六度以利益人群，就要自觉地以实现人间净土为己任，为社会主义现代化建设这一庄严国土、利乐有情的崇高事业贡献自己的光和热。对于第二个问题，我以为应当发扬中国佛教的三个优良传统。第一是农禅并重的传统。……第二是注重学术研究的传统……第三是国际友好交流的传统。"① 这里，他提到的三个优良传统，可以说是从一个侧面揭示了中国佛教的"中国特色"。而他提到的"人间佛教"则从"中国佛教向何处去"的高度做了强调。他特别号召全国佛教徒："我们社会主义中国的佛教徒，对于自己信奉的佛教，应当提倡人间佛教思想，以利于我们担当新历史时期的人间使命。"②

赵朴初的大力提倡和推动使中国佛教日益走上了人间佛教的道路，致力于自利利他，实现人间净土。赵朴初在这里提到的人间佛教有两点：一是他引证中印佛教的经典，为人间佛教的合理性提供了重要的理论依据；二是他提倡人间佛教思想，是为了更好地担当新的历史时期的"人间使命"。这两点也是今天在推展人间佛教时需要重点思考和解决的问题。

二 赵朴初"人间佛教"的佛教教育思想

赵朴初提倡的"人间佛教"的核心价值观是倡导佛教的发展和改革与社会主义社会相适应。这对当前佛教教育改革有着重要的指导作用和现实意义。在我国，佛教教育如何与社会主义社会相适应，这关系到佛教教育的前途和未来。人间佛教思想要求佛教教育要与时俱进，适应时代和国家的发展，将佛教的教义圆融于建设中国特色社会主义的伟大事业之中。他说："历史充分证明，没有共产党就没有新中国。没有党的领导，就没有社会主义新中国美好的今天和光辉灿烂的明天。没有党的领导，我国各族佛教徒就不能充分享有宗教信仰自由的权利和其他政治权利，就不能保证佛教事业的顺利开展。因此，爱国，就必须自觉地接受党和政府的领导。历史也充分证明，只有社会主义才能救中国，社会主义是我们国家走向繁荣富强的必由之路。社会主义制度是已经确立的我们国家的根本制度。在我们佛教徒看来，消灭剥削压迫制度及其带来的一切罪恶、趋向人类平等的社会主义社会及其将来的高级阶段，乃是我们向往的'人间净土'。因此，我们无论从公民还是从佛教徒的角度，都应该拥护社会主

---

① 《赵朴初文集》（上卷），华文出版社，2007，第562页。
② 《赵朴初文集》（上卷），第563页。

义，维护社会主义制度，并坚决反对破坏社会主义制度的敌对分子。"①

赵朴初在庆祝中国佛学院成立四十周年大会上的讲话中提到佛教教育的目的是使我国佛教"传灯有继，法幢高擎，为庄严国土、利乐有情做出新的更大贡献"②。赵朴初提出在社会主义社会佛教应该更好地担当"人间使命"的思想，注重学术研究，为我国文学、艺术、历史、哲学研究提供宝贵的资料，丰富民族文化宝库，积极参加社会主义精神文明建设。

佛教教育如何与社会主义社会相适应，并发挥更大的积极作用？这是赵朴初人间佛教思想如何通过佛教教育实践的一个主要问题。习近平在全国宗教工作会议上指出："积极引导宗教与社会主义社会相适应，是要引导信教群众热爱祖国、热爱人民，维护祖国统一，维护中华民族大团结，服从服务于国家最高利益和中华民族整体利益；拥护中国共产党领导、拥护社会主义制度，坚持走中国特色社会主义道路；积极践行社会主义核心价值观，弘扬中华文化，努力把宗教教义同中华文化相融合；遵守国家法律法规，自觉接受国家依法管理；投身改革开放和社会主义现代化建设，为实现中华民族伟大复兴的中国梦贡献力量。"这指明了佛教教育如何将"佛教"与"人间"更好地契合，社会主义时期的佛教，应如何结合时代发展的趋向为社会主义服务，以佛教文化的精华为社会主义精神文明建设提供养料。

佛性，即佛的体性、本性，也是成佛的可能性。作为一种宗教，佛教的最终目的是成佛以后获得解脱。因此，佛性问题是佛教的核心问题。而人性，实质上就是人的本性，是人区别于其他动物的特性。作为一种人学，儒学的出发点和归宿都是人，因此，人性问题一直是儒学的中心问题。从佛教本身的特点来看，"人间佛教"不能只有"人间"而没有"佛教"，它只是强调佛法在世间，不离世间觉。它一方面必须担当"人间"使命，另一方面必须有"出世间"的宗教性和神圣性，才能更好地实现"自觉觉他"与"自度度人"的人间"使命"。佛教入世担当"人间使命"，人间性不应遮蔽其"出世间"的宗教性和神圣性。

在谈到人间佛教时，人们常引用六祖惠能的名言："佛法在世间，不离世间觉。"其实，如果把这个句子反过来读，我们就会看到，这里既强

---

① 赵朴初：《中国佛教协会三十年》，《法音》1983 年第 6 期。

② 《赵朴初文集》（下卷），1358 页。

调了佛法“在世间”“不离世间觉”，也强调了“在世间”的“佛法”和“觉世间”。也就是说，在强调佛教的“人间”性时，不能忽视“在世间”的“佛法”，“不离世间”是要“觉世间”，亦即“觉悟”人生、实现解脱。这两者应该是人间佛教必须重视的两个侧面，如鸟之双翼，车之双轮，不可偏废。

赵朴初提倡人间佛教时认为它能担当新的历史时期的“人间使命”，即与社会主义相适应，为社会主义精神文明建设做出贡献。这与习近平所强调的“要用社会主义核心价值观来引领和教育宗教界人士和信教群众，弘扬中华民族优良传统，用团结进步、和平宽容等观念引导广大信教群众，支持各宗教在保持基本信仰、核心教义、礼仪制度的同时，深入挖掘教义教规中有利于社会和谐、时代进步、健康文明的内容，对教规教义做出符合当代中国发展进步要求、符合中华优秀传统文化的阐释”的要求有着深度的契合，反映了赵朴初人间佛教教育思想的时代性和现实合理性。

赵朴初人间佛教理论中提到的加强佛教教育，培养佛教人才，“根据精神文明建设的任务，结合佛教的特点，佛教人才还要提高三个素质，即思想道德素质、佛教文化学术素质和一般科学文化素质。只有明确和贯彻这样的办学指导思想，才能使佛教教育事业生机勃勃、开花结果”。① 为此，他要求佛学院及相关研究机构加强学术研究，加强对佛学院的中青年人才的培养和扶持，“要大力培养佛教人才，特别是称职合格的中青年僧才。我国的佛教事业面临着人才青黄不接的严峻形势，佛教事业的建设与发展同佛教人才奇缺这个矛盾已上升为佛教工作诸矛盾中的主要矛盾。能否处理好这一矛盾，决定着中国佛教的命运、走向和前途。”② 这种佛教教育理念对当今佛教的发展方向无疑具有现实的指导意义。

赵朴初引证的《增一阿含经》和《六祖坛经》分别是中印佛教中的重要经典。《阿含经》作为早期佛教的基本经典，集中体现了佛陀创教的根本精神，特别是对佛陀重视人间的精神有充分的揭示，而《六祖坛经》作为唯一的一部以“经”命名的中国僧人的著作，其人间佛教思想既“奠基了中国禅宗人间佛教的基本特色，也为近现代以来的人间佛教运动提供了重要的理论资源和思想基础”③。透过这两部佛教经典我们可以清

① 《赵朴初文集》（下卷），第823页。
② 《赵朴初文集》（下卷），第1128页。
③ 洪修平：《〈坛经〉的人间佛教思想及其理论特色》，《河北学刊》2011年第6期。

楚地看到，人间佛教并不能脱离传统的佛教而发展，其思想渊源可以追溯到佛陀创教的根本情怀，而中国佛教又在中华文化的滋养下继承发展了佛教的根本精神。

因此，佛教教育应加强佛教学术研究，弘法利生。虽然从本质上说佛教是追求出世的宗教，其根本宗旨是把人从现实的"人生苦海"中解脱出来，但佛教提出的超脱生死轮回的解脱理想，本身就表达了佛教对人间苦难人生的悲悯和对永超苦海之极乐世界的向往，表达了对人生永恒幸福的一种追求。同时，佛教又通过强调"众生平等"特别是追求宗教解脱中的平等和"自作自受"的"业报轮回"而将人们引向了"诸恶莫作，众善奉行"的人生道德实践，鼓励人们通过自身的努力来实现美好的人生。这种理论不仅蕴含着劝人向善、积极进取的精神，而且表达了佛教的人间性和佛陀对社会人生的关怀，表现出佛陀创教的根本精神就是帮助众生实现"慧解脱"。

大乘佛教发展起来的"生死涅槃不二""世间出世不二"等基本精神，更好地沟通了佛教的出世理想与人间现实生活的联系，并为建立人间佛教、人间佛国净土提供了依据。中国佛教正是继承了佛陀创教的根本精神，同时在中国固有的传统思想文化氛围中，为适应中国社会的需要而有所发展和创新，形成了自身的一些特点。特别是在同中国儒、道等的冲突与互融中，佛教日益走向了现实的社会人生。立足于"众生"的解脱而强调永超人生苦海的佛教在中国则更突出了"人"和人生问题。因此，佛教的理想是"众生无边誓愿度，烦恼无尽誓愿断，法门无量誓愿学，佛道无上誓愿成"。具体来说就是我们的学和修都是为了这个誓愿——庄严国土，利乐有情。这是佛教的理想，也是佛教教育目的和意义所在。因此，赵朴初从发扬佛教优良传统，提倡人间佛教思想，主持和弘扬正法，庄严国土、利乐有情的角度，要求佛教教育以学术为核心，有利于发扬佛教学术研究的优良传统，努力开创佛教教学与研究的新局面。

三　佛教美学对佛教教育的意义与作用

审美是一种对现实的俗世超越，佛教的终极境界赋予佛教美学一种纯净的理想色彩。一方面佛教艺术是以一整套艺术形象和艺术手段为其信仰服务的艺术，它的美的理想和审美形式必然要求适应宗教内容的需要。另一方面，艺术一旦纳入佛教文化体系，佛教的思想和内容必然给艺术的形式打上深刻的烙印，使其区别于一般的世俗艺术。作为佛教文化组成部分的佛教美学，对中国文化和艺术产生过很大的影响和作用，留下了光辉灿烂的文化遗产。佛教思想的核心是缘起论。所谓"缘起"，就是指一切事物或一切现象的发生、发展和消亡，都是由一定的关系和条件决定的，没有恒常不变的东西。在哲学史上，佛教提供了新的命题和新的方法，极大地丰富和发展了中国哲学和美学。赵朴初认为，"般若学说和禅宗思想开拓了陶渊明、王维、白居易等大文学家诗歌创作的意境……从艺术方面来说，现存佛教寺塔有许多是我国古代建筑艺术的精华，一些宏伟的佛教建筑已成为各地风景轮廓线的标志……敦煌、云冈、龙门等石窟，是人类艺术的宝藏。佛教绘画在中国美术史上占有重要地位……佛教音乐的内容也很丰富，是我国古代音乐的一个组成部分。"① 佛教教育可以以艺术和审美作为中介，将佛教与人间世俗紧密联系起来，以此为精神文明建设做出贡献。

赵朴初也指出："'庄严国土，利乐有情'，这口号把世法、出世法都包括了……我们就是要有成佛作祖的志愿。……我们在这个地方就是要学、要修，学和修都是非常重要的。"② "菩萨行总的来说是上求佛道，下化众生……菩萨以此六波罗蜜作为舟航，在无常变化的生死苦海中自度度人，功行圆满，直达涅槃彼岸，名为成佛。菩萨成佛即是得大解脱，得大自在，永远常乐我净。这就是大乘佛教菩萨行的最后结果。"②

"人间佛教"既关注"人间"，更强调"佛教"，如果说"人间"表达的是契机，那么"佛教"更多的就是要契理，若离开了"出离生死苦海""成佛作祖"的解脱目标，那么佛教的人间事业就与一般的公益事业无异，佛教与其他宗教或理论学说的殊胜之处也就无从显现。如何将二者有机结合，形成互融共生的格局，在笔者看来，通过引入佛教美学艺术之维可以更好促进两者的良性互动。

宗教与艺术同属人文精神领域，习近平主席在巴黎联合国教科文组织总部发表演讲中特别提到，中华文化积淀着中华民族最深层的"精神追求"，代表着中华民族独特的"精神标识"。这里都突出了中华文化的精神性作用。这就是说弘扬中国佛教文化，不能仅满足于建寺盖庙；与社会主义社会相适应，不仅仅是引导信徒参与到经济建设中来，更不是简单的

---

① 《赵朴初文集》（下卷），第 816～817 页。

② 《赵朴初文集》（上卷），第 674～675 页。

佛教搭台经济唱戏，而是在与社会主义国家的政治、法律和国家利益相一致的同时，还要为精神文明建设做贡献。同时也促使我们思考：具有中国特色的中国佛教文化，它的独特精神体现在哪里？如何才能使中国佛教在今天人们建设精神家园中发挥更好的积极作用？作为中国古代美学的重要组成部分的佛教美学，则充分体现出一种人生美学，对构建当代人类的精神家园，促使人们以审美的态度对待自然、社会、他人以及自我都有着极其重要的作用。

太虚大师早在 20 世纪 20 年代，就提出了佛教美学是一种否定美学——否定一切不符合佛教义理的世俗美；同时又构筑、塑造了一个理想世界，而且是用世俗认可之"美"去描绘这个理想世界。在《美与佛的教训》中，太虚法师从佛教所揭示的"不净观"推导出对世俗认可的现实美和艺术美的否定态度。既然佛教认为现实的人生和自然不完美，因而主张通过改良人性以创造人生美、通过改造自然创造自然美。于是，太虚法师所倡导的"佛教革命"就与"美的创造"联系起来。

赵朴初发展了太虚的佛教美学思想，提出五戒、十善、四摄、六度等自利利他的广大行愿，以自觉实现人间净土为己任的人间佛教思想，蕴含着丰富的美学与美育思想。净土之学，乃基于想象之学，而所谓想象，是一种极为复杂的理论概念。无论想象给主体的意义空间带来了多大增量，想象的基础仍然来自现实生活。杜尔凯姆指出：

宗教表达的理想不是个人的某种内在力量的结果，相反，个人是在集体生活中学会理想化的。通过吸收社会所精心构造的理想，人也变得能够心怀理想了。社会把人引导进它的作用范围之内，使他感到超越经验世界的需要，同时给予他想象另一个世界的手段，因为社会在建构自己的同时，也建构了这个新世界，而新世界所表达的正是现实社会。[①] 斯坦因曾与我们分享他对中国僧侣的体验，有一句话总让笔者感动，他说："对于这种消灭生命个体现实存在的印度式悲观论人生观，中国人似乎并不普遍愿意接受。中国佛教徒并不具有印度佛教徒那种执着的哲学思考，他们更为简单地礼敬佛教三宝之人，因为这些人合乎德行的生活和他们精神上的修养，最终可以使之得到往生净土的回报。在那个理想的净土之中，他们可以舒适安详、无忧无虑地生活。虽然这样的生活并不是永久的，但是可以享用的时间之长却是不可计量的。这种往生净土的景象，往往被画作善

---

① 〔法〕迪尔凯姆：《迪尔凯姆论宗教》，周秋良译，华夏出版社，2000，第145页。

良人们的灵魂从莲花花瓣中转身化为一个婴儿。从此作为标志，使这种虔诚的想象显得更具有诗意。①

笔者一直认为，如果说印度是一个宗教的国度，那么中国一定是一个艺术的国度；中国佛教更接近于美学，正是通过以上比较得出的结论。而此中国佛教的美学情调，更多的是来自净土世界的人间气息，而赋予佛教几缕诗意光芒。佛教美学精神由于执着于世俗的人间，借此可以衍生出道德精神、平等精神，利乐有情及人间净土精神。

无可否认，社会的现代化是和社会分工的明确和强化密不可分的。这样导致现代社会需要用现代教育培养一批"专家"型人才。我们知道，现代教育是以"科学"为精神支柱的，而"科学精神"在很大程度上信奉理性，反对感性，所谓科技理性主义盛行。这种结果一方面使社会物质财富和技术手段极大丰富和提高，另一方面却导致人的道德水平和情感得不到应有的提升。不仅如此，那些封建社会的古老陋习似乎并没有随着社会的进步消失，反而卷土重来，在现代社会还产生了许多新的问题和矛盾，严重影响了世界的稳定和安宁。如果现实社会中个人主义盛行，自私自利，道德意识淡薄，恃强凌弱，强调竞争，谦让美德荡然无存，这一切社会弊端如何消除？怎样让世界变为人间净土？这一点，除了加强法制和政治文明建设外，佛教可以发挥自身的独特优势。佛法的特点使它能够成为消弭一切执见、催人觉悟的教材，寺庙就是可以提供超越专业之上的各种课程的学校，高僧大德就是以身说法的教师。佛教应该努力为正在学校中或世俗生活中的大众准备另一所终身就读的学校，编纂一套让世人获得超越自身业障的大教材。可以说，佛教是一种超越任何专业的宏通圆融的教育。

总之，从"六祖革命"到"人生佛教"再到"人间佛教"，中国佛教完成了从印度化到中国化，从传统的中国佛教到具有科学理性精神的近代佛教，再到具有人文关怀和人文精神的现代佛教的转变。这种转变在理论核心上表现为从"佛本"到"人本"，从"人本"到人生，再从"人生"到"人间"。洪修平认为有"哲学的宗教"之称的博大精深的佛教传至中土后，经与儒、道为主要代表的中国文化融合发展，形成了圆融精

---

① 〔英〕斯坦因：《沿着古代中亚的道路：斯坦因哈佛大学讲座》，巫新华译，广西师范大学出版社，2008，第245~246页。

神、伦理精神、人文精神、自然精神、实践精神等独特精神。① 同时也强调，佛教毕竟是宗教，信仰无疑是其最核心的内容，"佛教作为一种宗教，其信仰层面有对佛菩萨的崇拜，而其崇拜的落脚点则是期待众生从人生苦海中得到解脱，这与儒家敬畏天命鬼神的以人为本的宗教精神正相契合。从佛教在中土传播的历史及其与儒家的关系来看，可以说，儒学的人文精神，引发了中国佛教的人本化、心性化，而儒学的宗教精神则接引了作为宗教的佛教的信仰教义。中国佛教在儒学关注现世现生的人文精神和天道人性贯通的宗教精神的影响下，最终将神圣的佛性与现实的人心结合在一起，通过对主体自我的肯定而日益走向了现实的社会人生，从而完成了外来宗教的本土化，成为中国传统文化的重要组成部分，并至今仍在现实中发挥着深刻影响"。②

在中国佛教文化繁荣发展的当今社会，如何深入研究和挖掘中华传统文化重要组成部分的中国佛教的优秀精神文化资源，仍然是我们当前佛教教育与研究领域的中心工作。赵朴初的人间佛教思想以及其佛教教育的许多指导思想、观点，佛教的艺术教育及美育功能对当代社会的精神文明建设的作用及意义，所有这一切，对于引导佛教与社会主义社会相适应，更好地发挥佛教精神性资源的积极作用，实现中华民族伟大复兴的中国梦，无疑有着重要的理论和现实意义。

佛教的教育功能需要进一步开放阐释，也需要加强与现代社会的关联，应对随时出现演变的现实问题，这是践行"人间佛教"，弘扬佛法的极其重要的方面。

四　结语

赵朴初人间佛教思想的形成和发展是在中国特色社会主义社会的现实背景下提出的，因此，他不同于太虚和印顺所处的社会环境。他虽然继承了太虚和印顺的佛教思想，主张佛教与社会主义社会相适应和协调发展，但更加重视对佛教徒的佛教教育，强调佛教教育必须立足于培养佛教徒爱国爱教，发扬中国佛教的优良传统，将佛教与中华优秀传统文化联系起来，弘扬人间佛教的积极进取思想，对太虚的人生佛教以及印顺的

---

① 洪修平：《赵朴初的人间佛教思想及其现实意义》，《世界宗教文化》2015 年第 2 期。
② 洪修平：《赵朴初的人间佛教思想及其现实意义》，《世界宗教文化》2015 年第 2 期。

"佛在人间"思想进行了推进和超越，更与时俱进，极大地丰富了佛教的内涵。

佛教作为中华传统文化的一部分，在新的历史条件下，应成为连接中华民族与世界的精神纽带，这要通过佛教文化的教育交流才能实现。现在正值国家"一带一路"发展的契机，当年赵朴初就提出佛教文化作为"黄金纽带"的设想："中、韩、日三国的佛教文化是我们三国人民之间的黄金纽带，源远流长，值得我们珍惜、爱护和继续发展。"在中华文化走出去的今天，佛教智慧可以为"一带一路"提供历史经验，佛教通过文化教育等社会活动，造福当地社会，传播中华文化，成为"一带一路"倡议的有力支点。可以预见，赵朴初的人间佛教教育理念和思想必将在中华民族伟大复兴的新征程中做出贡献和产生深远影响。

赵朴初生态思想初探

陈雁萍*

众所周知，赵朴初居士（1907～2000），世人尊称"赵朴老"，是我国现当代佛门大德、卓越的佛教领袖，为中国佛教事业的发展做出了伟大贡献，深受全国佛教信众的拥护和爱戴。赵朴老继承中国佛教"人间佛教"的传统，带领全国广大佛教信众积极践行。我们说，赵朴老"人间佛教"思想内容丰富、渊深，其中涵括生态建设方面的思想。现对赵朴老相关思想进行探讨，以求教于大方。

一 赵朴老对现代生态问题产生的根源进行揭示并提出对治策略

赵朴老于1990年5月所做的《对当代佛教使命的一点看法》的讲话中指出：

> 佛言祖语都十分强调"惠利群生"、庄严现实人生依正二报的菩萨行是往生净土的净业正因。就当前来说，我们时代的现实是：依报方面，自然环境的污染和人为的战争恐惧，日益严重地威胁着人类的生存；正报方面，社会道德沦丧，青少年犯罪率的不断提高，使人类的生活失去了和谐与稳定。

> 佛教主张"依正不二"，明确指出人和自然、个体与群体、众生与国土的关系，不是相互对立的，而是相互依存的。从佛教的观点来说，当前人类出现的种种危机，究其根源就是人类无视"缘起法"的规律，有意无意地破坏"依正不二"这种相互依存、相互

---

* 陈雁萍，南开大学科贸学院副教授。

增上的关系，向大自然、向他人索取得太多太多，回馈得太少太少；而作为生命主体的人类自身却是任情纵欲，突显了人性的阴暗面，使人类应有的自觉与自律、仁慈与博爱等的优良品质，不能在社会整体上获得提高。这种人与自然、依报与正报相互对立的关系得不到适当的调整，长此以往，最终受害的还是人类自身。我想，在我们所处的时代里，针对人类的种种病态与危机，发扬佛教重视改善现实人生依正二报的积极精神，应是我们所有佛弟子共同的责任……①

可知，赵朴老以佛教的"依正二报""缘起论"等理论对现代在"依"（环境）、"正"（人类内心和自身）两个方面存在的问题进行揭示，并在此基础上找出对治的策略。赵朴老的阐述有以下几个方面：第一，对"依报"方面出现的问题的揭示是："依报"作为人类生存于其中的自然环境、社会环境，自然环境的污染、社会环境方面的人为的战争恐惧，日益严重地威胁着人类的生存；在"正报"方面，也就是人类自身的道德沦丧，尤其是青少年犯罪率的不断提高，使人类的生活失去了和谐与稳定。第二，揭示之所以造成当今所出现的环境与人类自身的严重问题，是由于人类违背了佛教的"缘起法"以及"依正不二"的思想，无视"缘起法""依正不二"思想所揭示的人类与生存环境之间的互相依存、互为增上的紧密联系；表现为肆意地向大自然、向他人攫取，同时，人类自身肆意放纵欲望，这样，既给自然、社会带来损害，也会淹没人类本有的自律、仁爱等优良品性，以至滑向道德堕落的深渊，最终也会给自身带来巨大灾难。第三，呼吁广大佛教信众，充分理解并践行佛教的"缘起法""依正不二"思想，发扬佛教注重改善现实人生"依正二报"的积极精神，以解决现时代所面临的问题。

我们说，赵朴老从人类内在根源方面入手揭示现时代的"依正二报"问题，并提出对治策略，的确是抓住了问题的根本，深具佛法契理契机之智慧。

---

① 《对当代佛教使命的一点看法》，《赵朴初文集》（下卷），华文出版社，2007，第1021~1022页。

二 赵朴老阐述中国佛教具有 "农禅并重" 及保护生态环境的优良传统

赵朴老于 1983 年 12 月 5 日所做的《中国佛教协会三十年》的报告中指出：

> 我以为应当发扬中国佛教的三个优良传统。第一是农禅并重的传统。中国古代的高僧大德们根据"净佛世界，成就众生"的思想，结合我国的国情，经过几百年的探索与实践，建立了农禅并重的丛林风规。从广义上理解，这里的"农"系指有益于社会的生产和服务性的劳动，"禅"系指宗教学修。正是在这一优良传统的影响下，我国古代许多僧徒们艰苦创业，辛勤劳作，精心管理，开创了田连阡陌、树木参天、环境幽静、风景优美的一座座名刹大寺，装点了我国锦绣河山。其中当然还凝结了劳动人民的劳动与智慧。中国佛教协会成立三十年来，一直大力发扬这一优良传统，号召全国佛教徒以"一日不作，一日不食"的精神，积极参加生产劳动和其他为社会主义建设事业服务的实践。在开创社会主义现代化建设新局面的今天，我们佛教徒更要大力发扬中国佛教的这一优良传统。[1]

可知，赵朴老对中国佛教"净佛世界，成就众生"的思想、"农禅并重"的传统，及其在环境保护、美化方面的成就进行了阐述；并对现代全国广大信众继承"农禅并重"传统，在社会主义建设事业上所取得的成就进行了阐述。

我们知道，中国佛教的"净佛世界，成就众生"思想，源于《维摩诘经》《大智度论》等经典。《维摩诘经》说："如是宝积，菩萨随其直心，则能发行；随其发行，则得深心；随其深心，则意调伏；随意调伏，则如说行；随如说行，则能回向；随其回向，则有方便；随其方便，则成就众生；随成就众生，则佛土净；随佛土净，则说法净；随说法净，则智慧净；随智慧净，则其心净；随其心净，则一切功德净。是故宝积，若菩萨欲得净土，当净其心；随其心净，则佛土净。"[2] 可见，《维摩诘经》阐

---

① 《中国佛教协会三十年》，《赵朴初文集》（上卷），第 562～563 页。
② 《维摩诘所说经》卷 1 之《佛国品》，《大正藏》第 14 册，第 538 页中。

释了由菩萨随其"直心"开始直至使众生得以解脱、成就的过程，而"成就众生"就能促使"佛土净"，"佛土净"能促进"心净"，直至"随其心净，则佛土净"。由此可知，《维摩诘经》阐释了"心"（"正报"）与"佛土"（"依报"）之间存在着相互增上的密不可分的关系。

再如《大智度论》卷50说："净佛世界者，有二种净：一者，菩萨自净其身；二者，净众生心，令行清净道。以彼我因缘清净故，随所愿得清净世界。"① 经论是说：净佛世界之中，有"菩萨自净其身""（菩萨）净众生心"两种清净。就是说：菩萨以自身清净的种种功德来教化众生，使众生内在心灵能够得以清净，这样才能造就清净的世界。可见，众生心灵（"正报"）的净化，是成就世界（"依报"）净化的内在依据。

而赵朴老提及中国佛教"农禅并重"的优良传统，我们说，中国佛教祖师大德在"净佛世界，成就众生"思想的引领之下，在与中国农耕社会的现实境况相适应的背景下，创造性地制定了"农禅并重"的佛门规约并积极付诸实践，这对提升佛教在中国社会环境中生存和发展的适应能力，拓展佛教修行悟道的实践途径，维护及美化自然环境等方面都具有积极意义。

我们知道，佛教传入中国不久，在道安大师（312～385）那里，就坚持常年不辍的劳作，并将修行与劳作进行紧密结合。到了禅宗五祖弘忍大师（601～675），他提出"四仪皆是道场，三业咸为佛事"的理念；六祖慧能大师（638～713）也有"佛法不离世间觉"的教诲；而马祖道一禅师（709～788）以"平常心是道"的说法发扬了前辈的思想理念；百丈怀海禅师（720～814）在继承前辈大德思想的基础上，创制"普请"制度即"农禅并重"的集体劳作制度。我们说，"农禅并重"的制度，不仅作为维护僧众生存的经济活动——保证了僧众以自己劳动获取生活之需，还拓展了僧众修证"佛法"的途径——由单纯在僧堂坐禅拓展至田间等广阔的空间，对中国佛教的生存、发展起到了重要作用。此外，在僧众践行"农禅并重"的活动中，植树育林等保护自然环境的行动占有很大比重；这样，田连阡陌、树木参天的环境，伴随富有传统建筑风格的一座座名刹大寺，造就了优美的环境，装点了我国的锦绣河山。

赵朴老还对中国佛教协会成立30年来，号召全国佛教徒以"一日不作，一日不食"的精神，积极参加生产劳动和其他为社会主义建设事业

---

　　① 《大智度论》卷50，《大正藏》第25册，第418页中。

服务的实践所取得的成绩进行了阐述，并呼吁佛教信众继续大力发扬中国佛教"农禅并重"的优良传统。

三 赵朴老倡导人间佛教并将保护生态环境作为人间佛教的重要内容

赵朴老于1983年12月5日所做的《中国佛教协会三十年》的报告中指出：

> 我以为在我们信奉的教义中应提倡人间佛教思想。它的基本内容包括五戒、十善、四摄、六度等自利利他的广大行愿。《增一阿含经》说："诸佛世尊，皆出人间"，揭示了佛陀重视人间的根本精神。《六祖坛经》说："佛法在世间，不离世间觉，离世觅菩提，恰如求兔角"，阐明了佛法与世间的关系。佛陀出生在人间，说法度生在人间，佛法是源出人间并要利益人间的。我们提倡人间佛教的思想，就要奉行五戒、十善以净化自己，广修四摄、六度以利益人群，就会自觉地以实现人间净土为己任，为社会主义现代化建设这一庄严国土、利乐有情的崇高事业贡献自己的光和热。①

可知，赵朴老呼吁广大佛教信众学习、领会"人间佛教"思想并在社会主义现代化建设过程中践行这一思想。赵朴老首先对"人间佛教"思想的内容进行阐释：它的基本内容包括五戒、十善、四摄、六度等自利利他的广大行愿。其次，赵朴老引经据典，援引《增一阿含经》中的"诸佛世尊，皆出人间"以及《六祖坛经》中"佛法在世间，不离世间觉，离世觅菩提，恰如求兔角"的相关思想，来论证"人间佛教"的思想渊源。进而，赵朴老号召全国广大信众以奉行五戒十善、广修四摄六度的广大行愿来积极践行"人间佛教"思想。

赵朴老还于报告中指出佛教"人间净土"思想与社会主义之间并不矛盾，且对前者对后者的促进关系进行了阐述：

> 在我们佛教徒看来，佛教"人间净土"的思想同社会主义并不矛盾。佛教徒对社会主义现代化建设事业应当具有极大的信心和责任

---

① 《中国佛教协会三十年》，《赵朴初文集》（上卷），第562~563页。

感。佛教的教义告诉我们要"报国土恩，报众生恩"，要以"庄严国土，利乐有情"为己任。佛经上说："一切资生事业悉是佛道"。我们的先辈提倡"一日不作，一日不食"。我国佛教徒在农事耕作、造林护林、造桥修路以及文教卫生、社会福利等方面都有优良传统。把我国建设成为一个具有高度物质文明和精神文明的社会主义现代化的国家，在我们佛教徒看来，这是千生罕遇的殊胜因缘和殊胜事业，我们佛教徒要在这一殊胜事业中尽心竭力，多做功德。①

此段中，首先，赵朴老说明了佛教"人间净土"的思想同社会主义不矛盾的关系；其次，赵朴老引经据典阐述人间佛教的基本精神。我们知道，"报国土恩，报众生恩"引于《大乘本生心地观经·报恩品》，经文中讲到"报父母恩、众生恩、国王恩、三宝恩"②。而"庄严国土，利乐有情"，诸多经典都有阐述，如《菩萨本行经》说："众事皆由精进而得兴起。……欲得具足三十二相八十种好，严净国土，教化众生，皆由精进而得成办。"③ 再如《大方广佛华严经·入不思议解脱境界普贤行愿品》说："菩萨摩诃萨菩提心灯，亦复如是：大愿为炷，发智慧光，照明法界；益大悲油，教化众生，庄严国土，施作佛事；现大威德，无有休息。"④ 可见，诸佛菩萨正是秉持慈悲心，以普度众生为己任，广行六度，不断在人间做"庄严国土，利乐有情"的事业。

"一切资生事业悉是佛道"的说法，与《大智度论》的相关思想相契合，《大智度论》中多处论及以般若思想观照世间一切事物，也包括一切资生事业在内。如《大智度论》卷81说："是菩萨摩诃萨如是住般若波罗蜜中，有所布施，若饮食、衣服种种资生之具，观是布施空；何等空？施者、受者及财物空，不令悭着心生。何以故？菩萨摩诃萨行般若波罗蜜，从初发意乃至坐道场，无有妄想分别。如诸佛得阿耨多罗三藐三菩提时，无悭着心；菩萨摩诃萨亦如是，行般若波罗蜜时，无悭着心。"⑤ 可知，这是以"布施"的行动为例，阐述以般若智慧观照之，则"三轮体空"：没有布施者，没有受布施者，也没有所布施的一切"资生之具"。

---

① 《中国佛教协会三十年》，《赵朴初文集》（上卷），第560～561页。
② 《大乘本生心地观经》卷1之《报恩品》，《大正藏》第3册，第297页上。
③ 《菩萨本行经》卷1，《大正藏》第3册，第108页下。
④ （唐）般若译《大方广佛华严经》卷36之《入不思议解脱境界普贤行愿品》，《大正藏》第10册，第828页中。
⑤ 《大智度论》卷81，《大正藏》第25册，第627页中。

此外，"一切资生事业悉是佛道"也与禅宗的观点相契合，如马祖道一禅师曾说："若欲直会其道，平常心是道。谓平常心，无造作、无是非、无取舍、无断常、无凡无圣。……只如今行住坐卧、应机接物尽是道；道即是法界，乃至河沙妙用，不出法界。"① 可知，马祖道一禅师的"行住坐卧、应机接物尽是道"是以"平常心"对一切事物（包括一切资生之具在内）进行体察的结果。

而"一日不作，一日不食"，是百丈怀海禅师所创制的《百丈清规》中对僧众"须从事集体劳作"的普请制度的一般要求。

赵朴老引经据典论述"人间净土"的思想后，对中国佛教史上广大佛教信众在农事耕作、造林护林、造桥修路以及文教卫生、社会福利等方面所做出的贡献以及形成中国佛教的优良传统，进行了阐述。

再如，赵朴老于1984年所著《佛教和中国文化》中说：

> 中国大乘佛教继承和发展了龙树的"一切资生事业悉是佛道"和弥勒的成佛必须修学五明的思想，在僧俗信徒中产生许多著名的学者，如一行、道寅、王维、孙思邈等人就是天文学家、史学家、文学家、医师。到了禅宗六祖慧能提出"佛法在世间，不离世间觉"的思想，以后的怀海又提出"一日不作，一日不食"的原则，因而使佛教与社会生活打成一片，在实际行动上实现了释迦牟尼"成熟有情，庄严刹土"的理想，使大乘真正发展为"人间佛教"。自公元九世纪以后的一千余年中，佛教的高僧大德从事造桥、修路、兴修水利、植树造林、行医施药、赈灾救难、救死扶伤，以至兴办社会福利事业、从事民族团结工作、整理文化遗产者代不乏人。②

可知，赵朴老首先对中国历史上的"人间佛教"思想形成过程中的相关佛教思想的依据、代表性人物等方面进行了阐释。其次，对由"人间佛教"思想引领下中国佛教大德所从事的慈善事业进行了说明：他们不仅从事造桥、修路、兴修水利、植树造林、行医施药等慈善活动，还从事兴办社会福利事业、民族团结工作、整理文化遗产等活动，也就是说，他们从事的"人间佛教"事业所涉及的范围是非常广泛的。由此可知，

① （宋）道元纂《江西大寂道一禅师语》，《景德传灯录》卷28，《大正藏》第51册，第440页上。
② 《佛教和中国文化》，《赵朴初文集》（上卷），第701页。

"植树造林"等保护自然环境的活动作为"人间佛教"事业的一个方面，在中国佛教信众那里得到了充分的开展。

再举一例。赵朴老于 1986 年所著《佛教与中国文化的关系》中指出：

> 社会主义时期的佛教，应该如何结合时代发展的趋向为两个文明建设服务呢？重要的是要吸取佛教文化的精华，要发扬"人间佛教"的精神。"人间佛教"的主要内容是五戒、十善和六度、四摄，前者着重在净自己的身心，后者着重在利益社会人群。从历史上看，佛教徒从事的公益事业是多方面的，也是多种多样的。如有的僧人行医施药，有的造桥修路，有的掘义井、设义学，有的植树造林，这在古人记载中是屡见不鲜的。特别是植树造林，成就卓越。试看我国各地，凡有佛教寺塔之处，无不绿树成荫，景色宜人，装点了祖国的万里江山。[①]

可知，赵朴老倡导发扬"人间佛教"的精神，并对"人间佛教"的主要内容进行了阐释，还对中国佛教历史上佛教信众所行的善举进行列举。赵朴老着重提到"植树造林"的善举：正是由于佛教信众广行"植树造林"之善举，才在祖国秀丽山河中平添了佛教的人文景观，而佛教人文景观无不处在绿树成荫的良好的自然环境之中。

四　赵朴初生态思想之要义及其对当今的启迪意义

我们注意到，赵朴老倡导"人间佛教"思想，谈到中国佛教"植树育林"的优良传统时，多使用诸如"美化环境""维护环境"等词语，但赵朴老并没有使用"生态环保"这样的词语。我们说，其中的原因是：赵朴老逝世后，环境问题越来越成为人类生存发展所面临的重大问题，尤其是我们国家，对生态环保问题越来越重视。国家对专门以"生态问题"为研究对象的"生态学"这一学科很注重，目前，"生态学"发展呈迅猛的态势，越来越多的"生态学"的分支学科得以产生，如"分子生态学""植被生态学""环境生态学""恢复生态学"等，这些分支学科试图从诸多角度来解决"生态环保"这一重大问题。相比较而言，赵朴老在世

---

　　① 《佛教与中国文化的关系》，《赵朴初文集》（下卷），第 808 页。

时我们对环境问题的重视程度，确实还没有上升到"生态学"的水平；因此，才出现刚才提及的赵朴老文章中未见"生态"这一词语的现象。

而赵朴老所倡导的，作为中国佛教的优良传统之一的"植树育林"的传统，在当今生态环保问题越来越受到重视、"生态学"成为显学的时代，还是具有非常重要的意义的。行文至此，笔者对赵朴老的生态思想进行简要的概括。赵朴老生态思想包含以下几个要点：

第一，以佛教"依正不二""缘起论"等思想为依据，对当今生态问题产生的根源进行了深入阐释。赵朴老认为：正是人类违背了佛教的"缘起法"以及"依正不二"的思想，人类肆意放纵欲望，肆意向大自然、向他人攫取资源，才破坏了人与环境之间的协调关系，表现为种种的生态环境问题的出现，同时也出现了人的道德堕落等内在问题。

第二，阐述中国佛教"农禅并重"这一优良传统形成所依据的思想义理及这一传统对中国佛教发展所产生的重要作用，进而号召全国广大佛教信众发扬中国佛教"农禅并重"的优良传统，将学佛的修行悟道与参加生产劳动和其他为社会主义建设事业服务的实践结合起来，也包括将学佛修行与从事"植树育林"等生态环保事业结合起来，为建设生态环境良好的国家而贡献力量。

第三，阐述中国佛教践行"人间佛教"活动的思想依据及历史渊源，在此基础上，大力倡导广大佛教信众践行以"五戒、十善、四摄、六度"为主要内容的"人间佛教"，而"植树育林"等生态环保事业作为"人间佛教"的重要方面，是全国广大佛教信众所必然开展的活动。

笔者在对赵朴老生态思想要点进行总结之后，再论及赵朴老生态思想对当今生态环保事业的启迪意义。笔者认为，启迪意义表现为以下几个方面：

第一，赵朴老对当今生态问题产生根源的深刻揭示，启发我们正确处理"依正二报"之间的关系，也就是说，要以"正报"为切入点，即在人类内心深处树立起正确的生态环保意识，并使之成为人类的一种自觉意识，同时克制贪欲等欲望，以理性来占据人类的思维世界，以此来改变"依报"，即改善我们的生存环境。

第二，在当今时代，继承中国佛教"农禅并重"的优良传统。虽然中国古代社会的"农"与当今广大佛教信众所从事的生产劳动和其他为国家建设事业服务的内容，已经有了很多不同，但是，"农禅并重"的基本精神没有变，我们要在生态建设活动中来修证佛法，并以此造就生态良好的社会环境。

　　第三，"人间佛教"仍然是当今广大佛教信众所遵循的方向，我们要在"人间佛教"运动开展的过程之中，不断以"五戒、十善、四摄、六度"的大乘佛教的精神，来从事"植树育林"等生态环保的人间佛教的事业。

赵朴初人间佛教思想论略

王国宇[*]

赵朴初的"人间佛教"思想深契中国社会实际，集中代表了新中国成立以来大陆佛教界的集体智慧，被称为"20 世纪中国佛教的象征"，具有极其广泛深远的影响。本文拟对其思想做一扼要论述，以资对赵朴初大师诞辰 110 周年的纪念。

一

20 世纪初，为适应时代需要，以太虚为首的寺僧派开始倡导"人生佛教"。他发动了"教理革命、教制革命、教产革命"① 的佛教革命运动。太虚要求中国佛教要渐从"寺僧佛教"转变成"社会各阶层民众佛教"，把佛教关注的重点移到现世人间。太虚倡导"以人生佛教建中国僧寺制；收新化旧成中国大乘人生的信众制；以人生佛教成十善风化的国俗及人世"②。他主张学佛应从做人开始，僧人要服务社会。他提出："圆觉之乘，不外大智慧、大慈悲之两法，而唯人具兹本能"，"唯此仁智是圆觉因，即大乘之习所成种姓，亦即人道之乘也。换言之，人道之正乘，即大乘之始阶也"③。由此可知太虚所主张的"人生佛教"是入世之道。

印顺继承并发展了太虚人生佛教思想，提出了"人间佛教"口号，认为佛教的目标是"净化世间，建设人间净土"，倡导人们要修菩萨道。菩萨道是佛法正道，菩萨行是人间正行，只有修得正道，才会拥有世界胸怀，达到佛法的至高境界。他用"信、智、悲"概括了"人间佛教"的

---

* 王国宇，湖南省社会科学院历史所所长，《求索》副主编。

① 释印顺：《太虚法师年谱》，宗教文化出版社，1995，第 50 页。
② 《太虚集》，中国社会科学出版社，1995，第 421 页。
③ 《太虚集》，第 387 页。

修持方法，认为"信、智、悲"是大乘佛教的"四摄六度、庄严国土、利乐有情"精神的体现。印顺法师在继承太虚大师思想的基础上，对人间佛教理论的深入阐释，推动和发展了太虚大师的"人生佛教"思想。"人生佛教与人间佛教虽然存在差异，然而从大的方面来讲，皆主张贴近现实人生，弘扬佛教中本有的现实主义内容而为利益人群、造福社会积极奉献"①。

赵朴初继承中国佛教界关于"人生佛教""人间佛教"理论成果，在20世纪80年代初，根据新形势的特点，不失时机地提出"人间佛教"思想，并在1987年通过佛协五届会议将"提倡人间佛教积极进取的思想""发扬佛教优良传统"载入《中国佛教协会章程》之中，对佛教的迅速发展起到指导和极大的推动作用。自此，"人间佛教"成为佛教适应现实社会、契合社会人心的主流思想。

二

赵朴初的"人间佛教"思想强调佛陀施教的中心任务是净化人类，"佛教关于'勤修戒定慧，息灭贪嗔痴'的教义，其重点是指导人们如何净化自己的心灵，使智慧开发，烦恼解脱，觉悟圆满；佛教关于五戒、十善、四摄、六度的教义，其重点是指导人们如何净化人类相依共存的生活环境，使国土庄严，众生安乐，世界和平"②。这是赵朴初对"人间佛教"思想人本立场与利生济世精神的概括与提炼，具有十分鲜明的特质。

1. 强调"以人为本"

赵朴初指出，"人间佛教"思想是不脱离现实的思想，《增一阿含经》说："诸佛世尊，皆出人间。"《六祖坛经》言"佛法在世间，不离世间觉"，佛法是源出人间并要求利益人间的③。佛教的核心内容，正是在于教化人们以布施转化贪心，以慈悲转化嗔心，以智慧转化痴心，以众生一体、万物同心的博大胸怀，追求个体心灵的和平和群体生存环境的和平，自度度人、自利利他，在断惑究竟、悲智功德上趋向无上圆满的境地。

---

① 杨曾文：《赵朴初人间佛教思想试论》，《佛学研究》，2005年。
② 《赵朴初文集》（下卷），华文出版社，2007，第856页。
③ 《赵朴初文集》（上卷），第562页。

"《华严经》云：'不为自己求安乐，但愿众生得离苦。'佛陀立教，以慈济群生为本愿"①。

赵朴初认为，佛教是人间社会的佛教，佛教是扎根于现实社会之中的。"人间佛教"不是指称佛教的新宗派，而是对佛教的社会实体性、社会功能性的一种强调。所以，"人间佛教"要求利益人间，以利益人间为宗旨。"人间佛教"不能脱离现实社会而独存，重视与时俱进，要求佛教与社会主义社会相适应。因此他强调："无论对个人或团体来说，要培养佛种、绍隆佛种，就要重视因缘，重视时节因缘，重视国土因缘，重视众生因缘，三种因缘具足，佛的种子才能得到滋润发芽，以至开花结果。既是重视时节因缘，就要认识时代，适应时代。既是重视国土因缘，就要报国土恩，参加社会主义建设，爱护祖国。既是重视众生因缘，就要全心全意为人民服务。"②

2. 认为"众生皆可成佛"

赵朴初认为，众生皆具智慧，由是"一切众生皆有佛性；心、佛、众生，三无差别；一切有情，皆可成佛；生死、涅槃，无少分别；尘世、佛土，随心诟净"③。"心"是开悟解脱的大门，尘世与佛土、迷与悟共存于"本心"。一旦破心中之贼，人性还净，心体澄明开悟时，世界便是超然自在之境。心迷、心悟都不脱离世间，世间本身就是心体所要显现之内容，心体与世间相互依存。所以佛出世间，人间成佛。人生于世，必须修炼。赵朴初强调做人即是做佛，世法皆是佛法，主张通过五戒十善、四摄六度的修行，完善个人品德，建立人间净土，体现了无常世界观和修菩萨行的自利利他、修菩萨行、圆融无碍等原则。

3. 要求"造福人间"

"人间佛教"强调学佛必学菩萨行，要学菩萨自度度人、自觉觉人、自利利他；诸恶莫作，净化自我人格，提升自身道德境界。赵朴初强调，佛法是为解决人的安身立命问题之说，是"对宇宙人生的洞察，对人类理性的反省，对道德行为的价值和保证"④。佛教的根本指向就是要把佛的智慧带给人类，教化人类，具有正思维、正语、正业等作用，以"勤

---

① 《赵朴初文集》（下卷），第 743 页。
② 《赵朴初文集》（下卷），第 835 页。
③ 《赵朴初文集》（上卷），第 684 页。
④ 《赵朴初文集》（下卷），第 816 页。

修戒定慧，息灭贪嗔痴"来净化心灵①。赵朴初说，提倡"人间佛教"，就是要使"人间佛教"思想与现代人类文化和文明的新趋势、新水平相结合，"我们提倡人间佛教的思想，就是要奉行五戒、十善以净化自身，广修四摄、六度以利益人群，就要自觉地以实现人间净土为己任，为社会主义现代化建设这一庄严国土、利乐有情的崇高事业贡献自己的光和热"②。

4. 强调服务当代社会

赵朴初依据新的时代要求，认为"人间佛教"必须与社会主义精神文明、社会主义现代化建设相适应。他明确指出，中国佛教从整体上和主流上看，它日益与具有中国特色的社会主义社会相适应，是保持稳定的重要因素，是促进发展的重要力量，是我国改革开放和现代化建设事业的助力而不是阻力。中国佛教"与社会主义不相违背"，"要求发扬佛教的优良传统，继承先人的遗业，以人间佛教入世度生的精神，为社会主义四化建设服务"③。赵朴初曾明确提出，如果人人都能学菩萨行，行菩萨道，且不说成不成佛，就是当前使人们自觉树立起高尚的道德品行，积极地建立起助人为乐的精神文明，也是有益于国家和社会的，何况以此来净化世间，建设人间净土。

5. 倡导爱国主义传统

在新的历史条件下，赵朴初把"人间佛教"思想圆融于爱国主义，要求佛教弟子发扬"庄严国土，利乐有情"的爱国主义优良传统，倡导佛弟子爱国爱教遵纪守法，"农禅并重""一日不作，一日不食"、博施众利、利益众生；强调要知恩报恩，报国家恩，报社会恩；要积极服务当代社会的发展；积极服务于民族团结、祖国统一、世界和平，发挥佛教对于促进国与国之间、种族与种族之间的互相尊重、互相信任、和睦相处的作用，促进全人类的和平与发展。④

三

赵朴初从20世纪20年代初就从事佛教会工作。50年代初，他与虚

---

① 《赵朴初文集》（上卷），第198页。
② 《赵朴初文集》（上卷），第563页。
③ 赵朴初：《中国佛教协会三十年》，《法音》1983年第6期。
④ 《赵朴初文集》（下卷），第803页。

云、圆瑛等高僧大德及佛教界知名人士发起成立中国佛教协会。1983 年 12 月，赵朴初在面对佛教的建设发展、佛学文化的繁荣以及如何协调与政府和社会的关系这三大重要任务时，在中国佛教协会成立 30 周年纪念大会上，明确提出并系统阐述了"人间佛教"思想，以无常的世界观和菩萨行的人生观为理论基础，强调做人即是做佛，世法皆是佛法，主张通过"五戒十善、四摄六度"的修行，净化世间，建立人间净土。

赵朴初"人间佛教"思想是继承了近代以来中国佛教界关于"人生佛教""人间佛教"理论成果，并总结了新中国成立以来大陆佛教界的实践经验和集体智慧，结合当今时代特点而形成的理论体系。在改革开放的历史背景下，将人间佛教思想与社会主义建设事业联系起来，确立了将"人间佛教"作为中国佛教的发展方向。

赵朴初的"人间佛教"思想继承了大乘佛教的救世济世精神，发扬利乐有情、普度众生的佛教教义，实现人间净土；以出世的精神做入世的事业；要实行"农禅并重"，在参禅悟道的同时积极参加社会建设。这种思想与实践开创了中国佛教的新局面，并在开展社会福利事业、对外友好关系和维护世界和平方面取得了显著成就。

赵朴初发扬"人间佛教"思想，目的之一是为纠正"佛教是迷信"的错误观念，让人们真正认识"佛教是文化而不是迷信"。由于有不少人认为"佛教是迷信"，不利于佛教的生存和发展，为此 1979 年以来，赵朴初为弘扬新时代"人间佛教"的优越性，在相当长的时间内在不同的场合，反复强调"佛教是文化"的观点，认为不能简单地把佛教"看作粗俗的宗教迷信"，要发掘和研究佛教文化遗产，"吸取其中有价值的东西，无疑可以丰富社会主义文化"。[1]"佛教是文化"的观点为中国佛教的生存发展寻找到了重要理论依据。

赵朴初的"人间佛教"思想深契中国社会的实际，独具时代特色，推动了佛教在大陆的稳步发展，对于中国现代社会的思想文化建设事业产生了深远影响，同时也是中国佛教在 21 世纪发展的基本方向。

---

[1] 赵朴初：《佛教常识答问》，中国佛教协会出版，1999，第 3 页。

知恩报恩——赵朴初居士毕生奉行的大愿

张晓松[*]

赵朴初居士是杰出的爱国宗教领袖，在国内外宗教界有着广泛的影响。他强调爱国爱教；将佛教的五戒、十善、四摄、六度与公民道德建设相会通；继承和发扬中国佛教优良的传统；强调佛教必须"续佛慧命"，传承正信正法，保持组织的纯洁性。他一生发菩萨心，行菩萨道，是中国四众弟子中践行大乘佛教精神的杰出代表。他像诸佛菩萨一样，在心里发下"知恩报恩"大愿，一生行愿不止，成就了自己的伟大人生。

一 知恩报恩的思想，是佛教传统伦理思想的代表之一，也是人类社会最值得提倡的伦理道德思想之一

佛教的报恩思想出现得很早，在佛教创立之后就已有之。佛教经典《杂阿含经》卷第四十七记载，佛陀在世的时候，曾经告诫弟子"彼野狐者，疥疮所困，是故鸣唤。若能有人为彼野狐治疗疥疮者，野狐必当知恩报恩。而今有一愚痴之人，无有知恩报恩。是故诸比丘，当如是学：知恩报恩。其有小恩尚报，终不忘失，况复大恩？"

佛教的报恩思想传入我国以后，与我国传统思想中的报恩思想相结合，有了更多更广的意义。佛教知恩图报的思想与儒家的孝道思想结合起来，形成了中国佛教特有的报恩思想。

佛教的报恩思想发展成熟，其最重要的标志就是佛教徒将其构成了"报四恩"的体系。所谓"四恩"，是指"一父母恩，二师长恩，三国王恩，四施主恩"。也有的经典说是"一父母恩，二众生恩，三国主恩，四

* 张晓松，安徽省赵朴初研究会研究员。

三宝恩"①。虽然名称有所不同，但是其实质都是旨在强调要尽孝还报于家庭和整个社会以及国家。

对于"知恩报恩"思想，朴老在栖霞寺佛学院对学僧的讲话中阐释说："佛教讲上报四重恩。一报父母师长恩，他们对我们有养育、教育之恩；二报众生恩，我们的生活，依靠大众多种多样的劳动，我们应以同等的劳动报答他们；三报国家恩，我们居住在国土上，享受公民一切权利，应该奉公守法，以庄严国土（美化）、利乐有情（利人）来报恩；四报三宝恩，佛教导我们诸恶莫作（有害大众的事莫做），众善奉行（有利大众的事多做），自净其意（息灭贪嗔痴烦恼），饶益有情（行菩萨道修六度）。"

二　赵朴初居士一生奉行"知恩报恩"大愿，为国家、为佛教做出了丰功伟业

佛云："是故诸比丘，当如是学：知恩报恩。其有小恩尚报，终不忘失，况复大恩？"②"世间之恩，有其四种：一父母恩，二众生恩，三国王恩，四三宝恩，如是四恩。一切众生平等荷负。"③朴老不止一次，也不止在一个场合，反复强调佛教徒要"知恩报恩"："最重要的，要问自己，学习、工作是为什么？这是关系到立志问题，关系到有什么理想的问题。你学习和工作是为自己的名闻利养？还是为了报众生恩、报国家恩、报三宝恩、报父母恩？"④

在北京市和平门附近，南小栓胡同一号的四合小院，就是朴老的家。在正屋客厅侧，是赵朴初的书房，他取名"无尽意斋"。有人问他，为什么取这个名字？赵朴初解释说："作为一个人，就应该报人民大众的恩。'无尽意'三个字，就是说报众生恩的心意无有穷尽，我是用这三个字来提醒自己，勉励自己，作为努力的目标。"今天走进中国佛学院，迎面就可看到一块醒目的校训牌，上面镌刻着朴老的题词："知恩报恩"，激励着每一个学僧。

特别是朴老进入生命的最后岁月，真正放下万缘，无滞无碍，获得一

---

① 《大乘本生心地观经》。
② 《杂阿含经》卷四七。
③ 《大乘本生心地观经》卷二。
④ 《在中国佛学院 86 届本科生毕业典礼上的讲话》。

颗觉悟之心，进入一种不可思议的佛境，唯有的是心中的大愿，还是如何在余年里鼓足勇气去报四重深恩，如何行愿无尽。

1996年1月，朴老在医院突发心脏病，心脏几乎停止跳动。幸得医生抢救及时，才脱离生命危险。醒来后的朴老写下《大病几殆，口占》：

> 一息尚存日，何敢急微躯？
> 众生恩不尽，世世报无穷。

1999年11月5日，是朴老92岁生日。他在病房里写下《临江仙——九十二生日，赋答诸亲友》：

> 病室偏饶春色，好花流入如川。良辰喜值二千年。嘉音西北至，美意迩东南。深重四恩难报，犹思贾勇余年。敢将退笔写华笺。不辞歌下里，随兴乐当前。

三 赵朴初居士"知恩报恩"的大愿，启自他那颗大慈悲心

这个大愿的源头，可追溯到赵家先祖身上。朴老出自安徽省太湖县赵氏家族，其太高祖赵文楷是清嘉庆元年（1796）的状元，对于君恩、民恩，始终放在他的心头。赵文楷去世后，其妾王夫人在家中设置报恩堂，把"知恩报恩"作为家庭教育的重要内容。朴老1907年出生于安徽省安庆市，1911年回祖居地太湖县生活，从小就深受家学的浸润。

朴老的母亲陈仲瑄文化素养很高，是一位非常虔诚的佛教徒，家中设有佛堂，每天都要焚香礼佛。朴老生活的太湖县，佛教文化极其浓厚，高僧辈出，庙宇众多，母亲经常带着赵朴初去附近的一些庙宇进香。赵家还有一个家庙，名德修静室，朴老的一个伯母在家庙修行。母亲等人的教导，培养了朴老一颗温柔的慈悲心，关怀弱者，多做善事。目睹国家贫弱、民众苦难，他从小就立下了救国救民的抱负。

朴老年少离开家乡，就读于东吴大学。因为身体有病，朴老不得不结束学业，回到上海其母亲的义姊关静之大姨家养病。关静之的弟弟关絅之曾在上海租界担任法官，后来皈依佛法，与沈心师等人发起成立上海佛教居士林，举家迁居觉园。觉园，也成了朴老的"佛教大学"。朴老供职于

江浙佛教联合会、中国佛教会，结识到太虚、印顺、虚云、圆瑛、能海、

九世班禅等大师，并与许多人长期共事。这些高僧大德的谆谆教诲以及自身的精进熏修，使朴老进入到佛门里更加高深的殿堂，在他那颗不断成就的慈悲心中，把救国救民的抱负自觉化成佛教报恩无尽的大愿。

"九一八事变"后，民族危机日渐加重。在抗日救亡浪潮影响下，朴老读到一些进步书籍，思想上也有了些改变，开始关注国家大事。圆瑛大师"出世犹垂忧国泪"、弘一大师"念佛不忘救国"的主张以及鲁迅、马相伯、吴耀宗、沈钧儒等人献身真理、献身国家、献身人民的言行，都给了朴老极大的影响，成为朴老效仿的楷模。在大上海这块先进文化的沃土，青年朴老已经成长为一名善良、正直的优秀知识分子。爱国、报恩的愿行，在他的慈悲心里得到不断坚定与升华，使他积极投身抗日浪潮，面对敌人的枪弹，无所畏惧，勇往直前。

抗战胜利后，朴老积极投身解救民众的爱国民主运动，以国家、众生利益为至上，迎来了新中国的成立。他发起成立中国佛教协会，长期担任中国佛协实际工作的负责人。"文革"期间，朴老受到打击，但爱国爱教的初心不改。1983 年，在中国佛教协会第四届理事会上，朴老明确提出，当今时代要提倡人间佛教，发扬佛教三个优良传统。人间佛教的基本内容包括五戒、十善、四摄、六度等自利利他的广大行愿。他认为：佛教徒只有发"知恩报恩""不为自己求安乐，但愿众生得离苦"的大心，种下无止善因，才能获得崇高的善果。他以年迈之身，满怀热情，完全投入到工作中，投入到他为之奉行的更为崇高、更为宏远的报恩大愿之中。

四 赵朴初居士把一生奉献给了国家、人民和佛教，是"知恩报恩"的一个典范

报父母恩的大孝子。佛云："凡天地人神，不如孝其亲，孝亲最神也。"朴老从小敬重父母，听父母的话，深得父母的喜爱。在上海求学期间，经常写信给父母问候。在上海期间，朴老依母亲的义姊关静之若母，只要回到觉园的家，他每天都要去向关静之请安，后来将她从上海带到北京，为她养老送终。由于历史的原因，朴老的亲人受到了一些不公正的待遇。母亲在 1947 年被划为地主，受到打击去世，成为朴老痛中之痛。他一生怀着无比愧疚的心情，深深地怀念着母亲。1990 年，朴老回到阔别 64 年的家乡太湖县，面对故居淹于花亭湖下"水深千尺"，想起亲人所受到的不公正待遇，他让自己"不教往事惹思量"，想到的是"问还余几多

光热，报我乡邦？"这是何等慈祥而宽厚的情怀呀！他在家乡设立"拜石奖学金"，拜石是母亲的别号，以这种方式来纪念母亲。他将母亲的遗著《冰玉影传奇》影印若干册，分赠亲友，并亲书序言，表达了一个儿子"子欲养而亲不待"的悲痛。朴老似乎没有尽到对父母的孝，但他尽的是对国家、对人民、对佛陀的孝，这是人间大孝，是一个伟大的孝子。

报众生恩的大公仆。抗战期间，朴老在上海从事难民救济工作，救活了无数人的性命，帮助许多人找到了安身立命之地。后来，他又协助关絅之办教养院和少年村，使数千流浪儿得以生存，并受到教育，成为社会有用之才。在搞救济工作中，朴老经手的钱财物可谓不计其数，他两袖清风，一尘不染，受到周恩来的高度赞扬。朴老主持中国佛教协会工作，他号召全国佛教徒积极投身社会各项事业，特别是救苦救难，有力地支持了国家的社会主义建设。每次国内外发生重大灾害，他都带领佛教徒积极响应，开展募捐活动。他个人的捐献活动也从来没有停止过，有人统计，八九十年代，他共为社会捐助人民币240多万元，而自家过的却是别人难以想象的简单生活。有人曾问朴老："您年纪这么大了，身体也不好，不能因为捐款而影响了自己的生活啊！"朴老笑笑说："不要紧，我给社会捐点钱，其中一部分是国外发给我的奖金和稿费，另外，我的工资花不了，也没有什么用，取之于民，用之于民，还之于民吧。"

报国家恩的大爱国者。谈及朴老的爱国行为，他的夫人陈邦织讲过："在朴老的心中，爱国心和佛教的慈悲心是紧密结合在一起的，使他成为一个坚定而热情的爱国主义者。"当个人利益受到损害时，朴老常以忍辱待之；而当国家和人民的利益受到损害时，他可以舍命维护，这是朴老为人的原则。1937年，当日军的炸弹落在上海街头时，朴老冒着生命危险，带领成千上万的难民觅地安生。他巧妙安排，大智大勇，把一大批经过培训的难民送往新四军，支持抗战。抗战胜利后，他痛恨国民党反动独裁的黑暗统治，积极参加争取民主、反对内战、解救民众的爱国运动。新中国成立后，他按照周总理的指示，积极与邻国开展民间外交，把和平的种子撒遍世界。在印度的一次会议上，面对有人公开反华，他挺身而出，予以驳斥，维护了国家的尊严。他坚决反对境外势力试图将西藏分裂出去的罪恶图谋，拥护中央关于藏传佛教的工作。他积极组织开展对大陆、台湾及港澳的佛教联谊工作，同破坏祖国统一事业的言论和行动进行坚决的斗争。香港回归的日子，他每天抄录林则徐词以表庆贺，并在后来以高龄赴港参加佛事活动，以实际行动促进香港的稳定和繁荣。在他生命垂危之际，还念及台湾的老友故旧，心系祖国统一。

报三宝恩的大护法。朴老年轻时皈依三宝，虔诚向佛，即使在工作极度繁忙的日子，也坚持诵经礼佛。他终生食素，严格守居士戒，奉居士行。他深入钻研佛学，佛学造诣深厚。作为新中国的佛教领袖，朴老93岁的一生，也是中国近现代佛教的一段断代史。他肩荷如来家业，竭心尽力，直至生命的最后一息，为中国佛教的发展做出了丰功伟绩。他高举起"人间佛教"的旗帜，使佛教首次得以把自身利益和人民群众的利益结合起来，以"庄严国土，利乐有情"为己任，解决了佛教与时俱进问题。他赋予了佛教建设祖国、促进和平的崭新内容，使佛教成了利国利民的宗教，成了新时代和平使者的化身。在朴老的正确领导下，特别是自十一届三中全会以来，中国佛教事业从废墟中走向全面恢复，并发展到一个前所未有的鼎盛时期，突出表现在佛教理论有了新的建树，佛教自身建设得到加强，佛教教育取得辉煌成果，佛教国际交流空前活跃等。

朴老"知恩报恩"的行愿，值得我们去认真思考和仿效。首先要知晓、懂得国家、人民、三宝、亲人乃至养育我们的山川草木的恩情，并去努力报答这份恩情，无私奉献，无怨无悔。

朴老发愿行愿的人生，也为我们每个人树立了学习的楷模。只有发下愿心，人生才有更高的目标；只有行愿无尽，人生才有更高的成就。

在世出世间架起一座智慧的桥梁

——赵朴初提出人间佛教思想的一个重要出发点

黄复彩*

由释迦牟尼及其弟子们共同创立的早期佛教理论中，四谛、五蕴、十二因缘、三法印，以及缘起、无我、中道、种姓平等等理论，旨在为众生解脱带来方便，同时也表现出对当时婆罗门社会万能造物主的"神我"学说的强烈抗拒。佛教的"无我"学说认为，事物并没有一个不变的实体，一切实相都是在不断地变化即无常之中。这也是佛教区别于古印度其他各种宗教派别的最根本之处。此外，早期佛教用缘起论解释人的生老病死等人生现象，更是对人的自我解脱和人性的自我解放有着积极的人生意义和现实追求。

佛教传入汉地后，很快在与中国传统文化的融合中获得新的生命。至唐，慧能时代的顿悟学说，更是表现出一种积极的人生态度和活泼进取的出世主张。"佛法在世间，不离世间觉，离世觅菩提，恰如求兔角"，体现出佛法的不离世间性，乃至一代一代成熟的禅宗大师们都要求弟子们走出禅室，走到鲜活的社会生活中，去"吃茶"，去"洗钵"，进而在"一日不作，一日不食"的劳作中获得新的感悟，不要一味在僵硬的理性思考中苦苦折磨自己，只有这样，才能最终获得解脱。所有这些，都体现出中国佛教鲜明的生活态度和积极的人生意义。慧能禅的确立，让越来越多的在"解脱"之道中苦苦追求的人们找到一条脱离生死苦海的理想捷径。

宋代以来，由于越来越多的士大夫对禅的热衷，让原本有着现实人生意义的禅发生了极大的变化，尤其是"文字禅"的形成，禅开始成为少数文人阶层的精神鸦片，使得禅严重脱离社会现实。而对于那些视佛教为可望而不可即的下层民众，则是将佛教与中国社会固有的封建迷信混为一

* 黄复彩，九华山佛学院客座教授。

谈，他们在各种经忏佛事中寻求虚妄的来世利益，把对佛菩萨的敬仰与中国社会固有的神祇崇拜相结合。这种现象的结果，是佛教越来越受到世人的偏见、责难和诟病，佛教的生存和发展令人担忧。

世出世间深如沟壑，佛教与现实生活隔阂如此之深，迫切需要大智慧者在世出世间架起一座智慧的桥梁，让佛教重回人间，也为佛教找回一条重生的路子。

改革中国佛教，成为现代以来众多高僧大德的共识。太虚大师顺应时势，率先提出"人生佛教"的思想，其旨主要是以人为基点，重视人们现实生活的改善和人类社会的建设，"人成即佛成"之"人"，即是普罗大众与佛性之间的完美统一，其首要者，即是处理好入世与出世、做人与成佛、世俗生活与宗教生活的关系。但由于种种原因，太虚大师的人生佛教并未能得到普遍的认同。

进入新民主主义社会以来，在阶级斗争的理论下，佛教受到一定程度的打压和破坏，但佛教的信仰早已深入人心，一个包容的社会，不仅不能没有佛教，更需要一个与进步的社会相适应的佛教信仰来平抑人们的复杂心理，调和社会的各种矛盾，起到社会政治、经济所起不到的巨大作用。

针对当时佛教的现状，一大批卓有见识的佛教大师开始意识到，佛教必须适应现实的人间社会，唯有如此，才能在现实社会中获得重生的机会。而新中国领导者们对佛教的宽容和接纳，也为佛教大师们提出和践行人间佛教思想提供了时节因缘。

新中国成立后，以赵朴初为代表的一大批佛教中坚一直希望并在努力通过加强佛教的自身建设，全面提高佛教徒的素质，树立正见正信。同时，试图架起一座世出世间的桥梁，让世人懂得真正的佛法，从而生起对佛教的信解，以此来促进佛教自身的发展，提高佛教的影响，努力实现"庄严国土、利乐有情"的伟大目标。遗憾的是，赵朴初等的努力刚刚取得初步的成果，随之而来的"十年动乱"，使中国社会的文化、经济乃至政治都受到极大的破坏，中国佛教首当其冲。党的十一届三中全会结束了十年动乱，在拨乱反正、重整中国文化的浪潮中，佛教也必须迅速发挥它应有的作用。在此情况下，在太虚大师所提出的"人生佛教"的理论基础上，赵朴初正式提出人间佛教思想。应该说，赵朴初人间佛教思想有一个重要的出发点，就是重新架设那座世出世间的桥梁，消除世人对佛教认识的误区。中国佛教必须与当代社会相适应，只有这样，才能在出世和入世中找到一条发展中国佛教的正确道路，让中国佛教获得新的生命。

在 1983 年召开的中国佛教协会四届二次会议上，赵朴初在《中国佛教协会三十年》的纪念报告中明确提出人生佛教思想，同时提出继承和发扬中国佛教农禅并重、学术研究、国际友好交流三大优良传统。至1987 年，他在中国佛教协会五届会议上进一步阐释"人间佛教"思想，而在新修订的佛协章程中，又将"提倡人间佛教积极进取思想，发扬佛教优良传统"载入其中。此后，赵朴初在佛协历届会议及各种场合都对人间佛教思想进行倡导和做进一步的理论阐释。

一 加强各级佛教组织建设，广泛联系佛教徒和信教群众

旧中国虽然也成立了各种佛教组织，但这些组织联系面小，因为多方面原因，也无法发挥其作用。正如赵朴初所评价的："北洋军阀时期的中华佛教总会，国民党时期的江浙佛教联合会和后来的中国佛教会都是在庙产风潮中产生出来的。作为一个挡箭牌，当然是有事时拿出来应付一下，事过之后，便挂起来，以备不时之需。当时大丛林的方丈们所要求于佛教会的，实际上不过如此。"①

新中国成立，赵朴初和巨赞法师作为佛教界代表参与了开国大典，建设新中国佛教的任务也历史地落在了这一代人身上。他们积极联络全国高僧大德，于 1952 年正式发起筹备成立中国佛教协会，至 1953 年 5 月，中国佛教协会正式成立，从而开辟了中国佛教的新纪元。"中国佛教协会的产生，表示着新中国佛教徒的大团结，表示着新中国佛教徒弘法利生的信心和热诚；表示着新中国佛教徒致力于爱护国家、保卫世界和平的共同志愿。"②

十一届三中全会后，党中央拨乱反正，中国佛教协会也迅速地恢复了正常工作，并于 1980 年召开了第四届全国代表会议。各省、地市、县佛协得到恢复，并有许多新的佛协成立。

中国佛协和地方各级佛协在协助党和政府贯彻落实宗教政策方面做了大量的工作，纠正了大量侵犯佛教徒宗教信仰自由权利和寺院合法权益的现象；中国佛教协会十分重视加强藏传和南传佛教的工作，有力地促进了藏传和南传佛教的发展；正是由于中国佛教协会对人才培养、国际文化

---

① 《佛教徒应该走社会主义道路》，《赵朴初文集》（上卷），华文出版社，2007，第 266 页。
② 《关于中国佛教协会发起经过和筹备工作的报告》，《赵朴初文集》（上卷），第 48 页。

交流、参与社会福利事业等方面的高度重视，使中国佛教在这几方面都取得了长足的发展。

1983 年，赵朴初在中国佛教协会第六届全国代表大会上作的《中国佛教协会四十年》的报告中提出："根据当前的形势和我国佛教的实际情况，着眼佛教事业建设和发展的未来，各级佛教协会和全国佛教界都必须把注意力和工作重点转移到加强佛教自身建设、提高四众素质上来。"中国佛教通过抓自身建设，抓宣传教育等，佛教徒素质和形象得到全面提高，佛教在全社会和广大人民群众中得到更大的认同。通过落实宗教政策，各地寺院如雨后春笋般得到恢复，信教群众数量大幅度增加。

二　以"佛教是文化"为着力点，在教内外破除迷信而树立正信

长期以来，在教内，由于部分教职人员缺乏文化修养，致使很多佛教信众将迷信与佛法混为一谈，甚至以佛教作为谋生的手段。在教外，由于环境所致，大部分人无缘知晓真正的佛法，往往将佛法简单地视为烧香磕头，甚至与封建迷信混为一谈。正如赵朴初与全国政协委员中的佛教人士在 1950 年于会外商讨佛教前途问题时所认为的，"佛教颓靡不振为时已久，非首从思想上加以澄清，发扬正确的佛学，不能符合如来随宜说法、实相常新、适时便巧的宗旨"。[①] 特别是经历"文革"之后，世人被"左"的思想严重禁锢，只要说起佛教，则粗暴斥之为"迷信""牛鬼蛇神"等。

如果教内外对佛教的认识长期处于这样极低的层次，佛教的命运是岌岌可危的。

作为文化大师的赵朴初，以其高超的智慧，绕开世人对佛教的一切争议、偏见，并针对人们对当时被破坏的传统文化的苦苦寻求，寻找到一个世出世间共同认可的认识区域，那就是佛教文化。通过宣扬佛教文化的方式来弘扬佛法，使世人认识真正的佛教，从而在教内外树立正见正信。

新中国成立之初，赵朴初即继承杨仁山遗志，帮助恢复金陵刻经处，至"文革"前印行经书 2620 种。指导三时学会将《佛国记》《大唐慈恩寺三藏法师传》译成英文，编辑出版《中国的佛教》《佛教的友谊》等画

① 赵朴初：《〈现代佛学〉发刊词》，见 1951 年《现代佛学》创刊词。

册，还委托中央新闻电影制片厂摄制了《佛教在中国》的电影。对房山石经进行了全面调查发掘和整理，出版了《房山云居寺石经》。出版会刊《现代佛学》，至"文革"前，共出了144期。

"文革"之后，面对有关"佛教是迷信"之说，赵朴初针锋相对地提出了"佛教是文化"的口号，并在许多重要场合反复强调，还以毛泽东、范文澜、钱学森等的故事作为论据。这里需要说明的是，赵朴初所谓"佛教是文化"，并非淡化"佛教是宗教"，而是他的一种善巧方便，一种智慧，主要在教外或教内特定的场合阐述，他是希望通过宣扬"佛教是文化"来架起佛教走向社会的桥梁。

1984年，赵朴初在出席世界佛教徒联谊会第十四届大会提交的《佛教与中国文化》一文中系统地论述了中国佛教的历史和主要特色、佛教与中国文化的密切关系等，从整体上向世界展示中国佛教真实风貌和对中国传统文化的重要贡献。

"文革"之后的佛教经典、书籍出版流通事业有了很大的发展。赵朴初曾两次主持召开佛教书刊出版发行工作协调会议。中国佛教协会本部、金陵刻经处、《法音》编辑部和佛教文化研究所先后编辑、出版、发行了一批佛教经典和书籍，内容包括佛经、论著、佛教史、佛教文化、高僧传记等。建立了中国佛教图书文物馆，保护、搜集、整理了大量佛教经典和有关图书资料，对12万册佛教图书和房山石经拓片进行了分类编目、保管和修复，并展出了大批佛教文物。出版新会刊《法音》，各地佛教协会也纷纷创办各种会刊。1984年4月，在广济寺成立了中国佛教文化研究所，赵朴初亲任名誉所长。佛教文化研究所在办刊、出书、译经、举办展览会、从事专题研究、编写佛学院教材等方面做了大量的工作。

通过这一系列的宣传和对佛教文化知识的普及，在教内，一大批寺院成为具备正见正信的文化寺院；在教外，众多人通过对佛教知识的了解与学习，揭开了佛教的神秘面纱，有人由此走上了信仰佛教之路，佛教在中国人的灵性生活中占据着越来越重要的位置。以赵朴初等为首的新中国佛教领导者，把"佛教是文化"提高到一个崭新的高度，使之成为社会主义精神文明建设的重要组成部分，取得了令人瞩目的成绩。

僧人是佛法僧三宝中最有活力的一项，僧人的使命，即是在佛与众生之间架设一道桥梁，因此，唯有一支持有正知正见、具有高素质的僧人队伍，才能完成这一任务。结束了"十年动乱"，中国佛教队伍后继乏人，佛教人才青黄不接。在此形势下，在中国佛教协会1986年和1992年先后两次召开的全国汉语系佛教教育工作座谈会上，赵朴初特别强调："当前和今后相当时期内，佛教工作最重要、最紧迫的事情，第一是培养人才，第二是培养人才，第三还是培养人才。"（《法音》1992 年第 3 期）1989 年，九华山仁德大和尚在成功创办九华山僧伽培训班的基础上，又拟创办一所佛学院校。是年底，仁德大和尚在赴京参加会议期间拜会了赵朴初，并提出创办九华山佛学院的想法，当即得到赵朴初的积极肯定和支持，赵朴初亲题校名"九华山佛学院"。1990 年 9 月，九华山佛学院举行首届开学典礼，赵朴初专程赶往九华山参加典礼，在致辞中，赵朴初再次提出这一培养人才的目标和任务。第二年 9 月，"中国佛教协会九华山全国寺庙执事培训班"在九华山举行了开学典礼，这所由赵朴初亲笔题签的执事培训班共办了两届，为急需人才的中国佛教培养了一百多名寺庙管理人才，被外界称为"佛教界的黄埔军校"。

三 号召广大佛教徒积极投身社会慈善事业，使大乘佛教精神深入人心

自佛教传入汉地，大乘佛教普度众生、自利利他的精神和形象就深受社会的敬仰和推崇，涌现出了一大批高僧大德，"以出世心，做入世事""不求自己得安乐，但愿众生得离苦"，成为社会仁人志士仿效的楷模。但自进入近现代，一些佛教徒一味追求个人解脱，从而对世事漠不关心，这使得社会也远离了佛教。

中国佛教协会成立之后，中国佛教真正是"涤瑕荡垢，重见光明"[①]。尤其是在"文革"之后，随着党的宗教信仰自由政策的贯彻落实，各地寺院和各级佛教协会相继恢复活动，自筹资金进行了大规模的寺院修建，并通过各种途径开展自养。随着寺院经济的壮大和弘法运动的开展，各地佛教界本着佛陀慈悲济世的精神，积极从事慈善公益事业，成立了各种形式的功德会，开展包括赈灾济困、施医送药、修桥铺路、植树造林、捐资助学、办养老院、放生救助野生动物的社会关怀事业。1984 年，赵朴初支持中国残疾人福利基金会在北京成立，亲任名誉理事。1985 年，赵朴初从他在日本获得的"庭野和平奖"中捐出两万元，支持非洲灾民。1986 年，中国佛教协会参与全国宗教界赞助残疾人福利基金会募集书画

[①] 《中国佛教协会发起书》，《赵朴初文集》（上卷），第 46 页。

589

展览，赵朴初亲为《书画功德集》作序。1998年，赵朴初向张北地震灾区捐款10万元。同年，赵朴初亲书6幅墨宝，参与洪灾赈灾义卖，还捐出个人积蓄10万元。赵朴初号召全国佛教徒参与植树造林，美化环境，正如他所说："试看我国各地，凡有佛教塔寺之处，无不翠枝如黛，碧草如茵，环境清幽，景色宜人。一片郁郁葱葱之中，掩映着红墙青瓦，宝殿琼阁，为万里锦绣江山平添了无限春色。我国许多旅游胜地，其风景自然之美与寺僧的精巧建筑和植树造林显然是分不开的。"①

通过参与这些社会慈善事业，佛教得到了社会的认可和好评，也使佛教慈悲济世的精神深入人心。

四 广泛开展国际佛教文化交流，从国际层面极大地提高了佛教的影响

新中国成立后，与邻国建立邦交便提到议事日程。周总理把赵朴初请到中南海，面示机宜，让他通过佛教这条纽带，开展与邻国的民间外交，为正式邦交奠定基础，维护世界和平。

20世纪50年代至60年代初期，赵朴初的足迹遍及世界各地，特别是尼泊尔、印度、斯里兰卡、孟加拉国等南亚国家以及泰国、缅甸、老挝、柬埔寨、印度尼西亚等东南亚国家，还远到埃及、瑞典、苏联等国，利用佛教和文化的纽带，促进在平等和互相尊重的基础上建立和发展中国同这些国家的良好合作关系。

1952年，在北京召开的亚洲及太平洋区域和平会议上，为了永远铭记中国人民那一段屈辱的历史，表达中国佛教徒期盼世界和平的殷切希望，赵朴初主动将一尊药师佛像托与会的日本代表送给日本佛教界。这尊小小的药师佛像，率先打开了中日民间交往的大门。此后，赵朴初多次出访日本，通过与日本佛教界真诚的交往，彼此间结下兄弟般的友谊，也唤醒了日本朋友内心深处对于战争的忏悔，促进了中日友好。此外，赵朴初还组织接待了印度总理尼赫鲁、柬埔寨首相西哈努克亲王、老挝首相富马亲王、缅甸总理吴努、锡兰总理班达拉奈克的来访。至于接待的各国佛教代表团，就不计其数了。这段时期，也是中国佛教国际交流的一个黄金时期。

① 赵朴初：《佛教常识答问》，上海辞书出版社，1999，第190页。

在国际佛教文化交流中，赵朴初善于利用好题材，写出大文章，做出了许多至今令人称道的大事。如：1963 年，由赵朴初策划并组织，在中日开展起较大规模的"纪念鉴真和尚逝世 1200 周年"活动。1980 年，赵朴初又策划组织了迎请鉴真漆像回国探亲活动。这两件事，在中日两国引起强烈的反响，不仅于佛教界，也发动起政治界、文化界、医疗界等社会各界。特别是后者，在"文革"后中国佛教一片凋敝的社会背景下，使佛教重新亮相，得到全社会的关注。

通过这些佛教交流活动，不仅宣传了佛教的和平理念，还向世界广泛宣传了中国佛教，有力地提高了佛教在国际上也包括在国内的影响。

五 赵朴初以《佛教常识答问》和大量讲话以及其诗词、书法，普及佛教知识，与世间广结善缘

作为佛教领袖，赵朴初率领中国佛教界努力架起世出世间的桥梁，不仅于此，他个人也是积极发挥其对佛学的深厚造诣以及高超的诗词、书法艺术，向世人广宣法音，其个人就是一座连接世间出世间的桥梁。

1957 年至 1958 年，新中国佛教经过近十年的革新振作，已走出了一条自己的路子，但旧中国佛教的积弊尚余，尤其是因为佛教长期以来与衰朽的封建生产关系、封建文化紧密相连，被人们看作陈旧落伍的东西。而且传统佛教畸重出世，忽视现实人生和社会建设，与当时轰轰烈烈的社会主义建设严重不相适应。而当时佛教的教育宣传也受到限制，广大教外的朋友迫切要求了解一些佛学知识。赵朴初深感责任重大，这是他写作《佛教常识答问》的重要动机。

赵朴初为写作《佛教常识答问》，查阅了大量资料，花了很多工夫进行考证。白天没有时间，就晚上回家写，一写就是深夜，人都写瘦了。他写作的原则是，一不渲染，二不迷信，下笔准确、本朴、简练，深入浅出地阐述了以缘起论为核心的佛法的基本内容，提纲挈领地介绍了佛教从印度到中国的创立、发展、传播和演变的历史。该书陆续在《现代佛学》上连载。"文革"后，赵朴初对该书又进行增删修改，在《法音》上连载。

应该说，《佛教常识答问》的写作目的更是针对教外之人，在许多地方，赵朴初满怀感情，谆谆教导，希望世人了解佛教。他没有强迫或特别诱导世人去信佛，而是以佛法来服人。譬如在谈到菩萨行时，他就

591

说道："菩萨行的人间佛教的意义在于：果真人人能够学菩萨行，行菩萨道，且不说今后成佛不成佛，就是在当前使人们能够自觉地建立起高尚的道德品行，积极地建设起助人为乐的精神文明，也是有益于国家社会的，何况以此净化世间，建设人间净土！"这种分析与说理，不能不令人信服。

赵朴初的《佛教常识答问》一版再版，受到不但是佛教信众，而且包括社会各阶层人士的喜爱；不但是一本佛教入门的"启蒙书"，更是一本深入经藏的"参考书"；不但中国的读者喜欢，国际上也有大量的读者。正如赵朴初所说："这许多年来，得到国内不少人的关怀、鼓励，也得到一些外国朋友的注意。事实证明，这一本小书对于增进人们对佛教的了解，增进国际朋友对中国佛教的了解，不无少许贡献。"①

赵朴初还亲自撰写了大量文章，向社会普及佛教知识，纠正对宗教的错误认识。如赵朴初从1981年第1期开始在中共中央党校《理论动态》上发表了《对宗教方面的一些理论和实践问题的认识与体会》等一系列关于宗教问题的文章，就所谓开展对"宗教神学"的批判、宗教方面形势的估量、宗教的五性（群众性、民族性、国际性、长期性、复杂性）、宗教概念的界定、宗教工作的方针任务、保持宗教信仰自由政策的连续性和稳定性、坚持四项基本原则对宗教徒的要求、宗教与社会主义相协调、政府主管部门对宗教事务进行管理的含义、抵制境外敌对势力利用宗教进行渗透的界限、政教分离与政教分开、宗教工作与民族工作的关系等一系列理论政策发表了意见，受到中央和政府有关部门的重视，同时，也有力地纠正了世人对于宗教的错误认识，极大地促进了宗教政策的落实。

赵朴初是享誉海内外的著名作家、诗人和书法大师。他对中国古典文学有着十分精湛深入的研究，在诗、词、曲和书法方面都达到了很高的造诣。其创作的大量诗词中，佛教题材的作品超过一半。读者通过读他的诗词，能了解到中国佛教的方方面面。如他到少林寺视察，针对当时电影《少林寺》给世人造成少林寺以武术出名的错觉，写了《立雪亭》的诗："大勇立雪人，断臂得心安。天下称第一，是禅不是拳。"向世人澄清错误认识，还原少林寺作为禅宗祖庭的重要历史事实。

赵朴初书法名气很大，但他从不卖字，而是以字结缘，特别是对佛教

① 赵朴初：《〈佛教常识答问〉》序，第2页。

的题词、题名，几乎有求必应。今天，祖国名山胜寺，大都能看到他的书法，世人从他的书法中也与佛教结上因缘。

总之，赵朴初一生致力于佛法的弘扬，对于普及佛教知识、树立正见正信、提高佛教影响做出了极大贡献。但看今日，对佛教的误解和蒙昧依然很大范围存在，继承赵朴初遗志，借鉴赵朴初的做法，广架世出世间的桥梁，是中国佛教走上兴旺繁荣、发挥佛教特殊作用而不可或缺的途径。

浅析赵朴初"人间佛教"与
宗教"世俗化"

龙 璞*

一 赵朴初"人间佛教"

1983 年 12 月 5 日，在中国佛协第四届理事会第二次会议上，赵朴初先生所做的《中国佛教协会三十年》的报告中，把"人间佛教"作为中国佛教未来的发展方向，得到广大教众的拥护。他说："中国佛教已有近两千年的悠久历史。在当今的时代，中国佛教向何处去？什么是需要我们发扬的中国佛教的优良传统？这是我们要认真思考和正确解决的两个重大问题。对于第一个问题，我以为在我们信奉的教义中应提倡人间佛教思想，它的基本内容包括五戒、十善、四摄、六度等自利利他的广大行愿。《增一阿含经》说：'诸佛世尊，皆出人间'，揭示了佛陀重视人间的精神。《六祖坛经》说：'佛法在世间，不离世间觉，离世觅菩提，恰如求兔角'，阐明了佛法与世间的关系。佛陀出生在人间，说法度生在人间，佛法是源出人间并要利益人间的。我们提倡人间佛教的思想，就要奉行五戒、十善以净化自己，广修四摄、六度以利益人群，就要自觉地以实现人间净土为己任，为社会主义现代化建设这一庄严国土、利乐有情的崇高事业贡献自己的光和热。对于第二个问题，我以为应当发扬中国佛教的三个优良传统，第一是农禅并重的传统。中国古代的高僧大德们根据'净佛世界，成就众生'的思想，结合我国的国情，经过几百年的探索与实践，建立了农禅并重的丛林风规。……中国佛教协会成立三十年来，一直大力发扬这一优良传统，号召全国佛教徒以'一日不作，一日不食'的精神，

---

594   *　龙璞，湖南商学院法学与公共管理学院教师、中南大学法学院博士后。

积极参加生产劳动和其他为社会主义建设事业服务的实践。第二是注重学术研究的传统。我国佛教历史上高僧辈出，大德如林，他们译经著述，创宗立派，传经授业，留下了浩瀚的佛教文学、艺术、历史、哲学的宝贵资料，大大地丰富了我国民族文化的宝库。我们应该在新的历史条件下，继承和发扬中国佛教学术研究的优良传统，努力开创佛教教学与研究工作的新局面。第三是国际友好交流的传统。在历史上，中国和亚洲许多国家的高僧大德，曾梯山航海，往来于陆上和海上的'丝绸之路'，传播友谊的种子，交流中外文化。……我们应当继承和发扬这一优良传统。"①

从这段话我们不难看出，赵朴初先生提出关于中国佛教发展方向的两个问题。第一，中国佛教向何处去？往"人间佛教"去。第二，什么是需要我们发扬的中国佛教的优良传统？农禅并重、注重学术研究、国际友好交流等。从这两个问题出发，明确了"人间佛教"是近代发展中国特色佛教文化的方向，同时也确定了怎么发展、发展什么的思路。"人间佛教"要求人们奉行五戒、十善以净化自己，广修四摄、六度以利益人群，便会自觉地以实现人间净土为己任，五戒、十善、四摄、六度是佛教所提倡的伦理道德的基本德目，以此作为基本内容加以提倡，主要是为了强调佛教"入世"的一面，突出佛教道德教化的优势，以适应社会的发展。这是对人们自身修养的要求，以便于大家担当新的历史时期的人间使命。他也积极强调"入世"，强调积极投身于中国特色社会主义建设，并要求与经济建设，与国家政治、法律和国家利益一致。佛教普度众生的思想给人以精神力量，赋予人们一定的精神慰藉，满足了人们的精神追求，丰富了人们的精神生活。

二　宗教"世俗化"的内涵

宗教"世俗化"是西方宗教社会学基于基督教形态及其宗教改革后的近代历史而抽绎出的理论概念，意在强调西欧社会基督教"教权联姻皇权"，基督教对西欧政治、法律、文化、社会系统控制局面的结束。"宗教世俗化"在西方学术语境中要有以下几项内涵："一指宗教在社会、文化或政治上的隐退；二指在社会"祛魅化"与"去神圣化"过程中，宗教各项社会功能（尤其是其整合控制功能）的逐渐衰退；三指宗教与

---

① 《赵朴初文集》（上卷），华文出版社，2007，第562页。

社会的分离，宗教失去其公共性与社会职能，变成纯私人的事务；四指宗教对世俗社会的适应及在此过程中自身神圣性、超越性的消解。"①

宗教"世俗化"也是宗教随着社会发展变化而变化的一个过程，是宗教不断适应社会经济、政治和文化发展变化的结果。它抛弃了之前的信仰追求，是"神圣化"的对立面，从以神为主变为以人为主，过度强调自我，造成宗教信仰危机。由于对世间的社会经济、政治、文化生活所吸引而对宗教产生淡漠，"世俗化"还是理性化的结果。"宗教世俗化"是宗教走下神坛、政教分离的表现，也是物质化的体现，将算命看手相等作为自己的营生方式，将大型法事作为揽财的来源，这种"世俗化"不仅是利用了人们对于宗教本身的尊重心理，而且也是自身对其宗教准则未完全领悟的体现，这会带来诸多恶果，导致人们对于宗教整体的不信任甚至排斥，更加加剧了宗教"世俗化"的发展，形成了一种恶性循环。具体来说"宗教世俗化"会使宗教的社会价值衰弱，宗教思想、行为、组织失去其社会意义；宗教行为变为一种敛财行为，失去了其存在的意义。宗教团体价值转换，对"此生"问题更加关注；僧徒们更加注重"此生"的财富累积而忽略精神追求。宗教和社会相分离，失去了其公共性社会职能，人们更多关注私人事务；宗教对社会的教化作用日渐下降。宗教信仰、行为的重要性被弱化；人们对物质执着的同时忽略了精神的追求。宗教世界失去了神圣性，神圣社会向世俗社会转变，对于至高精神层面的追求却被物质追求所取代。更有甚者将"庸俗商业化的宗教"和"市侩功利化的宗教"，作为宗教"世俗化"的外在表现。

三　赵朴初"人间佛教"不同于宗教"世俗化"

"人间佛教"是对佛教人本立场与利生济世精神的总概括。但是，我们绝不可因"人间佛教"包含的人生化、社会化意涵，而将之与"宗教世俗化"混为一谈。事实上，"人间佛教"和"宗教世俗化"之间没有逻辑上和现实中的因果联系。

"人间佛教"是佛教中国化的当代形式，是传统佛教向现代佛教的转型，以期最终建立与现代社会、政治、文明相适应的现代佛教，从而实现

---

① 李晓龙：《赵朴初论"人间佛教"的三重本质意涵》，《西北民族大学学报》（哲学社会科学版）2017年第4期，第40页。

教化现代文明社会，达到"正法久住，广度众生"的伟大理想。"宗教世俗化"内涵是表达宗教在政治活动、社会活动上的退隐。我们不能将"人间佛教"和"宗教世俗化"混为一谈，"宗教世俗化"表现出宗教社会功能在现代化中的逐渐衰退；表现出宗教与社会的分离，宗教失去其公共性与社会职能，变成纯私人的事务；表现出宗教对世俗社会的适应；表现出宗教因适应现实社会而造成神圣性与超越性的消融，这与"人间佛教"的内涵是相悖的。"人间佛教"则是强调佛教的入世转向，是希望中国佛教由不关世事的超然出世的"私人"状态，转变为一种积极入世的有组织的社会化生存状态。①

将两种发展中的佛教理论相比较，可以看出"人间佛教"无可置疑的优越性。"人间佛教"是佛学经典的大众化，在繁杂的世界里，指导人们行善平等，摆脱社会的世俗化，做有价值的人；"宗教世俗化"则未保持自己的神圣追求，走上物质化的贪嗔恨的道路，沦为执着得失、争名夺利的人。"人间佛教"在发展中经受住了社会变化的挑战，走上了正确的道路，也没有对自己的存在性造成威胁，在顺应社会发展的进程中，坚持了本身的信仰追求，同时有利于与社会文化建设相结合，体现了其旺盛的生命力。"宗教世俗化"则是对时代的妥协，在社会的变化中，失去了对自身初心的坚守，在意欲望得失，在时代的潮流里趋于理性化、唯物化。另一方面看，我们也不能对"宗教世俗化"全盘否定，"人间佛教"作为补救措施也是对"宗教世俗化"的一种修正，我们需要辩证看待"宗教世俗化"，它是顺应时代的产物。不同宗教的现代性是多元的，应该以一种开放与多元的态度来对待世俗化概念，"人间佛教"的出现可以说作为它的修正，弥补了它的缺陷。

所以在此基础上，我们更应该谨慎运用"宗教世俗化"这一学术术语，使用前应当对其内涵所指做出明确的规定和说明。"人间佛教"与"宗教世俗化"在内涵上是南辕北辙的，"人间佛教"与打着佛教旗号的"庸俗商业化""市侩功利化"行为更没有理论和现实上的因果关联，必须正确认识到"人间佛教"始终是对佛教人间正行、利他精神、人本关怀的表现。

---

① 唐忠毛：《人间佛教发展过程中的世俗化问题辨析》，《华东师范大学学报》2013年第6期，第108页。

四 "人间佛教"的现实意义

"关系中的佛教""过程中的佛教""实践中的佛教"是赵朴初先生对"人间佛教"思想的升华，他指出佛教要根植于人间、发展于人间、有利于人间、以人间为本，要弘扬大乘佛教积极入世的进取精神与利他精神。所以，赵朴初的"人间佛教"思想就是指导中国佛教积极与社会主义社会相适应的思想，对中国佛教的发展提供了重要的理论基础。

从国家层面上看，中国特色社会主义建设步入了新时期，文化建设更是在发展中占据着举足轻重的作用。作为社会文化建设基础，中国宗教、信教群众应认识到自身是社会实体和建设主体。在社会主义建设的新时期，"人间佛教"更要坚持党的领导，坚持走中国特色社会主义道路，坚持政教分离，积极发挥自己在社会文化生活方面的作用，坚持宗教信仰自由政策，政府依法对涉及国家利益和社会公共利益的宗教事务进行管理，坚持宗教不得干预行政、司法、教育等国家职能，坚持投身改革开放和社会主义现代化建设，为实现中华民族伟大复兴的中国梦贡献力量。

从社会层面上说，当代社会经济高速发展，精神空虚、道德沦丧、环境污染等问题层出不穷，社会充斥着浮躁情绪，我们需要佛教的作用引领重建内心的精神花园。这首先要求我们对佛教教义、佛教内涵有深刻认识，将佛教思想视为一种精神文化，运用佛教中净化心灵、启迪智慧的积极因素启发人们，寻求精神上的满足。在社会实践中，佛教也具有鲜明的指导作用，人们要听从佛教的教诲，听从佛法对大众生活的健康引导，让佛教的准则方法成为我们社会生活交往的准绳。

从教化教众层面上说，人间佛教切实指导我们改进生活态度，使我们互相仁爱、谦让、互助。我们应该顺应佛法，在社会生活中，把一切正确的思想行为合理化、道德化。心也由独善其身渐渐向上发展为关心一切众生，由学菩萨以至成佛，才是人生最大的意义与价值。

因此，从这几点可以意识到佛教蓬勃健康发展的必要性。结合佛教思想自身的优点，要让佛教发展与个人、社会、国家前进方向相一致，进一步使佛教事业与当前的社会主义建设相适应。发展佛教的优良传统，农禅并重，将农业与修行结合起来。在当今"农"并不特指农业，而是有利于社会生产的服务型劳动。佛教徒通过自我劳动满足内部的基本生活需求，并且剩余的部分还可以用来做慈善，现今许多寺庙发展推行素食宴或是停歇房间便是具体实践。同时"禅"强调佛教徒重视修养,做好佛学研究,不可顾此失彼。新时代下的佛教发展在注重修禅的同时也要考虑到现实生活需求,这是佛教与社会相适应的体现,是佛教自身发展的要求,也是宗教在社会主义建设下的必由之路。注重学术研究,随着外界诱惑的不断增多,佛教徒一定要坚持对于佛教经典的研究学习,将学与修结合。"学"就是对于佛学经典的不断学习研究,"修"则是日常生活的修养修行,坚持两部分结合,将佛学优秀的文化知识不断传递,为当代文化建设服务。国际友好交流,在发展佛学的道路上也要更加注重国际交流,积极承办世界佛教论坛、国际性佛教活动,为国际佛学研究者提供互相交流的平台,推动中外佛教团体和信众的对话交流活动,鼓励和支持高僧大德到海外弘法并考虑发展海外道场,提高僧侣们的文化水平特别是多种语言的学习,这不仅有利于本国外国佛教文化的交流,有利于本国对优秀佛教思想的发展吸收,并且也体现了当今政府的包容兼收并蓄,为建设良好的社会文化环境而努力。

在中国佛教文化繁荣发展的今天,重温赵朴初的"人间佛教"思想,区别于宗教"世俗化"的说法,对于引导佛教与国家、社会相适应,更好地发挥佛教精神引导的积极作用,具有重要的理论和现实意义。

论赵朴初居士对于当代佛教思想的贡献

伍先林[*]

赵朴初（1907～2000）居士是中国现代卓越的佛教领袖，他历任三届中国佛教协会会长。赵朴老早年从事佛教和社会救济工作。1936 年后参加抗日救亡活动，曾任上海慈联会救济战区难民委员会常委，负责收容工作，动员、组织青壮年参加新四军。1939 年参加宪政促进运动。1945年参与发起组织中国民主促进会。1949 年 9 月出席中国人民政治协商会议第一届全体会议。中华人民共和国成立后，历任华东军政委员会民政部副部长，华东生产救灾委员会副主任，中国作家协会理事，中国书法家协会副主席，中日友好协会副会长、顾问，中国佛教协会副会长、会长，中国红十字会名誉会长，中国人民争取和平与裁军协会副会长，1983 年 6月任政协全国委员会副主席，政协全国委员会民族和宗教委员会主任，2000 年 5 月 21 日因病在北京逝世。

赵朴老生前为中国佛教的恢复和发展做出了卓越的贡献。在"文革"结束之后不久的 20 世纪 80 年代初，赵朴老就当选为中国佛教协会会长。而在 1983 年 12 月召开的中国佛教协会第四届理事会第二次会议上，赵朴老就代表中国佛教协会提出了人间佛教的思想，从此，人间佛教就正式成为中国大陆佛教发展的指导思想。

赵朴老的人间佛教思想继承了太虚大师的人间佛教思想，他在此次会上指出：中国佛教已有近二千年的悠久历史。在当今的时代，中国佛教向何处去？什么是需要我们发扬的中国佛教的优良传统？这是我们要认真思考和正确解决的两个重大问题。对于第一个问题，我以为在我们信奉的教义中应提倡人间佛教思想。它的基本内容包括五戒、十善、四摄、六度等自利利他的广大行愿。《增一阿含经》说："诸佛世尊，皆出人间"，揭示了佛陀重视人间

600 　　　*　伍先林，中国佛教协会中国佛教文化研究所，哲学博士。

的根本精神。《六祖坛经》说："佛法在世间，不离世间觉，离世觅菩提，恰如求兔角"，阐明了佛法与世间的关系。佛陀出生在人间，说法度生在人间，佛法是源出人间并要利益人间的。我们提倡人间佛教的思想，就要奉行五戒、十善以净化自己，广修四摄、六度以利益人群，就会自觉地以实现人间净土为己任，为社会主义现代化建设这一庄严国土、利乐有情的崇高事业贡献自己的光和热。对于第二个问题，我以为应当发扬中国佛教的三个优良传统。第一是农禅并重的传统。中国古代的高僧大德们根据"净佛世界，成就众生"的思想，结合我国的国情，经过几百年的探索与实践，建立了农禅并重的丛林风规。从广义上理解，这里的"农"系指有益于社会的生产和服务性的劳动，"禅"系指宗教学修。正是在这一优良传统的影响下，我国古代许多僧徒们艰苦创业，辛勤劳作，精心管理，开创了田连阡陌、树木参天、环境幽静、风景优美的一座座名刹大寺，装点了我国锦绣河山。其中当然还凝结了劳动人民的劳动与智慧。中国佛教协会成立三十年来，一直大力发扬这一优良传统，号召全国佛教徒以"一日不作，一日不食"的精神，积极参加生产劳动和其他为社会主义建设事业服务的实践。在开创社会主义现代化建设新局面的今天，我们佛教徒更要大力发扬中国佛教的这一优良传统。第二是注重学术研究的传统。我国佛教历史上高僧辈出，大德如林，他们译经著述，创宗立派，传经授业，留下了浩瀚的佛教文学、艺术、历史、哲学的宝贵资料，大大地丰富了我国民族文化的宝库。我们应该在新的历史条件下，继承和发扬中国佛教学术研究的优良传统，努力开创佛教教学与研究工作的新局面。第三是国际友好交流的传统。在历史上，中国和亚洲许多国家的高僧大德，曾梯山航海，往来于陆上和海上的"丝绸之路"，传播友谊的种子，交流中外文化。我国法显、玄奘、义净、鉴真等大师们的西行和东渡为我们树立了光辉的典范。我们应当继承和发扬这一优良传统。总之，我以为，我们社会主义中国的佛教徒，对于自己信奉的佛教，应当提倡人间佛教思想，以利于我们担当新的历史时期的人间使命；应当发扬中国佛教农禅并重的优良传统，以利于我们积极参加社会主义物质文明建设；应当发扬中国佛教注重学术研究的优良传统，以利于我们积极参加社会主义精神文明建设；应当发扬中国佛教国际友好交流的优良传统，以利于我们积极参加增进同各国人民友好，促进中外文化交流和维护世界和平的事业。①

---

① 赵朴初：《中国佛教协会三十年》，圣凯编《人间佛教思想文库·赵朴初卷》，宗教文化出版社，2017，第18~19页。

在"文革"结束之后不久的20世纪80年代初，随着国家宗教政策的逐渐落实，中国大陆的佛教正从奄奄一息中逐渐恢复元气，佛教事业在各个方面都呈现方兴未艾的气象。赵朴老在这一新的时代条件下，不失时机地代表中国佛教协会明确提倡人间佛教的指导思想。赵朴老提倡人间佛教的指导思想，是认为中国佛教界应该在新的时代条件下，积极而充分地发扬佛教尤其是大乘佛教在现实世间和社会人生中自利利他的思想，为现实世间和社会人生服务。而赵朴老提倡发扬"农禅并重、注重学术研究和国际友好交流"的中国佛教三大优良传统，则正是中国佛教服务于现实世间和社会人生的具体举措和途径。赵朴老主张中国佛教"应当提倡人间佛教思想，以利于我们担当新的历史时期的人间使命；应当发扬中国佛教农禅并重的优良传统，以利于我们积极参加社会主义物质文明建设；应当发扬中国佛教注重学术研究的优良传统，以利于我们积极参加社会主义精神文明建设；应当发扬中国佛教国际友好交流的优良传统，以利于我们积极参加增进同各国人民友好，促进中外文化交流和维护世界和平的事业"。这其中"新的历史时期"就是指我国处于社会主义初级阶段的基本国情。

赵朴老立足于中国处于社会主义初级阶段的基本国情，并且引经据典，根据佛教尤其是大乘佛教的基本理论和原理，提倡人间佛教的思想，这是继承了太虚大师契理契机的人间佛教思想。赵朴老基于中国佛教注重国际友好交流的优良传统，后来提出并主张中韩日三国佛教友好交流的"黄金纽带"的构想和实践。赵朴老基于中国佛教注重文化学术研究的优良传统，后来建立了中国佛教文化研究所和各级佛教院校等文化教育和研究机构。而赵朴老关于发扬"农禅并重"的中国佛教优良传统思想，其实也就是以"禅"来概括中国佛教的修学传统，这与太虚大师关于"中国佛学特质在禅"的思想也是一脉相承的。

但是赵朴老对于人间佛教思想，并没有像太虚大师那样进行全面的论证和说明，而只是引用佛教尤其是大乘佛教关于"五戒十善、四摄六度"的一般理论和原理来进行说明：

人间佛教主要内容就是：五戒、十善。五戒：不杀生、不偷盗、不邪淫、不妄语、不饮酒。佛教认为，这类不道德的行为应该严格禁止，所以称为五戒。十善是在五戒的基础上建立的，约身、口、意三业分为十种。身业有三种：不杀、不盗、不邪淫；口业有四种：不妄语欺骗，不是非两舌，不恶口伤人，不说无益绮语；意业有三种：不贪、不嗔、不愚痴。这就叫十善，反之就叫十恶。①

　　人间佛教的主要内容就是要在现实世间和社会人生中奉行"五戒十善"。"五戒十善"是建立在佛教的因果律基础之上的，是完全可以与现实世间和国家的道德法律相一致的，因而赵朴老说："佛教讲因果律时常说：善有善报，恶有恶报，杀人一定要偿命。这就说明了佛教是不会违反世间法律的，而是承认世间法律的。不杀生是这样，不贪、不嗔也是这种精神，若是为国家生财，为人民谋利，这是利益众生的事，是大好事；若是为个人贪财，为私人泄忿而害人，那就为戒律所不许。总之，假使人人依照五戒十善的准则行事，那么，人民就会和平康乐，社会就会安定团结，国家就会繁荣昌盛，这样就会出现一种和平安乐的世界，一种具有高度精神文明的世界。这就是人间佛教所要达到的目的。"②

　　在赵朴老看来，人间佛教更重要和更深层次的理论依据是大乘佛教的菩萨行思想：菩萨行总的来说是上求佛道，下化众生，是以救度众生为己任的。修学菩萨行的人不仅要发愿救度一切众生，还要观察、认识世间一切都是无常无我的，要认识到整个世间，主要是人类社会的历史，是种不断发生发展、无常变化、无尽无休的洪流，这种迅猛前进的滚滚洪流谁也阻挡不了，谁也把握不住。菩萨觉悟到，在这种无常变化的汹涌波涛中顺流而下，没有别的可做，只有诸恶莫作，众善奉行，庄严国土，利乐有情，这样才能把握自己，自度度人，不被无常变幻的生死洪流所淹没，依靠菩萨六波罗蜜的航船，出离这种无尽无边的苦海。《华严经》说，菩萨以"一切众生而为树根，诸佛菩萨而为花果，以大悲水饶益众生，则能成就诸佛菩萨智慧花果。"又说："是故菩提属于众生，若无众生，一切菩萨终不能成无上正觉。"所以，只有利他才能自利，这就是菩萨以救度众生为自救的辩证目的。

　　这就是佛教无常观的世界观和菩萨行的人生观的具体实践，这也是人间佛教的理论基础。③

　　大乘佛教菩萨行的人生观认为，只有利他才能真正达到自利。佛果是

① 赵朴初：《佛教常识答问·发扬人间佛教的优越性》，圣凯编《人间佛教思想文库·赵朴初卷》，第5页。
② 赵朴初：《佛教常识答问·发扬人间佛教的优越性》，圣凯编《人间佛教思想文库·赵朴初卷》，第6页。
③ 赵朴初：《佛教常识答问·发扬人间佛教的优越性》，圣凯编《人间佛教思想文库·赵朴初卷》，第6~7页。

不离众生的，佛果是建立在利益众生的自利利他、自觉觉他的慈悲智慧功德圆满的极果。而佛教无常观的世界观和菩萨行的人生观的具体实践，这就是大乘人间佛教的理论基础。赵朴老善于以平实的语言阐明大乘佛教的教理。大乘佛教菩萨行的六波罗蜜也就是大乘佛教关于"布施、持戒、忍辱、精进、静虑、智慧"的六度思想。赵朴老对此通俗易懂地加以解释说，根据佛陀的教导，修学菩萨行的佛弟子，不但不贪求分外的财物，还要以自己的财物施给别人，这叫布施；一切损害别人的不道德行为严禁去做，这叫持戒；不对他人起嗔害心，有人前来嗔害恼我，应说明情况，要忍辱原谅，这叫忍辱；应该做的事情要精勤努力去做，这叫精进；排除杂念，锻炼意志，一心利益众生，就叫静虑；广泛研习世出世间一切学问和技术，就叫智慧。这六种法门通常也叫作六度。这六件事做到究竟圆满就叫波罗蜜，波罗蜜意为事究竟，也叫到彼岸，古译为度。佛陀叫弟子依这六波罗蜜为行动准则以自利利人，就叫菩萨行。菩萨以此六波罗蜜作为舟航，在无常变化的生死苦海中自度度人，功行圆满，直达涅槃彼岸，名为成佛。菩萨成佛即是得大解脱、得大自在，永远常乐我净。这就是大乘佛教菩萨行的最后结果。菩萨成佛之前，学佛度众生，以度众生为修行佛道的中心课题，成佛之后还是永远地在度众生，这就是大乘佛教的中心思想。因而"菩萨行的人间佛教的意义在于：果真人人能够学菩萨行，行菩萨道，且不说今后成佛不成佛，就是在当前使人们能够自觉地建立起高尚的道德品行，积极地建设起助人为乐的精神文明，也是有益于国家社会的，何况以此净化世间，建设人间净土！"①

从上面可以看出，赵朴老关于人间佛教思想的阐扬，主要是依据佛教尤其是大乘佛教的基本思想和理论，并且结合中国传统佛教的思想加以说明的，如他在另一篇文章中也说道："我国佛教界为发扬佛陀利生济世的精神，主张提倡以人为中心的"人间佛教"思想。事实上，人间佛教这一思想并非后人所创立，在《增一阿含》中佛告天帝释，"我身生于人间，长于人间，于人间得佛。"中观宗之祖龙树菩萨在《大智度论》中提出，"一切资生事业悉是佛道"。瑜伽宗的祖师弥勒菩萨和无著菩萨在《瑜伽论》和《大庄严经论》中提出菩萨若不学习"五明"就不能证得一切智智。尤其是《大庄严经论》中提出化身佛教化众生的四种示现以

---

① 赵朴初：《佛教常识答问·发扬人间佛教的优越性》，圣凯编《人间佛教思想文库·赵朴初卷》，第7页。

工巧为首。大乘的这些积极入世的光辉思想传译到中国后，为历代的佛教大师所继承和发扬，力求使佛教思想和民族优秀传统进行有机的结合，使佛教的思想精神能体现在人们的日常身心活动和社会实践中。隋唐时期在中国建立的几大宗派几乎都体现了这种精神和倾向，其中尤以禅宗最为出色，他们高标"佛法在世间，不离世间觉"的法印，使佛法与人生打成一片。中国佛教这种积极入世的态度，增强了自身在社会中的地位。由此可见，人间佛教是原始佛教本来具有的思想，不过在中国大乘佛教中得到充分的发展和体现罢了。①

赵朴老在上面广泛引用《增一阿含经》《大智度论》《瑜伽师地论》和《大庄严经论》等有关原始佛教和大乘佛教的经典思想，论证和说明人间佛教是原始佛教本来具有的思想，又在大乘佛教尤其是中国佛教的几大宗派中得到充分的发展和体现。而在中国佛教的各大宗派中，赵朴老又尤其推崇禅宗"佛法在世间，不离世间觉"的思想，认为禅宗最为出色地体现了人间佛教的思想。禅宗思想尤其突出地体现了印度佛教思想和中华民族优秀传统文化精髓的有机结合，中国禅宗的思想就是试图将印度佛教的思想精神具体地体现和落实到人们的日常身心活动和社会实践中。赵朴老经常引用《增一阿含经》来论证和说明人间佛教是原始佛教本来具有的思想，这很可能是受印顺法师的启发。但是，赵朴老经常强调人间佛教思想是中国大乘佛教宗派尤其是禅宗的特色，这就更多地体现出他与太虚大师以中国佛教为本位的人间佛教思想是一脉相承的。

赵朴老提倡以中国佛教为本位的人间佛教思想，因而他也就与太虚大师一样，非常重视提倡研究佛教与中国文化的关系。众所周知，佛教是世界三大宗教中最古老的宗教。中国文化是人类三大文化中最光辉灿烂的一支。佛教自公元一世纪传入中国，在长达两千年的历史时期中，两者的有机结合产生了极为丰富多彩的成果，其影响扩大到东亚其他国家，促进了各国民族文化的发展与繁荣。赵朴老认为，佛教与中华民族文化的结合是沿着三个方面进行的，即佛教的学术化、艺术化和社会化：（一）学术化。佛教传入中国时面临一个民族传统文化高度发展的社会。从一开始，这个社会的知识阶层就把佛教作为一种思想学说来接受，钻研讲习，不遗余力。由于书写工具的便利，每一新译经论不久即可传遍全国，讲、录、注、述，蔚然成风。因此，在教理、教义的研究方面很快就达到很高的水

---

① 《中国佛教的过去和现在》，《赵朴初文集》（下卷），第 835～836 页。

平，赢得当时国外佛教学者的赞美和崇敬。如东晋时的道安（312－385），被西域的佛教大师鸠摩罗什誉为"东方圣人"，"恒遥而礼之"。北魏时的昙谟最，妙达《涅槃》《华严》，印度的佛教学者菩提留支来华，"见而礼之，号为东方菩萨"，又把他著的《大乘义章》译为梵文，"寄传大夏，彼方读者皆东向礼之为圣人矣"。唐玄奘在印度被尊称为大乘天和解脱天，更是众所周知的事情。历史事实说明，大乘佛教传入中国后，教义的研究始终是发展的主流，由此引起十余种宗派的繁荣兴旺和二万三千余卷译籍及著述的出现。（二）艺术化。在佛教传入以前，中国的艺术和工艺已达到极高的水平，书法、绘画、制造工艺、纺织、建筑等的精美在世界上都冠绝一时。大乘佛教传入后，吸收了汉文化这一方面的长处，引起画像、造像、寺塔建筑等艺术和工艺的发展，使佛教面目焕然一新。公元301年前后来华的耆域大沙门看见洛阳寺、塔、宫殿的壮丽，赞叹说，"兜率天宫仿佛似此"。公元516年洛阳永宁寺建成后，菩提达摩祖师见之，"口唱南无，合掌连日"，赞叹说，"此寺精丽，阎浮所无"，"极佛境界，亦未有此"。他又看见修梵寺的金刚像，形象逼真，赞美说，"得其真相"。至于历史上一些著名画家如顾恺之、吴道子、杨惠之等为僧寺所做的壁画、塑像引起轰动的故事更是脍炙人口。今天，敦煌壁画、龙门造像、乐山大佛、雍和宫大佛、札什伦布寺大佛、布达拉宫等以及遍布全国的寺、塔、石刻，其艺术上的价值已为世界所公认。事实上，大乘佛教的这一发展方向，是用汉文化中高超的艺术手段和方式来表达佛教的思想教义。近代有人认为中国佛教是多神教，是偶像崇拜，这是完全不理解佛教教义和无视历史事实的一种误解。事实上，大乘佛教信奉"诸法缘起性空"的学说，佛教不承认有创世主，也不相信有主宰人类命运的天神。（三）社会化。中国大乘佛教继承和发展了龙树的"一切资生事业悉是佛道"，弥勒的成佛必须修学五明的思想，在僧俗信徒中产生许多著名的学者，如一行、道宣、王维、孙思邈等人就是天文学家、史学家、文学家、医师。到了禅宗六祖慧能（638～713）提出"佛法在世间，不离世间觉"的思想，以后的怀海（720～814）又提出"一日不作，一日不食"的原则，因而使佛教与社会生活打成一片，在实际行动上实现了释迦牟尼的"成熟有情，庄严刹土"的理想，使大乘真正发展为"人间佛教"。自公元九世纪以后的一千余年中，佛教的高僧大德从事造桥、修路、兴修水利、植树造林、行医施药、赈灾救难、救死扶伤，以至兴办社会福利事业、从事民族团结工作、进行整理文化遗产者代不乏人。举其著者，如深受禅宗思想影响的西藏宁玛派高僧钵阐布在担任吐蕃僧相时力主和议，促成唐、蕃立碑结盟，结束了百余年纷争的局面，开辟了汉藏两族世代永好的新的历史时期。明代僧人道衍（1335~1419）主持《永乐大典》二万二千八百七十八卷的编纂，总汇了当时汉文化的全部内容，成为世界上最大的一部百科全书。大乘佛教的这一发展，使佛教与中国文化完全打成一片，而无法分割了。因而"大乘佛教传入中国后，和中国文化相结合，发展是多方面的。一方面是与中国的思辨哲学相结合，而向学术化发展，对教义愈研愈精，由此引起各宗派的成立，使佛教本身达到高度的繁荣。一方面是与中国的精美工艺相结合而向艺术化发展，使佛教成为绚丽多彩的艺术宝库。一方面与中国的人生理想相结合而向社会化发展，使佛教与中国社会密切联系。这三方面都使佛教成为中国文化不可分割的一部分。自大乘佛教提出菩萨应以五明为修学的主要内容以来，佛教已由避世潜修的宗教信仰和思辨哲学转而向世间的学术、文艺、理论科学、生产工艺的领域迈进。我们千多年的历史经验证明，佛教在中国大地上吸取中国文化的营养，沿着这一人间佛教的方向发展，取得极其巨大的成功"。[1]

赵朴老在论述佛教对于中国文化的影响时还指出："佛教对中国文化发生过很大影响和作用，留下了灿烂辉煌的文化遗产。佛教文化是中国传统文化的重要组成部分。"[2] 从哲学方面来说，佛教思想蕴藏着极深的智慧，它对宇宙人生的洞察，对人类理性的反省，对道德行为的价值和保证，对概念的分析，有深刻独到的见解和完整严密的体系。佛教思想的核心是缘起论。所谓"缘起"，就是指一切事物或一切现象的发生、发展和消亡，都是由一定的关系和条件决定的，没有恒常不变的东西。反映在世界观上，佛教否认有至高无上的神，认为事物是处在无始无终、无边无际的因果网络之中。反映在人生观上，佛教强调主体的自觉，并把一己的解脱和普度众生联系起来。反映在方法论上，佛教注重辩证思维和逻辑推理的结合运用。在哲学史上，佛教提供了新的命题和新的方法，极大地丰富和发展了中国哲学。从文学方面来说，佛典的翻译，实为中国翻译史之先河，数千卷由梵文翻译过来的经典本身，就是典雅瑰丽的文学作品。佛教还为中国的文学带来了新的意境、新的文体、新的命意遣词方法。《法华

---

① 赵朴初：《佛教和中国文化》，圣凯编《人间佛教思想文库·赵朴初卷》，第100~102页。

② 赵朴初：《团结起来，发扬佛教优良传统，为庄严国土、利乐有情作贡献》，圣凯编《人间佛教思想文库·赵朴初卷》，第43~44页。

经》《维摩诘经》《百喻经》等对晋唐小说的创作，起了启迪和促进作用。般若学说和禅宗思想开拓了陶渊明、王维、白居易、王安石、苏轼等大文学家诗歌创作的意境。变文和俗讲对后来出现的评话、小说、戏曲等中国俗文学的产生和发展有过很深的影响。从艺术方面来说，现存佛教寺塔有许多是我国古代建筑艺术的精华，一些宏伟的佛教建筑已成为各地风景轮廓线的标志，在一片郁郁葱葱之中，掩映着红墙碧瓦、宝殿琼楼，为万里锦绣江山，平添了无限景色。敦煌、云冈、龙门等石窟，是人类艺术的宝藏。佛教绘画在中国美术史上占有重要地位，有许多稀世珍品一直保存至今。佛教音乐的内容也很丰富，是我国古代音乐的一个组成部分。有一位著名音乐家认为，佛教音乐具有"远、虚、淡、静"四个特点，达到了很高的意境。佛教典籍中保存了大量天文、医药等方面的宝贵资料。佛经的流传，促进了中国雕版印刷术的发展。

赵朴老关于佛教与中国文化的关系的论述，与太虚大师也是一脉相承的。赵朴老认为佛教对于中国文化的影响是既体现在高深的哲学思想上，更具体表象地体现在中国文学艺术上。而赵朴老关于中国佛教向学术化、艺术化和社会化三个方向发展的概括，又不是单纯的中国佛教思想理论分析。这可以说一方面表明了赵朴老是非常重视佛教的学术研究和佛教的文化艺术性，而这也可以避免人们认为佛教是迷信的误解；同时表明了赵朴老虽具有非常深厚的佛教思想理论造诣，但是又不停留于佛教思想理论家的角色，而是更注重从总体上、宏观上把握中国佛教发展方向的社会实践家。这又是与赵朴老长期担任中国佛教协会领导人的角色分不开的。

赵朴老作为人间佛教的社会实践家，更是体现在他代表中国佛教协会所做的关于"积极促进佛教与社会主义社会相适应或相协调、加强中国佛教在五个方面的自身建设、重视培养佛教人才"等几个方面的思想论述中。

1993 年 10 月，赵朴老在中国佛教协会第六届全国代表会议上的报告中指出，中国佛教必须而且能够与有中国特色的社会主义社会相适应或相协调。佛教与政权相分离，不干预国家的行政、司法、教育，不进行反对马列主义、毛泽东思想的宣传；佛教不受外国势力支配；佛教徒爱国守法，拥护中国共产党的领导和社会主义制度，继承和发扬中国佛教的优良传统，积极参加社会主义物质文明和精神文明建设，这是实现"相适应"或"相协调"对佛教的基本要求。我们还认为，佛法博大精深，佛教的诸行无常、诸法无我的世界观，缘起性空、如实观照的认识论，无我利他、普度众生的人生观，诸恶莫作、众善奉行的道德观，三学并重、止观双修的修养方法，不为自己求安乐、但愿众生得离苦的奉献精神以及佛教在哲学、文学艺术、伦理道德、自然科学、生命科学等领域内所积累的丰硕成果，是人类文明的宝贵财富，在当今建设有中国特色的社会主义，特别是社会主义精神文明建设中仍然具有旺盛的生命力和特殊的积极作用，将在今后不断发展的东方文明乃至世界文明中放射异彩。另一方面，党和政府切实认真贯彻执行宗教信仰自由政策，真正做到把宗教信仰作为公民的私事，从法律和政策的实施上保护公民宗教信仰自由的基本权利和宗教的合法权益，这是实现"相适应"或"相协调"的基本前提。① 而宗教与社会主义相适应或相协调就是建设中国特色社会主义的重要组成部分。

佛教与社会主义相适应或相协调包括两方面，第一个方面就是"党和政府切实认真贯彻执行宗教信仰自由政策，真正做到把宗教信仰作为公民的私事，从法律和政策的实施上保护公民宗教信仰自由的基本权利和宗教的合法权益"，另一方面就是佛教界要积极自觉地与社会主义相适应或相协调。在这方面，赵朴老就根据佛教的基本思想和理论特征，论证和说明了佛教是能够与社会主义相适应或相协调的。因而赵朴老进一步指出：在宗教信仰自由政策得到贯彻执行这一必不可缺的外缘具足的情况下，佛教自身建设的好坏是决定中国佛教兴衰存亡的根本内因。自身建设的重点是以戒为师，大力加强建立在具足正信、勤修三学根基上的道风建设；自身建设的关键在于培养佛教人才，提高四众素质。只有这样，佛教才能保持健康的肌体和活力，续佛慧命，弘法利生，庄严国土，利乐有情。②

关于加强佛教自身建设这一关系中国佛教发展前途和命运的重大和关键问题，赵朴老有一个纲领性的论述，他认为："加强佛教自身建设，就是加强信仰建设、道风建设、教制建设、人才建设、组织建设。这五个方面，信仰建设是核心，道风建设是根本，人才建设是关键，教制建设是基础，组织建设是保证。"③

对于中国佛教自身的健康发展来说，"信仰建设、道风建设、教制建设、人才建设和组织建设"这五个方面都很重要。而要加强信仰建设、

---

① 赵朴初：《中国佛教协会四十年》，圣凯编《人间佛教思想文库·赵朴初卷》，第170页。

② 赵朴初：《中国佛教协会四十年》，圣凯编《人间佛教思想文库·赵朴初卷》，第171页。

③ 赵朴初：《中国佛教协会四十年》，圣凯编《人间佛教思想文库·赵朴初卷》，第172页。

道风建设、教制建设，首先是要求寺院僧尼具足正信，勤修三学，遵守戒规，严肃道风。为此，寺院必须坚持早晚课诵、过堂用斋、修禅念佛、讲经说法、半月诵戒、夏季安居、冬季打七以及在佛教传统节日举行法会等。上述修学活动，各寺院都必须根据实际情况使之制度化、规范化、经常化。寺院负责人要身体力行，领众熏修。寺院应信众要求举行佛事活动，应视为僧人带领信众进行的修持，必须严肃认真，如法如律，坚决克服佛事活动商业化的不良倾向。对这些佛事活动，有关寺院要统筹兼顾，适当安排，不可过于频繁，影响僧尼的经教学修。① 可见赵朴老与太虚大师一样，对于过于商业化的经忏佛教流弊是有所警惕的。

从佛教自身建设的五个方面来说，赵朴老最为强调的是人才建设。他说："大力培养合格僧才，加强人才建设，是关系中国佛教命运和走向的头等大事，是我国佛教事业建设与发展最紧迫、最重要的任务。"② 寺院是培养合格僧才的基础，担负着向佛教院校输送合格僧源的任务，寺院道风学风的好坏，对整个人才建设关系极大。各佛教院校要坚持中共中央有关文件规定的宗教院校的办学方针，以戒为师，从严治校，健全和充实领导班子，实行"学修一体化、学僧生活丛林化"③ 的方针，稳定和加强师资队伍，提高教学质量和管理水平。要组织力量制定各级佛教院校教学大纲，选定、编写相应的教材。全国和一些地方佛教协会继续举办寺院执事进修班，使寺院的主要执事得以分期分批进修，提高素质，管理好寺院。寺院对本寺常住的中青年僧尼要采取适当方式，组织他们进行佛法以及法律、政策、文化知识的学习。有条件的寺院经申报同意，可举办初级佛学院和僧伽培训班。④

赵朴老很早就非常重视佛教教育和佛教人才的培养工作。早在1986年8月，赵朴老领导的中国佛教协会就在北京召开了全国汉语系佛教院校工作座谈会，对全国汉语系佛教院校提出了"全面规划，适当调整，保证重点，协调发展"的方针，制定了高、中、初三级既相衔接，又各有

---

① 赵朴初：《中国佛教协会四十年》，圣凯编《人间佛教思想文库·赵朴初卷》，第172页。

② 赵朴初：《中国佛教协会四十年》，圣凯编《人间佛教思想文库·赵朴初卷》，第172页。

③ 赵朴初：《中国佛教协会四十年》，圣凯编《人间佛教思想文库·赵朴初卷》，第173页。

④ 赵朴初：《中国佛教协会四十年》，圣凯编《人间佛教思想文库·赵朴初卷》，第173页。

侧重的佛教教育规划。规划的具体要求是：由地方佛协或重点寺庙举办的僧伽培训班、学习班属于初级层次，培养目标是寺庙的一般管理人才和为中级佛学院提供学员来源。地方佛学院和中国佛学院分院属中级层次，学制二年，培养目标是寺庙的中级管理人才和为高级佛学院提供学员来源。中国佛学院属高级层次，学制四年，培养目标是佛教学术研究人才、佛学专业教学人才、国际佛学交流人才和各地寺庙的高级管理人才。会议并按三个层次的要求，提出了相应的佛学课的基本教材。① 这次座谈会对后来的中国佛教教育事业产生了积极的影响。

在赵朴老之前，太虚大师对于佛教教育就具有一套比较完整的设想。太虚大师关于佛教僧制或僧教育的具体思想是：僧教育应该建立在国民教育的基础上并参照之。年满十八曾毕业高中自愿出家者，得剃度之。剃度后即入于学僧级，其学级分别如下：一、律仪苑二年：入院时受学沙弥律仪，第一学期中研究及实行持沙弥戒，并修习忏摩、念诵、歌赞等僧伽礼乐初步之训练。至第一学期满——此时如不愿出家可以还俗——即正受沙弥戒，进入第二学期时受学比丘律仪。从第二学期起至第四学期止之三学期内，研究及实行持比丘戒以练习僧伽应具之礼乐，并修习关于经律论史之佛教概论，为一普通僧人必须有之知识能力，及进入普通教理苑应预备之学课，例读经律论之文法及梵文字母、藏文初阶等。至第四学期满——此时如不愿出家仍可还俗——即正受比丘戒，亦即为律仪苑之毕业。此律仪苑之二年，乃出家为僧者必历之学程。菩萨戒或前受后受均可。二、大学苑四年：此与大学程度相等，注重研究华文经、律、论、杂，并习藏文以参考沟通。他若论理学、心理学、社会学、史地学与选学佛画、造像等艺术一种，及选学梵文、巴利文、锡兰文、缅甸文、暹罗文、尼泊尔文、高丽文、日本文、安南文，以及英、法、德、意等各国文一种。研梵文等可溯佛教之古源，而学英文等可开佛教之新流，俱不可疏忽。此由律仪苑毕业者升级而入，但律仪苑毕业后可为一通常比丘，不升入此级，亦无不可。三、研究苑三年：此与研究院程度相等，注重关于佛教教理为一部门之深刻研究，由一部门以贯摄全藏而自成一系统，此由普通教理苑毕业者升级而入。但普通教理苑毕业后可为助布教师，不升入此级亦无不可。四、参学林三年：此如注重修持之丛林，为佛法中实际修证阶程，乃各国学制中

---

① 赵朴初：《团结起来，发扬佛教优良传统，为庄严国土、利乐有情作贡献》，圣凯编《人间佛教思想文库·赵朴初卷》，第48页。

所无者。当以亲近各修证有得之长老律师、禅师、净土师、真言师，以期真修实证为鹄的。此由专精教理苑毕业者升级而入，但专精教理苑毕业后可为正布教师，不升入此级亦无不可。此级为学僧最终学程，此级学毕，即应弘法利人矣。比丘菩萨戒，最宜此时受之。① 可见，太虚大师关于佛教僧教育的思想对于赵朴老还是具有很大的启发性意义的。

最后，对本文观点综合和总结如下：赵朴老在关于以中国佛教为本位的契理契机的人间佛教思想、佛教与中国文化的深厚关系、重视佛教文化学术研究和佛教教育等诸多方面，在某一方面的意义上可以说都是有意识地继承了太虚大师的相关思想。同时，赵朴老在20世纪80年代初开始公开提倡的人间佛教思想，是立足于中国大陆处于社会主义初级阶段的基本国情，首先是有重点地提倡继承和发扬中国佛教的三大优良传统，加强中国佛教在五个方面的自身建设，重视培养佛教人才，积极促进佛教与社会主义社会相适应。赵朴老关于中国佛教"农禅并重"优良传统的论述，其实也是继承了太虚大师关于"中国佛学特质在禅"的思想论断。在关于人间佛教的思想和风格方面，如果说太虚大师兼有思想理论家和社会实践家的双重角色，印顺法师主要是偏重于援引印度佛教经典和原典对于人间佛教思想理论进行全面而详细的论证和说明的思想理论家，那么赵朴老则主要是根据大乘佛教和中国佛教宗派尤其是禅宗的基本思想对于人间佛教的基本思想路向进行提倡和说明。赵朴老主要是关注如何将人间佛教思想落实到中国大陆处于社会主义初级阶段的基本现实和国情之中，因而赵朴老可以说主要是人间佛教的社会实践家，当然赵朴初居士对于印顺法师的思想理论也有所继承和借鉴。

---

① 太虚：《建设现代中国佛教谈》，黄夏年主编《太虚集》，中国社会科学出版社，1995，第344～346页。

赵朴初对太虚法师"人间佛教"的接受与践行

周　欣[*]

赵朴初(以下敬称赵朴老)"人间佛教"的提出,最早见于 1981 年《法音》上连载的《佛教常识答问》最后一节《发扬人间佛教的优越性》,其中指出:"只有利他才能自利,这就是菩萨以救度众生为自救的辩证目的,这就是佛教无常观的世界观和菩萨行的人生观的具体实践,这也是人间佛教的理论基础。""人间佛教"理论的提出,肇始于太虚法师"人生佛教"理论。

1947 年,赵朴初作有《太虚法师挽诗》:"旬前招我何为者,付我新编意倍醰。遗嘱分明今始悟,先几隐约话头参。神州风雨沉千劫,旷世光华掩一龛。火宅群儿应不舍,再来仁见雨优昙。"并作有注释:"师逝世前十日,以电话招余至玉佛寺相见,欣然若无事,以所著《人生佛教》一书见赠,勉余今后努力护法,不期遂成永别。闻人言:师数日前告人,将往无锡、常州。初未知其暗示无常也。"受太虚法师临终委托,赵朴老穷尽己力,毕生都在继承和践行太虚"人生佛教",弘法护生不辍,将其提升到一个新的高度——"人间佛教"。

一　"中国佛教向何处去?"

何谓"人间佛教"?它包括哪些内容?实行"人间佛教"有何宗教意义与社会价值?

1983 年 12 月 5 日,赵朴老在中国佛教协会第四届理事会第二次会议上做《中国佛教协会三十年》报告,指出:"中国佛教已有近 2000 年的

---

*　周欣,湖南科技学院学报编辑部副主编。

悠久历史。在当今的时代，中国佛教向何处去？什么是需要我们发扬的中国佛教的优良传统？这是我们要认真思考和正确解决的两个重大问题。对于第一个问题，我以为在我们信奉的教义中应提倡人间佛教思想。它的基本内容包括五戒、十善、四摄、六度等自利利他的广大行愿。《增一阿含经》说：'诸佛世尊，皆出人间'，揭示了佛陀重视人间的精神。《六祖坛经》说：'佛法在世间，不离世间觉，理世觅菩提，恰如求兔角'，阐明了佛法与世间的关系。佛陀出生在人间，说法度生在人间，佛法是源出人间并要利益人间的。我们提倡人间佛教的思想，就要奉行五戒、十善以净化自己，广修四摄、六度以利益人群，就要自觉地以实现人间净土为己任，为社会主义现代化建设这一庄严国土、利乐有情的崇高事业贡献自己的光和热。"朴老总结中国佛教自新中国成立以来的发展经验，"以工作报告的形式将实践人间佛教积极进取思想规定为中国大陆佛教的方向和时代使命"①，为广大佛教徒所接受，具有普世价值。

一方面，"人间佛教"以"人间"为逻辑起点，建设人间净土。面对当时佛教形式所做的反思，重点应当关注现实的人生、现实的人间，正如太虚法师所说："佛学，并不一定要住寺庙、做和尚、敲木鱼，果能在社会中时时以佛法为规范，日进于道德化的生活，便是佛学。""佛法的根本在于五乘教法，就是重在说明人生的道德——教人应该养成怎样的思想和善的行为，方算是人生社会合于理性的道德。""所谓学佛，先从做人起，完成了一个完善的好人，然后才谈得上学佛。若人都不能做好，怎么还能去学超凡入圣的佛陀？"佛法就是为人的道德修养、为人生服务的。"仰止唯佛陀，完成在人格，人圆佛即成，是名真现实。"认为佛教徒的最高理想就是人的本性的实现，强调佛法的入世本性："建设由人而菩萨的人生佛教，以人生佛教建中国僧寺制，收新化旧成中国大乘人生的信众制，以人生佛教成十善风化的国俗及人世。"（《我的佛教改进运动略史》）佛教的改进理想，就是要提升人生境界，改善社会风俗，建设人间净土，积极倡导大乘菩萨道的普度众生的理念，致力于自利利他，从而谋求到中国佛教的现实发展空间。那么，何谓"人间净土"？太虚法师说："既人人皆有此心力，则人人皆已有创造净土本能，人人能发造成此土为净土之胜愿，努力去作，即由此人间可造成为净土，固无须离开此龌龊之社会而另求一清净之社会也。质言之，今此人间虽非良好庄严，然可凭个人一片

---

　　① 杨曾文：《赵朴初人间佛教思想试论》，《佛学研究》，2005 年，第 5～16 页。

清净之心，取修集许多净善的因缘，逐步进行，久之久之，此浊恶之人间便可一变而庄严之净土；不必于人间之外另求净土，故名人间净土。"（《建设人间净土论》）太虚法师用佛教的理想来改造"人生"，"佛化"人生，通过改造人心创造人间净土，促使佛教在近代获得生机。

继承了太虚法师的嘱托，赵朴老挖掘中国佛教的优秀精神文化资源，以人本关怀作为佛教修行的前提。"勤修戒定慧，息灭贪嗔痴，使智慧开发，烦恼解脱，觉悟圆满。""以布施转化贪心，以慈悲转化嗔心，以智慧转化痴心，以众生一体、万物同胞的博大胸怀，捐弃私念，对人类生活的方向做出正确的选择。"（《世界和平与宗教合作》）修行佛教，从心灵深处进行反省，成就圆满人格，建构普遍的伦理道德，从而促使佛教理念深入人心。

另一方面，"人间佛教"以佛教革新为文化旨归，促成佛教"入世化"。受 20 世纪初中国社会风潮的洗礼，中国在经历了政治革命后，救国济世作为近代社会一个非常重要的问题，"以佛法救世"的思潮笼罩着整个佛教界。"革新中国佛教，要洗除教徒好尚空谈的习惯，使理论浸入实验的民众化……要能够适应今时今人的实际需要。"在他看来，"佛学乃世界人类最高理想的表现，其救世之精神非其他宗教学术所可及。"[1] 而佛教之所以衰敝，主要在思想的偏向上，过分注重经忏佛事和超度亡灵等，单纯追求出世倾向，忽略了对现实社会的关怀。"我时感到佛教内部的制度，有改善的需要。应如何去教养僧众，应如何去结合信众，而成立有'和谐合聚'精神的团体，实行弘扬佛法的工作。"（《优婆夷教育与佛法家庭》）发心拯救，倡导教理、教制和教产改革，实现佛教原有的宗派适应、社会关怀，这是时代赋予的使命。"菩萨是觉悟了佛法原理，成为思想信仰的中心。以此为发出一切行动的根本精神，实行去救世救人，建设人类的新道德，故菩萨是根据佛理实际上去改良社会的道德运动家。必有如此，菩萨乃能将佛教实现到人间去。"（《怎样来建设人间佛教》）太虚法师本着对世俗社会的伦理关怀，对各种丑恶现象进行披露，进一步发扬了释迦牟尼"成熟有情，庄严刹土"的精神境界，将传统佛教舍己救人、救苦救难的菩萨形象，转化为"建设人类的新道德""改良社会"的救世形象，复兴佛学，救世济国，成为近世佛教改革的"典范"。

---

[1] 李向平：《救世与救心——中国近代佛教复兴思潮研究》，上海人民出版社，1993，第 175 页。

中华人民共和国成立后，"土地改革""文革"等接踵而至，面对"大陆佛教刚从一片劫灰中苏醒，仍面临着社会对宗教的非难"①，赵朴老将太虚法师的用世、救世思想作了进一步思考，谋求佛教的现实发展空间，突出佛教的现代性。"自利利他，自觉觉他，也正是修行。修行并不只是念佛、参禅、诵经、礼拜而已，一切为众生作饶益的事业都是修行。"（《如何使佛日增辉法轮常转》）从而，将佛教自利利他的智慧转为符合社会主义价值理念的思想资源。"假使人人依照五戒十善的准则行事，那么，人民就会和平康乐，社会就会安定团结，国家就会繁荣昌盛，这样就会出现一种和平安乐的世界，一种具有高度精神文明的世界。这就是人间佛教所要达到的目的。"佛教的现实化，就应当落实在"和平安乐""精神文明"等文化与文明层面，虽未正面提出佛教革新，在佛教的建设发展、佛学文化的繁荣以及如何协调与政府、社会关系这三大重要任务时，他先后主张"应当发扬中国佛教的三大优良传统"，即"农禅并重""注重学术研究"和"国际友好交流"，以及"培本报恩""服务社会"和"建设国家"三项要求，并对佛教社会本质作了准确的解说："佛教'人间净土'的思想同社会主义不矛盾"，与社会主义精神文明、社会主义现代化建设保持着高度一致，积极应对时代使命，表达了中国佛教对社会主义核心价值的接契。

面对复兴佛教、恢复寺庙等历史使命，赵朴老继承太虚法师思想，弘扬"人间佛教"，满足了人的各种需求，使佛学与现实人生结合，最终使佛学与社会各个领域融通起来，回答了"中国佛教向何处去？"的问题，为佛教的现代化道路指明了方向。

二 "人间佛教"与传统佛教的思想渊源

对人间佛教思想渊源的诠释，所隐含的一个前提就是，以禅宗代表中国佛教主流，这既是对传统佛学的延续，也是对近代佛学革新的回应。

1956 年，赵朴老为《僧伽罗贾蒂耶报》作《佛教在中国》，从佛教宗派、新中国的佛教、中国佛教徒的国际联系三个方面概述中国佛教的历史。"在印度经论的基础上，将佛陀教义加以系统的组织发挥，形成的巨大学派有天台宗和华严宗……禅学方面，在中国有一支异军突起，那就是

---

① 陈兵、邓子美：《二十世纪中国佛教》，民族出版社，2000，第 214 页。

所谓'教外别传'的禅宗。这个宗所修习的，不是古来传承的次第禅，而是直指心性的顿修顿悟的法门。相传这宗的禅法是五世纪的菩提达摩由印度传来的，至七、八世间由六祖惠能的弘扬而兴盛了起来。到十一世纪以后，它和净土宗一直是这个流行最广的两个宗派。"印度佛教与中国佛教相互融合，三论宗、法相宗是印度宗教"直接继承者"，而"教外别传"的天台宗、华严宗、禅宗、净土宗是"中国化"程度较高的宗教，他们各有修持方法，从而强调中国佛教在世界史上的功绩。

　　1987 年在泰国国际佛教学术交流会上，赵朴老作《中国佛教的过去和现在》，在中国佛教吸取印度的基础上，基于大乘佛教的发展理路，对"人间佛教"的渊源进行了思考："我国佛教界为发扬佛陀利生济世的精神，主张提倡以人为中心的'人间佛教'思想。事实上，人间佛教这一思想并非后人所创立，在《增一阿含经》中佛告天帝释，'我身生于人间，长于人间，于人间得佛。'中观宗之祖龙树在《大智度论》提出'一切资生事业悉是佛道'。瑜伽宗的祖师弥勒和无著在《瑜伽论》和《大庄严经论》中提出菩萨若不学习'五明'就不能证得一切智智。"（《中国佛教的过去和现在——在泰国国际佛教学术交流会上发表的论文》）"禅宗六祖惠能（638～713）提出'佛法在世间，不离世间觉'的思想，以后怀海（720～814）又提出'一日不作，一日不食'的原则，因而使佛教与社会生活打成一片，在实际行动上实现了释迦牟尼的'成熟有情，庄严刹土'的理想，使大乘真正发展为'人间佛教'。"佛教虽起源于印度，但经过两千年的发展，早已适应了中国化的发展。"人间佛教"并非后人所创立，抽绎于《增一阿含经》"诸佛世尊，皆出人间"、《六祖坛经》"佛法在世间，不离世间觉"的教义。众所周知，《阿含经》作为佛教早期经典，集中体现了佛陀创教的根本精神，而《六祖坛经》开创了中国化的佛教体系，怀海提出"一日不作，一日不食"的佛教现实化精神，这几部经典，蕴含着佛陀传世的情怀与佛教中国化、实践化的根本精神，体现出人间佛教与传统佛教有着圆融互摄之处。

　　这种观点，正是延续了太虚法师所提出的禅宗是中国佛学的骨髓，是振兴佛学的关键。他把中国大乘佛教分为三系：法界圆觉宗、法性空慧宗、法相唯识宗。其中，法界圆觉宗为佛本体论，而性空、唯识只是旁支，因此禅是佛学中的主流。"以达摩西来的启发，前不见古人后不见来者，而直证释迦未开口说法前的觉源心海，打开了自心彻天彻地的大光明藏，佛心自心印合无间。与佛一般无二的圆明体现了法界诸法相现，即身便成了与佛陀一般无二的真觉者。然后应用一切方土的俗言雅语，乃至全宇宙的事事物物，活泼泼地以表现指示其悟境于世人，使世人各各直证佛陀的心境。此为佛学之核心，亦为中国佛学之骨髓。唯中国佛学握得此佛学之核心，故释迦以来真正之佛学，现今唯在中国。"太虚法师以禅宗代表中国佛学，"禅宗之风，风靡全国，不独佛教之各宗派皆依以存立，即儒道二家亦潜以禅为底骨"（《佛教各宗派源流》）。禅宗注重禅定止观的修持，是佛教文化的潜流，既能即身成佛直印佛心，亦能接引众生方便无量，因而可作为中国佛教的正统。赵朴老对人间佛教思想基础的叙述，与太虚法师一脉相承，强调释迦牟尼佛创教的本怀，但突出与印度佛教的源流关系，揭示出佛教中国化的重要特点："中国佛法正统，自然要重禅观，不过不单是看话头的禅，要发达教义上的禅观，如天台的一心三观和贤首的法界观等；还要研究戒律和念诵，须多习经教，这样才能把中国佛法因此而复兴。"强调以禅宗为正统，融会天台等禅观，才能复兴佛学。由此来看，与太虚法师相比，赵朴老的提法更为"多元"，引证中印佛教经典，较好地解决了人间佛教与佛教其他宗派之间的关系。

三　"人间佛教"修"菩萨行"

重视戒律基础。太虚法师在《人生佛教之目的》中谈道："以佛教五乘共法中之五戒等善法净化人间。"佛法分为五乘：人乘、天乘、声闻乘、圆觉乘、菩萨乘和佛乘。从人乘至菩萨佛乘之间，如同梯形台阶，上窄而高，下宽而低，只有通过修行，才能逐步提升至菩萨乘以达到成佛的最高目标。这种佛教，太虚法师称为"圆渐"的大乘佛教，圆即圆满，渐即循序渐进，并非立地成佛、躐等直达的果位。"修十善业及诸禅定，可获上生天界，持佛号、仗他力，可往生他方清净佛土；虽生死未了，而可得胜优美之依正二报，免四趣苦，且可超出人道之上。是依佛法可达之目的与效果也。此在净土及密法，亦所注重；而世间之高等宗教，如耶教之求生天国等，皆同有此种目的。"（《人生佛教之目的》）修持人乘之五戒、天乘之十善，"仅佛乘之初阶耳"，是佛教的起始阶段。相反，"依声闻行果，是要被诉为消极逃世的；依天乘行果，是要被谤为迷信神权的。不唯不是方便，而反成为障碍了。"（《我怎样判摄一切佛法》）所以，佛教应"确定是在人乘行果，以实现我所说的人生佛教原理"。由此不难看出，太虚法师指出的人乘指向的超凡入圣之路。而赵朴老的提法稍微模糊："且不说今后成佛不成佛，就是在当前使人们能够自觉地建立起高尚的道德品行，积极地建立起助人为乐的精神文明，也是有益于国家社会的。"作为中国佛教界的领袖，赵朴老的提法与现代文化语境紧密相连，强调人乘的普遍意义。

修"菩萨行"。太虚法师认为，修持六度，"历经时劫，广求无边福智，尽断二障习气，终乃圆明法界而融遍无疑矣"。因此，人生佛教的最高果位即是"菩萨""佛"。"今倡人生佛教，旨在从现实人生为基础，改善之，净化之，以实践人乘行果，而圆解佛法真理，引发大菩提心，学修菩萨胜行，而隐摄天乘二乘在菩萨中，直达法界圆明之极果。"从而将菩萨、佛作现实化的诠释。赵朴老则提出："大乘佛教是说一切众生都能成佛，但成佛必需先要做个好人，做个清白正直的人，要在做好人的基础上才能学佛成佛。这就是释迦佛说的，'诸恶莫作，众善奉行。自净其意，是诸佛教。'怎样叫学佛，学佛就是要学菩萨行，过去诸佛是修菩萨行成佛的，我今学佛也要修学菩萨行。""菩萨行总的来说是上求佛道，下化众生，是以救度众生为己任的。修学菩萨行的人不仅要发愿救度一切众生，还要观察、认识世界一切都是无常无我的。"（《佛教常识答问》）释迦牟尼是在这个婆娑世界堪忍秽土修行而来，学习诸佛修菩萨行，积极地建设助人为乐的精神文明，这是利国利民的超凡入圣之路。"菩萨成佛即是得大解脱，得大自在，永远常乐我净。这就是大乘佛教菩萨行的最后结果。""《华严经》说，菩萨以'一切众生而为树根，诸佛菩萨而为花果，以大悲水饶益众生，则能成就诸佛菩萨智慧花果。'""是故菩提属于众生。若无众生，一切菩萨终不能成无上正觉。"只有利他才能自利，这是菩萨以救度众生为自救的目的。

六度、四摄。太虚法师提出践行菩萨行，必须身体力行的原则，即菩萨行的六度、四摄。六度即六波罗蜜：布施、持戒、忍辱、精进、禅定、智慧，这是普利众生而得自己的利益；四摄即布施、利行、同事、爱语，这是众生接近受教得益。如前所述，赵朴老提出人间佛教"基本内容包括五戒、十善、四摄、六度等自利利他的广大行愿"。其中，"五戒""十善"是基础，进而扩大到"四摄""六度"，达到常乐我净的境界。在这方面，赵朴老可谓深受太虚法师的启发。

从太虚法师和赵朴老关于人间佛教的发展脉络中，我们可以看到，"人间佛教"的提出蕴含了对佛学发展方式的思考，从太虚法师提出"人间佛教"的基调，经过八十余年的探讨、实践，到赵朴老因势利导，因缘殊胜，深契社会主流形式，将人间佛教提升至战略高度，"把提倡人间佛教放在整个中国佛教的指导地位，强调了人间佛教思想的普遍意义。这是太虚当年未能做到的，由此也进一步触及了太虚想解决而未能解决的人间佛教与中国化佛教各宗派的关系问题"。① 赵朴老合理定位佛教的思想基础、功能，发展佛教文化事业，革故鼎新，兴利除弊，担当新时期的历史使命，开拓了佛教发展的新局面。

---

① 陈兵、邓子美：《二十世纪中国佛教》，第215页。

赵朴初对中国佛教复兴的贡献

——以《佛教常识答问》为中心的分析

尹文汉[*]

数年前，笔者在《启于杨而成于赵：近代以来中国佛教的复兴》[①] 一文中提出，"如果说，居士是近代以来中国佛教复兴运动的开启者和中坚力量，那么，出生于皖西南长江两岸的杨文会和赵朴初两位居士则是中国佛教复兴运动中坚力量中的中坚力量。他们一前一后，前呼后应，把中国佛教从衰败甚至'三废'（道场的废墟、僧才的荒废、信仰的淡薄）中拯救出来，重现昔日荣盛，走上稳定健康的发展道路。"又说："近代以来的中国佛教复兴，居士发挥了重要而关键的作用，启于杨（文会）而成于赵（朴初），前者有开创之功，后者有成就之德。"着眼19 世纪和 20 世纪的中国，内忧外患，苦难深重，直至中华人民共和国成立，战乱结束，社会基本稳定，各项建设事业才得以展开。然而，对于佛教而言，仍然困难重重。在马克思主义无神论思想的主导下，"宗教是麻醉人民的鸦片""佛教是宗教迷信"的观点在很长一段时期占据舆论主流。直至 20 世纪 80 年代党的宗教信仰自由政策的落实，佛教才真正进入一个新的历史时期。赵赴初正是在这样一个历史时期作为佛教领袖，肩负起佛教复兴的重任。始作于五十年代、八十年代开始出版单行本，三十多年来广为流传，作为僧俗两界佛教入门书的《佛教常识答问》是赵朴初先生唯一的一部佛教著作，虽然篇幅不长，却对当代中国佛教复兴发挥了重要的作用。

---

[*] 尹文汉，池州学院管理与法学院副教授、九华山佛文化研究中心主任。

[①] 尹文汉：《启于杨而成于赵：近代以来中国佛教的复兴》，《池州学院学报》2014 年第 5 期。

一　《佛教常识答问》的写作、发表与出版

赵朴初写作《佛教常识答问》一书，起初的缘由，仅仅是为了给翻译同志提供方便。1978 年 7 月，赵朴初将在《现代佛学》上发表过的《佛教常识答问》中的第一章再次发表于《社会科学战线》，并在文前作了一个简短的说明，谈到写作的缘由："当时因与外国佛教人士谈话时，翻译同志多以缺乏佛教知识，感到困难，这篇东西，主要是为他们提供一些便利而作的。"① 二十年后，在中国佛教文化研究所的策划下，《佛教常识答问》由上海辞书出版社出版插图本，在序言里，赵朴初再次提到该书写作缘由，"我最初写这本书的动机只是为了和外国朋友谈话时，翻译人员因缺乏佛教知识而感到困难，想为他们提供一些方便。"② 1953 年 6 月，中国佛教协会成立，赵朴初当选为副会长兼秘书长，成为中国佛教协会的实际负责人。这一职位使他必须代表中国佛教界会见世界各国人士，在对外交流的过程中，翻译成为一个重要的问题。没有一些佛教的基本知识，翻译根本无法进行。为了解决这个问题，赵朴初亲自动手写作这个小册子，以便翻译人员随手查阅。因此，作者的出发点是希望写出一本可靠的佛教知识手册。

据沈去疾《赵朴初年谱》，赵朴初撰写《佛教常识答问》是从 1959 年开始的③，该年他将该书第一章《佛陀和佛教的创立》发于《现代佛学》第 3 期上。此后，一边写作，一边在《现代佛学》连载，直到 1964 年。"文革"期间，《现代佛学》停刊，佛教的对外交流也基本停止，该书的写作也停了下来。1978 年，赵朴初将该书第一章《佛陀和佛教的创立》在《社会科学战线》上再次刊登，希望再连载一次，并写了前言。在前言里，他说：

> 原计划用八个题目写，已写成的有：①佛陀与佛教的创立；②佛法的基本内容和佛教经籍；③僧伽和佛弟子；④佛教在印度的发展、衰灭和复兴。还未写的有：⑤佛教在中国的传播、发展和演变；⑥中国和日本、朝鲜、越南的佛教关系；⑦中国和南亚各国的佛教关系；

---

① 赵朴初：《佛教常识答问（一）》，原载《社会科学战线》1978 年第 3 期。
② 赵朴初：《佛教常识答问》（插图本），上海辞书出版社，1999，第 2 页。
③ 沈去疾：《赵朴初年谱》，上海辞书出版社，2008，第 73 页。

⑧中国和东南亚各国佛教关系。①

从上可知，在五十年代末至六十年代初，《佛教常识答问》写完了第一至四章。但不知何原因，此次《社会科学战线》的连载并没有延续下去，只刊发了第一章。1981 年，中国佛教协会会刊《法音》创刊，《佛教常识答问》的第二、三、四章先后在该刊 1981 年 1 月、1981 年 12 月、1982 年 4 月连载，并于 1982 年 12 月推出了新撰的第五章《佛教在中国的传播、发展和演变》。但是，原计划的第六、七、八部分，并没有写出来，主要原因是八十年代在赵朴初的主持下，中国佛教协会开始编辑《中国佛教》，他原计划写的内容已包括在《中国佛教》内。

1983 年，中国佛教协会正式出版《佛教常识答问》单行本，作为"《法音》文库"之一，由北京法源寺流通处流通，这是该书第一次以完整的形式呈现给读者。甫一面世，便洛阳纸贵，至 1995 年即已印刷 8 次，发行数十万册。

此后，该书又多次出版，并且被翻译成日文、英文、韩文等外文出版。其中中文版本主要有以下几种：

1989 年 5 月，作为黄天骥、梅季坤主编的"中国传统文化百讲书库"之一，该书由广州文化出版社出版，首次印刷 5930 册。该书书后还附录了朴老的数篇文章，包括《要研究佛教对中国文化的影响》《佛教和中国文化》《中国佛教的过去和现在》《佛教与中国文化的关系》《论宗教与社会主义及和平》《佛教与两个文明建设》等。

1999 年 7 月，经中国佛教文化研究所的策划与编辑，《佛教常识答问》插图本由上海辞书出版社出版。1998 年 6 月，朴老特意为此书作序，说明此书的写作背景与用意，该序文在《佛教文化》1999 年第 1 期发表。至 2001 年 2 月第 4 次印刷时，插图本印数已达到 37000 册。

2003 年，该书收入"大家小书"丛书中，由北京出版社出版，首次印刷 10000 册。此后又多次印刷。2005 年，陕西师范大学出版社再次出版该书。

2012 年 11 月，外语教学与研究出版社出版该书汉英对照版，由赵桐译出。

此外，长安出版社《赵朴初居士释佛》（图文本）也是以《佛教常识

---

① 赵朴初：《佛教常识答问（一）》，原载《社会科学战线》1978 年第 3 期。

答问》为主。还有一些大型丛书收入该书，如"中国文库"。另外，有很多寺院翻印该书，与信众结缘，这个印刷数量应该很大。

二 《佛教常识答问》的特点

1. 常识性诠释。

"常识"并非古代词汇，记录古代词汇的《辞源》即无此词。此词约在清末出现，至民国时期广为使用。孙中山《建国方略》中即用此词。民国上海大东书局曾出版徐敬斋编撰之《国学常识》丛书十种。"常识"指普通知识，既指一般人所应具备且能了解的知识，也指从事某项工作或学术研究所需具备的相关领域内的基础知识。宗教总是带有神秘性的，佛教更是名相繁杂，为常识所难以理解。然而，赵朴初此书却特别强调"常识"二字，并用作书名。这并不是随意为之，而有其深意。该书韩文译本的作者李法山教授曾建议将书名改为《佛教答问》，去掉"常识"二字，遭到作者的反对，他说："我不敢用这个名字，还是常识答问好。"①之所以强调"常识"，一方面，从作者写作目的来看，是为了给翻译人员写个佛学知识的查询手册，而在与外宾交流中，不可能谈深奥的佛理，只能谈一些"一般人所应具备且能了解的知识"；另一方面，从该书的内容来看，该书正是谈佛教领域的基本知识。因此，该书既是一部极具专业性的佛教书，又是一部深入浅出的佛教入门之书。

2. 极简的佛教书。

佛教的经典号称三藏十二部，而《佛教常识答问》一书总计字数不到八万，用如此短小的篇幅把流传二千多年的佛教文化进行了精简概括。全书五章，对佛（第一章：佛陀和佛教的创立）、法（第二章：佛法的基本内容和佛教经籍）、僧（第三章：僧伽和佛弟子）和佛教在印度与中国的发展演变历史（第四章：佛教在印度的发展、衰灭和复兴；第五章：佛教在中国的传播发展和演变）进行了全面的介绍。佛教"三宝"的精要和佛教历史梗概，浓缩于一本小书，可以说，这是一部极简的佛教书。

3. 佛教文化通俗化的高手。

佛教名相繁多，理论丰富，体系庞杂，对于大多数要了解佛教的人来

---

① 见君冈著《大家为大家讲常识》，收入赵朴初《佛教常识答问》，北京出版社，2003。

说，佛经不易读，佛理更难理解。然而，赵朴初的这部小书，却化繁为简，深入经藏内部，又用通俗语言表达出来。他用白话文写作，不用文言文也不夹杂文言文，就像日常说话一样，娓娓道来；他不做注释，不引经据典，文章表达十分流畅，读起来很顺畅；对于佛教中那些艰深难懂的专业术语，他不照搬，总是用人们易懂的语言进行表达；他采用问答的方式，循循善诱，一问一答，步步深入，环环相扣，将读者引进佛教的大观园，不知不觉中了解佛教知识，深入佛教文化内部。可以说，这一部小书，足以显示赵朴初是一位佛教文化通俗化的高手。

三 《佛教常识答问》的价值导向及其意义

在二十世纪中国文化的大变迁中，传统与现代、科学与迷信的对决一直是思想界、文化界争论的焦点。向往现代、批判传统，相信科学、反对迷信成为时代的思想主流。佛教作为中国传统文化三足鼎立的一个重要支柱，容易被贴上传统和宗教迷信的双重标签而成为批判的对象。作为佛教领袖，如何让佛教走出这种极度被动的局面，成为赵朴初不得不思考的问题。他的《佛教常识答问》正是在这样的背景下，为佛教正名，为佛教寻找出路。

1. 常识而非神话

对于佛教，赵朴初采取了常识性进路。这种常识性进路，拉近了佛教与人们的距离，尤其是佛教与当代人生的距离。佛教并非神话，而是一般人可以理解、可以接受的。在他的整本书里，他更多的是客观地、历史地叙说佛教文化和佛教历史，首先把佛教当作知识来讲，让在特殊背景下的人们能够接受，而不是首先把佛教当作宗教来宣传。那些被神化的佛菩萨事迹他不讲，那些关于佛教神通的内容也不讲。如问到"佛是神吗"，他的回答："不，佛不是神。佛是公元前 6 世纪时代的人，姓乔达摩，名悉达多，释迦牟尼是释迦族圣人的意思。"① 他不讲释迦牟尼"八相成道"这些神异的故事，避免对佛的神化，把佛理解为"觉者"或"智者"。不讲佛教中的神迹，把佛教当作知识来讲，当常识来讲，可以避免佛教成为人们批判的对象。

---

① 赵朴初：《佛教常识答问》，北京出版社，2003，第 2 页。

2. 文化而非迷信

在人们把佛教当作封建迷信批判的大潮之中，赵朴初提出"佛教是文化"的主张，为佛教正名。在 1998 年为《佛教常识答问》写的序言里，他讲到三个代表人物对"佛教是文化"观点的认识。一个是毛泽东，有一次勤务员李银桥陪毛主席在延安出门散步，毛主席想去看佛教寺庙，李说佛教不过是封建迷信，没什么好看的，毛主席说："片面片面，那是文化。"一个是范文澜，他在"文革"初期补读佛书，提出"不懂佛教，就不能懂得中国文化史"。还一个是钱学森博士，他在看到赵朴初关于四川佛教圣地被人贴迷信标语的报告后，回信说"宗教是文化"。最后，赵朴初总结说："这三个人，一是伟大的革命家，一是著名的历史学家，一是当代的大科学家，所见相同，都承认佛教是文化。"①

在《佛教常识答问》一书里，赵朴初在第五章中专门列一节来讲佛教对中国思想文化的影响，以此说明"佛教是文化"。在思想上，不仅宋明理学很明显是受华严宗、禅宗和另一部分佛教理论的刺激和影响而产生，近代学术名流谭嗣同、康有为、梁启超、章太炎等人都采取了佛教中一部分教理来当他们的思想武器。在文学上，数千卷由梵文翻译过来的经典本身就是伟大、富丽的文学作品，般若思想和禅宗思想影响了如王维、白居易等一批诗人们的诗歌创作，变文和语录体等文体都来自佛教。在建筑造像上，佛教更是创造了伟大的作品，世界闻名的佛教石窟如敦煌石窟、云冈石窟、龙门石窟等，遍布全国各地的塔寺建筑，以金银铜铁木石玉牙等为材质的各种佛教造像，都是中国伟大文化遗产的重要组成部分。在绘画上，一方面有伟大的佛教绘画即以佛教题材为主创作的壁画和版画，如敦煌壁画就是一座世界艺术宝库，另一方面有受般若和禅宗思想影响的写意画。除此之外，佛教还对天文、音乐、医药等领域做出很大的贡献。

一方面用毛、范、钱三位有影响的人物来背书，另一方面又详细举例一一论证，赵朴初由此弘扬"佛教是文化"的观点，为佛教正名，反驳"佛教是迷信"。他希望人们从文化的角度来看待佛教，理解佛教，认识到佛教在中国文化乃至世界文化中的地位，从而确立佛教文化的重要价值。当然，把佛教从宗教层面扩大到文化层面，扩大了佛教的影响范围，提高了佛教的地位，其意义也显更加重要。

---

① 赵朴初：《佛教常识答问》（插图本）之《序言》。

3. 世间而非出世间

佛教强调契机契理，人间佛教的阐扬，是赵朴初面对当代中国社会现状为重振佛教所做的努力。"人间佛教"作为专有名词首次出现是在太虚大师 1933 年 10 月所做的演讲中，演讲稿刊于 1934 年 1 月《海潮音》第十五卷第一号。① 赵朴初是太虚大师人间佛教思想在大陆的继承者和光大者。赵朴初早年在上海时担任中国佛教会主任秘书，很早就结识了太虚大师，但真正倡导人间佛教思想，却是到 20 世纪 80 年代初，他在《佛教常识答问》的第五章中，明确提出"发扬人间佛教的优越性"。如果从时间上看，应是在 1982 年 12 月《佛教常识答问》第五章通过中国佛教协会会刊《法音》首次发表。在此前，印顺法师和星云法师在台湾推动人间佛教，佛光山佛教事业快速发展。

在《佛教常识答问》第五章第五部分《发扬人间佛教的优越性》中，围绕人间佛教一共设了八个问题。这八个问题，从佛法如何结合人们的生活实际，有助于社会道德和精神文明建设入手，再谈五乘佛法与人间佛教的关系，最后展望中国佛教的光明前途。赵朴初认为，五乘佛法中，声闻乘、缘觉乘和菩萨乘叫出世间法，教理深奥，比较难学；人乘和天乘是世间法。"世间法是世人易学而能够做到的，也是应该做到的，前人名之为人间佛教。""人间佛教主要内容就是：五戒、十善。"② 说到底，人间佛教就是要人"诸恶莫作，众善奉行"，人人依照五戒十善行事，"人民就会和平康乐，社会就会安定团结，国家就会繁荣昌盛，这样就会出现一种和平安乐的世界，一种具有高度精神文明的世界。这就是人间佛教所要达到的目的。"③ 对于以成佛为目的的菩萨行，赵朴初特别强调上求佛道，下化众生，自度度人，庄严国土，利乐有情。他说"菩萨行的人间佛教的意义在于：果真人人能够学菩萨行，行菩萨道，且不说今后成佛不成佛，就是在当前使人们能够自觉地建立起高尚的道德品行，积极地建设起助人为乐的精神文明，也是有益于国家社会的，何况以此净化世间，建设人间净土！"④ 最后，赵朴初深情地指出佛教对当代中国建设事业的意义和前途，"我深信，作为灿烂文明的民族古典文化的绚丽花朵，作为悠久的东方精神文明的巍峨丰碑，中国佛教必将随祖国建设事业的发展而发展，并在这一伟大事业中，为庄严国土，为利乐有情，为世界人类的和平、进步和幸福做出应有的贡献。瞻望未来，前程似锦，春回大地，万卉争妍，佛教的前途是无限光明的。"①

《佛教常识答问》以其精简、通俗而广为流传，发行量数十万册，极大地普及了佛教文化。然而，其意义远非如此。

常识而非神话，文化而非迷信，从普通知识的角度来讲解佛教，并把佛教从宗教层面扩大的文化层面，赵朴初在当时特殊政治与文化背景下为佛教正名，使佛教从被认作是传统的、迷信的从而被批判的地位翻转过来，获得了生存空间和话语权。人间佛教的提倡，把佛教与当代中国建设事业有机联系起来。佛教有利于社会道德和精神文明建设，从而参与祖国的伟大建设事业乃至人类和平进步事业，佛教因此获得了重大的现代意义和无限光明的前途！赵朴初在《佛教常识答问》中为中国佛教的复兴探索出一条光明的道路，该书是指引中国佛教复兴的重要著述！

---

　　① 赵朴初：《佛教常识答问》（插图本），第200页。

"人间佛教"概念英语翻译探微

旷剑敏[*]

翻译历来是佛学传播的传统途径，产生于印度的佛学正是通过翻译传入中国，经过长期的演化，形成了中国特色的佛教理论。早在东晋时期，佛教领袖道安就提出了翻译的"五失本三不易"的翻译原则，可见翻译的困难。尽管翻译会或多或少丧失原文的本义，但是我们又不得不承认，正是有了翻译，佛学才得以传播，在中国生根发芽，得以发展。当今在"一带一路"的背景下，中国佛教要走出去，翻译又担负起举足轻重的作用。

"人间佛教"是中国佛教的主流思想，其概念的翻译自然成了传播中国佛教的关键。纵观国内外学术界的翻译，意外发现"人间佛教"的英译竟达五种之多，如"engagedBuddhism""humanistic Buddhism""popular Buddhism""Buddhism of human society""temporal Buddhism"。概念的混乱必然造成视听的混淆，传播的障碍。因此，探索"人间佛教"的真精神，寻找与其最匹配的英语翻译，成为当今中国佛教传播的迫切任务。

一 "人间佛教"概念的真精神

"人间佛教"概念首次出现于释太虚（1890～1947）的《怎样来建设人间佛教》一文。太虚大师在文中指出，"人间佛教，是表明并非教人离开人类去做神做鬼，或皆出家到寺院山林里去做和尚的佛教，乃是以佛教的道理来改良社会、使人类进步、把世界改善的佛教。""若要佛真精神表现出来，须将神圣等等的烟幕揭破，然后才可见到发达人生的佛教真

---

* 旷剑敏，中南大学外国语学院副教授、博士研究生。

相"①。此定义中包含了两层意思，一是用佛教的道理改良人世间，建造人间净土；二是显现佛真精神，达到超人间境界。作为宗教信仰的佛教，从本质上来说，是教人智慧，脱离苦海，以超脱人世间为目的。然而，修佛成佛却又在人世间，佛陀"身生于人间，长于人间，于人间得佛"。②可以说是出世与入世的辩证统一，缺一不可。

"人间佛教"可以追溯到禅宗惠能的思想。惠能在《坛经》中明确指出："不悟即佛是众生；一念悟时，众生是佛"，"若起正真般若观照，一刹那间，妄念俱灭。若识自性，一悟即至佛地。"③ 佛来自人间，是众生当中的觉者，在日常生活的行住坐卧当中修行，开悟得道而成佛。正如惠能所作偈所说："佛法在世间，不离世间觉；离世觅菩提，恰如求兔角"。可以说，佛教本是人间的，出世离不开入世。"人间佛教"的入世比个人的"人生佛学"更加关注人与人之间的关系，体现了佛教关怀众生的慈悲情怀。惠能也并非只强调个人得法，而是提倡普度众生，为大众开示，获得般若智慧。惠能说道："菩提般若之智，世人本自有之，只缘心迷，不能自悟，须假大善知识，示导见性。当知愚人智人，佛性本无差别，只缘迷悟不同，所以有愚有智。吾今为说摩诃般若波罗蜜法，使汝等各得智慧，志心谛听，吾为汝说。"由此可见佛教的智悲双修。

印顺大师继承和发展了"人间佛教"理论。针对当时佛教重鬼重神的现状，印顺提出："我以为印度佛教的天（神）化，情势异常严重，也严重影响到中国佛教，所以，我不说'人生'说'人间'。希望中国佛教，能脱落神化，回到现实的人间。"④ 印顺更加突出了"以人为本"的佛教真义，主张人通过修行菩萨行而达到圆满成佛。而个人的成佛主要在于"凡不为自己着想，存着利他的悲心，而作有利众生的事，就是实践菩萨行，趋向正果了"。⑤ 这句话把太虚大师的"发达人生"的"人间佛教"更推进了一步，强调了自我存在于现实世界，通过"利他"而实现圆满。

赵朴初先生深化了"人间佛教"的含义，认为"人间佛教"的主要内容是五戒、十善，学菩萨行，认识人类社会的历史，"上求佛道、下化

---

① 太虚：《怎样来建设人间佛教》，《太虚大师全书》，2005年第47期。
② （前秦）昙摩难提译《增一阿含经》（卷28），《大正藏》，上海古籍出版社，2017。
③ 赖永海主编《坛经》，尚荣译注，中华书局，2010，第52~53页。
④ 释印顺：《游心法海六十年·华雨集（5）》，中华书局，2016，第19页。
⑤ 释印顺：《佛在人间·人间佛教要略》，中华书局，2010，第12页。

众生"。他指出："只有利他才能自利，这就是菩萨以救度众生为自救的辩证目的，这就是佛教无常观的世界观和菩萨行的人生观的具体实践，这也是人间佛教的理论基础。"① 赵朴初先生大力推崇"人间佛教"，注重菩萨行，把佛教理论运用于实践，"积极支持社会福利公益事业和救济工作"，"在回报与关怀社会方面做出了显著成绩"，"开拓了佛教教育事业的新局面"。② 从某种意义上说，建设"庄严国土，利乐有情"的人间净土，就是帮助众人超脱自我，达到人格圆满的途径，这也是"人间佛教"的目的所在。赵老《佛教常识答问》一书影响颇深，被收入"博雅双语名家名作"，由赵桐翻译，外语教学与研究出版社出版。其中"人间佛教"概念的翻译却值得商榷，我们就从该书中的英译开始对"人间佛教"的不同英译进行辨析。

二 "人间佛教"不同英译辨析

赵桐在翻译赵朴初先生的《佛教常识答问》一书时，"人间佛教"翻译为"popular Buddhism"。③ "popular"一词在英语中意为："适合大多数普通人的理解、喜好或者需要（suited to the understanding, liking, or needs of most ordinary people）"，④ 通常中文翻译为"流行的"，如 Esben Andreasen 所著 Popular Buddhism in Japan: Buddhist Religion & Culture: Shin Buddhist Religion & Culture 一书中谈论的是日本流行佛教——净土真宗。Shao Chang Lee 的 Popular Buddhism In China 被译为"中国民间佛教"。使用"popular Buddhism"翻译"人间佛教"是不恰当的，人间佛教是中国的流行佛教，但是流行佛教并不一定是"人间佛教"。

"人间佛教"翻译为"humanistic Buddhism"为学术界流行的译法，如洪修平（2015）的《赵朴初的人间佛教思想及其现实意义》⑤ 和李利安（2005）的《佛教的超人间性与人间佛教》的英语摘要中都使用了"hu-

---

① 赵朴初：《佛教常识答问》，东方出版社，2013。
② 濮文起：《"人间佛教"理念的发展历程》，《中国宗教》2006年第2期，第56~58页。
③ 赵朴初：《佛教常识答问》，赵桐译，外语教学与研究出版社，2012，第236页。
④ 《朗文当代英语词典》，世界图书出版公司，1993。
⑤ 洪修平：《赵朴初的人间佛教思想及其现实意义》，《世界宗教文化》2015年第2期，第1~4页。

manistic Buddhism"①。李利安在翻译标题时， "人间佛教" 还使用了 "temporal Buddhism" 一词。根照维基英语百科， "humanistic" 的名词 "humanism 人文主义" 主要强调 "人的价值和主体性，通常指批评性思考和论证（理性主义和经验主义）而不是教条或迷信的接受……通常，人文主义指肯定人类自由和进步的视角。在现代社会，人文主义运动是典型的世俗非宗教运动，今天的人文主义通常指以人的主体性为中心的无神论生活态度，依靠科学而不是从超自然的启示来理解世界。（Humanism is philosophical and ethical stance that emphasizes the value and agency of human beings, individually and collectively, and generally prefers critical thinking and evidence (rationalism and empiricism) over acceptance of dogma or superstition …Generally, however, humanism refers to a perspective that affirms some notion of human freedom and progress. In moderntimes, humanist movements are typically non-religious movements aligned with secularism, and today humanism typically refers to a nontheistic life stance centred on human agency and looking to science rather than revelation from a supernatural source to understand the world.）② "人间佛教" 与人文主义有部分重合的地方，如以人为中心，强调人的主体性，肯定人类自由与进步，但是毋庸置疑的是 "人间佛教" 是宗教，其根本宗旨在于帮助人脱离苦海，以入世求出世。星云大师明确指出： "追本溯源，人间佛教就是佛陀之教，是佛陀专为人而说法的宗教。"③。与儒家的人本主义有所不同， "人间佛教" 是脱离不了超人间性向上的维度。正如李利安所言： "这种超人间性是判定一种学说或一种社会现象是否属于宗教的关键……人间佛教理论的完善与人间佛教实践的发展，均不能脱离超人间性；对人间佛教的研究或阐释，也不能跳出对佛教超人间性与人间佛教之关系的准确认识与清醒把握。"④ 正因为 "人间佛教" 的宗教性，用 "humanistic" 来界定 "Buddhism" 是不合适的。同样道理， "temporal Buddhism" 意为 "世俗宗教" 更是偏离了本宗。"Buddhism of human society" 又成了 "人类社会的佛教"，这几种翻译掩盖了 "人间佛教" 的出世性，具有误导的嫌疑。

---

① 李利安：《佛教的超人间性与人间佛教》，《哲学研究》2005 年第 7 期，第 60 ~ 67、128 页。

② https：//en. wikipedia. org/wiki/Humanism.

③ 星云：《人间佛教的蓝图（一）》，《普门学报》2001 年第 5 期。

④ 李利安：《佛教的超人间性与人间佛教》，第 60 ~ 67、128 页。

斯里兰卡学者阿难陀·古鲁格认为："人间佛教并不是佛教的一个新形式。""参与社会的佛教即是人间佛教。"① "参与社会的佛教（Engaged Buddhism）"也是欧美学界对"人间佛教"的译称。② 然而，根据维基英语百科的解释，"参与社会的佛教（Engaged Buddhism）"来源于越南一行禅师，关注社会政治、经济、政治、公正等，甚至直接参与革命，中文也译为"左翼佛教"或者是"入世佛教"。③ "engaged"一词来自法语"engagé"，意为在政治或社会上表态，坚持立场，与英语又有了差别，具有政治抗争的含义，译为中文则为"介入"。如果以"Engaged Buddhism"来翻译"人间佛教"的话，一来容易与"左翼佛教"混淆，二来与"人间佛教"建设"庄严国土，利乐有情"的世界不符合。

三 "人间佛教"翻译的有效途径

"人间佛教"的英语翻译既要突出中国特色的入世性又要兼顾其超越性，要找到其英语对等词的确不易。我们可以从以下几个途径考虑其有效途径：

（1）官方制定钦定本。可以借鉴《圣经》的传播，由官方考证，专家撰写和翻译，海外出版权威本。

（2）沿用原有翻译，恰当地进行注解。人们有可能已经接受原有翻译，如果使用新的术语有可能造成混乱，可以沿用原有翻译，采取注的方式进行阐释，如"humanistic Buddhism"已为一些人接受，可以用加注的方法继续沿用。

（3）直接使用拼音。随着全球化的进程，不少汉语拼音已经直接进入了英语语言系统，人们已经接受了直接用汉语拼音的特定词汇的翻译，如"li""qi"等。不少学者开始采用这种方法翻译特定概念，如 Bingenheimer, Marcus（2007）所发表的 "Some Remarks on the Usage of Renjian Fojiao and the Contribution of Venerable Yinshun to Chinese Buddhist Modernism"。④

① 古格鲁：《人间佛教对社会福利的贡献：综观星云大师在解行上的诠释》，《普门学报》2000 年第 3 期。

② 邓子美：《人间佛教释疑》，《法音》2007 年第 12 期，第 12～18 页。

③ https：//en. wikipedia. org/wiki/Engaged_Buddhism.

④ Bingenheimer, Marcus, *Some Remarks on the Usage of Renjian Fojiao and the Contribution of Venerable Yinshun*.

（4）撰写有关论文在国际上发表，产生一定的影响。东学西渐是国际发展的一种趋势，中国哲学在西方的传播也将为西方哲学注入新的活力。

总而言之，"人间佛教"不仅是中国文化的瑰宝，也是世界的珍贵遗产，我们有责任和义务推而广之，借赵朴初先生的话来说："论它的典籍文化，论它的成绩经验，论它的国际影响，无论作为宗教或学术来看待，中国佛教在全人类的文化发展和文明进步的历史中都有不容忽视的地位……佛教的前途是无限光明的。"① 让"人间佛教"走向世界，是我们义不容辞的责任与义务。

---

① 赵朴初：《佛教常识答问》，东方出版社，2013，第165页。

从宗教院校的成长论赵朴初的人间佛缘

赵金国　邓玉超*

如果我们用"信仰、理解、施行、印证"来概述赵朴初先生的"佛缘"，那么培养"信、解、行、证"的弘法者应该是赵朴初先生最大的心愿。根据新华社 2017 年 9 月 7 日的报道，国务院总理李克强日前签署国务院令，公布新修订的《宗教事务条例》简称《条例》，自 2018 年 2 月 1 日起施行。进而，培养弘法接班人的"宗教院校"已经列入《条例》的第三章，宗教院校的人才培养、文化传承得到国家的重视，正式编入 2018 年版的《宗教事务条例》。2018 年版的《宗教事务条例》与 2004 年版的《宗教事务条例》相比，有了很大的完善之处：一是增加了第三章宗教院校，二是增加了第七章宗教财产。《宗教事务条例》14 年的发展清晰可见，国家对宗教文化的态度开放包容，以满足人民群众的信仰需求为价值取向，把公共服务与人民幸福联系起来。我想，这也与赵朴初先生 1938 年参加 53 万难民和流浪儿童救济事业的初衷是一致的，是人间佛法的施行和印证。

一　宗教院校是培养弘法者的主阵地

赵朴初先生是忠实的弘法者，早年就学于苏州东吴大学开始学佛，1928 年后，任上海江浙佛教联合会秘书，上海佛教协会秘书，佛教净业社社长；1938 年参加 53 万难民和流浪儿童救济事业，中国佛教协会主任秘书，上海慈联救济战区难民委员会常委兼收容股主任，上海净业流浪儿童教养院副院长；1980 年后任中国佛教协会会长和中国佛学院院长，中国佛学院在"文革"后恢复招生。

---

* 赵金国、邓玉超，湖南科技大学讲师。

中国佛学院在党和政府领导下，秉持赵朴初先生"多闻多思、知恩报恩"的院训，由宗教团体出资举办。院校培养爱国爱宗教后备人才、忠实地阐释宗教教义，是培养当代宗教教职人员的重要基地。中国佛学院坚定地走中国特色宗教院校办学道路，努力培养和造就热爱祖国、接受党和政府领导、坚持走社会主义道路、维护祖国统一和民族团结、有宗教学识、立志从事宗教事业并能联系信教群众的宗教人才队伍。

2004 年国务院出台了《宗教事务条例》，随后 2007 年国家宗教事务局发布了第 6 号令，公布自 2007 年 9 月 1 日起施行的《宗教院校设立办法》。第二条明确规定，宗教院校是宗教团体举办的培养宗教教职人员和其他宗教专门人才的全日制院校；宗教院校分为高等和中等，高等宗教院校学制为四年以上，毕业生学历为本科以上；中等宗教院校学制为二至三年，毕业生学历为中专或大专。《宗教院校设立办法》第七条、第八条明确规定高等宗教院校设立标准，培养方案、教学学制、办学标准、招生对象、师生比例、专任教师比例，教学设备器材、图书、办学资金来源情况，要求教学场所必须能够满足师生的宗教生活和日常生活、体育锻炼等方面的基本需求。《宗教院校设立办法》成为宗教院校生存和发展的坚强保障，为培养宗教教职人员和其他宗教专门人才提供了机制依据。

1956 年，中国佛学院创办于北京，院址设在法源寺。1959 年第一届研究班开学，1961 年 9 月研究班升为研究部。1985 年 5 月 24 日中国佛学院第一届学生会成立，2004 年重新审定《中国佛学院管理规章制度》。中国佛学院有本科教育和硕士教育。其中本科教育学制 4 年，招生计划 30 名，1 班，教学课程设置有：佛教史、唯识、中观、天台、华严、禅宗、净土、律学、佛教文物、佛教音乐、古典文学、现代文学、中外哲学、历史学、文献学、时政、外语、书法等；完成培养方案的课程学习任务，颁发国家宗教事务局认可的学士学位。硕士教育学制 3 年，招生计划 5 名，完成培养方案规定的课程学习任务，并通过毕业论文答辩，可颁发国家宗教事务局认可的硕士学位。1956 年办学至今，除去"文革"时期，中国佛学院累计为国家宗教事业输送约 1820 名毕业学僧，分别到各地宗教事业岗位工作。同样，湖南佛学院由湖南省佛教协会举办，1998 年经国家宗教事务局、中国佛教协会、湖南省人民政府、湖南省宗教事务局等部门批准成立；自 1998 年开办以来，学院秉持培养爱国爱教、遵纪守法、信仰虔诚、自愿献身佛教事业的青年僧才的基本目标，已培养 300 多名毕业学僧，分别到各大寺院担任僧职。

由此可见，宗教院校培养爱国爱教后备人才，以遵纪守法、信仰虔诚、忠实地阐释宗教教义、自愿献身佛教事业为宗旨，众多毕业僧才在名副其实地履行职责，宗教院校成为培养弘法者的主阵地。

二 宗教院校是佛法交流的主渠道

翻开中国佛学院的发展历程，我们清晰可见，宗教院校已经成为文化交流的主要形式，国家交流的途径之一，佛法交流的主渠道。1960 年 10 月 11 日，为纪念法显法师到锡兰取经 1550 周年，中国佛学院委托中国驻锡兰大使张灿明向锡兰"维迪阿兰卡拉大学"赠送一批佛教经书。1964 年 3 月 18 日佛教四众弟子在中国佛学院所在地法源寺举行"玄奘法师圆寂 1300 周年纪念法会"，日本佛教界人士西川景文长老、大河内隆弘长老、中浓教笃法师参加了法会。1981 年 2 月 17 日，中国佛学院传印法师、中国佛教图书文物馆馆员姚长寿居士，应邀前往日本净土宗佛教大学进修。

赵朴初与星云法师虽然都不是太虚大师的亲传弟子，但都继承了人间佛教的太虚思想。赵朴初认为："人间佛教主要内容就是五戒十善，扩充为四摄六度"。星云则直截了当地说："五戒十善是人间的佛教，四摄六度是人间的佛法"。星云大师认为如果我们这个世界，没有恶人侵扰，没有政治迫害，没有经济缺陷，没有情爱纠纷，没有交通事故，没有环保污染，有诸上善人聚会在一起，有善良的同胞相敬互爱，这就是人间净土。赵朴初也认为，太虚"议政而不干治"之说遭某些人嘲笑攻击是不对的，他针对这些非议挺身而出说：今日中国的佛教，是没有人权可言的。以一个没有人权保障的佛教，而要求它担当起弘法利生、护国济民的事业，这是戏论；赵朴初坚信弘扬"自度度他"，必须从人间的自己度脱出发，才能度脱众生。他为佛教的人权奋斗一生，表明了"信、解、行、证"的人间佛法。

为了早日实现"鉴真回国"的愿望，赵朴初先生亲率中国佛教代表团和中国佛学院代表对日本进行了友好访问，此次访问受到日本宗教界的热烈欢迎和隆重接待，引起了巨大的社会反响。日中友好佛教协会理事民道端良秀盛赞"这次访问将成为近代以来中日佛教史上一大事件而永载史册，将成为将民期中断的中日佛教友好交流重新展开，再现昔日辉煌的良好开端。日本佛教界表示要为中日两国人民建立起钢铁般的团结关系而努力奋斗。为了迎接佛像"鉴真回国",赵朴初先生成立了"全国欢迎鉴真大师像回国巡展委员会"。鉴真大师像回国不是偶然,是 2000 多年来两国人民友好交流的历史沉淀,是鉴真东渡之后 1200 多年来两国文化交流的见证;赵朴初先生用自己的施行印证了他的人间佛法。1985 年 2 月 13 日日本庭野和平财团在东京宣布,将 1985 年"庭野和平奖"授予中国佛教协会会长、中国佛学院院长赵朴初,表彰赵朴初为促进中日友好交流和宗教界的友好交流以及维护世界和平所做出的显著贡献。

三 赵朴初是人间佛教的施行者

中国佛教的两次变革,一次是慧能六祖的变革,另一次就是太虚的人生佛教。佛教自印度到中国就以"佛"为重要特征,是以佛为本,成佛的境界为终极目标,以佛的言词定为教义,以佛的行为当楷模,以佛的人格为模范。所以,印度佛教是佛本主义的特点。在这样的成佛终极追求下,与佛相比,人的地位是卑微的,人的主体性和尊严受到忽视和压制。禅宗是中国佛教宗派之一,菩提达摩为创始人,下传二祖慧可、三祖僧璨、四祖道信,直到五祖弘忍,下分为南宗惠能和北宗神秀,俗称为"南能北秀"。北宗神秀以"坐禅观定法"为依归,讲究渐进禅法,渐修菩提,所以简称为"渐悟"。南宗惠能大师是则以"即心即佛""直指人心,见性成佛!"为依归,不拘泥于"坐禅""观定"的修行方法,所以称为"顿悟"。

慧能六祖变革。禅宗是以心性为基点,通过心性修持获得心性升华,摆脱烦恼、追求生命自觉和精神境界的文化理想。实现精神境界升华:自然——内在——超越。人是自然的一部分,又是从自然中分裂出来的独立实体,向往与自然一样具有永恒性、无限性,是人类最深沉、最根本、最强烈的内在愿望。但是,现实与美好愿望并非一致,生命短暂与时间永恒、生命个体与空间无限、生命主体与宇宙客体等一系列人类所面临的矛盾,是禅宗精神超越的对象和目标。禅宗通过无限扩张个体心灵的作用来摆脱个体生命的局限,进而消除心灵有限与无限的矛盾,从而在内心实现内外的超越,使有限与无限在心灵中圆融,解脱精神困苦。相传,一祖达摩面壁九年为坐禅修定,所以得道。二祖慧可立雪断臂,得达摩衣钵真传得道。三祖僧璨跟随二祖慧可学佛数年,后得授衣钵为禅宗三祖。三祖在入寂前,传衣钵于弟子道信为禅宗四祖。司马道信求法,26 岁时被三祖授以衣钵，提出了"择地开居，营宇立象"的定居传法。五祖弘忍生性勤勉，白天劳动，晚间习禅，擅长"闻言察理，解事忘情"。道信把衣钵传给弘忍后，弘忍在双峰山东冯茂山另建道场，取名东山寺，史称东山法门，后世称为禅宗五祖。公元 672 年弘忍为觅法嗣，邀各门人各呈一偈，表明悟境。上座神秀呈偈曰："身是菩提树，心如明镜台，时时勤拂拭，莫使惹尘埃"；惠能听说之后，亦作偈曰："菩提本无树，明镜亦非台，本来无一物，何处惹尘埃"。弘忍认为惠能的悟境高于神秀，夜里为他传授《金刚经》大意，授至"应无所住而生其心"处，惠能大悟，遂将衣法密传给惠能，惠能连夜南归。

慧能对禅宗有四个方面的变革。变革之一："应无所住"而灭万法。人在宇宙之中，是宇宙的部分，在人与宇宙、人与万法、人与佛的关系上，主张心法起灭万法，以无为法。变革之二："直心是道场，直心是净土""直心"即是本心、真性，能认为直心与佛心一样，只要见心就能立身成就佛道。变革之三："何名禅定？慧能认为"外离相为禅，内不乱为定。……外禅内定，是为禅定。"也就是说，传统佛教的方法法门是改造修行的生活方式，按照既定的修行坐忘修行，这样的改造束缚了人的自然本性。慧能认为，成佛的关键是对本真心性的觉悟，而非对修行方式的改造和自然本性的束缚，主张见性成佛、立地成佛。变革之四："佛法在世间，不离世间觉。离世觅菩提，恰如求兔角"。自释迦牟尼创立佛教直至五祖弘忍，"离世出家"一直被视作主体解脱的先决条件，然而慧能却将这主体先决条件的解脱寓于现实生活之中，认为悟道成佛不需要任何先决条件，佛法就在世间，就在平平常常的生活之中。"僧法海，韶州曲江人也。初参祖师，问曰：即心即佛，愿垂指谕。师曰：前念不生即心，后念不灭即佛。成一切相即心，离一切相即佛"。慧能的"一念成佛"应该就是"成一切相即心，离一切相即佛"的离相成佛、见性成佛。

赵朴初是人间佛教的开拓者。从中国佛教思想的发展历史来看，太虚的"人生佛教"对慧能"人本佛教"有继承与开拓意义。慧能的顿教法门以人心为主题，改变了之前以佛为至上的修行方式，在人与佛的关系上，确立了人在修佛中的主导地位，人人具有佛性，人人皆可成佛，实现了关注"人生"向关注"人心"的转变。与前人相比，人间佛教更加强调了佛教的现实品格和践行意义。如果说把"六祖革命"界定的传统佛教发展的转折，实现了从佛本宗教到人本宗教的转变，从印度佛教向中国本土佛教的转变，那么发展到太虚"人生佛教"也可算是一种转变，而赵朴初的人间佛教也是对佛教发展的另一大转变。太虚大师的"人生佛教"强调佛教的现实性和人生性，有积极的入世倾向，然而针对太虚大师入世不彻底，赵朴初提出了现代"人间佛教"的主张，从而拉开了中国佛教现代化发展的新进程，强调了爱国爱教、护国利民、普度众生、利乐有情的人间佛教和修行方式。

赵朴初施行人间佛教。赵朴初提出了"人间佛教"的倡导，他的"人间佛教"意在弘扬去恶行善、平等慈悲的人文关怀精神，注重普度众生、利乐有情的利他精神，显露了庄严国土、净化人间的实践精神，立足人间，宣扬"爱国爱教""护国利民"的爱国精神；紧密结合时代特征、与时俱进、适应潮流，完成了中国佛教发展方向的转折使命。赵朴初用一生践行"信仰、理解、施行、印证"来弘扬佛法，开创了人间佛教发展的新路程。

赵朴初的普度众生。佛教有五乘教法，修持五戒的人乘、奉行十善的大乘、言教闻法的声闻乘、独自觉悟的缘觉乘和普度众生的菩萨乘。五乘教法中，前四乘均注重个人解脱，可称为小乘佛教，只有菩萨乘将自觉与觉他、自利与利他统一起来，才能体现慈悲济世的大乘佛教教义。赵朴初，信仰菩萨乘作为佛教徒的修行法门，建立"人间佛教"思想体系，实行人间佛教教义。在上海全面沦陷的1938年，赵朴初先生秉持"普度众生"的教义，担任上海文化界救亡协会理事，中国佛教协会秘书、主任秘书，上海慈联救济战区难民委员会常委兼收容股主任，上海净业流浪儿童教养院副院长，上海少年村村长，为53万多名流浪者和难民提供救济，完整地施行了"普度众生"的教义。与太虚相比，赵朴初的"人间佛教"展现了利他先于自利的大乘精神。太虚认为"止仰唯佛陀，完成在人格"，强调个体的人格完善，而非普度众生。赵朴初的"人间佛教"则将自我解脱寓于普度众生的利他施行中，注重在利他中自利，度人中自度。因此，赵朴初先生的"人间佛教"更加突显了"普度众生""利乐有情"的利他精神。

赵朴初的净化人间。赵朴初的"人间佛教"凸显了庄严国土、净化人间的实践精神。赵朴初"人间佛教"将佛陀净土拉回到现实人间，将对彼岸世界的向往转化为对此岸世界的改造，将佛教的理念境界拉回到人间现实上，凸显了施行教义的可行性。赵朴初提出了"庄严国土，利乐有情"的入世口号，将建立人间净土的理想推向社会实践，落实到扶贫济弱、贩灾救苦的慈善活动和社会福利事业之中，落实到推进国家对外交流、维护世界和平、促进祖国繁荣的行动之上，落实于佛教界开展学术研究、举办僧伽教育中。"文革"后的 1980 年，赵朴初担任中国佛教协会会长、中国佛学院院长，恢复了佛学院的招生，兼任中国藏语系高级佛学院顾问，中国宗教和平委员会主席、全国政协副主席等工作要职，积极参加社会主义精神文明建设的实践之中。太虚将人间净土的口号民主、自由、博爱、平等融入佛教教义之中，而赵朴初则把佛教教义施行到社会现实之中，追求人间净土的理想，实现了佛教发展的入世转向。

赵朴初以院校培养弘法者。中国佛学院的院训：多闻多思、知恩报恩，是赵朴初先生的题词。"多闻多思"，要求弘法者在佛法学修上遵循"多闻熏习、如理作意、勤修加行、法随法行"的纲领，是学佛的自受用；"知恩报恩"，是要求弘法者在利他行谊中四恩总报的济世情怀，是学佛的他受用，隐喻着"自受用"与"他受用"相结合的修行方法。中国佛学院是培养中国佛教专门人才的院校，是国家宗教事务局批准设立的全国汉语系高级佛学院，意在为国家和宗教培养专门人才。在喜饶嘉错、赵朴初、吕澂、噶喇藏、阿旺嘉错、祜巴勐、巨赞、周叔迦、明真、法尊、持松、郭朋等人的推动下，1955 年组成中国佛学院筹备委员会，1956 年中国佛教协会一届三次常务理事扩大会议通过了《中国佛学院章程草案》。1956 年 9 月 28 日，中国佛教协会会长喜饶嘉措大师、赵朴初居士、周叔迦居士、大众僧人，以及中国国内外的佛教代表团，在大雄宝殿礼佛，共同在藏经楼里举行成立典礼，喜饶嘉措大师担任院长，赵朴初居士担任副院长。1956 年迎接的第一届 100 多人学僧，来自全国 24 个省，分为甲、乙两个班级，学制二年，课程囊括"佛教历史""佛典通论""佛学基本知识""佛教文物常识""戒律"等科目，毕业完后分配到各地的寺院担任僧职。

十一届三中全会以后，中国佛学院在党和政府的关怀下，于 1980 年 9 月正式恢复教学，1980 年 12 月赵朴初先生担任院长。在赵朴初推动下，开启了文化课、佛学课两大板块的学习过程：文化课囊括中国历史、世界历史、古代汉语、现代汉语、写作、中国哲学史、西方哲学史、外语（英、日、梵、巴）、书法、计算机、文献学、图书馆学、法律法规、茶道课；佛学课囊括中国佛教史、印度佛教史、南传佛教史、印度学、戒律学、唯识法相学、中观三论学、禅学、天台学、净土学、华严学。在赵朴初的努力下，1981 年学院开始向外选送留学生，传印法师和姚长寿居士两人被派到日本京都佛教大学学习，本科学习德宗等四人前往日本学习深造，开启了国际交流学习的渠道。1985 年 5 月 24 日，"中国佛学院学生会"成立，建立完成了教学培养体系。如今，新修订的《宗教事务条例》自 2018 年 2 月 1 日起施行，"宗教院校"已被列入《条例》的第三章，培养弘法接班人的正式得到国家高度认可，这源自赵朴初等老一辈的共同努力。我想，这也印证了赵朴初居士人间佛教的修行要诀"信、解、行、证"，呼应了"普度众生"的利他精神、追求人间净土的理想。

解读赵朴老的立教思想及其实践

李　玲　刘　翔*

一　赵朴初的"人间佛教"

纵观赵朴老的一生，"魂兮无我，谁与安息?"①多少风云生死事而付诸一笑；"花落还开，水流不断"，多少纷繁流水情而啖素饮朴；"明月清风，不劳寻觅"，赵朴老做事做人一向"素来素去"，国之危难之时，积极筹备"护国和平会"，多次组织"僧侣救护队"，大力主张佛教虽然是"无国界的，但是信教人必须是爱国的"。②曾经，赵朴老救一饥寒无助之国民，红十字会警告他："你可晓得这人的派别?"赵朴老一腔热血，愤然回答："你如见到你的同胞困饿将死，那应该采取什么办法? 是先问他的派别，还是先送去食品?"这一回应不失国人之血性，亦不失居士之风雅、佛徒之信仰，学佛是应该先从做人起，此时此刻更应从做国人起，这种不细思"办法"、不及问"派别"的做法，正是赵朴老的我行我"素"，"素"在无教派、无旨义之差分，只为纯粹之中国人，自发而起纯粹中国心，自行而做纯粹中国事，这是内在的爱国之精神，容不得前前后后顾来思去，这是油然的救世之情怀，顾不了左左右右辨清派别；赵朴老的这种"素"不止于此，更是无国界的发大愿而至世界和平，于1950年，赠日本佛教界一尊慈悲和平的药师佛像，开启了中日民间外事活动；参与禁止原子弹、氢弹世界大会，与东亚、东南亚宗教展开交流并倡导和平，以"五雄狮"为比，以"一滴水"为喻，象征着人间佛教是有力量

---

*　李玲、刘翔，中南大学商学院 MBA 中心教育干事、讲师、博士研究生。

① 此句摘自赵朴老之遗言内容，为八句偈语："生固欣然，死亦无憾，花落还开，水流不断；魂兮无我，谁与安息，明月清风，不劳寻觅。"

② 朱洪：《赵朴初吃素七十年》，《人民文摘》2006 年第 6 期。

有方法的，是要对抗战争消灭战争的，是"放到大海去"的力量与"永远不会干"的智慧。

赵朴老"人间佛教"的思想虽然继承太虚大师的人生佛教，但是太虚大师主张"议政不干政"，并不合"人间佛教"之教义。尽管赵朴老自己以"自度度他"以诠释之辩护之，以"没有人权可言"而论"担当起弘法利生、护国济民的事业"，是为"戏言"，进而主张先"自度"，"为佛教的人权"①，当前佛教宜自度而后至度他，这种辩解正是太虚大师的佛教主张内部的自我调整或"革命"，即太虚大师主张的"教理""教制""教产"之变革。简单地说，就是太虚大师一生所做的办佛学院、办佛学会、整理佛学制度，而终致力于人生佛教，然而这在实质上是大异于赵朴老一生为人处世及其佛学论说的。赵朴老也积极参与编撰译佛藏、创佛刊、弘佛音、建佛院、办学会，事同于太虚大师，但是其在建国之后，积极落实贯彻并解读宗教信仰自由政策，就不同于太虚大师了，做到了"政教分开"，这一分开的意义是指组织职能区分，而非政治意义上的，即非"议政不干政"的政治体制论，从这个职能意义上说，它是非政治意义的区分；其在"文革"时期也爱国爱教，"退不避罪"，始终坚信"中国不需要为谋生而出家的僧侣""现在所需要的是用佛教来拯救中国"，并且毫不悲观"中国佛教的未来"②，这更不同于太虚大师的"自度度他"，而是在以更为积极的态度与激进的方法来面对自身或面对人间或面对佛教；在对待各种宗教与世界和平上，赵朴老在世界宗教和平会议国际理事会第二次大会上说过："超过世界总人口半数以上的信仰各种宗教的教徒，是维护世界和平的重要力量。"这句话的主要含义在于宗教是维护世界和平的重要力量，从某种意义上说，影响世界和平的主要根源是宗教，但是其主要解决方案乃至唯一解决方案也是宗教。而且这句话非空，"佛所要求的和平是彻底的和平""不是苟且的、虚伪的"，如有必要，像毛泽东主席"枪杆子里出政权"的主张一样，是要在"枪弹堆积上建设和平"③ 的。

由此可见，赵朴老"人间佛教"的思想有其独特的发展过程与立教发端。在狭义上作为"佛所说的言教"即"佛法"的佛教，虽然不是有

---

① 转引华方田《赵朴初的人间佛教及其特点》，《佛学研究》，2004 年 6 月。
② 《赵朴初文集》（上卷），华文出版社，2007，第 562～567 页。
③ 太虚：《佛学与科学哲学及宗教之异同》，"北大禅学"公众号，2017 年 10 月 15 日。

神论之宗教，但是一切事物一切法，宇宙万有之诸法，都有其特性，都有其轨道，世界和平有其轨则。是诸法依据诸法而生，是为缘起。赵朴老"人间佛教"的思想也是有其因有其果的，因而可果，果而推因，是为因果。赵朴老"人间佛教"的思想，在佛教本原意义上，是"世间法""一切法"在世界人间的真如流行，"庄严国土，利乐有情"；在佛教内部意义上，是对太虚大师人生佛教思想、印顺大师佛在人间思想的新的融贯与真的实践；在赵朴老佛学人生上，是"一瓣心香"佛陀智，"万点佛意"菩提慧。这固然无错，从赵朴老立教溯源来看，却存在另外一种自然而然的过程道法，用佛的语言说，是为"轨生物解"。有别于主张人生佛教的太虚大师与主张佛在人间的印顺大师，赵朴老"人间佛教"的思想追溯有三：其一，"佛事"到"佛的事业"的转变；其二，"佛教"到"文化佛教"的转变；其三，"佛土"到"人间净土"的转变。

二 赵朴初立教实践

1. 立"佛的事业"

正如赵朴老在其著作《佛教常识答问》中主张"佛教"即为"佛法"。佛教最大的佛事当然属于弘扬"佛法"。此种佛事最为根本，而弘扬佛法最为根本的是知"因果"缘起、得般若智慧。1957 年，赵朴老陪一位柬埔寨僧人见毛泽东主席，客人未到之前，赵朴老先到了。毛泽东主席便和其漫谈而问："佛教有这么一个公式——赵朴初，即非赵朴初，是名赵朴初，有没有这个公式呀！"回答道："有"。毛主席再问："为什么？先肯定，后否定？"再回答说："不是先肯定，后否定，而是同时肯定，同时否定。"而后因为客人到而至话题未竟。他在其《佛教常识答问》一书的序言中提及并说明两者不同，说根本上是"缘起性空"的思想。从本书第一章名为"佛陀与佛教创立"即可知晓一二，佛的事业在于"佛陀"与"佛教"；二者最为重要的也是"缘起性空"，佛陀自身在菩提树下顿悟得正道，此正道即是"缘起性空"，佛陀寻找追随的五人并传其佛法，说到底也是"缘起性空"。因而在这个意义上，毛泽东主席说的是辩证法，肯定之，再否定之，再肯定之，这是矛盾变化发展的，而赵朴老是同时肯定之，同时否定之，从性空而论，二者同有而同无；从缘起而论，两者同无而同有。这是辩证法所没有的。而且在时间上也不一，辩证法，存在时间上先后之顺序，事件上前后之作用；然而"同时肯定，同时否定"是无时差的，无过去时，无现在时，无未来时，在事物上也是"物不迁论"。的确如此，窃以为赵朴老还有一层意思：辩证法是不变之规律，然"缘起性空"是更上一层的，从时间上，"同时肯定，同时否定"相较于"肯定之，再否定之，再肯定之"要更为彻底；在空间上，"肯定之，再否定之，再肯定之"是"有物"的，而"同时肯定，同时否定"是"无物"的，即性空。这是根源上的不一样，也就是说，佛陀的佛事与佛教的创立是最为根本的。但从现实与实践的角度看，正如赵朴老回答道"有"，两者不是相分别的，因为在判别上无法做出，因而在现实与实践这一层面就有了其"人间性"；反之，为"世俗化"。这是本于当时社会动荡、佛教不振而不得不面对的事情，是以要把佛陀的事业在佛本身创立之际而行佛教、传佛法，再往外扩充，这是对太虚法师纯粹"自度度他"的一种扬弃。这也是他继承发扬"人间佛教"思想的立教根源。

2. 立"文化佛教"

即便如此，还是无法完成人间佛教的践行。从现实与实践的角度看，辩证法是作为"有物"的基础上而作的"有的放矢"，而"同时肯定，同时否定"或"缘起性空"则是在"无物"的基础上的，从而无法做到"有的放矢"，所以要从"缘起"这一环节来做扩充，是以只能从宗教的意义或佛教本身具备的历史文化的特点而论，从而完成由"佛教"到"文化佛教"的转变。赵朴老对这一立教的根源作了很详细的分析。从佛教自身而言，佛陀自身顿悟以及顿悟之后的普法，就是在"庄严国土，利乐有情"。赵朴老于信奉的教义中提倡人间佛教思想，其基本内容由五戒、十善、四摄、六度等构成。《增一阿含经》说："诸佛世尊，皆出人间"，揭示了佛本在人间而人间有佛。《六祖坛经》说："佛法在世间，不离世间觉，离世觅菩提，恰如求兔角"，揭示了"佛在人间"而"佛在自求"。从赵朴老要求继承的三大优良传统来看，农禅并重在于把握了中国传统社会的命脉，这也是佛教徒自力更生的唯一有效途径，是以太虚法师的"教产革命"也是有其道理的，然而赵朴老"人间佛教"的思想，依靠的不仅仅是这一生存命根的"土地"或"教产"，更是需要"利乐有情"的"庄严国土"，是"弘法利生"的"人间净土"。其学术研究的历史传统正如上述所论：编撰译佛藏、创佛刊、弘佛音、办佛院、办学会与养人才等一系列活动。从这个意义上说，这还是佛教本身的佛事，不涉及外在的关系。也就是说，这是佛教最为重要的"弘法"，而未涉及外在更大的"利生"。这一根本是广义上的，是文化上的，因为更为根本的还是佛法本身，因而就可以理解赵朴老在论说和陈述宗教信仰自由政策时所说的"党和政府切实认真贯彻执行宗教信仰自由政策，真正做到把宗教信仰作为公民的私事，从法律和政策的实施上保护公民宗教信仰自由的基本权利和宗教的合法权益，这是实现'相适应'或'相协调'的基本前提"。然而既然宗教信仰为"私事"，则说明它是个人性的、私域场所之物，乃至于只是关乎自己的。如此一来，则不关乎他人，则不关乎关系，不关乎关系，则没有"'相适应'或'相协调'的基本前提"的问题，即是《礼记》所谓"帷薄之外不趋"，是以"不趋"而"行自由"。因而佛教与政府只是职能上的差分，正如赵朴老的对"政教分立"的解读一样。然而，赵朴老为何要将两者作"相适应"或"相协调"之论？原因还是在于赵朴老要立"文化佛教"，那为何非要立"文化佛教"呢？这在于赵朴老发现两者在文化根源上是相通的，社会主义国家的社会主义建设，其中爱国之思想与佛教"念佛不忘救国，救国不忘念佛"相契合，这是一个方面而且是小的方面，但却是在国家与组织面前最为根本的法则；在大的历史维度上，佛教不可无中国，中国也离不开佛教："释迦牟尼的'成熟有情，庄严刹土'的伟大理想已在东方的广大地区在一定的程度上化为具体的现实"。在佛教而言，最为根本在于佛家"前人名之为人间佛教"的"世间法"，从世间法的角度说，这是以"出世间法"行"世间法"，是以立"文化佛教"。

3. 立"人间净土"

而谭苑芳在解读人间佛教及其当代价值时，把人间佛教论为"对治归于显正""继往归于开来"和"发心归于发展"。这是现代科学下的"现代性"理解与现代社会下的"社会学"解读。这都是赵朴老所认为的"世间法"，"是世人易学而能够做到的也是应该做到的"，而未达到"出世间法"。太虚大师在《建设人间净土论》一文中，对为何要建设人间净土，何以建设人间净土和"什么是人间净土"做出了回答："近之修净土行者，多以此土非净，必须脱离此恶浊之世，而另求往生一良好之净土。……然遍观一切事物无不从众缘时时变化的，而推原事物之变化，其出发点都在人等各有情之心的力量。既人人皆有此心力，即人人皆已有创造净土本能，人人能发造此土为净土之胜愿，努力去作，即由此人间可造成为净土，固无须离开此龌龊之社会而另求一清净之社会也。质言之，今此人间虽非良好庄严，然可凭各人一片清净之心，去修集许多净善的因缘，逐步进行，久而久之，此恶浊之人间便可一变而为庄严之净土，不必于人间之外另求净土，故名为人间净土。"赵朴老在其《宗教常识答问》中虽没有明确指出，但是也发大愿："我深信，作为灿烂的民族古典文化的绚丽花朵，作为悠久的东方精神文明的巍峨丰碑，中国佛教必将随祖国建设事业的发展而发展，并在这一伟大事业中，为庄严国土，为利乐有情，为世界人类的和平、进步和幸福做出应有的贡献。瞻望未来，前程似锦，春回大地，万卉争妍，佛教的前途是无限光明的。"这一发愿显然是继承了太虚大师"人间净土，是要创造的"思想，"是表明并非教人离开人类去做人做鬼，或皆出家到寺院山林里去做和尚的佛教"，也非"以佛教的道理来改良社会，使人类进步，把世界改造的佛教"①，而是以一个生活共同体中得以发展。此种"人间净土"指向的不是无奈于政权而发人间净土论，也不是"凡愚不了自性，不识身中净土"而"念佛求生何国"②，也不是烦恼于"在家""在寺"而求"佛法"，而是"在世间，不离世间觉"。简而言之，"这一伟大事业"就是"佛事""佛的事业"，而"绚丽花朵""巍峨丰碑"的譬喻象征着"这一伟大事业"的复杂性，这一"佛的事业"的五大特性。然而即便这样，赵朴老的"人间净土"指向的是"在世间，不离世间觉"的更大范畴的"人间佛教"，是真正的"庄严国土，利乐有情"，是在"和平年里颂和平"，"挥手多情""一瞬间"，是"一瓣心香""万点佛意"化人间。

赵朴老"人间佛教"的思想是实践、改变世界，改变佛教的，但归根结底还是佛法；赵朴老"人间佛教"的思想是社会的，是公共诉求人间指向的，但是归根结底还是"一瓣心香"，仍是"无香径"之"缘起性空"；赵朴老"人间佛教"的思想是生活的，是尘世间世俗化的，但是归根结底还是一"法音"，仍是"无音流"之"缘起性空"。

---

① 太虚：《怎么来建设人间佛教》，载于弘佑网，http://www.healshow.com/article/199100.html，2017年6月5日。

② 慧能：《六祖坛经》，李明注译，岳麓书社，2016，第86页。

佛法在世间，不离世间觉

——赵朴初正式提出人间佛教思想前的有益探索

余世磊*

人间佛教思想，是民国时由太虚大师集众多高僧大德之先进共识率先提出，并由赵朴初居士等继以不断探索、实践和总结，历时近百年，成为当今中国乃至世界所共同认可的佛教思想，集中体现了近现代中国佛教界的智慧结晶和探索成果。

对于赵朴初而言，从 20 世纪 20 年代进入佛教界工作到新中国成立，这是他人间佛教思想的酝酿阶段。赵朴初作为一个先进的中国知识分子和佛教徒，在深入了解中国佛教没落现状的情况下，深刻认识到，只有佛教回到人间，关注社会，才是维系佛教法身慧命之所在。

1947 年，太虚大师圆寂前，授命赵朴初继承其遗志，弘扬其人生佛教思想。中华人民共和国成立到 1983 年赵朴初正式提出人间佛教思想这个时期，赵朴初虽未打起人间佛教的大旗，但他带领中国佛教，也在尝试走人间佛教之路。这个时期，时节因缘还不能使他提出人间佛教这一概念，但类似的提法是时有存在的。譬如，他在 1957 年政协二届三次会议上就说："今天我们国家全部的工作正是为的逐步实现'人间净土'。"①。佛教的人间性在这个时期得到前所未有的体现。

这个时期，新中国的建设和发展也在经历一个探索阶段，走了许多曲折和错误的道路。对于新中国佛教而言，与国家同呼吸，与人民共命运，也经历了曲折和错误。中国佛协成立，中国佛教积极参与社会主义建设，广泛参与国际文化交流。但在 1957 年后，汉族地区佛教在"大跃进"、人民公社化运动中遭到冲击，损失较大。藏传佛教在平息叛乱、进行民主

---

* 余世磊，安徽省赵朴初研究会研究员。

① 《止恶行善，离苦得乐》，《赵朴初文集》（上卷），华文出版社，2007，第 232 页。

改革过程中，不少地方对喇嘛和寺院发生了严重混淆两类不同性质矛盾的情况，使藏传佛教也蒙受损失。而"文化大革命"更是使佛教遭受灭顶之灾。作为中国佛教实际领导者，赵朴初率领中国佛教勇猛精进，大胆探索，获得了许多宝贵的经验，同时，在历史的曲折和挫折中，也汲取了许多深刻的教训。

1983年12月5日，赵朴初在中国佛协第四届理事会第二次会议上所做的《中国佛教协会三十年》报告中，正式提出在"我们信奉的教义中应提倡人间佛教思想"。无疑，前人如太虚法师的人生佛教思想和前期30多年的探索为他正式提出人间佛教思想提供了参考与借鉴，使他的"人间佛教"成为一种更加成熟的、合乎新时期中国实际的佛教思想。

一 落实宗教政策是保障

中国共产党对宗教问题有一套完善的政策。从国法上规定宗教信仰自由，是宗教活动和宗教徒利益的充分保障。在新中国成立时，《共同纲领》第五条就规定：中华人民共和国公民有宗教信仰的自由权。在这个政策的保护下，才有了焕然一新的新中国佛教。"全国信仰佛教的四众弟子，不管寺院制度生活习惯的不同，都能够在一个友爱合作的大家庭中亲密团结，改变了过去不相往来的情况；佛教徒的宗教生活得到了尊重与照顾；佛教徒的政治地位和社会地位得到了提高；过去无论如何不可能达到的关于宗教信仰自由与权利的要求，已经得到了实现。"①

但在中华人民共和国成立之初所遭受的曲折和挫折中，宗教信仰自由政策没有得到很好的落实，特别是在"文革"中，被"四人帮"之流疯狂践踏，宗教几乎被彻底打倒。党和国家及时力挽狂澜，拨乱反正。这时，为进一步正确认识宗教问题和宗教政策，赵朴初高屋建瓴，就宗教信仰自由政策撰写了大量文章，批判了对宗教工作的一些错误的认识和观点，提出了很多良好的建议，使宗教政策在新时期得到较好的落实，促进了中国宗教事业的健康发展。

历此曲折和劫难，使赵朴初更加感到宗教政策和法治对于宗教发展的重要性。因此，在"文革"后，赵朴初在提出"人间佛教"时，特别强

---

　　① 《关于中国佛教协会发起经过和筹备工作的报告》，《赵朴初文集》（上卷），第48页。

调"宗教信仰自由政策，是党和政府实现同宗教徒团结的重要纽带"①。以赵朴初为首的中国佛教协会协助政府坚定不移地贯彻执行尊重和保护公民宗教信仰自由的权利、保护正常的宗教活动、维护宗教界的合法权益这样一些长期不变的基本政策，保持了宗教信仰自由政策的稳定性和连续性，调动了佛教界的积极性，使佛教得以在法律保障下健康发展。

二 明确方向、责任是前提

新中国成立之初，对于建设什么样的新中国佛教的问题，赵朴初等高僧大德在深入调查研究形成共识的情况下，对旧中国佛教大胆予以"涤瑕荡垢"，建立起了前所未有的充满光明、活力和希望的新中国佛教。他虽未明确提出"人间佛教"的概念，但这种佛教就是关注生活和社会的人间佛教。

新中国佛教要走什么样的路？旧中国佛教严重脱离世间，越来越变得腐朽、落后、僵化，自然这条路是走不通的。正如巨赞法师所言："佛教这一阶层，和整个社会是分不开的，整个社会没有革命，佛教内部的革命也无法进行。"②

对佛教进行改革，成为旧中国有识的佛教徒共同的呼声。赵朴初和巨赞法师作为进步的宗教徒，被选为政协会议的代表，参与开国大业。自然，改革佛教的重任也落在了他们身上。1948年，赵朴初曾到杭州与巨赞法师见面，商量改革佛教教务事宜。在参加全国政协会议期间，他们广泛联络参加会议的佛教徒，商议了对佛教改革一系列具体的主张，并发起筹备成立中国佛教协会。

1953年5月，中国佛教协会正式成立，赵朴初在报告中就新中国佛教走什么样的路，做出了响亮的回答："一切说明，跟着祖国的辉煌成就，我们佛教也进入了一个伟大的新的环境，使佛教徒能够得到'报国土恩''报众生恩'的殊胜因缘，使佛教徒在人民的事业中获得了充分机会可以贡献自己的力量。"③ 也就是说，新中国佛教必须彻底走出在旧中国的封闭、不问世间，而应该以积极开放的态势走向世间，负起时代的使

---

① 《中国佛教协会三十年》，《赵朴初文集》（上卷），第564页。
② 巨赞法师：《我的自白》，《现代佛学》创刊号，1950，第22页。
③ 《关于中国佛教协会发起经过和筹备工作的报告》，《赵朴初文集》（上卷），第48页。

命。也即以高举爱国爱教、团结进步的光辉旗帜，始终把佛教的前途与命运同国家、人民的前途与命运相统一，坚持走社会主义道路，成为中国佛教明确的方向和肩负的责任。

赵朴初率领中国佛教肩荷此任，不改方向，在不同的历史时期，为"庄严国土、利乐有情"做出了贡献。从新中国成立初参加抗美援朝和保卫世界和平运动，到拥护和学习总路线，为贯彻总路线而奋斗，从为五年计划而努力，到坚决走社会主义道路，无不可见新中国佛教徒的参与。历史也证明，国家繁荣昌盛，佛教才能兴旺发达，佛教事业的发展与国家各项事业的发展是密切相连的。赵朴初在1983年正式提出人间佛教思想时，首先强调的就是落实宗教政策，其次就是强调"团结全国佛教徒积极为社会主义现代化建设事业服务，是我会今后任务的重点"，"要继续对佛教徒进行爱国主义和社会主义的宣传教育，鼓励佛教徒积极参加以经济建设为中心的社会主义现代化建设事业。"①

三　树立正信正见是关键

因愚昧落后、不懂真正的佛教，将佛教与迷信混为一体，是近现代佛教遭人诟病、责难的一个重要原因，只有树立正信正见，才是佛教健康发展的关键所在。

为提高佛教徒和信众的佛学素质，纠正社会对佛教的错误认识，赵朴初以佛教文化为抓手，大力开展出版、宣传工作。新中国成立之初，赵朴初继承杨仁山遗志，帮助恢复金陵刻经处，至"文革"前印行经书2620种。指导三时学会将《佛国记》《大唐慈恩寺三藏法师传》译成英文，编辑出版《中国的佛教》《佛教的友谊》等画册，还委托中央新闻电影制片厂摄制了《佛教在中国》电影。对房山石经进行了全面调查发掘和整理，出版了《房山云居寺石经》。出版了会刊《现代佛学》，至"文革"前停刊，共出了144期。他自己专门撰写了《佛教常识答问》，为世人了解佛教答疑解惑，许多人正是通过这本书知晓了何为佛法，而由此走上信仰之路。这些，有力地向世人普及了佛教知识，向中国及国际社会广泛宣传了中国佛教，有力地改变了中国佛教的国内和国际形象。

佛教人才一直被赵朴初视为关乎佛教的慧命所在。赵朴初在中国佛教

---

　　① 《中国佛教协会三十年》，《赵朴初文集》（下卷），第565页。

协会第一届理事会第二次会议上决定设立中国佛学院，于 1958 年在北京法源寺正式开学。赵朴初参加了佛学院第一届开学典礼，并带领全体学僧在大雄宝殿举行礼佛仪式。作为新中国设立的佛学最高学府，中国佛学院培养了大量具有相当佛学水平的汉藏僧材，有力地提高了佛教徒的素质。一批有文化、有修行的佛教徒荷担如业家业，使正信正见在社会上得到广泛弘扬。

在赵朴初正式提出人间佛教思想时，首先强调宗教信仰自由政策是纽带，其次强调为社会主义现代化建设服务是重点，其三就特别强调"培养僧才，绍隆佛种，是本会今后的一项重要任务"。①

四 坚持契理契机是原则

在对佛法的弘扬和修行上，赵朴初坚持佛教契理契机的原则，这也是人间佛教思想来源的一个重要依据。契理契机，历来被强调为弘扬佛法的基本原则。契理，即坚持法界本来的真实、真理，亦即符合佛法万古不易之理；契机，谓适应时机与众生的根机。

在不同的历史时期，赵朴初契理契机地对中国佛教的任务和方向予以不同的阐释。如在 1953 年，中国佛教协会成立时，他提出"今天我们首要的任务是团结所有四众佛教徒参加爱护祖国和保卫世界和平运动"。② 随后又提出"认真地学习，认真地身体力行，一切服众于总路线，一切服务于总路线，这是今天全国佛教徒一致努力的方向"。③ 1957 年，他在上海市佛协成立大会上的讲话中就提出："今天正是为了要团结所有佛教徒发扬爱国主义精神，积极参加祖国建设，参加反对帝国主义侵略和保卫世界和平运动。"④ 1958 年，在华北、东北地区汉族佛教界社会主义学习座谈会上，针对佛教界政治意识的淡化，他提出："佛协的第一项任务——团结全国佛教徒在人民政府领导下，积极参加爱护祖国及保卫世界和平运动——便不能不更加是压倒一切的任务。"⑤ 1962 年，他在中国佛

---

① 《中国佛教协会三十年》，《赵朴初文集》（下卷），第 565 页。
② 《关于中国佛教协会发起经过和筹备工作的报告》，《赵朴初文集》（上卷），第 51 页。
③ 《坚决拥护总路线，认真学习总路线，为贯彻总路线而奋斗》，《赵朴初文集》（上卷），第 85 页。
④ 《如何能使佛日增辉法轮常转》，《赵朴初文集》（上卷），第 105 页。
⑤ 《佛教徒应该坚决走社会主义道路》，《赵朴初文集》（上卷），第 270 页。

教协会二届理事会上，提出今后的工作是"继续加强佛教徒的学习""继续加强团结全国佛教徒积极为社会主义服务"。

赵朴初以契理契机的原则，在不同历史时期将中国佛教圆融于先进的时代潮流，充分发挥了佛教净化人心、服务社会的功能，使佛教脱离僵化而获得勃勃生机。而契理契机，也是中国佛教发展永远不可放弃的原则。

五　奉行自利利他是基础

佛教自利利他的精神，既是佛教徒的基本修行，也是每一个人应该去努力学习和奉行的道德体系。太虚法师言："仰止唯佛陀，完成在人格，人成即佛成，是名真现实。"成就正果必须以完善人生、完成人格为基础。这一点，也是赵朴初所特别强调的。

在中华人民共和国成立之初，赵朴初积极引导佛教徒走出封闭的出世间，而积极入世间，在搞好自身修行的同时，积极利益他人，造福社会。正如他所说："参加政治生活，自利利他，自觉觉他，正是行菩萨道，也正是修行。修行并不只是念佛、参禅、诵经、礼拜而已，一切为众生做饶益的事业都是修行。"① 大乘佛教精神的广泛发扬，是新中国佛教一个最为显著的特点。

人间佛教不仅是教内之事，赵朴初希望将人间佛教建立于社会，建立于人群，不管你是否信奉佛教，这种菩萨行的精神应该是人人必备的。正如他所说，"菩萨行的人间佛教的意义在于：果真人人能够学菩萨行，行菩萨道，且不说今后成佛不成佛，就是在当前使人们能够自觉地建立起高尚的道德品行，积极地建设起助人为乐的精神文明，也是有益于国家社会的，何况以此净化世间，建设人间净土！"②

1983年，赵朴初在《中国佛教协会三十年》的报告中提出人间佛教思想，指出："它的基本内容包括五戒、十善、四摄、六度等自利利他的广大行愿。《增一阿含经》说：'诸佛世尊，皆出人间'，揭示了佛陀重视人间的精神。《六祖坛经》说：'佛法在世间，不离世间觉，离世觅菩提，恰如求兔角'，阐明了佛法与世间的关系。佛陀出生在人间，说法度生在人间，佛法是源出人间并要利益人间的。我们提倡人间佛教的思想，就要

---

① 赵朴初：《佛教常识答问》，第675页。

② 赵朴初：《佛教常识答问》，第675页。

奉行五戒、十善以净化自己，广修四摄、六度以利益人群，就要自觉地以实现人间净土为己任，为社会主义现代化建设这一庄严国土、利乐有情的崇高事业贡献自己的光和热。"也就是说，人人奉行自利利他，是人间佛教的基础，失去这个基础，也就不成为人间佛教，这也是赵朴初通过多年探索与思考而形成的重要思想。

六 发扬优良传统是重点

佛教传入中国二千年，在历代佛教徒的努力下，形成了许多传统，既是中国佛教积累的宝贵财富，亦是中国佛教的生命力所在。新中国成立，发扬佛教优良传统成为赵朴初等全国进步高僧大德的共识，且一直摆在中国佛教的重点工作的位置。

关于弘扬佛教哪些优良传统，在赵朴初的思想中，也经历了一个认识的过程。早在 1953 年，赵朴初在中国佛教协会成立大会上提出："关于如何发扬佛教优良传统，这里联系到两个关键问题。一是僧伽制度的健全问题，一是教理的研学问题。"[①]

在 1958 年华北地区、东北地区汉族佛教界社会主义座谈会上，赵朴初再提佛教优良传统："关于发扬佛教优良传统问题，有人问：'什么是佛教优良传统？'我们说，佛教中一切有利于人民大众，有利于社会主义建设，有利于世界和平的东西，都是应当发扬的优良传统。在教理学方面，在学术文化方面，在农林生产方面，在弘教译经工作方面，在国际友好事业方面，我们有丰富的遗产可以整理发扬贡献于今天的社会。"[②]

1983 年赵朴初在提出的人间佛教思想中，指出："我以为应当发扬中国佛教的三个优良传统。第一是农禅并重的传统。……第二是注重学术研究的传统。……第三是国际友好交流的传统。"赵朴初在诸多佛教优良传统中，提炼出这三个优良传统，其意义是深远的，也是当时针对中国佛教的实际所要求佛教界认真做好的三个重点工作。

从新中国成立开始，赵朴初经过 30 余年的探索和思考，对人间佛教形成了较为成熟的思想，于新时期正式提出并作为中国佛教的指导思想，

---

① 《关于中国佛教协会发起经过和筹备工作的报告》，《赵朴初文集》（上卷），华文出版社，第 53 页。

② 《佛教徒应该坚决走社会主义道路》，《赵朴初文集》（上卷），华文出版社，第 273 页。

为中国佛教的发展指出了更加明晰的道路和方向。这里面，凝聚了赵朴初个人的智慧和血汗，展现了其实事求真、追求真理的精神。重温赵朴初这段对人间佛教思想的探索过程，对于我们今天以契理契机精神高举爱国爱教大旗，走人间佛教之路，仍然可以有许多借鉴和指导。

试论革故鼎新的赵朴初"人间佛教"思想

郭 兵[*]

赵朴初居士在圆瑛、太虚两位大师的影响下，继承了近代中国佛教界有识之士关于"人生佛教""人间佛教"理论的探索成果，总结了新中国成立以来三十多年的大陆佛教界的实践经验，结合自身经历，提出将"人间佛教"思想作为整个中国佛教的指导思想。"人间佛教"思想在赵朴初的亲自倡导和积极推动下，得到了革故鼎新，新中国佛教也得到了健康、快速、有序的发展。新时代、新环境、新问题，"人间佛教"的发展，其实是一种与时俱进的改革，也只有对传统佛教契理契机的革新，才能更好地绍隆佛种、续佛慧命。

一 "人间佛教"思想要求革新自我，顺应社会，服务社会

1950年6月，在全国政协第一届二次会议上，赵朴初与李济深、喜饶嘉措、梁漱溟、陈铭枢、唐生智、方子藩、周叔迦、巨赞法师等佛教界人士一起座谈，一致认为："当前中国佛教思想混乱，组织涣散，颓靡不振……已在危系存亡之秋，难以适应社会发展需要……"

赵朴初在《中国佛教协会第一届理事会工作报告》中指出，"佛教徒中还有相当数量的人忘记了'佛法在世间，不离世间觉'与'菩萨属于众生'的经教，而把佛法与世间对立起来，把菩提与众生分成两极。这一类说法和看法，在佛法上固不免'焦芽败种'之饥，在世法上更是与中华人民共和国公民的权利和义务不相应。"大部分佛教徒对于世间事漠不关心，更谈不上关心政治，只片面追求"了生死"的"出世法"。赵朴初指出，在传统佛教中"消极厌世、脱离现实的思想特别是受到了提倡

---

* 郭兵，安徽省赵朴初研究会。 657

和传播"，他认为，"消极厌世，脱离现实，不仅对于个人说来是无有是处，而且对于整个佛教说来也是极有害的"。

旧中国的佛教鱼龙混杂，还存在着大量非正信、非佛教的内容，迷信鬼神、聚敛钱财、祈求升官发财，甚至驱鬼治病。赵朴初在《佛教徒应该坚决走社会主义道路》一文中批评道，"超度死人的经忏佛事，则被倡导到荒唐的地步。经忏本是一种功德，后来成了坏事，在家人请僧做经忏，不是为了做功德，而是为了摆阔气；出家人为人做经忏，也不是为了做功德，而是为了谋生活。"这些活动不仅同唯物的马克思主义相抵触，会使正信的佛教被误认为是封建迷信而加以批判，更是不符合佛教教义和释迦牟尼的教诲。

这些问题的存在，已经不符合时代发展的要求，特别是与共产党执政后新中国的主流思想不合，难免会影响佛教的活力与影响力。中国佛教协会成立后，赵朴初向佛教徒提出了许多新的要求，对传统佛教进行改革。

1955 年 1 月，赵朴初强调佛教界要进行思想改造，"要关心时事，要参加政治生活"。他说，"'佛种从缘起'，就要重视时节因缘，所以我们要认识时代；就要重视国土因缘，所以我们要报国土恩，参加社会主义建设，爱护祖国；就要重视众生的因缘，所以我们要全心全意为人民服务。我们组织佛教协会就是为了团结佛教徒在这些方面努力。"

1983 年 12 月的中国佛教协会第四届理事会第二次会议上，赵朴初系统地总结中国佛教协会成立三十年来的基本经验后说，"以经济建设为中心的社会主义现代化建设事业，集中体现了祖国和人民的根本利益，当然也集中体现了全国各族佛教徒的根本利益……我们工作的重点应是团结佛教徒发扬佛教优良传统，积极参加社会主义现代化建设"。就是在这次大会上，他以大量的篇幅论述"人间佛教"思想，倡导发扬佛教的三个优良传统，为四化建设服务，为祖国统一、世界和平服务，从而在理论和实践的统一上，明确了中国佛教向何处去这一历史性、方向性的问题。

赵朴初指出佛教徒要爱国爱教，爱教首先要爱国。明确提出："爱教必须首先要爱国，而爱国就是爱教，两者是不对立的。"虽然佛教信仰是超越国界的，但佛教徒却有自己的国籍，每一个佛教徒首先是国家的公民，因此每一个佛教徒都应该热爱自己的祖国。而从佛教徒的角度看，赵朴初认为，爱国是爱教的基础，只有在国家日益强大下，人民的宗教信仰才能有保障。同时，赵朴初还从"报四重恩"的角度解释为什么要爱国，认为爱国就是"报国土恩"。佛教徒要积极参加社会活动，参加到社会主义建设中，共同建设人间净土，为"庄严国土，利乐有情"做出贡献。他提出，"一切为众生作饶益的事业都是修行。佛教徒是以'诸恶莫作、众善奉行、自净其意'为自己修行的目标的。消灭剥削制度——消灭社会罪恶苦难的根源，这就是诸恶莫作的一种实践；进行社会主义建设，使人民物质生活、文化生活的水平不断提高，社会日趋繁荣幸福，这就是众善奉行的一种实践；克服自私自利思想，立志为人民大众谋福利，这就是自净其意的一种实践。"

1987 年 2 月，在中国佛协第五届全国代表大会上，赵朴初再次强调"人间佛教"，并指出"我们终于实现了新中国佛教史上的一次历史性转折，从而使中国佛教开始走上与具有中国特色的社会主义相协调的道路"。

1993 年，赵朴初总结中国佛协成立 40 年的工作指出："中国佛教必须而且能够与有中国特色的社会主义社会相适应或相协调。"首次明确规定："中国佛教协会是全国各民族佛教徒联合的爱国团体和教务组织。"他强调"教务"旨在"团结各民族佛教徒参加社会主义物质文明和精神文明建设，为改革开放、经济建设、祖国统一、世界和平做贡献"。

赵朴初关于"人间佛教"的所有论述，强调了一个关键点就是，我们要革新自变，要适应社会，更好地为社会服务。

二 "人间佛教"思想要求建设自我，教化众生，服务众生

在二十世纪五十年代，中华人民共和国刚成立不久，社会上新旧制度、思想和习惯等正在发生激烈碰撞，赵朴初向佛教徒提出了努力学习、提高认识，以跟上新形势、适应新时代的要求。一方面，佛教信徒作为社会公民，必须学习国家的宪法、法律与政策，懂得公民享受的权利和应尽的义务。另一方面，佛教信徒为了救度众生、饶益众生，更应当努力学习，增进智慧，从戒定慧三学到世间种种事物，都应当学习。

赵朴初认为僧侣要在德行上为在家信众树立模范，劝善止恶，为在家信众讲解佛法，安慰病苦，参加社会灾难的救济。僧侣要勤修戒定慧三学，严格守戒，过清净简朴的生活，并积极进行弘法利生的事业，为大众树立佛教修行者的模范形象。

在中国佛教事业进入到恢复振兴和发展的新的历史时期，佛教种种不良风气和腐败现象也客观存在，甚至有蔓延的趋势，赵朴初适时将提高和加强自身建设的任务提到议事日程，是非常关键和十分必要的。

1993 年中国佛协第六届全国代表会议上，赵朴初在《中国佛教协会四十年》报告中特别强调："根据当前的形势和我国佛教的实际情况，着眼佛教事业建设与发展的未来，各级佛教协会和全国佛教界都必须把注意力和工作重点转移到加强佛教自身建设、提高四众素质上来。加强佛教自身建设，就是加强信仰建设、道风建设、教制建设、人才建设、组织建设。这五个方面，信仰建设是核心，道风建设是根本，人才建设是关键，教制建设是基础，组织建设是保证。"

这些制度的建设，不仅要解决"庙像庙，僧像僧""庙是庙，僧是僧"的问题，关键是明确了寺院不仅是出家众修行的场所，更是在家众听闻佛法、亲近善知识的场所。僧侣一方面是要自己精进修行，一方面则要为大众讲经说法，为他们传授正信的佛法。鼓励佛教信徒服务大众，报众生恩，报国土恩，念佛、禅修等固然重要，但更要在世间修行。

要教化众生，服务众生，发展佛教教育，培养传灯人才，狠抓佛教文化事业建设，弘扬和保护佛教文化迫在眉睫。

1953 年 5 月 30 日，赵朴初在《关于中国佛教协会发起经过和筹备工作的报告》中指出，"关于教理的研学问题，一般地说，是僧尼的宗教教育问题，是僧尼人才培养问题。就学术上说，应当是在近几十年来已有的基础上，组织对各宗派学说进行系统研究的问题。"

1956 年 9 月 28 日，中国佛学院在北京法源寺正式成立。

1957 年，赵朴初在《中国佛教协会第一届理事会工作报告》中说到，"为了发扬佛教优良传统，当务之急，首在培养人才，提倡学术。"

1966 年，"文革"浩劫致使中国佛学院被迫停办。

1980 年 12 月，赵朴初被正式任命为中国佛学院第三任院长，全力肩负起中国佛学院复校后的各项工作。至 1993 年，中国佛学院第六次全国代表大会时，已有十余所佛学院相继成立。在办好佛学院的同时，赵朴初还推动建立佛教文化研究所。他还亲自撰写《佛教常识答问》一书，深受广大僧俗两众和佛教研究人员的欢迎。

1986 年和 1992 年，先后召开全国汉语系佛教教育工作座谈会，总结经验，推动全国佛教教育事业健康发展，对初、中、高三级佛教教育体制规范化问题做了进一步论述。赵朴初一再强调，"当前和今后相当时期内，佛教工作最重要、最紧迫的事情，第一是培养人才，第二是培养人才，第三还是培养人才"。

自 20 世纪 80 年代以来，赵朴初分别派遣学养深厚的法师和居士如传印、姚长寿、净因、圆慈、学愚、广兴、普正等，赴日本、斯里兰卡、韩国、英国等地留学，开启了佛教人才培养走向国际化的大门，推动了佛教教育事业人才培养融入国际化的进程。赵朴初还敢于发现和培养使用人才，一大批年轻僧人走上领导岗位或担任重要职务，为新中国佛教注入了新鲜血液，弥补了"文革"造成的人才断层，绍隆佛种、续佛慧命，使中国佛教呈现欣欣向荣的景象。

另外，在赵朴初的亲自过问下，《现代佛学》《佛学研究》《佛教文化》《法音》等刊物先后创刊，为正信佛教的传播建立了强有力的宣传阵地。

三 "人间佛教"思想要求发挥自我，主动作为，有所作为

赵朴初充分利用佛教这个因缘，在宗教的"国际性"上大做文章，为国家和地区间开启民间交往，搭建友谊桥梁。赵朴初认为，"为社会服务，是我们佛教徒的天职。我们的口号是：'庄严国土、利乐有情'。我们提倡'人间佛教'。作为中华人民共和国的公民和中国佛教徒，我们必须和全国人民一道，在党的领导下，为建设现代化社会主义强国，为促进祖国统一，为维护世界和平这个共同目标贡献力量。我们面临祖国日益繁荣昌盛、佛教事业继续恢复发展的大好形势，我们在服务社会方面，是可以而且应该大有作为的。"

赵朴初以自己的智慧和胆识，积极主动地拓展同港、澳、台佛教界的联系。他期望那些海外佛子能和大陆佛子一起携手，为实现祖国统一的和平大愿和衷共济。正如他在《风云》一诗中所说，"倘许彩毫长假我，讴歌期见五洲同。"

1956 年，赵朴初从泰国访问回大陆途经香港，经新华社香港分社联系香港佛教界，访问宝莲禅寺，开启了大陆与香港的联系。1982 年，中佛协将一部清版《大藏经》赠送宝莲寺，成为该寺镇山之宝。天坛大佛更是大陆与香港血脉相通、骨肉相连的有力见证，也是以赵朴初为代表的大陆佛教界有识之士巧妙开展民间交往，促成五洲和合的光辉典范。1986 年 7 月，中佛协成立"香港天坛大佛造像随喜功德委员会"，赵朴初亲任主任，号召内地佛教界积极捐资。1993 年 12 月 29 日，筹建 12 年之久的天坛大佛落成。1999 年 5 月，92 岁高龄的赵朴初亲自护送佛牙舍利赴港供奉，并借此机会访问了澳门佛教总会。

赵朴初非常重视与台湾佛教界的友好交流。1980年6月，赵朴初在曼谷出席"世宗和"会议期间，主动打电话给他的旧友、台湾佛教领袖白圣长老，邀请他回大陆参观访问。1989年春，应赵朴初之邀，台湾佛光山长老星云法师访问大陆；1994年，台湾佛学泰斗印顺法师来内地访问；1998年，应台湾玄奘大学请求，赵朴初批准赠送一枚玄奘大师顶骨舍利回台供奉。

数十年来，两岸佛教界广泛而深入的交往，使同根同源的中华儿女共享佛祖光辉、共谱和平乐章。

开展国际交往是中国佛教的三大优良传统之一。建国伊始，百废待兴。当时一些国家对新中国实行封锁，中国政府需要打开外交渠道，与更多的国家建立友好关系。"我们需要和平的环境，来进行大规模的经济、文化各方面的建设，所以要和平。"赵朴初回忆："已故的中国佛教协会的会长圆瑛法师在他七十五岁那年，参加亚洲及太平洋区域和平会议时，向北京佛教徒说：'我们既为佛子，当作佛事。什么是佛事？保卫和平是最大的佛事。'他在会议后曾和出席会议的八国佛教联合发表了一个声明，共同致力于和平事业。新中国佛教徒第一次进行的国际联系就是以和平事业开始的。"

作为中国的近邻日本，两国佛教有着长达千年的关系，日本佛教又是从中国传过去的，两国佛教界的宗派与法脉的特殊关系，使佛教在日本与中国未建立外交关系之前，发挥了不可替代的作用，成为两国民间交往的最重要渠道之一。赵朴初在这个工作中，担任了主角，亲自领导设计并亲自参与实现了中日邦交的正常化。

"中日两国文化关系之深厚悠久，在人类历史上是很少可以比拟的。千百年来，经过我们祖先中杰出人物的辛勤缔造，两国人民，在物质生活与精神生活各个方面，都已经结成了一种脉络相通的血肉因缘。"

1952年12月，在北京召开的亚洲及太平洋区域和平会议上，赵朴初将一尊药师佛像托日本代表带回日本佛教界。此举在日本佛教界引起了强烈反响，以日本一批佛教徒著名长老为首，专门成立了"中国佛教协会寄赠佛像奉迎会"，并致函表示谢意，他们为当年的侵华战争发出真诚的忏悔。之后不久，日本佛教界成立了一个旨在"唤起日本人民对日本军国主义侵华战争反省、促进日中和平友好"的"中国在日殉难烈士慰灵实行委员会"。

1955年8月9日，赵朴初首次赴日本广岛出席第一届禁止原子弹、氢弹和全面裁军世界大会。全日本佛教会主办了盛大的欢迎大会，赵朴初在会上宣读了中国佛教协会给全日本佛教会的一封信，祝愿日本人民以及世界人民获得和平幸福的生活，永远脱离战争的威胁，并代表中国佛教协会向全日本佛教会赠送了观音大士像。

1955 年，日本佛教界发起成立了"日中佛教交流恳谈会"。

1961 年 5 月，日中佛教交流恳谈会会长大谷莹润率领"中国劳工殉难者名簿捧持团"一行访问中国，将被日军强行掠至日本的四万多名中国劳工及其中被虐待致死的七千名劳工名簿送还中国，并带来了《日中不战之誓签名簿》，赵朴老接受了这一礼物，他说："我们今天接受了日本佛教界朋友赠送的《日中不战之誓签名簿》，这是一件非常重要的礼物，这就是将日本和中国永远连接在一起的'金锁链'。今后，无论遇到什么困难，这连接日中两国的'金锁链'将日益牢固。"此后，在大谷莹润、西川景文、菅原惠庆等长老的领导下，克服各种艰难险阻，把埋在日本数十个矿山、港湾和军事工程地下的华工遗骨收集起来，共有 2700 具，分 9 次送回中国，表达了日本佛教徒对中国的友好感情。

1963 年、1964 年、1980 年，由赵朴初一手组织的纪念鉴真大师的一系列活动，掀起了中日友好交流的热潮。"日中友好净土宗协会"（1977年）、"日中友好真言宗协会"（1978 年）、"日中友好临济宗黄檗宗协会"（1979 年）、"日中友好天台宗协会"（1984 年）等日本佛教各宗派友好组织随后相继成立。

1993 年，赵朴初提出佛教中日韩三国友好交流"黄金纽带"的构想，得到韩国和日本佛教界一致认同，轮流在三国召开友好交流会议，一致延续至今。

据统计，赵朴初一生出访日本共 17 次，在京接待日本朋友就不可计数了。曾作《调寄寿阳曲》云："来东土，认初唐，重重楼阁庄严相。不枉负风雨，殷勤访奈良，喜千载同根无恙。"当代中日两国佛教界的密切交流，是我国民间外交的典范，赵朴初作为设计师，于其中起到过最重要的作用。由他亲手所系的这条中日之间的"金锁链"，必将永远闪耀着光芒。

赵朴老一生兴仆起废，革故鼎新，刚果强毅，公勤廉明，四众钦依，国人景仰，实无法尽表于笔端。赵朴老以利生为己任的博大胸襟，建正法为身事的伟大抱负，热爱祖国、热爱人民、热爱中国共产党的高尚情操，将永远激励后辈佛子为庄严国土、利乐有情，为实现中华民族的伟大复兴而贡献智慧和力量。经赵朴初革故鼎新的"人间佛教"理论充分体现了中国佛教新的历史地位和文化价值，既体现出佛教的传统特色，又有鲜明的时代特色。继承中有创新，创新中有特色。通过实践和革新回归佛陀本怀、回归人间，真正体现了太虚大师一直追求的"建立适应今时今地的佛教"。

3月27日，习近平主席访问位于法国巴黎的联合国教科文组织总部，并发表有关人类文明交流互鉴的演讲。他说，在中国伟大复兴的征程上，中国佛教可谓天降大任，任重道远。我们相信，革故鼎新的"人间佛教"思想一定会引领中国佛教，不负习主席的重托，为中华民族的伟大复兴贡献应有的力量。

人本性、文化性与宗教信仰的人间化

——赵朴初人间佛教思想研究

徐椿梁[*]

人间佛教（或人生佛教）这一名词，由近代太虚大师（1889～1947）根据契理契机的佛法原则，以一种历史自觉的形式首先提出。中国佛教发展到明清时代，特别是近代，佛教自身所存在的诸多弊端如背离时代的厌世性格、日益迷信化、僧尼素质普遍低劣等，充分暴露在世人面前。传统中国佛教从整体上无法适应崇尚科学、理性和现实人生的时代要求，并开始受到社会知识阶层的普遍批判和社会政府的实践打击。为了佛教的生存和发展，为了充分彰显佛陀关怀众生的宗教本怀，倡导注重人生、注重今生、关怀人间现实的人间佛教理念，由太虚首先以时代自觉的形式加以提倡。

由太虚所倡导的人间佛教运动，是基于中国佛教之弊病和时代之要求，是继惠能"六祖革命"以来，中国佛教史上又一次重大革新，它奠定了 20 世纪和 21 世纪中国佛教的发展方向。在台湾，印顺法师（1906～2005）在继承太虚思想的基础上，对人间佛教理论做了全面、系统、深入的阐释，进一步推动和发展了太虚的人间佛教理论。20 世纪 60 年代以来，以佛光山、法鼓山、慈济功德会等为代表的台湾人间佛教的迅猛发展，即以太虚、印顺的人间佛教理论为指导。

赵朴初先生（1907～2000）是著名的佛教思想家，一生弘法几十年，是中国佛教近现代沧桑变迁的历史见证人，对中国佛教的历史与现状都有清醒、深刻而且富于远见的认识。赵朴初先生认为，"任何宗教和思想都是历史的产物，能了解一些当时社会的情况，是有助于对佛教的了解的。"基于这一指导思想，朴初先生在对中国佛教传统与现实的基本情况

---

* 徐椿梁，南京邮电大学人文与社会科学学院副教授。

有一了然认识的基础上，提出了"人间佛教"的理念。可以说，赵朴初先生"人间佛教"思想的提出，是结合中国佛教历史与现实进行深入思考的产物，具有深厚的历史根基和巨大的现实意义。从相当意义上讲，以实现佛教人间化、人生化、现代化为主旨的人间佛教运动，集中体现了佛教自觉适应世俗社会、关怀今世今生的伦理精神。

一 佛本即人本

人间佛教关注的重点是"人生"和"人间"，不像传统佛教主要关注的是"人死"和"天间"，这使得人间佛教的人本意向更加明显。佛本即人本是注重对人生、人间和现实社会的关怀，现实社会是佛教得以生存和展开的基础。批评传统佛教之"死鬼化""天神化"，推动传统佛教向人间化和人生化的方向发展，正是人间佛教之人本关怀得以展开的社会基础和逻辑前提。

传统佛教在发展过程中，愈来愈远离人间、人生，成为一种"死鬼佛教""天神佛教"。太虚在反省和批评中国传统佛教之流弊时，说"向来的佛法，可以分为'死的佛教'与'鬼的佛教'"。中国传统佛教之最大弊病在于"重死"和"重鬼"，忽视了"重生"和"重人"，故太虚特提示"人生"以对治"死鬼"。太虚说："'人生佛学'者，当暂置'天''鬼'等于不论。且从'人生'求其完成以至于发达为超人生、超超人生，洗除一切近于'天教''鬼教'等迷信。"① 印顺提倡人间佛教，是在太虚对治佛教死鬼化的基础上，进一步对治佛教天神化："中国佛教，一般专重死与鬼，太虚大师特提示人生佛教以为对治。然佛法以人为本，也不应天化、神化。不是鬼教，不是（天）神教，非鬼化非神化的人间佛教，才能阐明佛法的真意义。"② 由此可见，传统佛教中的"死鬼佛教"与"天神佛教"就其实质而言就是将佛教信仰与人的现实生活相脱离，宗教与人的关系是以价值统治与被统治的形式出现，因此，宗教信仰既会以神圣性的一面出现，也会以众生恐惧信仰对象的一面呈现。

佛教以解脱成佛为最高目标，其出发点和落脚点都是佛，"佛"也就成为佛教中的最高范畴，因此，从传统佛教的根本教义来看，佛教无疑是

---

① 《太虚大师全书》第5册，善导寺，1980，第218页。
② 黄夏年主编《印顺集》，中国社会科学出版社，1995，第92~93页。

以佛为本的。然而，在"什么是佛""谁去成佛"这一问题上，佛教又是不能脱离众生而存在，离开了众生，佛教还有什么意义呢？因此，大乘佛教一般都主张生佛不二，调和了佛本与人本的关系问题。《维摩诘经》认为，从实相的角度来看，一切众生即菩提相，佛与众生是平等无二的，"诸佛知一切众生，毕竟寂灭，即涅槃相"，"一切众生皆如也，一切法亦如也"，"夫如者不二不异"。如此对待佛与众生乃至一切法，就是悟入不二法门。因此，在佛本与人本问题上，《维摩诘经》以"不二法门"的理论，消解了佛与众生的二元对立，这样，佛教也就从外界的神性一面回归到人之主体一面，常常是以众生内在的体悟为主。因此，对于人间佛教而言，佛是与人一样的存在。赵朴初先生认为："被尊为佛的佛教创始人释迦牟尼'不是神'，而是一个有名有姓的人。"① 佛的意思是"觉"和"智"，了解一切法，能够自觉觉他，具有最高的圆满的智慧和功行。佛是对释迦牟尼的尊称，但是，"佛教认为过去有人成佛，未来也有人成佛，一切人都有得到觉悟的可能性，所以说，'一切众生，皆有佛性，有佛性者，皆可成佛'"。② 由此可见，赵朴初先生从一开始就承认佛本即人本这样的思想，佛并非凭空而存在，也是现实社会中的人依据现实生活提炼感悟而成，作为佛的实体性化身，释迦牟尼也是以姓名的形式出现于现实的社会之中。佛所强调的"觉"与"智"便是人类在现实社会中，强调人在信佛过程中的主体性，"觉"强调的是人在信佛过程中自身的体悟性，佛性的存在与提升都是依据人的体悟而实现，同时，人们也是通过体悟的形式来实现同佛性之间的对话。"智"既指人固有的一种"智慧"，也是指人的一种能力，即人在现实社会活动过程中的一种认知能力，一种实践能力。人们通过"智"，实现对现实社会活动的提炼与分析，同时将这些知识性的社会现象通过自我的体悟提升为一种信仰的存在，人们也会通过"智"的实践功能，将抽象的信仰返回至现实的社会生活中。这是一种互换的实践功能，赵朴初先生在说释迦牟尼时，也明显呈现了佛本即人本中"觉"与"智"的主体性一面。作为一个人的释迦佛，他生活在约公元前六世纪的印度，学习过文学、哲学、算学等，有广博的知识，精于骑射，文修武备，大有建立一番功业的希望；而且善于沉思，对世事感

---

① 赵朴初：《佛教常识答问》，北京出版社，2003，第 2 页。
② 赵朴初：《佛教常识答问》，第 2 页。

触尤甚。他思考的中心问题是"如何摆脱世界的苦痛"，① 因此他出家了，历六年之久，多方寻求解脱的方法。最终通过"思维"，② 找到了解脱之道，获得了彻底的觉悟。这里的"思维"一词，说明了在赵朴初先生看来，释迦创立的佛教是实践与思维创造相结合的产物，包含理性精神，具有思想性，因此，佛教是宗教，也是思想，这是非常明显的事实。

二　佛教文化迷信化的破译

赵朴初人间佛教思想精确概括了佛教的社会本质，认为"佛教'人间净土'的思想同社会主义不矛盾"，从而为佛教在社会主义的历史条件下发挥其必要的社会功能，促进其自身的迅速发展起到了一定的作用。然而，佛教不仅是一种社会群体或社会组织，而且也是一种意识形态或文化体系。因此，认清佛教的文化本质和文化功能同样是佛教生存与发展的头等大事。赵朴初人间佛教思想对此有一个基本命题："佛教是文化而不是迷信"。

在建构人间佛理论时，赵朴初反复强调"佛教是文化而不是迷信"的正确论断。在近现代，在发展科技教育、打倒宗教迷信的唯科学主义思维方式背景下，中国佛教遭到一场惨重的厄运。洋务派张之洞提倡"庙产兴学"，新文化运动主将陈独秀强调"阿弥陀佛是骗人的，一切宗教家所尊重的崇拜的神佛仙鬼，都是无用的骗人的偶像，都应该破坏！"③ 据《同愿月刊》披露，"从民国十七年（1928年）以后，在打倒宗教、破除迷信的口号下，收没寺产，毁像焚经事件，上自通都大邑，下至穷乡僻壤，几乎无地不有，无时不闻。三武之后，佛教厄运，恐怕至此而极了。"中国佛教遭此劫难的原因是多方面的，但主要原因有两个方面，其一，当时人们对佛教信仰的一种误解，将佛教信仰同迷信等同。在当时人们从国家的厄运中，很多人都主张科学救国，而科学是与迷信相对立的，并且应该被消灭。即使是新中国成立后，仍然有很多人认为"佛教即是迷信"这一说法是正确的，这对于佛教的存在与发展极为不利。其二，马克思的"宗教是人民的精神鸦片"这一说法在20世纪80年代讨论激

---

① 赵朴初：《佛教常识答问》，北京出版社，2003，第4页。
② 赵朴初：《佛教常识答问》，2003，第6页。
③ 中国社会科学院近代史研究所：《五四运动文选》，生活·读书·新知三联书店，1959，第154页。

烈，加大了人们对佛教在社会中存在的必要性的怀疑。

自 1979 年以来，赵朴初先生为了佛教工作的恢复以及发扬中国佛教事业，创办了中国佛教文化研究所和《佛教文化》周刊，在相当长的时间和不同的场合，反复强调"佛教是文化"的论断。赵朴初列举种种历史事实，充分证明"佛教对中国文化发生过很大影响和作用，在中国历史上留下了灿烂辉煌的佛教文化遗产"。可以说，"在中国历史上，佛教和文化关系如此之深，不懂佛学就不懂中国文化"。因此，我们不能简单地把佛教"看作粗俗的宗教迷信"。赵朴初认为，"人类文化的发展是个连续不断的过程，传统文化和现代文化不可能完全割断"。我们要发掘和研究佛教文化遗产，"吸取其中有价值的东西，无疑可以丰富社会主义文化"。① "佛教是文化"的论断，为中国佛教的生存发展，为弘扬中国文化的优良传统，为发挥佛教在社会主义现代化建设中的积极作用，寻找到了合法的理论依据。在赵朴初看来，作为文化而存在的佛教，我们没有理由去限制它、破坏它和消灭它，正确的态度是发扬大乘菩萨"上求佛道，下化众生，以救度众生为己任"的人间佛教精神，使中国佛教"为庄严国土，为利乐有情，为世界人类的和平、进步和幸福做出应有的贡献"。② 不从观念认识上解决"佛教是文化还是迷信"的理论问题，则无法在实践上顺利发展中国佛教，更谈不上发扬人间佛教的优越性，实现"人间佛教所要达到的目的——一种和平安乐的世界，一种具有高度精神文明的世界"。③ 因此，"佛教是文化"的论断，是赵朴初对新时期中国佛教和人间佛教的重大理论贡献，是构成他人间佛教理论的逻辑前提和重要特点。

"佛教是文化而不是迷信"这一对佛教文化本质的基本定位，消除了长期以来特别是建国之后人们对佛教的误解，澄清了人们对佛教的基本认识，进而为佛教自身处理同社会其他文化形态的关系提供了思路和方法。在这一理念指导下，佛教不断地建设自身文化，恰当地处理与科学、哲学、艺术及其他宗教文化之间的关系，弘扬佛教文化，充分发挥了佛教在社会主义精神文明和物质文明建设中的作用，有力地推动了佛教的发展。

---

① 赵朴初：《佛教与中国文化》，中华书局，1988，第 3 页。
② 赵朴初：《佛教常识答问》，2003，第 114 页。
③ 赵朴初：《佛教常识答问》，2003，第 111 页。

三 佛教修行的人间化

在修行实践中，赵朴初认为人间佛教的规范最终应该回归个体人的具体实践之中，因此，他在《中国佛教协会三十年》的报告中具体指出了人间佛教的主要内容，即包括五戒十善。赵朴初说："人间佛教的主要内容是五戒、十善。"① 其内容包括：不杀生、不偷盗、不邪淫、不妄语、不饮酒。十善则是在五戒的基础上形成的，包括身、口、意三大方面。身业有三种：不杀、不盗、不邪淫。口业包括四种：不妄语、不两舌、不恶口、不说无益绮语。意业则包括：不贪、不嗔、不愚痴。这就叫十善，反之就是十恶。以上表明，佛教的最终目的是成佛，要成佛先要建立人间净土，即建立人间佛教。正如释迦牟尼所说："诸恶莫作，众善奉行，自净其意，是诸佛教"。也就是说，做到了五戒十善也就达到了建设人间佛教的目的。太虚说："以大乘初步的十善行佛学，先完成人生应有的善行，开展为有组织有纪律的大乘社会生活。再渐从十住、十行、十回向、十地的佛学，发达人性中潜有的德能。重重进化，以至于圆满福慧的无上正觉。"② 印顺也说："十善，本是人乘的正法。初学菩萨而着重于十善业，即以人身学菩萨道的正宗。太虚大师宣说的'人生佛教'即重于此。"③ 赵朴初更是明确地强调，成佛先从做人起，"大乘佛教是说一切众生都能成佛，但成佛必需先要做个好人，做个清白正直的人，要在做好人的基础上才能学佛成佛。这就是释迦佛说的，'诸恶莫作，众善奉行，自净其意，是诸佛教'。"④

当然，除了让佛教教义被人们接受外，实现人间净土是赵朴初人间佛教思想所要达到的根本目的。人间净土在我国古代佛教思想中就有体现，《大乘起信论》讲"一切众生本来常住，入于涅槃"，《肇论》说"触事即真，真俗不二"及《六祖坛经》讲的"佛法在世间"的思想，无不带有建设人间净土的端倪。至于太虚大师所提倡的"佛教应该服务社会，造福人类"的主张，以及佛教学者杨度所讲的"一切世法无非佛法，一切人事无非佛事"的观点，更是直接反映了他们建设人间净土的意愿。

---

① 赵朴初：《佛教常识答问》，北京出版社，2003，第193页。
② 黄夏年主编《印顺集》，中国社会科学出版社，1995，第53页。
③ 黄夏年主编《印顺集》，第156页。
④ 赵朴初：《佛教常识答问》，2003，第194页。

人间净土就其本质来看，就是要以人为本，肯定人的自觉性，并以佛法为指导，解决人世间的各种难题，最终实现人与社会的和谐与全面发展。其要点有三：1. 以人为本，把实现人性的净化、人格的完善作为建立人间净土的首要目标；2. 正信正见、悲智双运的大乘菩萨法门是建设人间净土的根本道路；3. 人人具有清静心是建设人间净土的内在依据。人间佛教自提倡以来，赵朴初跟广大僧众一同积极建设人间净土，在开导众生、环境保护、扶贫赈灾、民族团结、祖国统一、国际友好交流等方面都做了大量积极、富有成效的工作，得到了社会各界的一致好评。

赵朴初"人间佛教"思想的主要内容与特点

吴小丽[*]

赵朴初，1907 年 11 月出生在安徽省的安庆一个四代翰林而又信佛的世家。四年之后，跟随父母回到老家太湖县居住。1935 年在上海的圆明讲堂，赵朴初正式皈依佛门，成为一位在家的佛教居士，潜心研读佛教经典，修行佛法。2000 年 5 月因病在北京去世。

一　朴老的主要经历

赵朴老勤奋好学，早年考入苏州东吴大学，一生对佛学有着很深的造诣，是当代中国具有重大历史影响的佛教领袖，是闻名海内外的佛教学者、卓越的社会活动家和著名的爱国主义者。在 20 世纪二三十年代，曾担任过江浙佛教联合会秘书、上海佛教会秘书和"佛教净业社"的社长、中国佛教协会秘书等职务。

赵朴初生性善良，从不杀生。据说，他的母亲陈仲瑄深信佛法，在家中设有专门礼佛的佛堂。他七岁的时候看到一只蜻蜓陷入了蜘蛛网，生命危在旦夕，他赶紧找来一根竹竿把蜘蛛网挑开，救出那只可怜的小蜻蜓。关于慈心不伤害生灵，在佛教经典中多有诠释："慈心，不杀群生悉养物命令众得安。"[1] "当修三福：一者孝养父母，奉事师长，慈心不杀，修十善业。二者受持三归，具足众戒，不犯威仪。三者发菩提心，深信因果，读诵大乘，劝进行者。如此三事名为净业。"[2] 由此，可以看到朴老的慈

---

*　吴小丽，哲学博士，主要研究方向：中国哲学与佛教哲学，贵阳学院阳明学与黔学研究院专职研究员，中央民族大学东亚佛教研究中心特邀研究员。

[1] 《辩意长者子经》，《大正藏》第 14 册 No. 0544 0837b23。

[2] 《佛说观无量寿佛经》，《大正藏》第 12 册 No. 0365 0341c04。

悲之心从小就具备了。

赵朴初母亲陈仲瑄曾带儿时的赵朴初到家乡太湖廨院寺烧香，赵朴初问廨院寺的住持先觉师父："老师傅，为什么观音有这么多手呀？"先觉师父说："这是表示菩萨行的四摄六度，你还小，还不明白。"在寺院中的火神殿烧香时，主持先觉师父说出一句上联："火神菩萨掌管人间灾祸"，赵朴初对答道："观音大佛保佑黎民平安"，显示出他有很高的佛教悟性。对于大众不陌生的观音菩萨，就是大慈大悲的一种象征。如佛教典籍《妙法莲华经》中就讲道："妙音观世音，梵音海潮音，胜彼世间音，是故须常念，念念勿生疑。观世音净圣，于苦恼死厄，能为作依怙，具一切功德，慈眼视众生，福聚海无量，是故应顶礼。"① 从上面朴老的对话中，可见其后来所做就是如观世音一样的弘法利生的事业。

因此，赵朴初夫人陈邦织女士曾经在谈到赵朴初思想的形成和他家乡的关系时说：赵朴初小时候是在太湖度过的，可以说他的思想形成离不开家乡，但又不能仅归于太湖和他出生于四代翰林的家庭。

1980 年，朴老开始出任中国佛学院院长和中国佛教协会会长的职务。作为爱国佛教界的杰出代表，他曾参加了在中国历史上有重大意义的第一届全国政治协商会议。

中华人民共和国成立初期，百废待兴。赵朴初作为佛教协会副会长，广泛动员佛教徒与全国各族人民团结起来，充分发挥佛教界的积极作用，为新中国的建设添砖加瓦。赵朴初始终关心着佛教和社会的共同发展，不断地深化佛教思想，自觉地遵守国家的政策法律，正确地理解宗教信仰自由政策，努力提高僧才的教育水平和佛教徒的整体素养，增强他们爱国爱教的思想情感，为佛教自身和僧团健康发展及社会的进步做出了卓越的贡献。

二 "人间佛教"思想的提出

作为中国佛协原会长的赵朴初居士，可以说为振兴佛教贡献了毕生精力，深受教内外人士的共同尊重。他秉承太虚大师"人间佛教"之理念，始终以复兴佛教的宏大伟业为己任，贡献了毕生的力量。新时代的发展背

---

① 《妙法莲华经》，《大正藏》第 09 册 No. 0262 0057c07。

景之下，如何引导佛教与社会主义社会相适应是赵朴初会长常思考的问题。

1981 年，赵朴初专门撰写了《佛教常识答问》，在《法音》上连续发表，后被收进《大家小书》系列丛书。该书借助问答方式，解答了佛教的一些主要问题，引导人们为建设人间净土而努力。后在《佛教与中国文化的关系》一文中他明确表示"佛教是中国传统文化的一部分"，"社会主义时期的佛教，应该如何结合时代发展为两个文明建设服务呢？重要的是要汲取佛教文化的精华，要发扬'人间佛教'的精神。'人间佛教'的主要内容是五戒、十善和四摄、六度，前者着重在净化自己的身心，后者着重在利益社会人群。……我们要发扬佛教的优良传统，继承先人的遗业，以'人间佛教，入世度生'的精神，为社会主义四化建设服务。"① 同时，这也是对整个僧团的严格要求。

"五戒、十善和四摄、六度"等等这些佛家中的重要思想，在典籍中都有详细阐释。五戒和十善业，《长阿含经》中讲到五戒："云何五法向善趣？谓持五戒：不杀、不盗、不淫、不欺、不饮酒。"②《起世经》中讲到十善业："世或有人，专事杀生、偷盗、邪淫、妄言、两舌、恶口、绮语、贪嗔、邪见，以是因缘身坏命终，坠堕恶道，生地狱中。或复有人，不曾杀生、不盗他物、不行邪淫、不妄言、不两舌、不恶口、不绮语、不贪、不嗔、亦不邪见，以是因缘，身坏命终，趣向善道，生人天中。"③

"四摄"在《长阿含经》和《大方便佛报恩经》中讲道："复有四法，谓四摄法，惠施、爱语、利人、等利。"④ "菩萨知恩报恩，成就智慧，破坏无明，庄严菩提，以四摄法摄取众生。为菩提道，修行智慧，以知法界故，受身安乐，是名自利。能发众生世间之事及出世事，是名利他。能坏烦恼智慧二障，是名大果，是名知恩，是名报恩。菩萨智慧四事不可思议。"⑤ "六度"，《菩萨本行经》中讲道："菩萨六度无极难逮高行，疾得为佛。何谓为六？一曰布施，二曰持戒，三曰忍辱，四曰精进，五曰禅定，六曰明度无极高行。"⑥ "欲得六度无极，四等四恩，如来十

① 赵朴初：《佛教与中国文化的关系》，《文史知识》1986 年第 10 期，第 18 页。
② 《长阿含经》，《大正藏》第 01 册 No. 0001 0059c11。
③ 《起世经》，《大正藏》第 01 册 No. 0024 0316c09。
④ 《长阿含经》，《大正藏》第 01 册 No. 0001 0050c28。
⑤ 《大方便佛报恩经》，《大正藏》第 03 册 No. 0156 0164b10。
⑥ 《六度集经》，《大正藏》第 03 册 No. 0152 0001a07。

力、四无所畏、十八不共特异之法，六通、三达，成一切智；欲得具足三十二相、八十种好，严净国土，教化众生，皆由精进而得成办。"① 从这些阐释中我们可以看到，这些积极有益的思想在约束僧团队伍以及大众的言行，引导人们去恶向善，净化社会的伦理道德等方面都会发挥一定的作用。

1983 年在纪念中国佛教协会成立三十周年的大会上，朴老发表了《中国佛教协会三十年》的长篇报告，他提出"我们社会主义中国的佛教徒，对于自己信奉的佛教，应当提倡人间佛教思想，以利于我们担当新的历史时期的人间使命；应当发扬中国佛教农禅并重的优良传统，以利于我们积极参加社会主义物质文明建设；应当发扬中国佛教注重学术研究的优良传统，以利于我们积极参加社会主义精神文明建设；应当发扬中国佛教国际友好交流的优良传统，以利于我们积极参加增进同各国人民友好，促进中外文化交流和维护世界和平的事业"②。这篇报告有效地解答了佛教如何发展和服务社会的问题，"把人间佛教思想放了整个中国佛教的指导地位，强调并指出了人间佛教思想的普遍意义。这一点是太虚当年不曾做到的，这也进一步触及了太虚当年想解决而未能解决的人间佛教与中国化佛教各宗派的关系问题"③。中国佛教协会在 1987 年和 1993 年分别召开第五次、第六次全国佛教代表大会，赵朴初继任会长。特别值得一提的是，在第六次全国佛教代表会议上，赵朴初所做的《中国佛教协会四十年》的报告，明确了新时期佛教的历史使命和定位——中国佛教协会是爱国团体，僧团首先也是爱国的僧团。

三 赵朴初"人间佛教"思想的主要内容

赵朴初，理论上继承和发展了太虚大师的人间佛教，实践上为我国人间佛教事业的发展和中国的佛教文化，做了许多具体的卓有成效的工作。"文革"之后，依靠朴老的积极推动，大陆佛教得以顺利恢复。依靠朴老的积极推动，在文化、教育、慈善、救济等各方面取得了较大的进展，可以说开拓了中国佛教的新局面。

---

① 《菩萨本行经》，《大正藏》第 03 册 No. 0155 0108c19。
② 赵朴初：《中国佛教协会三十年》，《法音》1983 年第 6 期，第 18～19 页。
③ 胡启银：《人间佛教的理论建构》，陕西师范大学硕士学位论文，2007，第 33 页。

朴老，他对佛学有着很深的造诣，最典型的例子就是他所著的《佛教常识答问》在佛教内外备受推崇，应广大读者的要求，多次再版，在社会上广为流传，为人们所熟知，产生了广泛而又积极的社会影响。

赵朴初的佛教思想最大的特点就是传承了太虚法师在 20 世纪 20 年代所提倡的"人生佛教"或"人间佛教"的思想。他对这一重要思想的阐述主要集中在《佛教常识答问》和《佛教与中国文化的关系》两本书中。

就对佛教自身的要求而言，赵朴初提出要继续弘扬中国佛教"加强学术研究""农禅并重"和"国内外友好交流"这三大优良传统。积极主张佛教与社会主义社会相适应，国家从法律和政策的层面要尊重广大公民宗教信仰自由的权利，佛教徒以及其他的宗教信徒应该遵守国家的法律，不做违法乱纪的事情。

他慈悲为怀，坚持不懈地做慈善事业，率先垂范，曾经亲自为遭受地震和洪水灾害的地区筹集救灾资金和救援物资。从他的遗嘱中也可以充分看出他的那份豁达、心系众生的心灵境界："生固欣然，死亦无憾；花落还开，水流不断；我今何有，谁欤安息；明月清风，不劳寻觅。"

从整体而言，赵朴初所主张的"人间佛教"思想主要有以下五个显著特点：

1. 佛教徒不仅要热爱佛教，注重加强对佛教教义的学习和研究，而且要热爱中华人民共和国，即要把爱教爱国的思想结合起来。

2. 佛教自身要切实维护国家的统一和尊严，遵守宗教政策法规，不做违法乱纪的事情，佛教徒要以身作则，为民族团结和社会和谐积极奉献自己的力量。

3. 尤其要提高佛教徒自身的素质，加强对佛教徒的管理，着重对佛教道风、人才、信仰、佛教制度和组织的建设和完善。

4. 佛教不能脱离社会，不能脱离普通百姓，要深入人民大众的生活中去，以践行"佛教人间净土"为自己最大的责任，提倡庄严国土和利乐有情的思想。

5. 把佛教思想中的"五戒""十善"等教人行善莫作恶的思想精髓和新中国的社会公德，例如"五讲四美"结合起来，充分发挥佛教对社会道德建设的积极作用。这是对整个僧团教育和建设的殷切叮嘱和期望。

四　赵朴初"人间佛教"思想的主要影响

赵朴初在宏观上指导中国当代佛教正确走向的同时，在具体的工作中也是身体力行，在加强对佛教人士的培养和佛学文化研究上，他更是不遗余力，例如，他多次亲自过问和指导栖霞山和灵岩山中国佛学院分院的建立。

朴老有一个最重要的遗愿，就是丁光训披露的话：他也希望佛教有一个思想建设，他非常赞同"人间佛教"的思想，但他不希望这些思想只停留在口头上。就像基督教在中国，需要适应我们新时代的思想建设一样。

在1986年和1992年分别召开的全国性汉语系佛教教育工作座谈会上，他语重心长地强调培养佛教人才的重要性和紧迫性，要加强与学界的联系，开展对佛教人才的研究生层次的教育。赵朴初认为必须要深挖佛教经典的思想，重视对佛教文物的管理和有效保护。在他的亲切关怀和精心组织下，建成了中国佛教图书文物馆，《中国佛教百科全书》、中文版《中国佛教》最终出版，同时有《玄奘法师译撰全集》的问世等。

赵朴初是一位在国内外宗教界有着广泛影响的杰出的爱国宗教领袖，佛教界赞誉他为"维摩"，他深受信教群众和广大佛教徒的尊敬和爱戴。他的挚友吴企尧用一首诗盛赞道："珍重维摩老居士，好凭千手转乾坤"，高度赞扬了他对振兴中国佛教事业所做的杰出贡献。关于维摩诘大居士，佛家典籍中解释道："如维摩经云：随其心净则佛土净，斯之谓也。若于六尘生着不名清净，故又云：应无所住而生其心。"[①] 朴老一生所做的正是在我们社会建设人间净土的事业。

七塔寺的桂仑法师生前也曾讲到："兴佛法要用功办道，昔西天维摩居士，东土的唐朝庞居士，现在的赵朴初居士，都是菩萨再来……"宏船法师也曾云："一佛出世，千佛扶持，赵朴老就是这个出世的佛，我们都是扶持他，拥护他。"

赵朴初积极进行佛教与时俱进的改革和完善，作为新中国一代著名的佛教界领袖，把佛教的教义自觉地融入社会主义社会建设和发展中去，积极倡导中国的佛教要走出去，促进与世界其他各国和地区佛教界的友好交

---

① 《金刚般若波罗蜜经批》，《大正藏》第33册 No. 1703 注 0231b18。

往。例如 1951 年，赵朴初代表中国佛教界主动而又友好地把观音像送给日本的佛教界，这在一定程度上打开了中日民间文化友好交流的大门，增进了中日两国人民的感情，他的这一行为还受到周恩来总理的高度赞誉。

1981 年，日本佛教传道协会，赠予赵朴初 1981 年度的第十六次佛教传道功劳奖五十万日元。赵朴老将这笔钱用作"弘化基金"，全部捐献给中国佛教协会。1982 年春天，日本佛教大学授予赵朴初名誉博士学位。1985 年 4 月，日本庭野和平财团将"庭野和平奖"颁发给赵朴初。这些都是对赵朴初在佛教及世界和平领域所做出的贡献的一种高度肯定。

1993 年，赵朴初首次提出佛教是中国、韩国和日本三国友好交流"黄金纽带"的构想，得到了日本佛教界和韩国佛教界的积极赞同，这些类似的活动，积极发挥了佛教在国际交往中的作用，促进了中国人民与世界人民的友谊，可以说为维护亚洲和世界的和平做出了重大的贡献。

在他的积极倡导下，以"友好·合作·和平"为主题的首次中韩日佛教友好交流会议于 1995 年 5 月在北京举行，取得了圆满的成功，得到社会各界的广泛赞誉，为中国佛教赢得了海内外的好评。

由此可见，经由太虚大师等佛门龙象对近代佛教的积极倡导和深刻改革，提出了中国佛教应该走人间佛教的道路，倡导"佛法在世间，不离世间觉"的菩萨行精神。在"人间佛教"理论的指导下，中国佛教尤其是汉传佛教得到了很大的发展，它以更加积极入世的姿态走进世俗生活。太虚大师之后，经过赵朴初、印顺等大德们的努力，再加上对僧才的积极培养和教育，人间佛教理论更为成熟，已经成为汉传佛教发展的主流。

论"人间佛教"思想在"一带一路"建设中的重要作用

李文成*

今年是赵朴初诞辰 110 周年。

朴老走了,他留给我们的精神财富很多,其中,"人间佛教"思想就是朴老留下的最宝贵的精神财富,值得我们很好地继承和发扬。

今天只想从朴老的"人间佛教"谈谈思想如何以一种积极的精神文化力量和文化理念,在"一带一路"建设中发挥更大的正能量,促进中国梦的实现。

中国化的佛教文化,是中华文化的重要组成部分,这是中华民族的文化共识。习近平主席在巴黎联合国教科文组织总部发表的演讲中特别提到,中华文化积淀着中华民族最深层的"精神追求",代表着中华民族独特的"精神标识"。这也就提示我们:中国佛教文化与社会主义社会相适应,不仅是引导佛教文化参与到社会经济建设中来,而且是要在与社会主义国家的政治、法律和国家利益相一致的同时,还要为精神文明建设做贡献。

古印度的佛教,经过 2000 年来对中国传统文化的吸收、融合和发展,特别是 20 世纪以来,以赵朴初为代表的佛教界领袖人物对"人间佛教"思想的提倡和佛教界的奋力践行,使中国佛教更具有了新的时代特色。从这个角度说,赵朴初"人间佛教"思想,是新的历史时期中国佛教的人间使命。他抓住社会主义社会的特点,将佛教的教义与社会主义思想进行圆融,将佛教"人间净土"思想融入社会主义,使佛教对社会主义事业具有极大的信心和责任心,要"报国土恩,报众生恩",要以"庄严国土,利乐有情"为己任。

---

* 李文成,《中华佛教寺院名胜大典》副总主编。

在中国"一带一路"的伟大倡议中,让中国化的新时代的佛教文化,沿着新时代的"丝绸之路"交流传播,让沿线国家的人民共享中国古老而现代的文明成果,无疑是一件具有重大意义的事情。

一 "一带一路"沿线国家的佛教历史文化渊源

在历史长河中,许多中外佛教高僧大德秉持普度众生的悲愿,怀着为法忘躯的精神,用勇气、智慧和坚韧,劈波斩浪、筚路蓝缕,沿着古丝绸之路,共同打开友好交往的大门,促进不同民族文化的交汇融合,对人类文明进步产生深远影响。

历史上的丝绸之路,素有"佛教之路"的美誉。从东汉时期开始,佛教沿着丝绸之路迅速流传,与儒、道、萨满等本土文化交相融会、渐次扩展,最终形成了以陕西西安(长安)为第二策源地的汉语系佛教和在青藏高原独树一帜的藏语系佛教,极大地丰富了中国文化的内涵,深刻地影响了民族文化的发展。在发展过程中,始终保持一种强盛的生命力和传播力。

佛教在丝绸之路的传播,最大的特点就是与本地政治、经济、文化紧密交融,其影响远远超出了宗教的范畴,对当地人民的生产生活产生了巨大影响,而且日益凸显出其重要性。例如,2013 年习近平同志出访印度时,在印度总理莫迪的家乡古吉拉特邦对莫迪总理说:"当年玄奘大师就是从这里取回的佛经,佛经带回中国后,又在我的家乡陕西西安翻译传讲。"一年后,莫迪总理应邀回访了中国,并专程到访了西安大慈恩寺和大兴善寺。可见,佛教与丝绸之路互为依托,相互支持、发展由来已久。

陆上丝绸之路的开创,一般以张骞西游大月氏为标志。由西域丝绸之路的开通而使佛教传入中国,此后中国始知印度之名,并"始闻浮屠之教"。为此中国把与西域相关的古代天竺称为"西方",故而有"西天取经"之说。这种中印文化交流,实乃开启了中国人对"西方"的探索及认识,从认识古代印度而最终认识到具有真正"西方"意义的欧洲。

在这一古丝绸之路上,既有印度僧侣东来传教的足迹,也有中国人"西游"取经的身影。而海上丝绸之路的开通,使中印双方的政治、经济、文化交流更为频仍。陆海两条丝绸之路见证了中印之间的文化交流,也使中国人的文明史、中外交通史等都充满佛教元素,实质上也是一部思想交流史或佛教交流史。

中国人不仅因佛教文化认识了印度，与此同时，也因为通过认识早期印度文化中的雅利安文明及犍陀罗文明而与古希腊文明相关联，此后丝绸之路更为纵深地向西方开拓，使中国人的西域观、西方观也通过逐渐认识丝绸之路沿途的"大食""大秦"等而最终真正了解到西方。

当中国人因为丝绸之路的连接而获知西方文化时，欧洲人也因此而获得了中国的儒家、道家等文化，被中国哲学、文学、艺术、风俗、传统等东方文化所感染，一度形成了欧洲的"中国热"。丝绸之路曾促成了中西文化的交流及互补，作为中西交往的友谊之路发挥了重要作用。2014 年 6 月，陕西彬县大佛寺，作为中国、哈萨克斯坦和吉尔吉斯斯坦三国联合申遗的"丝绸之路：长安——天山廊道的路网"的一部分，成功入选《世界遗产名录》，现在正准备大规模开发。

二 "一带一路"沿线国家的佛教基本现实状况

今天，"一带一路"沿线国家虽然有着不同的宗教信仰，但信仰佛教的民众仍然居多。涉及"一带一路"沿线的国家，包括我国在内共有 65 个。其中有蒙古、俄罗斯，东南亚 11 国，中亚 5 国，南亚 8 国，西亚北非 16 国，中东欧 16 国，独联体其他 6 国。

根据国内外多家统计机构的统计，虽然信仰佛教的人数不够准确，但其数量还是相当庞大。据世界著名独立民调机构——美国皮尤研究中心于 2012 年 12 月 18 日发布的《2010 年全球宗教景观——世界主要宗教的规模与分布》，全世界有佛教信徒 7 亿人，约占世界总人口的 11%。目前主要分布于中国大陆（30%）、蒙古（93%）等东亚地区以及泰国（94%）、柬埔寨（93%）、缅甸（90%）、越南（50%）、斯里兰卡（70%）等东南亚国家。

中国大陆，同时具有汉语系、藏语系、巴利语系佛教，大小乘皆有。汉地佛教主要以禅宗以及净土宗为主，并且寺院大多采用禅净双修。由于汉地佛教信众大多没有正式的皈依形式，人数无法统计，并且多数国人受到佛教文化的熏陶，佛教文化已经融入人们日常的思想文化。如中国台湾地区，现有佛教寺庙 4000 多间，佛教职业人员 6000 多人，信徒达300 ~ 400 百万人，佛学院 20 余所，佛教中学 8 所，佛教界兴办的幼稚园 80 多个，养老院 10 余所，育婴堂 5 所，佛教医院诊所 10 余所，出版社 10 余家，佛教期刊30~40种。

俄罗斯佛教以藏传佛教格鲁派为代表，从17世纪由蒙古传入，流传于俄罗斯联邦的五个地区：东西伯利亚的布里亚特自治共和国，首府乌兰乌德；南西伯利亚的图瓦自治共和国，首府克孜勒；里海沿岸低地西部的卡尔梅克自治共和国，首府埃利斯塔；赤塔州和伊尔库茨克州，以今圣彼得堡为中心的欧洲地区，大约有50万人。越南佛教信众大约有2000万人。越南内战时期，许多越南人流亡西方，使越南佛教对欧美也产生了很大影响。泰国现人口有90%都是上座部佛教徒，总信众约5000万人。缅甸曾于1956年释迦牟尼涅槃2500年纪念时，邀请各国佛教界代表，举行了有2500人参加的第六次结集，校勘上座部缅文巴利三藏，印行结集版藏经51卷本。1961年，宣布佛教为国教，继又取消国教的地位，执行宗教信仰自由的政策。目前缅甸佛教徒约占总人口的80%以上，总信众约4000万人。斯里兰卡，历史上主要信奉上座部佛教。1945年斯里兰卡独立后，政府把复兴佛教看作恢复民族文化的一个重要内容，建立了具有世俗性质的各种佛教社团，创办佛教大学，编辑出版《佛教百科全书》。斯里兰卡人口中约有74%是僧伽罗人，而僧伽罗人中佛教徒约占94%；全国有寺院5600余座，僧侣约2万人，信众约为1500万人。印度本土佛教消亡近800年，印度靠近西藏的地区，受藏传佛教的影响，信奉藏传佛教。在20世纪60、70年代，印度的贱民种姓发起了皈依佛教运动，大约有2000万人皈依佛教。印度的佛教正在复兴之中。

另据佛教居士"三昧真火"杨长春2010年（佛历2554年）的独立统计，截止到2010年12月30日，世界佛教人口约有7亿，约占世界总人口的10%。主要排名如下：

中国（总人口）13.7亿，佛教信众占总人口的18%，为2亿4660万。

越南（总人口）8700万，佛教信众占总人口的80%，为6960万。

泰国（总人口）6670万，佛教信众占总人口的94%，为6269万。

缅甸（总人口）5700万，佛教信众占总人口的89%，为5073万。

印度（总人口）12亿，佛教信众占总人口的2.4%，为2880万。

斯里兰卡（总人口）2065万，佛教信众占总人口的76.7%，为1583万。

柬埔寨（总人口）1480万，佛教信众占总人口的93%，为1376万。

老挝（总人口）600万，佛教信众占总人口的92%，为552万。

马来西亚（总人口）2870万，佛教信众占总人口的19%，为545万。

印尼（总人口）2.38亿，佛教信众占总人口的1.9%，为452万。

中国香港（总人口）700万，佛教信众占总人口的42%，为294万。

菲律宾（总人口）9000万，佛教信众占总人口的3%，为270万。

尼泊尔（总人口）2800万，佛教信众占总人口的7.8%，为218万。

蒙古（总人口）268万，佛教信众占总人口的80%，为214万。

新加坡（总人口）508万，佛教信众占总人口的32.5%，为164万。

俄罗斯（总人口）1.4亿，佛教信众占总人口的0.8%，为112万。

不丹（总人口）69万，佛教信众占总人口的75%，为51万。

孟加拉国（总人口）1.47亿，佛教信众占总人口的0.6%，为88万。

从以上统计可以看出，佛教人口主要分布在东亚、南亚、东南亚三个地区。

由于近10年佛教信众的发展，其数据应该高出上述统计。如果不了解这些国家的宗教国情及其宗教信仰传统、风俗习惯，想要深入展开"一带一路"建设，将遇到很多困难。

总之，"一带一路"的建设是个非常复杂的系统工程，既是政治经济战略的范畴，也是文化战略的领域，应该对这个重要因素进行深入的了解和评估，有利于调动积极因素，避免和克服消极因素，了解其文化，影响其民心。

三 作为"世界佛教中心"的中国，有义务和责任向"一带一路"沿线国家交流传播佛教文化

佛教自西汉末年传入中国以来，经历了漫长的发展过程，在与中国传统文化，包括各民族文化不断融合共生的过程中，最终形成了独具中国特色的佛教理论与传承体系，特别是近几十年来对"人间佛教"思想的提倡与践行，使佛教更具中国时代特色。时至今日，中国是世界上佛教部派最为齐全的国家，已是名副其实的世界佛教文化发展的中心。

佛教虽然产生于公元前6世纪的古印度，并完成了佛教理论从上座部到大乘的体系化构建，但由于印度根深蒂固的种姓制度，使得佛教一直未能占据信仰的主流。直至公元前3世纪，孔雀王朝第三世王阿育王统一了印度半岛，并皈依佛教，立佛教为国教，才开启了佛教作为印度主流宗教向世界传播的先河。然而到了公元13世纪，由于土耳其的入侵，建立了德里苏丹王朝，对印度实行了长达300余年的殖民统治，使得印度佛教遭到毁灭性的打击，佛教寺院被毁，大批僧人逃亡周边各国，佛教在印度基

本销声匿迹。直到公元 19 世纪末，沉寂了近 800 年的佛教，开始在印度出现复兴运动。其中，最著名的就是 1956 年发起的百万"贱民"皈依佛教运动，但佛教在当今印度仍是一个"处境艰难"的宗教。

从中国五大宗教目前发展的现状来看，无论从信教群众人数还是社会影响，佛教都应该属于中国的第一大宗教。中国自 2005 年发起举办"世界佛教论坛"以来，以"和谐"为基本宗旨，给世界佛教徒搭建了一个平等对话交流的平台。全世界已经有 50 多个国家的数千位佛教界高僧学者参与论坛，共襄盛举，研讨世界和谐发展之道。作为一个佛教文化大国，中国有责任有义务，为世界佛教文化的发展与人类的和平事业做出自己应有的贡献。

2016 年 4 月的全国宗教工作会议认为，"2016 年的中国佛教，在道风建设、方便法门、文化自信、慈善扶贫、讲经交流、学术研讨、护教祛邪、国际影响八个方面，都取得了卓著的成就"，进一步证明了"中国是世界佛教文化中心"的论断。

会议总结指出：加强道风建设，夯实信仰根基，强调不断提升信仰素质、强化持戒修行，以及"去商业化"的内涵与途径，为佛教如何持守本心增强了定性，烈焰洪炉，烹佛煅祖，成就了一大批道行坚固的禅和子；契合时代根机，广开方便法门，佛教的发展与时代同步，有信心有能力拥抱新事物，善于运用一切方便善巧的法门传递正能量。增强文化自信，担荷如来家业。2016 年的佛教界，一个很大的亮点就是极大地增强了文化自信。密法回归，是中国佛教文化高度自信的表现。十二届全国人大四次会议审议通过了备受社会关注的《慈善法》，肯定了宗教界在慈善事业当中可以有所作为，对佛教慈善起到了积极的促进作用，并用公益捐赠行动，诠释了无缘大慈同体大悲的情怀；举办学术研讨，发掘佛学精华，首届南传佛教高峰论坛在云南举行，邀请了 13 个国家的佛教界代表参会，多国僧王、海内外上百位高僧莅临的此次盛会是新中国成立以来首次大型国际南传佛教盛会，也是世界佛教史上的一次盛会。论坛增进了中国与南亚东南亚国家南传佛教界、学术界的交流，为促进南传佛教健康发展做出了新的贡献。在六宗祖庭所在地西安召开了"汉传佛教祖庭文化国际学术研讨会"，来自 17 个国家和地区的两百余名佛教界代表、专家学者围绕"祖德流芳，共续胜缘"的主题，取得了丰硕成果，发布了《汉传佛教祖庭文化国际学术研讨会倡议书》，对中国佛教走向世界，增强中华优秀传统文化对外的辐射力和影响力做出贡献；形成世界影响，彰显大国气象，中韩日三国佛教界轮流主办的"中韩日佛教友好交流会议"，已成为三国佛教友好交流与合作的重要平台，为巩固加强三国佛教"黄金纽带"关系、维护东北亚乃至世界和平做出了重要贡献。倡导今后汉传佛教要进一步走国际化道路，让汉传佛教现实化、生活化、普及化，融入西方人的生活和生命的宏大愿景，体现了中国佛教的担当和情怀，等等。

正视现实，既是对历史的尊重，更是对现世以及后世子孙负责。佛教作为慈悲、博爱、和平的宗教，应该发挥其对人类文明进程发展的积极作用。佛教起源于古代印度，成长于古代印度，发扬光大却在中国，中国才是当今名副其实的"世界佛教文化中心"。

四 佛教文化在"一带一路"沿线国家将发挥的积极和谐的正能量作用

佛教文化在古丝绸之路上乃至今天的"一带一路"沿线国家文化沟通交融方面，都在发挥不可或缺的重要作用。佛教在古丝绸之路上的双向流动，带来了不同民族之间的文化交往，丰富了相关地域民族的精神生活，也为中外民众在社会经济生活等方面营造出更融洽的气氛，提供了彼此深入了解的氛围。从这个意义上说，佛教文化是"一带一路"的传播史，不只是社会经济史，而是蕴意更深、涵盖更广的思想文化史。

2016 年 4 月，习近平总书记在全国宗教工作会议上强调指出：要深入挖掘教义教规中有利于社会和谐、时代进步、健康文明的内容，对教规教义做出符合当代中国发展进步要求、符合中华优秀传统文化的阐释。习近平总书记在中央政治局第三十一次集体学习时又提出，真正要建成"一带一路"，必须在沿线国家民众中形成一个相互欣赏、相互理解、相互尊重的人文格局。这为我们在当前形势下充分研究、开发、运用宗教资源，推进国家间交流合作，共同建设和谐文明世界提出了新的课题。

宗教是人类文化的重要遗产，是人类文明的有机构成，对人类社会的发展产生并且仍将产生广泛而深远的影响。实施"一带一路"的伟大倡议，是在共商、共建、共享的原则基础上，旨在通过与沿线国家加强互利合作和互联互通，打造政治互信、经济融合、文化包容的利益共同体、命运共同体和责任共同体。"一带一路"沿线国家虽然风俗不同、文化各异，但有很多相通相似之处，佛教在促进这些国家文化沟通交融方面，将发挥不可或缺的重要作用。

过去沿着这条文明丝路，佛教从印度传入中国，又由中国传向世界；今天，中国化的佛教更有责任重新担当起文化使者的时代使命。

佛教文化在两千多年的中国化进程中，积淀了丰厚的文化交流融合的经验和模式，创造出了中国佛教特有的精神风范。这些精神财富可以为"一带一路"建设提供重要的价值理念支撑、思路模式参考，为沿线不同国家带来宽广的文化共性背景和深层文化认同基础。

五 佛教文化特别是安徽佛教文化在"一带一路"建设中应有所作为

安徽是个佛教文化大省，不仅佛教寺院多，僧尼人数多，俗家信徒多，更重要的是佛教文化底蕴丰厚。在安徽境内，有被誉为中国禅宗摇篮的太湖、岳西、潜山等地形成的禅宗文化走廊，有佛教四大名山之一九华山，有享誉世界的已故中国佛教领袖赵朴初故里，有中国禅宗的一祖到六祖的创法修道地，还有一大批古今历代名僧大德，还产生了两部佛教经典——《信心铭》《大乘起信论》等等。日本和东南亚的佛教，大都是禅宗的支脉，基本上都是从安徽境内传出去的。据有关资料介绍，最近20年以来，日本和东南亚一些国家和地区的僧侣团队，多批次到安徽的佛教寺院寻根问祖，安徽佛教界也多次组团出访交流。

所以，在实施国家"一带一路"的伟大倡议中，安徽佛教文化应如何参与其中做出积极的贡献，笔者谈几点粗浅的意见。

（一）进一步解放思想，发挥安徽佛教文化的优势，把佛教文化融入安徽积极参加"一带一路"的建设中。

有人如是描述"一带一路"："一端连着历史，一端指向未来；一端系着中国，一端通往世界。这是一条穿越时空的彩练，神奇而瑰丽。"古代丝绸之路，佛教文化是不可或缺的主角之一。当今，佛教文化也应当主动融入"一带一路"建设中。

习近平2013年提出"一带一路"倡议以来，反响热烈，应者云集。参与"一带一路"建设的国家和地区已有60个。"一带一路"是世界上最长的两条经济走廊、文化长廊。沿线大多是新兴经济体和发展中国家，总人口约44亿，经济总量约21万亿美元，分别约占全球的63%和29%，涉及65个国家。且"一带一路"沿线国家普遍处于经济发展上升期，开展互利合作前景广阔。

经贸交往，文化为媒。2014 年 3 月 27 日，习近平在法国巴黎联合国教科文组织总部演讲，提出一个重要观点："文明因交流而多彩，文明因互鉴而丰富。文明交流互鉴，是推动人类文明进步和世界和平发展的重要动力。"在阐述文明交流互鉴观时，还列举了佛教文化。认为佛教在人类历史上，为不同文明之间交流交融、互学互鉴树立了成功典范。他说："佛教产生于古代印度，但传入中国后，经过长期演化，佛教同中国儒家文化和道家文化融合发展，最终形成了具有中国特色的佛教文化，给中国人的宗教信仰、哲学观念、文学艺术、礼仪习俗等留下了深刻影响。中国唐代玄奘西行取经，历尽磨难，体现的是中国人学习域外文化的坚韧精神"。"中国人根据中华文化发展了佛教思想，形成了独特的佛教理论，而且使佛教从中国传播到了日本、韩国、东南亚等地。"

正是秉持这个文明交流互鉴观，习近平同志在出访时，在有佛缘的国家都提到了佛教。到访印度，他饱含深情地追溯："中印两国有文字可考的交往史长达 2000 多年。佛兴西方，法流东国，讲的是中印两国人民交往史上浓墨重彩的佛教交流。公元 67 年，天竺高僧迦叶摩腾、竺法兰来到中国洛阳，译经著说，译出的四十二章经成为中国佛教史上最早的佛经翻译。白马驮经，玄奘西行，将印度文化带回中国。"当来到古吉拉特邦圣雄甘地和现任总理莫迪的家乡，习近平对全程陪同的莫迪说："中国唐代高僧玄奘到古吉拉特邦取经，把佛经带回中国，在我的家乡陕西西安传经。佛教从印度传入中国，对中国文化产生了深远影响。"他邀请莫迪总理下次访问中国时到西安去看看，看看当年玄奘藏经译经的地方。到访斯里兰卡，他讲到中国和斯里兰卡有高僧法显开启的千年佛缘。到访韩国，他列举了金身坐化九华山的新罗王子金乔觉等。

习近平在多次出访讲话中，列举丛林高僧传播佛教文化的佳话，不仅揭示了中国与这些国家在佛缘上进而在文化上的源远流长，而且拉近了两国人民彼此间的感情，对于推进政策沟通、设施联通、贸易畅通、资金融通、民心相通的"一带一路"建设，无疑是很好的黏合剂。

随着"一带一路"倡议的推进实施，佛教有必要也有可能走出去，传播中国佛教声音，讲好中国佛教故事。佛教文化作为人类古老文明的智慧结晶，走出去有助于人类面临挑战时寻求借鉴和启示。同时，佛教具有国际性特征，只有走出去才有可能成长，成长为国际智识大师，也有助于中国佛教的发展。正所谓"五色交辉，相得益彰；八音合奏，终和且平"。

从"人类命运共同体"的高度解读"一带一路"，文化作用亦不可小觑。让佛教文化主动融入"一带一路"建设，正逢其时、正迎其势、正合其需。21世纪"海上丝绸之路"是跨越时空的宏伟构想，这既是对历史上辉煌的考量，更是时代赋予的重托。

佛教与东亚、东南亚、南亚及港澳台地区的交流历史渊源深厚，建设"一带一路"，不光是经济上互通有无、优势互补，还要推动心灵的互联互通。而朴老的人间佛教思想，来自人间，来自与中国传统文化的融合，倡导和平、慈悲、中道、圆融，劝人行善，导人向善，展现的将是团结互信、平等互利、包容互鉴、合作共赢之精神。以经济合作为基础和主轴，以人文交流为重要支撑，以开放包容的合作理念蕴含其中，集中体现了中华传统文化和而不同、兼收并蓄的品格。这些都高度契合了习近平同志倡导的亲、诚、惠、容的周边外交理念。因此，佛教可以发挥更大的作用。

丝绸之路的历史经验昭示，一个国家的发展，经济的繁荣，必将伴随着文化输出。"一带一路"建设，将是用生命与执着构筑的合作共赢之路，也将是用信念与希望铺就的文明互鉴之路。伴随着中华民族伟大复兴，中国佛教文化必将进一步发挥促进人心和顺、家庭和睦、社会和谐、世界和平的作用。

（二）应研究论证在皖西南的太湖县、岳西县、潜山县，以及湖北黄梅，调整行政区划，建设禅宗走廊文化经济带的可行性。

在这个禅宗走廊里，有荫蔽天下的禅宗6位祖师遗址遗迹。禅宗祖庭文化的发掘，具有不可估量的文化价值、经济价值和社会价值，将吸引全世界的佛教信众到这里来寻根问祖，其带来的"蝴蝶"效应不可估量。这里还有佛山佛湖佛茶、古老的佛寺，有当代佛教领袖赵朴初故里，有中华五千年文博园，有古南岳道教圣地天柱山，有中国佛教博物馆，还有无数美好的传说需要研究挖掘，等等。

（三）应以佛教文化为题材拍摄各种形式的影视作品。拍摄各种形式的、权威性的、有感染力的影视作品，把安徽佛教文化特别是禅宗文化传扬出去，让全世界的人都知道：中国是当代世界佛教的中心，世界佛教禅宗的祖庭在安徽，而且这个根就在安徽西南部的禅宗文化走廊。

（四）应组织高规格的僧团和专家学者，带上我们的佛教文化礼品（如书籍、影视作品等）到"一带一路"沿线国家进行访问交流，传法布道，体察民情，考察民需，探讨文化，交流感情，创建和谐。

（五）应通过组织佛教经典的多语种翻译，开展多种比较研究，增进各国在佛教文化学术领域的对话交流，促进公益慈善事业的跨国联合行动，建立海外道场和文化传播中心等方式，积极推动"一带一路"沿线国家间的文化交流、人员往来，提升中国文化在世界的影响力，让"一带一路"成为一条充满文化活力与和谐精神的人类文明发展新路。

总之，在国家"一带一路"伟大建设中，安徽佛教文化不仅应主动融入，而且不可或缺，在充分发挥正能量作用上，应有积极的表现和重大的贡献。

我想，这就是对赵朴老的最好纪念，也是对朴老人间佛教思想最好的传承和弘扬，同时是讲好中国故事的一个独具特色而又感动世界的精彩篇章。

试论赵朴初人格中的"人间佛教"美德

高恒天[*]

高恒天[*]

赵朴初先生一生与佛教结下了不解之缘，这不但在于他在旧中国就继承了印顺与太虚两位法师的人间佛教思想，而且更重要的是他能够在极"左"路线当道时保持人间佛教之美德。尤其重要的是，十一届三中全会后，他全面在中国大陆地区恢复人间佛教思想，这是当时以邓小平为代表的中央领导集体所进行的全面拨乱反正工作在佛教界的体现，如果说邓小平理论是全面拨乱反正的理论，那么，赵朴初在此一时期所阐发的人间佛教思想则是佛教界的"邓小平理论"。赵朴初一生在佛教事业方面的丰功伟绩与他人格中所具有的人间佛教美德密切相关，这些人间佛教美德主要有：

第一，圆融人格。圆融是佛教贡献于人类社会特有的美德，赵朴初在其生活和工作过程中，彰显了这样的美德。2000 年 5 月 31 日《人民日报》刊发《赵朴初同志生平》，指出："作为新中国一代宗教界领袖，赵朴初同志把佛教的教义圆融于中国共产党领导的建设有中国特色社会主义伟大事业之中；圆融于维护民族和国家的尊严，捍卫国家领土和主权的完整，促进祖国和平统一的伟大事业之中；圆融于促进中国佛教界与世界各国佛教界友好交往的伟大事业之中。"这三个"圆融"是对赵朴初佛教美德与道德人格的官方概括。除此之外，赵朴初的圆融人格还体现于他的日常生活中，体现于他自己创作的劝世良言之中。如，他在 92 岁时写了一首《宽心谣》："日出东海落西山，愁也一天，喜也一天；遇事不钻牛角尖，身也舒坦，心也舒坦；每月领取养老钱，多也喜欢，少也喜欢；少荤多素日三餐，粗也香甜，细也香甜；新旧衣服不挑拣，好也御寒，赖也御寒；常与知己聊聊天，古也谈谈，今也谈谈；内孙外孙同样看，儿也心

---

　　* 高恒天，中南大学公共管理学院教授、博士生导师。

欢，女也心欢；全家老少互慰勉，贫也相安，富也相安；早晚操劳勤锻炼，忙也乐观，闲也乐观；心宽体健养天年，不是神仙，胜似神仙。"显示了他一生安安心心做人、踏踏实实做事的不执无碍的圆融人格与美德。他的圆融美德或道德人格更充分地体现于他的遗偈中："生固欣然，死亦无憾。花落还开，水流不断。魂兮无我，谁欤安息。明月清风，不劳寻觅。"另外，他的书法亦字如其人，能感性地显现他的圆融美德。他的书法以行楷书最擅长，脱胎于李北海、苏东坡，字的体势向右上方倾斜，结构严谨、笔力劲健而又有种雍容宽博的气度，隐隐透出一种圆融气象。

第二，智慧美德。赵朴初的智慧美德早在儿时就有所显露。有一次，他随母亲去廨院寺烧香。佛事结束后，母亲与先觉师父闲谈，说起赵朴初会对对子。先觉师父听了，便指着庙中的火神殿，出了一句上联："火神殿火神菩萨掌管人间灾祸"。赵朴初想了想便对道："观音阁观音大佛保佑黎民平安"。先觉师父笑了，对赵朴初的母亲陈慧说："这孩子将来必成大器。"走向社会后，赵朴初的智慧美德更多地表现在他能够契理契机地弘扬佛教事业，能够把佛教之理与时代之机有机地进行契合。这集中地体现在他明智地继承印顺、太虚等法师在西学东渐、国弱民贫的背景下所阐发的人间佛教思想方面。党的十一届三中全会后，赵朴初契合时代机遇，高瞻远瞩地提出并回答了中国大陆佛教届所面临的两大问题，一是"中国佛教已有近两千年的悠久历史。在当今的时代，中国佛教向何处去？"一是"什么是需要我们发扬的中国佛教的优良传统？"对于前一个问题，他的回答是"我以为在我们信奉的教义中应提倡人间佛教思想。它的基本内容包括五戒、十善、四摄、六度等自利利他的广大行愿。"为了增强此一答案成立的合法性，他引用了佛教经典中的若干思想资源，"《增一阿含经》说：'诸佛世尊，皆出人间'，揭示了佛陀重视人间的根本精神。《六祖坛经》说：'佛法在世间，不离世间觉。离世觅菩提，恰如求兔角。'阐明了佛法与世法的关系。佛陀出生在人间，说法度生在人间，佛法是源出人间并要利益人间的。我们提倡人间佛教的思想，就要奉行五戒、十善以净化自己；广修四摄、六度以利益人群，就会自觉地以实现人间净土为己任，为社会主义现代化建设这一庄严国土、利乐有情的崇高事业贡献自己的光和热。"① 对第二个问题的回答是"农禅并重、注重

① 赵朴初：《中国佛教协会三十年》，《法音》1983 年第 6 期。

学术研究、国际友好交流"①。这种利用做报告的机会以自问自答的方式呈现自己人间佛教主张的做法显示了他能够契理契机的智慧美德。赵朴初人间佛教思想推出后，他以智慧的力量回答了人间佛教与社会主义社会的契合性问题。他认为："社会主义精神文明要求公民有理想、有道德、有文化、有纪律（四有），爱祖国、爱人民、爱劳动、爱科学、爱社会主义（五爱），而佛教教义中建设人间净土、庄严国土、利乐有情的理想；众生平等的主张；报四重恩、普度众生的愿力；诸恶莫作、众善奉行、自净自意的原则；慈悲喜舍、四摄六和的精神；广学多闻、难学能学、尽一切学的教诫；自利利他、广种福田的思想；禁止杀、盗、淫、妄等戒规，以及中国佛教的许多优良传统，都与'四有''五爱'的要求有相通之处，对于信仰佛教的人们来说是实现精神文明建设要求的增上缘。"另外，赵朴初还提出了"佛教是文化""搞汉字拉丁化是危险的""保留古文，保存国粹""赞同'识繁写简'"等一系列事关继承弘扬中华民族传统文化的重要论断。在《比风水厉害100倍的宇宙规律》② 一文中，赵朴初从佛学、哲学、社会学、心理学、物理学、经济学、伦理学等多学科方面，用因果定律、吸引定律、深信定律、放松定律、当下定律、80/20定律、应得定律、间接定律、布施定律和不图报原则、爱自己原则、宽恕原则以及负责原则，给僧俗两界的大众深入透彻地讲解了人生实践智慧。这些契理契机的治学、治国嘉言不但显示了他的智慧，而且彰显了他的智慧美德。

第三，自律美德。赵朴初品德高尚、慈悲为怀，一身正气，是中国知识分子的自律美德的光辉典范。《赵朴初嘉言集》所表现的赵朴初的学以立德、以德为先、严格自律的精神，不但是做人的最宝贵的品格，也是当前亟须提倡的美德风范。赵朴初先生一生对自己严格要求，他从小秉承"静以修身，俭以养德；交不忘旧，言不崇华"的家教，严于律己，宽以待人，生活简朴，清正廉洁，养成了杰出的自律之德。如在搞救济工作中，他经手的钱财物可谓不计其数，但他两袖清风，一身正气，公私分明。有一次，他要到北京去，可是口袋里没有钱，面对那么多的公款，他连借也不愿借，而是去找朋友吴企尧，很为难地向他借钱。吴企尧感到很吃惊：赵朴初真是廉洁，那么大的官，还管救济救灾，居然来向他

---

① 赵朴初：《中国佛教协会三十年》，《法音》1983年第6期。

② http：//blog. sina. com. cn/s/blog_575753330101hlq0. html.

借钱。①

"1984 年，赵朴初当选为全国政协副主席。有关部门按照他的待遇要给他换住房，他坚决不同意，坚持住在南小栓胡同那个破旧的四合院里。"如，"有关部门为了保证安全和行动方便，考虑到赵朴初的年龄和身体健康原因，要给他配警卫员，他又拒绝了"，又如，国家给赵朴初先生配的一辆丰田汽车，用的年数多了，成了"老爷车"，有关部门决定给他换一辆坐起来更舒适的高档奔驰汽车。赵朴初先生笑笑说："现在的汽车我坐得很舒服，习惯了，就不要换了。"作为当代卓越的书法家，赵朴初身处市场经济的洪流中，能够洁身自律，拒收"润笔费"。他的书法俊朗神秀，世人争为收藏，但他一生从不"卖"字，而是以自己的书法与人广结善缘，支持佛教和社会事业发展。他从不收润笔费，彰显了其清廉自律的道德风范。赵朴初先生的自律美德还表现于他从不利用自己手中的权力和影响力为自己的亲属谋私，在这方面，他甚至勇于对亲人说"不"。如，他的弟弟赵述初几次暗示他，希望他介绍在安庆找一份理想的工作。赵朴初知道自己弟弟的能力，不肯给弟弟介绍工作。他给弟弟写信："你要振作起来，不能靠我的关系谋职业，要靠自己努力。"②

第四，慈善美德。赵朴初的慈善美德由来久远，有着儿时的家教渊源。他的父亲赵恩彤，任过县吏和塾师，生性敦厚，家中做主的是母亲陈慧。家中设有佛堂，母亲每日早晨烧香拜佛；门前的水塘是她的放生池，里面放养着不少她买下的龟、鳖。1914 年夏日的一天，七岁的赵朴初看到一只蜻蜓在蜘蛛网里挣扎，不一会儿，蜻蜓被越缠越紧，渐渐不能动弹。赵朴初转身到厨房找来一根竹竿，把蜘蛛网耐心地挑开，将蜻蜓救出。母亲见了，非常高兴，第二天带儿子去廨院寺烧香。这类儿时的经历对于赵朴初慈善美德的养成具有重要意义，直到走向社会。

1925 年 5 月 30 日，爆发了反对帝国主义的"五卅"运动。赵朴初作为东吴大学附中十名代表之一，组织学生罢课，举行集会、游行，积极声援。6 月 1 日，上海举行了 20 万工人总同盟罢工，5 万学生罢课、绝食，绝大多数商人罢市。为了用实际行动声援这一运动，当时已经吃素的赵朴初想到一个问题，上海工人罢工后，他们的经济生活一定很困难，我们能否募捐支持他们呢？6 月 3 日，赵朴初在东吴附中"执委会"会议上提出

---

① http：//blog. sina. com. cn/s/blog_5f36dca80100etwt. html.

② 操永庆、余世磊：《赵朴初的清廉风范》，《江淮风纪》2016 年第 12 期，第 32 页。

这一倡议:"我提议大家吃素,倘若一中全体同学吃素两个星期,即可募集一些伙食费救济工人。"当天执委会在学校募捐一千余元,并立即汇给上海总商会。这是上海总商会收到的全国第一笔捐款。这是赵朴初第一次感受到慈悲的力量,也是他向社会彰显其慈善人格的重要事例。① 成为佛教居士后,他就以佛教徒"五戒十善四摄六度"来严格要求自己,以一颗慈善之心投身于救国救民的事业。全面抗战爆发后,上海官民合办了一个"上海市慈善团体联合救灾会",赵朴初先生当时任常务委员,驻会办公,地点设在仁济堂。"八·一三"的前两天,"慈联会"租了 10 多辆卡车运送难民。8 月 14 日,由郊区进入租界的难民挤满了云南路。日寇飞机狂轰滥炸,办公室的工作人员和卡车司机吓跑了,无家可归的难民哭成一片。在这危机的关头,赵朴初手执一面红十字小旗率领成千上万的灾民脱离险境。1942 年至 1943 年,河南发生旱灾、蝗灾,致使灾民载道,遍野饿殍。当时主持开封佛教的净严法师悲心大动,想方设法救济灾民。赵朴初在上海闻知开封惨象,发起赈灾募捐,不仅为净严法师募集了大量的救济资金,还先后送来数百斤急需的药材。净严法师用这些药材制成丸状药食,日服少许,便可延续生命,几如秋风扫落叶的死亡得到了迅速遏止,其效果震动了开封城,被人们誉为"救命丸"。②

担任中国佛教协会领导后,赵朴初更是通过协会的力量推动慈善工作,他的慈善人格使他热情地不遗余力地投身于慈善事业。当他听说厦门南普陀寺妙湛大和尚倡导成立慈善事业基金会时,感到非常高兴,多次听取妙老关于基金会的工作汇报,给予了很大的支持。1983 年,他和另外 8 位老同志和社会知名人士联名写信发起成立中国肢体伤残康复中心。在这一年召开的六届全国政协一次会议上,他再次会同几十位各界委员提出了增进残疾人福利的提案,呼吁尽快成立中国残疾人福利基金会。11 月,国务院批准成立中国残疾人福利基金会和中国康复中心。1984 年 11 月,中国佛教协会从布施收入中拨出 1 万元,时任会长的赵朴初先生书写两幅单条墨宝义卖,中国佛学院部分师生捐款 380 多元,支持修复长城的盛举。同时,还为抢救大熊猫捐助 3000 多元。1987 年,中佛协向大兴安岭火灾区捐款 1 万元。1996 年,中佛协向青海雪灾地区捐款 15 万元。这些善举显示赵朴初先生的慈善美德并不局限于人类社会,而是泽被整个有情

---

① http://www.cssn.cn/ddzg/ddzg_ldjs/ddzg_sh/201005/t20100521_810741.shtml.

② http://blog.sina.com.cn/s/blog_5f36dca80100etwt.html.

世界。赵朴初的慈善美德不但彰显于国内，而且显现于世界。1957 年 8
月，他在日本东京举行的第三届禁止原子弹、氢弹和争取裁军世界大会全
体会上，代表中国六个民间团体捐献给日本原子弹受害者 5 万元人民币。
当时，就有一个日本原子弹受害者感动得走上前去与朴老紧紧拥抱。

赵朴初先生的慈善美德不但彰显于他的职务行为之中，而且表现在他
的职务行为之外。91 岁时，在病床上仍十分牵挂残疾人和残疾人事业。
他曾写下这样感人的题词："愿我们经常提醒自己，勉励自己，关心年老
的残疾人如同自己的父母，关心年相若的残疾人如同自己的兄弟，关心年
少的残疾人如同自己的子女。"后来，《人民日报》刊载了这幅词并加了
按语，号召全社会像朴老一样关心残疾人事业。①

赵朴初先生热心慈善事业并不是因为他钱多，而是长久以来养成的慈
善美德使然。他和夫人生活十分节俭。看过的旧报纸，别人寄东西来的空
纸盒，都不准工作人员随便丢弃，要存放在那里，累积当作废品卖，换一
些钱。他和夫人对自己是如此"抠门"，而对于捐助贫穷受灾地区人民，
则是几万、几十万元。在其生命的最后 20 年中，他将自己的生活节余和
各种稿费连同给他的世界和平奖金 250 多万元，全数捐献给了社会慈善
事业。

赵朴初先生的慈善美德还彰显于他与朋友的感情之中。在对领导、同
事、家乡故旧的情感方面，他的慈善美德甚至显示了悲天悯人的道德情
怀。陈毅去世，他哭得很伤心。周总理去世，他是痛哭。邓小平去世，用
他自己的话说："九十岁的人哭九十岁的人，这才晓得什么是凄入肝脾
了。"他哭家乡，1990 年，他回到阔别 64 年的安徽太湖老家，得知家乡
还很穷，在县里举行的欢迎会上，他当着满堂的人哭了。他哭朋友，尤其
是到了晚年，看着朋友们一个个离去，每一次生离死别，无不让他感到心
痛、流泪。1999 年 5 月，当他拖着虚弱的身子从香港回来，得知好友诸
敏去世，他抱着诸敏的女儿号啕大哭起来，这使他受到很大的刺激，人一
下就不行了。②

第五，护法美德。赵朴初的道德人格中还存在着护法美德。这一美德
彰显于他一生为佛教保驾护航的活动之中。早在抗战胜利后，当太虚提出
"议政而不干政"的人间佛教主张时，曾受到来自佛教内外的非议、嘲笑

---

① http：//blog. sina. com. cn/s/blog_5f36dca80100etwt. html.
② http：//www. zpcgj. cn/display. asp? id = 463.

和攻击。针对这些非议、嘲笑和攻击，赵朴初挺身而出，他激愤地说："今日中国的佛教，是没有人权可言的。以一个没有人权保障的佛教，而要求它担当起弘法利生、护国济民的事业，这是戏论。所谓'自度度他'，必须从当前的被迫害欺侮中，自己度脱出来，才能度脱众生。因此，当前佛教人民的任务应当是为佛教的人权而奋斗。太虚大师一生的努力，正是如此。他办佛学院，办佛教会，整理僧伽制度，倡导人生佛教，乃至最后有意参政，无非是为了达到这个目的"① 太虚圆寂之前，特地召见赵朴初，并赠予《人生佛教》一书，劝勉他"今后努力护法"。太虚的赠勉对赵朴初护法美德的成长多有助益。

中华人民共和国成立后，"文革"前的极"左"路线极大地限制甚至剥夺了佛教的生存空间，改革开放后，赵朴初以拨乱反正的方式彰显他的护法美德。在理论上，他主张佛教不是迷信，要以历史唯物主义的眼光看待并解释佛教。这是他借助执政党的意识形态资源为佛教的生存和发展保驾护航，如在关于佛教产生的问题上，他坚持了文化解释的唯物史观立场，排除了神话乃至迷信思想，在当时的社会条件下具有正本清源的作用。在《佛教常识答问》中包含"佛陀和佛教的创立""佛法的基本内容和佛教经籍""僧伽和佛的弟子""佛教在印度的发展、衰灭、复兴""佛教在中国的传播、发展、演变"等五个部分。前三个部分是对"佛教常识"的解答，后两个部分则可以看成一部简明的佛教发展史，而贯穿于其中的主线就是"文化"。赵朴初认为，从佛教的产生看，佛教是由具体时代的人在既定的社会历史背景下创立的思想学说，因而佛教实际上是一种文化，遵循文化生成与发展的辩证法，佛教是现实的人建立的关于社会问题、人生问题的思想学说，从而用符合中国特色意识形态的话语为佛教的生存和发展争取了空间。在 1987 年《中国佛教的过去与现在》一文中，赵朴初则明确提出佛教是思想、是文化的观点。他说："中国佛教可以说是人类历史上延续时间最久，传布范围最广，影响深远，包罗万象的思想运动和文化运动。"② 他进一步认为佛教是我国改革开放和现代化建设事业的助力而不是阻力；是党和政府可以信赖的同盟者，而不是异己力量。因此，中国佛教"与社会主义不相违背"，"要求发扬佛教的优良传

---

① http: //blog. sina. com. cn/s/blog_6138bbea0100h6sn. html.

② 《中国佛教的过去与现在》，《赵朴初文集》（下卷），华文出版社，1987 年 5 月 9 日，第 832 页。

统，继承先人的遗业，以人间佛教入世度生的精神，为社会主义四化建设服务"。可以说，赵朴初以其人间佛教特有的圆融方式，通过顺应时代的潮流，把握了时代的根本精神，切合当代中国的社会实际，为中国佛教的顺利发展赢得了空间，这不但是赵朴初弘扬佛法的特别方式，也是他护法美德的特殊彰显。

总之，人间佛教美德不但成就了赵朴初先生自己的美好人格，也成就了他为中国大陆地区人间佛教事业所立下的丰功伟绩，他的人间佛教美德与他的人间佛教事业之间存在着密切的关系。在当下的中国，要继承赵朴初先生的人间佛教思想，其中一个重要的途径就是在澄明赵朴初人间佛教美德的基础上，弘扬他身上所蕴含的圆融美德、智慧美德、自律美德、慈善美德与护法美德等人间佛教美德。

从慈善事业看赵朴初的人间佛教
思想与实践

妙 智[*]

在《人民日报》2000 年 5 月 30 日刊载的"赵朴初生平"对朴老从事的慈善事业进行了高度评价：赵朴初同志又是一位以慈善为怀的慈善家，长期从事社会救济救灾工作，做了许多慈善事业，直到晚年体弱多病时，还亲自为遭受地震和洪水灾害的地区筹集救灾资金。他率先垂范，为自然灾害和希望工程捐出个人大笔资金。他生前立下遗嘱，他的遗体凡可以移作救治伤病者，请医师尽量取用。他在遗嘱中表达生死观云："生固欣然，死亦无憾。花落还开，水流不断。我兮何有，谁欤安息？明月清风，不劳寻觅。"充分展现了赵朴初同志的心灵境界。

赵朴老是我国杰出的爱国爱教领袖、著名的社会活动家和书法家，一生在社会活动、民主进步、协助中央落实宗教政策、健全僧伽制度、培养佛教人才、推动中外文化交流等多方面建立了不朽的功勋。本文仅从其从事慈善事业方面探讨赵朴老人间佛教思想与实践。

一 人间佛教与慈善

两千五百多年前，佛陀降生人间，并在人间成佛，建立僧团，游行在城市、乡村、山林和聚落，教化信徒，托钵乞食，与众生结缘，为世间谋福田。佛陀本在人间，那时不存在人间佛教的问题。但在佛教传入中国后，从两汉之际到清末民初，佛教从成众信仰的对象，衰落到人人可以践踏的愚昧无知的象征。

---

* 妙智，山东湛山佛学院教务长、青岛市佛协秘书长、青岛湛山寺监院、灵珠山菩提寺监院。

清末的中国遭受列强欺凌,国土沦丧,人民生活在水深火热之中。国人奋起救亡图存,针砭时弊,于是病急乱投医,"庙产兴学""捣毁孔家店",成为时髦口号,社会各种势力趁机瓜分寺庙财产。在佛教生死存亡之际,八指头陀赴京请愿,为法忘躯,以身殉教。圆瑛大师、太虚大师等前赴后继,在对外抗争的同时,也开始了佛教内部的革新运动。圆瑛大师和虚云老和尚、印光大师等是继承和发扬中国佛教优良的传统:讲经、坐禅和念佛。太虚大师看到当时的佛教非常落后,寺庙因为贫穷,经常靠做经忏挣收入来维持,所以他说佛教那时是为"鬼"和"死人"服务的。也正是因为如此,太虚大师提出要用佛教来解决人生问题,佛教要为活人服务,要成佛先要完善人格。"仰止唯佛陀,完成在人格。人成即佛成,是名真现实",提出了"人生佛教"思想。后经印顺法师总结归纳整理为比较成熟的"人间佛教"思想。

在此国家和佛教生存危亡之时,出生在状元门第、诗书世家的赵朴初一心投入了佛教事业,从事慈善工作,先后亲近圆瑛大师和太虚大师,亲自参与了中国佛教的革新发展。他积极参加和领导各项慈善活动,扶危济困,救死扶伤,就是以人为本,就是在践行人间佛教思想。

二 朴老一生主要的慈善活动

1926 年,20 岁的赵朴初就茹素断荤,素食长斋。21 岁即加入上海民间慈善团体组织上海特别市公益局,任办事员,22 岁任中国佛教会文书。28 岁任中国佛教会秘书兼会长圆瑛大师秘书,并在大师的圆明讲堂皈依佛门,听经闻法,成为在家居士,从此亲近大师,走上了以慈善为本,普度众生的道路,研习佛教经论,信仰日益深固。1938 年任上海慈善团体联合救灾会救济战区难民委员会(简称慈联会)收容股主任,负责难民收容、救济工作。策划并直接运送一批干部和进步青壮年到新四军去参加抗战,并把重庆国民政府每月赠送的 200 元全部捐出做抗日救亡之用。1940 年,慈联会工作基本结束,他转任上海净业孤儿教养院副院长兼总干事,主持日常工作,救助抗战时期流浪儿童。1945 年抗战胜利后,担任冬令救济会委员,散发棉衣和饭票。1946 年担任收容流浪和失足少年的上海少年村村长。1947 年中国佛教会在南京重新成立,任理事,他亲近太虚大师,受赠《人生佛教》一册,得太虚殷勤勉励日后努力护法,弘扬人生佛教。1949 年 1 月任上海临时联合救济委员会总干事,筹集物资,救济难民。

1950年,成立现代佛学社,继续开展救济工作,支持抗美援朝。1953年5月,中国佛教协会成立,任副会长兼秘书长。中华人民共和国成立以后,时代变化和分工不同,赵朴老从事慈善活动比较少,直到1978年改革开放以后,联系海外及台湾和香港地区佛教人士捐助国内佛教事业。

如有美国金玉堂居士捐赠6万美元用于苏州灵岩山佛学院办学之用;汤掬梅居士捐赠13万美元成立上海第一福利院佛教居士安养部,并制定了安养部活动的七项内容:戒杀放生,念佛,举办佛学讲座,教理研究,朝山参学,代赠佛书,临终助念。

1987年,朴老81高龄了,伴随生活改善,个人捐款逐渐增多。为修复南京宝华山隆昌寺捐款10万元。甘肃拉卜楞寺火灾,捐出10万元。1988年至1997年主持中佛协先后捐助藏传佛教地区寺院共62万元,朴老个人捐助10万元。为河北柏林寺修复祖塔捐助5万元。把所获日本庭野和平奖2万元捐助孟加拉国灾民。1991年捐助安徽太湖县望天乡文楷小学1万元。1993年担任柏林寺生活禅夏令营总导师,捐助2000元。1994年为"厦门南普陀慈善事业基金会"题写会牌。1998年张北地震,捐助10万元,向青海拉茂德钦寺捐赠1万元;8月4日指示中国佛协向全国佛教界发出通知,以佛教大慈大悲的精神为遭受特大洪涝灾害的长江流域和嫩江、黑龙江流域的灾民捐款捐物;8月8日出席中国佛协在广济寺举办的书画赈灾义卖周开幕式,并发表重要讲话。1999年10月对中佛协前去台湾参加研讨会的人说:台湾刚发生了地震,去后要注意慰问地震灾区的群众……

2000年5月21日,朴老去世,遗嘱捐献眼球给同仁医院,其他可做医用的尽量取之。30日遗体火化,31日骨灰撒入浩瀚的大海之中,为这个世界做出了最后的奉献。

纵观赵朴老的一生,从20岁进入社会就从事佛教慈善工作,七十多年从未间断,以上记述的也只是朴老慈善事业的一部分。他亲近并皈依圆瑛大师,对太虚大师的人间佛教思想也非常赞同,他从事的佛教慈善工作就是最好的人间佛教思想的具体实践。佛法以人为本,不应鬼神化,非鬼化、非神化的人间佛教,才能阐明佛法的真义。而朴老的慈善工作都是救济灾民、流浪儿童、战争难民等,是以人为本的,是人间佛教思想的最好实践。

本人有幸在 1997 年考入中国佛学院，朴老在我们学僧心中是高山仰止的对象、神仙一样的人物，佛教的大护法、现代维摩诘。朴老参加了我们的开学典礼，一起合影留念。2001 年毕业的时候却再也见不到他老人家了，毕业证上院长一栏永远空白着。我们永远也忘不了在北京八宝山参加朴老告别仪式的情景，海内外悼念的人挤满了广场，人山人海。

现在，我们这些中国佛学院的学僧有从事教学的，有住持寺庙领众熏修的有潜心修行的，朴老是我们心中温暖的力量。在朴老诞辰 110 周年的日子，我们都深深地怀念他，时刻牢记朴老制定的院训"知恩报恩"，上报四重恩，下济三途苦，学习朴老"不为自己求安乐，但愿众生得离苦"的菩萨精神，尽自己所能为佛教慈善事业做贡献，这是对朴老最好的纪念，也是人间佛教思想最好的实践。

赵朴初："一带一路"构想的先期探索者

魏明国[*]

新中国成立以后，以赵朴初为首的中国佛教界，立足于中国与周边国家共有的佛缘渊源与友谊，致力于佛教文化国际交流，对促进世界和平、文化繁荣做出了极大的贡献。特别是 20 世纪五六十年代，这种交往极其频繁而富有成果，这一时期被称为中国佛教国际文化交流的黄金时期。

赵朴初与这些国家的交往，与今天"一带一路"之构想高度契合。从某种意义上讲，赵朴初可谓对"一带一路"构想做了一个先期的探索。总结赵朴初开展国际文化交流的成功经验，无疑可为当下的"一带一路"建设提供借鉴与参考。

本文主要介绍赵朴初与今天"21 世纪海上丝绸之路"涵盖的东南亚、南亚地区的佛教交流情况，并试论赵朴初在其中所获得一些宝贵经验。

一　佛教文化与"一带一路"

"一带一路"是"丝绸之路经济带"和"21 世纪海上丝绸之路"的简称。它将充分依靠中国与有关国家既有的双多边机制，建立行之有效的区域合作平台。"一带一路"旨在借用古代丝绸之路的历史符号，高举和平发展的旗帜，积极发展与沿线国家的经济合作伙伴关系，共同打造政治互信、经济融合、文化包容的利益共同体、命运共同体和责任共同体。

陆上丝绸之路，指的是汉武帝派张骞出使西域开辟的以首都长安（今西安）为起点——东汉时以都城洛阳（今河南洛阳）为起点——经凉州、酒泉、瓜州、敦煌、中亚国家、阿富汗、伊朗、伊拉克、叙利亚等国家而达地中海，以罗马为终点的一条路线，全长 6000 多公里。印度是佛

---

* 魏明国，山东金乡山阳书院顾问。

教起源地，大概在公元前 3 世纪，佛教跨过印度河，穿过开伯尔隘口，来到了中亚一带，从而与古丝路交通线接驳，最后流传到中国。

早在佛教传入中国之前，海上丝绸之路就形成了雏形。西汉时期，中国海船携带丝绸、黄金，从雷州半岛起航，途经今越南、泰国、马来西亚、缅甸等国，远航到印度黄支国，换取当地特产，然后从狮子国（今斯里兰卡）经新加坡返航。这是人类历史上最为古老的一条海上航线，也是佛教文化进入中国的另一重要途径。

两条丝绸之路在佛法东渐的过程当中，都起到了十分关键的作用。晋朝法显法师从陆上丝路西行进入北天竺求法，归国时则是从南天竺乘商船至青州或广州。著名的禅宗大师达摩就是由海上乘船来到中国，第一站到达广州。

光辉灿烂的佛教文化曾以"一带一路"为纽带，将东亚、中亚、南亚、东南亚等地区的人民紧密地联系在一起。佛教在中国两千年的发展，这条连接不同国家与地区之间的佛教纽带从未断绝，并被以玄奘、法显、鉴真等代表的中国僧人不断加以巩固。佛教在中国本土更是积淀了文化交流的丰厚经验，创造了文明融合的典范与特有的风范。这些精神财富，将可以为"一带一路"建设提供重要的价值理念支撑、思路模式参考，为沿线不同国家带来宽广的文化共性背景和深层的文化认同基础。

二 赵朴初与南亚、东南亚一些国家的佛教文化交流

1. 与南亚尼泊尔、印度、斯里兰卡、孟加拉国的佛教交流

1956 年 11 月，赵朴初应尼泊尔佛教复兴会的邀请，首次前往尼泊尔出席第四届世界佛教徒大会，当选为大会常设机构"世界佛教徒友谊会"（以后改名"世佛联"）副主席。赵朴初与尼泊尔佛教界进行了广泛的交流，参观了佛陀的诞生地蓝毗尼。为响应联合国教科文组织开发蓝毗尼的号召，中国佛教协会于 1996 年开始在蓝毗尼兴建中华寺。赵朴初对该寺的建设高度重视，亲自为中华寺命名。中华寺在赵朴初去世几天后，举行了隆重的落成典礼。应尼泊尔佛教复兴会的请求，中国佛教协会接受两批共十名尼泊尔沙弥尼来华受戒。

1956 年 3 月，赵朴初前往印度，出席菩提伽耶咨询委员会会议，讨论有关佛陀涅槃 2500 年纪念活动的筹备工作。1961 年 3 月，赵朴初出席了在印度新德里举行的世界和平理事会。开幕前，印度还举办了泰戈尔百

年诞辰纪念大会，邀请各国代表参加。会议一开始，各国代表纷纷发言，会场洋溢着和平友好的气氛。可是，轮到东道主印度科学和文化部部长卡比尔说话时，他先是赞颂了泰戈尔几句，随后话锋一转，开始攻击起中国来，各国代表都把目光转向中国代表。中方安排赵朴初发言，赵朴初听到卡比尔大放厥词，非常气愤，他走上讲台，做了一番义正词严的驳斥，表达了中国人民热爱和平的思想，维护了国家的尊严。这件事在后来被传为美谈，也成为赵朴初人生中光辉的一页。

1957年4月，赵朴初前往锡兰（今斯里兰卡）出席"世佛联"理事会，与锡兰佛教界进行了广泛的接触。7月，他陪同周总理接见了锡兰法师纳罗达。1961年6月，中国佛牙舍利应锡兰政府和佛教徒的迎请，由喜饶嘉措担任团长、赵朴初担任副团长的中国佛牙护持团护持，到达锡兰，受到该国政府和人民的盛大欢迎。佛牙在锡兰巡行了8个省、9个城市，受到300多万人的瞻礼。1979年，中国佛教协会接受了斯里兰卡政府赠送的一尊仿古佛像，赵朴初与斯里兰卡总理普雷马达萨举行了交接仪式，并发表致辞，共祝世界和平、人民安乐。1984年，赵朴初率代表团前往斯里兰卡出席"世佛联"第十四次大会，并当选为大会会长。1997年，赵朴初在北京广济寺会见了斯里兰卡维普拉莎拉大长老。

为纪念十世纪游学于西藏的佛教学者阿底峡尊者，中国将在西藏保存的阿底峡尊者的一部分灵骨赠送孟加拉国，中孟两国共同举行了法会。1983年，李荣熙受赵朴初派遣前往孟加拉国参加纪念阿底峡尊者诞辰一千周年国际研讨会。

2. 与东南亚越南、柬埔寨、泰国、缅甸、新加坡、印度尼西亚等国的佛教交流

1954年至1955年期间，赵朴初等应缅甸吴努总理的邀请，三次到缅甸访问。1956年全世界佛教徒共同纪念佛陀涅槃2500周年，缅甸举行了第六次佛经结集大会和佛陀涅槃2500周年的纪念活动，赵朴初率团参加了这一活动。1955年，赵朴初等护持佛牙到缅甸，受到缅甸举国朝拜，万人空巷，盛况空前。1994年和1996年，赵朴初又积极促成了佛牙舍利两次赴缅甸巡礼供奉，为发展中缅两国的传统友谊做出了贡献。

赵朴初于1956年开始认识柬埔寨西哈努克亲王，和亲王结下深厚友谊。70年代，亲王的母亲在北京病逝，因国内动乱，无法回国安葬。在周总理的关照下，由赵朴初具体安排，按照南传佛教的礼仪，将亲王的母亲露天火化。仅此一事，西哈努克就永远不会忘记赵朴初这位中国朋友。

1961 年，赵朴初率团赴柬埔寨出席第六届世界佛教徒大会，与两派僧王和佛教领袖进行了亲切的交谈。

1965 年 3 月，赵朴初、持松法师等中国代表团访问印度尼西亚，受到印度尼西亚政府和人民的热烈欢迎。

1960 年 9 月，越南民主共和国 15 年国庆。赵朴初代表世界和平理事会前往祝贺。1963 年 9 月，北京佛教界在广济寺举行盛大法会，祈祷越南南方佛教徒和人民反对美吴集团的爱国正义斗争早日获得胜利。1965 年，美国扩大越战规模，赵朴初指示中国佛教协会电告越南统一佛教会，支持越南人民与佛教徒的正义斗争。

1980 年，赵朴初率团到泰国出席"世宗和"常务理事会。1982 年，赵朴初在京接待了泰国总理炳·廷素拉暖，并陪同到灵光寺参拜佛牙。1987 年 5 月，赵朴初率中国佛教代表团赴泰国参加国际佛教学术交流会，受到僧王智护尊者接见，他邀僧王到中国访问，僧王欣然应允。僧王于 1993 年首次来华访问，赵朴初亲自到机场迎接，僧王还受到江泽民主席的亲切接见。陕西扶风法门寺出土的佛指舍利是中国的佛门圣物，应泰国政府礼请，佛指舍利于 1994 年 12 月赴泰国巡礼，赵朴初在首都佛教界恭送仪式上发表了热情洋溢的讲话。

1988 年 9 月，赵朴初应新加坡光明山普觉寺住持宏船法师、普觉寺信托委员会和新加坡佛教居士林的邀请，率中国佛教协会代表团一行 7 人对新加坡进行了为期一周的友好访问。这也是中国佛教代表团首次访问新加坡。

赵朴初除亲自出访外，还在京经常接待来自南亚、东南亚的佛教代表。他还组织策划了一些团结亚洲佛教徒共同参与维护和平和推动佛教发展的大事。譬如：1956 年，中国佛教协会邀请印度、锡兰、尼泊尔、老挝、柬埔寨、泰国、越南七国的高僧组成国际佛教僧侣代表团到中国访问，受到赵朴初的盛情欢迎，代表团深入走访了中国佛教，参加了中国佛学院的开学典礼，对新中国佛教给予极高的评价。1963 年由中国佛教会发起的亚洲十一国家和地区佛教徒会议在北京法源寺开幕，参会的有来自柬埔寨、中国、印度尼西亚、日本、朝鲜、老挝、尼泊尔、巴基斯坦、越南南方、泰国等国家和地区的代表，会后发表了《告世界佛教徒书》，表达了保卫和平的决心和希望。

这些活动，不仅恢复了我国和南亚、东南亚国家之间中断了将近 1000 年的佛教关系，促进了佛教南传、北传两大系统间的相互了解，也使我国政府倡导的和平共处五项原则精神在国际上更加深入人心。

三 赵朴初开展国际佛教文化交流的一些可取经验

赵朴初开展佛教国际交流取得了令人瞩目的成绩，与国际佛教友人结下极其深厚的法缘，这与其个人的人格魅力是分不开的。

1. 赵朴初向国际友人捧出的是一颗至诚之心

赵朴初出自太湖名门，深受儒家文化的浸润，从小知书识礼，为人谦虚谨慎。在与人交往上，他是那么热情谦和，如菩萨般笑容可掬，使人如沐春风；迎人或送人，不管是尊者还是生客，必至室外，鞠躬合十。其内心，也始终饱含一片赤诚，是把自己放在比人低的位置上，把自己一颗诚心捧给别人。他晚年官至高位，亦毫无半点贡高我慢，依然是那么平易近人，和蔼可亲。因此，他受到世人的敬重与爱戴，每一个与他相交的人，都对他的风华难以忘怀。他的真诚，也换来了别人的真诚，这其中当然包括国际友人。

1955年，赵朴初随中国佛教代表团去缅甸访问。他在《珍贵的友情，善良的愿望》（原载《现代佛学》1955年第6期）中写道："'人之相知，贵相知心'，这是中国的一句古话。我们到缅甸去既然是求相知，便应当和缅甸人民成为'知心'的朋友。"他是这么想，也是这么做的。他们到寺院去参访，与长老亲切交谈，亲如一家；他们换上当地服装，与缅甸人民共同载歌载舞，互相泼水……1956年，赵朴初到尼泊尔，深入到普通民众家里，与一些尼泊尔人结下深厚的友谊。他在《和平教义下的团结》（原载《现代佛学》1957年第2期）一文中记述："一位陪同我们参观的女学生送给我们每人一顶帽子，并带她的两位小妹妹到飞机场送行。另一位大学生待我像自己的尊长一样，在我临行的前一晚，他特别请我们到他家里去，介绍他的老父相见，他的姊姊亲自赶做点心热情招待。"

诗为心声，我们从赵朴初的一些诗作中也可读出他的这份真诚之心：

劝食陪游意倍亲，谈欢真欲肺肝倾。二千年史分明道，中印人民是弟兄。——《赠印度友人》（1956年）

和平海，浩荡汇群流。又趁星槎游佛国，携来花雨自神州。声气好相求。——《访缅杂咏》（1960年）

往还方七日，情意足千年。遍洒杨枝水，南天与北天。

堪忍爱别离，游心大方广。稽首妙宝师，莲花期共赏。——《曼谷日记二首》（1987 年）

2. 以和平事业和佛教文化作为共同的追求来凝心聚向

在美国等国际霸权主义国家的压制下，成立伊始的新中国在国际上还得不到承认；且又投入抗美援朝战争，战争的阴云一直笼罩着年轻的共和国。新中国希望得到和平的环境，来进行大规模的经济和社会建设。加强保卫世界和平运动，成为新中国佛教徒首先要做的大佛事。

赵朴初受总理指示，与周边国家开始民间外交。对于周边佛教国家而言，佛教文化是相通的，和平也是他们的追求。赵朴初带着这两个愿望，大家的心很快融在一起，为了共同的追求而决心联结在一起。真可谓"人同此心，心同此理"。

每到一个国家，赵朴初高举和平的旗帜，提出和平的理想，得到这些国家与人民的支持，和平成为共同的话题。这些南亚、东南亚国家，大多从西方殖民者统治下解放不久，为获得解放付出了很大的牺牲，他们同样需要和平。每到一个国家，尽管是佛教的聚会，但和平是聚会的主题。譬如：1956 年，赵朴初到缅甸参加庆祝第六次三藏结集圆满和纪念佛陀涅槃二千五百周年大会，各国来的贺电几乎一致地表达了和平的愿望，强调和平的意义。赵朴初在《缅甸的胜会》（原载《现代佛学》1956 年第 8 期）一文中记述："我们和各国朋友接触时，他们没有例外地表示愿意和中国佛教徒与中国人民为和平事业友好合作；有的就和平共处五项原则表示对我国的赞叹；有的对我国致力和平的具体表现表示赞扬和感谢；更多的人表示愿意到中国来访问，也欢迎我们访问他们的国家，借以促进彼此的互相了解和合作。"

共同的佛教信仰，更是将佛教徒的心联系在一起，而无国界之分。赵朴初所到之处，注意表现中国佛教徒对于佛教文化的重视和支持。如1956 年，赵朴初赴印度出席菩提伽耶咨询委员会会议，在访问那烂陀大学时，就代表中国佛教协会宣布将玄奘法师灵骨和他的全部译著赠送那烂陀大学，受到印度佛教界和文化界的欢迎。1956 年，是南亚、东南亚佛教国家公认的佛陀涅槃 2500 周年，那些国家都为这一伟大的纪念日隆重举办各种纪念活动。缅甸、锡兰等国均邀请我国前往参加他们举办的各种纪念活动。我国虽然在佛灭年代的计算上与之不尽相同，但赵朴初十分尊重和赞叹那些国家的佛教兄弟的热忱，随喜参加了纪念活动。

3. 赵朴初善于用好题目来做好文章

交流需要有题目、有题材。赵朴初就善于找好题目来做好文章。在国际佛教文化交流中，他总能找出与他国共同关注的题材，来做好文章，特别是从佛教文化上来扩大交流的影响，挖掘交流的深度。

1955年4月，赵朴初随中国佛教代表团访问缅甸，吴努总理就向赵朴初和中国大使姚仲明提出，希望迎请中国的佛牙舍利到缅甸接受供奉。在赵朴初等的努力下，得到中国政府的同意，缅甸专门派出代表团来到中国迎请佛牙舍利。缅甸的代表说："像这样的事，我们从来没有想到会实现的，为此，我们将永远记着中国人民。"在中缅双方的共同努力下，这次活动盛况空前，使两国友好达到一个高潮。20世纪90年代，缅甸又两次到中国迎请佛牙舍利回国接受供奉。

1960年是法显法师到达锡兰的1550年，赵朴初利用这个好题目，发动和组织中锡两国佛教界举行了纪念活动，将玄奘法师翻译的庆友尊者的《法住记》译成英文，赵朴初亲自写了导言。赵朴初专门撰写文章《中国和锡兰佛教徒深厚的友谊》，对法显法师的勇猛精进、宏深誓愿进行了深入的论述，高度赞扬了先师们尽形寿、献身命的文化交流。他说："我们佛教徒在历史上从来没有传播过仇恨和不友好的种子，我们传播的只是友谊和文化。我们的先人们在这方面所做的努力，至今还在起着积极的作用。提起法显的名字就马上唤起中锡两国人民亲切的感情，这个事实不仅是我国佛教徒的光荣，而且对今天的佛教徒来说，更加重了我们的责任。"从新中国成立以来，中锡（斯里兰卡）佛教交流密切。20世纪50年代，赵朴初邀请锡兰纳拉达长老、乾达难陀和拉达纳萨拉法师、马拉拉塞克拉博士来中国讲学。80年代，赵朴初派出五比丘赴斯里兰卡留学。这些活动，真正发扬了自古以来佛教交流的优良传统。

当前，推进"一带一路"建设既是中国扩大和深化对外开放的需要，也是加强和亚欧非及世界各国互利合作的需要，我国愿意在力所能及的范围内承担更多责任和义务，为人类和平发展做出更大的贡献。与南亚、东南亚国家的佛教文化交流，在文化上的相互了解、相互认同和相互包容，必将有利于"一带一路"国家之间思想上认同、观念上融合、情感上贴近。赵朴初等先人的工作，为今天"一带一路"文化交流与合作打下了基础，探索了经验。

论朴老与金刚乘的法缘在
"一带一路"的意义

胡佳炜[*]

纵观朴老与金刚乘的法缘，其与金刚乘大致可以分为前后期两个阶段。初期为学法时期，以九世班禅国师灌顶为主线，然与诺那活佛、贡嘎活佛、章嘉活佛、能海大师、清定上师或多有交集，则文献不全，有待挖掘、整理、充实。后期以新中国成立后，尤以"文革"浩劫后，可视为其于金刚乘之弘法、护法时期，此时以朴老与十世班禅大师的厚交及金刚乘之参与为主线，于其社会地位、身份可视为国务活动，与宗教、民族、统战皆属特殊贡献。再者，朴老提出中韩日"黄金纽带"的文化交流，而韩日所传承的当为汉唐文化，其中代表金刚乘的唐密、东密，将推动交流的深入。朴老与金刚乘的法缘，不仅是其个人的经历，在"一带一路"国际大环境中，对未来金刚乘文化的传承具有强烈的现实意义及深远的指导意义。

金刚乘即为果乘，一般称为密教或密咒乘，通称为密宗。若以二分法，可将佛教分为大、小二乘；大小乘之主要区别，在于无上菩提心：为利益众生愿成佛。大乘又称菩萨乘，若以因果来分则有显、密二宗。即大乘佛教可分为因乘及果乘，因乘名般若密多乘，一般称为显教，或直接称为大乘。

藏传佛教是以金刚乘为主流。藏传佛教自中原和尼泊尔传入时，正值印度金刚乘佛教发展期，因此金刚乘得以在藏传佛教获得发扬光大，成为藏传佛教中最有力的一支传承。

唐玄宗时，善无畏传入胎藏界密法，金刚智传入金刚界密法。金刚智的弟子不空，遍学二部，以金刚界密法为主，糅合胎藏界，形成了唐密的体系。自 1987 年法门寺唐密地宫曼荼罗出土以来，国内佛教界一直大力

---

* 胡佳炜，新华都购物商场物流经理。

709

推动唐密复兴，已故前佛教协会会长赵朴初先生，及大兴善寺界明老和尚对有关的推动不遗余力。

唐朝中期中日两国密切交流，唐贞元二十年（804 年），最澄、空海奉敕随遣唐使藤原葛野磨到中国求法。日本弘法大师空海将唐密传入日本，于高野山创立的真言宗，以东寺为其发源地，故称为东密。同期入唐留学的最澄大师在比睿山创立日本天台宗，称为台密。东密体系于空海大师已大体完备，台密体系则为最澄法子法孙继续赴唐留学而完善。另有常晓、圆行、慧运、宗睿、圆仁、圆珍与空海、最澄合称为"入唐八家"，由此佛教金刚乘盛行于日本。

日本金刚乘回传汉地，系民国初期王弘愿翻译丰山派正权田雷斧的著作，并邀其于 1924 年到广东潮州传法灌顶授法，翌年王还亲赴日本修习密法。此后不少居士僧侣争相赴日求法，其中持松法师三赴日本学法。中国佛教协会在北京成立后，持松法师被选为理事。同年创立上海静安寺真言宗道场，其本人接待过印度、锡兰、尼泊尔、柬埔寨、泰国、越南等国的代表团，先后到尼泊尔、缅甸、日本、印尼等国访问交流。

韩国金刚乘系统的历史则有神印宗和总持宗。公元 635 年僧人明朗受帛尸梨蜜多罗所译神印秘法，故称为神印宗（亦称文豆娄宗），在金刚乘教史上属善无畏、金刚智以前的杂密。总持宗亦称真言宗，创始人为惠通和尚，他入唐受善无畏印诀，为善无畏一派密教。除此还有新罗僧人惠日受青龙寺惠果传密法，带回《大日经》《金刚顶经》《苏悉地经》等，在新罗光大金刚乘教。此外成实宗、俱舍学派也多有传承。

一　朴老与金刚乘传承

年轻时期，赵朴初参加接待九世班禅的工作，"接受过九世班禅的灌顶和说法，对这位藏传佛教大师表示崇高的敬重"。与十世班禅长期共事，赵朴初说："我和班禅大师最有缘。九世班禅在杭州举行时轮金刚法会后到上海，我经常去看他。他从上海回西藏，半路圆寂，上海佛教界举行隆重追悼会，祭文是我写的，也是我念的。十世班禅是一位爱国爱教的大师，和我交情很深。北京藏语系高级佛学院是他和我联名向国务院申请成立的，目的是为许多'转世活佛'从小便受到群众礼拜恭敬，而缺少教育，既不利于教，也不利于国。这个佛学院命名'高级'，并不是因为教学的内容高，而是因为同学们身份高"。——赵朴初在纪念十世班禅大师圆寂十周年座谈会上的讲话。

民国年间，诺那活佛与九世班禅额尔德尼·却吉尼玛分别被公推为"全国菩提学会"正、副会长。改革开放后，赵朴初居士为庐山重修的诺那活佛舍利塔亲自题写"诺那塔院"之匾额。

2014年出版的《中华英才》刊登了朴老会晤唐密传人时说："自1987年法门寺唐密曼荼罗地宫出土以来，佛教界一直在推动唐密复兴，西安大兴善寺、青龙寺、法门寺等寺院也都想恢复唐密道场，但是没有得道的金刚上师，没有法种，不懂仪轨，现在这些地方都已变成净土道场。为了培养人才，我之前还有一个想法，就是计划办一所密宗学院，考虑将大兴善寺作为办学地点，再与青龙寺、法门寺联系起来，为此事我曾与吴立民等同仁商量过……如果能够恢复唐密，那是佛门、国家的幸事啊！我的愿望也就实现了！"

很显然，当初太虚大师难以将"人间佛教"落到实处推行开来。如何弥合历代形成的佛教各宗派之间的分歧，使之取得"人间佛教"思想内涵的共识，是其中最棘手的难题。赵朴初成功地使"人间佛教"成为当代佛教发展的指导方针，成为佛教各宗派的共识，在中国历史上佛教第一次实现了三大语系、各民族、各地区的大团结，这其中离不开赵朴初对各派系一视同仁的支持、呵护与引导。赵朴初在九十多岁高龄时，与人谈起创办中国佛教大学的规划：中国这样的佛教大国，起码应该有一所高水平的佛教大学，下设梵巴语佛学系、汉语佛学系、藏语佛学系等。而目前，作为中国佛教协会会长的赵朴初与金刚乘高僧大德交往交流的法缘在文献上发掘得比较少，有待各方大识大德充实以补缺漏。这和历经朴老奔波努力而中兴发展的汉传佛教，及已在国际和国内蓬勃壮大的金刚乘有很大的差距。这将使赵朴老对金刚乘的贡献有所湮没，而没有在新型的国际关系中发挥较为全面的作用，使在"一带一路"上拥有金刚乘文化的国家和地区对赵朴老曾为之努力奉献的佛教事业缺乏一定的认知，而迷失在海外的舆论中。

二 国家"一带一路"倡议，又为中国佛教走向世界提供了难得的机遇

"一带一路"为国家级顶层设计，旨在借用古代丝绸之路的历史符号，高举和平发展的旗帜，积极发展与沿线国家的经济合作伙伴关系，共

同打造政治互信、经济融合、文化包容的利益共同体、命运共同体和责任共同体。

1993 年以赵朴初会长为团长的中国佛教协会代表团出访日本，参加日本佛教界在京都举行的庆祝中国佛教协会成立四十周年纪念活动，韩国佛教界领导人也参加了这一盛会。赵朴初会长在讲话中提出：中韩日三国佛教界的友好交流自古到今已形成一条"黄金纽带"。

其实，1961 年 5 月中国佛协喜饶嘉措会长在接见日本友人时说："各位的努力使中日两国人民之间结成了一条象征和平的'金锁链'，这'金锁链'牢固地将我们连结在了一起。"在场的赵朴初副会长站立起来大声说："我们今天接受了日本佛教界朋友赠送的'日中不战之誓'的签名簿，这是一件非常贵重的礼物。这就是将日本和中国永远连接在一起的'金锁链'。今后，无论遇到什么困难，这连接日中两国的金锁链，将日益牢固。"——这大概是"黄金纽带"的原始提法。[《法音》1996 年第 9 期（总第 145 期）第 16 页]

"黄金纽带"与"一带一路"，实际都是在对历史总结、深入解读的基础上，非常有远见地创造性地提出来的。两者具有极强的互补性。一方为浓厚的民间文化交流，另一方为政府强势的战略决策。于社会发展的角度来看，或许可视"黄金纽带"为"一带一路"的前奏，以及"一带一路"的东部意图的文化交流体现。其宏观意义是显而易见的。

朴老与金刚乘的法缘，是独立的篇章，是无可替代的佛教文化资产，是盘点落实民族宗教政策的国务写真。如果我们不深入探讨，放弃对朴老与金刚乘法缘的认识，那么必将使相关的历史文献、国务记载、佛事传真、民族史诗在岁月中湮没。在今后"一带一路"中有关金刚乘文化交流方面，必将为有关叙述的空缺而期待。对于大德付出心血的经营，我们能无视乎？

挖掘、学习朴老与金刚乘的法缘具有现实意义。对赵朴老在佛法、民族方面贡献的总结，是完善赵朴老历史贡献不可或缺的重要篇章。在今后"一带一路"的文化交流中，必将发挥其深远的指导意义。

赵朴初对佛教文化事业的巨大贡献

——以金陵刻经处的重建和恢复为例

胡文飞 *

赵朴初先生是一位伟大的爱国宗教领袖，又是享誉海内外的著名作家、书法家，是中国传统文化的集大成者和捍卫者。赵朴初先生有一著名的论断"佛教是文化"，是中国传统文化中的一个重要组成部分，必将受到尊重和保护，因此他一直致力于佛教文化事业的保护、发掘、建设工作，殚精竭虑，呕心沥血，鞠躬尽瘁。本文试图以金陵刻经处的恢复与重建为例，从中管窥赵朴初先生对中国佛教文化建设的巨大贡献。

在南京著名的闹市区新街口之侧，于鳞次栉比的高楼之中，有一处低矮的中式院落，这就是白下区淮海路 35 号蜚声中外的佛经流通中心金陵刻经处。在刻经处的前后院落内，分别矗立着四座青铜塑像，杨仁山、欧阳竟无、吕澂、赵朴初，这是四位对金陵刻经处的创立、成长、辉煌至关重要的关键人物。如果说杨仁山孕育了金陵刻经处这个新生儿，呵护抚育其成长的就是欧阳竟无、吕澂，而当金陵刻经处随着国运教运的衰微而几近衰亡时，又是赵朴初先生力挽狂澜，铁肩道义，起死回生，两度使金陵刻经处得到恢复和发展。赵朴初先生给了金陵刻经处第二次生命，而金陵刻经处的新生，于拨乱反正的中国佛教十分重要，既增强了佛教文化的自信，又助力了中国佛教事业的辉煌，意义尤为深远。

一 金陵刻经处的前世

南京金陵刻经处创立于清同治五年（1866 年），距今 150 年余。鸦片战争以后的近代中国，列强入侵，国家贫弱，民不聊生，民族危亡，许多

* 胡文飞，赵朴初文化公园管理处主任。

仁人志士、文化精英，满怀忧国忧民的济世情怀，积极投身民族复兴的伟大事业之中，杨仁山居士是其中一位杰出代表。杨仁山居士为安徽石台人，早年随清朝著名的外交家曾纪泽出使欧洲，领略欧洲现代工业文明，兼备中西之学。借鉴西欧国家富强经验，他认为振兴佛教，增强民族精神，提升文化力量是富民强国的必由之路。1865年，杨仁山应曾国藩邀请来南京主持廨宇工程，结识了一批志同道合者，常常聚在一起，互相讨论，均以为"在当今末法时代，全赖流通经典以普济众生"①，将刻印流通经典法宝作为兴教济世的首要任务，并于次年（1866年）"佛成道日"募资重刻"净土四经"，即《无量寿经》《观无量寿佛经》《阿弥陀经》及《普贤行愿品》。"净土四经"的刻印，标志着金陵刻经处的成立。"金陵刻经处是近代中国第一家由私人创办的融雕刻、印刷、流通及佛学研究于一体的佛经出版机构，金陵刻经处成立以后，如臬、杭州、常熟、扬州砖桥等地相继成立了刻经处。"②

杨仁山居士主持金陵刻经处四十余年，一直致力于佛教经典的搜集、整理、刻印、流通，先后从日本、朝鲜等国找回二百八十余种隋唐佛教逸著，刊印流通，为近现代中国佛教复兴奠定了坚实的经典基础。同时，他又致力于佛教教育和义学研究。一般认为，现代佛教教育发端于杨仁山居士1907年创办的祇洹精舍，它开创了佛学与新学并举、中文与英文兼习的现代佛教教育模式，正如太虚太师所评价："祇洹精舍虽居士所设，而就学者比丘为多，故为高等僧教育之嚆矢。"③

虽然祇洹精舍只维持两年，但培养了太虚法师、仁山法师、邱晞明居士等法门栋梁，开创了现代佛学教育的先河，具有深远的影响。1910年，杨仁山居士又于金陵刻经处设立佛学研究会，集合同志，讲习经典，探讨义学，一扫清代以来佛教义学凋零萎缩的风气，推动了金陵刻经处形成"讲学以刻经，阐教以益世"的风尚。

1911年夏秋之交，杨仁山辞世。金陵刻经处的大任降临欧阳竟无身上。杨仁山一生对佛教之功德，欧阳竟无总结有十，"一者，学问之规模弘扩；二者，创刻书本全藏；三者，搜集古德逸书；四者，为雕塑学画刻佛像；五者，提倡办僧学校；六者，提倡弘法于印度；七者，创居士道

---

① 金陵刻经处编：《金陵刻经处大事记长编》（上册），第2页。
② 金陵刻经处编：《金陵刻经处大事记长编》（上册），第3、4页。
③ 《三十年来之中国佛教》，《太虚大师全书》，宗教文化出版社，2005，第47页。

场；八者，舍女为尼，孙女、外甥女独身不嫁；九者，舍金陵刻经处于十方；十者，舍科学技艺之能而全力于佛事。"此上十点概括了杨仁山对近代中国佛教复兴所做的巨大贡献，但更不容忽视的是，他的善举对于晚清和民国思想文化和社会思想产生重大影响，欧阳竟无《金陵师友录》（手稿）："（深柳大师门下）谭嗣同……梁启超……等"①，都与金陵刻经处和杨仁山有着殊胜因缘，受其启迪和心灵滋养，而他们曾推动近代中国"戊戌变法"，是民族脊梁和精英。

欧阳竟无继承杨仁山遗志，在战乱频仍、艰难困顿中以坚忍不拔的精神继续从事流通法宝事业，校刻完成《瑜伽师地论》，广泛刻印唯识活字典籍，继续刊刻《大藏辑要》。并创办支那内学院，进一步推动讲学研究发展。支那内学院成立于1922年，欧阳竟无任院长，吕澂任教务长。"成立以后，求学者云集，呈一时之盛。梁启超适在东南大学讲先秦哲学，也来执弟子礼听讲兼旬。"②

1937年11月，抗战全面爆发之际，欧阳竟无率院众将内学院所刻经版由南京运四川，在江津建立内学院蜀院，继续讲学、刻经事业，但遗留在内学院中数十万册书籍及房舍全部被毁，原址后沦为平民的棚户区。1943年欧阳竟无逝世于江津，公推吕澂任支那内学院院长。抗战胜利之后，内战又兴，社会动荡，民不聊生。"覆巢之下，焉有完卵"，金陵刻经处更是风雨飘摇，举步维艰，最终只剩下一人孤守残局。解放初期也无人过问，金陵刻经处更加破落，濒临倒闭。在此危难时刻，赵朴初先生施以援手，第一次拯救了金陵刻经处。

二 赵朴初的第一次拯救

中华人民共和国成立之初，百废待兴。由于上海没有一个统一的佛教联合组织，为联络上海佛教各派人员，也是因为时局的需要，1951年12月3日，上海成立了上海市抗美援朝分会佛教支会，由赵朴初担任主任委员，这个组织的成立也为日后中国佛教协会的成立提供了思路。在其领导之下，佛教界捐款捐物，并捐献"中国佛教号"飞机，积极为抗美援朝做贡献。金陵刻经处的拯救工作就是在此情背景下进行的。

---

① 金陵刻经处编：《金陵刻经处大事记长编》（上册），第81页。
② 金陵刻经处编：《金陵刻经处大事记长编》（上册），第81页。

《赵朴初年谱》："（1952 年）6 月 7 日'金陵刻经处'维持艰难困危，飞章告急"①，这种提法是有误的。早在该年的 2 月 13 日，杨仁山的后人就曾和赵朴初有信函联系。"同月（2 月，作者注）13 日，杨立生致函赵朴初居士，具体请示金陵刻经处办法。"② "同月 16 日，陈宣甫（刻经处负责人）于刻经处住所内病逝。杨仁山居士后人杨立生、杨雨生致函上海抗美援朝分会佛教支会，请速派人来处主持业务。"③ 由此可知所谓"飞章告急"的时间应是 2 月 16 日。

杨仁山后人之所以飞书赵朴初，究其原因有三：一是其时江苏南京归属华东军政部管辖；其二，上海抗美援朝分会佛教支会是当时唯一可依靠的佛教组织；其三，也是最重要的，是赵朴初居士在佛教界的威望和影响力使然。

1952 年 4 月 25 日下午，上海市抗美援朝分会佛教支会，为维持金陵刻经处之事，"召开本市缁素大德开会，商讨护持办法，首由赵朴初居士报告金陵刻经处关系佛教文物历史的重要性，次由杨雨生先生（杨仁老人之孙），报告来沪向支会致谢，并请派人前往接收；复由平轩报告前往南京了解金陵刻经处情况。经讨论决议护持办法，并即席公推赵朴初、游有惟二位居士办理本案接洽事宜。"④ 赵朴初会后亲自拟函二份，一份《致中共上海市统一战线工作部转上级照会南京有关部门领导协助整理金陵刻经处函》；一份《致南京市人民政府宗教事务处请予指导协助整理金陵刻经处函》，以引起各级组织对刻经处的高度重视。6 月 7 日，赵朴初发起成立圆瑛法师等 25 人组成南京金陵刻经处护持委员会，赵朴初担任主任委员，负责筹集修复经费。赵朴初又亲自到南京市人民政府联系，并指派徐平轩担任金陵刻经处主任。从此，金陵刻经处又开始了整理恢复工作。经过十多年的努力，除原存的四万余块经版外，又补刻了一批经版，并将全国各地经版集中保存使用。分别有扬州平山堂存放的砖桥江业刻经处版、支那内学院版、北京天津刻经处版、常州天宁寺版、北京三时学会版、上海金刚道场版。共计十万余块版。这样，至"文革"前，金陵刻经处共计有经版 15 万块，成为全国最大的汉文佛经、像版的收藏、印刷、流通中心，这些经版的搜集、调运，都与赵朴初的高度重视和关怀密不

① 金陵刻经处编：《金陵刻经处大事记长编》（上册），第 122 页。
② 金陵刻经处编：《金陵刻经处大事记长编》（上册），第 35 页。
③ 金陵刻经处编：《金陵刻经处大事记长编》（上册），第 193 页。
④ 金陵刻经处编：《金陵刻经处大事记长编》（上册），第 194 页。

可分。

以赵朴初为主任委员的金陵刻经处护持委员会是临时过渡性组织，从长远发展考虑，必须隶属于正式组织管理，为此，赵朴初和吕澂讨论研究方案，并上报相关部门。1957年由习仲勋秘书长批准，正式隶属于中国佛教协会。经费由中佛协拨付，行政上由江苏省人民委员会宗教事务局领导，从而从根本上解决了金陵刻经处的后顾之忧。

在此期间，刻经处的经书、佛像印刷流动业务日渐恢复，深受佛教界信众的欢迎，特别是《玄奘法师译撰全集》的编辑和出版，在社会上和业界均产生了巨大影响。此外，支那内学院又与金陵刻经处合并归源，研学功能进一步加强，呈现勃勃生机。

然而，1966年之初，金陵刻经处再遭厄运，一股自上而下之风再次摧毁了金陵刻金处。该年3月30日，南京市人民宗教事务处根据国家相关部门指示，向江苏省人委民族宗教事务局报文《关于撤销金陵刻经处的有关具体问题处理的请示报告》，正式决定结束刻经处刻经、印制、流通等一切业务，撤销金陵刻经处机构，将工作人员全部下放遣散，刻经处大院沦为居民大杂院。"文革"十年中，赵朴初自身也受到冲击，被下放劳动，捡煤球，扫马路，在这个横扫一切的年代，赵朴初对于其呕心沥血恢复的金陵刻经处的命运也只能是有心无力。

三　赵朴初的第二次拯救

作为新中国著名的宗教领袖，自20世纪70年代初赵朴初的名字和金陵刻经处的命运再次紧紧相连，直至他生命的最后时刻。

1973年5月，杨仁山居士的孙女杨步伟女士和孙女婿赵元任先生从美国回国观光，赵朴初陪同周恩来总理接见了他们。杨步伟女士谈及金陵刻经处，周总理指示赵朴初，要保护恢复刻经处。从此，赵朴初作为"一个坚定的执行者"，殚精竭虑致力于金陵刻经处的重建和恢复工作。然而，由于"文革"重创，积重难返，金陵刻经处的重建工作举步维艰。据赵朴初自己回忆，最初修复"方案甫定而变化又作，刻经处房屋被占，沦为大杂院。此后十年中，余九至南京，直至一九八三年房舍始得廓清，业务始得恢复。"[1] 1973年至1983年十年间，赵朴初为了金陵刻经处的恢

---

① 金陵刻经处编：《金陵刻经处大事记长编》（上册），第198页。

复 9 次前往南京协调处理相关问题，其艰辛与困难可想而知。去年笔者在南京市档案局有幸查阅了 1980 年赵朴初给南京市宗教事务处史正鉴处长的亲笔信函 5 封，足以证明之。

第一封信函日期为 1980 年 3 月 24 日，朴老从南京返回北京的火车上，迫不及待地写下了这封信，信的内容是对金陵刻经处内住户的搬迁之事和刻经处的编制问题提出意见，并指出可先期在鸡鸣寺开展经书印刷。

1980 年 4 月 2 日，朴老再次函询史处长，内容为询问刻经处搬迁情况的进展。

1980 年 5 月（日期不详），朴老在信中感谢史处长"上月过宁，承陪往摄山"（栖霞山），然后是关于金陵刻经处经书择地存放问题；鸡鸣寺先行印刷经书之事可行性问题。

1980 年 7 月 27 日，赵朴老给史处长信函中附上丁光训同志带来的一张杨仁山照片，请转交金陵刻经处，并再询搬迁事宜。

1980 年 8 月 12 日信函内容更为具体，朴老写道："关于金陵刻经处问题，目前房屋的困难，影响事业的恢复，暂时的解决办法，似只有利用鸡鸣寺整理经版，先将小部头而最为群众所急需的经书印出来，如《阿弥陀经》《金刚经》《普贤行愿品》之类，拟由佛教图书文物馆流通处先向刻经处订购一批书，预付一些款，以作购置纸张及工场开张之用。"①

从以上资料不难看出，朴老作为中国佛协主要领导者，日理万机，但于短短半年时间内几乎每月一封信函与南京市分管金陵刻经处的同志商讨恢复刻金处工作。朴老忧心如焚，夙夜忧叹，倾注了多少心血！由此可见一斑。

恢复之初，金陵刻经处房产为饴糖厂所占，协商未果，朴老亲自做出决定，对簿公堂，维护合法权益；建筑紫线被废，朴老亲书信函致南京市市长张耀华，圆满地解决了问题；刻金处人才匮乏，朴老亲自把关选调人才，并协调技术工人的培训工作，在保持手工木刻雕版水印特色的同时，朴老又同宏勋法师，共同筹划，为刻金处增添了现代化印刷流水线；对经版房的改建，朴老亲自到现场勘察并做出指示；《龙藏》版南移之事，朴老曾专门找过国务院有关领导。

1985 年，赵朴初在金陵刻经处视察时指出："佛学研究院正待发扬，前途无量。"在筹备纪念金陵刻经处创立 130 周年之际，朴老再次指示要

---

　　① 金陵刻经处编：《金陵刻经处大事记长编》（下册），第 571 页。

恢复仁山先生倡导佛学研究、培养佛教学术人才的事业，为刻经处的发展指明了方向。

1998年5月11日，赵朴初先生致函金陵刻经处办公会议，提出成立董事会及调整领导班子的设想。

金陵刻经处的点点滴滴都牵动着赵朴初的心，他曾多次为刻经处撰序题字。早在1954年即题写了"深柳堂"匾额，随后又为刻经处编印出版的《闻思》刊物亲笔题名。1981年又为重印"净土四经"、《百喻经》和《杨仁山居士遗著》重新题名，并撰写了《金陵刻经处重印经书因缘略记》；1985年、1987年赵朴初视察金陵刻经处，两次题词，赞扬金陵刻经处的进步，并鼓励要继续发扬佛教优良传统，为庄严国土，利乐有情，为祖国精神文明建设贡献心力；1994年赵朴初视察金陵刻经处，作《三月三十一日访金陵刻经处》纪行，"刻经处，墓塔拜仁山。今日版藏过十万，三十年两度救颓残。法宝护龙天，方册藏，际会有因缘。译著新增宗大士，慧灯巴梵续南传，学业耀前贤。"既记载了他两度拯救刻经处的历史，又反映了新时期刻经处事业的辉煌。刻经处日新月异的变化，让赵朴初心里充满了喜悦，这也是他最后一次视察金陵刻经处。

四 两度拯救的历史意义和时代作用

从1866年杨仁山创建金陵刻经处延续至今，已历经150余年历史，没有杨仁山就没有金陵刻经处；而没有赵朴初二度拯救，就没有金陵刻经处的重生，更谈不上如今辉煌的佛经流通事业。从这一点上，赵朴老于金陵刻经处的贡献并不逊色于其创始者杨仁山居士。

赵朴初对金陵刻经处的两次拯救均处于社会大变革大动荡时期，百废待兴，人心思治。朴老的这一伟大善举适应了时代之需求，有着深远的历史意义和时代作用。在刻经处经版楼前，有朴老亲自手书对联："流通功德藏，续接人天师"，似乎是最好的总结。归纳起来，主要体现在以下方面：

（一）绍继绝学，为今日之佛教文化繁荣奠定了坚实的基础。此处"天"之谓，既包含佛法、佛理的弘扬，也包含党的宗教政策的贯彻落实。

宗教信仰自由是中国共产党和人民政府对待宗教的基本政策，人人享有信仰自由的权利被写进宪法，然而由于"左倾"思想的干扰，佛教一直被视作封建思想的余孽而大遭挞伐，佛教徒也被当作"牛鬼蛇神"被扫地出门。1979 年党的十一届三中全会后，佛教方面拨乱反正的任务尤为繁重，作为近现代中国最大的佛经印刷流通研学中心的金陵刻经处，又是中佛协直属事业单位，它的恢复无疑成为佛教拨乱反正的风向标，具有标志性意义。

（二）流通法宝，为广大佛教徒提供了丰富的精神食粮。广大信众以佛经为师，以大乘佛教行愿精神为师，爱国爱教，既净化了自身心灵，又还社会一片安宁和谐，更为今日佛教文化繁荣奠定了广泛的群众基础。特别是十一届三中全会后的拨乱反正，广大信徒对佛经渴望如霖之际，赵朴老首选《百喻经》为第一批刊印书目，而《百喻经》又为鲁迅捐资刻印过。鲁迅是中国无产阶级文学的奠基人，也是中国现代文学的一面旗帜，被毛泽东评价为伟大的无产阶级文学家、思想家、革命家，他所捐刻的经书无疑更能为人们所接受，更能打破佛经的神秘感，更能起到轰动效应和宣传效果，这就是朴老的圆融、朴老的智慧。刻经处的经书又走出了国门，1980 年北京图书馆通过赵朴老从刻经处购置一套《玄奘法师译撰全集》，用于与美国世界宗教院友好交流，这也让世界更好地了解改革开放之初的中国。

（三）复活绝技，实现非遗文化传承。金陵刻经为亚洲乃至世界最大的汉法佛教雕版印刷中心，为世界级非物质文化遗产的传承保护单位，朴老的两次拯救功不可没。第一次拯救搜集全国各地经版 10 余万块，避免经版的流失和散佚，保存大量的珍贵文物。第二次恢复之初，刻经处处于"四无"境地，无一名刻字工人，无一块木板，无一把刻字刀，无一张经书纸张。朴老特别指示安排工匠赴扬州广陵古籍刻印社学习技术，经历从"偷师学艺"到"拜师学艺"的过程，在很短时间内掌握了古老的雕版印刷技术的各个环节。2006 年，金陵刻经处以"金陵刻经印刷技艺"成为首批国家非物质文化遗产保护单位。2009 年，金陵刻经处与扬州广陵刻印社、四川德格印经院一起申报的"中国雕版印刷技艺"，作为中国古代"印刷术"的代表，被联合国教科文组织列入《人类非物质文化遗产代表名录》。金陵刻经处也因此成为濒临失传的世界非物质文化遗产传承保护单位，在传承弘扬中华传统优秀文化和工匠精神方面发挥着日益重要的作用。

（四）增强了佛教文化的自信，强化了责任担当意识。金陵刻经处的恢复是一项伟大的文化事业。就其本身而言，又是中国传统文化的重要载体。赵朴初数十年如一日，精勤不懈，护持恢复刻经处事业，体现了对佛教负责，对众生负责的高度责任感、使命感、担当意识。他始终不忘初心，不畏艰难，充分体现了大乘佛教的行愿无尽精神。他对党的宗教政策的贯彻落实勇往直前，殚精竭虑，充分体现了他爱国爱教、勇力担当、无我利他的精神，为我们树立了光辉的榜样。行愿无尽，知恩报恩，这代表着中华文化独有的精神标识。正如习总书记所言："中华文化源远流长，积淀着中国民族最深层的精神追求，代表着中华民族独特的精神标识，为中华民族生生不息、发展壮大提供了丰富的滋养，中华传统美德是中华文化精髓，蕴含着丰富的道德资源。不忘本来才能开辟未来，善于继承才能更好创新。对历史文化特别是先人传承下来的价值理念和道德规范，要坚持古为今用，推陈出新，有鉴别地加以对待，有扬弃地予以继承，努力用中华民族创造的一切精神财富来以文化人，以文育人。"① 有鉴于此，当我们重温金陵刻经处两度恢复的历史时，愈发感知朴老的高尚品德和济世情怀，愈发明了时代赋予我们的责任和担子。不忘初心，继续前行，知恩报恩，为朴老"庄严国土，利乐有情"的遗愿而努力奋斗。

搜罗相关资料，笔者将 1953 年以来赵朴初亲临刻经处史实列表如下，以为存史之用。

1953 年以来赵朴初亲临刻经处史实列表

时　间	事　由	资料来源
1953 年	月、日不详，与南京市相关单位协调刻经处恢复之事	《金陵刻经处大事记长编》
1955 年 10 月 9 日	陪同缅甸佛教代表团参观	《金陵刻经处大事记长编》
1957 年 1 月	莅临视察业务	《金陵刻经处大事记长编》
1958 年	由武汉前往上海视察五省一市佛教界关于社会主义学习情况途经金陵刻经处视察	《金陵刻经处大事记长编》
1960 年 11 月 10 日	由陕、川、鄂、皖视察后来刻经处，指出《玄奘全集》颇得好评，继续发扬	《金陵刻经处大事记长编》
1963 年 3 月 2 日	由省人委鲍汘青副秘书长陪同来金陵刻经处视察	《金陵刻经处大事记长编》
1964 年 3 月 29 日	陪同日本友人访金陵刻经处	《金陵刻经处大事记长编》
1973 年 5 月 19 日	陪赵之任、杨步伟夫妇访金陵刻经处	《金陵刻经处大事记长编》
1979 年 9 月 29 日	访金陵刻经处，决定将《中国佛教百科全书》中文稿修订后出版	《金陵刻经处大事记长编》

① 2014 年 2 月 24 日在中共中央政治局第十三次集体学习时的讲话。

时　间	事　由	资料来源
1980 年 3 月 24 日	访金陵刻经处，调研恢复相关事宜	赵朴老给史正鉴信函
1980 年 4 月	日期不详，往栖霞山，访金陵刻经处	赵朴老给史正鉴信函
1980 年 11 月 24 日	专程了解刻经处恢复情况，南京市委领导陪同，并嘱南京市将恢复工作情况尽快上报	《金陵刻经处大事记长编》
时间不详，尚有四次	朴老自述 1973 年至 1983 年十年中 9 次赴宁解决金陵刻经之事	朴老自述
1985 年 10 月 3 日	视察并题词	《金陵刻经处大事记长编》
1987 年 11 月 10 日	赵朴初视察并再次题词	《金陵刻经处大事记长编》
1994 年 3 月 31 日	视察并撰文，3 月 31 日访金陵刻经处，为最后一次	《金陵刻经处大事记长编》

说明：合计 41 年间莅临金陵刻经处 19 次，囿于资料缺乏，疑有遗漏之处，敬请方家补正。

明月清风

学术研讨会论文集
赵朴初诞辰 110 周年

赵朴老与宗教立法

王天发[*]

  赵朴老一生不遗余力地弘扬和实践"人间佛教",把"人间佛教"的内涵圆融于我国建设有中国特色的社会主义事业中,不仅获得佛教各派别的共识,将"人间佛教"作为当今实践和未来发展的指导方针,也获得政府和人民的认可和支持,取得很大的成功。为了保护这得来不易的成果,赵朴老认为很有必要将人为的支持、政策的支持,转化为法律法规的支持,让法律为"人间佛教"的发展保驾护航,才能保证"人间佛教"事业健康有序地发扬和长远地传承下去。因此,赵朴老一生也不遗余力地呼吁和推进宗教立法。

  "人间佛教"的贯彻和实践,必然使佛教的发展和当今社会的政治、经济建设、社会发展及人文等各个领域和层面有更紧密的交集,必须紧跟社会发展的脚步。如今的中国,是正在逐步完善和发展的社会主义法制社会,有关各个领域的法律法规正在一个个地制定和完善。党和国家在总结"文化大革命"惨痛教训时深刻认识到,要防止这种悲剧重演,必须改变人治,实行法制。佛教作为新时期一种积极向上的文化,"人间佛教"作为新时期物质和精神文明的有机组成部分,很显然不能游离于整个社会的法律建设之外,而必须得到合法的定位、依法的运作发展等法律的承认和指导,同样必须得到法律对其合法权益的保护。赵朴老前瞻性地认识到宗教立法的重要性,为了避免宗教事务部门的干部在处理宗教问题上的随意性,为了宗教活动的开展规范有序,形成政府宗教事务部门、宗教界及社会各界共同遵循的行为规范、社会规范,必须进行宗教立法。因此早在佛教事业刚从十年"文化大革命"后复苏,百废待兴和事务繁忙的时刻,赵朴老就敏锐地乘党的十一届三中全会拨乱反正的东风,全面宣传、大力

---

  * 王天发,经典教育集团办公室主任。

呼吁落实宗教政策，推进宗教立法工作。

1981年6月中央通过了《关于建国以来党的若干历史问题的决议》。在制定过程中，赵朴老等宗教界领袖就有关宗教问题提出很多建议，受到中共中央的重视和采纳，在文件中对宗教信徒坚持四项基本原则的要求做了专门规定，即"坚持四项基本原则并不要求宗教信徒放弃他们的宗教信仰，只是要求他们不得进行反对马列主义、毛泽东思想的宣传，要求宗教不得干预政治和干预教育"。这一正确规定对保护宗教徒的宗教信仰，正确对待和处理宗教问题，做好宗教工作具有重要的现实意义和深远影响。

1982年，又是赵朴老等宗教领袖提出合理建议，在新修改的《宪法》中恢复了1954年《宪法》第八十八条条文，即"中华人民共和国公民有宗教信仰的自由"，同时规定"国家保护正常的宗教活动"。

1987年12月12日，赵朴老在《在汉族地区重点寺庙管理工作座谈会上的讲话提纲》第三部分中说："社会主义法制建设、宗教工作的发展都提出要尽快解决宗教的立法问题。通过制定宗教法规把多年来行之有效的宗教工作的方针、政策、规定、规范，根据改革开放的要求，加以充实和发展，用法律的形式固定下来。有了宗教法，宪法规定的公民宗教信仰自由的权利才能具体化，并得到切实的法律保障；有了宗教法，才能在宗教工作上实行法治，而不是人治，就不会因人事的变更或某人一句话而影响到宗教信仰自由政策的具体实施；有了宗教法，宗教徒和非宗教徒、群众和公职人员在涉及宗教问题上就有法可依、违法必究。"

1988年4月4日，赵朴初居士在全国政协七届一次会议上做了《当前宗教工作三件大事》的发言，所提的三件大事，就包括加强法制建设。

1989年3月在全国人大和全国政协开会期间，赵朴初居士和丁光训主教联名，就制定宗教法问题致函习仲勋副委员长，并将宗教法建议草案送上。同年8月，赵朴初在《致江泽民总书记函》中，希望中共中央、人大常委和国务院敦促党政主管部门抓紧这项重大工作，使宗教工作尽早走上健全法制的轨道。

赵朴老在《接受日本〈读卖新闻〉社记者小林敬和采访时的谈话记录》中指出："虽然宗教政策不会改变，但是执行政策的人认识不同，水平不一，个别人有向'左'转的可能，甚至可能会在局部出现不尽如人意的事情。这一点，我们宗教界是注意到了的。我个人前不久就曾向中共中央有关领导人反映了这个问题，也引起了他们的重视，应该相信，即使出现一些问题，也会及时得到纠正，不会对宗教政策有大的影响。"

1989 年 3 月 25 日，赵朴老在《在全国政协七届二次会议上的发言》中再次说："最后，我想再提一次关于宗教法的问题。宪法规定的公民宗教信仰自由的权利和宗教界的合法权益之所以得不到切实的保障，从根本上说是在宗教方面无专门法律可依，宗教界要求制订宗教法的呼声日益迫切。"

赵朴老担忧，中国现行的宪法已明确保护宗教信仰自由，但在没有正式制定宗教基本法的情况下，便已出台了宗教行政法规，长期以政策之治代替法律之治，引发诸多问题，宗教领域这一法律体系的本末倒置亟待理顺。赵朴老坚持：首先要集中力量起草宗教法，没有宗教法而起草宗教的行政法规是舍本逐末。行政法规没有法律依据，搞出的结果，保护宗教的权益徒有形式，宗教权益受损倒是实实在在的。

赵朴老当年在处理一些庙产时，和文物部门、文化部门以及地方政府和利益集团，发生过很多的争论和交涉，就因为没有一部宗教方面的法律，对庙产的权属缺少明确的界定，增加了许多挫折和困难。赵朴老有时不得不借助个人的声望，说服并通过高层领导和部门以文件及有关通知形式摆平。赵朴老也正因为这段经历，深深地感到宗教立法的紧迫性，对以人治、政策之治替代法治、替代法律的界定所存在的隐患和不确定性有足够的警惕担忧。这也是赵朴老利用各种场合不厌其烦地强调宗教立法的必要性，呼吁加快宗教立法的进度，加大宗教立法工作的力度的原因。在世界上基本没有国家层面的多宗教管理的宗教法可资借鉴的经验稀缺的情况下，为创立以宪法为核心的中国特色社会主义宗教法律体系，走出一条符合我国国情和教情的宗教立法之路，赵朴老身体力行地为宗教立法做了大量的调查研究工作。

1990 年年中，中共中央、国务院对宗教工作全局性问题进行研究，起草相应的文件，筹备召开全国宗教工作会议。赵朴老先后三次就当前宗教工作的重大原则性问题提出系统的书面意见，后来出台的《中共中央、国务院关于进一步做好宗教工作若干问题的通知》中某些重要表述基本是按照赵朴老的修改意见写的，得到中央和国务院领导的高度肯定。

1994 年，国务院以 144 号令、145 号令正式颁布了《中华人民共和国境内外国人宗教活动管理规定》和《宗教活动场所管理条例》两个行政法规。这是中华人民共和国成立后第一次颁布专门的宗教法规，标志着宗教立法工作取得重大突破，也标志着宗教工作开始走上法制化轨道。两个行政法规，在依法管理宗教事务的实践中发挥了重要作用。但由于单项行政法规调整面相对窄，难以适应宗教工作形势发展的要求。

1999 年 3 月 4 日，赵朴初居士在《在全国政协九届二次会议民族宗教联组会上的发言》中说：在宗教方面，至今没有一部宗教基本法，这与我国拥有 56 个民族、一亿以上信教群众的大国是不相称的。……我认为，把制定宗教法列入国家立法计划，把党和政府正确的宗教政策加以法律化、条文化，用法律规范社会和宗教行为，保护合法，抵制非法，打击犯罪，匡正人们对宗教"左"的偏见，规范政府宗教部门的行政行为，调动宗教界人士参加社会主义建设的积极性，是依法治国，保持社会稳定的重要内容，是发展社会主义市场经济，团结广大信教群众共同建设社会主义强国的重要保证，对国外敌对势力利用宗教问题攻击我国的无耻谰言是个有力的回击。

对宗教立法，赵朴老也态度明确地表态，应把制定权放在中央，而不应该将权力下放到地方和基层，成为区域性的法规。这样容易出现政策理解的偏差、水平的偏差，甚至地方政府因经济发展等原因人为地造成偏差，而且区域间的法规缺乏全局的视野，对宗教事务范畴和属性的界定，对宗教的涉外事务、民族区域的不同特点等涉及上层理论建设的部分，更不易做出全局性的定义，容易造成混乱。更何况如果与其他部门发生争端，比如较常见的文物部门，就没法拿出级别相等的法律法规来界定。因为宗教法不仅关系到信仰宗教的人，而且关系到不信仰宗教的人，关系到所有的人，是一个具有重大现实意义的社会公共政策问题。曾经出现的宗教行政法规和地方性规章混乱的局面，证明了赵朴老的真知与远见。

1993 年 12 月 20 日，赵朴初居士在《学习贯彻"决定"精神，做好宗教工作——在全国政协常委会上的发言》中说：要把制定《中华人民共和国宗教法》或《保护宗教法》或《保护宗教信仰自由法》，摆在宗教立法工作的首要地位。没有这样一个基本法，制定宗教方面的行政法规和地方性法规，就缺乏充分的立法依据，容易偏离宗教立法的基本宗旨。

1989 年 3 月 25 日，赵朴初居士在《在全国政协七届二次会议上的发言》中强调：在没有宗教法的情况下，尤其不能授权省一级政府制定地方性的宗教行政法规，否则流弊太大。还是要保持过去毛主席、党中央一再强调的在处理宗教问题上要高度集中、请示报告的传统。

1999 年 3 月 4 日，赵朴老在《在全国政协九届二次会议民族宗教联组会上的发言》中说：因为宗教问题涉及群众关系、民族关系、国际关系，情况错综复杂，有关法律政策问题必须集中大权于中央。

赵朴初老居士生前致力于推动宗教立法工作，在多种场合和各种会议上反复向中央提出加快宗教立法的意见和建议。国务院颁布的行政法规，在依法管理宗教事务的实践中发挥了重要作用，但由于以往单项行政法规调整面相对窄，难以适应宗教工作形势发展的要求。随着国务院全面推进依法行政的步伐加快，制定一部综合性宗教行政法规势在必行。国家宗教局会同国务院法制办公室等部门，从 2000 年开始，正式启动综合性行政法规《宗教事务条例》的起草工作。

我国的宗教法制能有如今的大好局面和发展前景，离不开赵朴老的贡献，赵朴老呕心沥血的不懈的宣传、无畏的建言、睿智的阐释、躬行实践，为我国有如今的宗教法制良好局面奉献了一生，历史将记住这位宗教立法伟大推手的历史贡献。赵朴老因病于 2000 年 5 月 21 日在北京逝世，而从 2000 年开始，国家宗教局会同国务院法制办公室等部门，正式启动综合性行政法规《宗教事务条例》的起草工作。2004 年 7 月 7 日，温家宝总理主持国务院第 57 次常务会议，对《宗教事务条例（草案）》进行审议并原则通过。同年 11 月 30 日，温家宝总理签署国务院第 426 号令，正式颁布《宗教事务条例》，于 2005 年 3 月 1 日正式实施。近日，8 月 26 日，李克强总理又签发了新修订的《宗教事务条例》。宗教法律建设一步步得以完善，也算告慰了赵朴老在天之灵。

海峡两岸人间佛教的实践范例

——赵朴初与成一法师的交谊研究

范观澜[*]

赵朴初居士是卓越的佛教领袖、著名的社会活动家和伟大的爱国主义者，对倡导人间佛教思想及其当代实践，以及推动海峡两岸佛教交流和发展等都做出了杰出的贡献。成一法师系台湾当代高僧、宗教领袖，曾担任世界佛教僧伽会副会长、世界宗教徒联谊会副会长、中国台湾智光商职董事长、台北华严莲社董事长、华严专宗学院院长和美国华严佛教会主席等一系列职务。

朴老与成公分别居住在海峡两岸，但因缘深厚。历经六十年，演绎了当今华人佛教曲折而多变的历史。由于他们之间的交谊，成就了海峡两岸人间佛教的实践的成功范例。

从 20 世纪 30 年代，成公就与朴老交往。后来由于历史的原因，相隔四十年后，在尼泊尔实现了戏剧性的会晤，堪称海峡两岸佛教界高层人士分隔四十年后第一次交流的破冰之旅。再后来两位老人因缘不断，赵朴初帮助成一法师完成先师祖、当代名僧南亭和尚的遗愿，将祖庭泰州光孝寺修复。成一法师对赵朴老一往情深，怀德报恩。而赵朴老在他生命垂危时，还念及台湾的老友故旧，心系祖国统一。这个老友就是成一法师。

一 早年沪上结因缘

赵朴初居士，大家都尊称为赵朴老、朴老。他大慈大悲，大名鼎鼎，是海内外广受尊敬的佛教领袖和德高望重的长者，他的超群才华、人格魅力受到众多人的敬仰。笔者曾有机缘受到朴老的接见与宴请，他的嘉言善

* 范观澜，南京理工大学泰州科技学院教授、泰州吉祥文化研究所副所长。

行、音容笑貌常常浮现在脑海之中。

成一长老与赵朴老之间的交往要追溯到 20 世纪 30 年代。赵朴老时任上海佛教会秘书，上海佛教会就设在上海静安寺。静安寺为蜚声中外的上海千年古刹，相传创建于三国吴赤乌年间（238—251）。30 年代以后，上海几乎成了当时中国佛教的中心，集聚了一批当代佛教的领袖人物，如太虚、常惺、圆瑛、应慈、南亭以及著名居士高鹤年、赵朴初等。江浙佛教联合会、上海佛教会、中国佛教会以至众多的佛学院都设在此。而佛教界的领袖人物都与江苏泰州这座城市有着这样或那样的因缘，所以从泰州到上海去了一批又一批的学僧，成一长老就是这样来到了上海。

成一长老，当代著名高僧，江苏泰州东乡人氏，生于 1914 年 2 月，15 岁出家，后在泰州光孝寺佛学院求学，继而在律宗第一山南京宝华山受具足戒。后任泰州光孝寺佛学院监学兼讲师，1942 年考取上海中医学院，毕业后在上海玉佛寺创办佛教施诊所，悬壶济世。后去了台湾，在海外创建了三处道场，主编多种佛学、医学等刊物，创办佛学院、研究所，连任台湾智光商工职校及华严莲社董事长，曾任台湾中国文化大学佛学研究所副所长，多次出席国际佛学、医学、哲学会议，倡立世界宗教徒协会，并任副会长，荣获美国东方大学名誉哲学博士学位，并有 10 多种佛学医学著作传世。

成一法师到上海后开始在静安寺佛学院读书，后来考入上海中医学院，那时认识了赵朴初居士。赵朴老当时从苏州东吴大学毕业后，在佛教会任秘书。常惺法师系泰州光孝寺的住持，时任中国佛教会秘书长，由于诸多因缘关系，朴老与成一长老在上海期间就有了一些交往。那时朴老风度翩翩，举止高雅，令人敬仰，成一长老的勤奋学习、苦心修行，朴老也历历在目。

20 世纪 40 年代末，成一长老去了台湾，哪知从此云山阻隔，两岸隔绝，物换星移，时过境迁，他们多么想再次重逢，多次透过多种渠道想得到对方的一些情况。几十年后，成一长老已成为海峡对岸台湾佛教界的领袖人物、华严宗弘传海外的掌门人。赵朴老已任中国佛教协会会长，是声名远扬、国际敬重的伟人。

二 加德满都的会晤

1986 年 12 月，在佛陀的故乡尼泊尔王国的首都加德满都，召开世界佛教徒联谊会第十五届大会，赵朴老与时任全国人大常委会副委员长、中国佛教协会名誉会长、第十世班禅大师共同率团参加会议。同去的还有著名学者季羡林老先生。而成一长老当时代表台湾中国佛教会也率团参加了本届大会。其时，由于台湾尚未开放探亲，两岸之间还未能沟通，代表团之间也未能联络，关系似觉紧张。正巧会议期间，尼泊尔国王的弟弟（亲王）在御花园中举行招待茶会。在这宽松的氛围中，两岸佛教领袖在隔绝了近四十载后于异国他乡相聚，彼此间心情都非同一般。成一长老与赵朴老之间毕竟在上海还有一段难忘的旧情，几十年的老友，话题一打开，除相互问候外，成一长老更是牵挂着祖庭泰州光孝寺的情况。因为先师祖南亭老和尚曾嘱托，为修复祖庭要不遗余力，但祖庭到底是什么样子却也心中无数。碰上赵朴老，这可是难得的机遇。他与赵会长说："当年常惺老法师及南亭老和尚住持过的泰州光孝寺，据传被毁了，要请您老帮忙申请恢复啊！"赵朴老过去对江淮名刹泰州光孝寺是较为熟悉的，因为他与常惺、南亭等一代高僧过从甚密，也知道泰州光孝寺佛学院培养了一批批杰出人才。可是时值1986年，大陆也还在刚刚落实宗教政策，何况他也是刚出任中国佛教协会会长一职的。大陆寺庙林林总总，他当时也确实不知道光孝寺的现状。但是赵朴老当即表态，毫不犹豫地说："好！我知道了，我回去要去看看，我会尽力的！"成一长老得到赵朴老这一回复，欢喜得几乎掉下眼泪！次日清晨，赵朴老又派秘书来询问成一长老，如联系到泰州光孝寺的情况怎样与其联络，因为当时两岸的信件、电话都未能通达。成一长老请求，如有情况只好透过美国佛教联合会会长浩霖法师进行中转联络。浩霖法师也是泰州东乡人氏。由于大陆落实党的宗教政策，加之赵朴老的加持，泰州光孝寺得以恢复，成一长老等一批批光孝寺海外弟子与信徒开始了"十年祖庭修复之路"。

三　朴老情缘泰州

1987年元旦过后，赵朴老即派时任中佛协办公室主任、副秘书长崇明来泰州详细了解光孝寺情况。那时的泰州光孝寺确实是大雄宝殿（最吉祥殿）、天王殿都已无影无踪，千华戒台殿也仅存了戒台石，且又移到该市的泰山公园，垒作露天音乐台之用。山门殿已改为了工厂的食堂，依稀可见原嵌于大门之上的"古光孝寺"石匾还幸存，其余的碧云丈室、小休楼、西板堂、法堂等都改为宿舍之用。偌大的苏北之唯一律宗丛林，素有"梵宫花雨"之称的泰州光孝寺已成为一座工厂所在地。成一长老曾委托浩霖法师从美国来泰州了解光孝寺情况，几十年的变迁，竟然把浩霖法师在泰州搞糊涂了。他到泰州后坐着黄包车找到了肇源老和尚（肇源老和尚当时住在寺外的民居之中），肇老把他带去看了北山寺现存的大雄宝殿，他还以为是光孝寺的最吉祥殿。这搞得成一长老们在海外将信将疑，未明就里。

1988 年以后，两岸开放探亲，这样联络管道亦已畅通。伴随着泰州光孝寺的修复历程，两位老人联系得更紧密了。而赵朴老身任国家领导人的要职，对光孝寺、对苏北的一个小城市泰州却又是那样特别的关心。他担任了泰州光孝寺修复委员会名誉主任委员，多次接见泰州地方的党政要员以及光孝寺的法师，听取汇报，并多次敦促、鼓励加快修复光孝寺的步伐。他亲自为光孝寺题写了天王殿、最吉祥殿、藏经楼的匾额，在最吉祥殿中还专门为光孝寺书写了楹联："慈光照三界庄严化导芸芸实相是禅行是道，大孝报四恩深厚护持恳恳虚空无尽愿无穷。"赵朴老关心光孝寺可说是无微不至，在一次全国性的文史会上他讲道："全国重点寺庙第二批要搞，如南京毗卢寺、泰州光孝寺。"还有赵朴老专门交代金陵刻经处：以后凡有国外赠送佛教经典著作时，都要赠送泰州光孝寺一份。可见朴老的用心是多么良苦。

1993 年元宵佳节之际，赵朴老已 87 岁高龄，冒着春寒，风尘仆仆，偕夫人陈邦织及秘书专程到泰州视察，敦促光孝寺修复。朴老来泰州前先与成一长老通报了行程，成一长老获得消息后特向时任光孝寺住持的松林法师打来电话，嘱他代表自己表示欢迎和感谢。朴老在会见泰州首要领导时，一见面就直言相告，此番是专为光孝寺修复工作而来。因为光孝寺历史悠久，是苏北平原上第一座律宗丛林，及早恢复，十分重要，希望地方领导大力支援，抓住时机，加快进程，完成大业。朴老还说道，他与光孝寺常（惺）公共事有年，私交很好，又与南（亭）老以及成一长老非常要好，支援光孝寺早日修复，于公于私，义不容辞。朴老在寺中看到了成一长老们历尽沧桑回归的宝物后，慧眼识珠，赞叹不已，对成一长老等海外法师之功德与智慧颇为感佩。朴老又是中国著名的词家、书法大师，在泰州还专门作调寄《踏莎行》词一首："州建南唐，文昌北宋，名城名宦交相重。月华如练旧亭台，清词范晏人争诵。朗润明珠，翩仙彩凤，梅郎合受千秋供。重光殿宇古招提，放翁大笔今堪用。"词末后两句，可见朴老对古光孝寺内涵的深刻提示，同时对故人常惺、南亭二老的怀念，以及对成一长老的愿望由衷发出的感慨之情。朴老自己并慷慨解囊捐赠人民币15000元。朴老的泰州之行，犹如给光孝寺的修复注入了激励剂，光孝寺的修复工作也步入了快车道。

四　成公深情感恩朴老

成一长老在两岸开放探亲以后，就以先师祖南亭老人的嘱托全权肩负祖庭修复中兴的使命。他曾说这也许是南老常寂光中之感应吧！1988 年 9 月成一长老与妙然法师（曾任光孝寺监院，1964 年春南亭老和尚在台为其与成一授予记别，与成一长老同为光孝寺第 17 代传人），回到了离别将近 40 年的祖庭——泰州光孝寺，并在上海找回当年存放在中国银行保险柜中的光孝寺一批镇山之宝。从此他与朴老之间的联系就更多了，常常鸿雁传书。得知朴老创办了《法音》杂志，他慷慨解囊捐资相助。1991 年底，赵朴老因病住院治疗，成一长老得知消息后，从台湾赶来，与松林、禅耕两位法师（松林时任光孝寺住持，禅耕时任光孝寺监院）专程赴京看望赵朴老。朴老得知成一长老的到来，专门从医院请假至中国佛教协会所在地会见成一长老一行，与其叙旧，交谈泰州光孝寺修复情况，并专门宴请了成一长老一行，赠送了礼品。成一长老诚邀朴老来泰州推动光孝寺修复工作，用成一长老的话说："我是北奔上京，求赐鼎助啊！"

功夫不负有心人，艰难的泰州光孝寺十年修复之路终于走过来了。藏经楼、天王殿、山门殿、最吉祥殿（大雄宝殿）均修复完成，所有殿宇较之过去更加辉煌，壮丽梵宫再现庄严法相。1996 年 11 月 2 日，泰州光孝寺大雄宝殿落成，成一长老率团返乡道贺并主持佛像开光。赵朴老本来就答应等光孝寺大雄宝殿落成时，一定再次来泰州，这话在不同的场合讲了好几次，可是毕竟是耄耋高龄，久卧病榻，身不由己。但赵朴老委托中国佛教协会副会长刀述仁居士代表自己参加光孝寺庆典，并专门写了一幅字由刀副会长在庆典上赠送给成一长老，所写的是唐代诗人王维的五言绝句："独坐幽篁里，弹琴复长啸。深林人不知，明月来相照。"朴老书法雄奇苍劲，笔力遒健，享誉海内外。当下还有人称朴老的书法敢数书史第五家，因为在中国书法史上，有四位伟大的僧侣书法家，他们都是佛教徒。第一位是安道一，第二位是智永，第三位是怀素，第四位是弘一，四家以后应就是朴老了。成一长老得到惠赐手书，如获至宝。

2000 年 4 月，成一长老又一次率团来大陆。这一次他专门带着他的一批弟子以及信徒，沿着他当年在大陆所走过的路，从故里海安至祖庭光孝寺，行扬州大明、高旻，上镇江金焦二山、南京栖霞、句容宝华，到上海静安、玉佛，一路寻根觅源。最后一站北上京师，答谢赵朴老为修复祖庭光孝寺所作之贡献。成一长老一行去京是 4 月 16 日，而 5 月 21 日朴老就撒手西归了。当时朴老住在医院里，可能病情确实危在旦夕，否则说什么也要会见成一长老的，哪怕是在医院病房里。但是这一次是不可能了，可想而知朴老的病情之重。就这样，朴老听说成一长老率团到京，还千叮咛万嘱咐委托他身边的使者，代表他去看望成一长老，并给其捎去礼品。成一长老一行本想专程赴京报恩的，此次不能如愿，期盼着下次来京时朴老身体会好一点，或许能够允许再面谢朴老。但回台北后没有几天，竟然得到的是"朴老走了"这一噩耗。那天清晨，海峡那边传来电话，是成一长老询问祖庭泰州光孝寺有没有举行法会悼念赵会长，继而老法师滔滔不绝地给我叙述了他与赵朴老长达六十年的故事，特别是海峡两岸隔绝时交往的情况。老法师缅怀赵朴老的情深谊长，我举话机听筒的手，已从右手到左手，再从左手到右手，轮换了几个来回。从电话声音中，老法师动情的叙述可见他对朴老的情感是如此之深，而他们共同的事业是使当代佛教能够在中国大地上复兴，让佛教走向世界，努力实践人间佛教，实现这人间净土。

成一长老在电话中对笔者说道："为了完成先师祖的遗愿，修复光孝寺，我知朴老的恩，感朴老的恩，但我还没有来得及报恩于朴老，他却离开了我们，所以总觉内心还是不能接受这残酷的现实。心中除了哀思外，并布置了所属的道场为赵会长举行法会，万众同声，万人同念'南无阿弥陀佛'，祈愿他早日乘愿再来。"笔者也觉得赵朴老大德确实会花落还开，水流不断。赵朴初与成一长老为复兴中国佛教不遗余力，对当代中国佛教乃至世界佛教的建设和发展呕心沥血，做出了贡献。他们的苦心绝没有白费。而成一长老当下处处推崇的"佛教第五大名山的弥勒精神"，正是赵朴老所重视发扬的"人间佛教"精神理念的延伸。中国佛教正处在龙象辈出的时代，一定会走向世界。

试论人间佛教思想对中国梦的助推作用

——纪念赵朴初先生诞辰 110 周年

方承明[*]

2000 年 5 月 21 日，赵朴初先生往生极乐世界，全国各地的佛教徒都非常悲痛，纷纷采取各种形式悼念先生一生的光辉业绩，用实际行动践行先生所倡导的人间佛教思想。赵朴初先生是人间佛教思想最积极的倡导者和最忠实的践行者，继承和弘扬先生倡导和践行的人间佛教的伟大宏愿，以期早日实现中华民族伟大复兴的中国梦，就是对赵朴初先生最深刻的怀念。

一　赵朴初先生积极倡导的人间佛教思想与"中国梦"高度契合

赵朴初先生一生致力于倡导和践行人间佛教的思想。作为中国佛教的掌门人，对中国佛教的繁荣和发展进行了长期艰苦的探索，特别是"文化大革命"刚刚结束的那一段时期，我国佛教处于最困难的百废待兴阶段，怎样让十分凋敝的佛教适应日益发展的社会主义现代化建设，是赵朴初先生日思夜想的问题。随着改革开放的深入和我国工作重心的转移，发展社会主义经济已经成为我党、我国各项工作的中心，佛教在这一重要转型时期如何适应社会，是一个极其严肃又不可回避的问题。先生认为"以经济建设为中心的社会主义现代化建设事业，集中体现了祖国和人民的根本利益，当然也集中体现了我们佛教徒的根本利益"。[①] 所以"今天

---

* 方承明，安徽太湖县人，太湖朴初中学高级教师。

① 赵朴初：《中国佛教协会三十年——在中国佛教协会第四届理事会第二次会议上的讲话》，1983 年 12 月 5 日。

我国各民族的佛教徒应当和全国人民一道，投身于以经济建设为中心的社会主义现代化建设事业，应当围绕经济建设这个中心，提高我们为四化建设事业服务的自觉性和积极性"。① 并开宗明义地提出"为社会服务是我们佛教徒的天职。我们的口号是'庄严国土，利乐有情'。我们提倡'人间佛教'"②。在1983年12月召开中国佛教协会第四届理事会第二次会议上发表的《中国佛教协会三十年》和1987年2月中国佛协第五届全国代表会议上发表的《团结起来，发扬佛教优良传统，为庄严国土利乐有情作贡献》两篇重要讲话，对人间佛教思想做了系统说明，从理论和实践的统一上阐明了佛教能够为社会主义两个文明建设服务的观点，并把人间佛教思想写进了修改后的佛协《章程》。

1993年12月，在中国佛协召开的第六届全国代表会议上，赵朴初先生做了《中国佛教协会四十年》的工作报告，深刻地阐明了中国佛教必须而且能够与中国特色的社会主义社会相适应或相协调的观点。他说：佛教与政权相分离，不干预国家的行政、司法、教育，不进行反对马列主义、毛泽东思想的宣传；佛教不受外国势力支配；佛教徒爱国守法，拥护中国共产党的领导和社会主义制度，继承和发扬中国佛教的优良传统，积极参加社会主义物质文明和精神文明建设，这是实现佛教与社会主义现代化建设"相适应"或"相协调"的基本要求。佛教与社会主义社会相适应既是赵朴初先生人间佛教思想的重要组成部分，也是人间佛教思想的重要特色。对这种相适应或相协调，新华社在《赵朴初同志生平》一文中将其概括为三个"圆融"，即"赵朴初同志把佛教的教义圆融于中国共产党领导的建设中国特色社会主义的伟大事业之中；圆融于维护民族和国家的尊严，捍卫国家领土和主权的完整，促进祖国和平统一的伟大事业之中；圆融于促进中国佛教界与世界各国佛教界友好交往的伟大事业之中。"这三个"圆融"是赵朴初先生人间佛教思想的精髓。

佛教与社会主义社会相适应，本质上就是佛教徒与社会主义现代化建设相适应。先生认为：当代社会主义中国的佛教徒，对于自己信奉的佛教，应当提倡一种思想，发扬三个传统。"提倡一种思想"就是"人间佛教"的思想。在他看来，"中国佛教是在中国土地上孕育成长的，它将满

① 赵朴初：《中国佛教协会三十年——在中国佛教协会第四届理事会第二次会议上的讲话》，1983年12月5日。
② 赵朴初：《在中国佛学院本科毕业典礼上的讲话》，1984年7月25日。

怀信心迈向未来，迈向人间佛教的理想境界，一个全人类和平幸福，共同繁荣、昌盛的华藏庄严世界。"① 他认为：我们提倡人间佛教的思想，就要奉行五戒、十善以净化自己；广修四摄、六度以利益人群；自觉地以实现人间净土为己任，为社会主义现代化建设这一庄严国土、利乐有情的崇高事业贡献自己的光和热。

赵朴初先生提到的"三个传统"分别是：农禅并重的传统、注重学术研究的传统和国际友好交流的传统。这三个传统是中国佛教徒在二千多年的探索和实践中形成的。事实证明，历代的高僧根据禅农并重的传统，艰苦创业，辛勤劳作，创建了一座座环境幽静、风景优美的名庵宝刹，装点祖国锦绣河山；潜心研究、译经著述、创宗立派、传经授业，留下了丰富的佛教文学、佛教艺术、佛教历史和佛教哲学，极大地丰富了我国民族文化的宝库；梯山航海，远涉重洋，往来于各国，交流中外文化，传播友谊的种子，为佛教的繁荣和发展做出了巨大的贡献。

赵朴初先生深刻地认识到佛教的"人间净土"思想含有社会主义思想因素的奥秘，找到了佛教思想和社会主义思想的契合点，并将两者巧妙地圆融在一起。所以，他倡导的人间佛教思想，既符合了佛教的基本教义，又符合了社会主义社会的本质特征，形成了人间佛教思想与社会主义现代化建设的契合，与社会主义经济建设的契合，与社会主义文化建设的契合，与当下提出的"中国梦"也高度契合，这种高度契合体现在以下三个方面：一是人间佛教理想与"中国梦"相契合。人间佛教的宗旨与"中国梦"的本质有相通之处。悲济天下、普度众生的"佛教梦"和追求人民幸福的"中国梦"是契合的，这就是广大佛教信徒能够自觉为实现"中国梦"而奋斗的内在精神动力。二是佛教涅槃论与"中国梦"的本质相契合。佛教将其追求的理想境界称为"涅槃"，认为世间事物的实相即是涅槃的内容，从而填平了现实世界与理想世界间的鸿沟，拉近了人与佛的距离，使涅槃成为具有现实生活内容的人生理想理论，为广大佛教徒投身于实现中华民族伟大复兴的"中国梦"提供了重要的理论根据。三是"庄严国土，利乐有情"的人间佛教梦和中华民族伟大复兴的中国梦相契合。两者归结起来都包括物质和精神两个层面，即物质力量和精神力量、物质生活和精神生活。从以上三个方面可以看到，人间佛教思想与当下提

---

① 赵朴初：《中国佛教的过去和现在——在泰国国际佛教学术交流会上发表的论文》，1987年5月9日。

出的中国梦是高度契合的。

二 人间佛教是"中国梦"的重要组成部分

2012 年 11 月 29 日，中共中央总书记习近平在国家博物馆参观"复兴之路"展览时，第一次阐释了"中国梦"的概念。他说："大家都在讨论中国梦。我认为，实现中华民族伟大复兴，就是中华民族近代以来最伟大的梦想。"

实现中华民族伟大复兴的内涵十分丰富，它包括实现国家富强、民族振兴和人民幸福三个层面。国家富强是我们的最高追求，时下我国正逐步由发展中大国向现代化强国迈进，由传统农业社会向现代化社会迈进；民族振兴是我们的伟大梦想，让中华民族毫无愧色地自立于世界民族之林是每一个炎黄子孙不可推卸的责任；人民幸福是我们的终极目标，包括更好的教育、更满意的收入、更可靠的社会保障、更高水平的医疗卫生服务、更舒适的居住条件、更优美的环境等等。以上三个层面相互联系，相辅相成，表达了人民心声，也体现了时代要求。

具体地说，"中国梦"就是中国人民的幸福梦，我们党提出的"在中国共产党成立一百年时全面建成小康社会"的宏伟目标，为实现中国人民的幸福梦提供了有力保障。

"中国梦"就是中国人民的强国梦。我们党提出的"在新中国成立一百年时建成富强民主文明和谐的社会主义现代化国家"的伟大目标，为实现中国人民的强国梦绘制了宏伟的蓝图。我们不仅要把我们国家建设成为经济强国，还要把我们国家建设成为军事强国、体育强国、科技强国、文化强国，我们的目标一定能够实现。

"中国梦"就是中华民族的复兴梦。在民族复兴的道路上，一代又一代中国人不懈地探索，求解放、求独立、求民主、求科学、求富裕，历经千难万险，在中国共产党领导下才得以实现。中国共产党团结带领全国各族人民，把贫穷落后的旧中国变成日益走向繁荣富强的新中国，中华民族伟大复兴一定能够实现。

中国人民的"幸福梦""强国梦"和"复兴梦"，与广大佛教徒的人间佛教梦是一致的，是密不可分的。广大佛教徒的人间佛教梦是"中国梦"的重要组成部分。

2014 年 2 月 19 日，台湾佛光山开山宗长星云大师在北京钓鱼台国宾馆举行的两岸各界人士座谈会上说："过去太虚大师、赵朴初居士主张'人间佛教'，我一生也致力推动'人间佛教'，倡导入世、慈悲、和谐、宽容的价值，因为佛教有益于国家、社会、人心的建设。

所谓'人间佛教'，和过去的佛教稍有不同，现在的'人间佛教'，已经从山林走向社会，从寺庙走入家庭，从僧众走向信众，从谈玄说妙走向实践服务。

翻开历史册页，佛教从未与政治对立，'人间佛教'更可以辅政治心，帮助国家稳定社会秩序，改善社会风气，净化社会人心，以及建立正知正见的信仰，让人民的身心获得安顿。我们希望政府加强佛教人才的训练，让中国的佛教徒都能'以戒为师'，树立道德，让人间佛教的因果观、业力观以及禅文化的精神，成为中国人普遍善美的教育。我相信，'人间佛教'可以丰富中国梦的内涵，我也深信，只要每个人都为社会广植善因与福田，带给人民幸福的中国梦一定会早日实现。"

人间佛教是从山林走向人间的佛教，是从庙堂走向家庭的佛教，它具有人间性、生活性、利他性、喜乐性、时代性和普济性等六个方面的特性。人间佛教认为，广大佛教徒和广大普通群众一样，有父母，有家庭，有生活，不同的是他们有自己的信仰，有自己独特的生活方式，有教化众生、利益众生的义务，有给人欢喜的秉性，有与时俱进的品德，有普济人类的责任。

人间佛教是以人为本的佛教，不是过去那种关闭的佛教、山林的佛教、自了汉的佛教、个人的佛教，失去了人间性，让许多有心入佛门的人，徘徊在门外、望而却步、裹足不前的佛教。新时期的佛教徒，已经完全将自己融入了轰轰烈烈的社会主义现代化建设当中，广大佛教徒的人间佛教梦已经完全融入了中华民族伟大复兴的中国梦中，人间佛教已经成为中国梦的重要组成部分。

三　积极践行人间佛教的佛教徒是实现"中国梦"的不可忽视的有生力量

根据有关部门2007年的统计，到2007年为止，我国佛教徒已经超过一亿。全国共有佛教寺庙和僧院16000座，僧侣和尼姑共20万人，"转世喇嘛"1700名。这是一个非常庞大的数字，20万僧尼和超过一亿的佛教徒既是我国建设人间佛教的主力军，也是我国社会主义现代化的生力军。

这些超过一亿的佛教徒活跃在我国的各行各业，他们中有专家、学者、科技工作者、教师、医生、商人、工人、农民和知识分子，他们都是我国社会主义现代化建设的建设者，中华民族伟大复兴的追梦者，他们用自己的勤劳、勇敢和智慧，为实现中华民族的伟大复兴，在不同的岗位上流血流汗，添砖加瓦。尤其难能可贵的是他们信奉的五戒十善、四摄六度为实现"中国梦"，为中华民族的伟大复兴创造了和谐的社会环境和稳定的政治局面，这是其他任何政治力量所不能代替的。

所谓五戒，就是不杀生，不偷盗，不邪淫，不妄语，不饮酒。不杀生，就是对生命的尊重，尤其是对人的生命的尊重。不偷盗，就是不侵犯公私合法财产，为《物权法》的实施多了一层保障。不邪淫，就是对于他人的隐私、身体和名节的尊重，为《妇女儿童保护法》的实施多了一层保障。不妄语就是不说无根据的话，不信谣传谣，为社会的稳定和谐多了一层保障。不饮酒，就是对自己生命的尊重，永葆身心健康。如果一个人能够守住五戒，那么这个人就是一个具有健全人格的人；如果一家人都能守住五戒，那么这就是具有健全人格的一家人；如果一个团体的人都能守住五戒，那么这个团体所有人的人格就都是健全的；如果一个社会、一个国家所有的人都能奉持五戒，那么这一定是一个安定和谐的社会和国家。这就是人们所向往的夜不闭户、路不拾遗，没有作奸犯科的太平盛世，试想在这样的社会中生活的人们是多么的幸福，这不就是我们所向往的中国梦吗？

所谓十善，就是不杀生、不偷盗、不邪淫、不妄言、不绮语、不两舌、不恶口、不悭贪、不嗔恚、不邪见。十善实际上是从身业修、口业修和意业修三个方面对五戒的拓展。它比五戒要求得更严格，更具体。

所谓四摄，是指布施、爱语、利行、同事等；所谓六度是指布施、持戒、忍辱、精进、禅定、般若等等。人间佛教所说的布施是一个非常宽泛的概念，不单指物质上的布施。佛教认为一个笑容，一句问候，都是在实行布施，容貌的布施，语言的布施，与我们的社会主义精神文明建设是多么的契合和一致。忍辱，不是消极的骂不还口、打不还手，而是一种担当，是一种积极向上、忍辱负重的精神。整个社会如果都能做到彼此互相忍让，那么这个社会就一定是井然有序的社会，难道这不是人类的共同向往吗？

人间佛教积极倡导的五戒、十善、四摄、六度，有利于为社会主义现代化建设创造幸福祥和、自由平等、安定有序、夜不闭户、路不拾遗、人人心情舒畅的社会环境，为实现中华民族的伟大复兴创造十分有利的条件。所以，无论从哪个方面来看，人间佛教都能为实现"中国梦"提供巨大的助力，佛教信徒是构筑"中国梦"的重要力量。

新时期的佛教徒，在人间佛教思想的指引下，走出山林，走向社会，走进人间，坚持禅农并重的优良传统，积极投身社会主义现代化建设，发扬慈悲济世、利乐众生的精神，承担起护国利民的责任，积极参与社会慈善公益事业，帮助困难人群，正确看待社会转型过程中产生的各种复杂的社会矛盾，推动社会和谐建设，共同开创"人心向善、家庭和乐、人际和顺、社会和睦、文明和谐"的新气象，为实现"中国梦"，为维护民族团结、国家统一发挥着独特的建设性作用。

综上所述，赵朴初先生倡导的人间佛教思想，既符合佛教的基本教义，又符合社会主义社会的本质特征，既与社会主义社会的本质高度契合，又与新时期提出的实现中华民族伟大复兴的中国梦高度契合。人间佛教思想已经成为"中国梦"的重要组成部分，"中国梦"是包括佛教徒在内的全国人民群众的共同梦想和期盼，广大佛教徒是实现中国梦的重要力量。广大佛教徒只有在人间佛教思想的指引下，积极践行人间佛教的基本教义，才能在中国共产党的正确领导下，为实现中华民族的伟大复兴做出应有的贡献。

心灵转化：赵朴初人间佛教思想的内在机理

陈二祥　陈志超*

19 世纪中叶以后，特别是 80 年代改革开放以后，中国佛教遭遇了与西方宗教多少有些类似的现代性难题，传统的存在样式在现代社会和文化面前已经难以为继。1981 年，赵朴初在整理并发表旧作《佛教常识答问》时，敏锐地察觉到了这一点。在这本书中他给自己设定的任务是："怎样才能使佛法结合人们生活实际，有助于社会道德、精神文明的建设？"① 在他看来，理想的解决方案是倡导人间佛教："我以为我们社会主义中国的佛教徒，对于自己信奉的佛教，应当提倡人间佛教思想，以利于我们担当新的历史时期的人间使命。"② 概而言之，他是要通过人间佛教探求佛教的现代化发展道路。毋庸置疑，赵朴初的佛学思考和社会实践均取得了巨大的成就，三十年来的佛教实践足以证明这一点。但本文的重点不在这一方面，而是：赵朴初是如何克服（或统一）人间佛教那典型的结构性冲突的？其当代意义何在？

我们认为，回答这些问题的关键，在于认识赵朴初人间佛教思想中的心灵转化作用。尽管赵朴初生前从未使用过这一概念，但在他处理佛教神圣性与世俗性、超越性与即时性、自身特殊性与社会一般性的多重结构性张力时，这是一个潜在的核心概念，它有助于我们解读、分析和认识他的佛学努力。另外，对于理解其当代价值，这一概念也有积极的启发。

---

* 陈二祥，安庆师范大学教授。陈志超，安庆师范大学副教授。

① 赵朴初：《佛教常识答问》，北京法源寺流通本，中国佛教协会，1983，第 110 页。

② 《中国佛教协会三十年》，《赵朴初文集》（上卷），华文出版社，2007，第 562、563 页。

一　心灵转化与佛教神圣性的世俗化

按照美国学者爱莲心的解释，心灵转化即"个人觉悟水平的改变""人的内心的态度发生了改变"，它意味着个人在转化前后的个性和信念的转变①。爱莲心特意将这一概念与宗教转化进行了区分。但我们这里所说的心灵转化意义要宽泛得多，它兼有宗教转变和其他种种外延，只要这些转变可以造成个体在情感、信念和行为系统上的变化。就此而言，它可以涵盖日常生活中的恍然大悟等浅层次转变，也包含禅宗公案中的顿悟等更为深刻的转变。在赵朴初的思想中，通过诉诸个体心智和情感结构的心灵转化，人间佛教既与传统佛教思想共享同一种精神资源，又以一种崭新的方式实现了神圣性与世俗性的不即不离。

和其他宗教一样，佛教本质上具有神圣与世俗的双重性②。其世俗性在于，不仅佛教的僧俗信众作为特定社会的生命个体而存在，而且佛教的各种团体也必然存在于一定的客观社会环境中。其神圣性则在于超越性的信仰体系，"信仰是佛教文明的基石"和"佛教的生命之所系"③，而佛教信仰的基础正是四谛、八正道、十二因缘、六波萝蜜、因果轮回等对世俗生活的超越性认识。神圣性和世俗性是不同的甚至是矛盾的。从根本上区分神圣性与世俗性，并在追求神圣性的道路上勇猛精进乃是宗教的基本追求。佛教从根本上对世俗生活和自身的世俗性予以负面的价值判断，并由此建立其思想体系和宗教实践。

尽管如此，在对待世俗性的态度上，不同的佛教流派有着不同的取向。大乘佛教和小乘佛教代表了肯定和否定的两种典型态度。小乘佛教要求出离三界、寂灭无为，使自我彻底摆脱五浊恶世。对于小乘佛教来说，摆脱自身的世俗性是修行的前提，涅槃境界是与这种世俗性相对立的。大乘佛教则以一种更为辩证、包容的思维，看到矛盾中的对立和统一。

赵朴初继承了大乘佛教的思想传统，明确肯定世俗性的意义。他肯定

---

① 爱莲心：《向往心灵转化的庄子：内篇分析》，江苏人民出版社，2004，第3页。
② 黄夏年：《新世纪佛教发展刍议》，《戒幢佛学》第2卷，岳麓书社，2002，第352～353页。
③ 《重振和发扬以佛教信仰体系为核心的佛教文明》，《赵朴初文集》（下卷），第1351页。

佛教团体的社会属性："宗教是一定形态的思想信仰体系，宗教也是一定形态的文化体系，宗教还是具有同一思想信仰的人们结成的社会实体。"① 取大乘佛教关于灭谛"无住涅槃""涅槃与世间，无有少分别"的解释，他强调应"在因缘生灭的世界中，永无休止地做'庄严国土、利乐有情'的事，而随时随处安住在涅槃的境界"②；取缘起观"一切众生皆是我父母""视众生如一子"的大慈悲心的解释，强调菩萨行的人生观："只有利他才能自利，这就是菩萨以救度众生为自救的辩证目的，这就是佛教无常观的世界观和菩萨行的人生观的具体实践，这也是人间佛教的理论基础。"③ "为社会服务，是我们佛教徒的天职。"④ 通过利他而自利，以救助众生为自救的方式——这种菩萨行的入世态度，成了达到出世目的的必需环节。这样一来，世俗生活即是道场，世俗性就是神圣性的必要外现；当然，这种世俗性实际上已被神圣性渗透，具备了全新的本质和意义。

在这些表述里，显然有着他的理论先导、人间佛教的创始者太虚法师的思想影响。经太虚提炼概括的人间佛教思想，是一个坚持面向社会和人生、在世俗性中实现神圣性的佛教理论体系。赵朴初接过了这个体系，使之带上了马克思主义思想色彩（详见后文）和理性化的时代特色。针对社会方面，赵朴初赋予人间佛教的世俗性更为广泛的意义：佛教徒不仅是人，与凡俗生民同样具有种种生物属性；而且也是社会的人，生存于特定时代和社会环境中，对神圣性的（包含祛魅后的神圣性）渴望和追求是特定的；佛教团体不仅有其自我规定和独特追求，而且会与其外在环境发生融合或者冲突。针对个体方面，赵朴初的人间佛教思想十分注意避免宗教神圣性追求的绝对化。他认为"佛教是不会违背世间法律的，而是承认世间法律的"，人间佛教的目的是建设"一种和平安乐的世界，一种具有高度精神文明的世界"⑤，"出家应当是佛教徒中少数人的事"⑥ 等等。

在这些世俗化、理性化的表述里，佛教的神圣性被剥除了外在于人的高高在上的超自然属性，而增加了建基于人性、立足于此在的社会属性；佛教修行所指向的不再是某个超验的神秘彼岸，而是当下的人生和现世的

---

① 《关于宗教工作的几点认识和意见》，《赵朴初文集》（下卷），第 1301 页。
② 赵朴初：《佛教常识答问》，第 33 页。
③ 赵朴初：《佛教常识答问》，第 112 页。
④ 《学问无止境》，《赵朴初文集》（上卷），第 705 页。
⑤ 赵朴初：《佛教常识答问》，第 111 页。
⑥ 赵朴初：《佛教常识答问》，第 45 页。

生活；对僧徒信众而言，作为他们修行榜样的不是全知全能、超脱生死的佛，而是有着必死性（与他们一样）但却圆满觉悟（与他们不一样）的佛。有了这一世俗化的神圣性，佛教的教化功能就与心灵转化形成了联系：在致力于"个人觉悟水平的改变"和人的内心态度发生改变的过程中，在祛除了神化色彩并消除了神秘主义魔力后，它成了心灵转化的众多途径之一。

20世纪90年代以来，无论是著名的"星云模式"还是净慧法师提出的"生活禅"，或者近几年流行于东南亚的"参与佛教"运动等等人间佛教的诸种实践，都是这一心灵转化取向的不同体现——或者说祛魅的神圣性积极渗透世俗生活、改造世俗生活的发展态势。与历代高僧大德不同的是，这些运动倡导者所秉持的态度尽管在本质上还是批判性和超越性的，但却赋予佛教更为鲜明的社会性、世间性和当下性色彩，也更为密切地关注时代问题、社会问题，并努力以积极的姿态介入种种问题的解决实践。

作为一名高瞻远瞩的理论家和实践家，赵朴初的这一努力，不仅前导性地为人间佛教的理想存在廓清了路线图，还为其特定时代和特定环境下的现实生存提供了发展策略。换句话说，赵朴初从这里打开了一个崭新的理论视野，即从世俗存在的具体方面着手，解决佛教文明与其所生存其中的社会文化——社会主义文化——的关系。

二 心灵转化与佛教在社会主义文化中的自我认同

与神圣性的世俗化紧密相关，并作为这一世俗化的必然结果，佛教必须在一定的社会和时代语境下展开其自我确认。对赵朴初来说，这个社会就是20世纪的社会主义社会。"文革"结束以后中国社会所经历的深刻变革和文化上日趋包容、多元的时代精神，则是赵朴初探索活动的动力之源。从逻辑上说，在通过心灵转化的方式彻底世俗化、理性化并且私人化以后，佛教在社会主义文化中的合法性已可谓顺理成章、水到渠成；不过从现实上看，还必须回答佛教文化与社会主义文化的关系问题，即如何在社会主义文化系统内部论证佛教文化的合法性。这是个更为具体也更为现实的问题，它看似简单，但实际上非常棘手。赵朴初在20世纪的后二十年里的许多论述，在某种意义上都是对这个问题的思考和深化。

在赵朴初以前，宗仰、太虚、巨赞等前人曾做过许多积极尝试，探索佛教实现自身转型、面向现实社会、关注民生问题、凸显人间关怀等方面的问题①。这为佛教的社会化、世俗化开启了方便法门。建国初期，为在特殊的政治条件和时代环境下继续生存下去，巨赞主张佛教改革应洗净"佛教界内到现在还存在着的寄生、懒惰、消极、退避等等足以妨碍社会发展的污点，恢复原始佛教实事求是的革命精神，使佛教成为新国家建设的一种力量。真正从事生产，为社会为人民服务，我们才有前途，否则，只有被淘汰。"②

20 世纪 80 年代，随着中国社会启动改革开放的历史进程，社会环境渐趋开明、自由，因而使赵朴初能够更加自由地思考统合佛教文明与社会文明的理路。他首先从马克思主义经典文献入手论证佛教文明的正当性，为人间佛教争取合法化地位。1981 年 1 月，赵朴初在中央党校《理论动态》第 1 期上发表《对宗教方面的一些理论和实践问题的认识和体会》，援引马克思、恩格斯、列宁、毛泽东等马列主义经典作家论著，阐述了宗教的群众性、民族性、国际性、复杂性和长期性等五个社会特征，重新阐释了"宗教是人民的鸦片"等马克思主义经典论断的内涵，并就宗教的本质、宗教存在与消亡的条件等宗教学的重大问题做出了新的解释③，从而肯定了佛教文明在社会主义文明中的合法地位。

其次是从对佛理教义的阐释入手，使佛教文明契合于社会主义精神文明和现代社会文化。这个方向是赵朴初理论作品的重要基调之一。如"佛教'人间净土'的思想含有社会主义思想因素"④（1981 年 12 月）、"在我们佛教徒看来，佛教'人间净土'的思想同社会主义不矛盾"⑤（1983 年 12 月）、"这些思想（菩萨行）与社会主义有相通之处"⑥（1986年 3 月）、"从世界观来说，宗教与社会主义分属不同的思想体系。"⑦（1986 年 4 月）"佛教可以而且应该为我们今天的社会主义精神文明建设做出贡献"⑧（1992 年 4 月）。在这些表述中可以看到，随着政治改革的

---

① 李向平：《20 世纪中国佛教的"革命"走向》，载朱子彦编《慎思集：上海大学历史系论文选》，上海古籍出版社，2002，第 457～485 页。

② 巨赞：《新中国佛教改革草案》，《巨赞集》，中国社会科学出版社，1995，第 468 页。

③ 《对宗教方面的一些理论和实践问题的认识和体会》，《赵朴初文集》（上卷），第 458～478 页。

④ 《发扬佛教优良传统，为祖国社会主义事业而献身》，《赵朴初文集》（上卷），第 499 页。

⑤ 《中国佛教协会三十年》，《赵朴初文集》（上卷），第 560 页。

⑥ 《关于佛教与社会主义精神文明建设的关系》，《赵朴初文集》（下卷），第 755 页。

⑦ 《宗教·社会主义·和平》，《赵朴初文集》（下卷），第 759 页。

⑧ 《白马寺一席谈》，《赵朴初文集》（下卷），第 1155 页。

心灵转化：赵朴初人间佛教思想的内在机理

深入和意识形态格局的调整，人间佛教话语的政治色彩逐渐淡化，佛教文明逐渐获得相对独立性，并在社会主义精神文明的宏大体系内取得了一席之地。正是基于这种相对独立的地位，赵朴初认为，人间佛教可以更好地为融入现代社会生活，就世界和平、宗教交流、文化交往、人类未来和现代工业文明等当代社会诸现象，发挥独特的作用。

当然，从本质上看，佛教文明与社会主义精神文明仍然具有不同的世界观、价值观，具有不同的价值体系。赵朴初非常清楚地意识到了这一点，但他并不认为两者是冲突对立的。相反，他认为两者在差异中具有兼容性：包括佛教在内的各类宗教"是党和政府可以信赖的同盟者，而不是异己力量"①，"是保持社会稳定，巩固民族团结的重要因素，是改革开放和现代化建设的重要力量"②，因此佛教的独特文化个性，有益于中国社会主义精神文明建设，佛教理应在中国社会获得合法地位。

在以上这些引文中，赵朴初对佛教与社会主义做了多层面的比较。引人注目的是，在这些比较中一个崭新的佛教形象正展现出来："人间净土"的社会理想与社会主义的未来发展不谋而合（"含有社会主义思想因素"），"菩萨行"的价值观、伦理观与社会主义价值观息息相通（"与社会主义有相通之处"），佛教僧团组织在保持社会稳定、巩固民族团结、参与社会建设等方面具有积极作用（"可以信赖的同盟者"）；而在广阔的全球化视野内，佛教在世界和平、宗教交流、文化交往等世界性事务中扮演的角色更加举足轻重。与传统佛教的旧形象相比，这个新形象似乎过于突兀、颇不易解，但如果联系前文所论述的心灵转化，那么一切疑问就会迎刃而解了：对于一个建基于人性、立足于此在的宗教而言，对于一个没有超自然境界可以憧憬的信徒而言，此岸世界和当下人生才是修行的道场，只有我和我之此在（而不是对立于我的神）才是人间净土的根基。

三 心灵转化与人间佛教的现代生存关怀

以上，我们借助于心灵转化概念，分析了赵朴初人间佛教思想的基本

---

① 《在中共中央迎新春座谈会上的发言》，《赵朴初文集》（下卷），第1363页。
② 《关于切实贯彻党对宗教问题的基本观点和基本政策的几点意见》，《赵朴初文集》（下卷），第1366页。

结构，以及他试图弥合佛教的超越性追求与其世俗性实在、佛教文化与社会主义文化之间存在的两重张力的理论探索。从中我们可以看到，尽管赵朴初从未使用过这一概念，但这个概念却在很大程度上揭示了他的佛学思想的基本旨趣，因而应该在赵朴初佛学思想研究上占有一席之地；同时，由于赵朴初在中国佛教事业中的特殊影响，相应地这个概念对于认识20世纪中国大陆佛教的发展也有着至关重要的意义。在我们看来，心灵转化这一概念所彰显的佛教发展取向，对于认识今后佛教在现代工业文明社会中的自我定位和发展理路，特别是佛教对于现代个体生存状态的关注和介入，也是富有积极的启发意义的。

21世纪以来，中国正经历着日益深刻而复杂的社会转型。社会阶层日趋分化，生活方式日趋多样，思想观念日趋现代化，精神文化和意识结构也发生了广泛的变化。包蕴在赵朴初人间佛教思想中的心灵转化概念就把握住了时代脉搏。由于这种心灵转化作用，对于在生活世界合理化处境中的现代个体来说，人间佛教是满足缓解压力、探寻意义和社会整合等精神需要的众多渠道之一。通过这种心灵转化作用，佛教的生存意义理论与中国的特定现实、佛教基本教理与特定时代需求，以一种新的方式结合起来，这就为佛教发展提供了更多可能性，同时也展示了佛教与社会之间的多种互动可能。

这些都使当今时代与20世纪拉开了距离，也使赵朴初人间佛教思想显得历史化了。尽管如此，我们目前还远不能断言他的方案已经过时；恰恰相反，本文提出的心灵转化概念，正足以证明赵朴初人间佛教思想仍具有蓬勃生机。如前文所述，神圣与世俗的双重性是佛教的根本属性，如何平衡和调和这种双重性张力始终是佛教生存和发展的根本问题。随着社会和文化的发展，佛教的外在处境这一基点发生了变化，其对于神圣性的追求也必须有所调整，因而这两重张力的具体表现和发展态势也应当有所更新，这也是本文提出心灵转化概念的依据所在。应该看到的是，社会固然在持续发生变化，但且不说社会变迁中包含着根本的连续性，当代总体现实与赵朴初的时代在本质上仍然保持着同一性，即以当代生活的特殊性而言，赵朴初的人间佛教思想以及它所依据的佛教传统，对佛教的人间化、社会化定位，对佛教与社会主义文化关系的深刻论述，仍然蕴含着相当可观的理论潜力。当代佛教要扎根于当代现实，赵朴初数十年的不懈探索和积极实践，其成果都是丰富而深刻的思想宝库和精神资源，值得后人认真学习和借鉴。

传承与创新：赵朴老关于佛教与
中国文化之关系辩略

雷　良　王国庆*

宗教在人类文化史上一直占有十分重要的地位。宗教一词源于拉丁文 religo 或 religare，前者意指对超自然之物的畏怖以及由此演化而来的礼仪、信仰与教义；后者指人与神之联系。故"宗教"之本义，即是指的一种关系，但宗教又不仅仅是指人与神的关系问题，宗教实践过程中所产生的仪式仪轨、情感体验、神话叙事、教义哲学、法律伦理、典章制度、器物艺术，以及宗教传播交流中所产生的冲突与融合，构成了人类文化的题中应有之义。

要深入了解中国文化，则不能不懂中国宗教。佛教自印度传入中国，在多个方面与中国文化相结合发展，成为中国文化的有机组成部分。"在人类所创造的各支古老文化中，佛教已以独具的精深哲学思想，丰富的精神财富，庞大的文献宝藏，精美的文化遗产而成为东方文化和文明的重要支柱。它在长期进行'成熟有情，庄严刹土'的崇高事业的同时也使自身成熟起来和严净起来了"。[①] 特别地，对于中国佛教的特征以及社会主义建设时期中国佛教与文化的关系，赵朴初先生做出了独立的判断，并努力推动新时期中国佛教的发展，促进了中国佛教和中国文化的繁荣。

一　当代中国佛教特征与定位

佛教是当今世界三大宗教之一，产生于公元前 6 ~ 5 世纪的古印度，创始人是乔达摩·悉达多。释迦牟尼是佛教徒对他的尊称。他又被称为

---

* 　雷良，中南大学哲学系主任、副教授。王国庆，中南大学哲学系研究生。
① 　赵朴初：《佛教和中国文化》，《法音》1985 年 2 期。

"佛"或者"佛陀"，即"觉者"或"觉悟了真理的智者"之意。到了公元 12 世纪左右，由于佛教已无法适应当时印度的社会需要，加之伊斯兰教诸王族的入侵，佛教在印度逐渐溃灭。自那时起，世界佛教的中心开始东移至中国。尽管据有关史料记载，佛教早在两汉之际就已东渐，但目前佛教界、学术界比较一致的看法是，佛教于汉哀帝元寿元年（公元前 2 年）已正式传入中国。

关于印度佛教传入中国的原因，较为被认可的说法之一是，中华民族中内含大乘气象的孔孟之学。由孔子至孟子学说所影响的中华民族所呈现出的博大气象，是其他地域所无法比拟的。而印度佛教传入后，通过汉代到唐代六百余年的消化吸收，中国人创造性地运用自身的文化智慧将佛教中国化了。因此，中国佛学渗透了中国哲人的智慧，尤其是道家、儒家和魏晋玄学的哲理；另一方面，正是受了佛教思想的影响，魏晋玄学才在中国思想史上更加大放异彩。赵朴老认为，大乘佛教的发展，"使佛教与中国文化完全打成一片，而无法分割了"。①

然而，赵朴老认识到，不少人一提到佛教，很容易把它与求神拜佛、烧香叩头等联系在一起。实际上，烧香叩头、祭祀祈祷作为一种形式仪轨，固然是包括佛教在内的宗教的一个重要组成部分，但在赵朴老看来，佛教还有其更深刻的内含，它"一方面是与中国的思辨哲学相结合，而向学术化发展，对教义愈研愈精，由此引起各宗派的成立，使佛教本身达到高度的繁荣。一方面是与中国的精美工艺相结合而向艺术化发展，使佛教成为绚丽多彩的艺术宝库。一方面与中国的人生理想相结合而向社会化发展，使佛教与中国社会密切联系"，形成了独具中华文化特色的三大特征。②

1. 全面性

自印度佛教传入中国后的两千多年的历史时期，中国吸收了印度佛教三个时期的全部内容，形成了全面而又系统的囊括汉语、藏语和巴利语三大语系的佛教。

2. 丰富性

中国佛教的丰富性主要表现：一为典籍的浩瀚，二为宗派的繁多。一方面，中国佛教汇集了汉语系、藏语系和巴利语系佛教原典和各种经典译

---

① 赵朴初：《佛教和中国文化》，《法音》1985 年第 2 期。
② 赵朴初：《佛教和中国文化》，《法音》1985 年第 2 期。

文。"三个语系的佛教典籍之丰富是极其惊人的。以汉语系为例，汉文化历史悠久，文献之多，古代无比。但公元1403～1407年成书的《永乐大典》，不过二万二千八百七十八卷，与汉文佛教典籍约略相当。佛教在汉文化中所占的比重于此可见一斑。至于其他两种语系的佛教典籍就几乎等于各该民族文献的全部了。"另一方面，未在印度形成宗派的大乘佛教传入中国后，经过历代高僧大德以及文人志士的弘扬与引入，以及长期对教义进行钻研和辨析，依托于宏大的中国文化底蕴，不断融合汇通，逐渐形成许多宗派，如地论师、摄论师、楞伽师、涅槃师、天台宗、三论宗、律宗、法相宗、华严宗、密宗、净土宗、禅宗、三阶教等，禅宗后来又分七宗。西藏语系佛教也分为宁玛派、噶当派、噶举派、萨迦派、格鲁派、希解派、觉宇派、觉囊派、郭札派、夏鲁派等。傣族巴利语系佛教也分润派、摆庄派、多列派、左抵派等。佛教在中国所形成的这种"百花齐放，百家争鸣"的局面，是中国佛教内容丰富多彩的具体表现。①

3. 广延性

纵观佛教的发展史，中国内地以汉藏两语系为主的佛教虽历经千年而不断与中华传统文化紧密交融、碰撞汇通，但始终未单独成为民族的宗教，这其中当然与儒道两家互为发展有关，但不可忽视的是，佛教思想中包含的慈悲普度对此有重要影响。一个宗教，一旦成为一种绝对的民族宗教，那么这种宗教就具有话语垄断权，这是不利于宗教以及文化的长远发展的。所以，尽管佛教一度成为"国教"并引领时代发展的潮流，但始终并未成为独尊，反而广泛流传到其他民族和国家。"如汉语系佛教即传入朝鲜、日本、越南等地，西藏语系佛教即传入蒙、满各族。近代，这两语系的佛教又传入欧、美两洲各国。"②

1983年，赵朴老提出"中国佛教应向何处去"的问题，认为"在我们信奉的教义中应提倡人间佛教思想"，要"奉行五戒十善以净化自己，广修四摄六度以利益人群"。③ 在1987年通过佛协五届会议将"提倡人间佛教积极进取的思想，发扬佛教优良传统"载入《中国佛教协会章程》之中，对大陆佛教的迅速发展起到指导和极大的推动作用。

朴老一生都在宣传和践行的"人间佛教"的理念，发扬大乘佛教救

---

① 赵朴初：《佛教和中国文化》，《法音》1985年第2期。
② 赵朴初：《佛教和中国文化》，《法音》1985年第2期。
③ 赵朴初：《赵朴初文稿·佛教协会三十年》，内部资料2003－1号，1983年，第64页。

世度人的精神，以佛教真理改良社会，使人类进步、世界和平昌盛的理念。不仅强调佛教思想的重要性，更重要的是要不断实践、不断发展，完善佛教本身，同时也推动中国文化乃至世界文化的繁荣。正是秉承不排斥、不比较，相互汇通、共同发展的理念，佛教才始终为大众所信奉，佛教才能够与中国文化相互发展并成为中国文化的一部分，乃至影响世界文化。而且，通过研修佛教经典，"在当前使人们能够自觉地建立起高尚的道德品行，积极地建设起助人为乐的精神文明，也是有益于国家与社会的。何况以此净化世间，建设人间净土！"① 因而朴老认为，人间佛教就是中国佛教在当代的地位与价值，是在当代的新的发展道路。

二 佛教基本教义的中国化

朴老多次强调"要了解佛教与中国文化的关系，就必须先弄清楚什么是佛教"。朴老曾说"广义地说，它是一种宗教，包括它的经典、教法、仪式、制度、习惯、教团组织等等；狭义地说，它就是佛所说的言教。如果用佛教固有的术语来说，应当叫作'佛法'。"②

众所周知，"缘起说"是佛教教义的基础，"缘起"有十一义：1. 无作者义，2. 有因生义，3. 离有情义，4. 依他起义，5. 无动作义，6. 性无常义，7. 刹那灭义，8. 因果相续无间断义，9. 种种因果品类别义，10. 因果更立相符顺义，11. 因果决定无杂乱义。赵朴老将十一义归纳为四个重要论点："一、无造物主；二、无我；三、无常；四、因果相续。……总起来看，四个论点实际上只是两个论点——无常和无我。'无常'就是生灭相续，它包括了'因果相续'的意义。'无我'就是没有主宰，既没有一身之主宰，也没有宇宙万有之主宰。'无造物主'之义也就包括其中了。这就是佛教对宇宙万有的总的解释"。③

赵朴老认为，佛法的基本内容可以用"四圣谛"来概括（谛的意思是真理）：苦谛，指经验世界的现实；因谛（或集谛），指产生痛苦的原因；灭谛，指痛苦的消灭；道谛，指灭苦的方法。佛经所说的道理非常多，其实都是围绕四圣谛而展开讨论的。④

---

① 赵朴初：《佛教常识答问》，江苏古籍出版社，1996，第 162 页。
② 赵朴初：《佛教与中国文化的关系》，《中国宗教》1995 年第 1 期，第 23~25 页。
③ 赵朴初：《佛教与中国文化的关系》，第 23~25 页。
④ 赵朴初：《佛教与中国文化的关系》，第 23~25 页。

"四谛"中的"苦谛"就是"人生皆苦""一切皆苦"。主要有生、老、病、死四苦以及"求不得苦""爱别离苦""怨憎会苦"和"五取蕴苦"。在原始佛教看来，人生本身就是一个苦海，所以要人"苦海无涯，回头是岸"。而朴老一生所宣扬的"人间佛教"就是要人摆脱种种苦，了解真正的佛学，获得种种乐。也即佛教所说"涅槃"或者"入灭"，即"灭谛"。实际上，要想"入灭"得到解脱、快乐，首先要知道因何痛苦，就是"集"，即"集合""招聚"之意，也就是说招致苦难的原因。佛教认为，人生痛苦的根本原因，就是"烦恼"，而其中最主要者就是贪、嗔、痴"三毒"，亦叫"三大根本烦恼"。除此之外，还有慢、疑、见等诸多烦恼，即人我贡高、贡高我慢、我所我见等种种烦恼。这些烦恼的影响，使人沉迷其中竟不知所以，而造下身、口、意等业，不仅对他人造成一定影响，也使得自身沉沦三界轮回之苦。所以佛教之所以伟大，就在于不仅告诉人们痛苦以及苦痛的原因，还告诉人们如何摆脱痛苦，即"道谛"。"道"，意为道路、方法，只要按照佛法修行，就能出离生死苦海，到达涅槃彼岸。

实际上，佛教所说的修行方法很多，最主要的有"八正道""三十七道品"等。这就是我们目前常说到的戒定慧"三学"。"四谛"法可谓贯彻佛教发展始终的最基本教义，因为探讨人生皆苦以及应该如何修行方能脱离生死苦海始终是佛教的不变议题。因而，由太虚大师首创并由赵朴老弘扬宣传的"人间佛教"，就是为了实现佛教在现代化时代背景下得以更好发展以及实现众生幸福的愿望而提出的，强调慈悲普度，帮助众生能够在新的时代背景下更好地认识、了解佛教的真谛，并实现自身的发展、获得幸福。我们常说佛教中国化，或者说佛教与中国文化相结合，佛教究竟是如何实现中国化进程的呢？我想在朴老著作的指引下，简要分享一下佛教中国化的历程。

佛教自传入中国，经汉至唐六百余年时间的消化吸收、兼收并蓄，中国人依托几千年优秀中华文化的根基，在孔孟大乘气象的思想渲染下，创造性地发展了自己的中国化了的佛教哲学。佛教在东传之初，由于时代因素的影响，当时的中国人习惯于用传统的宗教观念去认识、理解和接受佛教，就认为释迦牟尼佛是能够分身无数、水火不侵、履刃不伤的神仙之流，结果把佛教变成神仙方术的一种，未能把握到佛教教义的精髓。发展到东汉末年，随着佛经翻译的增多，以及佛教的进一步流传，鸠摩罗什及僧肇等高僧真正将大乘般若佛学引入中土，使其蔚然大宗。而实际上，真正使佛教大面积、大幅度而有深入地得以传播，则是在魏晋时期。这一时期，玄学与佛学合流，也在一定程度上意味着儒家、道家与佛教的接触、交融开始增多，形成"六家七宗"。所谓"六家"，即魏晋时期传扬佛学的六个派别，即本无、心无、即色、识含、幻化、缘会。"本无"后又分出"本无异"一宗，并称"七宗"。玄学的兴盛，体现出动乱时代人们对个体存在意义和价值的关注，而这样一种社会心理与文化积淀不仅受到了佛教的影响，也成为佛教兴盛的土壤。

佛教进入南北朝以后，思想主流也开始有所变化，逐渐转入佛性理论的探讨，最具代表性的当属慧远、梁武帝和竺道生。这一时期，佛教得以大兴，并一度成为最鼎盛的宗教，"南朝四百八十寺"便是最好的说明。慧远大师以"法性"谈佛性，梁武帝以"真神"谈佛性，二者都与中国传统的"灵魂不死"的思想有重要关系。而更著名的则是竺道生提出和弘扬的"一切众生皆有佛性"以及"顿悟成佛"的思想，是佛教化的"人皆可以为尧舜"。而纵观佛教史的发展，正是竺道生提出的这种观点，自此以后成了中国佛学界的主流。因而顺应时代的发展，佛教也在不断创新，以适应新旧时代的交替。及至隋唐时期，中国佛教发展到了顶峰，亦为中国佛教的成熟期。这一时期的佛教，门派林立，僧众以及信仰者也都趋于理性对待佛教，文化环境较为宽松，思想较为先进，因而佛教在这一时期得到了空前发展。尤其是作为中土佛教代表的禅宗，完全改变了传统佛教之面貌，直指人心、直探心海，为大多数人接受与认可，并引领佛教发展至今。至此，印度佛教的中国化已发展成为中国化的佛教，中国佛教也内在化地成了中国文化中最重要的组成部分之一。

三 佛教中国化与中国文化的互动

朴老认为，文化问题是思想文化界讨论的热门问题。文化发展是一个连续的过程，不管在任何时代，传统文化与现代文化的继承性都是无法割断的，完全抹杀佛教文化在中国传统文化中的地位是不公正的，也是不符合实际的。诚然，佛教对中国文化影响深远，更是在深层次改变了文化发展的方向。中国佛学无处不凝聚着中国哲人的智慧，尤其是儒家、道家以及魏晋玄学和宋明理学时期的思想文化发展，无处不体现着与佛教思想的融合与借鉴吸收。因此，"魏晋南北朝以来的中国传统文化已不再是纯粹的儒家文化,而是儒佛道三家汇合而成的文化形态了"。① 尤其是宋明理学,更是儒释道三家思想内涵在宋元明时期的现代化的综合创造。可以说,是以儒学为主干,融合佛道两家的智慧,建立了以理一元论、气一元论和心性论为核心的全新的道德形而上学体系,影响了后世上千年思想文化的走向。

首先,我们以哲学思想为例。按学界定论,中国古代哲学曾被概括为先秦诸子百家学、两汉经学、魏晋玄学、隋唐佛学、宋明理学。佛教传入之前的先秦两汉之期暂且不论,自魏晋时期以后,中国古代哲学的发展便再也离不开佛教思想的影响,一度更是成为主流思想,主宰引导着中国古代哲学思想文化的发展。

作为佛教发展巅峰期的隋唐佛学时期,如果不讨论佛学而言及其他,那么隋唐时期的哲学思想将会变得单薄固陋,而不足以撑起一个时代的思想意蕴。很多佛经更是备受文人推崇,为中国的文学增添了新的意境、丰富了新的文体,其中佛教的词汇用语更是创造出了新的文学遣词用意的方法。如《法华经》《维摩诘经》《百喻经》就深刻影响了魏晋思想文化的发展和文学作品的创作。作为两晋山水诗的集大成者的谢灵运,就是一个对佛教义理研究颇深的佛教徒。而对于唐宋时期的思想文化发展来说,佛教思想理念更是被奉为行事经典,如《维摩诘经》《法华经》《楞严经》等,就特别为历代文人所喜爱、推崇,被作为传统经典来研读。唐代大诗人王维,字摩诘,号摩诘居士,其名与字就深受《维摩诘经》影响,本人崇佛尤甚,其禅诗在中国诗歌史上具有举足轻重的地位。白居易号"香山居士",韩愈晚年信佛,就连崇儒的杜甫也留下了"身许双峰寺,门求七祖禅"(《秋日夔府咏怀奉寄郑监李宾客一百韵》)的诗篇。可见,佛教思想自传入中国后,对中国内在文化影响之深远。

其次,佛教对中国文化的影响,还体现在很多外在形式方面,但其实也已经内化到理念层面。自佛教传入中国后,中国文化中的诗画、雕塑、建筑等,无不与佛教有着密切联系。中国古代诗、书、画都很注重"境界",而实际上,诗人、画家创造之时所追求与营造的意境就与佛教所讲"禅机"多有相通之处。因此,中国文化无论是内在机理或是外在表现,无不与佛教相关联。

恰如朴老曾指出,"大体说来佛教与汉民族文化的结合是沿着三个方

---

　　① 赵朴初:《佛教与中国文化的关系》,《儒佛道与传统文化》,第 23~25 页。

面进行的，即佛教的学术化、艺术化和社会化。"① 学术化方面，上述已简要论述，究其艺术化层面，我们会发现生活中处处都有佛教内涵的影子，书法、绘画、建筑、工艺、纺织等，都或直接或内在化地体现着佛教思想。书法，成为一门举足轻重的艺术，也只有在中国文化和伊斯兰文化中，而且只有在中国文化的大气象中，书法才象征着人之美与宇宙之美。很多书法作品的创作，要么以佛教为题材，要么以追求体现佛教境界为初衷，或多或少都体现着书法创作中佛教的影响。严格来说，书法作为一门艺术是在汉末魏晋出现的，这当然与工具的改进及笔墨技巧有关，但也不可否认，与思想文化的碰撞交汇不可分割。

而论其绘画，魏晋六朝是中国绘画的形成期。随着佛寺佛窟的大量建造，又产生了宗教壁画，其中尤以敦煌壁画为代表。诗画中以佛教为归旨的，又以王维较为典型，苏轼曾评论说："味摩诘之诗，诗中有画，观摩诘之画，画中有诗"（《东坡志林》），可见王维的画充满禅意。除文人创作外，还有相当比重的宗教壁画，传承着佛教典籍故事，同时在弘扬着佛教思想义理。而其创作风格，也兼具中国文化内在气质。

与书法、绘画一样，佛教建筑雕塑也最为直接地体现佛教的义理内涵，更是作为道场推动着佛教发展。中国寺院建筑最早见诸记载的是东汉永平十年建造的洛阳白马寺，从建造伊始，就与印度寺院不同，它以王府建筑为模式，兼容中国礼制建筑的风格，并将其纳入中国古典建筑体制之内。同时与宫殿相同，为了体现肃穆感，整体对称则是其根本要求。在佛教建筑与中国文化的融合之中，建筑装饰的雕塑也在与中国文化产生着潜移默化的交汇。

在中国雕塑集群中，除陵墓集群没有直接体现佛教文化，其余三个集群都或直接或间接地体现出佛教与中国文化的关系，尤其以宗教集群和建筑装饰为主，工艺集群为辅助装饰。但必须要强调的是，工艺集群包括木雕、根雕、瓷塑等，都较为方便地把佛教文化传送到人们身边，慢慢为人所了解、接受。中国文化中的宗教雕塑，并不从建筑中完全脱离出来，而是强化了中国艺术本有的特征：整体性。毕竟，一个雕塑的艺术性与建筑群体是相辅相成的。

由此，我们可以发现，学术化与艺术化都紧密联系着社会化特征。龙树菩萨讲的"一切资生事业皆是佛道"（《大智度论》）以及慧能大师所

---

① 赵朴初：《佛教和中国文化》，《法音》1985 年第 2 期。

说"佛法在世间，不离世间觉"（《坛经》）无不表明佛法的发展离不开世间的弘扬，但同时说明世间的发展更离不开佛法的佑持。可以说，佛教成为中国文化的一部分是无可争议的话题，佛教与中国文化的关系也不是简单的集成与接替，而是根与基的凝固、血与水的交融。

再次，在中国进入社会主义建设时期后，长期在中国佛协工作的赵朴老对佛教和社会主义两个文明建设的关系，进行了深刻的反思与总结。在他看来，人类文化发展是一个连续不断的过程，传统文化和现代文化不可能完全割断。我们要汲取传统文化中的一切有价值的精华来充实发展社会主义的民族新文化。他主张，社会主义时期的佛教，"要吸取佛教文化的精华，要发扬'人间佛教'的精神。'人间佛教'的主要内容是五戒、十善和六度、四摄，前者着重在净自己的身心，后者着重在利益社会人群"。① 他呼吁，佛教中人"应遵循佛陀的教导，继承历代大德的宏愿，发扬我国佛教的优良传统，'报国土恩、报众生恩'，建立'人间净土'，'令诸众生常得安乐'。要和全国各族人民一道，更加紧密地团结在中国共产党和人民政府的周围，为把我国建成高度文明、高度民主的社会主义现代化的强国这一宏伟目标，做出应有的贡献。为实现祖国的统一事业、维护世界和平，尽到我们的力量"。②

此外，赵朴老强调了中国佛教促进世界和平的责任。在中国佛协工作期间，赵朴老与佛教界的有识之士一起向全国佛教徒号召："为庄严世界、利乐有情，促进人类友好和平事业和各国佛教兄弟携手合作"。特别值得一提的是，1963年11月，中国佛协为支持越南南方佛教徒反对吴庭艳政权残酷迫害的正义斗争，发起召开了"亚洲十一个国家和地区佛教徒会议"。会议谴责了当时越南南方当局迫害佛教徒的罪行，共同发表了《告世界佛教徒书》。③ 此外，赵朴初先生领导的中国佛协常年举行各种盛大佛事纪念活动，接待佛教国家的首脑和日本、东南亚及世界其他国家的佛教各宗派人士参观访问，组织了代表团出访。通过这些活动，增进了中国和这些国家佛教界相互间的了解和友好合作。

---

① 赵朴初：《佛教与中国文化的关系》，《儒佛道与传统文化》，第23~25页。
② 赵朴初：《中国佛教协会第三届理事会工作报告》，《法音》1981年第1期，第5~11页。
③ 赵朴初：《中国佛教协会第三届理事会工作报告》，《法音》1981年第1期，第5~11页。

后 记

　　朴老是伟大的爱国者、著名的社会活动家、杰出的宗教领袖。在近七十年的漫长岁月里，他与中国共产党风雨同舟，亲密合作，为中国人民的解放事业和社会主义的建设事业，为促进民族团结、社会和谐进步，以及推动和发展佛教事业、保卫世界和平做出了卓越的贡献。他的思想精神，将永远激励我们佛教界在习近平新时代中国特色社会主义思想的指引下，为实现中华民族的伟大复兴不忘初心，砥砺前行！

　　朴老，以其爱国爱教、护国利民的思想情怀，把佛教的教义圆融于中国共产党领导的建设有中国特色的社会主义伟大事业之中；圆融于维护民族和国家的尊严，捍卫国家领土和主权的完整之中；圆融于促进祖国和平统一的伟大事业之中；圆融于促进中国佛教界与世界各国佛教界友好交往的伟大事业之中。

　　本书为纪念赵朴初诞辰 110 周年于 2017 年 11 月在湖南长沙召开的"赵朴初与当代中国佛教文化"学术研讨会的论文集，共分上下两册，收录了来自学界、政界及教界的文章八十余篇，饱含着社会各界，包括文化知识界的精英、专家学者和普通信教人士对朴老的深情追思和缅怀，并从不同的角度表达了对朴老真心实意的敬仰之情。朴老的崇高思想和精神，是我们弥足珍贵的精神财富，我们要一代一代地继承和发扬下去。

　　朴老的一生，命运多舛，却能淡然面对，从未丢却对佛教的信仰，从未松懈对佛学的探求。他的思想品格，已经深深地嵌入到我们中华民族文化和佛教之中。作为传承和发展中国佛教事业的后继者，我们要认真学习朴老的思想品德，不断汲取朴老的智慧和力量，继承朴老爱党爱国爱教的精神，发扬朴老的佛教"五个建设"和践行"人间佛教"的宏大愿景，在"十九大"精神的鼓舞下，以习近平新时代中国特色社会主义思想为指引，与全国人民一道，万众一心迈上新的征程，为实现中华民族伟大复兴的中国梦，为佛教中国化谱写新的篇章，为世界和平做出佛教应有的、积极的贡献。

　　本次会议得到了中国社会科学院东方文化研究中心、湖南省佛教协会船山佛教研究中心和安徽省赵朴初研究会的鼎力支持，尤其使我们倍加感动的是德高望重的长者，第九届、第十届全国人大常委会副委员长许嘉璐先生抱病为本书作序，以及中国社会科学院成建华教授与他的博士后在本书的编辑等方面劳心劳力，给予了很大的帮助，为论文集的最终结集出版提供了有力保障。在此，谨向三家单位以及为本书所作功德的诸善知识表示衷心的感谢！

圣　辉

2018 年 6 月 18 日

作于湖南长沙

图书在版编目（CIP）数据

明月清风：赵朴初诞辰110周年学术研讨会论文集：
全2册／圣辉，成建华主编． -- 北京：社会科学文献出
版社，2018.9
ISBN 978 - 7 - 5201 - 2945 - 9

Ⅰ.①明…　Ⅱ.①圣…②成…　Ⅲ.①赵朴初（
1907 - 2000）- 佛教 - 思想评论 - 文集　Ⅳ.①B949.92 - 49

中国版本图书馆 CIP 数据核字（2018）第 134093 号

明月清风（全二册）

——赵朴初诞辰 110 周年学术研讨会论文集

主　　编／圣　辉　成建华

出 版 人／谢寿光
项目统筹／袁清湘
责任编辑／赵怀英　张馨月

出　　版／社会科学文献出版社·独立编辑工作室　（010）59367202
　　　　　地址：北京市北三环中路甲 29 号院华龙大厦　邮编：100029
　　　　　网址：www.ssap.com.cn
发　　行／市场营销中心（010）59367081　59367018
印　　装／三河市龙林印务有限公司

规　　格／开　本：787mm × 1092mm　1/16
　　　　　印　张：51.75　插　页：2.25　字　数：819 千字
版　　次／2018 年 9 月第 1 版　2018 年 9 月第 1 次印刷
书　　号／ISBN 978 - 7 - 5201 - 2945 - 9
定　　价／268.00 元（全二册）

本书如有印装质量问题，请与读者服务中心（010 - 59367028）联系